清季外交史料

6

王彦威　王亮　辑编

李育民　刘利民
李传斌　伍成泉　点校整理

湖南师范大学出版社

分册目录

清季外交史料卷一百三十三

光绪二十四年六月

谕各省大吏实力保护传教西人不准再有教案

上谕：各国传教，载在条约，迭经谕令各该督抚妥为保护，以期民教相安。乃本年四川江北厅等处教案未了，广西永安州复有杀毙教民之事，湖北沙市亦有因案牵连之事，总由地方官不能仰体朝廷谆谆诰诫之意，遇有民教交涉案件，非漫不经心，即意存歧视，畛域未化，斯嫌隙易生，无怪教案之层见迭出也。用是特加申谕各直省大吏，凡有教堂州县，务当谆饬地方官实力保护。平日如有教士谒见，不得有意拒绝，使彼此诚信相孚，从教之人自不致藉端生事。一面开导百姓，毋以薄物细故轻启衅端。即使事出仓猝，该管官吏果能持平办理，亦何难消患未萌？是在该将军、督抚严饬所属，随时妥慎筹办。从前未结之案即着迅速了结，此后不准再有教案。倘仍防范不力，除将该地方官照总理衙门奏定新章从严惩办外，该将军、督抚责无旁贷，亦必执法从事，勿谓言之不预也。将此通谕知之。

六月初一日

直督荣禄致总署办理保定教案议结情形电

保定教案，前已将商办大概两次电请代奏，兹已议结，谨将前后详细情形电陈。查此案事起仓卒，若不在外速为了结，必致后难收拾。当于接电后，即派道员姚文栋星夜驰赴保定，会同两司，督饬府县，与教主杜保禄面议，据该教士声称，已将条款电知樊主教，候示始敢定议。因思总教樊国梁，荣禄在京时曾与熟识，不得不速为釜底抽薪之计，当即致函，饬派候补直隶知州胡良驹驰往京城，持函与樊主教面为商办。兹据胡良驹电禀：在京与樊主教再四商酌，移堂一节，甚为坚持，初索莲池书院，继索淮军军械所，均经极力驳斥。该主教知城内有清河道旧署无人住，欲得此方肯拟结，否则，即由公使向总署商办，不易了结等语，禀复前来。当查该署久经荒废，所请当可允行。电饬该牧，即与商议，必以北关外教堂互换。移堂之时，由地方官护送，设筵款待受伤教士。毁坏什物，一概无庸赔费。其受伤工人数名，共酌给医费银四百两。滋事兵弁，由中国官照中律惩办。地方官无庸议处。现已缮具详细条款合同，画押互换完结。此次甘军殴伤教士，毁坏教堂，在彼有词可借。倘迁延日久，恐法使藉端要挟，势必另生枝节，难以收束。今就此了结办理，似觉妥速。除饬知两司府县遵办，并电饬管带甘军统领姚旺，即将滋事勇丁从重棍责，插箭示惩，其未能约束失察之营哨各员弁，电知提督董福祥，从严惩办，以肃军律外，合将此案完结情形详细上陈，仰纾宸廑。再，此案现虽议结，甘军仍驻保定，既与教堂有嫌，日久恐再寻衅，殊难防范，可否饬下董福祥，将现住保定各营移扎他处，更为妥协？伏候圣裁。谨请代奏。

六月初一日

江督刘坤一致总署沪法领占地枪伤多人请据约与法使力争电 附旨

艳、勘两电均悉。昨夕接沪道电：法兵轮二只在黄浦，一只在吴淞。在沪兵捕无多，借助英、美未允，遂不敢逞所欲为。甬人多为洋人服役，已一律停工罢市。正在谕董理劝，粤人又群趋附和，聚毁法捕房外墙、电灯，被枪轰伤华民三十余人，毙十二人。沪上五方杂处，流氓众多。外侮固属堪虞，内讧尤为可虑。我兵不能过界驻扎，办理更属棘手。已将法领事理屈情形照会各领，声明：法领函称，租界归伊保护，如有波及，与中国无涉。一面属法领不准兵捕任意逞凶，一面谕粤董开导，一面分示晓谕，以安众心。法领言，外部电，以彼所办为是。昨又电庆使转圜，尚未接复。又称：甬人汹涌，董事恐众怒难犯，未敢力劝。法领目击情形，电允从缓迁葬，而仍坚索冢地。又以道库重地，帑藏攸关，请调自强军往沪弹压等情。法领蛮横，不守条约，不遵旧案，以炮兵督拆冢墙，致激众怒。甬人虽罢市，并未动武，粤人仅抛石损墙，〈法〉辄枪毙华人多命，无理已极，显系有意寻衅。应请钧署据约与争，照会法使，并速电庆使，告法外部，先行立案，再告各使，以明曲直，即为将来地步。顷，已电苏抚，速饬苏藩司星夜赴沪，会商沈道等，传谕各董，晓示大众，勿再滋闹，伤彼人产，只可请律师办理。至调兵赴沪，无济时局，适使藉口开衅。已属李提督乘轮速往，亦不多带弁兵。谨上。

六月初一日奉电旨：法领事强索四明公所义地，至以炮兵胁拆围墙，并调兵船，而宁波人传单罢市，事机甚迫，深恐莠民藉端滋事，酿成巨案，着刘坤一、奎俊飞饬派出各员，一面向法领事切实劝导，就宁人可让之地，允助建屋等费，和商息事；一面严饬文武各官，劝令静候议办，毋任寻衅。

总署至刘坤一四明公所事法使已电沪领请饬蔡道妥慎办理并照会各国领事电　二件

四明公所事，顷，法使来署，当属电领事与司道和商，法使允即日电沪，并以此事无甚关系，总能善了。但云，西历正月时，宁董曾允六个月折〔拆〕让冢墙，希饬蔡道妥慎办理。

六月初一日

电悉。调兵无济，诚如荩筹。希饬沪道，先行照会各国领事，声明此案始末，以占先着，一面饬绅约束各帮，静候公断。

六月初二日

总署致庆常迅商法外部饬法领与关道和商四明公所案电

四明公所事，外部已电诘法领事，立可消弭。顷，南洋电：四明义冢，法局索之甚力。沪道与商，由宁董另觅送一地，并由沈道捐数千金作建医院等费，均不允。欲即日拆墙，并用炮兵胁拆，恐酿祸，迅即与外部商，饬领事与关道和商，免滋事。

六月初二日

江督刘坤一致总署法使谓扩界事势所必行电　附旨

法人此番举动，因各国谋扩租界，协谋已久，耸法发难。顷，据盛京卿电：闻法使云，扩界事，工部局董近商势在必行，并谓，总署已允，西国官商佥云，能允扩界之求，可纾目前之祸。自法激众怒，甬虽罢市，粤虽聚哄，仅毁捕房，法辄轰毙华人多命。今昔异势，事后所索必奢。扩界一层，现经总署斟酌至当，可以应允，务乞暂缓会议，仍照例推归外办，俾以抵销此案，或免需索多端。权衡须相缓急，事变只在几微。

六月初三日奉旨寄刘坤一：法领事扩界之愿甚奢，各国援例，不可不防，着该督督饬聂缉椝悉心筹画，以息纷纭。

苏藩聂缉槼致总署与法领会商让地办法请示电　二件

昨向法使商免厘、换地，均不允。法领屡向人言，彼两次索甬地，均未得，太难堪。倘不予以面子，彼不肯下台，只好硬来。虽无理，亦实情。顷，得一密信，是洋人调停，拟将法界毗连八仙桥一带地约数百亩划入法界，法领已允，且云：如二十四点钟无回信，即饬兵船上岸拆墙。该地不热闹，亩数不得其详，已饬查，法领亦允，可否照准？乞示遵。

初四日

顷，有人交到法领扩图：一、自四明公所起，至西门斜桥止，约千余亩；一、自十六铺起，至南马路止，并别有数款，俾择可行者，即允斜桥地。答以请示代求。十六铺则力拒。事情急迫，请示如何？

六月初十日

江督刘坤一致总署陈内河行轮章程利病乞主持电

奉钧牍，《内河行轮章程》复据总税司酌改订定，行令照办。寻绎再三，愈增回〔困〕惑。查各国内河只准本国商民行轮搭客、装货，不比沿海地方任人共行。其榷税、收捐亦复优于本国商民，重税进口，轻税出口，各国不得均沾。初奉大咨，以为扩充商务、增益税厘起见，其准华洋并驶，谓是约外之事，权可自操。佩仰荩筹，权衡至当，其中略有窒碍，并荷俯察，饬准酌改，方冀互相护持，挽救万一。今此章一行，则是尽夺华人之商务以与洋商，阴攫中国之税厘以益外国，此坤之大惑不解者也。

查内港本仅指在通商省分，今以为与《烟台条约》内地二字相同，是沿海、沿江、沿河及陆路不通商口岸皆有外国之帆影轮声，僻壤愚民必多惊扰。洋商心计夙工，锱铢必较，遍入内地，则一丝半粒之利搜括靡遗，贫苦小民更何堪此剥削？税课三款，前经总税司酌改，予以照旧征收厘税之权，并长江不准拖带货船，原注条内本是华、洋一律通行，今洋商改照条约税厘办理，是照旧征收仅华商厘税，洋人既得约外之利，独不完内地之厘，办法两歧，难言平允。又增长江轮船若无海关牌照，一概不准拖带货船数语，是明许洋商可请领事代为请照，所向隅者独在华商。华、洋同一贸易，即趋利避害，亦有同情，势必使华商胥隶洋籍，便可挂旗领牌，畅行无阻，则长江内地厘金尚可问乎？江南供亿烦苛，久已民穷财尽。顷，盐货代征抵借，饷需顿缺来源，饥溃情形，朝不保夕，教谣四起，会匪渐多，饷薄兵单，殊费调护，兼之岁祲灾深，米价涌贵，闾阎疾苦，责有攸归。前此淮扬行轮，惧夺其操舟之计，群起滋事，尚是贫若小民，今虽富商巨贾，亦难与洋商争衡，其生路愈窄，商民交怨，各处滋衅之案实属难防。仅碍厘捐，其害犹浅。钧署燮谐中外，见滋事则责其保护不周，司农综核度支，课收数则责以稽征不力，坤奉职无状，兼顾为难。一命一官，更可置之度外，窃虑患气已深，不可稍生事变，国势积弱，不可再失民心，若迫令为鹯獭之驱，受恩深重，殊难隐忍。可否仰乞钧署主持，仍照前此章程，华、洋一律照办，以泯偏枯？抑照此次定章，准华商照洋商办法，庶不失损上益下之道，亦于商务有裨。不奉钧复，未敢遵咨转行。统祈原谅。惶恐之至！

六月初九日

总署致聂缉椝法使请扩上海八仙桥界不能过广电

外部及法使均欲宁人另行建屋搬柩，而宁人不肯。据称，法领要八仙桥一带地数百亩，划入法界。究竟地亩确数若干？如扩界过广，各国援例添扩，将何以应？希通盘筹画。法领恫喝，暂与支吾。

六月初十日

驻韩总领事唐绍仪呈总署遵议我国先派四等使到韩酌议商约电　附旨

号谕谨悉。韩自各国代陈约章，各部臣时来询及，仪复以我国交涉事，向不许他国帮预，此次令英介绍，尤难允准。韩因闻钧署复矢野及赛〔窦〕纳乐各语，颇知托各国无济。窃查，韩先派使，似与体制攸关，不若我遣四等使来酌议商约，以示朝廷恩遇旧藩至意。伏查，英昔待美，日耳曼待南米利加，均由英、日先派使通好。华为大国，似未便任韩先遣使到京索约。请核示，以便转告韩廷遵办。再，前驻仁川英领事周礼保护华商甚得力，月初病故，遗妻子四口，拮据难于回国，经朱嗣典在中、韩各领事署倡捐，可否由公项送银千两，以示体恤？乞示遵。

六月十一日奉旨：饬总署转电唐绍仪，所有高丽派使、议约、递国书、觐见各节，均准行。

驻韩总领事唐绍仪呈总署韩党人谋变民心惊惶电

韩逆谋去王，立世子，事将成。昨夜，党人李学均入宫告变，当获逆首八名，内府闵泳骏亦被获，城内民心惊惶。

六月十一日

川督恭寿致总署请向法使探商南充教案能否从权办理电　附旨

谕旨：此案自以救护教士为先着，该署督既经派员前往，着即饬催印委各员，剀切开导，解散团众，毋致激成巨患。钦此。现据川东道禀，初三日，据大足知县丁昌然禀，附单折及华方济签呈三纸，一纸内开十条，该道称：无一条所能就近主持者，应请速赐酌示等语。查十条中有应驳诘者，有可以就地因应者。惟内有二条，关涉彼族，语多狂悖。一、求销案，永不拿人；一、法不得因此要挟；一、英、美领事与议主和。一纸开列教堂失物及赔偿命案，共银二千三百余两。一纸系该犯亲供。以上三纸系华方济与该犯面交丁令带回，其二纸无关轻重。惟第一纸之十条中有不能不与法使婉商者，未审彼族能否允从。然为救华方济起见，则不能不贷该凶死罪。不赦该犯，则华方济必不能出，华方济不能出，则必动以兵威，而华方济必死。且恐附近各国教堂教民立受其害，而地方靡烂尚在其次。可否将此委曲情形由钧署向法使探商？倘肯从权办理，准其销案，予以自新，即请法使电饬驻渝领事，一面由恭寿饬任道妥与商议。明知此举于政体有碍，然欲保全教士，不得不于无可设法之中，作此万有一得之想。乞示！

六月十一日奉旨：华教士仍未救回，迟久恐生枝节，着该督饬令地方官相机操纵，权宜办理，余由总署斟酌电复。

江督刘坤一致总署四明公所案请电庆常告法外部和平商结电　二件

四明公所案，前奉钧电，以法使有甬董面允六个月拆让之说，法外部据报，公所存柩收租，非冢地，当饬甬董查明。据称：西历正月时，法公董与甬董黄姓面商租界章程，不准容留污秽，以防疫气，殡房存柩限六个月迁出。当时遵允，计存柩三千余具。商轮定章，新柩不装，须雇民船运甬，纡道内河，未能迅速。已运回二千五百具，其余不久运清。且当时并未索及屋基冢地。现索之冢地系在界内，同治年间匀出十亩自筑马路，今尚有十七亩零等语。坤详加访察，界内冢地已葬柩数万具，公所殡房仅存数百具。甬董业经允迁，法领不遵旧案，横索冢地，顽拆冢墙，纵令兵捕逞凶，至激众怒，辄开枪毙伤华民多命，尚责华官毫不防阻。其报本国皆是一面之词，外部尚认与公所迁柩是一事，故以展限和商为言，许稍拓界，以保义冢，无非重睦谊以广皇仁，当为中外共谅。聂藩司昨与法领晤议，不但八仙桥一带西至斜桥约占地千余亩，并索及十六铺迤南，意甚坚执，语尤狡赖，虽迭饬该司坚拒，尚未见有转机。南市乃商民精华所萃，关局税厘所出。淞沪货厘亦已抵借在先，北界允拓，收厘无望。权衡轻重，应始终力争。惟洋人愿扩界者众，各领袖手，共存觊觎，难保不怂恿其间，致法领恣意恫喝。甬董浅识，不足与言。忧愤交萦，忘飧废寝，揣时度势，只有密饬该司，细与磋磨，相机应付。能否趁好下台，殊无把握。伏乞钧署，仍电庆使，嘱将此案始末详告外部，务设法商令速电公使、领事和商善了，或易转圜。统希亮察为企。

六月十一日

卦电计已达览。顷，聂藩司电称：法领照会谓，若不与通融办理，当详请外部转咨公使，向我议论。新近受亏之事，拟商税司，嘱其腾挪〔挪〕时日，为计议地。若急切迁就，恐刁狡愈甚。又蔡道电：顷，查得光绪四年七月前道与法使自结四明公所案华洋议据，声明，房屋冢地永归甬董经管，免其迁移，永不得筑道、开沟、造房、种植，致损葬棺等语，另档收储，官商均无知者。已详细照复法领云。查法领不守条约，不遵成案，恃强生衅，外部殆不详悉，仍恳钧署迅电庆使，并以此案详告外部，再声明起衅情由，备知华民遭此可悼之事，委非先在租界滋扰，庶免法领又占先着。是否？伏祈卓度为荷。

六月十二日

总署致唐绍仪准由韩先派使来华再与议约电

昨日电旨当已到。韩本愿先遣使，既准递书，即可由韩先行派使来华，中国当按照友邦交际之礼接待。俟递国书觐见后，本署与之议约，再行派使赴韩酬答，即告韩政府，国书自当立言得体。俟派定，将衔名暨起程日期先电本署，遵旨电达。

六月十二日

谕总署着迅拟定出洋游学人员章程

军机大臣面奉谕旨：现在讲求新学，风气大开。惟百闻不如一见，自以派人出洋游学为要。至游学之国，西洋不如东洋，诚以路近费省，文字相通，易于通晓，且一切西书均经日本择要翻译，刊有定本，何患不事半功倍？或由日本再赴西洋游学，以期考证精确而臻美备。前据总理衙门奏称，拟定章程，将同文馆东文学生酌派数人，并咨南北洋、两广、两湖、闽浙各督抚，就现设学堂遴选学生，咨报总理衙门，陆续派往。着即拟定章程，妥速具奏；一面咨催各该省，迅即选定学生，开具衔名，陆续咨送，并咨询各部院，如有讲求时务、愿往游学人员，出具切实考语，一并咨送，毋稍延缓。

六月十七日①

① 原刊目录为“十六日”。

黑龙江将军恩泽致总署地方人民请将铁路线设法绕越电

现在铁路勘至省城江西富拉尔济旗屯，拟由屯内经过，须用地长约二里，宽一里，应撤住房二十余座。屡次商买，屯众不依。查合同第二条所载：勘定之路，所有庐墓、村庄、城市皆须设法绕越。而俄工师则谓，除此实无合宜之处，并称，屯中有愿卖者，似有官长禁阻。及询各旗协佐，仍称屯众不愿。然无论为官为民，总之地方不愿，谓应遵守设法绕越之约，不肯迁就。且恐一经迁就之后，应绕越而不绕越者更多矣！伏求总署代奏请旨。如应照约办理，即请照会俄使，转饬绕越。倘势须通融，务求代请，明降谕旨，俾众钦遵。无任切叩！

六月十八日

使法庆常致总署法外部云法界患疫请禁四明公所存柩电

文电想达览。遵文电详告，据外部云：租界患疫，通禁存柩，应照行，送地段多少诸琐事，外部无成见，已电公使、领事就地和商，勿生事，允再电议等语。

六月十八日

使法庆常奏与法外部订明办理教案就案议结折

出使法国大臣庆常奏，为遵与法国外部订明，嗣后办理教案，就案议结，不得旁索利益，以杜后患而警效尤事。

窃奴才于本年四月承准总理衙门电开：广西永安教案已照会法使等，或将办犯、劾官、赔款、建堂四条允即照办，先行议结。另与法使毕咸〔盛〕商定，将来北海铁路造至南宁，援龙州铁路案，中法合办等因。并令奴才与外部订明：后有教案，只应就案议结，不及他事，以杜后患。

当与外部大臣哈诺德连日辩论，订明立案。该外部谓：永安教案，法允和商，并未要求。至铁路一事，适逢其会，既归另案商议，自与藉端旁索利益者情形不同，毋庸再行声明。奴才答以法使先将铁路归并教案，虽经外部言明另商，不在教案之内，仍当彼此订明立案，方昭信据。该外部复以德办山东教案为口实，谓：法办广西教案，体谅和商，转令严定限制，殊未平允。又称：碍难载诸公牍，恐各国遇有教案旁索利益，而法独受限制，必难照允等语。奴才勉其笃念邦交，作一榜样，庶可抵制他国，再三开导，该外部始允备文立案。旋于四月十九日接准外部文称：嗣后遇有应办教案，自应就案议结，不及他事，一切工商利益，皆不藉端旁索，特为声明等因，当经电达总署在案。

奴才窃查，自德国办理山东教案以来，各国遇事效尤，动辄引以为例，如法办理愈形棘手。今广西地方杀法教士三命，系德事议结后第一教案，诚以就案议结，不及他事，为惩前瑟〔毖〕后紧要关键。况近年教务日繁，时虞生事，若不与之订明，示以限制，将来各国遇有教案，藉端要求，后患胡底？查法外部来文所订办法，似于筹办教务稍有依据，或可弭后患而杜效尤。该外部既请奏明，以昭睦谊，不敢不据实陈明。伏乞圣鉴。谨奏。

光绪二十四年六月二十日奉朱批：该衙门知道。

江督刘坤一致总署税厘办法华洋商船请一律待遇电

内河小轮改章，霁电已陈。顷，再披沥言之。

江南泽国，南为苏常等处，北如淮杨〔扬〕各区，贫民造舟为生，倚仗衣食者千百万。众见洋轮四通八达，程速值廉，附搭者多，生意必悉为所占，且商贾懋迁，华人本较西人为绌，通商以后，漏卮何穷？今洋轮获利独优，腹地经商顿失其利，更责以照章输纳厘税，谁肯甘心？妒则必争，穷则思变，非挺〔铤〕而走险，即迫而变夷。若不预为之谋，恐致商民交困，人心愈离。其碍于民生者一。

洋税既照条约税则办理，则内地之厘金常税均难照常征收。又长江拖带货船既准海关颁发特照，是长江新改章程不在此照之列，将来土货出口必多，若照章不定限期，不具保结，所有子口税亦付之不可知之数，税厘并绌，中外为难。江南厘金自抵借后，仅有金陵一局，尚多摊派洋债要需。此外，清淮一局，向归漕督收放。改章一行，并恐税司代征之厘亦必短绌，洋债将指别项抵还，支绌将何以应？今不为江南计，岂不为部库虑乎？其碍于国计者一。

初次定章内港犹在通商省分，今与烟台议约内地二字相同，则海澨山陬轮楫均可毕至。又长江六口专章仅准暂泊上下客货，不准租房开设行栈。今内地听其租房，即难保不包揽货物。按约无照之轮船不准驶过镇江以上，今小轮亦准给海关特照，从此鄂、西、皖三省、浙东西等处厘金锐减，商务愈疲。民既艰难，又遭剥削，陇上辍耕，河中偶语，穷乡僻壤，变故尤繁。其碍各省商务又其一。

况闻英、美小船多系中华奸匪勾结外国流氓混立行号，朦请船牌，辄敢肆无忌惮，近者各局呈报小轮闯卡偷关，不一而足，其真正洋商尚知大体，讵至争此末利，而领事正藉以收拾人心，来者不拒，有利力为保护，遇事力为争持，冀华商皆乐为之用。我乃因约外之事顿失其自治之权，使民庶离心，商贾失业，其害不可胜言者。在钧署几经斟酌，固已煞费苦心，然疆吏若再依违，恐致酿成巨患。伏乞坚持，趁改章甫颁未行之际，迅饬总税务司妥商熟计，务查照第二次定章，将输税收厘办法仍令华洋商船一律办理，长江仍不准拖带货船，即速照会施行。不胜惶恐之致〔至〕！

六月二十一日

驻韩总领事唐绍仪呈总署韩询何时派使议约电

韩廷派专赴英、德、义使成岐运来称：贵国大皇帝允派使来议约，并准韩使赴京觐见一切，足见厚待旧藩至意，钦感莫名！贵使来时，敢不以礼相待？当派大员与议约章。惟何时可来，望预示等语。仪答：去年，华人在京畿道美领地方被韩盗掠毙命一案，迄今未拿凶手，及所欠招、电两局公项约二十余万两，屡经催还，均称订约后始可商办等情，殊属不成事体。希达王，严饬该部臣速来妥商，似无碍议约事等语。成允即去告王。再，查卑署自甲午年经日兵、韩贼抢掠，并毁伤屋宇极多，修不胜修。仪自奉委来后，虽经修葺，而房屋仅资办公，亦为节省糜费。今夏雨水过多，以致各员办公之屋倒塌，几伤员弁。若不立即重建，日后星使来不惟不足壮观瞻，抑且栖止无处。伏念国帑支绌，未敢请拨公项，拟在此次私运米粮来韩之奸商其报关数目约四万石，每石罚银三钱，计可敷修建卑署之用。查私运米粮出口，罪不容诛，念海外贸易艰难，薄罚银两，以充公用，并儆效尤。是否有当？乞示遵循。

六月二十二日

荣禄张之洞盛宣杯奏芦汉铁路比国借款续定合同折

附合同三件　凭信一件

直隶总督荣禄、湖广总督张之洞、督办铁路大臣盛宣怀等奏，为芦汉铁路比国借款续定合同事。

窃芦汉干路前因总公司筹借比国商款，上年四月先在武昌签立草约，六月比公司续派德福呢①爱兰来沪续定正约，均经会同奏准在案。嗣以德人胶州之役，中国之情势，各国之意向，皆有变更，比人缘此翻议，头批银两遂逾期不付，续送条款多与前议相背。臣宣怀坚持痛驳，亦将决裂时，有法国驻京公使照会总理衙门称：比款有法国银行工厂所出资本，显欲干预。当以中国公司议借比国公司之款，理不应牵涉国势，受其挟持，法使所称为合同所不载，公司不应答复。臣宣怀即于本年闰三月初八日函致比公司

① 也作“德福尼”。

代理人俞贝德罢议，并呈明总理衙门，照录来往各电，送请查核。旋承准总署电云：已与法使议定，不再扛帮。比使电令领事妥商，正可相机因应，此次议妥，当不至再有反复等语。比使电请续议至再至三。臣等伏念借款造路，各国所索权利莫不因国势以为轻重，比于胶事后续请各款照去年原约加增甚多，照英、美草约不相上下，臣宣怀与该公司逐条争论数十次，丝毫不肯减让，拖延半载，无可再议。若与他国另商，权利仍与此无异，且恐俄、法必乘其后更难收束，不得已体会相机因应之旨，准令俞贝德代比公司再送条款。其尤要者，在以铁路所生之利归还借款本利，若有不敷，中国必须设法弥补。断断坚执，牢不可破。平心而论，中国借外国之债，无论官商，断不能诿卸不还。要在总公司通筹，干枝互相挹注，并就铁路推广生利，务使足敷还债而已。但所定条款窒碍太多者，亦万万不能曲徇，均已逐细驳改。内惟过期未还借款抵完关税一条，在我为必不可行，在彼则索之尤切。力拒不允，磋磨至极，然后删去。当与定议续约二十九条，内惟两公司设有争执，请公正人评断一条，比公司必欲注明请卖票最多之国之公使评断，臣宣怀执定武昌合同第十四款总公司专认比公司，不认别国一条，力予删驳，并将比使来电钞呈总署。五月初七日，承准电复：费使面称，公断一条，可改写，如有争执，由总署、比使商请公正人评断，另函声明宜请股票最多国之公使云云。我虽专认比公司，闻款由法国转借，若本利有欠，法国不能无词。事已无可再议，应先与画押，再行会同奏咨等因。遵于五月初八日，在上海总公司，由臣宣怀先与画押，并另给一函。除钞录咨呈总理衙门查核外，谨将芦汉铁路比国借款续定合同暨另函底稿缮单呈览。谨奏。

光绪二十四年六月二十四日奉朱批：依议。

中国铁路总公司比国合股公司续订借款合同

中国铁路总公司，于光绪二十二年九月十四日，即西历一千八百九十六年十月二十日，奉旨设立，因承办芦汉铁路，于光绪二十三年四月二十六日，即西历一千八百九十七年五月二十七日，与比国公司订立借款草合同于武昌。比国公司，系奉有一千八百九十七年三月初三日国家准凭而设，该凭曾登是中三月二十二、三日之官报。此合同已于光绪二十二年四月二十四日，即西历一千八百九十七年五月二十五日，奉旨允准，即由总理衙门将奉旨日期照会比国驻京大臣悉知。中国督办铁路大臣盛因已奉旨允准，并接比国驻京大臣电称：德福尼等有画押之权，比国公司代办人比京工部总工程司德福尼、工部头等工程司·比京水利公司总办爱兰，亦因已奉比国公司允准，按照草合同第十六款所定章程，照前再行画押，即为正合同。现在续订专条各款如下：

一、比国公司允在中国公司所给费用之内提出经费，代铁路总公司估勘测量芦汉全路工程，并拟绘桥梁、屯栈、车站、机厂一切工程图式细单，以及应用材料货色。至于龙头、车辆、横板、钢轨等物，亦一体代为考订式样。但仍须遵照第八款详拟底稿，呈由督办大臣核定施行，不得草率遗漏，亦不得另索费用。所有以上事宜，当于合同画押盖印齐备后一年内陆续呈送告竣，且务须迅速勘定轨路，俾于六个月内即可动工平地。

二、比国公司允将合同第十二款所载材料酬劳利益删去，故此款已成无用。

三、比国公司因以上两款之吃亏，且须弥补派人来华之费、印售股票之费及三十年中经理借款浇裹之费，是以在利息之外加收四毫即每千磅〔镑〕每年加收四磅〔镑〕，作为以上第一、二、三款补偿一切之费用。此所加之四毫并与合同第三款所载之四厘利息，一并按期付给。如此利息及一切费用在内，共总合成四厘四毫，别无他费。

四、合同第二款所载应付之款，应兑于北京总银行。该行名曰协助本国工艺公司，而中国铁路公司则以所收之款汇存上海中国通商银行。此银行系于光绪二十二年十月初八，即西历一千八百九十六年十一月十二日，奉旨设立。至应还利息本银，应照镑价，按次付于上海中国通商银行。

五、合同第五款所载铁路之保，是为第一次之保。

六、此续订专条应一律由直隶总督、湖广总督部堂盖印，比国驻京大臣盖印。

此专条照缮华文、法文各四分，均可为据。

大清国光绪二十三年六月二十八日，大比国一千八百九十七年七月二十七日，订于上海。

大清国督办铁路总公司事务大臣·头品顶戴·太常寺少卿盛。

大比国合股公同〔司〕代办人德福尼、爱兰。

中国铁路总公司比国合股公司续订借款详细合同

一、直隶总督、湖广总督部堂，前于光绪二十二年九月十四日，即西历一千八百九十六年十月二十日，钦奉上谕，允准筹借洋款，以造京城之芦沟桥至汉口铁路，应由总理衙门备文，恭录照会比国驻京大臣。

二、中国国家责成督办铁路大臣盛办理。

三、中国铁路总公司督办大臣盛，及承造中国铁路之比公司代理人总工程俞贝德，议定各款如下：

第一款　光绪二十二年九月十四日，即西历一千八百九十六年十月二十日，所奉上谕另行恭录，附于本合同内。中国国家以芦汉铁路约长一千三百基罗米达[①]准铁路总公司承办。该公司原有资本，计银一千三百万两。中国大皇帝降旨，准直隶总督、湖广总督、办理铁路大臣经借款项营造铁路。此道谕旨在光绪二十二年九月十四日，即西历一千八百九十六年十月二十日颁发。兹敬谨摘叙如下：

其意系因直、鄂两总督会奏，遂准设立铁路总公司一处，以造芦汉铁路，并准该公

① 也作“基罗迈当”。

司筹借洋款，以资维系，候补四品京堂盛宣怀派为督办铁路大臣等因。于是直、鄂两总督及督办铁路大臣钦遵所奉上谕，定计向外国筹办五厘借款，其总数系金钱一百十二兆五十万佛郎克，名曰一千八百九十八年之大清国铁路五厘借款。

第二款　此项借款计有板利股票二十二万五千号，每号值金钱五百佛郎克。该股票内应刊之文附录本合同后，票上由直隶总督、湖广总督及督办铁路大臣盖印。该股票等每张以一号至五号为率算共若干，届时比公司知照承办之银行刷印妥贴，其费由比公司认付，每年按照股本给息五厘，其息系以金钱核付，自兑缴股本日起算，每年定西历九月初一、三月初一日给发。首次利息即以佛郎克核付。

第三款　此项借款自一千九百零九年起，分二十年期，由比京总银行按照本合同附表抽拨拔〔号拨〕还。抽号应于每年正月之第二个礼拜二日办理。第一次抽号在一千九百零九年之是日。所有抽出号头，应刊明于四种日报中，即由比公司出费。

第四款　凡抽出号头之股票，于每次抽出后，照股票原值，在付利期上，如数以金钱还清股本。该股票所有未到期之息单，不得裁割，应与股票一并缴销。倘有短缺，则即核计短缺者所值之数，在应还股本内如数扣除。股本一有拔〔拨〕还之日，即于是日为始停止利息。

第五款　在一千九百零七年以前，中国不得增还股本，或全还借款，或核减利息。在一千九百零七年以后，中国总公司无论何时，可将借款还清。一经全还，所有合同即时作废。

第六款　呈缴之息单及还本之股票，可由比公司随时知会在欧洲一处，以佛郎克付给，比公司当随后指明经理此项付款事宜之银行，并经理借款事宜之各银行。

第七款　此次借款之付给利息、拔〔拨〕还股本，除中国国家原有之事权外，并经中国国家批准在案，言明以给付利息及拔〔拨〕还股本为先务，故芦汉铁路之进款，除一切局用及行车各费外，其净余者当留备股票应用。其办法应载入中国总公司及比公司公同订妥之行车章程内，该章程与本合同合而为一。以上办法，当确切不移，至借款清讫为止。

第八款　行车后所得进款，除开销外之净数，由中国总公司托比公司移交比京总银行，或该总银行所派经手之银行，该银行即以中国总公司托比公司移交之款，不拘何时兑换金钱，务令中国总公司大得便宜。所兑换者以足敷下半年应付之数为度。比公司以总公司所托之款陆续移交比京总银行，或该总银行所派经手之银行，直至敷付下半年应付之数为度。如此，则所有每半年之付款事宜至少可于三个月前即有把握。凡代存此等款项之银行，务必代为生息，俾与中国总公司极有裨益。每次付利还本，所需款数及其酬费，当先期二十天，在比公司移交之款内开支。

第九款　经收存放借款之银行，于造路时，不必奉有准谕，可在此项存款中提付利息。

第十款　中国总公司欲于此次借款表其结实可靠之意，愿将芦汉铁路之头等担保给与该项股票，即该条铁路及车辆、料件、行车进款是也。此等担保当由比公司为购执股之人，代为应允。如果中国总公司未能按照合同付利还本，比公司或另有比商接替之公司因有上文所言铁路担保云云，得在上文所指之物业照顾其一切权利。

第十一款　前条所载与此项借款之担保，如第七款内云云者并不相妨。设芦汉铁路之进款由中国总公司托比公司，于每次利期之三个月前，移交比京总银行，或该总银行所派经手之银行，兑换金钱后不敷应付利息，则中国理应设法弥补。倘有不敷情事，一经该银行知会，中国应于半年利期之六十日前，按照所需之数，以现款或票据付给比京总银行，或所派经手之银行，俾得兑换金钱凑数付利。

第十二款　比京总银行或其所派经手之银行应查明先一期付利之数，于比公司或中国所付款内，及时如数提拨其所托经手各银行备付后一期之利息。

第十三款　凡分任此项借款事宜之各银行，中国按所付利息之数酬以二毫半。又各项股票因抽得号头而还本，或因增还股数而提前还本，亦按所还之数酬以二毫半即每万镑给二十五镑。此项酬费系在每半年之行车余款内抽提。如有不敷，即由中国设法弥补。

第十四款　中国应允照本合同第九款所载有益股票之事，准其办理。凡股票与息单及此借款之一切进出事宜，概行豁免捐税，俾得周转流通。

第十五款　到期息单，如五年内不来支息，则满期后其息为中国所得。其已经抽着号头应行还本之股票，则以三十年为限。限满，其本亦为中国所得。凡执有此项借款股票之人病故后，该票即按其人本国继业之例，由继业者承受。付利还本之事，不论时局和战，均当如常办理，并不论执票者为友国或敌国之民，均当一律照付。此次借款股票倘有遗失、被窃、被毁等事，由本人呈明遗失或被毁及应行声明之凭据后，中国总公司如察得该凭据为可信，即当允准重给股票，以补其缺。

第十六款　总理衙门电告出使大臣，知会比京巴黎之银钱公会，允准此次借款，列于该公会之股票价单。

第十七款　在此次借款一百十二兆五十万佛郎克之总数中，由比公司以三十九兆佛郎克即刻购定五百佛郎克之股票七万八千号。该票等系自缴款至第十八款所指存款银行之日起利，以九扣汇付，实得三十五兆十万佛郎克。

第十八款　比公司以购票之款汇缴上海道胜银行，计八兆六十万佛郎克。其余找款，俟道胜之巴黎分行接到七万八千号之股票后，即行汇交督办铁路大臣及比公司公同指定之银行。此外另有本借款内之股票十四万七千号，则亦寄托该银行代为收存。道胜银行及中国总公司会同比公司所指之银行，即将所收存款听候中国各公司支用。当经言明，该银行等付款，按照下文第十二款所载各情办理。该银行等既代收存款项，应将所存之数生发利息，务令与中国总公司极有裨益。

第十九款　中国总公司已有本银一千三百万两，芦汉全路工程因芦沟桥至保定一段长一百四十五基罗迈当、汉口至信阳一段长二百四十七基罗迈当为应先行开办，故即从此二段动工。所有建造芦汉铁路并备办行车各事，均在中国总公司原本一千三百万两内动用。营造全路工程，除芦保外，应由中国总公司责成比国公司代雇之总工程司代中国总公司监造，并代测绘全路图样、兴办工程、订购材料、器具，以备行车之用。凡一切工程底稿、购办材料，统须先由督办大臣核准。除购办材料在欧洲划拨不计外，其所有工程费用及所有比公司代雇办公员匠薪工川费，统由中国总公司给付，故以后比公司毋须自备资斧开销一切，惟当尽力营造，务期三年之内告竣全路工程。

第二十款　汉口至信阳并保定至信阳各段工程，先由道胜银行，继由中国总公司、比公司公同指定之银行，每月付给中国总公司敷用之款。此款系凭比公司或其经理人预先约估至汉口、信阳所垫工程之款，即在首次汇到之款内提出付还。比公司所付购票之款，系专为营造汉口至保定铁路之用。倘道胜银行并中、比两公司公指之银行察出所付各款中有一款作为别用，或总公司以后不准比国工程司督率建造，则两银行均有停止付款之权。倘购票之款于营造工程外尚有剩余，则仍交中国总公司。

第二十二款　比公司得以尽一千九百零一年之内续购七千三百五十万〈佛〉郎克大清国铁路借款，按九扣价值缴款，并加逾时息单，找进之零款，或作一次购之，或分数次购之，仍照原议清还。但每次所购之票，其款不得少于实数二千五百万佛郎克，续购之时，应在巴黎之道胜银行付价兑票，由中国总公司接到续购电报一月之内即当付价兑票。所付购票之价，应存于中比两公司公指之银行。该银行只得按照本约第二十款拨付。

第二十二款　比公司既得陆续承购借票，每次承购时，与中国总公司妥商。各分段铁路，以续购借票之款先行举办。

第二十三款　自本合同签押日起，所需勘路之费即由中国总公司给付。全路细勘工程，应由汉口、信阳一段起，先后逐款测绘。其先后次序，可定于比公司。按照木约第二十一款，续购借票之前，首次续购之款，即于今日言定，用以切实营造保定至黄河之路，而于第一年内，即将该路勘定，预备一切。

第二十四款　比公司即刻承购之借票，或后出续购之借票，均可作为一次，或分数次招人认购。倘认购之票过于七万八千号，比公司亦照数添购于中国总公司，然不得因有此条内云云而强比公司即刻添购。其后来购之票，准比公司于招人认购期满之十五日内电禀上海督办铁路大臣，按照本约所定价值，即刻添购。后来应购之票若干号，至其付价兑票，即照上文原议章程办理。

第二十五款　营造汉保全路及行车后所需制造材料，除汉阳各厂所能造者先尽购办外，皆归比公司承办。比公司既经得此信任，自当切照本合同办理一切。其承办之材料，务必物美价廉，断无勒掯。至芦沟桥至保定一段铁路，业已将次完工，其材料自与比公司无涉。惟汉保一路，将来每段工程所需材料，中国总公司自必按照本条所载陆续定购，以昭征信。比公司所办材料进口或入内地，均准免完厘税。倘比公司承准比国政府知照，已接中国照会，如第二十九款内云云者，一月内未得免税字样，则比公司可将本约作废。再此一月内，倘有不测之事，如军兴，或法国国债大跌价值至百佛郎克以下，比公司亦将本约作废。倘比公司未能按照本合同应允各款办理，则合同即时作废。中国总公司有权与他国另订合同，撤去比国总工程司。

第二十六款　中国官员或中国总公司，与比公司或其所派经理人有争竞情事，由总理衙门大臣、比国驻京大臣秉公评断。倘未能断妥，则由总理衙门大臣、比国驻京大臣公同另请第三位公正人评断。

第二十七款　比公司已交存道胜银行二万镑保款，为保本约之付款。但自本约第十八款照办以后，比公司即将此保款销去，于本约画押日起一月之内，比公司即当汇交上海道胜银行八兆六十万佛郎克。

第二十八款　倘比国公司请总理衙门将票样照会分卖借票之国，即当照会该国公使。

第二十九款　本约照缮三分：一呈中国总理衙门，一存中国总公司，一存比国公司。倘有疑难之处，查对本约，以法文为凭。本约应经中国国家核准，由总理衙门照会比国驻京大臣。倘事在必需，亦一并由比国公使请总理衙门照会分卖借票之国之公使。西历一千八百九十七年五月二十七号，武昌所订合同，并西历一千八百九十七年七月二十一号，上海所订专条各条款，凡不与本约相悖者，均须照办。即如武昌合同第十四款云云，并上海续约第二款云云，及其余等款，皆是也。比国总银行及道胜银行自知悉本约之日起，即当承办其所奉本合同内指定承办之事，此外别无干预。在中国总公司仍专认比公司办理，按照武昌合同第十四款。

大清国光绪二十四年五月初八日，大比国西历一千八百九十八年六月二十六号，订于上海。

大清国督办铁路大臣盛。

大比国合股公司代理人俞贝德。

芦汉铁路行车合同

直隶总督部堂，湖广总督部堂，督办铁路总公司大臣盛，比国公司，订定各款如下：

第一款　中国总公司前于光绪二十二年九月十四日，即西历一千八百九十六年十月二十日，钦奉上谕，准其承造芦汉铁路等因，当经恭录，附于此次合同之内。兹特钦遵委派比公司，由比公司选派妥人，将该路代为调度经理，行车生利。

第二款　比公司俟每段工成，由总工程司禀请中国总公司验收后，陆续将各段之路选派妥人经理其行车事宜。每段于行车所需一切车辆，并种种工器家具，以及日常周转之资本，均当预先齐备。比公司或选派之人，遵照本合同第一款中国总公司派委，代为布量〔置〕周妥，招雇外国员匠若干人，并于此等员匠有撤革或遣归之权。其薪工若干，应预早开单，拟呈督办大臣核定。并可购订养路、修路应需之物。又按照中国国家与中国总公司所定条款，以定载客、装货价值，经收各种进款，经付行车费用及中国公司日用开销。以上种种行车事宜，由比公司或总工程司预请督办大臣酌夺而后行。中国总公司选派华员监督，于比公司经手每段之出入款项，及行车后比公司以总公司之款添购新物、修改工程、推广轨道、车站等事，皆有稽核极大之权。又养路、修路所需各项材料，务必设法尽购督办大臣所属工厂、矿局之物。

第三款　遇有军务，无论外侮内乱，中国国家调遣兵丁，转运饷械及军营用物，此铁路尽先载运，车价减半，专听督办大臣命令。凡与中国国家有损之事，皆不得用此铁路。

第四款　中国所订一百十二兆五十万佛郎克之借款，所有付利还本事宜，理应使有着落，故于行车进款，除各项开销外，在每半年付利期前三个月，提款若干，以备届期应付。当借款未清以前，提款之事自当不辍。提出之款，当每月移交比国总银行，或其所派经手之银行。该银行即以所收之款善为兑换金钱，以备付利还本之用。如此陆续交款，一俟足敷应付，即在盈余项下提出十成之一，作为公积，以备小修大修，藉保行车一无阻碍。此外余款，尽归于中国总公司。

第五款　本行［行］车合同自签押日起，以三十年为限。惟一百十二兆五十万佛郎克之借款，届期如未还清，自有展限之权，以展至借款清讫为度。如该款不及三十年之限先行全数还清，则行车合同亦即于还清之日销废。

第六款　在比公司代办芦汉铁路行车期内，中国总公司准于每年公司结帐〔账〕后，除摊还各项借款本利各费外，于实在余利中酌提十分之二，酬给比公司。

第七款　中国官员或中国总公司，与比公司或其所派经理人，有争执情事，仍按照借款合同第二十六款办理。

第八款　设遇行车进款不敷开销，中国总公司自应筹款弥补，俾得照常行车。

第九款　凡比公司所需行车及养路、修路之一切料物，如从外国运来，当免其完纳关税、厘金。

第十款　本行车合同预备三分，一呈中国总理衙门，一存中国总公司，一存比公司。设有疑惑或歧异之处，当以法文为正，藉资剖解。本合同应请中国国家准行，由总理衙门备文，照会比国驻京大臣。倘事在必需，亦可并由比国驻京大臣请总理衙门照会分卖借票之国之公使。

附铁路督办盛宣怀致比公司凭信

今因详细合同第二十六款、行车合同第七款所载，中、比两公司争执情事内，有系为比国借款本利无着而设者，是以本大臣允照总署电准，具函言明，第三位公正人，届时当商请分卖借票之国驻京大臣评断。

总署奏拟请简派出使朝鲜国大臣折 附旨

总理各国事务庆亲王奕劻等奏，为拟请简派出使朝鲜国大臣事。

查中日《马关条约》第一款，中国认明朝鲜为独立自主之国等因。本年四月，据派驻朝鲜领事唐绍仪电称：英、俄、德、法、义、美、奥、日本诸国均认朝鲜自主，或派三等使臣驻扎汉城，或派领事兼理使事，朝鲜尤盼与中国订约，派使驻京等语。臣等复以朝鲜若坚求派使，可与商明，遣四等公使，由臣衙门与议通商约章。六月十一日，复据唐绍仪电：朝鲜先派使臣，似与体制攸关，不若中国遣四等使臣前往酌议商约，以示朝廷恩遇旧藩至意，未便令朝鲜遣使到京索约等语。臣查，朝鲜国土与我奉、吉两者水陆毗连，商民来往，交涉甚繁。既经准其自主，自应按照公法遣使订约，以广怀柔之量而联车辅之情。请将中外臣工保荐使才人员开单呈览，伏候简派四等使臣一员，领赍国书，前往订约。恭候命下，由臣衙门钦遵办理。至所商条约，应俟开议后，由臣衙门逐条电知该衙门，详细核复，请旨画押，以符成案。谨奏。

光绪二十四年六月二十四日奉旨：道员徐寿朋，着以三品京堂充出使朝鲜大臣。

旨着黄遵宪充出使日本公使

旨：湖南盐法常宝道黄遵宪，着开缺以二品京堂候补，充出使日本公使。

六月二十四日

旨寄谭钟麟法占炮台着妥为安抚粤民电

电谭钟麟：法占炮台，已电庆常，向法外部切实剖辩。广东人众而悍，恐启衅端，着该督妥为安抚。

六月二十四日

谕寄沿海沿江沿边各将军督抚着展拓商埠电

寄沿海、沿江、沿边各将军、督抚，奉上谕：欧洲通例，凡通商口岸，各国均不侵占。现当海禁洞开，强邻环伺，欲图商务流通，隐杜觊觎，惟有广开口岸之一法。本年三月间，业经准如总理衙门王大臣所奏，将湖南之岳州府、福建之三都澳、直隶之秦皇岛开作通商口岸。嗣据该衙门议复中允黄思永条陈，请各省察看地方情形，广设口岸，现在尚无成议。着沿江、沿海、沿边各将军、督抚，迅就各省地方悉心筹度，如有形势扼要、商贾辐辏之区，可以推广口岸、展拓商埠者，即行咨商总理衙门，酌核办理。惟须详定节目，不准划作租界，以均利益而保事权。将此各谕令知之。

六月二十四日

川督恭寿致总署报南充教案已完结电

据委员陈嵩良、顺庆守张祖谟六月十七禀：南充一案，英教堂已赔银八百八十余两，房屋另行估妥。法教堂赔银九千两，修屋在内。取有该教士完案甘结。

六月二十八日

使法庆常致总署遵告外部迅饬法提督退兵电

遵敬电，切告外部，电饬退兵。德法外部哈诺德云：提督电复，广湾土人来攻，法兵开枪自卫。又称：中国不勘界，不弹压，请增兵防守，未提淡水津事。常答：提督不候勘界，先占地方，毙多命，应退兵，候勘界。德云：速勘界，争端可息，再订并结淡水津事。

六月二十八日

江督刘坤一致总署法人强索四明义冢甬商罢市乞电庆使商法外部准另觅送一地电　二件

四明公所案，前电庆使，商法外部，允为电诘领事。正在盼复，昨亥突据沪道电：四明义冢，法局索之甚力。愿日与法领商酌，由宁董另觅送一地，并由道捐助千金，作建医院等费，均不见退。力劝宁人设法通融，免滋变故。讵午后法领函准，明晨即拆义冢围墙，如南市有事，归道弹压，租界有事，归伊保护。强横如此，不候妥商，有意启衅，实出情理之外。现赶分投解劝。若法领能缓商，宁人允让地，托天之幸！否则，变生顷刻。谨请转电云。

查此事利害，翰电已详。按法约第十条，领事谨防本国人强压逼变，以及英、美、丹、比各约均不许互相勒措、强拒硬占。法领背约违章，万一民情不顺，宁、粤、津、沪之众为数十万，强悍性成，必然群起滋事，地方势难保护，并虑扰及各国商务，大局堪虞！除迭饬道县妥商密防外，仍乞钧署急电庆使，婉商外部，即饬法领，准另觅送一地，以顺舆情而符条约。可否并商各使，出而调停，中外商民保全无限？并祈卓裁，仍赐速复。不胜盼祷！

六月二十八日

勘电想荷台览。顷，接沪电，法人以炮兵胁拆四明公所冢墙，并调兵船。宁波人昨发传单，今日罢市。虽经迭饬道县竭力解劝，恐莠民藉端滋事，酿成巨案，益难收拾。即派苏藩司聂缉椝、候补道沈敦和飞速赴沪，会商妥办，以聂熟洋务、沈系宁人，办理可期应手；并由电咨江南提督李占椿，乘坐兵轮，前往弹压；仍严饬沪道，妥切筹办，不许稍涉迟误。能否即可消弭，殊无把握。眷念覆辙，尤为寒心。事机迫切，飞电奉闻。统乞钧裁示复为祷。

六月二十九日

川督恭寿致总署美领事诋教会及华官民气激昂电

谏电悉。据川东道禀称：民教帖然，静候广医回信。乃美领逞蛮，二十二日坚嘱传到厅丞，在道署大声疾呼，痛诋教会，又诋华官，定欲将措资他出之袁白李限五日交与验看后解省，逼勒厅丞写给字据，始散。该厅连日与绅民、教会熟商办法，袁白李五日断难交案，民教更皆哗然，到处递禀，谣言四起，欲与该领发难。拟一面安慰，一面据以知会该领，劝其暂缓，俟出月初十边院试完竣再商，勿性急激出事端。计其时广信必回，蛮亦难逞矣！诚恐该领电诉康使，或不了。特闻！

六月二十九日

清季外交史料卷一百三十三终

清季外交史料卷一百三十四

光绪二十四年七月

盛京将军依克唐阿致总署与俄使商酌勘路请仍由老边原勘轨道复勘电

福陵山曰天柱山，在省城东二十里。昭陵山曰隆业山，在省城西北十里。两陵龙脉，皆自东北蜿蜒而来，冈岭起伏，轩溪呈露，寻常大小车辆越岭逾冈，可随地势盘绕。若造铁路，务须镌凿平坦，不免于龙脉有伤。从前原勘铁路，由省城绕越法库门而北，良有以也。今俄公司勘路，由省城东北勘起，虽避出三十里，惟既由东北一路，无论如何，终须经过龙脉，恳请俄使商酌，转饬公司，仍由老边原勘轨道复勘，以践前约。盖此路多旷野，少沟涧，道平工省，不特于中无损，于俄亦有益也。

七月初七日

鄂督抚张之洞谭继洵奏湖北沙市客民细故肇衅焚毁关局延烧华洋房屋获犯审结折　附谕

湖广总督张之洞、湖北巡抚谭继洵奏，为湖北沙市客民细故肇衅，焚毁关局，延烧华洋房屋，获犯审结，并商结英、日各款情形事。

窃本年闰三月十九日，沙市地方因湘帮客民与招商局更夫滋事，焚毁关局囤船，延烧华洋房屋一案。经臣继洵在兼署总督任内檄调各营，前往防护，并委员会同地方官查办，拿获要犯余以仁等四名，审明先行正法枭示，余犯饬再确审拟办。此案起衅细情，业经奏报在案。其时以沙市案情重大，臣之洞奉命入觐，行至上海，钦奉电旨，折回本任，办理此案。当经一面饬荆州道、府、营、县安抚居民，拿办余犯，一面与领事等议完结此案办法。

兹据荆宜施道俞钟颖、湖北候补道札勒哈哩率同荆州府知府舒惠、江陆〔陵〕县知县刘秉彝暨各委员等禀称：沙市湘帮客民余以仁，因同乡杨与全被招商局更夫周顺兴殴伤肇衅，纠众焚烧关局，延烧华洋房屋一案，先后拿获首要各犯，均籍隶湖南巴陵、湘阴、临湘等县，会提逐一研讯，均各供认不讳。除情节最重之余以仁、李得胜、张汰贞、袁辉煌四犯先已奏明正法外，其余各犯，内有易跛子，即易成应一名，讯系曾经听从放火滋闹，该犯素不安静，扰害地方，应拟永远监禁。周玉清、黄善堂、余忠恩、许兴明、谭左卿五名，讯系随声附和，烧毁华洋房屋，虽未抢夺财物，未便稍事宽纵，该五犯均应拟以监禁十五年。招商局更夫周顺兴，即王姓，讯系倚仗主势，于杨与全前赴招商局门首溲溺，辄即持担行凶伤人，以致酿成巨案，情节较重，应拟监禁十年。曹品堂、杨高明二犯，究无随同放火抢夺情事，惟因杨与全被伤抬回医治中途拦转，并报明同帮之杨悦来开会馆请客议事，酿成事端，均应拟监禁五年。以上监禁各犯，均俟限满，由地方官察看是否安分守法，酌量办理。刘荫棠、彭德汰、陈春堂、汤成家、刘洪成、彭方心、李福元、孙保廷、刘怀保九犯，询系仅止随同滋闹，折〔拆〕毁栅栏，并未放火抢夺，均应酌予满杖，系带铁杆石墩三年。徐正焕、陈茂清即陈教师二犯，讯系仅止随同滋闹，拆毁栅栏，亦无放枪抢夺情事，均应酌予杖一百，枷号一个月。沙市招商局董・候补知县张鸿泽，平日恃势凌人，此案如将更夫当时交出审办，自可无事，乃袒护更夫不交，以致南帮之人不服滋事，酿成巨案，其咎甚重，应与南帮约束不严之会首从九品职衔杨明阶一并斥革，另行追照缴销，永不准投效军营，更名捐复，并饬各府县驱遂[①]〔逐〕回籍，不准在湖北地方逗留，逸犯获日另结等语。

臣等督同臬司复加查核，所拟尚属允协，应即照此完结。至沙防营勇，日本公使所称，滋事时，该勇为匪党声援，查明尚无其事。惟驻该镇不弹压解散，赶督水龙前往扑救，实属观望不力，已饬将该营勇丁撤遣回籍，遴派得力将官另行募足。所有管带该营总兵江得意督率不力，应请旨以都司降补。该营右哨哨官游击李心舰，后哨哨官把总池士祥二员，应请均即行革职。江陵县知县刘秉彝，系于闰三月十七日到任，沙市滋事系本月十九日，中间仅隔一日，沙市又距江陵县城十里之遥，该令一闻事出，即行驰往，实属竭力保护，势有弗及。查光绪二十二年总理衙门奏定教案处分章程，内载：如系事猝，迫不及防，应将地方官照防范不严降一级留任公罪例，议降一级留任等语。此案江陵县知县刘秉彝到任仅止二日，实属事起仓猝，迫不及防，随即赶赴沙市，竭力弹压抚慰居民，幸未激成巨衅，并将首要及附从各犯拿获多名惩办，应照章议以降一级留任。管带荆江后营水师副将张国栋，所带皆系炮船，曾经派勇协同弹压。据该道等查明，该船一时难于调集，人少力难镇慑，尚非保护不力，照章议处，应请俟补缺之日降一级留任。至延烧英、日两国公寓、洋行损失货物各节，前准总署电开：日本公使矢野照会，沙市一案，该国政府电令要求五事：一、明降谕旨，将各外国人身家财产一体优待保护，勿再有如此之事，谕旨须极周详。二、速将此案匪徒从重治罪，并弹压不力之地方

① 原书校勘记将“驱送”改为“驱逐”，但原书内容为“驱遂”。

官文武从严议处。三、赔补官平银十万五千两。四、沙市将管租界章程以杭章为本。五、岳州、福州、三都澳均设日本专管租界。嗣后又接该公使照会，将赔款减为一万八千两，余款又减其半，改为修提〔堤〕费各等语。

查沙市滋事一案，衅起招商局细故，并非与各国人为难。当经臣之洞随时酌议电达总署，与日本公使矢野详商一切。其所请明降谕旨一节，恭读五月二十四日邸钞，此事已经钦奉上谕。又请拿办匪犯、惩儆地方文武官，均为我内政应办之事，兹已分别拟办。至所索租界照杭章一节，查杭章乃未定专管租界以前所议，既定专界，则断难援照。浙、鄂情形迥异，只能就地定章。至租界细目，地价可予酌减，道路沟渠常租可免，惟其价未便全免，许其随意酌给。华民杂居一条，汉口德界已经总署允行，日界自可照办。又请开三埠各节，事与沙案无涉，已经辩论明晰，可置不议。又索赔一万八千两一节，查日领事住屋乃系我租与，并非彼屋，原订合同有遇火延烧，日不赔屋，中国不赔物之语，本可不赔，即日本领事屋后货物陈列屋宇窄狭，所失当亦不多，惟衅起匪徒，在地主愿敦睦谊，现已饬沙市关监督在原处重造新屋，仍照原式量加扩充整洁，租与日本领事，租价多少不计，以便安居，拟共给赔款一万两，一切各项赔补均包在内。又派请以八万六千余两作沿江堤费，两国各半一节，事属可行，当已照允，并与议明：修堤工费恐尚不止此数，惟此乃两益之事，将来无论所费若干，总是两国分认；兴修时，公同估计，公同监工。以上与日本所议各节，经总署屡与辩论，日本政府暨公使颇能顾全邻谊，不肯始终坚执，业由总署与矢野议定完结。

又英领事所索各节，除明降谕旨、惩办各犯、惩处官员三条与日本相同已经自办外，所索赔补怡和洋行存货器具、招商局趸船存货、领事幕友人役失物，共银二万二千九百余两，迭加辩驳，共许给银一万两完案。惟催开岳州口岸一节，屡次照会，目前即须开办，词意坚悍。查岳州地方系奉旨开作通商口岸，久经知照各国，此为我自开之口，不应牵入沙案。且湖南风气未开，若举办太骤，布置未周，于商务必然无益。昨准总署来电，拟于明年二月开办。当即另文照知英领事，声明此与沙案无涉。惟此次沙市肇衅系由招商局董张鸿泽一人酿成，厥咎甚重。据司道府县绅公议，此案赔款本应由招商局全数缴出，姑予从宽，官商各半分认。除日本赔款一万两，由沙市关筹给外，查沙市英国商货存放商局趸船者三千三百余两，本应该局赔偿外，英国赔款约六千数百两，所有英国赔款共一万两，应饬令招商局将款缴到江汉关转给，以示儆戒而昭平允。其沙市关税务司毁失衣物，应由该关监督另行斟酌补给。现在沙市地方静谧，关局各项房屋饬令筹款次第修复。谨奏。

光绪二十四年七月初八日奉上谕：张之洞等奏，沙市客民细故肇衅，焚毁关局，延烧华洋房屋，获犯讯办一折。此案该客民等因细故肇衅，辄敢纠众放火，焚毁房屋，实属目无法纪。经该督抚派员查办，拿获情节最重之余以仁、李得胜、李太贞、袁辉煌等四犯，业经讯明正法外，所有听从滋闹之易跛子，即易成应等，及倚势行凶之更夫周顺兴，均着照所拟分别监禁枷杖，招商局董候选知县张鸿泽，袒护更夫，致酿巨案，南帮会首从九品职衔杨明阶，于该帮纠众滋事不能约束，着一并斥革，永不准投效军营，更名捐复，并即行驱逐回籍，毋任逗留。管带沙防营勇总兵江得意，近驻该镇，于匪党滋事不能弹压解散，着以都司降补。哨官游击李心鉴〔舰〕，把总池士祥，均着即行革职。江陵县知县刘秉彝甫经到任，事起仓猝，骤出巨案，虽据将首要各犯拿获多名，究属防范不严，着降一级留任。管带荆江水师副将张国栋，因所带各船一时难于调集，尚非保护不力，着俟补官日降一级留任，以示惩儆。至英、日两国公富洋行损失货物，业经该监督会商各该领事分别赔补。沙市关税务司毁失衣物，亦经另行补给。嗣后仍着该督抚严饬该地方官，遵照五月二十四日谕旨，凡通商各埠地方，尤当实力保护，毋任以薄物细故，轻起衅端。倘有疏虞，定将该管各官从严惩处。余着照所议办理。该衙门知道。

总署致唐绍仪询各国致韩君国书如何称谓电

现在英、日、俄等国致韩国书是否称其为大君主，抑系称为大皇帝？应查明，速电复，以便中国致韩国书与各国通例相符。

七月初九日

金州副都统寿长奏俄人贪狡界约难恃谨筹补救折

金州副都统寿长奏，为俄人贪狡，界约难恃，仰恳圣谟，密为补救事。

窃本年五月二十日奉电旨：俄国租地条约，已据许景澄等订定，着寿长体察情形，晓谕驻防兵民一体安居，毋启猜嫌，仍将遵办缘由电奏。钦此。当即剀切晓谕，业将大概情形电达总理衙门代奏在案。惟是此间军民食毛践土二百余年，祖宗仁恩，沦肌浃髓。往者日人在境，以同文之国百计收拾人心，尚不悦服。嗣蒙我国家不惜巨款，收回故土，天日重睹，感激者至于涕零。兹复委之俄人，计自三月初七日俄兵登岸以来，骚扰淫掠，民不聊生，况尽举租界人民归彼治理？凡有血气，谁肯事仇？以故安民之示甫张，观者靡不痛哭流涕。奴才睹此情状，殊增悲悯，愧无江统徙戎之策，徒抱仲连蹈海之心，郁郁苦衷，愤懑何已。窃惟俄不获逞志于西方，转而东向。前既侵我兴安岭之界，夺我海参崴之口，然后一意创设太平洋水师，其垂涎东三省已非一日。及日人犯顺，沦陷辽南八城，占据旅大两口，捷足先得，中彼大忌，于是阳托恤邻救祸之说，出而调停。迨失城交还，邀功靡已，遂与朝廷要约兴修辽东半岛铁路，洞穿东三省，直接彼国。兹又租借旅顺、大连湾两处险要，平分船澳，修筑炮台，占据防营，散布兵卡，其志岂仅在经营商务而已哉？

查初约第一款既言将旅顺、大连湾暨附近水面租与俄国，断不侵中国大皇帝主此地之权，何以第二款忽云，大连湾迤北，酌视旱地合宜保守应相离若干里，即准相离若干里，是明予以侵地之券，不仅附近水面已也；第四款又云，俄所租地，治理地方，全归俄官办理，是直与以子民之柄，其与不侵中国之权一语前后矛盾。当俄人登岸时，续约尚在未定，即出示晓众，有北界由旅顺经普拉店、貔子窝之语。奴才见之，初以为大言欺人，万无此理。及四月中，据署金州同知徐〔涂〕景涛密禀：探得俄官传说，使臣所议北界，果定于普拉店貔子窝之北，隙地在盖州河、大洋河之间。闻之骇诧！窃惟夷性贪酷险诈，租界北线若非截然划断，无以遏彼狡启之思。初约有大连湾迤北酌地字样，遂致割去湾北一百一十里之普拉店、湾北一百四十里之貔子窝。倘从两处再加一北字，又乌能测其所止？况隙地者，不过如古之瓯脱，留一线之地，以为华夷之限耳！今查盖州河在盖平县城南，距普拉店一百八十里，大洋河在岫岩东北，距貔子窝几三百里，安用此辽阔为是？直为他日进步地耳！当即据情电达将军依克唐阿，转电总署，请速将界址划定，毋使逾越，另议两无窒碍章程，以保中国自主之权等因。旋准电复：续约已经订明，容俟钞录咨达。旋接咨到续约，从孟〔盖〕州河口起，经岫岩城北，至大洋河左岸，至河口止，果与俄官传说相符。惟称界自亚当湾北亚当即普拉店、貔子窝北止，两北字已属语病。且查普拉店实无亚当别名，然尚恃有亚当湾即普拉店字样，藉可印证。及查续约六条内仅云：北界应从辽东西岸亚当湾之北起，穿过亚当山脊，至辽东东岸貔子窝湾北尽处止，并无亚当即普拉店之文。许景澄定界于万里外，稍一疏忽，流弊滋多，况地名最关紧要，既不详考地志，又不咨询疆臣，率然加以亚当之名，诚不知何所据而云？然又查该使臣续约原奏，鳃鳃然颇以争得金州一城为功，而不知环城以外尽租与俄，仅留孤城中悬于数百里租界之内，出入皆形阻滞。且界内人民归彼治理，界内粮租归彼征收。凡城内旗民文武大小官员三千余人，去之则空城犹存，留之则所司何事？且查前次俄外部致驻华公使电，有俄兵在金州外城根分布，惟城内一遇滋事，抑或居民有仇敌情事，俄兵即刻进城等语，而续约第四款又称：俄国允以金州归中国自行治理，并设巡捕人等，中国兵退出金城，以俄兵替代，是则城外城内皆有俄兵观衅而动，藉端而起，岂能常保有此城哉？奴才勋裔世禄，受恩深重，往者金州之役，虽身经血战，愧无寸功，所幸仁慈不加谴责，复蒙简命，坐镇海隅。此次俄人要求租借险隘，未能稍筹抵御之术，上分宵旰之忧，清夜扪心，惊惶无地！然念拒虎进狼，虽误于前，亡羊补牢，及今未晚。勉竭愚虑，为我皇上陈之。

方今俄方强盛，震其虚声者以为无敌，故各国报纸谓，该国谋夺满州〔洲〕铁路，有意吞噬。不知铁路虽有缩地之能、追风之速，征调转运固极灵通，然值两国交绥之时，潜出奇兵，轰断该国来路，毁其桥梁，前车既覆，来轸随之，援绝粮断，毙可立待。且其兵官如总统太平洋远东水陆师提督杜巴索诺福，管旅顺提督吴鲁克福，管大连湾副将普提乐福，［管］当是该国翘楚。然自到金州以来，遇事张皇，怀疑不决，兵无纪律，民怨沸腾，时有戒心，全无主宰。其兵抽自里间，三年递更，除衣粮取之官府外，每月仅给洋圆六角，衣以粗褐，食杂粃糠，诚畜产之不如，与鸟兽而何异？观其将帅如彼，查其士卒又如此，谓能雄视东土，莫之与京〔竞〕，诚莫之信也。且查新约内称，俄国所租之地，中国无论何项陆军不得驻此界内，又云，界北定一隙地，归中国官治理，惟中国官非与俄官商明，不得来此，其意未始不畏忌中国官兵。故登岸之后，立逐宋庆之军出境。后闻奴才调有奉军，潜修武备，即藉民间防盗放枪之事诬赖金兵轰击，该营官要挟退兵，刻不容缓。即奴才所管本地驻防额兵万难迁徙，则又设为变兵为农之说，多方箝制，未便操演，以暗坏我干城。金属东山一带团练乡勇素称强悍，彼亦力为禁止。窥其种种用心，总以中国兵力之强，非彼所利而已。夫兵者，国家之元气也。边患者，疮疥也。如元气果能养足，则疮疥自消。奴才愚见以为，今日欲制俄人，仍舍练兵别无良法。查奉天防军自平壤败挫，几至不振。虽经伊〔依〕克唐阿力加整顿，然以节省饷需之故，每营兵丁裁减二成，则分布不足；长夫裁去强半，则行役维艰；统领、营官公费从减，则空额、克扣在所不免。若非补额增饷，改弦更张，总难期其得力。此外，宋庆一军饷项较丰，人数较足，然兵顿则惰，师老而骄，矧属客军，不归奉省节制，缓急恐亦不足恃。

奴才空城坐困，介居他族之间，经武整军，招彼所忌，一筹莫展，五内如焚。再四思维，惟有仰恳天恩，开除奴才金州副都统底缺，请于隙地之外择一扼要处所，拣练壮健精悍之士二十营，仿照新制，厚其饷以固结其心，严其律以整齐其志；更选素所深知廉勇朴实，胆识兼优者，量其才局〔具〕之大小，委充统领、营、哨各官，而不必拘拘于资格。由奴才亲自教练，上示之以国耻，激发其忠义之忱，下范之以营规，约束其桀骜之性。然后娴习技艺，使一人能敌数十人；熟演阵法，使千万人如一人，俾成劲旅，用备不虞，隐以杜强邻觎觊〔觊觎〕之萌，显以作国人同仇之气。奴才感怀时局，具有天良，断不敢虚糜帑银，自图中饱，瞻徇情面，引用私人，致令将尽懦夫，兵无斗志，仍蹈从前三省练兵之故辙，上烦九重东顾之殷忧。倘蒙天恩允准，或请饬部指拨的饷，抑或谕令盛京将军截留东边一带税银，作为此军额饷，由该将军按月派员解银到营，点名验放，以防虚冒而昭核实。以奉天之课税，练奉天之防军，即以保固奉天之疆圉，该将军公忠体国，当无畛域之分也。且东边税务，自该将军整顿，骤增数十万金，度支之才，中外咸仰。俄人此次要索凤凰城，未尝非为税项起见。与其留此巨款以赍盗粮，何如用此巨款以充军实？孰得孰失，早在庙算之中矣。谨奏。

光绪二十四年七月初十日奉朱批：该衙门议奏。

许景澄杨儒奏照约议筑东省枝路续订合同折　附合同

出使俄国大臣许景澄、杨儒奏，为东省铁路公司照约议筑枝路，续订合同，谨陈办理情形事。

窃查，《中俄会订条约》第八款载：东省铁路公司由某站起，至大连湾，或量至辽东半岛营口、鸭绿江中间沿海较便地方，筑一枝路。所有光绪二十二年中国与华俄银行所立合同内各例，宜于上所续枝路确切照行。其造路方向及经过处所，应由臣景澄与该公司议商一切等因。先经臣等与俄外部商明，枝路末处在旅顺、大连湾海口，不在该半岛沿海别处，列入专条。嗣准俄户部大臣请照前案与该公司续订合同，以为承办之据。臣等旋与经理公司之户部副大臣罗玛诺夫、总局董事齐格勒迭次商论。该公司以造路首重运料，拟照原合同第四条所准水陆之事，订定暂筑近海口枝路暨行船办法，并照上年已准成案，自行开采煤矿、木植等事。臣等则以原合同第十款载明，中国在铁路交界设关，照通商税则减三分之一，此系指陆路而言。今大连湾海口开作商埠，货物来往内地，若援减征税则，恐牛庄、津海两关必致窒碍。至内地与租地交界，视中俄两国交界有别，设关处所亦须变通。因拟改订专款，冀于利权、主权稍有裨益。彼此筹议再四，始有成说。该公司尚拟并开各项矿产，臣等以骤在铁路外另索利益力拒其请，并于所议转运、开采各节酌议限制。当将各款电达总理衙门商核，旋准复电，令商加全路工竣年限，俾暂筑之枝路届期照拆，亦与该公司商妥。

计合同凡七款：首叙按照中俄合订条约暨续运卸料件三款，公司为运载料件、粮草便捷起见，准其由南路暂筑枝路〈至〉营口及隙地地方海口。惟造路工竣，全路通行后，应将各枝路拆去。总之，自勘定路线拨给地段日起，一过八年，必定拆去。四款，准公司在官地树林自行采伐，每株由总监工与地方官酌定缴价，惟盛京省内御用产业暨关系风脉、北京政府管属者，不得损动；并准公司在此枝路经过一带地方开挖煤矿，亦由总监工与地方官酌定，计斤纳税。五款，俄国可在租地内自酌税则，中国可在交界征收货物经铁路从租地运入内地或由内地运往租地之税，照海关进口税则无减无增；并可商允俄国国家，自开埠日起，设关在大连湾，委派该公司代为征收，另派文官为驻扎该处税关委员。六款，准公司自备行海商船，照各国通商行船章程，如经理亏折，与中国无涉，无庸照原合同十二条价买及归还期限办理。七款，造路方向及经过地方，应俟监工在满州〔洲〕地方勘定情形，由公司或北京代办人与铁路总办公司商定。

以上各款议定后，复因铁路经过奉天应行绕避陵寝处所，经与俄户部、外部再四磋商，允定绕距三十里。五月初九日，承准总理衙门电开：初一日电悉，既据订明绕避三十里，与陵寝风脉无碍，即可定议画押，遵旨电达等因。臣等即于本月六日会同该公司董事齐格勒等，各将法文合同画押讫。至合同第五款内载中国税关商设大连湾一节，臣等现与俄户部言定，业于画押之日，接准外部照会，允照合同所订办理，无庸另案商议，以归简捷。谨奏。

光绪二十四年七月十六日奉朱批：该衙门知道。

东省铁路公司续订合同

钦差头等出使大臣许，出使俄国大臣杨，钦奉光绪二十四年五月初七日，即俄历九十八年六月十三日谕旨，允准与东省铁路公司订定合同，按照中国与俄国于光绪二十四年三月初六日俄历九十八年三月十五日在北京会订条约，及闰三月十七日四月二十五日在森彼德堡续订专条内开：中国政府从条约画押日起，允照光绪二十二年所准东省铁路公司建造铁路之事，推广建造经理一枝路，在东省铁路干路上择站起造，达至辽东半岛之大连湾及旅顺口海口。此枝路应悉照光绪二十二年八月初二日九十六年八月二十七日中国政府与华俄银行所订合同之各章程办理等情，因此议定，按照前订建造经理东省铁路合同各节，开列如下：

第一款　此东省铁路干路之枝路达至旅顺、大连湾海口，取名东省铁路南满洲枝路。

第二款　按照光绪二十二年八月初二日九十六年八月二十七日合同第四条，造路需用料件水陆转运，应由中国政府随事设法，使其便捷，现准公司用轮船及别船，挂公司旗，行驶辽河、并该河之枝河、及营口并隙地内各海口合用而有益此路路工者，均可驶入及运卸料件。

第三款　东省铁路公司为建造南满洲铁路需用料件、粮草运载便捷起见，准其由此路暂筑枝路至营口及隙地海口。惟造路工竣、全路通行贸易后，公司应遵中国政府知照，将诸枝路拆去。总之，自勘定路线拨给地段日起，一过八年，必须拆去。

第四款　按照光绪二十三年即九十七年中国政府允准公司开采木植、煤斤为铁路需用，现准公司在官地树林内自行采伐，每株缴价若干，由总监工或其代办与地方官公同酌定，惟不得过地方时价。凡盛京省御用产业，或关系风水归北京政府管属树林，不得损动。并准公司在此枝路经过一带地方开采建造经理铁路需用之煤矿，计斤纳价，由总监工或其代办与地方官公同酌定，不得过别人在该地采煤所纳之税数。

第五款　俄国可在辽东半岛租地内自行酌定税则，中国可在交界征收货物从该租地运入或运往该租地之税。此事中国政府可商允俄国国家，将税关设在大连湾。自该口开埠通商之日为始，所有开办及经理之事，委派东省铁路公司，作为中国户部代办人，代为征收。此关专归北京政府管辖，该代办人将所办之事按时呈报，另派中国文官为驻扎该处税关委员。搭客行李及货物，由俄境车站运经该路至辽东半岛租与俄国之地段内，或由此租地运赴俄境，概免关税及内地税厘。货物经铁路从中国内地运往租地，或从租地运入内地，应照中国海关税则，分别完纳进口、出口税，无减无增。

第六款　公司可自行担当备设行海商船，挂公司旗，照各国通商行船章程。此项船只及经理此事若有亏折，与中国政府无涉。搭客票价及货物运价，由公司自行酌定。此事与铁路不相干涉，其经理之期自无限制，无庸按照光绪二十二年中国政府与华俄银行所定合同第十二条价买及归还期限章程办理。

第七款　南满洲铁路方向及经过地方，应俟总监工在满州〔洲〕地方勘定情形报明公司总局后，由公司或在北京之代办人与铁路总办公同商定。

光绪二十四年五月十八日，俄历一千八百九十八年六月二十四日。

总署奏遵旨复陈盛宣怀督办芦汉铁路借定比款折

总理各国事务庆亲王奕劻等奏，为遵旨复陈事。

光绪二十四年七月初五日，准军机处片交军机大臣面奉谕旨：现在盛宣怀督办芦汉铁路，借定比利时国银款。所有售卖股票，无论华、洋人等，均应准其购买，务当详登告白，并布告各国，立定切实章程，以杜后患。着总理衙门妥议办理，即行具奏等因。钦此。

臣等查，芦汉铁路筹借比款，商议经年，屡定屡翻。本年春间，复经督办铁路大臣盛宣怀与比公司代理人俞贝德磋商再三，始于五月间议订合同二十九款、行车章程十款，钞送臣衙门查核。臣等逐款考究，内第十五款声明，付利还本，不论时局和战，不论持票者为友国为敌国，一律照付，是售票之路甚宽。第十六款，总署电告该使，知会比京巴黎银行公会，允准此次借款，列于公会票价单。既曰公会，是无论何国人均可购买股票。第十八款，比公司购票之款汇缴上海道胜银行，第二十款，各段工程先由道胜银行，继由中国总公司公同指定之银行，每月付给总公司敷用之款，而第二十九款载明，比国总银行及道胜银行当承办其合同内指定之事，此外别无干预，在中国总公司仍专认比公司办理，照武昌合同第十四款等语，是道胜银行亦只收付汇款，并不搀越卖票权利。六月十九日，英国使臣窦纳乐来臣衙门面称：此路名为比商承办，而实系道胜银行之款，与俄商揽办无异。臣等告以道胜银行仅司汇兑，并不预闻路事。该使臣谓：如各国均准买票，英无异词。如专用俄国款项，英国必不甘服。臣等以事当开办，须格外详慎，以防后患，当经电致盛宣怀，并函北洋大臣荣禄，将售票办法切实查复。旋准函、电声复一切，照合同办理，与臣等答英使之言并无不符。迨六月二十四日，该合同奉旨批准，臣等复照会比国使臣贡莒，将来卖票之时，无论华商及各国洋商，均准购买，以免他国藉口，该使臣复允照办；并准盛宣怀询据比公司俞贝德复称，承认该借款卖票无论何国之人均可买购；又准盛宣怀钞送俄国使臣函称，芦汉铁路借款，不但并无俄股在内，且铁路一切之事，俄国国家毫无利益关涉，概不与闻各等语，是芦汉路款无论华洋各商均准购买，虽未明载合同，已别有确据，足以仰慰宸廑。以后中国应造支路尚复不少，如须借用洋款，无论何国，总以利轻期宽而别无窒碍者方与商订，以免各国互相争揽，致烦口舌。至此次总公司借用比款应如何详登告白，及另订切实章程，应由臣等转告盛宣怀，与比公司俞贝德妥酌办理。谨奏。

光绪二十四年七月十六日奉朱批：依议。

总署奏遵议瞿鸿禨请饬各省册报教堂教民数目折

总理各国事务庆亲王奕劻等奏，为遵旨议复事。

光绪二十四年六月十九日，准军机处钞交内阁学士瞿鸿机〔禨〕奏，请将各省教堂、教民数目册报军机处暨臣衙门一折，奉朱批：该衙门议奏。钦此。臣等查原奏内称：近来交涉棘手，莫如教案。各处教堂林立，有借民房传教，事后遂为教堂者，教民恃教为护符；有因犯案争讼，临时投教，以求胜者。宜预查各省教堂坐落何处，洋房若干，民房传教之处若干，一一绘图贴说，并将教民编入教籍，注明生理、丁口，仍一律准其应试、捐官，由各省督抚照会领事，造具清册，一并咨送军机处、总理衙门存案。其有续增之教堂及新入教之户口，随时补送备案。其未经册报有案者，有事不得藉口等因。

臣等查，各省、府、州、县、卫共有外国教堂几所，系属何教，其所设教堂为华式、为洋式，自应先查根据，庶免临事棘手。光绪十七年，长江教案纷起，曾由臣衙门通行各省督抚、将军、都统，每季造册，咨送臣衙门备案，现在各省业经照办，惟军机处未经册报，应行令补送一分，以资查考。至教民编入教籍一节，臣等屡商各国使臣，转饬各处教士，将教民户口、姓名每年册报一次，由各该领事照会各该地方官，俾有案据，不至临时漫无稽考。查现只美国使臣年终汇报，各国均未一律应允。若由地方官自行办理，该教士、教民不服稽查，更恐横生枝节。至原奏所称，一律准其应试、捐官一节，查现在原无禁止教民不准应试、捐官之律，似可无庸另议。谨奏。

光绪二十四年七月十六日奉朱批：依议。

旨着张汝梅确切查明德人勘界情形是否相符电

电张汝梅：电悉。潘民表所称德人指界各节，是否与彭虞孙现在勘办情形相符？如果彭虞孙等不按条约，含糊指勘，该抚即应随时指饬更正。究竟周遭七八百里之说是否属实？现在应如何据约辩明？着该抚确切查明电复。

七月二十日

懿旨令各直省大吏实力保护教堂教士

懿旨：自开埠通商以来，中外一家，谊应不分畛域。即如各国教士之在内地，迭经谕令各地方官实力保护，不啻三令五申，各省官绅士民自应仰体朝廷一视同仁之意，开诚布公，无嫌无疑，以期日久相安。乃近日各省民教滋事之案仍不能免，四川各起教案至今尚未了结。在愚民无知，造言生事，轻起衅端，固为可恨，而该管官吏不能随时开导，先事防维，实亦难辞其责。用特详加申谕各直省大吏，于教堂所在，务当严饬地方官，懔遵迭次谕旨，认真保护；各国教士往来，均宜以礼相待；遇民教交涉之案，持平办理，迅速断结；并劝导绅民安分自守，毋得逞忿肇衅；其各国游历洋人所到之处，尤应一体保护，以尽怀柔之谊。经此次降旨之后，如再有防范不力，致滋事端，定当将该地方官从重参办，并将该督抚等一并惩处，毋谓诰诫之不预也。

七月二十一日

宗人府主事陈懋鼎奏请降旨召见日本伊藤博文折

宗人府主事陈懋鼎奏，为请速降谕旨，召见日本伊藤博文，以显敬贤睦邻之至意事。

窃惟日相伊藤博文早年游历各国，深通政学，归国后佐日皇，开新局，其挽回积习，创立宪法，具有过人之才识。现以相臣退位，来游中国，闻其自言，因中国大皇帝欲行新政，而臣下不能承宣德意，故来有所襄助。其将行时，日皇召之入宫，密议数日。然则彼之来也，修忠告之道，立合从之局，无限光誉，在此一行。近来中国外交终以联日为善策。日本准送中国士大夫游学彼国，显有自结之意。今复隆遣大臣来华相助，以理势论之，中国亟宜厚与亲密，以为相好之实据。中日共在一洲，民情相同，其未变时之弊政亦复相等，使开新之才迁地以处，不至难易悬殊。我皇上明习外事，侧席求贤臣，料必欲一见伊藤，询问庶政，第恐格于成例，不免迟疑。彼既来京，必求召见，待其自请而见之，不足以表优异，彼无从知我之意诚否，何能以诚相应？应请皇上于伊藤甫来之时，即明降谕旨，褒誉其品望，令其预备召见一切仪注，饬令总理衙门妥速议奏，务当与本国臣工一体款洽而加以优待外臣之礼。皇上于其进见时，宣中国和睦之谊，询彼国变革之序，于内政、外交两有裨益。外人向重体面，彼受此殊数，自当知无不言，以副倚仗之意。谨奏。

光绪二十四年七月二十九日。

使美伍廷芳奏檀香山归并美国请设领事折

出使美、日、秘国大臣伍廷芳奏，为檀香山归并美国，拟请设立领事，保护华民事。

窃查，檀香山即夏威仁国，地居太平洋之冲，前本君主，后改民主，近因弱小，求庇美邦，设为行省，美议院业经议定，列入版图。该岛华民聚处，不下三万人，向由商董建立中华会馆，排难息纷。光绪七年曾派商董陈国芬为领事，嗣后停撤。美邦自设苛例，禁华工抵埠，华民出洋谋食惟檀岛是趋，而日本工人来此日多，时相凌夺，若再绳以苛例，则穷黎更不聊生。臣迭次与总署函商，非仍设领事，以一事权，不足以严约束而资保卫。仰恳俯念该处华民生计，准设立领事官驻扎料理稽查，实于侨氓大有裨益。如蒙俞允，拟候奉到谕旨，钦遵办理。再，檀既为美属地，循例应设领事，照会外部，给发准照，无须另行订约，合并声明。谨奏。

光绪二十四年七月三十日奉朱批：着照所请。该衙门知道。

清季外交史料卷一百三十四终

清季外交史料卷一百三十五

光绪二十四年八月至九月

总署奏遵旨编辑约章通行给领折　附谕

总理各国事务庆亲王奕劻等奏，为遵旨编辑约章，通行给领，谨陈办理情形事。

光绪二十四年七月二十六日，准军机处钞交候补道汪嘉棠条陈，讲求约章等语，军机大臣面奉谕旨：着总理衙门通行遵照。同日，又准钞交面奉谕旨：《通商约章成案汇编》一书，着总理衙门详细阅看。其中有应改正者，有应分类续行纂入者，着妥为编辑，排印数百部呈览，颁行内外各衙门，令其广为刊布，以便遵守；并着嗣后遇有订立条约，及奏定章程，并往来照会、合同等件，即行随时分类增入，排印颁发，毋得耽延遗漏等因。钦此。

查阅原条陈称：近来各省、州、县教案迭出，每因细故，酿成巨案，贻累国家，平日未解约章，临时故多瞀惑。查北洋刊有《通商约章汇纂》一书，详载约章成案，条分件系，颇为赅备，惟书已阅多年，中国与各国续订约章及办过成案尚未增辑。拟请饬下北洋大臣，选派经办洋务人员，一面查案修补，一面先将原书赶饬刷印多部，通行各直省督抚、将军，按照所属州、县，迅饬各领一部，俟续刊告成，补行颁发，以便有地方之责者平时披阅，遇事考核；并严定章程，责成该管道、府随时察核州、县，如考究详明、办理妥善者，立予保荐，不求甚解、遇事颟顸者，即行罢黜。赏罚既明，才能自出，事多外结，免贻宵旰之忧，思患预防，应早为计等语。

臣等查，办理交涉事件，自应讲求约章，遇事方有把握。臣衙门排印约章，近复增辑，凡与各国交涉，持以为衡。各省官吏知有条约者甚少，只山东书局翻刻一次，其余各省或以外交为不急之务，多不措意，遇有交涉之案，茫无把握，轻重失当。北洋所以有《条约汇纂》一书，原期便于检查，而所叙成案，间有中国自定，未与各国商订者，持与各使臣、领事辩论，每多轩轾。现在奉旨编辑，臣等自应督饬章京，详加整正，书成呈候钦定颁行，以资遵守。臣衙门编辑未竣以前，仍就北洋原书查对，不为尤益。拟请旨饬下各将军、督抚，先行派员赴北洋请领，严饬所属道、府、州、县，各领一部，并入交代：自领此书后，勤加考究，凡遇交涉事件，办理妥协者立予保荐，否则即行罢黜，以昭激劝，庶几办事有藉，消患未萌。臣衙门编辑妥当，即行补发。谨奏。

光绪二十四年八月初四日奉上谕：前经降旨，谕令总理衙门编辑通商约章，颁行各衙门，以便遵守。兹据该衙门奏称，编辑需时，请先将北洋原有条约汇纂一书，刷印颁行等语，即着照所请行，仍着咨行各直省将军、督抚，先行派员赴北洋请领，以便饬属认真讲求，遇事得有依据，仍俟该衙门编辑成书，再行补发。至此项通商约章事事皆关交涉，该衙门务须遴选熟悉条约之员悉心考订，以成善本而免流弊。余依议。

胶澳勘界委员彭虞孙李希杰呈总署胶澳租约系以百里为保护范围电

奉抚转行鱼电，与之理论，据云，德文条约系云离潮平百里宽，绕遍一周，不知中文如何？诘以必要此百里何用？罗云：并不要多地，仍归中国自主，惟不准他国在此占据作事，两国拟商定约以此百里保护胶澳租地起见。答以第一款即是此条，若是直线百里，德国有何用处等语。谨禀陈。

八月初十日

旨李盛铎充出使日本国钦差

旨：黄遵宪着开去差使，李盛铎充出使日本国钦差大臣。

八月十六日

旨交总署着商俄使撤回入城保护之兵

旨：各国派兵入城自卫，发端于俄，外部虽允电阻，而俄、英、德三国已派兵来京。现在中国力筹保护，地方安堵，应再向外部商明，电饬巴署使，将派来之兵即日撤回，并劝英、德各使照办。

八月二十一日

粤督谭钟麟致总署请催法使饬领事来广州湾勘界并告德使饬领事勿干预公事电

高廉道潘道禀：在广湾会齐，候法官勘界，甘领事信云，租地甚宽，钧署已签字。候至二十余日，法官、领事均不来。该道等暂回，留雷参将等候。法屡言粤不肯勘界，今久候，法不来，居心叵测，请催法使，饬其速来与勘。又德前领事人尚和平，现署李领事常在香港，诸事皆副领事梁凯把持。梁与美最时洋行私交，专事袒庇，干预公事，不独美最时案不肯查办，但称为洋商，即可得贿代抗厘金。沙基大街广行华店管事雷阿铭私运军装火药出口，经补抽局连军火缉获，领事硬说是美最时用人，坚请释放，云：如不允行，德使已另调兵船来粤，危词恫喝。如果迁就，不惟厘不能收，并案亦不能办。请告德使，电饬梁凯，不可妄为干预生事。

八月二十二日

使法庆常致总署广湾土人阻勘租界请饬华官与领事速勘电

外部云：广湾土人始终阻勘租界，法提督欲自弹压，请饬华官与领事速勘，免生衅。

八月二十二日

盛京将军依克唐阿致总署金州分界如再迁延恐生变电

金州厅徐〔涂〕景涛禀：兹柯理索福遣使来称，十八日，本约倭嘎克来金，忽奉京使电，命倭带兵赴京，护使署。现在福守坐待分界将近两月，卑职亦于十七日交篆，巡检兼护。界石多半运去界所，专候倭来。倘再迁延无期，恐日久生变。据此合行电请迅催。

八月二十三日

彭虞孙李希杰呈总署青岛拟仿烟台并设洋常两关电　三件

界事一律定局，现在绘图。税司探询，据云，青岛设关，本拟将塔局裁并，界事竣后，由海使与宪署商定。查本月江电，职道杰曾详禀一切，细叙情形，似百里边界内不得再设局卡。但塔埠系常税，征民船，青岛设洋关，征轮船。若变常为洋，于常税必有碍，拟请仿烟台，并设洋、常两关，洋关由税司、常关由道派员，与海使、赫德议定办法，最妥。

八月二十三日

界事一律告竣，记载均遵盖印。译官治格回京销差，禀件交其赍呈。

八月二十六日

界事竣，旋烟绘图。今日治译官附轮回京。

九月初六日

粤督谭钟麟致总署石头埠煤矿事系法领事唆使电

漾两电均悉。石头埠煤矿由官自开采用，已于六月朔电陈，奉复：法使如来言，当坚拒等因。法使来文，即是领事唆使。义领事桂达来文，答以不能见客，如仍是省河堤岸，说亦无益，请告义使。

八月二十六日

盛京将军依克唐阿致总署旅顺附近俄不准华官收税请示电

俄人示：旅顺附近小平山岛、大孤山、羊头洼、双岛东西一带各口，不准华税，商民亦不得交纳等语。查此约第一款，此项所租，断不侵中国大皇帝主此地之权。今不准征收船规税项，与约不符。请示遵。

八月二十七日

旨着徐寿朋作为全权大臣与韩外部酌议条约电

旨寄徐寿朋：着作为全权大臣，与韩国外部酌议条约。

九月初一日

使德吕海寰致总署报德议院酌定胶澳每年用款电

胶澳作为普国通商口岸，驻胶水陆兵随时更换，添调无数。每年用款，由议院酌定。今年建造各处工程已拨六百万马克，此后加拨，临时再议。棣提督闻二年期满，例应更换。德亲王现为二等水师提督，亦有接棣任之说，将来驻胶，必有权。如伊告署有全权字样，即可照认。伊之夫人拟年内来胶。又驻胶巡抚范与胶民不洽，现另换叶士恺接办。闻海靖有更换之说，有荐驻土公使克林德来华者，有言上海总领事施妥博者，有言靖妇不欲在华故乞假者，迄无确信。据云，外部虽知其劣状，然向用方殷。胶州一带矿务系四家公司开办，狄士康为首，将来船坞亦归四公司承办云。

九月初四日

滇督崧蕃奏法员来滇议修铁路谨陈商办情形折

云贵总督崧蕃奏，为法员来滇议修铁路，谨陈查勘商办大概情形事。

窃查，前据临安开广道邹馨兰电称：本年春间，法员本义德、吉理默等先后到蒙，声称法使在京已与总理衙门照会，准其开办铁路，即遣人于蒙自城外到处测量钉桩，气焰颇盛，又于开蒙交界之新现一带亦有搭棚钉桩各事，民心惊惶等语。臣等以未奉明文，饬该道婉向阻止，并弹压居民，毋令生事。一面电询总署，旋准复电，内开：上年与法国施使互换照会三端，第二条允准自越南交界起，由百色河一带，或红河上游一带，修造铁路，以达省城，应由中国渐次查勘办理。本义德所称修路一节，照会虽有议定之说，然应由中国渐次查勘，并非此时开办。至吉理默等系查勘格致，与铁路无涉，应按护照，饬沿途地方官照料，不得拦阻，以免口实等因。复经檄饬邹馨兰遵照在案。乃吉理默等藉词铁路在格致之内，兼称奉其国命，饬令勘修。经邹馨兰与之再三辩论，无如该法员等狡饰多端，难与力争。且总署复电亦有准其修造之语，尤不能不和衷商办，致滋他衅。本年四月初间，吉理默等由蒙自分道查勘抵省，即饬前藩司汤寿铭、臬司兴禄与之晋接，迭次晤商，并往来照会，妥慎筹议。

查该法员照会内有地方官相资办理之语，其意亦恐铁路所需地段未必顺手。臣等与两司再四筹度，既不能阻其勘办铁路，如再听其自购地段，恐沿途地方绅民难免滋事，且利权尽失，后患何堪设想？当饬该司等于照复文内声明：铁路修费归法国筹办，至应用地段，由中国设法筹办，并俟路图送到，由滇选派委员会勘，再行定议。嗣据该法员等将所绘路图送阅。核其图内，由越南老街起，经红河，顺新现小河，抵蒙自；又由蒙自，抵建水县属之新防；又留〔由〕新防，经嶍峨、新兴、昆阳、呈贡等属，抵省，分为三段。查此项修费，需款甚巨。该法员等未候委员会勘，均称须回越南商办。微窥法人之意，似恐邻邦捷足，故急于查勘，先占地步。今拟俟该法员等回滇议办，即查照前议，委员与之会勘，明订章程，妥筹办理。除将法员所绘路图并钞来往照会咨送总理衙门查核外，谨合词恭折驰陈。谨奏。

光绪二十四年九月初五日奉朱批：该衙门知道。

粤督谭钟麟致总署法人在广州湾越界拆厅请告法使电

法人将硇州操场演武厅拆去，基址荡平。往询，云：可作年久自倒。又将炮五位运去淡水、广州湾。又在缯棚村挖地打靶，如伤人，必滋事。又称：沿海一带均须插旗。又勒令巡抚代查盗窃。又连至巡抚署称：洋兵早出挑泥，不见一名，责成追寻各等语。硇州不在广州湾界内，越界拆厅、移炮、打靶、插旗、役使文武，潘道守候二十余日，法官不来，因公暂回，法官乘轮忽至，及再往约，又回海防，有意耽延，其心叵测。请告法使，饬速往勘界，硇州亟须退出，不可越占。

九月初五日

直督裕禄奏请拨款为办理天津德国租界之用片

裕禄片。

再，据署天津道任之骅、津海关道李岷琛会详称：光绪二十一年，德国在天津议立租界，经该道等与德国领事司艮德踩得地段，订立合同，先后详咨总理衙门在案。计所租之地，在天津紫竹林各国租界迤南土围墙外及减河南北，共地九百余亩。近年天津商务日盛，各国洋人买地不惜重资，德国所租之地与英界相近，房地价值自应比照增给，方昭公允。乃德国领事以彼有协同收回辽地之功，中国谊应酬谢，每亩只肯出银七十五两。该处居民不肯，不得已，议由官筹款分别贴补，以弭衅端。将界内之地作六等价值，每亩自二百四十两以次递减，至四十两为止。房屋亦分八等，每间自八十两至二十两为止。每户酌给迁费十两。又界内有闽、粤义冢一区，合同载明存留，德人力欲租用，民情更为不服，复经多方开导，另加地价、迁葬之费，始肯允从。上年五月间，已将减河之地交割二百五十余亩，贴补银一万六千余两，房屋一千七百数十间，贴补银一万三千七百余两，又迁葬费四千二百余两，闽、粤义冢贴费银七千两，连梁家园树房地基、局用、薪水等项，共垫给银四万六千八百余两。现在减河以南之地亦经开办，得地七百余亩，界内坟冢数千，亦勒令迁让，绅民不允，始终坚持，惟有徐行劝谕，迁葬津贴，以了此案。总计前后贴补一切用款约银十二万两，万分支绌，请由部拨银十二万两作为办理德国租界之用，请为奏报前来。可否仰恳天恩，敕部照拨，以应急需？谨奏。

光绪廿四年九月初六日。

鄂督张之洞致总署沙市案税司各员赔款拟照广东河南成案办理电

沙市案，英、日赔款早经奏结。兹据沙关税司聂务满开送本关暨邮局器具、船只及华洋办公人员衣物各件，共合银二万二千二百十六两，坚执不减。除尾数二千余两外，拟赔二万两。查此案由招商局起衅，应沙关与商局各出七千五百两，余五千两无款可筹。查光绪十年广东、河南案，曾由赫税司于罚款四成拨银以补酬司等失物，兹拟援照成案请拨。

九月初七日

彭虞孙李希杰呈鲁抚会勘胶澳租界事竣禀　附租地合同潮平合同

敬禀者：

窃职道希杰于本年二月二十六、六月初二等日接奉宪署札发与德使议定专条钞件，并准德国海使照称：会勘胶澳一事，本国已派定四员，现在青岛专候中国所派官员，同往会勘，请饬该员等速赴青岛，并将至岛日期示明等因，电知山东抚院，转饬职道等，即赴青岛会勘。所勘里数悉用中国丈尺。并派同文馆德文翻译官・候选直隶州知州治格随往各等因。奉此，职道虞孙在济宁差次遵电回省，于六月初七日行抵烟台，先后奉到山东抚院张札，同前因，并奉前直隶阁督部堂荣饬派测算绘图之武备学堂副教习・守备张祖佑、千总沈琦、水师学生蓝道生、李梦松，并派飞鹰兵船，先后到烟。十七日，译官治格抵烟后，职道等即于十八日带同译、测各员暨随员前山东诸城县知县王曾俊等起程，十九日抵青岛。当将起程、到岛各日期电禀宪鉴在案。

德员巡抚罗绅达因病未晤，旋与游击罗所、都司代莫林、都司法勒根汉等三员逐日会议。自二十五日起，督同各员暨各该地方官等，按照条约第三款，划定胶澳东北面德国租地：由即墨县属之青岛东行，至劳山湾，即于湾东半岛东北角立定第一界石；由该岛直向西北，越砖塔、狗皮等岭，达华阴集、白沙河，自华阴集以下，均以该河北岸为界。计自劳山湾半岛东北角起，至阴岛东北角止，共长中国里六十八里，计立界石二十二颗。又划定胶澳西南面陈家岛租地：自胶州属之齐伯山西南偏南海岔壕北头村起，转西折向壕洼，往南至土人所云古运河中段，再沿运河至灵山卫薛家岛大道中之石桥，越壕南头村，至海，对笛罗山止，共长中国里四里，计立界石三颗。以上租地，均经会同勘定，详细立界，德人毫无异说。至不连旱地之齐伯山、阴岛两处，及胶澳内全海面，由女姑迤逦绕至壕南头村海岸止之现在潮平之地，暨防护海面所用群岛，如笛罗山、炸连等屿，一并归入租地，以符约章。勘毕后，互立华文、德文白片记载，将立界及潮平处所分别详细注明，书名画押。

七月初四日，接奉山东抚院电：准宪署宋电云，现与德国海公使约明，第一款所云，一百里边界内，本只准德兵过调、整顿水道二事，原约既未明订边界，可由两国委员和商，约略指画，不立界石，以免谣〔摇〕惑，饬令妥商酌办等因。奉此，职道等于租界勘毕，遵即驰回青岛，与德员罗绅达面商，各即遵电办理。自十五日督同委员，会同德员，由即墨之南群村起，至诸城之聂家村止，约略指画外边一线，均离胶澳潮平计在百里之内。此项边界虽于七月内勘毕，未敢遽定。八月二十日，接奉宪署电谕，遵旨电知，令饬照约勘定，并将所立记载盖印等因。职道等钦遵，即与德员议定，亦立白片记载，书名画押。其塔埠头地方，德员初本让出，现因原在潮平之内，仍请归入租地。电禀请示，旋奉宪署电饬照准，遵将前立潮平记载销废，另行更换，添入塔埠头及阴岛后潮平处各加立界石三颗等字样。前后互立华文、德文白片记载三分，均经遵盖道印。所有奉饬会勘胶澳租界边界一律办竣缘由，理合绘具图说，并原记载及钞记载禀呈堂宪察核，实为公便。

谨禀。

九月初十日

租地合同

大清划界官员新授山东兖沂曹济道彭虞孙、山东登莱青道·东海关监督李希杰，大德划界官员巡抚罗绅达、游击罗所、都司代莫林、都司法勒根汉，在本日所定立之合同，列左：

第一款　划定入胶澳向北德国租界地界，从劳山湾东半岛东北角起，由此界线大概至山岭，到岔涧山上山口止，对白沙河河涧，到胶澳向阴岔东北角，两国划界官员带同地保、乡约，详细定立界石：

第一界石，立在劳山湾半岛东北角。

第二界石，立在砖塔岭西南山口之山神庙侧。

煤窑、砖塔岭均在中国界内，烟云涧、南窑均在德国租界内。

第三界石，立在狗皮岭之北约一百步，随即前往岭尖定立。

第四界石，立在岔涧庙东北偏北，距庙约中国二里计德国一千二百迈当。

第五界石，立在第四界石东北岭上，此处有山涧直达白沙河。大河东椒涧、大按子村、鸣红涧村、岔涧庙，均在德国租界内。

第六界石，立在河东东北约中国二里计德国一千二百迈当。

第七界石，立在第六界石偏北相距约中国二里计德国一千二百迈当北坞、王哥庄大路之间。

双石屋、河东、河西暨北交永庙、蔚竹庵，均在德国租界内。自此在山岭上划清界限，至第八界石。

第八界石，立在薛家庄、王哥庄大路之间，距薛家庄约中国三里计德国一千五百迈当，往东北至薛家庄地界为限。

榜石、北坞、薛家庄均在德国租界之内。

自第八界石起，其界线划于山岭白沙河北岸，此岭即为以下之界线。

甲、尖石系第一线，在老虎涧西口大路中间小坛之前偏东二十九度，第二线自白沙河外湾老虎涧村之西偏东五十五度。

乙、为圆山头上有松树，第一线在香里、杨家村大路之间过白沙河偏东三百四十五度，第二线在康公祠前石牌楼、杨家村、华阴集大路之间偏东七十三度。

大老村、老虎涧、香里、梁村、杨家村，均在德国租界之内。此界按照以上情形定立，以免将来分划村田致有争端。

第九界石，立在路里、杨家村之间，康公祠之西，距干河之东约六十步计德国五十迈当。自此向南，定于华阴集、杨家村之大路北向正西干河草地上，再往南，至白沙河定立。

第十界石，立在白沙河北岸。

杨家村、康公祠在德国租界之内。华阴集、路里仍在中国界内。自第十界石，其界线沿白沙河北岸至十一界石。

第十一界石，立在华阴集之西南，白沙河南岸。所以第十一界石立在南岸之故，因河中旱滩仍属中国。自此界线在旱滩南岔白沙河北岸，至第十二界石，在白沙河北岸附近九家庄立定。所以，白沙河之旱滩、华阴集、九家庄仍在中国界内。

第十三界石，立在白沙河北岸沙沟赴霞庄之渡口。沙沟在中国界内，霞庄在德国租界内。

第十四界石，立在白沙河北岸茔里赴黄埠之渡口。茔里、古镇在中国界内，黄埠在德国租界之内。

第十五界石，立在白沙河北岸古镇赴黄埠之渡口。

第十六界石，立在白沙河北岸流亭赴匀塔埠之渡口，距碧阴庵偏西约一百五十步计德国一百二十迈当。所以，流亭在中国界内，匀塔埠在德国租界内。

第十七界石，立在白沙河北岸太商赴匀塔埠之渡口。太商仍在中国界内。

第十八界石，立在白沙河北岸白沙村赴匀塔埠之渡口。白沙村仍在中国界内。

第十九界石，立在白沙河北岸白沙村赴仙家寨之渡口。仙家寨在德国租界内。

第二十界石，立在白沙河北岸赵村赴宋哥庄之渡口。赵村在中国界内，宋哥庄在德国租界内。

第二十一界石，立在白沙河北岸港东赴女姑之渡口。港东在中国界内，蓝家庄后路均在德国租界内。

第二十二界石，立在白沙河北岸向阴岛东北角胶澳涨潮之处。

第二款　画定入胶澳向南德国租界地址，从齐伯山即黄岛西南偏南海岔壕北头，由运河往西，至壕北头，界限指向壕洼，往南至运河，离官厅向东北偏北四百迈当。

再沿运河西岸至灵山卫、薛家岛石桥之处，由此越壕南头地界至海，由此向笛罗山，从薛家岛往西南至半岛，均在德国租界之内。

第一界石，立在齐伯山又名黄岛西南偏南海岔。

第二界石，立在运河中游。

第三界石，立在灵山卫、薛家岛大路中间。近运河之壕北头、壕洼、壕南头三村，均在德国租界内。

张家湾、官厅、焦家庄均在中国界内。

此项合同应缮两分，中、德官员各执一分。

光绪二十四年七月初六日。

划界官彭虞孙、李希杰押。

西历一千八百九十八年八月二十二日。

画界官罗绅达、罗所、代莫林、法勒根汉押。

潮平合同

大清划界官员新授山东兖沂曹济道彭虞孙、山东登莱青道·东海关监督李希杰，大德划界官员巡抚罗绅达、都司代莫林、都司法勒根汉，在本日所定立之合同，列左：

第一款　黄岛、阴岛，现定和约第三款之三业已载明。

第二款　由胶澳涨潮之处，即白沙河入胶澳至二十二界石起，转湾至黄岛西南偏南海岔立第一界石之处，在现画之地图有蓝道者，即为界线界限之处，列左：

从白沙河北岸河边界石起，向北至海边土坝，至王家、女姑西，距该村二百迈当。由该处对海边平地往西北偏北，至海边之土坝，至前海之土坝。从此界线至南湾西南偏南，距该村一千四百迈当。由此界线向西北，至铁家庄，由该处转西，面向下崖西南偏南之土坝，至枯草。从此界线向东南偏南，前有平地，后有水坝，至旱滩之处，至陈哥庄东五百迈当。由此界线从平地，在此地设立界石三个，在马哥庄去阴岛之路中间。该处系涨潮之地，再往西南偏西，至易见之旱滩，距王家庄西南九百迈当，从旱滩对土坡向北约一千二百迈当，由此界线向西越平地一千八百迈当，向西南一千八百迈当，至商家沟之水坝。由此向西南偏南，至潮海西之旱滩。由此界线往西，至沽河，往前约一千六百迈当，至水坝，后有一千二百迈当，至平地，至西南之水坝，从沽河界线往北二千二百迈当，至东河岔，岸上有房。由此界线向西北，至沽河西岔之桥，在塔埠头北，由此至河堤之桥，由此堤至周家村，所有塔埠头全岛统在潮平界内，在沽河东岔，岸上有小房，在此设一界石，塔埠头北边有桥处请立界石。由此界线往南，距营房不远，从平地至东营坡，由此界线往西，至后王河。由此界线过平地，往南至龙泉孙家。由此界线往东南偏东，前有水坝，至大殷家，后有平地，至大石头。由此界线向西，至徐哥庄东四百迈当，至黄岛西南偏南之海岔之第一界石，由此界线距盐滩东南偏东三百五十迈当，距陈家港头往东八百迈当，距于家庄往东六百迈当，距车子岭往东四百五十迈当，于家河之北线在水坝上，由薛家岛向西南之海湾涨潮处，均在德国租界之内。至海岔内之小岛，均在中国界内。

第三款　胶澳前一百二十一经度即伦敦观星台数至北半球纬度距三十六度十分、距三十五度四十分中间笛罗山、炸连岛、加帝庙岛暨群岛，均系德国租地。

此项合同应缮两分，中、德各执一分。

大清光绪二十四年八月二十一日。

画界官彭虞孙押、李希杰押。

大德一千八百九十八年十月初六日。

画界官罗绅达押、代莫林押、法勒根汉押。

边界合同

大清划界官钦命二品顶戴·新授山东兖沂曹道彭虞孙、钦命二品衔·山东登莱青道·东海关监督李希杰，大德划界官巡抚罗绅达、都司代莫林、都司法勒根汉，在本日所定之合同，划定离胶澳海面潮平周遍一百里边界，系中国里。其界线自南群从客旅店集下流之河入海之地起，由此往西北，到南群、埠西中间之路，在埠西东过路，其埠西仍在一百里边界之外；再向龚家庄东角，由此到杨拉练东角，其龚家庄、杨拉练系在一百里边界内；从杨拉练之大路，过香山、夏家庄、店埠、蒋家庄至大路，过小姑河，系在一百里边界内；向往平度、胶州两处之大道，距白河庙向北三里，再过往平度、胶州之大道，又从长岭、高密之大路，距马哥庄西四里，其马哥庄在一百里边界内；由此往西南，距夏埠偏西十四里之处，向南相州集偏西二十八里，向诸城铺上集之大路，在华耀东过路，其华耀亦在一百里边界外；往南至皇华练，偏西三十四里，向东南鹿居涧南石桥，距边界向西三十四里，过泊里、程家练之大路，其聂家村在一百里边界内；往东南至海，南滩在一百里边界内。惟周遍一百里之边界，现经两国官员和衷商确，无用设立界石。

此项合同应缮两分，各持一纸。

光绪二十四年八月二十一日。

画界官彭虞孙押、李希杰押。

西历一千八百九十八年十月初六日。

画界官罗绅达押、代莫林押、法勒根汉押。

盛京将军依克唐阿致总署俄占盐滩并强画诺电

委员福培、徐〔涂〕景涛禀：会倭嘎克，谈论貔子窝湾北尽处，彼云：东山嘴太近，断难从命。现勘定往东十三里处所竖界。职请彼派人随书吏同往勘丈，今书吏回报：俄人所指之地名莫家屯，离赞子河东岸二十里，距貔子窝三十里，将盐滩占尽，所言不符。而俄员强逼画诺。职对以须俟总署回示，彼迫不肯待，而东岸团众跃跃欲试，恳速电总署诘问，指示等情。请速复。

九月二十九日

盛京将军依克唐阿致总署俄移界至莫家屯势必滋事电

福、徐〔涂〕禀：俄员今日又来催定界。答以不离貔子窝界立石则有权，今改移莫家屯海边，相离太远，则不敢专权。彼怫然曰：即直告总署，说我勘定莫家屯系照约画界，万无可移。语极挟制！现在盐滩各团誓死〈抵〉抗。今日俄人过河画图，已被逐回。倘在莫家屯立界，势必滋事。请速与俄使商示。

九月三十日

津榆铁路督办胡燏棻奏展造大凌河营口等处铁路息借洋款折

督办津榆铁路·顺天府府尹胡燏棻奏，为息借洋款，订立合同，谨陈订办情形事。

窃臣于本年四月十八日附片奏明，展造由大凌河至新民厅、并由营口至广宁两路，连锦州，需借洋款以及归还前借零星各款，共应借银一千六百万两，方能敷用。先将与英商汇丰洋行借妥情形并会议节略咨呈总理衙门，奉旨：依议。钦此。嗣即与该商订立草合同，一面派洋工程司吉纳尔驰赴伦敦，陈说此路利益，以期众商易信，借款早成。无如俄使巴布罗福迭次驳难，总以所借系属英款，不无猜忌。旋与英、俄两使当面商定，此路应认为中国永远产业，无论何国，不得藉端侵占。彼此甫经议定，适值中国前借洋款股票价值在外洋日见跌落。此款初议一无折扣，按常年五厘五毫行息，分作二十五年归还。该商汇丰以现在情形若照前议办法，股票难售，势难集款，愿按九扣交银，而将常年行息减作五厘，并称：芦汉总公司借用此〔比〕款，亦系五厘，九扣，且于购料、用人一切事权多所干预，不比此项借款和平办理等语。臣以其有约在先，遽行改议，先未应许。嗣因此路关系榆关门户及奉省东南两路大局，设或龂龂争执，失此事机，另筹更无把握；又恐造路工程有稽时日；随复访之他国洋人，该商所指中国股票在外洋跌价情形似非虚捏，而且利息减去五毫，收款虽少进，而还款亦少出，赢缩尚足相抵。惟前议二十五年归款之期，时促数巨，届期或不免棘手，亦宜预为之所。今该商借款既有此更改，倘能将归款期限展缓，犹可迁就。当经一再商定，展至四十五年为期，并与订明，中国可随时另集股款，俟再届还本之期同日掣还。其迟早、多寡之权既由自主，仍可随时隐为操纵。因复通盘核算，借款时按照九扣，少进银一百六十万两，而本息并计，尚可少还银二百零四万两，尚不至受亏过甚。况分年业经展缓，藉可从容经理，兼为抵制强邻之计，亦属合算。其余条款与前此会议节略大致相同。因即准缮立正合同，于八月二十五日定议签押。相应请旨饬下总理衙门及矿务、铁路总局查照，速议核定，俾该洋商可按照合同先行拨款应用。现在南票所至锦州铁路工程，自四月开工以后，已有四五成之谱，所购材料，封河前亦可运到。余如营口等处，均已次第布置，只须借款交到便可举办。惟此次既少借银一百六十万两，按计估价不敷尚巨，应俟随时奏明，仍向该商续借，以符前股之数。除将订立借款合同并分年还款表式分别咨呈军机处外，伏乞圣鉴。谨奏。

光绪二十四年九月三十日奉旨：户部会同总理衙门议奏。

总署奏遵议息借英款展造大凌河营口等处铁路折

总理各国事务庆亲王奕劻等奏，为遵旨复陈事。

本年九月三十日奉谕旨：胡燏棻奏，铁路息借洋款，定立合同订办一折，着妥议具奏。钦此。臣等查，大凌河、营口等处铁路工程关系紧要，只以筹款维艰，未能迅速举办，前据津榆铁路督办胡燏棻与英商汇丰洋行订借一千六百万两，钞送会议节略，由臣衙门核议在案。迄今数月，其先后为难情形，经该大臣再四筹商，始克定议。所称该商愿按九扣交银，常年五厘，分作四十五年归还各节，虽与前议参差，而综计出入数目亦尚不至吃亏。且与芦汉总公司借比国之款，五厘，九扣，亦属相符。其他条款及分年还款表式，臣等公同阅看，筹画尚属精详，应请准如所拟办理。如蒙俞允，即由〈臣〉衙门照会英国使臣，转饬该洋商，按照合同，分期交款，以冀早日竣工。谨奏。

光绪二十四年十月十四日奉朱批：依议。

清季外交史料卷一百三十五终

清季外交史料卷一百三十六

光绪二十四年十月至十二月

总署咨刘坤一王文韶修改长江通商章程文 附章程

案查，各国驻京大臣拟请修改长江通商章程一事，经本衙门札饬总税务司详细妥酌，并令饬知沿江各关税务司一体核议。去后，旋据该税务司将改定章程十条详细声复，由本衙门逐条察核，尚属切实可行，即将所订章程照会各国驻京大臣，并札行总税务司，酌定开办日期各在案。现准各国驻京大臣先后照复，允准照办。并据该总税务司复称：拟于光绪二十五年二月二十一日，即西历一千八百八十九年四月初一日，即第一百五十五结之首开办，即请照会驻京大臣，转饬各领事官，传谕商民等遵照办理，并请将此项修改长江通商章程刊印颁行等因前来。除由本衙门照会各国驻京大臣，转饬各口领事遵办外，相应将刊印章程十条，并拟定开办日期，咨行贵大臣查照，转饬沿江各关道一体遵照可也。

十月十四日

修改长江通商章程

第一条　前同治元年《修改长江统共章程》内所有之要义既经并入现在删修之新章，所有旧章暨长江各口同类之分章，一概作为废纸。

第二条　凡有约各国之商船，准在后列之通商各口往来贸易，即镇江、南京、芜湖、九江、汉口、沙市、宜昌、重庆八处，并准按另订之专章，在后列之不通商口岸起下货物，即安徽之大通、安庆，江西之湖口，湖广之陆溪口、武穴等处。除以上所列各处外，其余长江沿途各处，不准私自起下货物。如违此例，即照条约所载沿海私作贸易之条办理。惟搭客暨随带之行李准于往常搭船之处上下此处现时即系两江之江阴、宜兴，湖广之黄子岗、黄州等处，但行李内不得夹带应税之物。违者，即将行李充公。此条内续添江南通州之芦泾港，泰兴县之天星桥，湖北荆河口，又名荆河脑，及新堤，均系往常停船搭客处所，向不起卸货物。

第三条　凡在长江贸易之商船，现分为三项：一为由镇江上江暂作贸易之出海大洋船；一为由长江此口赴长江彼口，或由上海赴长江各口，常川贸易之江轮船；一为划艇、钓船及华式船只。以上三项船只，即照条约之例及各该口之分章办理。

第四条　论大洋船。

凡大洋船入江，若不过镇江贸易者，即在镇江办理，照沿海各关之例无异。惟此项大洋船若过镇江上江贸易者，即作为第三条所谓之长江贸易第一项船。此项商船，无论系轮船、夹板船，均应由船主将船牌呈交上海，或吴淞，或镇江之领事官，如无领事官，即呈交税务司查收。税务司一接到船牌，或领事官行文，即立发江照一纸，载明船名、国旗、吨数及装何项货物并携带何项保护军械等情，名为长江专照，该船即可持赴上江行驶，无论抵何口，所有进出报关暨起下货物、完纳税钞一切事宜，俱照沿海各口办法，一律无异。俟回发江照之口岸时，即镇江、上海、吴淞等处，须将长江专照缴销，由关查明税钞完清各事，均照章办妥，即发给红单，准该船领回船牌出海。

第五条　论江轮船。

凡愿在长江常川贸易之轮船，可将船牌呈交上海领事官，如无领事官，即呈交江海关税务司查收。税务司一接收船牌，或领事官行文，即发给江照一纸，载明船名、国旗、吨数及携带保护军械等情，名为江轮专照，其照即以本年为限，须每年在上海换领一次。如该船不在汉口以下贸易，即在汉口换领。如不在宜昌以下贸易，即在宜昌换领。此项有江轮专照之轮船，所有进口、出口、起下货物、完纳税钞等事，均应按照各该口之关章办理。至于船钞一项，应在发给江轮专照之口岸，即上海，或汉口，或宜昌等关完纳。此项轮船如有违长江口岸章程，首次即照沿海各口罚办之例办理，二次即将江照撤销，不准过镇江上江贸易。若无江轮专照之轮船过镇江上江者，即照第四条所载大洋船之例办理。

第六条　论有江轮专照船只之货物。

前《长江统共章程》所指船只装运货物应将出口正税、复进口半税同时完纳之理既属撤废，嗣后凡有江轮专照之船俱应按沿海通商各口办法纳税，即出口税应于下货以先在装货之口完纳，其进口税或复进口税应于放货以先在起货之口完纳。至装货、拨货、卸货等事，均应按照沿海各口章程，先为报关呈验，请领准单办理，与沿海通商各口办法一律无异。凡进口起卸茶叶者，该货主无须完纳复进口税银，特准按数另具复进口税之保结，俟该茶叶呈有十二个月限内复运出口之据，即将保结注销。如此项复出口茶叶再进他口，设如由汉口复出口，复进上海口岸者，应于复进之口，令其再具复进口税之保结，俟限内再复出口时注销，以此类推。

第七条　论划艇、钓船、华式船只等类。

一、划艇等船如系洋商之船，持有本国之船牌，悬挂本国之旗号，若欲过镇江上江贸易者，应于领事官或税务司处请领长江专照。所有呈报海关、起下货物、完纳税钞等事，俱照有船照之大洋船一律办理。

一、钓船等如系洋商之船，但无本国之船牌，即无悬挂国旗之理，均应于本口税务司处请领关牌，所有呈报海关、起下货物、完纳税钞等事，俱照划艇等船办法办理。

一、凡由洋商雇用之华式船只，只准装载实系洋商自置之货，由通商此口赴通商彼口，须于税务司处请领专牌，由该洋商出具切结，载明该船所装确系洋商之物、实系运往某口、在彼完纳税项等情。徜该船不按照办理，即该货非运某口，在彼完税等事，该关税务司嗣后即可不发此项专牌交该商执领。此项船只所有呈报海关、起下货物、完纳税钞等事，俱照划艇、钓船等办法办理。

第八条　论总单。

凡长江专照之大洋船、江轮专照之江轮船以及划艇、钓船并洋商雇用之华式船只等项，均应于出口之关请领总单，俟抵他口，应将总单呈交该关，方准卸货。若进口时所卸之货不及总单所载之数，应惟该船主是问。

第九条　论杂项章程。

凡在长江贸易之商船，如遇巡船及他项关船，若索阅船牌、江照等项，务须呈验。若该船并无前项所开应有之牌照等件，即照条约所载沿海各处私作贸易之例办理，江关并可将其舱门封闭，亦可派关役押送。其有长江专照之第一项船，若中途经过之口并不起下货物，即无须在该口停船候验牌照。

第十条　论长江各关及各口岸分章。

长江贸易之船，现既有修改颁发之新章训示遵行，故旧有之章即属不符，即应由各该关即上海、镇江、南京、芜湖、九江、汉口、沙市、宜昌、重庆等关筹备新章，俾得遵订分章，与新章相辅而行，颁示宣布，一则可期便利商情，一则得以照约严防偷漏矣！

以上章程嗣后如有窒碍之处，可随时酌量更改，以归妥善，定于光绪二十五年二月二十一日开办。

华洋轮船驶赴中国内港章程

领牌挂号

一、中国内港，嗣后均准特在口岸注册之华、洋各项轮船任便按照后列之章往来，专作内港贸易，不得出中国之界前往他处。内港二字，即与《烟台条约》第四端所论内地二字相同。

二、非出海式样之各项华、洋贸易轮船，或在口岸内驶行，或往来内港，除按本国律章应随有之牌照外，尚须赴税务司处请领关牌。其关牌内应将业主姓名、籍贯注明，并将船名、船式及水手人数等项按行开列，每年换领一次。如改业主及停止贸易等事，即将所领之关牌缴销。初次领牌应纳牌费关平银拾两，其后每年换领新牌纳费贰两。

三、此项轮船如只在口内驶行，无须每次赴关呈报一切。若欲前往内港，于出口回口时，俱应一体报关。无关牌者一概不准前往内港。

四、此项轮船所有悬挂灯盏、防范碰撞及招雇更换水手与查验水锅机器等事，俱须遵照各该口原有之章程办理。该章程应由海关颁布，并刊入关牌内。

税课办法

五、此项轮船如在各口照此章程装载应税之货驶赴内港，应即报明海关，由关核定应否照完何项出口税，如由内港装载应税之货驶回本口，应即报关，由关一体核办。凡属洋商之船应完何税，即按条约税则办理。

六、此项轮船在内港各处起货下货，应照该处定章，遵纳各项税厘。凡属洋商之船，应照条约税则比例办理。

七、此项轮船若拖带船只，被拖之船应于何处厘卡候验，则该轮亦应于该处停轮。该轮所装之货并被拖之船所载之货俱照各该卡之章程办理。惟洋商应遵之章须与条约相符，仍由海关一体颁布。长江轮船若无海关特照，一概不准拖带货船。

审案办法

八、凡在内港犯事者，无论或违背税章，或殴辱人命，或盗窃财产等事，均须由该处地方官按惩办本处人民之律章审断。惟若系洋人之船，即犯事者为洋人船上所用之华人，应由地方官一面知照就近口岸之税务司，转告该船之领事官，该领事官即可派员前赴观审。若犯法者为洋人，应照条约所论护照之条，将其人送交就近口岸之税务司，转交该领事官办理。

九、凡此项轮船如经过税关、厘卡等处并不遵允停轮，或搭客、水手等在内港地方滋闹肇衅等事，即照各关卡定章罚办，一面由海关将该船之船牌撤销，不准复往内港贸易。倘系洋商之船，若该商以审断案情及罚款，均请照同治七年《会讯船货入官章程》办理，亦可。

以上所拟足为现时管理此项轮船之章，嗣后如有应行修改之处，即可随时酌情改订。

光绪二十四年五月二十五日咨行各省。

内港行轮章程续补

一、凡有轮船装载洋货入内地，或领取子口税单，或沿途逢关纳税，遇卡抽厘，均听商便。该货已到指运之处，所有本地应征税厘即与该船无涉，惟该船不得私起货物。

二、凡在通商口岸将土货装载轮船运往内港，应先报明该关，照民船装货出口完税之例完纳出口正税。该轮船往内港所装之土货，若遇关卡，须按该处章程完纳各项税厘等款，与民船办法丝毫无异。若所报之货为复进口之土货，已在他口完清出口正税，即无庸重征出口正税。惟该货沿途仍应按内地章程完纳各项厘捐，与他项货物无异。该货无论由何处运来，已到指运之处，所有本地应征税厘即与该船无涉，但该船不得私起货物。

三、凡土货在内港已装轮船欲运他处，即可认明系已完该处之各项税厘，嗣后无庸再行呈有该处已完税厘之据。惟遇沿途关卡，仍须按该处之章程完纳税厘。该轮到口时，该货若系在本地售用，向系在该处征税，与民船所运之货征税无异。除此项税饷之外，所有各项税厘、捐款、经费等事，即与该轮船无涉。若所装之土货系欲运往外洋，或照本章程办理，或照镇江子口单章程，立具保结，领取三联报单，均听华、洋各商之便。凡运土货到口欲立即拨过出口船只者，于征收出口正税之外，余不再征。

四、凡华、洋各轮往来内港，每四个月一律在挂号之口按章征纳船钞一次。民船被轮船拖带者，必须按章完纳船料。

五、凡有民船装载货物被轮船拖带者，其货物征税办法与轮船之货无所区别。

六、凡华、洋轮船往来内港，必须在民船贸易常用之码头起货下货，不准在别处任便起下。如违章在别处起下，即照条约所载沿海私作贸易之条办理。又挂号之行驶内港船只若驶赴中国境外，初次罚银在二百两以内，再犯者不准在内港贸易。

七、行驶内港船只报明往内港时，本口海关应发给本关总单一纸，内注明该船载有何项货物、斤两若干等事，以便至沿途各关卡时呈验。若征纳税厘，即按总单征纳。惟疑有迹近影射者，亦可即时盘验。至该轮到起货之处，船主须备一舱口单，内注明在该处所应起之货物各类若干。

八、原章第七款所载各该卡之章程，应以本年为限，由中国将各卡章程颁布众知。其未经颁布以前，如有船只过内港各关卡，不行停轮候验，尚不得遽行议罚。惟该轮若经本处关卡，或巡船唤令停轮，竟不遵照停候者，应即议罚。

九、内港各关卡之章程颁布后，通商各口应由该省大宪各派一妥慎之员，代收轮船往来内港之税厘等项，由该员按定期呈报大宪查核。遇有轮船报明欲往内港何处，该员即将该船所装何货若干、沿途应经某关卡、共应完纳税厘若干核明总数，先行征收，随即发给总单一纸，以便前往贸易。该轮过沿途关卡时，即将此单呈验放行，不得阻滞。至本章程第二、三款所载之税，亦由该员一并核收。各该员应于新关附近之处设立局所，与本口税务司和衷会办，不可自专。遇有疑难事件，应请本口税务司与监督通融酌议办理。若案中牵涉洋人，即可任便商酌，按照会讯章程办法办理。

光绪二十四年七月十八日咨行各省。

督办津榆铁路胡燏棻奏接收津榆铁路移交各款截清界限折

督办津榆铁路·候补侍郎胡燏棻奏，为接收津榆铁路，移交各款，截清界限事。

窃臣于上年七月初三日奉旨接办津榆一路，七月十六日准芦汉总公司先将天津至中后所铁路连同各车站、车辆移交接管，即经该公司将全路卷宗移送前来，当即饬令天津总局，督同员司，将自二十三年七月十五日所有津榆一路存欠款目及现在房厂、车辆、材料、地亩各项，即行截清界限，点查具复。

兹据详称：津榆一路，本分官、商两局。自光绪十二年创办商路，迄今十有余年，一切文牍、案卷大半散佚。除二十三年七月十五日以前收支款目等项应归该公司自行经理外，前自七月十六日起，实计接收津榆一路，内自天津至滦州之古冶为商路，计长三百十一里，设有车站十三处，分站一处；古冶至中后所为官路，计长三百九十四里，设有车站十二处。查阅交案，其房厂一项与原册相符，惟房屋年久失修，均须大加修葺。其银数一项，除该公司经收、经支不计外，截至七月十五日止，存银四万六千八百两零，而欠怡和、德华两行二十三年春季分应付洋债，已经该公司筹垫银十三万八千七百两零，又欠已购各项料价银十万一千三百两零，内有订购运木一批，归该公司收用，剔除银二万五百余两，应归接收之员筹还，两相抵算，实计不敷银十七万三千二百余两；此外尚有分欠北洋各局所官款银一百三十八万三千八百两零，又欠商股本息银二十九万四千两，又欠怡和、德华两行洋债本利英金十五万零七十五镑，约合银一百十二万五千六百两；又积欠汇丰银行本利银十五万五千两零，又用出银元钞票抵欠银一万一千三百两零，以上各款共计亏欠银三百十四万二千八百两零，至于官路所领部款及各省拨款尚不在内。是以接办之后，即行声明，应筹还二十三年春季分该公司筹垫付还怡和、德华两行欠款，并已购各项料价以及秋季分接办之初应还怡和本息等款，约共需银四十余万，当经奏明，由京城华俄银行息借银四十万两，分别拨还，始得以济急需。且八月以后，复由臣筹还德华两次到期欠款银五十余万，并找付总公司已定未付料价银十八万两。此接收存欠各款之实在情形也。其车辆一项，约八百四十辆，虽有损坏，尚堪修理。应用材料〔料〕一项，名色繁多，且多霉烂残缺。其该路地亩卷宗大半散佚，地亦有被人侵占，必须查明，方可清厘。惟交案已及一年，势难再缓清结，拟将此项地亩另案办理等情前来。

臣查，商路已阅十年之久，原铺道木全行朽烂。接手以后，屡接总工程司金达来禀，如道木再不购换，势将停车。现择其最急者先换二万块，本年又添购十二万块，陆续更换，始觉整齐。其桥座亦改用石柱，并添造车辆，不下五十万余两，洋款项下共付还怡和、德华本息银六十余万两，又还总公司借款等项并续付料价等银四十万余两，统计先后筹付银一百五十余万两。虽一年客货运脚约收银九十余万两，除去岁修、养路各费，不敷甚巨，均经多方筹借，始克如数应付。臣自维驽劣，膺此巨艰。现在英商汇丰新路借款业经总理衙门会同户部奏准借妥，一俟按期交款，即可分别清厘。臣惟有殚竭至诚，不辞劳瘁，以期收款日旺，客款日减。至于收支各款，自光绪二十三年七月十六日为始，由臣一手造销。其以前历年收支之款，应由北洋大臣饬令从前承办之员造报核销，以清界限。谨奏。

光绪二十四年十月二十三日。

督办津榆铁路胡燏棻奏请将朝阳县属三票煤矿改为官办片 附合同

胡燏棻片。

再，铁路须有煤、铁各矿相辅而行，方能历久不敝。前因高桥至锦州一带查有煤、铁矿数处，宜归铁路开办，于本年四月十八日附片奏明，奉旨：依议。钦此。查关内外铁路向用唐山之煤，现在所出五槽煤块已属无多，仅敷关内购用，每有九槽煤末掺杂，冬令颇不合用，而关外新路将及千里之遥，势不能专恃唐山，致形缺乏。兹查高桥相距九十里之南票地方，系热河朝阳县管辖，有上、中、下三票煤矿，质坚产厚，足与唐山之煤相埒。该处系蒙古封地，向章只须向蒙古王公领有地照并热河道煤帖，无论官绅商民，按年纳交地课，即可转相承领，永远开办。惟该处山场地高路险，开采既艰，转运亦不易，以致历办煤商往往悬课欠追，厂废窑荒，久成弃产。该商既愿退约，与铁路改为官办，当经臣于铁路项下筹给该商等历年赔垫工本银二万八千两，分别立有退约，归入铁路。复派洋工程司履勘，须由高桥先造枝路一道，以通行运，计需银百万两，此项枝路应即归榆锦一路另行筹款接造。惟采煤沿用土法，颇难见效，必须仿照唐山改用机器，方能旁通深入，采取日多，计购置各项约估工本又需银百万两，款亦甚巨。若必统由铁路筹办，深虑独力难支。英商汇丰仍愿将该处矿务妥商，合股办理，各任股款五十万两，以备购机一切之用。应完蒙古并热河地税各课仍照向章交纳，并仿照晋县矿务章程核计出井煤斤，值百抽五，报效国家。议定以后，亦于本年八月二十五日与借款合同一并签押。嗣知矿路总局奏定新章，复有余利归公之款，应按十成之二五提出缴部，当与该英商商酌，以合同订立在先，未便更改。俟有余利可分之时，将铁路名下应分之利提出十成之二五呈缴户部。此外专利年限，以该矿系蒙古封地，欠课即收回，不欠课即承办，于地契载明，是以本未议定，亦与矿路总局奏明借洋款办理矿务各条尚无不合。倘能获利较丰，兼可维持铁路，归还洋债，实属一举两得，有利无弊。除将合同咨送总署并录呈军机处查照外，谨奏。

光绪二十四年十月二十三日。

督办津榆铁路大臣胡燏棻与汇丰银行并代怡和洋行经理华英公司订立合同

一、督办大臣向朝阳县之南票地方购买上、中、下三票煤矿，现与公司商订合同，合股开办。嗣后以上所指地方左近，或女儿河至南票，及南票至锦州铁路一带，如有他矿，经督办大臣购买，或他故取得者，亦应照此次合同，或合股开办，或公司自行开办。但照此合同所有开办一切事宜，应俟矿务工程司呈报佳否，开办与否，听公司自愿。

二、公司应即从速自派矿务工程司前赴购买地段察勘，与督办大臣及铁路总工程司商妥，将应行凿井开矿之处指定。该工程司并应于上指各处地段一律测绘，冀将合办之矿推广。督办大臣接到该工程司呈报后，应照呈报内指明各地立即购买，地主不愿，概不强勉。

三、开办成本估需行平银一百万两，应由督办大臣及公司各筹其半，或集公款，或招众股，或他项办法，各听其便，自行筹画。其成本一百万两，公司应筹十二万两五千两，于西历一千八百九十八年十一月三十日以前，合英金，交存伦敦汇丰银行。督办大臣亦筹此数，交存天津汇丰银行。其余七十五万，亦照此分筹，均不得过西历一千八百九十九年十一月三十日。至此项存款，均归银行，听候公司拨用，以便购机开办。如须续筹底本，应即照此办法，彼此分任。

四、女儿河至南票煤矿支路，应由督办大臣按照与公司订立之山海关牛庄干路及接连各路合同办理。

五、所有开凿矿质办法，工务一切，督办大臣与公司秉公商办。

六、各矿应设华、洋董事各一员，洋员管矿工，归公司派委，华员理交涉事件，归督办大臣派委。所有账目由洋帐〔账〕房登记。其进出款项，由洋董事经理，华董事稽核。至各矿务须多用华人。

七、此项矿产应纳各项税饷列后：

(一)① 缴热河道每年公费每票合银十五两。

(二) 按出井煤斤值百抽五报效国家。

(三) 缴该地蒙古旗按照折银旧章办理，每年合银一千五百两。

(四) 每年按照上、中、下三票应完地税银七百九十两。

八、矿工应用机器、材料及所需各物进口，按照开平章程，完纳海关正、半税项，其余厘金及他项税款概行援免。至开出矿产由海口运出，所缴出口税项应按关章官矿出产办理。

九、铁路局允在各路运送矿产，其脚价由南票至女儿河不得过大钱七百二十文之数。按：此系按每月运送三万吨而言。如溢过此数，其溢运之矿产，脚价每百分中减二十五分。其由各干路运送，脚价每吨每一英里收大钱十文。以上所列各价，凡由出煤处岔道运出及至营口运入煤厂各费亦在其内。其装车、卸车由矿局自行经理。又上列各价可随时由督办大臣、铁路总工程司与公司互商更定。如彼此意见参差，可请证人评断。至在煤矿及码头船隙各处交运煤斤事件，并以开平定章为主。

十、矿局因铁路局特定运脚之故，允供给铁路局需用煤斤照下开各值取价：

---

① 括号为校者所加，下同。

（一）顶好成块宜于汽机车用者，每吨大钱四千文。

（二）寻常块煤宜于各厂锅炉用者，每吨大钱三千文。

（三）细煤合火炉及暖水箱用者，每吨大钱二千二百文。

（四）顶好焦炭，每吨大钱八千文。

以上煤斤均在矿厂交付，免开运脚。

随时需用他项煤斤，均准此项价值商酌办理。

十一、凡工人受伤如何抚恤，及限定工作时刻各事，公司均须按照各国矿务章程择善而从。

十二、倘公司因各项矿工须发行借款章程，以便招集款项，无论何时，督办大臣应允于此项文牍准予盖印，庶令公司之权可见信于众人。

十三、如有应备之道路、桥梁或陈设关系矿工及转运矿产等事者，应于公司通知督办大臣后，与地方官从速设法。

十四、每半年应将盈亏之数开列一帐〔账〕，由华洋员司签押，呈送督办大臣。凡各矿工作所费及机器应摊除之值、华洋员司薪水并报效、进出口税项，凡一切出项，均入帐〔账〕内，作为开支之款。其净余之款，如属盈余，彼此均分。如亏折，亦分认。

十五、此合同签押之后，督办大臣即行奏请，钦定施行。所奉上谕应由总理衙门用照会通知英国驻京钦差大臣，按照商务办理。

十六、此合同华、英文各缮四分，一存督办大臣处，一存总署，一存英国驻京钦差大臣署，一存公司。如有翻译辩论之处，以英文为主。

光绪二十四年八月二十五日，西历一千八百九十八年十月十日，在北京押签。

总署致王毓藻重安江教案英使请留某守接洽告以电黔抚暂留电

窦使称，管理重安江某守已至贵阳，将赴滇任，请饬暂留，以俟教案办结。驳以办案有新员，与该守无涉，碍难扣留。窦言，因渝领事旬日到黔，须与该守接洽案情。告以我们只可电黔抚暂留该守，候领事到后谈论，但办案仍委他员。窦亦允催领事速赴黔。希酌行。

十一月十四日

粤督谭钟麟致总署法人在高雷两属伤毙人命建造兵房电

法人在高、雷两属据炮台，拆武厅，占民地，毁民居，伤毙人命，建造兵房，迭于九月豪、感，十月支、齐，本月文电详陈，请告法使及外部，分别惩禁，未蒙赐复。顷，又据雷琼道府电禀：法又来四、七、二、一画官各一员，并陆兵二百名，均驻海头，占造兵房。闻法提督二十五、六日亦到等情。界址未定，遽行派兵占地，岂有此理?仍祈分别切告，迅速派员，会同勘界。水陆兵丁暂行撤还，以免惊扰民心。祈赐复。

十一月十四日

总署致谭钟麟高雷驻兵希向法领理论冀免生衅电

兹接豪、齐电，已照会法使，并电庆使，切商法外部，迅饬法提督止兵，勿生事，速与粤员勘界。据庆电复：外部允查询毕使，诫饬速勘界，而法使并不照复。顷，接文、盐电：北涯屿购地及海头添兵等情，均为无理。但本处近因上海租界事与法使龃龉，骤向商阻，未易就范，希先饬向驻粤领事理论，冀免生衅。

十一月十五日

黔抚王毓藻致总署报查办教案各犯并领事来黔电

来电悉。刘管带撤差，刘令撤任，许五斤等均解来省，严札往提彭卫官及陈卫官之子，分别查办。领事敦烈十一日已自渝来黔。

十一月十五日

总署致伍廷芳墨约彼此土产免税一款窒碍难行电

沁电、约稿均悉。第八款彼此土产暂免税一层，恐他国进中国口有税，彼独无税，碍难行，希再酌，或去此条，候复，以便具奏。

十一月十五日

总署致张汝梅美使函教案事体非轻请添兵保护电

覃电悉。顷，美使函称：接领事电，东抚已饬地方官派兵弹压，惟现派兵队不足镇摄〔慑〕。此次事体非轻，且非止一处，请添兵，格外设法保护身家等语。希迅办。

十一月十五日

总署致刘坤一英使不愿法扩充沪界请勿画押电

十四日，英使来言，八仙桥至斜桥内有英产四十块，此外尚有他国之产，断不允法管辖。已告英使，电领事与白领相商，希勿画押。

十一月十六日

使法庆常致总署法外部允电法使与英使就地查询沪界电

遵元电，切告外部，请饬法使，先与英商，勿为难中国。外部允电法使，就地查询妥筹。

十一月十七日

总署致文海藏印条约限满应酌定进出口税电

甲午十月，所订《藏印条约》第四款现届五年限满，应酌定进、出口税，并印茶入藏销售应纳之税，照华茶入英之数，每百斤可征税二十两。希先开导藏众，此事应即开办，不可再行阻挠，致生枝节。并将办理情形电复。

十一月十七日

谕张之洞刘坤一英议绅请用英人充军务处参谋一节断不可行电

电张之洞、刘坤一：英议绅贝尔福商询京城设军务处，用英参谋一说，断不可行。应仍就湖北先练二千，归我节制。贝尔福现赴江宁，刘坤一即本此意应付，以免两歧。

十一月十七日

川藩致总署余蛮违抗抚法已穷请先与法使定议电

连日嘱绅耆，迭谕余蛮，前允衔札、编营、饷银各件均齐，速将司铎等换交，否即剿无赦，乃其违抗如故，非先交枪不可。抚法已穷，势不得不以威胁。查十五日余突遣子及唐翡平率众分路出巢，一扑铜梁之三株场防营，一窜荣昌之河包场，轰击官兵，大肆掳掠。幸均登时被我军击散，约毙其百余人。凶锋虽挫，逆情愈著，因所调各营未齐，俟布置周妥，谋定后动，俾免惊窜蔓延。惟兵端一开，司铎等不能兼顾，所以历次碍手，以救教士为先，不遗余力。今实逼处此，周万顺等以身许国，无异效命疆场，而外人必以司铎启衅，挜于影响，当必与之订明，事后不致图赖。顷，督宪电示，拟请钧署与法使定议，设或华铎受伤，我应厚给抚恤，重诛匪首。春前抵渝，数与接洽，尚未就绪。俟有边际，再行电呈。

十一月二十一日

使德吕海寰致总署报胶澳炮械德外部允缴还电

董、仇等案，屡催办，外部云：青岛炮械，已饬新胶抚查明，在胶澳者悉数缴还。董、仇两案，归海部办，允再催。告以既已拟抵，应速处决，方昭炯戒。现胶民迫催，再宕，恐激众怒。彼唯唯。至交犯照会，彼云：须俟议院议准再定。告以除暴乃能安良，且华犯治华律，外人岂得干预中国内政？况犯系匪徒，若甘作逋逃薮，将来匪党聚多，乘间滋事，不能再向中国饶舌。彼闻之悚然！海又以他国无此约为辞，告以布约具在，英约香港交犯之例亦在。反复辩论，彼言：刻下不先定章，嘱胶抚，凡有华犯逃匿，查出驱逐界外，如何？告以不若照复立案，日后可免争论。容再磋磨。李象风事，敝处无案，可否电示？

十二月初二日

滇督崧蕃致总署英游击赴缅沿途需索夫马无供应之理乞示电

前准湖南咨转鄂督张电开：英领事照会，英国游击文格要由两湖取道云贵，赴缅甸公干。该洋员胪称系由京城使馆派出，请派员护送等语。现准黔抚电称：该洋员自镇远到省，每日需夫马银七两一钱五分等因。查该洋员是否由使馆派出，外省无从知悉，惟近来各国洋员因公干游历来往者甚多，条约无供应夫马之条，一经开例，各国使者势必一体需索。应否给予夫马之处？请钧署核示，速赐复为盼。

十二月初七日

鲁抚张汝梅致总署报日照教案办结情形电

日照案，饬据彭道虞孙面与安治泰议立合同，内载：一、日照令免处分以后，由该道府察看办理。一、案犯已获许言辅等四名，余仍严拿务获。一、薛教士病未全愈，给恤银二万五千两，即权作建堂之资，由官在城内择地建堂，同前议。待教堂建成后，官率绅耆陪话。一、街头等处教民失物共估钱一千五百串，如数发给等情。本月初一与安治泰互相钤印完案。莒州、沂水、日照、兰山等处前后饬马步队各一营分投保护，为安治泰所尽知，该处教民近均相安。

十二月初七日

总署奏墨西哥求订通商招工条约请派大臣画押折

总理各国事务庆亲王奕劻等奏，为墨西哥国求订通商招工条约，请派大臣就近画押事。

窃前因美国有续禁华工之约，华民多赴墨西哥国营生，非先与墨国订立通商条约不能责以保护。迭经臣衙门函致前出使美国大臣杨儒相机筹办，适墨国驻美使臣卢美路亦有愿与中国订立条约之请，杨儒因派金山总领事黎荣耀、古巴总领事余思德〔诒〕，带同翻译等员，先行赴墨查看情形，并绘图贴说，咨报臣衙门有案。光绪二十年六月间，据杨儒将与墨使卢美路议定约稿函送臣衙门公阅，博采各国与墨国所订条约，择善而从，共厘定二十款。当经臣衙门奏请，饬下杨儒，于中美约本互换后，即将中墨约章妥为议订，请旨遵行。奉朱批：依议。钦此。由臣衙门恭录，咨行杨儒遵办在案。嗣接杨儒函称，墨使卢美路拟请中国准其永远行使墨国银元载之约款，并以约稿内第十八款彼此互交逃犯一节，该国亦未能遽行照办，往返争辩，迄未就范。光绪二十一年闰五月间，即经杨儒将派员查明墨西哥国情形，并墨约一时暂难定稿缘由，奏请缓办，亦在案。兹于本年十月二十九日，据出使墨国大臣伍廷芳电称，现墨使卢美路送来约稿，迭经商辩，允将银元一节删去，交犯一款作为后图，计订十九款，与前稿大致相符。据墨使称，伊已授全权，可定议。应否由臣署援案请授全权，以便画押，候电示遵等因。

臣等复将前寄约稿详加查阅，内第八款彼此土产暂免税一层，恐他国进中国口有税，彼独无税，窒碍难行。当于本年十一月十五日电令该大臣再行酌核，或去此条，以便具奏等因。十一月十八日接准复电：土货土产暂免税一层已删去，现改彼此进、出口税不得多于相待最优之国等因。臣等查，中、墨两国议定条约，自光绪甲申、己酉之间，该国即屡有此请，时因该国商务未盛，华民赴彼佣工所得工值远不如美，商税尤重，殊以为苦，以是未与亟商。近年因美国禁工过严，不得不藉此疏通华民去路。且以该国居民既少，旷土尤多。其谆谆求订条约之意非徒为通商招工，并欲招致华民授田开垦，与从前古巴、秘鲁等处招工情形迥不相同。前据杨儒奏称，华民赴墨工值虽廉，而土客可以相安，商税虽重，而开垦之人可以邀免，且一经认垦，即为永业，洵足为海外侨氓裕衣食之源等语。此次约内所载各款，经臣等悉心校核，俱属可行。此约一定，于出洋华民生计不无裨益。相应请旨，饬派出使美国大臣伍廷芳，就近与墨国驻美使臣卢美路画押作准，出自圣裁。如蒙俞允，即由臣衙门电令该大臣遵照办理。俟画押后，迅将所订约本咨送臣衙门，奏请批准互换，以便永远遵行。谨奏。

光绪二十四年十二月初八日奉朱批：依议。

总署奏与俄使商定庙群岛不归旅顺租界折

总理各国事务庆亲王奕劻等奏，为臣衙门与俄使商定庙群岛不归租界，并照约议勘附近租界各岛，谨陈商办情形事。

窃查，旅顺口与山东登州府相距海面二百数十里之间有群岛错峙，最南近登州者曰庙岛，最北近旅顺者曰南北城隍岛，各岛均有称名，而泰西海图则以庙群岛统称之。本年三四月间，中俄会订条约暨续订专条载：旅顺、大连湾租地附近水面各岛均准俄国租用，在案。至九月间，奉天派员与俄员勘定租界，臣衙门迭准将军依克唐阿电称：分界委员福培、徐〔涂〕景涛与俄员会议海面附近各岛归入租界者，查阅其图，金西、金东各岛离岸一二十里、三四十里不等，谓之附近尚可。至索山以南庙儿七岛，近者三四十里，远者二百余里，在山东登莱海面，非辽东所属，不得谓之附近。十月又据福培等禀称：俄员恐庙岛为英国捷足先得，有碍旅防，争之益力各等语。迭经电复，庙群岛断难归入租界，饬该员坚持，一面电令出使大臣杨儒向俄外部理论。旋准俄使格尔思请将庙群岛作为隙地，以免他国占据。臣等告以中国但可允认不让与他国享用，并通商等项利益，不能允作隙地，致损自主全权。该使嗣又商请允许缮具字据，不设炮台，不驻兵。并准杨儒称，外部面告，非声明此两层，断难允从，隙地名目可不用等语。臣等仍坚持力驳，格尔思复来婉陈，该群岛散列海面，本系空旷，一经筑垒屯兵，恐保守未有把握，各国因而生心，请再详筹。臣等又驳以设防与否，归主国自酌，若由俄国限制，殊碍国体，决难准行。十一月十九日，始准该使面称，奉政府来电，俄国家欲表睦谊，愿照臣等原议，缮立专条，列入分界文凭，所有作为隙地及不设炮台等语概行删除。臣等复与商允，于专条庙群岛下添缮不归租界之内字样，以昭切实。

该使并请照约将附近租界东西岸各岛同时定议，以结分界全案。查臣衙门十月二十一日准依克唐阿电称：福培等禀，金属诸岛，不若庙岛关系南北紧要，拨入租界固无妨碍；又金州东海有海阳、五蟒二岛，向来金、岫二州皆不管辖，荒旷可知，似可如其所请等语。当以庙岛事未定妥，但令该委员暂回奉天候信。现在所商就范，自应查照该将军来电情形办理。因与该使议明：租地北界纬线以南，东西两岸附近各岛，准俄租用；其北界纬线以北各岛，在隙地内者，照条约所定隙地办法，以示限制。臣等即电知依克唐阿，饬该委员会同俄员勘定附近租地各岛，连前勘陆地北界一并缮立文凭，画押后，再咨送臣衙门核定加押。除俟分界全案文凭咨到续行奏闻外，谨奏。

光绪二十四年十二月初八日奉朱批：知道了。

总署奏遵议广西南宁作为中国自设口岸折

总理各国事务庆亲王奕劻等奏，为遵旨议奏事。

准军机处钞交广西巡抚黄槐森具奏广西南宁地方拟请设立商埠一折，奉朱批：该衙门速议具奏。钦此。原奏内称：奉上谕，广开口岸等因。钦此。遵查，中外各国通商口岸，其地方一切权利皆归本国管辖，无论何国商人，只准懋迁货物，不得干预地方。中国自开海禁，许各国分划租界，浸假而派领事，设巡捕，水面则停泊兵轮，界内则强收捐项，授人以柄，失中国固有之权，启强邻觊觎之渐。他不具论，即梧州上年新立码头，各国即索立租界，绅民颇多不服。迭经严饬地方官善为因应，虽办理幸臻妥协，而利权终虑交侵。因于钦奉明谕后，详察广西通省情形，当以左江南宁为要着。其地势山环水抱，虽闻〔间〕有浅水滩流，而统汇左、右两江，河身深阔，上控龙州，下通浔梧，又为云贵两省必经之路，边防倚为转运后路，诚为上游重镇。详询官绅签〔佥〕称：地当四达，早年商务极为兴旺，直驾浔梧而上。前明于此设关，为越南互市之所，后经停止。本年曾有德国商人潜图购买地基，议价未成，迩来龙州复开办铁路，将来商贾更当辐辏。若不先立口岸，诚恐他人援梧州之例，又增朝廷南顾之忧。拟请援照湖南岳州府等处成案，开作口岸，不准划作租界，以均利益而保利权等语。

臣等查，广西南宁地方形势既属扼要，商务又复流通，上年英国使臣窦纳乐曾称南宁实包括在西江之内，欲请一律开为口岸，本年该使臣又迭次催请开办，臣等复以且俟行查广西巡抚，察看地方商务，再行酌定，今该抚既有此请，臣等酌度情形，与其外人援例求请而后准行，转致授柄于人，不如自开口岸，尚可示以限制。拟请如该抚所奏，将南宁作为中国自设口岸，比照岳州府成案，一体办理。如蒙俞允，即由臣衙门行知该抚，议定详细节目，咨送核定，一面先行照会各国公使遵照。谨奏。

光绪二十四年十二月十九日奉朱批：依议。

清季外交史料卷一百三十六终

清季外交史料卷一百三十七

光绪二十五年正月至三月上

粤督抚谭钟麟鹿传霖奏法人恃强越占情势迫切请旨速饬定界以弭衅端折

两广总督谭钟麟、广东巡抚鹿传霖奏，为法人恃强越占，情势迫切，请旨速饬定界，以弭衅端事。

窃高州府吴川县属之广州湾海面绵亘数十里，东界吴川属之麻斜，北界雷州遂溪属之海头，均设有营汛炮台。其南海之硇州，相距水程约四十里，一屿孤悬，形势尤为扼要。法人自去岁至今春，常有兵轮在广州湾一带往来游弋，测量水道，绘画形势。其处心积虑，盖欲于粤之高、雷等属得一囤煤泊船之所，内以扼省港之门户，外以联越南之声援，且可窥伺琼、廉，垄断矿利，蓄意已久。今见德据胶澳，俄租旅顺，遂思效其伎俩而逞志于粤。此法人索取广湾租界所由起也。

本年闰三月，雷州府遂溪县令禀：接据法领事甘斯乐函称，会同水师提督前往广州湾兴开煤矿。旋准总理衙门先后函电，议准将广州湾租与法人，作为停船囤煤之所，饬派委员会同该国水师提督勘定界址。当经电饬督办钦防候补道潘培楷前赴该处，会同道府，妥为勘办。法人不俟勘界，辄驶兵轮三艘，停泊雷州遂溪县属之海头洋面，不照会地方官，径行登岸，占据炮台，竖立法旗，并于离台数十丈建桩筑桥，意图永远占据，任意修筑，挖毁坟墓，人心已怀愤恨。复纵法兵入村骚扰，反藉词民众哄斗，竟放枪炮伤毙村民先后数十命，焚毁民屋数百间，海头村及附近各村不堪残虐，麇集数千人，众情汹涌，几酿衅端。经该府县竭力开导解散，复经臣钟麟调派勇营，会同地方官弹压保护；并屡电总理衙门，严催法使，派员勘界；并请电驻法使臣庆常，诘责外部，转属水师提督，约束兵丁，毋令登岸扰民，激成变故。乃法使一味狡展，专以地方官不善保护为言，而于勘界一事阳为催促之词，实则阴蓄狡谋，为逐渐侵占之地。法水师提督于潘培楷未到之先，已与领事甘斯乐先回海防，云俟该国另派大员再行会勘。潘培楷在彼久候，迄无会勘之期，迨因公回钦，法官乘轮忽至，及往再约，又回海防，有意耽延，其心叵测。忽又于九月占据广州湾对海之硇州营汛炮台，情势汹汹，莫可阻止。此法人迁延勘界，迭次挟兵占地，有意挑衅之实在情形也。

查法人议租广州湾系高州府吴川县属地，且总署原有不筑炮台、不驻陆兵之议。今乃界未勘分，辄于广州湾外越界强占雷州府遂溪县属之海头汛，近又强据硇州炮台，似此不照原议，强占不已，实出情理之外。其恃强无理、得步进步情形，均经臣钟麟先后详细电达总署，谅已随时上达宸聪。

查硇州为高、廉、雷、琼四府海道咽喉，若任法人据有其地，以强兵巨炮横梗其间，则四府声气断绝，粤省全局将不可问。高、雷民俗蛮悍，民教仇视，久已积不能平。此次法兵伤毙华民多命，结怨尤深。界址一日不定，民心一日不安，万一积忿不可遏，聚众滋事，戕害法人，衅端立启，地方官虽尽力保护，法令亦有时而穷。臣传霖到粤后，与臣钟麟会商，察看情形，万难再事迁就。相应请旨饬下总理衙门，迅告法使，并电饬驻法使臣庆常，向其外部详述法兵占地伤人恃强无理情形，请该国另派公正要员迅速来粤勘界，抑或仍令该国水师提督及该领事等及早订期会勘，务须案照原议，但将广州湾租作泊船囤煤之所，其强占之硇州、海头炮台等处，法兵务于未勘界之先全行退出，毋得藉词混争，以弭衅端。粤省幸甚！大局幸甚！谨奏。

光绪二十五年正月十五日奉朱批：该衙门迅速办理。

总署奏遵议中韩通商条约折

总理各国事务庆亲王奕劻等奏，为遵旨议复中韩通商条约事。

光绪二十五年正月初十日，军机处钞交出使韩国大臣・太仆寺卿徐寿朋奏议定中韩约款一折，奉朱批：该衙门议奏，单并发等因。钦此。

臣等查，该大臣上年奉使赴韩，拟具通商约章十四款，奏请饬交臣衙门核议，当经逐一复核，请饬该大臣再就臣等所指各款详细筹度，拟定约章，驰往商订，于光绪二十四年十月十四日具奏，奉朱批：依议。由臣等行知该大臣遵照办理。嗣据该大臣奏明，添列条款，与韩国所派议约大臣朴齐纯开议，迭据该大臣将会议情形随时函电臣衙门在案。计自到韩后，往复商论数日之久。现据该大臣奏陈，议定条约十五款。除该国所请汉城撤销行栈，改为善后续条，暂从缓议外，臣等就现定正约各款与原拟约稿逐细核计，删去行用银币一款，增入师船往来一款，鸦片禁入韩国、红参禁买出口二条。其余或与原拟相符，或就原拟增改，所议均尚妥协。且中国通商以来，与泰西各国立约，皆指洋人来华一面而言，此次条约均系就两国交互所订，较为周密，将来办理，可无流弊。谨将各款开列清单恭呈御览。如蒙俞允，臣等即遵旨电知该大臣，与韩国外部定期盖印。理合恭折陈明。谨奏。

光绪二十五年正月二十日奉朱批：依议。

中丹电报合同续约　附声明文件

前于一千八百九十七年五月十三号，中国电报局与大北水线公司曾经会订电报合同，兹互相续议后开章程一条，彼此允照办理。中国电报局由督办盛主政，大北水线公司由驻中国、日本总办恒宁生主政，授有全权，所议续条如下：

兹为保护中国电报局与大北水线公司利益起见，除中国电报局与大北水线公司允准外，自订合同日起，至一千九百一十年十二月三十一号止，期内一概不准他人在中国沿海一带地方，或在中国洲岛各处安设电报水线引登岸上，或将该水线与中国电线相接，或另设法传递各报，以致与中国电报局暨水线公司现在所有电线争夺生意利权。惟若中国国家内地各处置设水线，非与订约各造争利者，不在此例。中国电报局、大北公司亦不得以此例阻挡由旅顺口安设水线，与俄电线相接，专传俄国与旅顺口往返电报。至福州、台湾水线既归日本，自不应阻其台湾与各处来往电报。此外所有电报，非经中国电报局与水线公司允准，该水线不得传递。此续条所议，应由总理衙门暨俄、丹两国驻京大臣核准。

此合同在上海缮就华、英两国文字各三分，核对无讹。

光绪二十五年正月二十五日，西历一千八百九十九年三月六号。

钦命督办电报事宜・大理寺少卿盛。

总办大北电报公司恒宁生。

声明文件

光绪九年四月十三日，大北公司所订合同第七款，因大北海线传递中国官报概不收费，是以中国电报局允减报费，仅就大北收费电报经过日本寄往欧美两洲及亚洲俄国之报，系由中国电报分局内地各处寄来，或由上海大东交与大北传递经过吴淞旱线者，应由大北按照上海至长崎水线所收报费，归中国电报局，每百分之二分五厘。其中国官报过大北线免费者，不在内。光绪二十二年六月初一日新订合同第三款，公司即停向来所收九龙界至香港水旱线费，照一千八百八十四年正月二十一号电局与大东公司所订之合同。电局即停向来所收上海至吴淞、川石山至福州水旱线费，照一千八百八十三年五月十九号电局与大北公司所订之合同，并一千八百八十三年五月七号以及一千八百八十四年十月十七号电局与大东公司所订之合同。

盛京将军依克唐阿致总署报俄员不准华官干预金州钱粮电

俄员不准华官干预金州城外钱粮一切事件，意欲自行征收。百姓请缓征，不允。此间不便派人随俄员下乡，恐激变。

二月初一日①

金州副都统福升致总署俄兵于貔口催逼钱粮斫毙华民请照会俄员电

俄于貔口因催逼钱粮斫毙华民百余，请照会俄员。

二月初一日

总署奏拟订地方官接待教士事宜以便保护折

总理各国事务庆亲王奕劻等奏，为拟订地方官接待主教、教士事宜五条事。

兹因天主教既在中国各省地方建立教堂，久奉国家允准，欲使民教相安，便于保护起见，谨订地方官接待教士事宜五条，恭呈御览。谨奏。

光绪二十五年二月初四日奉朱批：依议。

谨拟地方官［地方官］接待教士事宜五条恭呈御览

一、分别教中品秩，如总主教或主教，其品位既与督抚同，应准其请见督抚。倘主教有事回国，或因病出缺，护理主教事务之司铎亦准其请见督抚。摄位大司铎准其请见司道。其余司铎准其请见府、厅、州、县各官。即督抚、司、道、府、厅、州、县各官，亦按照品秩，以礼相答。

一、总主教或主教应将所派专与官长交涉办事之各司铎名姓、教堂住处开单，报明督抚，以便饬属照章接待。

凡请见地方官及专派办事之司铎均应泰西人充当。或有时西司铎未能熟悉华语，可暂由华司铎帮同传译。

---

① 原刊目录标为“二月初四日”。

一、总主教或主教居住外府，无事自不必远赴省城请见督抚。遇有新督抚临任，或总主教更换新到，或贺年节，均准其向督抚修书，或寄递名刺致礼，督抚亦如礼答复。至各司铎更换新到，应持有主教函据，方可照品请见司、道、府、厅、州、县等官。

一、各省出有重要教案，所在之主教、司铎等须转请教皇所命保护天主教之国之公使或领事官，同总理衙门或地方官办理了结，亦可先迳向地方官商办了结，以免多费周折。该地方官遇主教、司铎等员来商，应迅速和商拟办。

一、地方官应随时晓谕约束所在平民，务与教民一视同仁，不得挟嫌挑衅。主教、司铎等亦应劝诫教众，专心向善，以保教中名誉，俾令平民怀服。如民教涉讼，地方官务须持平审办，教士亦不得干预袒护，以期民教相安。

总署奏遵议饶应祺与俄商商办新疆金矿情形折

总理各国事务庆亲王奕劻等奏，为遵旨复陈事。

光绪二十五年正月三十日，准军机处钞交，奉旨：饶应祺电奏新疆与俄商商办金矿大概情形等语，是否可行？着速议具奏。钦此。

查原奏内称：新省五金均有，因无熟习矿学之员，办理少有成效。现有俄商黄斯克情愿公出资本，商办金矿，前已咨明总署复准，应先与俄商妥议合同。现经司道与俄总领事并俄商议定合同二十一条，内最要者：一、伙办以二十五年为期，获利均分。无利，不拘年限，即行停止。一、先在塔城厅喀图，续在乌苏厅济尔噶朗开办。一、此外有可开金矿，亦准奏明伙办。每段均岁纳地租三百两。一、五年察看一次。如有不便，两面酌改。一、首年各出成本三万两，有利再加。一、得金，按季牵算平分，均不纳税。一、厂内中、俄匠工务须勤睦，有事照条约办理。一、再有银、铜、铁、煤有利可开地方，奏明伙办。余皆琐事，可即议准。该商已带机器、工匠，立候兴工各等语。

臣等查，新疆僻处西陲，毗连俄境，富饶矿产，久为彼族所垂涎。欲自行开采，则该省无谙习矿务之员，办理难期奏效，并恐迁延日久，俄人越境偷挖，防不胜防。是以上年正月间，该抚以俄矿师屡请租地挖金，恐利尽归人，遂有伙办分利之计，先后电商臣衙门核办。现据该抚与俄领事并俄商妥议合同，臣等公同查阅电文简略，其中详细情形无从悬断。惟合同内载先在塔城厅喀图、续在济尔噶朗开办一节，查塔城等处皆系蒙古地方，应先行商明该部落，划清界址，以免日后争论。又此外有可开金矿、奏明伙办一节，亦涉笼统，且地租多寡不同，亦应按地定价，不得统以每岁地租三百两括之。又得金平分、均不纳税一节，查定章，各省开矿获利，均有盈余报效国家充饷，矿产出井、出口亦均应纳税，此条与定章不符，应令更正。又再有银、铜、铁、煤有利可开地方，奏明伙办一节，查此条应随时另行奏办，各归各案，不应于开办合同内叙入，以致全省矿产包括殆尽。以上各条，应请旨饬令饶应祺与俄使等妥议改订，以期有利无弊。其余应俟该抚将合同全文送到时，再行察核办理。至该商已经到新，立候兴工，择其毫无关碍之处，饬令华、洋各商先行试办，其原拟合同一切事理，仍应候臣衙门复核奏准，行知到日，方为成案，以杜藉口。谨奏。

光绪二十五年二月初六日。

使英罗丰禄致总署英拟在威海募华民充兵电

英拟在威海募华民充兵，迭与外部商议：地虽归英管理，主权仍属中国，自不得募民充兵。沙侯辞屈，惟言：非募为国兵，只资弹压租界。乞再商。

二月初八日

使法庆常致总署法外部云法允首约各国撤兵电

外部云：法允首约各国撤兵，惟毕使请将广东教案商定之后即遵撤。

二月初八日

旨寄杨儒着奏明减兵保和会宗旨并届时赴会电　二件

旨：杨儒电悉。减兵保和，中国是否必须入会，有无裨益？着将如何减兵保和之处先行明晰电奏，候旨遵行。

二月十四日

旨：减兵保和一事，昨已有旨电询杨儒。前据总署检呈该大臣所寄俄外部来文，览悉。既系准驳之权在我，着即派杨儒届时赴会。俟会毕宣布后，是否与前文相符，有无窒碍之处，一并详晰电达总署代奏，请旨饬遵。

二月十五日

使韩徐寿朋奏酌设驻汉城仁川领事折

出使朝鲜大臣徐寿朋奏，为请酌设汉城、仁川领事，仰祈圣鉴事。

窃臣前奏请裁撤朝鲜各口领事人员，仅留代理驻韩总领事一员，原为省费起见。乃自到韩后，查得此间寓韩华民以中、韩两国未定条约，暂归英国保护，遇有交涉事宜，英官不肯出力，韩廷复欲依该国国律办理，华民吃亏不少。查元山、釜山两处，生理不多，华民亦少，可以暂撤，而汉城、仁川不能不设。请旨饬下总理衙门，妥议酌设，以资保护。谨奏。

光绪二十五年二月十五日奉朱批：该衙门知道。

使韩徐寿朋奏华民在韩归韩官管辖之议万不可允片

徐寿朋片。

再，臣前在天津所拟中韩通商约稿，到韩后体察情形，又经添列清还产业、追偿欠债、及华民在汉城贸易工作韩官应妥为保护、并内地游历通商四款，业经录稿，咨呈总理衙门在案。外部朴齐纯于收到约稿后，至今两旬之久，并未定期会商。探问韩廷将约稿发交议政府核议，该府议员甚多，颇有谓华民在韩，宜照欧美各国通例，均归韩官管辖，韩民在华，亦归华官管辖，应于约内增入者，又有谓华民准在汉城居住一条应删去者，因此外部为难，未能早日订期会议。查现在旅居中、韩两国洋人均归各国本国管辖，此次议定商约自应一律从同，岂能独开生面？且韩人亦未能更改法律，破除口岸、内地界限，照日本人办法，各国人岂愿归其管辖？彼既不能管他国人，又何能独管华人？若果以此条相商，可谓不谙交涉，此固万不能允者也。至华民在汉城居住者既已多历年所，且亦实繁有徒，现在日本人居汉城者为数尤多，又岂能独令华民迁徙？揆诸事理，洵属难行。况朝鲜素为中国属邦，不能待华人加优，更欲将从前已得之利益一旦豁除，视别国相形见绌，虽商约因此不定，亦断难曲予通融。朴外部尚不糊涂，但苦政出多门，不能自主。且俟会议时看彼究作何说，与之相机辩论，总期上尊国体，下顾商情，以求无亏使职而已。谨奏。

光绪二十五年二月十五日。

电政督办盛宣怀奏遵旨筹办张垣至恰克图电报折

大理寺少卿・电政督办盛宣怀奏，为遵旨筹办张家口至恰克图边境电报，工程艰巨，集款派员，以符中俄接线成约期限事。

窃自光绪六年臣奉文创设电报总局，廾办十八年，通行二十二省，渐有成效。并于吴淞、福州、厦门、香港与英、丹国水线相接，于镇南关、东兴、蒙自、思茅与法国旱线相接，于腾越边界红蚌河与英国旱线相接，于珲春、黑河屯、恰克图、伊犁与俄国旱线相接，皆与各该国订立条款至详且慎，诚以电报虽由商办，国计军谋，动关重大，虑患防弊，不得不周。近年眈眈逐逐，权利所在，多为外侵。独电报一端，洋线界限尚未逾越尺寸，维持因应，常用竞竞。

光绪十八年三月，俄国使臣喀希尼赴总理衙门，请造恰克图线与彼相接，当蒙特派李鸿章与俄国使臣商办。其时，李鸿章派臣议定条约十款，其第三款订定，中国设线至恰克图买卖城相接，自画押日起，限五年设妥。是年七月画押，曾由总理衙门奏明。展造恰克图线，应用经费甚巨，即常年用费亦属烦重。恰线与水线争利，关涉商务，拟劝谕华商，设法筹本办理，毋庸请领官本，以伸报效。并将约款恭呈御览，钦奉朱批：依议。钦此。

嗣据俄使屡催开办，臣始饬电局添招商股洋银六十万元，购料鸠工，即于二十三年四月委派天津电报局员・直隶候补直隶州知州王继善，先由京城造至张家口，九月又派前奉天营口同知陈忠伟等驰赴库伦、恰克图采办电杆，一面另派布政使衔・分省补用道余思诒总办工程。据陈忠伟等砍运官木，库伦至恰克图五千五百余根，又库伦至乌得九千根，在山未运，已拨用规银八万四千两。余思诒办理工程已拨用规银八万六千余两，所造线路止有库伦至恰克图五百余里，外洋所购电线及各项材料并不在内。比较历办各处电工，多寡已形悬绝，而该员犹有添请巨款之禀，殊出意外。至由张家口抵库伦尚有一千八百五十里，程逾三倍，一片沙漠，绝无人烟。采运工作较库伦、恰克图一段艰难更甚。非另择熟悉电务、习劳耐苦人员别筹办法，委任责成，必致糜费旷时，蒇事逾期，失信邻国。现据各商公举前办江西电局已革在任选用道・江西余干县知县何其坦，派令带同洋匠工役克期驰往。议定本年三月杪由张家口开工，自南至北，次第趱造，统限九、十月一律告竣。除洋员、学生外，一切员薪、夫役、弁兵各费，限以八万两为度。陆路设线，料物繁重，杆木为最。库伦至乌得一带应用电杆已砍未运，系由理藩院转行各蒙旗就地取材，作为蒙古报效之款，照章给奖。其由乌得至张家口更无电杆可采，业经臣由电奏，蒙谕旨准于多伦诺尔属围场采运杆木一万根。所有前两项电杆，统由何其坦保荐之东城西光裕商号步金堂、步锡麟具结承揽包运。电杆每根银八两至八两五钱，电线材料每百斤银五两，按五里分屯，随地取用，运料办工，一气贯注，期于以省补费，以速补迟，不至竭蹶延误。

中国办理电料历年既久，举凡办料估工，皆与西国公司参互考核，一事一物，悉有章程，承办者鲜越范围。余思诒、陈忠伟等经办库伦至恰克图电工，费倍常度，如非挪蚀，亦恐虚糜。现已催令报销，如查有弊混，再当据实参办，不敢稍有袒护，致启效尤之渐。惟口外沙碛艰苦，迥异内地。前事既以办理不善而去，后派人员莫不视为畏途。此次展造边线，总理衙门虽奏明劝谕华商设法筹本，然事关边防、交涉，工程实异寻常。拟请由臣将在事人员先行造册，送部查核，一俟全工造竣，查明时日、用费、电工三者均能省限制中程度，即行吁恳天恩，分别给奖。否则，立予分别惩究。悬赏罚以示之的，庶咸知洁己，竭力奋迅图功，可无贻误要工之虑。

再，张家口至库伦杆木、线料屯积繁多，该处均系沙漠，并无民户，必须拨派蒙旗弁兵看守，以免散失。即将来线成之后，亦须按段派兵巡护，仍由电局酌给津贴。除由臣咨商办理外，应请饬下绥远城将军、乌里雅苏台将军、察哈尔都统、库伦办理〔事〕大臣，转饬各蒙旗，迅速拨派弁兵，沿途守护，以免疏虞。谨奏。

光绪二十五年二月二十六日奉朱批：该衙门知道。

旨着张汝梅饬夏辛酉带营赴日照弹压电

旨：德兵在日照据守城门，情殊叵测，着张汝梅迅饬夏辛酉，酌留兵队于兰山驻防，该总兵即克日带营驰赴日照，相机布置，妥为弹压，以资镇慑。

二月二十九日

旨着吕海寰向德外部宣告朝廷保护德人之意勿派兵赴沂电

旨：东省沂州教案，迭经总署电咨张汝梅办理完结，乃海靖无端煽耸，由胶派兵赴沂，以官兵力有不足藉口。本日又降旨电谕张汝梅，迅饬登州镇总兵夏辛酉带兵即赴沂州，保护弹压，调和民教，勿令滋事。着吕海寰即向该外部将朝廷保护德人之意剀切宣告，无烦德兵相助。谆属勿听海使播弄，有伤睦谊，并立即电阻胶澳德员，速止德兵，切勿赴沂，致生枝节。是为至要！

二月二十九日

总署暨矿务铁路总局会奏核定四川矿务章程折

总理各国事务庆亲王奕劻、矿务铁路总局王文韶、张荫桓等奏，为核定四川矿务章程，恭折会陈事。

案查，光绪二十四年七月二十五日，臣局奏请派员办理四川矿务一折，本月奉上谕：四川产矿处所甚多，商务亦极繁盛，非大加兴办，不足以拓地利，着即派云南补用道韩铣、记名道李征庸会同妥筹办理。所有开办一切章程，即著韩铣等报明核定等因。钦此。当经臣局刊给关防，札饬该道等钦遵筹办在案。

嗣道员韩铣回川集股，道员李征庸呈送四川矿务华洋合办正合同，经臣等以该合同所列章程未尽周详允协，迭经饬令妥为议定。去后，兹据该道呈称：遵传华、洋各商董在天津会晤，将第三条不准一国专利。现有英商入股会办，如有别国情愿附股，或照会同之例，另立一公司，照此办去，各开一矿，不相干涉，或分府分县随时察看，逐案呈报，均照合同内章程办理。其有洋股而无华股者，不准。又将第四条现无官绅开办及开矿无碍处所，该华益公司乃购地基交办各情郑重声明，该洋商会同公司商董等，均遵行无异。又将第七条内地官山无碍听开。如仅升科，未免便宜。所有值百抽五地租，随同值百抽五井口税，合为值百抽十，应由华益公司抽收，全行报效国家。惟地租准提一分，以作办公经费，郑重声明。据华益公司商董情殷报效，亦谨遵无异。现将合同画押，呈请查核。再，所有各处矿产，如系官山，应以开工立案、认完租税为定；如系民产，应以买受租妥、税契立约为定。所谓分府分县者，在此均不准预先标占。其有在官山开工，停歇已逾半年，并未按年认完租税者，仍听别人报案，另行开办，认完租税，以杜垄断而免虚悬。至租买租业开矿，应听民便，不准土豪地棍藉端纠阻，亦不必委员查矿督责扰累，尤不容外来开矿者稍有抑勒强占，亦恳核定奏明，请旨饬下地方官出示晓谕，实力保护等语。

臣等查，川省地大物博，矿产富饶，甲于他省。今招商合股开办，若不明定详细章程，诚恐无以善后。兹将该道所送合同内列章程二十五条复加查核。该公司系华商总办，洋商会办，利权不至旁落。华商购地，洋商办工，界限亦复分明。其不许一国专利，及租税报效各条，均尚周妥，余亦与臣局奏定章程不相背戾，事属可行，应请旨责成该道等，遵照合同内所列章程，妥速试办。至该道所称分府分县、不愿先占及土豪纠阻、员役扰累、外人抑勒各节，系为杜弊起见，应请旨饬下四川总督，查照前次及此次奏定章程，饬属剀切出示晓谕，实力保护，以免争端而清流弊。如有未尽事宜，仍由臣等随时体察情形，奏明办理。谨将道员李征庸所呈合同章程二十五条缮单，恭呈御览。再，此折系矿务铁路总局主稿，并会同户部办理。合并声明。谨奏。

光绪二十五年三月初五日奉朱批：依议。

中德会订青岛设关征税办法

一、青岛所设海关，应于各税务司中拣德国人派充该关税务司。倘有时应行更调，则由总税务司与德国驻京大臣定明另派。

一、该关所用各项洋员，原宜选派德国人，惟或因未能预料，仓猝缺出，更调不及，或因别关人地相需，必须调往，则青岛之关未便悬缺久待，即可调派别国之人暂行委用。

一、该关洋员如应更调，总税务司亦应先行知会胶州巡抚。惟在关华人不在此例。

一、该关与德国官员暨德国商民等文函往来，均用德文。他国商民寓居青岛者，均准用本国文字，以便交易，或用汉文来往亦可。

一、凡有货物由海路运进青岛口岸，均不征完进口税饷。若货物由胶州界口运赴中国内地，即由青岛海关照约征收进口税。惟各货若未领有青岛海关准单，不准运出胶州界外。该处驻扎德员现允酌定防范之法，以助该关严杜弊端。

一、凡中国土货由内地运进胶州之德国租界内，若再装船运往他处，即由青岛海关照约征收出口正税。惟德租界内所产之土货并界内土产及由海路运来之物料制成各货，其出口时，无庸完纳出口税饷。至中国内地各物运入德国租界内制成各货，其征税章程嗣后酌议订办。

一、中国土货由中国通商口岸运进青岛，若留于界内，不再运出者，无庸完税。若过界运往内地，即须按照条约税则，在青岛完纳税饷。

一、中国货物在青岛完纳出口正税，报运他口，准领完税凭据，俟进通商他口，将凭据赴关呈验，即照现行条约税则完纳复进口半税。

一、洋货在通商口岸已完进口正税，复欲装船报运青岛者，准照咸丰十一年所立德国条约第二十六条之办法办理，即系准赴关请将所完之进口正税发给存票，该货运进青岛，若不出德国租界，即不征收。如再运往出口外洋，亦不征出口税饷。

一、凡中国土货由通商口岸运进青岛，若呈有在原口完过出口正税之凭据，复装船运往外洋，即无庸完纳出口正税。

一、所有收支船钞暨泊船规费一切事宜，青岛海关毋庸经理。

一、青岛海关征收税饷，即照现时通商各口之税则办理。

一、凡洋、土各药运进青岛，由该处海关照通商各口办法一律征收各项税厘。其在德国租界内所销用者，即由关代德国征收税厘，酌核届期照数拨交。

一、德国允于胶州界内青岛地方指定处所，足为中国建立海关暨盖造各员住屋之需。其置价或租费，须在该处公同酌议订办。

一、所有偕同听审暨帮同料理案件一切事宜，德国允不派海关人员充当。

一、凡民船驶进胶州湾之青岛或所属别处地方，该船并所运货物应完之各项税厘、规费等类，均归海关征收。惟各款数目不得过该处向来所征之数目。嗣后若在山东他口所征数目较胶州湾所征之数减少，则胶州湾亦一律照减，以昭平允。

一、凡在胶州德国租界内欲领运货进出内地之凭单者，只须赴青岛海关请领。其通商口岸监督、关道所有之职分权柄，青岛海关均与一律无异。

一、所有出入内地之子口税，应由青岛海关按照现行之条约税则征收，即进出口正税之半。

一、稽查走私、偷漏暨违犯关章等事之办法，嗣后酌核另订。惟所有掌握查讯之大权，自归德国所设之衙署。

一、嗣后胶州商务扩充，其情形或致改变，彼此认明，此次所订为试行之办法。若遇有窒碍之处，可随时酌量修改，以期美善。

光绪二十五年三月初八日，德国驻京大臣海静，总税务司赫德，会订画押。

总署奏遵议连顺请开蒙古鄂尔河五处金矿折

总理各国事务庆亲王奕劻等奏，为遵旨议奏事。

准军机处钞交乌里雅苏台将军连顺前在库伦办事大臣任内奏请开办蒙古鄂尔河等五处金矿一折，光绪二十四年十一月二十一日奉朱批：着总理衙门会同矿务大臣妥议具奏。钦此。

查原奏内称：库伦西北至恰克图一带，毗连俄境，频年内地民人出塞谋食，偷挖金砂，俄人亦多潜往采取，官难查禁。前经遴调精晓矿务之员来库，会同蒙族履勘，迭据禀称：蒙古图什业图汗、车臣汗各旗界局距库伦东北六台地共有金矿三处，又西北九台地共有金矿二处，周围约二百余里，金苗甚旺。惟必用西法，以机器汲水，其利方厚。宜于居中扼要之处设一总厂，同时并举。综计约须银三百万两。各该处均隶荒远，无碍蒙旗游牧。绘具图说，呈送金砂前来。又据二品衔前税务司俄人柯乐德到库面称：蒙古金矿如由中国集款兴办，俄人情愿附股，仍可代为招集，悉遵中国所定章程办理，如用俄人，应听中国官员约束各等情。奴才复查，蒙旗产金之处逼近俄疆，久为俄人所艳羡，若拒之太深，转恐启攘争之渐，何如预为之地，犹得操纵自如。平时接见蒙古王公，详询开矿有无窒碍，佥云，蒙古生齿日烦，生计日蹙，果能开拓利源，实于蒙旗有益。惟资本过重，拟请招商集股开采，并附招俄股，仍按中国所定章程办理，以免事权旁落。倘股款不足，协拨官款，照章按年付息。厂中所用工匠，除矿师及管理机器聘用洋人外，其余淘砂工人悉募蒙古及内地民人，不得赁募俄人，免妨中国穷民衣食。但一经开办，他商见利争趋，未免侵碍矿本，宜先议定年限。将来开成之后，除去付还股分本息暨各厂一切经费，所得矿利，应分十成，以四成报效国家，以一成津贴蒙古王公，以五成归股东。惟地隶蒙古边要，必须官督商办，应请旨简派大员，专司督率，择廉干委员驻厂监察。如蒙俞允，再行妥拟详细章程，分绘图界，奏咨立案，一面集股，购买机器，设厂兴办等语。

臣等正在核议间，又于十二月初六日准军机处送交面奉谕旨：侍讲学士贻谷奏，连顺请招商开采蒙古金矿，有害无利等语，着总理衙门暨矿务大臣归入连顺前折，一并核议具奏。钦此。查贻谷原奏称：以形势论，西自伊犁，东讫珲春，尽与俄界毗连。俄之都城在极西，而其重镇在极东，欲由西而达东，莫捷于舍外而走内，故其经营东三省，于西北一带，未尝一日忘情，每欲假道以通之。若招俄人开采蒙矿，是惟恐虎之不能奋飞，附之翼而速其噬。俄人志不在矿，其欲于内地谋一捷径，以便往来无忌。道路潜通，天限一开，处处为敌人所制。所谓操纵自如者，恐在人而不在我等语。

臣等以贻谷所奏与连顺原奏情形显系两歧，适该将军陛见来京，咨令按照贻谷所奏各节详细声复。去后，兹据连顺复称：中国边界与俄国毗连之处，东为黑龙江，西为伊犁，北为恰克图，相去各数千里，难于径越。俄人接收东三省铁路，由彼国接至额尔图斯克城东南，越呼伦贝尔界，以至伯都讷，均在中国边界之东，与北边毫不相涉。若俄人由西达东，沿彼国边地行走，毋庸经行蒙古地面，防陆之要仍在东而不在北。况开矿本系商务，与边防判然两途。该学士所奏各节，自可无庸过虑。产金之处与俄境相连，该国无业游民越境偷挖年多一年，如认真驱逐，即恐激成事端。倘置之不问，则俄人愈聚愈众，必至如唐努乌梁海界内俄人造屋采金，日久盘据，将来图、车两旗北边将有意外之虞。嗣经派员会勘，适前税司柯乐德自俄到库，愿代招集俄股，当饬转谕偷采之人，不应违约侵占。俄人知彼国商股亦在附股，颇肯听从散归。若从此设厂开办，则杜绝俄人攘争，可期确有把握。若此议停罢，则利之所在，难保不另由该国公使、领事向我请办。拒之则彼益纵无业俄人越界滋事，与我为难；允之则矿权全落俄手，甚至名为商办，实则彼国国家主持，欲再如现议办法，恐不可得，此真如该学士所奏，速虎之噬，有害无利。又据称，连顺前次接见蒙古王公，询以此事，佥称均愿附股，及派员履勘，又经行知该汗五旗，派妥台吉札兰会勘，已取有该台吉等遵依甘结存案，照章开办，断不致有碍游牧及蒙人抗挠之事等语。

臣等窃惟贻谷所奏，原为慎固边防起见，惟连顺请开各矿地段均在库伦北边，山川僻阻，向无台站，而附近俄境之内已有铁路自其国都通连，果使俄人注意东陲，亦决不舍易就难，跋涉于荒寒之境。至俄人越境偷挖，溯查光绪十六年曾经出使大臣洪钧奏称：土谢图汗部与俄接壤，东西数百里，到处产金，俄人挖金之徒侵入华界。荒山旷野，势不能多驻兵役，昼夜梭巡，防维杜绝，智力俱穷，惟有我先设厂挖金，则彼自无从越取等语，与连顺所奏情事相同。现距洪钧前奏为时既久，情形自然更甚。若不设法兴办，连顺所奏俄人愈聚愈多，图、车两盟北边势成盘据，又难保不另由公使、领事向我请办，矿权全落俄手等节，后患均不可不防。现在直省内地业经奏定开矿章程，准付洋股招商开办。新疆塔城厅、乌苏厅等处亦准令与俄商合股试办。库伦事同一律，既据连顺奏称，面询蒙古王公，开采有益，自应准如所请，设厂自行开采，以保蒙旗利权，并招附洋股，以杜俄人攘争。前税务司俄人柯乐德久在中国当差，据总税务司赫德来函称，其谨慎条达，委令办理矿务，可称得人等语。连顺业与言定，悉遵中国章程。除矿师及管理机器等事聘用洋人外，其余淘沙工人不得雇募俄人，所筹均尚妥协。该总厂所领各矿，恐为他商挖夺，所请定议年限，应照新疆奏案定限二十五年，将来办有成效，再议奏明展续。又所得之矿利，请以四成解交户部，一成津贴蒙古王公，以五成归股东。查矿务局奏定章程内开：盈余归公之款，应按十成之二五提出缴部。该旗矿地皆蒙古王公世产，与各直省情形有异，应请提余利二成津贴该王公，以示体恤。以三成缴部，核与章程仍有盈无绌。又所请协拨官款、按年付息之处，现在库款支绌，能否协拨生息，应由臣等随时咨商户部，酌核办理。又原奏称，地隶边要，事关中外交涉，请简大臣督率，拣择廉干妥员驻厂监察。查该蒙旗与内地隔远，所有调度一切及弹压保护等事均须统筹兼顾，应如所请，特派熟悉边务之大臣督办，抑或即派乌里雅苏台将军连顺会同库伦办事大臣督率办理之处，伏候圣裁。其驻厂监察委员，应由派出大臣认真遴选，常川驻厂，会同前税务司柯乐德妥慎办理，以重责成，每年将各厂采金实数、收支数目分晰册报臣衙门并户部，以备稽核。如蒙俞允，即由臣等行知钦派大臣，妥拟章程奏准，一面集股购器，先行试办。至原奏内称乌里雅苏台属境唐努乌梁海各界内亦有金矿，应候库伦办有成效，再由该将军察看情形奏闻。谨奏。

光绪二十年三月十六日。

吉林将军延茂奏铁路工段绵长交涉日繁拟请扼要设局以资保护折

吉林将军延茂奏，为铁路工段绵长，交涉日形繁剧，拟请扼要设局，以资保护事。

窃于光绪二十三年因中、俄创修铁路，当经奏请于吉林省城设立交涉总局，奉旨允准在案。迄上年五月间，因路工日展，交涉日繁，专恃省局经理，实有鞭长莫及之虞。拟择路工来往适中之地设局，派员分理，庶昭捷速而期周密。旋据俄总监工苏维格志电称：拟在哈尔滨地方买地置房，设立铁路总公司，作为三省路工总汇之所，请在该处设立交涉总局，由省派员就近经理，应需经费拟由该总公司筹给，并拟章程十条，商请前来。奴才以事关重要，且查章程开载亦间有窒碍之处，当即派同知戴鸿钧、容贤二员前往查复。兹据复称：设局以便照料，亦属应办之事。至查该处形势，哈尔滨在阿勒楚喀城东北九十里，抵松花江南岸，其北岸即黑龙江之呼兰，界江之下游三姓达黑河入俄之伯力省，一水毗连，朝发夕至。现在俄国轮船运送料件，往来络绎等语。奴才详加查核，是哈尔滨地方诚为吉、江两省紧要门户，于此设局，足称扼要。既据该总监工迭次恳请，自应准照办理，遂将章程详细改订，彼此持平，该总监工现已照允。应即在于哈尔滨设立交涉总局，专办铁路交涉事件。即委戴鸿钧、容贤二人作为总办、会办。应需经费，该总监工请由公司筹给。查原定合同第一条载有：公司总办由中国政府遴派，其公费应由该公司筹给等语，似亦未便峻拒。惟仍由奴才就地筹款，按照省局章程酌量拨给，其俄款作为津贴，以为自立之地。如蒙俞允，当由奴才等照会总监工，并刊刻关防，札饬该员等，带领员司前往，开局任事。其经费、津贴各数目，容俟议定，再行报明立案。谨奏。

光绪二十五年三月十七日奉朱批：着照所请。该衙门知道。

旨寄护盛京将军文兴俄路驻兵未经声明着饬属弹压电

旨：文兴等电悉。铁路合同未经声明驻兵保护，近日俄使亦未将此节先行知照，何以遽以护路为名，派队分驻？除饬总署查明诘阻外，着该署将军等转饬关道，妥为弹压，并告知该统带俄员，勿遽生事。

三月二十一日

旨寄毓贤德人在山东居心叵测着加意严防电

旨寄毓贤：山东为畿疆门户，德人居心叵测，亟应加意严防，沿海一带尤要。现在该省水陆各军共有营数若干，应如何扼要分布，着预占先着。

三月二十二日

清季外交史料卷一百三十七终

清季外交史料卷一百三十八

光绪二十五年三月下至四月

总署奏中俄会勘旅大陆地北界事竣照约缮订专条折 附旅大租界专条辽东半岛租地专条暨咨文

总理各国事务庆亲王奕劻等奏，为中俄会勘旅大陆地北界事竣，照约缮订专条，请简派大臣加押，以结界案事。

窃查，上年奉天派员会勘旅大租界一事，经臣衙门将商定庙群各岛不归租界并议勘附近租界海岛情形，于上年十二月初八日奏明在案，并电知盛京将军，饬令派出之委员知府福培、同知涂景涛连前勘陆地北界一并缮立文凭，画押后，咨送臣衙门核定加押等因。前准署盛京将军文兴、署理副都统晋昌咨称，据委员福培等会同俄员倭高格等履勘陆地北界，自金州普兰店，即西名亚当湾起，迤东至貔子窝、火神庙、南山角止，竖立界碑三十一座，刊刻汉文北洋第几碑字样。十二月二十一日复与该俄员会议分界专条八款，本年正月十七日缮就中、俄文各四分，画押盖印，彼此互换。其租地北界陆路地图由俄员测绘照印，附于专条之后。另用中、法绘图，详具图说，备文咨请臣衙门察核加押前来。臣等查该员等所勘陆路北界及专条所议办法，核与原订条约及奏定庙群岛不归租界各节，均属相符，应请简派大臣与俄使订期加押，以结分界全案。谨奏。

光绪二十五年三月二十四日奉旨：派王文韶、许景澄加押。

附中俄勘分旅大租界专条

大清国国家专派委员・花翎・道员用・候补知府福培、花翎・知府用・前署金州厅海防同知涂景涛，大俄国国家专派委员・坐探中国武备委员・督办营务处副将官倭高格、督办营务处游击官伊林思齐，各奉本国札派，会同履勘辽东半岛俄国租地之陆地北界，按照华历光绪二十四年三月初六日，俄历一千八百九十八年三月十五日，北京条约第一款，就地画界，为标明界址所在，共立界碑三十一块，以俄字母挨次为记，即自阿始至额终，又加立小界碑八块，以号码为记，即自第一始至第八终。

兹该委员等会于旅顺口，议订条款如左：

第一款　按照华历光绪二十四年闰三月十七日，俄历一千八百九十八年四月二十五日，彼得堡续约第一款，辽东半岛俄国租地之陆地北界，自半岛西岸之亚当湾北岸起，往东，间有偏北偏南，至半岛东岸之貔子窝湾北岸终。

阿字界碑即中国第一碑立于五湖嘴之防风山亦名亚当山极南岗顶，距枣房身屯西尽处之西南二百六十俄丈即罗镜四十度，距枣房身屯往高家屯车道之北九十俄丈。

由阿字界碑起，界线一面往南，至亚当湾北岸，直出往英国海部第二千八百三十三号地图所记四百三十英丈高之阴岭山顶，一面往北微偏东，顺防风山脊而走，长六百四十俄丈，并在防风山脊极北山顶，加立第一小界碑，距二道岭子、枣房身两屯往老爷库车道岔口之南四十五俄丈，由此小界碑起，界线多偏东，往黄衣山南坡之乱葬冈即义地冈而走，在乱葬冈东围墙立巴字界碑即中国第二碑，距第一小界碑二百三十五俄丈。枣房身屯土地归入俄国租地，其乱葬冈留在隙地之内隙地一。

由巴字界碑即中国第二碑起，界线往东，二道岭子、姜家炉及两屯土地归入俄国租地，其花儿山屯土地留在隙地之内隙地二。在姜家炉北山顶之南边立瓦字界碑即中国第三碑，距巴字界碑六百八十俄丈。由此界碑起，界线微偏北，陈家屯及其土地归入俄国租地，孙家屯及其土地留在隙地之内隙地三。在孙家屯东北之山冈南坡加立第二小界碑，距孙家屯九十俄丈，距瓦字界碑三百八十俄丈。界线由此偏往东南，顺陈家屯土地北界而走，直出至俄国租地内，三官庙及其土地与留在隙地内隙地四。姜家屯之分道处噶字界碑即中国第四碑立于附近陈家茔平坡之高顶，距第二小界碑六百二十俄丈。

由噶字界碑起，界线往东微偏北，留韩家屯及其土地于隙地之内隙地五。在驿山西北前山顶立达字界碑即中国第五碑，距噶字界碑一千一百九十二俄丈。

由达字界碑起，界线往东微偏北，至自西自南绕过花山屯之无名小河，在小河右岸即西岸横过花山屯之车道处加立第三小界碑，距达字界碑二百一十六俄丈。然后界线顺此无名小河左岸即北岸至平阳河口，再顺平阳河右岸即西岸至被花山屯往孙家大道铺屋车道横过平阳河之处，即在横过处左岸即东岸立耶字界碑即中国第六碑，距花山屯东口二百一十俄丈，距第三小界碑四百四十五俄丈。

由耶字界碑起，界线顺花山屯，往孙家大道铺屋车道北边而走，在孙家大道铺屋西口加立第四小界碑，距耶字界碑一百七十俄丈。然后界线自北绕过孙家大道铺屋，将孙家大道铺屋及其土地归入俄国租地。经在苍家屯小径，距孙家大道铺屋东北二百二十五俄丈之第五小界碑，又微偏南至老平山之北前山顶，在此立热字界碑即中国第七碑，距第五小界碑二百八十四俄丈。

由此界碑起，界线往东偏北，至后苍家屯西口小庙，自西绕过此，归入俄国租地之后，苍家屯及其土地往下顺往李家屯车道北边而走，留周家山嘴、大李家屯两屯于隙地之内隙地六，即于安子河左岸即东岸附近，此河水浅处往李家屯之车道旁，立皆字界碑即中国第八碑，距热字界碑一千二百四十俄丈。

由皆字界碑起，界线往东，顺李家屯、街上老叶家、大周家屯土地中间，往李家屯之车道北边而走，李家屯归俄国享用，其街上老叶家、大周家屯留在隙地之内隙地七。

由距皆字界碑二百三十俄丈李家屯车道之陡转处，界线往鲁家茔而走，然后至李家屯，往于家屯之车道北边沙河、安子河分水岭之牧牛场高顶立伊字界碑即中国第九碑，距李家屯三百零二十俄丈，距皆字界碑七百六十俄丈。界线由此顺李家屯往于家屯之车道北边而走，于家屯、后线石屯归入俄国租地，韩家庄留在隙地之内隙地八。即于后线石屯西北山冈立亦字界碑即中国第十碑，距此屯一百五十五俄丈，距伊字界碑八百六十五俄丈。然后界线往沙河而走，后线石屯及前线石屯归入俄国租地，韩家屯留在隙地之内隙地九。即于沙河右岸即南岸后线石屯往沙河左岸即北岸桥头屯道边之沙土堆立喀字界碑即中国第十一碑，距亦字界碑七百零五俄丈。

由喀字界碑起，界线顺沙河右岸即南岸而走，往龙王庙山麓之第六小界碑，长八百九十俄丈。界线由此过沙河左岸即北岸，距桥头屯六百七十俄丈，距第六小界碑二百零七俄丈，立拉字界碑即中国第十二碑。

由此界碑起，界线顺沙河左岸即北岸而走，至流入沙河之小河口，在此立玛字界碑即中国第十三碑，距拉字界碑六百六十八俄丈，高家店、李家店留在隙地之内隙地十。然后界线往东北而走，绕过大晏家屯土地，在往李家屯之道边立那字界碑即中国第十四碑，距大晏家屯五十俄丈，距玛字界碑三百九十俄丈。七耳沟、大晏家屯土地归俄国享用，其李家屯留在隙地之内隙地十一。

由那字界碑起，界线往小晏家屯北口而走，绕过此屯，经台子山南上距那字界碑八百八十俄丈之楼子山俄名圣尼阔来山顶，其小晏家屯、隋家屯归入俄国租地。由楼子山顶起，界线一直往东，在楼子山东岗第二顶立倭字界碑即中国第十五碑，距那字界碑一千二百四十俄丈，距楼子山顶三百六十俄丈。

界线由此微偏南，经杨家沟房屋，此沟留在隙地之内隙地十二，在山嘴立怕字界碑即中国第十六碑，距杨家沟一百九十俄丈，距倭字界碑七百零五俄丈。然后界线方向与前相同，至夹河右岸即西岸，在右岸沙土冈北根树林北半立啦字界碑即中国第十七碑，距怕字界碑七百八十俄丈，其姜家崴子屯土地归入俄国租地，郎家屯、大唐家屯及其土地留在隙地之内隙地十三。由啦字界碑起，界线过夹河，微偏南，经巴家屯北，巴家屯及其土地归入俄国租地，在巴家屯东南冈顶立萨字界碑即中国第十八碑，距巴家屯二百四十俄丈，距啦字界碑七百四十俄丈。

界线由此一直往东，经夹河庙北一百五十五俄丈之房屋直出，至葫芦头西山顶，在此立土字界碑即中国第十九碑，距夹河庙东北三百八十俄丈，距萨字界碑八百八十俄丈，其张家沟屯留在隙地之内隙地十四。界线由此微偏南，经葫芦屯北一百五十俄丈之房屋，上自葫芦头往东南之山脊，立乌字界碑即中国第二十碑，距土字界碑七百俄丈。葫芦屯、大栾家屯归入俄国租地，葫芦头留在隙地之内隙地十五。

由乌字界碑起，界线仍按从前方向而走，过小河，上老岚子冈，在冈顶附近茔地立福字界碑即中国第二十一碑，距乌字碑六百二十俄丈。小栾家屯土地归入俄国租地，刘家屯、小陈家屯及其土地留在隙地之内隙地十六。然后界线偏北，往山嘴屯，顺屯南小河左岸即北岸小河流入清水河之河口，过清水河及清水河左汊之万家沟河，在万家沟河之左岸即东岸立哈字界碑即中国第二十二碑，距郑家窑一百二十俄丈，距福字界碑七百二十俄丈。大连窑子及其土地归俄国享用，其小老虎峪、山嘴屯两屯留在隙地之内隙地十七。

由哈字界碑起，界线顺万家沟河右岸即北岸而走，至河之往北陡转处，距万家沟屯西北一百二十二俄丈，在河之左岸即东岸立茨字界碑即中国第二十三碑，距哈字界碑九百八十五俄丈。郑家屯、三官庙屯留在隙地之内隙地十八。界线由此微偏南，经归入俄国租地之万家沟屯并炮台子屯，北至貔子窝往盖州之大道，在横穿此道之杨家屯车道处立砗字界碑即中国第二十四碑，距炮台子店北五十五俄丈，距茨字界碑六百五十俄丈。

由砗字界碑起，界线顺成为炮台子店土地北界山沟之北边而走，上冈顶，在炮台子、杨家屯、王家屯、滕家庄分道处加立第七小界碑，距砗字界碑三百六十俄丈。界线由此往滕家庄，顺庄之南口而走，至小冈嘴，在此立沙字界碑即中国第二十五碑，距砗字界碑九百六十五俄丈。炮台子、炮台子店、王家屯土地归入俄国租地，其杨家屯、安家屯、宋家屯、滕家庄留在隙地之内隙地十九。

由沙字界碑起，距界线直出河沟右岸即南岸，顺河沟而走，至赞子河，往下至河之分为双汊处，在此加立第八小界碑，距沙字界碑一千二百六十俄丈。然后界线往留在隙地内之曲家屯至高家店北之山谷，在岔道附近处立四叉界碑即中国第二十六碑，距高家店三百三十俄丈，距沙字界碑二千一百六十俄丈。

界线由此往高家茔树林南边而走，至潮沟崖，在此立耶尔界碑即中国第二十七碑，距四叉界碑七百八十俄丈。高家店土地归俄国享用，其高家屯、宁家屯留在隙地之内隙地二十。

由耶尔界碑起，界线往林家屯即林家坎子屯，归邢家屯、潮沟崖于俄国租地，留沙泡子于隙地内。耶尔依界碑即中国第二十八碑立在坑洼处，距林家屯西北五十俄丈，距耶尔界碑一千二百九十二俄丈。

界线由此往橡树岚坟茔，在牟家屯北二百四十俄丈，由此屯往北之车道旁立叶尔界碑即中国第二十九碑，距耶尔依界碑五百八十俄丈。林家屯即林家坎子屯、牟家屯土地归俄国享用。然后界线微偏南，至距王家坦屯北一百五十八俄丈之烽台，在由牟家屯往吴家屯去烽台南二十俄丈之车道旁立牙提界碑即中国第三十碑，距叶尔界碑一千一百三十五俄丈。孙家屯、王家坦屯土地归入俄国租地，其宁家沟屯留在隙地之内隙地二十一。

由牙提界碑起，界线多偏南直出，至火神庙高山角，在角顶立额字末碑即中国第三十一碑，距庙南一百五十二俄丈，距牙提界碑一千二百零五俄丈。界线由此往东南而走，下往大海，长二百俄丈。吴家屯及两王家屯土地留在隙地之内隙地二十二。

第二款　此次专条第一款所定边界，其屯庄土地错出错入，设有龃龉，两国边界本管官应切实按照此次所定专条第一款互相核办。

第三款　按照华历光绪二十四年闰三月十七日，俄历一千八百九十八年四月二十五日彼得堡续约第二款，自北毗连辽东半岛俄国租地之隙地陆地北界，由半岛西岸之盖州河口起，往东偏南，经过归入隙地盖平县城即盖州及隙地外姚家店中间，然后界线仍按前方向往大洋河而走，自北绕过隙地内之岫岩州城，过大洋河左岸即东岸，界线又顺此左岸往下至河口，在半岛东岸为止。

第四款　此次专条第三款所定隙地陆地北界，按照华历光绪二十四年闰三月十七日，俄历一千八百九十八年四月二十五日彼得堡续约所附地图，举其纲领，若必须详细就地勘划界线，两国另应派员核办。

第五款　按照华历光绪二十四年三月初六日，俄历一千八百九十八年三月十五日北京条约第一款，暨华历光绪二十四年闰三月十七日，俄历一千八百九十八年四月二十五日彼得堡续约第一款，又按照北京俄国使署与总理各国事务衙门商定，辽东半岛租界西岸附近水面陆地北界纬线以南各岛，均归俄国享用。

惟簸箩岛南段归俄国租界内，北段归入隙地。此岛详细勘划在后。

又租界东岸附近水面所有各岛，在北界纬线以南者，均归俄国享用，而以划入俄国租界内之海洋岛作为尽东之界。

第六款　辽东半岛租界陆地北界，纬线以北，在隙地内东西岸附近水面各岛，均应照光绪二十四年三月初六日，即一千八百九十八年三月十五日条约第五款，暨光绪二十四闰三月十七日，即一千八百九十八年四月二十五日续约第五款所定隙地办法。

第七款　按照北京俄国使署与总理各国事务衙门商定，所有辽东半岛以南庙群各岛不归租界之内，而中国允认，不能将该全岛，或一二岛，让与别国及别国之人，或永远，或暂行享用，并不能在此群岛开设通商口岸，亦不能在此各岛准与他国人民造铁路、开矿及工商利益各事。

第八款　此次专条所定界碑，自本年为始，每逾三年，应行查阅。届期，交界本管官各派一员，会于一定处所，顺界线而走，查阅大小界碑。查阅时，如大小界碑见有损坏或全然损坏者，查阅官切实遵守此次专条并附于此次专条之图，仍就原处重立。

两国委员此次所定专条，俄、华文字各备四分，画押盖印，以昭信守。校对相符，遇有辩解，以俄文字为凭。此外，委员等将界线绘图注以俄、华文字，用红色标明此次专条所定界线，并就图画押盖印为凭。两国委员将新界专条互换后，应将专条分呈驻扎北京俄国公使及总理各国事务衙门，以便批定完结。

此次专条于华历光绪二十五年正月十七日，俄历一千八百九十九年二月十四日，立于旅顺。

督办营务处游击官伊林思齐押。

大清分界委员福培押。

涂景涛押。

大清光绪二十五年三月二十八日，大俄一千八百九十九年四月二十五日，在北京互换。

大清钦命总理各国事务大臣·军机大臣·户部尚书王押。

总理各国事务大臣·工部左侍郎许押。

大俄钦命驻京全权大臣·内廷大夫格押。

辽东半岛俄国租地分界专条附条

按照辽东半岛俄国租地分界专条第五款，俄国分界委员·游击官伊林思齐，中国分界委员·花翎·升用道·候补知府福培暨总理各国事务衙门翻译官萨荫图，于本年俄历三月初九日，同乘俄国兵舰名朝鲜人者，履勘辽东半岛俄国租地陆地北纬界线迤南之东西水面附近各岛，并按照专条第五款，辽东半岛东边归入俄国租地之蚂蚁岛、平岛、黑岛、古娄岛、光禄岛、刮皮岛、舍利岛、葛仙岛、海仙岛、大长山岛、小长山岛及附近小长山岛东尽处之二小岛、王家岛、搭连岛、大霍子岛、小霍子岛、獐子岛、五蟒岛、海洋岛并大连湾进口处之两三山岛，均已履勘。其辽东半岛西边之猪岛、湖平岛、西蚂蚁岛及就地图尺寸表每寸四十俄里亚细亚俄界面积地图所记之兔儿岛土人名为凤鸣岛，亦均履勘。

按照专条第五款，在簸箩岛土人名为中岛内划分界线方石一块，高约一零四分之一俄尺，用墨色注明，北面华文为第一碑，南面俄文为号码第一，立于英国海部二千八百三十三号地图所记中岩南山嘴间此岛之西面小港适中鲁岛、红子南两屯车道西边沙泡子地方之沙荒偏坡。自此石碑起，界线往东南，顺宽阔沙碱平原而走，长约二零四分之一俄里，直至岛之东岸，即在封闭小港北尽处岩根小港岸，顺平原而流之潮沟口止界。其界线迤南之村落归入俄国租地，界线迤北者留在隙地之内。

辽东半岛俄国租地东西各该岛民人，将其归入租地情形分贴告示，当面晓谕。其余辽东半岛俄国租地西边各岛，考诸《一统舆图》及《奉天舆图》并《英国海部二千八百三十三号地图》，显系空旷无人。惟其中数岛，当水浅时，定有与辽东半岛西岸相连者。

此为俄历一千八百九十九年二月十四日旅顺分界专条之附条。华历光绪二十五年三月初三日，俄历一千八百九十九年三月三十一日，定于俄国兵舰之名朝鲜人者。

督办营务处游击官伊林思齐押。

中国分界委员福培押。

翻译官萨荫图译。

附录

勘分辽东半岛俄国租地陆地北界图说：

俄国租地北界西岸起首第一碑即俄国阿字界碑，立于西岸亚当湾按中国舆图，本无亚当湾地名，俄员执英国海部所绘辽东海臂亚达穆思图，切出亚当二字，勘定金州西岸三道湾海口，溯流而上，经石河驿北至普兰店，又北至五湖嘴，为亚当湾北五湖嘴之防风山俄员谓此山又名亚当山极南岗顶。

自北界第一碑起，界线一面向南，由亚当湾北岸直出，往阴岭山为界。查光绪二十四年闰三月十七日彼得堡续约所附租界隙地全图，自亚当湾顺流西出海口，凡右岸以北土地用黄色标明，留为隙地，左岸以南用红色标明，均属租界。此次定界，南向阴岭山画线为界，其阴岭山以西右岸均系黄色隙地，界划显然，故俄员此次绘图即以阴岭山为止。一面往北，微偏东，顺防风山脊而走，至山脊北头，加立第一小界碑。再转东，至黄衣山南坡之义地冈俗名乱葬冈，即在义地东围墙外立北界第二碑即俄国巴字界碑，距第一碑三里零九十八弓。俄员测量由阿字界碑至第一小界碑六百四十俄丈，由第一小界碑至巴字界碑二百三十五俄丈。其界线以南之枣房身屯土地归入俄国租地，界线北之义地冈留在隙地之内。

自北界第二碑起，界线往东，经二道岭子，至姜家炉后北山顶立北界第三碑即俄国瓦字界碑，距第二碑二里半俄员测量自巴字界碑至瓦字界碑六百八十俄丈。界线南之二道岭屯、姜家炉屯土地归入俄国租地，界线北之花儿山屯留在隙地之内。自北界第三碑起，界线微偏北，经孙家屯东北山冈南坡，加立第二小界碑。由此遍〔偏〕往东南，经陈家屯北，在三官庙之北姜家屯之西，近陈家茔平坡高顶立北界第四碑即俄国噶字界碑，距第三碑三里零二十五弓俄员测量由瓦字界碑至第二小界碑三百八十俄丈，由第二小界碑至噶字界碑六百二十俄丈。界线南之陈家屯、三官庙土地归入俄国租地，界线北之孙家屯、姜家屯土地留在隙地之内。自姜家屯以西，系复州地境，由此而东，皆系金州所属。

自北界第四碑起，界线往东微偏北，经韩家屯南而过至驿山之西北山冈，立北界第五碑即俄国达字界碑，距第四碑三里零十八弓俄员测量由噶字界碑至达字界碑一千一百九十二俄丈。界线北之韩家屯土地留在隙地之内。

自北界第五碑起，界线往东微偏北，至花山屯西之无名小河，转东之右岸，加立第三小界碑。又顺北〔此〕小河左岸，至入东平阳河处按平阳河正流在韩家、姜家两屯之间，此河在正流之东，发源于东西蜡树房之山，经花山屯东，由驿城堡而西流入平阳河。俄员误指此为平阳河，特加东字以别之，顺此河右岸直上，至花山屯，往孙家大道车道横过处，在左岸道旁立北界第六碑即俄国耶字界碑，距第五碑三里零一百六十弓俄员测量自达字界碑至第三小界碑二百一十六俄丈，自第三小界碑至耶字碑四百四十五俄丈。

自北界第六碑起，界线顺车道微偏北，在孙家大道铺屋西口加立第四小界碑。然后向北，绕过铺屋，在铺屋东北赴苍家屯径路加立第五小界碑。又转而偏南，上老平山北前山顶，立北界第七碑即俄国热字界碑，距第六碑二里零八十弓俄员测量自耶字界碑至第四小界碑一百七十俄丈，自第四小界碑至第五小界碑二百二十五俄丈，自第五小界碑至热字界碑二百八十四俄丈。界线南之孙家大道铺屋及其土地归入俄国租地。

自北界第七碑起，界线往东微偏北，绕过前后苍家屯，循该屯往李家屯平地车道向东而行，直过安子河，即在此河左岸车道旁〈立〉北界第八碑即俄国皆字界碑，距第七碑四里零一百三十八弓俄员测量自热字界碑至皆字界碑一千二百四十俄丈。界线南之苍家前后屯归入俄国租地，界线北之周家山嘴屯按周家山嘴本系俞家山嘴，俄员误作周及大李家屯留在隙地之内。

自北界第八碑起，界线往东，在李家屯以北街上老叶家按街上地名本曰盖子上，系叶姓世居，故俄文云此、周家屯以南平地中间经过，至往李家屯车道陡转处，界线直向鲁家茔上山此山平坦，在安子河之东，沙河之西，俄员指此山为安子河、沙河分水岭，在李家屯往于家屯车道北边牧牛场山顶立北界第九碑即俄国伊字界碑，距第八碑三里零二十五弓俄员测量自皆字界碑至伊字界碑七百六十俄丈。界线南之李家屯归俄国享用，界线北之街上老叶家屯、周家屯留在隙地之内。

自北界第九碑起，界线顺山中车道，往东绕过于家屯之北，至后线石屯西北山冈，立北界第十碑即俄国亦字界碑，距第九碑三里零二十五弓俄员测量自伊字界碑至亦字界碑八百六十五俄丈。界线南之于家屯归入俄国租地，界线北之韩家庄留于隙地之内。

自北界第十碑起，界线经后线石屯北边而行，向东微转南，循此屯往桥头屯之车道南边，在沙河右岸沙土堆上立北界第十一碑即俄国喀字界碑，距第十碑二里零二百六十一弓俄员测量自亦字界碑至喀字界碑七百零五俄丈。界线南之前线石、后线石两屯归入俄国租地。

自北界第十一碑起，界线顺沙河右岸而行，至龙王庙山麓加立第六小界碑。由此处横过沙河，在沙河左岸立北界第十二碑〈即〉俄国拉字界碑，距第十一碑三里零三十五弓俄员测量自喀字界碑至第六小界碑八百九十俄丈，自第六小界碑至拉字界碑二百零七俄丈。

自北界第十二碑起，界线顺沙河左岸而行，至流入沙河之小河口，在此立第十三碑即俄国玛字界碑，距第十二碑二里零一百四十四弓俄员测量自拉字界碑至玛字界碑六百六十八俄丈。界线北之李家店、高家店留在隙地之内。

自北界第十三碑起，界线往东北而行，在大晏家屯西头往李家屯车道旁立北界第十四碑即俄国那字界碑，距第十三碑一里零七十四弓俄员测量自玛字界碑至耶字界碑三百九十俄丈。界线南之七耳沟、大晏家屯土地归入俄国租地，界线北之李家屯留在隙地之内。

自北界第十四碑起，界线往东南，经台子山南、小晏家屯北，直穿楼子山脊而过此山在租界北线，为独高，俄员改名曰圣尼阔来，系该国君之名，在此山东冈第二顶立北界第十五碑即俄国倭字界碑，距第十四碑四里零二百二十弓俄员测量自那字界碑至倭字界碑一千二百四十俄丈。界线南之小晏家屯、隋家屯归入俄国租地。

自北界第十五碑起，界线由此微偏南，经杨家沟民屋而过，至该屋斜对之山嘴立北界第十六碑即俄国怕字界碑，距第十五碑二里零二百二十四弓俄员测量自倭字界碑至怕字界碑七百零五俄丈。杨家沟留在隙地之内。

自北界第十六碑起，界线微偏南，经姜家崴之北，至夹河右岸沙冈树林北，立北界第十七碑即俄国啦字界碑，距第十六碑二里零二百二十四弓俄员测量自怕字界碑至啦字界碑七百八十俄丈。界线南之姜家崴子归入俄国租地，界线北之郎家屯、大郎家屯土地留在隙地之内。

自北界第十七碑起，界线由此过夹河，微偏南，经巴家屯北，直上东南冈顶，立北界第十八碑即俄国萨字界碑，距第十七碑二里零一百弓俄员测量自啦字界碑至萨字界碑七百四十俄丈。巴家屯土地归入俄国租地。

自北界第十八碑起，界线一直往东，经夹河庙北，直出至葫芦头之西山顶，立北界第十九碑即俄国土字界碑，距第十八碑三里零一百弓俄员测量自萨字界碑至土字碑八百八十俄丈。界线北之张家沟留在隙地之内。

自北界第十九碑起，界线由此微偏南，经葫芦屯北而过，上自葫芦往东南之山脊，立北界第二十碑即俄国乌字界碑，距第十九碑三里零一百三十弓俄员测量自土字界碑至乌字界碑七百俄丈。界线南之葫芦屯及大栾家屯归入俄国租地，界线北之葫芦头留在隙地之内。

自北界第二十碑起，界线仍向东微偏南而行，过小山沟河，上老岚子山冈，在冈顶附近茔地立北界第二十一碑即俄国福字界碑，距第二十碑二里零二百三十弓俄员测量自乌字界碑至福字界碑六百二十俄丈。界线南之小栾家屯土地归入俄国租地，界线北之刘家屯及小陈家屯留在隙地之内。

自北界第二十一碑起，界线往东微偏北，往山嘴屯，顺屯南小山河流入清水河之口，横过清水河至左汊之万家沟河口左岸，立北界第二十二碑即俄国哈字界碑，距第二十一碑三里俄员测量自福字界碑至哈字界碑七百二十俄丈。界线南之大连窑子归俄国享用，界线北之小老虎峪及山嘴两屯留在隙地之内。

自北界第二十二碑起，界线往东微偏北，循万家沟河右岸逆流而上，至此河往北陡转处，在其左岸立北界第二十三碑即俄国茨字界碑，距第二十二碑三里零一百八十弓俄员测量自哈字界碑至茨字界碑九百八十五俄丈。界线北之郑家屯、三官庙屯留在隙地之内。

自北界第二十三碑起，界线往东微偏南，经万家沟屯北而过，至炮台子店后，至貔子窝口往盖州大道，在横穿此道之杨家屯车道旁立北界第二十四碑即俄国碎字界碑，距第二十三碑二里零一百二十七弓俄员测量自茨字界碑至碎字界碑六百五十俄丈。界线南之万家沟屯归入俄国租界。

自北界第二十四碑起，界线由此往东微偏南，顺炮台店北界山沟而行，直上山冈，在冈中分道处加立第七小界碑。又往东南经滕家庄，南至小山冈嘴，立北界第二十五碑即俄国沙字界碑，距第二十四碑三里零一百九十一弓俄员测量自碎字碑至沙字界碑九百六十五俄丈。界线南之炮台子、炮台子店及王家屯土地归入俄国租地，界线北之杨家屯、安家屯、宋家屯、滕家庄留在隙地之内。

自北界第二十五碑起，界线往东直出，至冈嘴下河沟南岸，顺岸东行，入赞子河，至此河分为双汊处，加立第八小界碑。然后由赞字河左岸沙岭窑往东，经曲家屯南，直上高家店后北山岔道附近，立北界第二十六碑即俄国四叉字界碑，距第二十五碑八里俄员测量自沙字界碑至四叉字界碑二千一百六十俄丈。界线北之曲家屯留在隙地之内。

自北界第二十六碑起，界线向东，经高家茔树林南边而过，至潮沟崖，立北界第二十七碑即俄国耶尔字界碑，距第二十六碑三里俄员测量自四叉字界碑至耶尔字界碑七百八十俄丈。界线南之高家店土地归俄国享用，界线北之高家屯、宁家屯留在隙地之内。

自北界第二十七碑起，界线向东至林家坎子屯西北坑洼处，立北界第二十八碑即俄国耶尔依字界碑，距第二十七碑四里零一百六十四弓俄员测量自耶尔字界碑至耶尔依字界碑一千二百九十二俄丈。界线南之邢家屯、潮沟崖归入俄国租地。界线北之沙泡子留在隙地之内。

自北界第二十八碑起，界线向东，往牟家屯北、橡树岚附近车道旁，立北界第二十九碑即俄国耶〔叶〕尔字界碑，距第二十八碑二里零一百七十五弓俄员测量自耶尔依字界碑至叶尔字界碑五百八十俄丈。界线南之林家坎子屯及牟家屯土地归俄国享用。

自北界第二十九碑起，界线微偏南，经王家坦屯北，至烽台南车道旁，立北界第三十碑即俄国牙提字界碑，距第二十九碑四里零八十弓俄员测量自叶尔字界碑至牙提字界碑一千一百三十五俄丈。界线南之孙家屯、王家坦屯土地归入俄国租地，界线北之宁家沟屯留在隙地之内。

自北界第三十碑起，界线多偏南直出，至火神庙高山角，至角顶立北界东岸尽头第三十一碑即俄国额字末碑，距第三十碑四里零一百八十六弓俄员测量自牙提字界碑至额字末碑一千二百零五俄丈。由此碑往东南，下至海滨，约一里零八十弓。界线北之吴家屯及两王家屯留在隙地之内。

附护理盛京将军文兴等咨总署勘分旅大俄国租界情形文

光绪二十五年二月二十二日，据勘分旅大租界委员·道员·补用知府福培，知府用·候补同知涂景涛禀称：

窃卑府培于光绪二十四年六月初一日奉前将军督宪依札，会同高协领万梅勘画俄国租借辽东半岛地界，遵即驰赴金州，会同高协领前往旅顺，面会俄国特派分界委员·副将官倭高格、游击官伊林思齐、翻译官柯理索福，商订分界事宜。缘高协领与俄员意见龃龉，不欢而罢，改派庆协领霖。该协领卧病垂危，不能从事。七月初八日奉电改委卑职景涛会办。八月十六日遵将金州厅印务交卸，专事画界。乃因俄员展期，延至九月初五日始来金州会议。

先从租地北界西岸亚当湾起首勘画，遂于初九、十一、十三等日再会议于普兰店之北三官庙，卑府等以中国舆图无亚当湾地名，应遵照总署电示亚当即普兰店之文为凭，当从普兰店西海湾之马虎岛起首。俄员坚称：续约明言，西从亚当湾北起，无普兰店字样，不足为据。爰出英国海部所绘辽东海臂亚达穆思海口图相佐证，为亚当二字，即从此切出。查此图海口自西湾环而东而北，与金州三道湾海口逆流而上，经石河驿，东至普兰店，又东北至五湖嘴，海湾形势相似。卑府强辞相驳，彼终不服，又出订续约时所附分界图执以为据。其图用红、黄二色标识，红为租地，黄为隙地。查自亚当湾北向南转西，顺水出口，右岸黄色，左岸红色，界画显然。卑府等查核尚属符合，遂允俄员所请，将北界西岸起首第一碑立于五湖嘴之东防风山南冈顶。俄员指防风山亦名亚当山，亦与续约穿过亚当山脊文无背。由是连日会同俄员勘画界线，由北界第一碑一面向南直出，至对岸阴岭山为止，以西皆属隙地；一面往北微偏东，穿过防风山，即亚当山之脊，于山脊北头加立第一小碑，转至黄衣山下义地冈围东角，立北界第二碑。又东经二道岭北，至姜家炉后山顶，立北界第三碑。又东偏北，经孙家屯东北，加立第二小碑。转东至三官庙北陈家茔，立北界第四碑。又东微偏北，经过姜家、韩家两屯之南，至峄山西冈顶，立北界第五碑。又东偏北，在花山屯右无名山沟，由北转东处，加立第三小碑。循此沟经过迎水寺前，入东平阳河直上，在寺东车道冲过此河之左岸孙家大道旁，立北界第六碑。又东，在孙家大道铺屋西边，加立第四小碑。绕过铺屋后，在铺屋东边赴苍家屯山径间，加立第五小碑。往东上老平山前山顶，立北界第七碑。又东下山偏北，绕过后苍家屯往东，顺车道，直过安子河，在此河左岸，立北界第八碑。又循车道而东，对鲁家茔直上山，至牧牛场车道旁，立北界第九碑。又东微偏北，经于家屯后，至后线石屯西北角山顶，立北界第十碑。又东微偏南，经后线石屯后，至沙河右岸沙堆上立北界第十一碑。又东偏南，顺沙河右岸，至龙王庙山麓，加立第六小碑。由此横过沙河，在左岸河滨立北界第十二碑。又循沙河左岸，至小河流入沙河处立北界第十三碑。又东至大晏家屯，西往李家屯车道旁立北界第十四碑。又东经台子山南，穿过楼子山，在此山东之第二冈顶立北界第十五碑。又东经过杨家沟，在东山嘴立北界第十六碑。又东经姜家崴子北，至夹河右岸树林之北立北界第十七碑。又东横过夹河，至八家屯之东北山冈立北界第十八碑。又东经过夹河庙北，葫芦头西山顶立北界第十九碑。

俄员至此，请先至貔子窝，将东岸貔子窝湾北尽处勘定，再行向东续立界碑。遂于九月二十四日至十月初九日先后会议六次，卑府等谓：续约既称貔子窝湾，其湾当在貔子窝海滨，断不能离貔子窝而别求所谓湾者。俄员则谓：貔子窝而加一湾字，是统该处一带而言，遂指貔子窝以东牟家屯至火神庙海边为湾北尽处。往复辩驳，不免舌敝唇焦，均经随时电禀在案。旋复遵示，磨商再四，俄员坚不肯让，几至决裂，不得已始遵相机办理之谕，勉允所请。查续约附图，北边界线东至碧流河口以南为东岸尽处，火神庙海边距碧流河口尚十余里，在此立东岸尽头界碑尚无不合。惟赞子河以东盐滩尽包在内，滩民不服，聚众抗阻。卑府等分遣该境绅士剀切劝谕，始各舍忍息争。然后会同俄员，重由第十九碑起，微偏北，在葫芦头往东南山脊，立北界第二十碑。又向东过小山河，上老岚子山顶，立北界第二十一碑。又微偏北，经山嘴屯，顺小河，往东南，入清水河，横过此河，至左岸万家沟河出口处，立北界第二十二碑。又循万家沟河北岸，湾环逆上，至该河转北处之左岸，立北界第二十三碑。又微偏南，至炮台子店北，立北界第二十四碑。又东微南，在杨家屯、王家屯分道处，加立第七小碑。又东经滕家庄，至小冈嘴，立北界第二十五碑。又东下山，顺山河南入赞子河，至分汊处，加立第八小牌。又东经曲家屯南，至高家店后山，立北界第二十六碑。又东至潮沟崖，立北界第二十七碑。又东至林家坎子西北阮家洼，立北界第二十八碑。又东至牟家屯北车道旁，立北界第二十九碑。由此微偏南，至烽台南车道旁，立北界第三十碑。又偏南至火神庙南山角，立北界第三十一碑。由是下至大海滨，是为东岸尽头。

凡立大界碑三十有一座，碑北面大书深刻汉文北界第几碑字样，碑南面俄员镌刻俄国字母曰阿、〈曰巴〉、曰瓦、曰葛〔噶〕、曰达、曰那〔耶〕、曰热、曰皆、曰伊、曰亦、曰喀、曰拉、曰玛、曰耶〔那〕、曰倭、曰怕、曰啦、曰萨、曰土、曰乌、曰福、曰哈、曰茨、曰阵〔砗〕、曰沙、曰四叉、曰耶尔依、曰业〔叶〕尔、曰牙提、曰额，次第为号，加立小碑八块，以数目为号。界线由西至东，共长九十八里零九十四弓。

北界陆路界碑树讫后，俄员坚称：自北界租地纬线以南，东西两面海中附近各岛及旅顺南面庙儿群岛，一并划入租界，然后立约画押。卑府等答以东西金州海面之岛，距岸一二十海里，或二三十海里者，原可谓之附近，归入租界尚可，至若庙儿群岛，本在山东海面，与辽海毫不相属，固不得谓之附，且远者将二百海里，更不得谓之近，况为南北海道要路，中西各国兵商轮船所必经，非海阳、五蟒偏僻荒旷可比，倘归俄国专管，诸多滞碍，断不允。早已据情电禀在案。现在总署业经电达王大臣与贵外部商论矣！应俟回报，始能定局。俄员多方挟制，卑府等不为所动。倭高格乃云：有事进京，约俟由京回旅再行会议。卑府亦禀请暂行回沈。

十一月初五日，复奉前军督宪依札开：顷，接总署电开，前准十月个电，据福培禀，金属各岛，原不若庙岛关系南北紧要，画入租界固无妨碍。又金州东海有海阳、五蟒二岛，金、岫二州向不管辖，荒旷可知，似可如其所请等因。当以庙岛事未就范，故未即复。现与杨使议定，庙群各岛不归租界内，中国允认不让与别国并各利益等事。其辽东半岛东西岸附近水面各岛，在租地各界纬线以南者，照约归入租界。其陆线以北，在隙地附近各岛，照条约所定隙地办法。缮定华、俄、洋文三条，列入分界文凭，先由两国委员画押，再送本署加押等情。希饬福守等带同俄文译员即日赴旅，与俄员照前议金属各岛情形勘定，以结界案。华、俄文三条续达。该守约何日到旅，先电知，以便转告倭高格由京回旅。再，旅顺以南附近之南北城隍等岛，统归庙岛内，不可牵混等因。准此，为此札饬该委员等迅速驰赴旅顺，会同俄员办理等因。

奉此，遵即启行，于十二月十九日抵旅，二十日翻译官萨司员荫图来会，带交总署札饬前因暨华、俄条约底稿三条。二十一日与俄员倭高格等会议，分界专条第一款详言，租界北边陆路界线起止，立碑地名暨沿边界内外屯庄名目；第二款言，边界内外屯土地错出错入，设有龃龉，应由两国本管边界官按照第一款地名互相核办；第三款言，隙地北界由西至东起止，卑府等请西岸由盖州河口，经过盖平县城南，将县城划出隙地之外，倭员坚称，分界附图实系由盖平城之北姚家店之南中间经过，往东经岫岩州城北，横过大洋河，循该河左岸，直出河口入海为界，万难更改，磨商不允，只得勉从；所请第四款言，专条所定隙地陆路北界，按照续约所附地图，举其纲领，若必须详细就地勘画界线，两国另行派员核办；第五款，按照北京俄国使署与总署商定，辽东半岛租界东西岸纬线以南附近水面各岛，归俄享用；第六款言，租地北界纬线以〈北〉，在隙地东西岸附近水面各岛，均应照隙地办法；第七款，照使署与总署所定旅南庙群各岛不归租界原文誊写；第八款言，每逾三月，两国应派员查阅陆路界石有无损坏，即时修补；又委员等将所绘界线图用华、俄文注明，画押盖印，以昭信守，互换后，分呈俄公使及总署批定完结等语。以上条款，均由倭高格主稿，萨司员翻译华文，经卑府核定，然后分缮成册。本年正月十七日缮就华、俄文各四分，画押盖印，彼此互换。其租地北界陆路地图底本，系由俄员测绘，经萨司员加注华文，卑府等加押盖印为凭。俄员因一时难绘数图，改用洋法，照印四分，每分计二十二纸。正月二十八日始由俄员送交照印地图二分，附于专条之后。卑府等另用中法绘图二张，详具图说二册。一面由卑职景涛回省先行禀呈宪台查核，分别咨送总署核办，卑府培仍会同萨司员暨俄员伊林思齐乘坐俄国兵轮，勘查租界东西附近海面各岛。事讫，再行开单呈鉴等情。

据此，相应将华、俄文分界专条各二册暨地图图说三本，一并备文，咨呈贵衙门，谨请查核办理。一俟核定加押后，即希将华、俄文分界专条，各发还一册，以便备案施行。

三月十一日

总署致英俄两使承办铁路不得以他国所议作为中国允许之据照会

为照会事。

三月二十九日，接准照称：本国现与英、俄国签约：一、英在扬子江一带承办铁路之事，俄不阻隔。一、俄在长城以北承办铁路之事，英不阻隔。立此约之两国毫无侵越中国自主之权之意，将此达知中国政府等因前来。查来照内称：英、俄两国无意侵越中国自主之权，具征好意。惟本衙门应申明者，扬子江一带，长城以北，乃中国土地，权在自主，贵国自不肯侵越中国自主之权，将来中国设或欲作某处铁路，应由中国自主，即某国愿意承办何处铁路，亦应听中国商明准驳，方于自主之权无损，自不得以贵国与某国自行商议之事作为中国允许之据。相应照复贵大臣，即希转达贵国外部大臣。

须至照会者。

四月初三日

旨著刘坤一查意国有若干兵舰在淞严为戒备电　二件

旨：刘坤一电悉。意使兵舰究有若干？是否全队在淞？该督所称已饬江海各军一体防范，究于何处设防，何人统带，兵数若干，应如何布置，以备不虞？即着详晰电复，并密饬防军，不动声色，严为戒备。

四月初六日

旨：刘坤一电悉。水师固难争雄，陆防不可不筹先著。万一有事，一切相度策应事宜，朝廷不为遥制。惟以目前并未失和，遂不敢将预备各军调动。及至交兵，何能迅赴前敌接应？着该督预饬各营，严密布置。移防系属内地，不妨藉弹压之名，暗为戒备，以占先机。总之，意国无端索地，衅自彼开，与其动辄忍让，不如力与争持。虽兵事之利钝不可知，然既非自我予之，即不难自我争之。此中机括，无烦再计决也。总兵刘光才着准其暂缓北上。意使到京如何情形，总署自当随时密电。但设有失和情事，则敌谋诡诈断线，不可不防。不宜专候电旨，致有延误。

四月初八日

谕刘树堂意国强索三门湾应妥密严备倘登陆强占即奋力合击电　二件

旨：意使偕该国提督到淞，闻将强索三门湾。据刘坤一电称，已电该抚严备矣！意舰如系大队，未便以寻常兵轮尝试，只应设法哨探，相机制敌。至陆路防军，该抚所派余宏亮统带究有几营，能否得力，相度形势，究应于何处扼扎，何处设伏？总须自立不败之地，便于策应，以免疏虞。着刘树堂妥筹调度，密饬严备，毋稍贻误。仍将以上各节暨现在布置情形详晰电奏，并由该抚密电许应骙，一体遵照。

四月初六日

旨：刘树堂电悉。水师未能争雄，扼之于陆，自是稳着。第择要驻扎，原为御敌之计。如仅坚壁清野，是听其深入，何能固守海疆？且浙民素称性懦，如任敌人登岸，必至全省骚然，殊为失算！总之，时逼势促，实逼处此，言战亦出于万不得已。与其动辄忍让，不如力与争持。虽兵事之利钝不可知，然既非自我与之，仍不难自我复之。此中机括，无烦再计决也。现在各国邦交和睦，意乃索地未遂，遽尔称兵，意在侵占，衅已自彼而开，倘竟登陆强占，即当奋力合击，毋得观望游移，徒示恇怯，致误事机。仍将前谕饬复各节即行电奏。

四月初八日

粤督抚谭钟麟鹿传霖奏报九龙关租界办理情形折

两广总督谭钟麟、广东巡抚鹿传霖奏，为广州九龙关租界先后办理情形事。

窃广州新安县属九龙地方，英国展拓租界，上年经总理衙门与英使议立约章，钞录原奏及界图，咨行到粤。去冬，九龙税务司义理迩来见，言：租界一定，则税关必须挪移。当以租章内并无挪税关之文，严行申饬。本年二月，港官请会勘界址，即派知府王存善前往，札内声明，如欲移关，则租界暂不必定。王存善以札示港督，亦无异词。乃立合同，电陈总理衙门定案。不图港督翻悔，电致英使，如照现定之界，不将深圳等村划归租界，则税关即须移出。幸总理衙门告以仍由粤议，港督于二月二十二日来省见臣钟麟，未提深圳等处，但欲移关。臣以原约无挪关之文，万不可移，反复辩论。临行订问，港督答云：移关一事，可不再提。乃去后，又背前言，仍电英使，在总理衙门哓渎。因内外力持，不稍迁就，始由赫德转称：接沙相电，展缓半年。洋情反复无常，义理迩复与华商串通一气，必欲挟制移关而后已，且妄报土民穿有官兵号衣，意图挑衅。请旨饬下总理衙门，坚持原议，饬令赫德将义理迩撤去，更换税司，以重税务而顾饷源。

初，港督在省面订三月初八日交收租地，请派兵保护。臣钟麟许以三日内即派兵六百名驰往九龙，会同大鹏协副将择要驻扎，以资弹压。惟新安民风强悍，租界内村庄不下万户，食毛践土二百余年，一旦闻租与英国管辖，咸怀义愤，不愿归英管。乃港官未交收租界之前，两次遣兵，迳至租界内大埔墟搭棚，亦不告知地方营员派兵同往，自与土民口角争闹，毁其棚席，先肇衅端，于是租界内各乡聚众，扬言集资备械，专与洋人为难。众情汹汹，不可复遏。臣等两次出示晓谕，各安生业，不得滋事，飞饬该县会同营员，妥为开导弹压，一面派令王存善驰赴香港，与港督商议。而港督反委咎官兵保护不力，照会索赔，且以土民有穿号衣者，疑系官兵，助民与斗。复告以官兵欲斗则斗耳，何必杂入土民队中？如谓暗遣官兵助民，则决无穿号衣之理。此事由英官先往搭棚，口角激成民变，与中国无干。三月初六日，土民数千聚集大埔墟山坡，开挖坑堑，拒阻英兵。英派印度兵，即雇在港华人往逐，开放枪炮，互有伤亡。初七日，复与土民相攻，附近居民纷纷逃避，迁徙一空。即于是日乘民不备，升竖英旗，作为接收管理。土民纠约壮丁出斗，固结莫解。更恐会匪乘机勾结，其祸尤烈。臣等曾照会领事，转告港督，新附之民当加体恤，不可太苛，不可用威，今界未交收，辅政司骆檄遽出示，令居民呈验印契，且欲加税，于是激成事变，目前固嚣然不靖，日久恐终难相安。港督亦未回复。初八日后闻英官不再发兵，或可渐期安靖。前派保护之兵勇亦一律撤回。租界内逃出老弱良民，饬县设法安抚，勿使失所，以靖地方。谨奏。

光绪二十五年四月初九日奉朱批：该衙门知道。

许景澄张翼奏订立津镇铁路英德两国银行借款合同折

工部左侍郎许景澄、候补四品京堂张翼奏，为订立津镇铁路英德两国银行借款草立合同事。

窃本年十月，总理衙门具奏，自天津至镇江铁路，道员容闳请办，日久无成，英、德两国先后各请承办，借款拟酌照芦汉铁路办法，请派大员向两国银行商款，督饬妥办等因。至十二月间，臣景澄接管督办铁路印，与臣张翼筹商一切。旋据德华、汇丰等银行开拟合同条款。初议德华承办自天津至济南府为北段，汇丰承办自镇江府至山东南境为南段。其间济南府以南一段，该银行谓：查照胶州租约，自沂州至济南府，应归德国包造。臣等以山东中段若由德国造路，则津镇南北分隔，窒碍甚多，须就原约变通，一气商订，以冀隐收利权。经与德使海靖迭次辩论，并向该外部切商，坚执不允，遂亦停议。至本年二月杪，始据海靖复称：德国愿表睦谊，将山东中段照约应造之路并归中国借款订办，并催合同赶速画押。臣等以此路要端既定，自应接商借款，以期就范。

查自天津至镇江，计长一千八百余里，约计订借英金七百四十万镑，合现在市价五千六十余万两，照芦汉暨关外两路前案，九扣交付，周年五厘起息。其有借款股票，无论中外人等，均可向两银行购买，一律照章办理，以昭平允。自开办借款日起，约五年内全路造成。造路期内，用借款本银提付年息。路成以后，逐年付息还本，由进款提付。所订借以五十年为期，亦可在三十年后，用官款或商款，提前还清。所有造路及行车一切事宜，悉照芦汉铁路办法。在借款未清还以前，即委该银行代为经理。由臣等酌设南北总局，选派干员，作为总办驻局，与该银行所用洋员等会同办理，随事禀商臣等核定。凡遇调兵、运械及赈饥等事，应照定车价减半给发，一奉督办大臣檄饬，尽先载运。以上各节，均在该银行议妥，订立草合同，先行具奏。俟奉旨允准后，由该银行选订洋工程司前往勘路。一经全路勘明，再定详细合同。其如何分年归款及起息日期并借款确定银数，俟立详细合同时再行订明。节经臣等将草合同条款逐一较对，华文、英文均属相符，于本月初九日，与德华、汇丰两银行签定草合同，彼此画押讫。谨具清单，恭呈御览。谨奏。

光绪二十五年四月十三日奉朱批：依议。

许景澄张翼奏修造津镇铁路仍照总署原奏办理片

许景澄、张翼片。

再，上年十二月，臣张翼奏称：津镇铁路奏定由英、德银行借款修造。臣愚以为，将路抵债，又由国家作保，设进款难抵，贻累何穷？如将此路改为中国与英德公司售票，合集华、洋商股，庶不抵押，即后患亦不在公家，拟俟商议维持等语。本年正月，王大臣复奏片称津镇铁路绾毂南北，关系甚重，能否如张翼所奏，改设华洋公司，以免抵押，应由该大臣等筹商，奏明办理等语。臣等初与银行会商，谓：铁路如进款不足，虽合同照例载明拨款弥补，届时难有把握，不如改集商股，盈亏就股摊算，藉省周折。该银行坚以此路工费至四五千万两之巨，但售公司股票，商情不能踊跃，非原议办法难期集款。臣等核其所称，尚系实情，自应仍照总署原奏，酌照芦汉铁路合同办理。惟路工初成之时，贸易未旺，难保无进款不敷付息之虞，因与再商，经该银行电商总行，允于合同拨款弥补之末声明：此条应俟订详细合同商酌办法等语。将来遇有短缺，尚可向该银行另筹周转，不致藉口向公家索债，较向订合同稍臻周密。谨奏。

光绪二十五年四月十三日奉朱批：知道了。

总署奏遵旨查明印藏通商情形折

总理各国事务庆亲王奕劻等奏，为遵旨查明具奏事。

本年三月十六日，准军机处钞交面奉谕旨：理藩院奏，哲布尊丹巴呼图克图等会报西藏情形，据情代奏一折，着总理衙门查明具奏，原折着钞给阅看。钦此。查该院所奏及哲布尊丹巴呼图克图所报，系据西藏达赖喇嘛等原呈。查阅原呈，大致以强敌欺陵，议和非计。其胪陈各节，固属慨念时艰，其追咎从前，仍属怀疑未释。臣等谨就原呈所列缕晰陈明。

如原呈称：光绪十四年，英、法起兵侵扰，达赖喇嘛等率属公议派兵万余，与敌人决战两次。初次我兵力大，英、法败走。当摩拳厮杀之际，经驻藏大臣屡次严饬，不可动兵，以致兵心懈怠，为敌所知，复来寻战，我兵稍却。正欲增兵备饷，驻藏大臣仍饬毋庸动兵，亲身赴边议和，因此英人任意纵横等语。查印藏构兵，藏人以弱御强，所操皆寻常兵器，又无纪律，势不能支。朝廷轸念旧藩，熟权利害，煞费苦心，为之议和罢兵，俾得纾急难，以徐图自强，所以保全藏人者无微不至。今该达赖喇嘛等事后反称议和致懈军心，阻挠胜算，殊非事实，未免不达时变。

原呈称：巴赖忠地方，前驻藏大臣曾将界图送部，该部落系归顺我朝，曾经钦赏名号顶戴，现英将该部落之汗缚去，刑逼降书，该汗忍刑不降，恳将该地方赏还，仍为藏属等语。查文硕所送图说及旧册，并无巴赖忠部落，核其所述情事，应即哲孟雄。该部落亦奉黄教，向为西藏附庸。该部长于道光、咸丰年间先后立约，私附于英。英人占据其地，设官开垦，修路造桥，已历年所。藏人欲顾全旧属，不能力争于英人将占之初，乃欲索还于久据之后，前既坐失事机，今亦空烦唇舌。

原呈称：布鲁克巴部落与藏、英两国联界，与藏结好。英人猾诈，恐该部落被其网罗降附，恳赏给部长爵衔，以慰其心。又廓尔喀毗连藏地，与藏盟誓结好。现该王弟兄不睦，地方亦分。伊弟欲附英国，该王深恐关通扰害，当乘此犹豫之际，降旨施恩劝勉等语。查布鲁克巴，于光绪十六年，经前大臣升泰给该部落东西两奔洛正副札萨克敕印在案。廓尔喀前有封号，后未续给。该两部落毗连藏印之间，举足左右，便有轻重。鉴于哲孟雄之事，亟应联络该部长之心，以固全藏唇齿。但廊〔廓〕尔喀部长之弟现时已否附英，布鲁克巴部长是否仍冀爵衔，及应如何羁縻固结？应请饬下驻藏大臣查照办理。

原呈称：那塘设立商圈以来，地方税课原交藏中，英人越界通商，并不纳税，驻藏大臣札开，通商地税，责令官员收支，寻有英国萨达勒台等率众假充委员，诈取税款等语。查印藏通商，先在亚东地方设关，于光绪二十年开关互市，议定五年后方议税则征税。前经奏派靖西同知会同税务司前往照料一切，该税司到藏后，据称有藏人不以为中国官员，反以为外洋侦谍之语，盖税司系外国人，此即原呈疑为假充委员之所由来。

原呈称：巴塘分界通商后，经升大臣出示，英国所贩杂货如系藏内应用之物，即准价买。否则，停止互市。今英商所贩物件多系枪刀、火药、烟酒等项，均与藏人所用不合。又欲贩印茶赴藏。茶系内地四川商人大利，原有交库茶税，交藏地税，兼之藏众均饮此茶，若令英人贩卖，必贪利昂售，且于税项一切诸多窒碍，应请一并禁止等语。查印藏通商条约，凡军火、烟酒、各项迷醉等物，本载明或禁止进出，或特定专章，两国各随其便。至印茶一项，原拟禁售，嗣英人坚执，因议定俟百货免税五年限满后，方准销售，并订明增重进口税，俾印茶利薄，可不至夺川茶销路，是虽准销售印茶，实暗寓抑制之法。当日订约，具有深意。

原呈称：巴赖忠分界时，经升大巨议以河之南北分占，藏人并未允许，后奎大臣意欲照乾隆五十九年奏定封堆章程，奏请分界，嗣仍照升大臣所议办理，任听英国侵占地方，请仍照原定章程等语。查巴赖忠即哲孟雄，乾隆年间藏哲划界，原立有封堆。嗣嘉庆初年，第八辈达赖喇嘛将藏治热纳宗草场一段拨给哲孟雄管理，致英人藉口，以既属哲辖，即为哲境，不能仍照旧日封堆。阅印藏条约已载明，分哲属梯斯塔及南流小河等处分水岭之一带山顶为界。嗣经现任驻藏大臣文海酌拟通融办法，以界址仍照藏人所指，将亚东关亦依英人所请，移至仁进冈，照会英印度总督，现尚未据照复。

原呈又称：与英、法相争案内闻拨赏库款四十万两，内承领修补大昭寺银四千两，修理那塘门墙银二千两，奎大臣任内修工银一万七千两，各有甘结，惟所领银数与原数不符等语。查前驻藏大臣升泰及奎焕任内先后拨款十二万两，经奎焕并案奏销，内开：连提用藏库边饷银三万两，库储赏需银一千余两，共支给赴洋赴边汉番各员弁、兵丁薪饷等费银十二万五千余两，修建靖西内外关卡城垣及各衙房屋工料五万八千余两，均有册可稽，并无拨款四十万两之事，亦无另行拨赏之款。

原呈又称：那塘边界立约时，奎大臣云，五年后倘另有事，于六个月前声明具奏。虽经议定，但英人不可深信，未便拘定五年后再议之语。请遵照例章，永远奉行等语。查印藏条约第二款载有五年后如有应行变通之处，于六个月前声明议办，此系随时查利防弊之意。然曰议办，其变通与否，仍可由我核夺。

原呈又称：五年后，那塘地方买卖地税，请赏给达赖喇嘛，以济军粮。近年藏地困苦，驻防兵不下万余，已有七年之久筹拨粮饷不易设法，并乞恩施将驻藏大臣所属三十九族及喀拉乌苏八旗归藏管辖等语。查该处设关，商务尚未流通，税则亦未议定。所请将地税给济军粮，应俟议定税则，税收畅旺，再为酌核办理。藏人域守旧规，因陋就简，近年添兵驻防，用款支绌，亦系实情。然达赖喇嘛席有全藏，其于务本力农、通商惠工、一切生财因富致强之道概未知加意讲求，以致贫弱不振，乃欲兼辖驻藏大臣所属之三十九族及喀拉乌苏八旗，以为附益，所请殊属不识大体。查三十九族及喀拉乌苏八旗，旧制隶驻藏大臣管辖，以资抚驭边陲，用意甚远，岂容妄议更张，侵权滋弊?

原呈又称：唐古忒兵丁人数足额而器械不齐，苦无制造，又无精妙匠役，伏乞赏给大小枪械、火药、铅丸等件，或派工匠赴藏制造等语。查整军经武，必资利器，藏人欲图自强，讲求器械制造，原所应为，然必俟勘界、通商各事办有端绪后，由驻藏大臣察度情形，奏明核办。若遽涉张皇，恐于界务各事转多窒碍。

原呈又称：以上情形，驻藏大臣置若罔闻。嗣后如遇紧要事件，准由达赖喇嘛径报理藩院代奏，请另赏给印信。又分界时，驻藏大臣并不秉公。如有查办，请旨派京员来藏会商等语。达赖喇嘛以藏事壅于上闻，多由外间专擅，殊不知自光绪十四年藏中多事以来，事无巨细，皆经历任驻藏大臣奏达圣聪，钦遵谕旨办理，并无壅遏专擅之弊，所请应毋庸议。

总之，藏事业与英人订明条约，凡交涉各事，自应按照条约办理。乃藏人屡经开导，至今仍未释然。该达赖喇嘛世守藩封，值兹时局，尤宜仰体朝廷推诚相与、休戚相关之意，经权互用，共济时艰，勿滋疑虑。应请旨饬下驻藏大臣剀切晓谕，嗣后藏中一切事宜，务须开诚布公，与该达赖喇嘛等和衷妥筹，用孚藩服而弭边衅。谨奏。

光绪二十五年四月二十七日奉旨：依议。

清季外交史料卷一百三十八终

清季外交史料卷一百三十九

光绪二十五年五月至七月

总署奏请设出使比都分馆额定参赞翻译等员折

总理各国事务庆亲王奕劻等奏，为援案请设出使比都分馆额定参赞、翻译等员，常川驻扎，以联邦交而保商务事。

窃查，比利时国自同治初年与中国议订和约，即载有彼此互遣使臣，往驻各京都，办理交涉事务之条。维时两国交涉事简，中国因未专派使臣驻扎比都，即以出使英、法各国大臣兼充出使比国大臣。每届使臣出洋，恭赍国书，赴该国都城面递，事毕即行回国，并未在该国设立使馆。近者比国商务日兴，交涉渐繁。该国已迭请遣派参赞等员驻扎该国都城，以资联络。臣衙门为节省经费起见，未允所请。上年五月间，准该国驻京使臣费葛照会，内称：自今芦汉铁路两国合同彼此商定妥协以后，中国官员常川驻扎该国都城，更为有益，请饬现驻伦敦中国参赞前往该国都城驻扎等因。当经臣衙门咨行出使英国兼充出使比国大臣罗丰禄，查看情形，酌量妥办。去后，本年正月间，据该使复称：查比国讲求商务、工务，蒸蒸日上，几与欧西各大国并驾齐驱。伯鲁赛尔都城为英、法、德、奥各国来往冲途。安法尔斯口岸四通八达，船坞、码头局面宽敞，中国出口货物运至该口转输他国者日见其多，华民亦即附轮赴彼商贩。迩来芦汉铁路合同定议，由比国承办工程。该国兼辖刚果国，与中国新订专条，各口通商时多交涉事件。罗丰禄前亲往比都并安法尔斯海口查看情形，允应设立分馆，派员专驻，联络邦交，保护商民。遵照臣衙门奏定章程，额设参赞、随员、翻译、供事各一员。其安法尔斯海口与伯鲁赛尔都城相距较近，毋庸专设总领事官公所。如有总领事官应办事务，即责成驻扎分馆参赞官兼理。其有紧要事件，仍须分馆向例包封，递至驻英使馆，电商臣衙门斟酌饬行。其开办以及常年经费，拟援照日、秘各分馆奏定成案，按年由臣衙门添拨，核实动用。请察核施行等因。适比国署理使臣贾尔牒亦时来臣衙门一再请办。

臣等查，中、比两国交涉事多，派员常川驻比，在今日为必不可少之举。该大臣所请，事属可行。惟刻下经费支绌，不能不实力撙节。拟请照该大臣所议，额设驻比分馆一、二等参赞官一员。其安法尔斯海口，华商尚少，无庸再兼总领事官名目。并额设随员、翻译各一员，足敷办公。此外，无庸多派。所派之员，即由驻英使馆各员中遴选调往，以省川资。至开办以及常年经费，前据罗丰禄函称，比国房租原较英国为省，而分馆亦不必如使馆之宏敞，应请饬下该大臣，转饬各该员，核实估计，实用实销，以杜虚糜。其各该员薪水及该分馆一切经费，按年仍由驻英使馆报销，以归画一。如蒙俞允，即由臣等咨行该大臣遵照办理。谨奏。

光绪二十五年五月初十日奉朱批：依议。

粤督抚谭钟麟鹿传霖奏英人占据九龙城法人图占吴川遂溪两县请饬筹办法折

两广总督谭钟麟、广东巡抚鹿传霖奏，为英人占据九龙城，侵越租界，法人藉广州湾为名，图占吴川、遂溪两县地方，势难理谕，请旨饬总理衙门妥筹办法，密授机宜，俾得遵行事。

窃九龙关展拓租界，经总理衙门与英使订立条约，绘图定界，寄粤照行。本年二月初，委员与英官会勘，北面以水为界。合同初立，港督即有不将深圳划入界内，则税关必移出九龙城之外等语。屡经辩驳，港督旋允旋翻。三月初，英辅政司骆檄示谕界内居民，将印契呈验，并有加税之说，众心不服，聚数千人与英兵互斗，各有损伤。臣等饬新安县传谕绅士，妥为开导，并两次出示晓谕，毋得生事；照会领事，转致港督，新附之民宜从宽待。港督出示安抚，词极逊顺，民心始安。四月初八日，港督文称，奉本国政府谕，派兵将深圳、九龙城等处扼守，竟将九龙城内官弁、兵丁一并逐出，军械、号衣悉行褫夺，派兵据守深圳，令绅士具禀，愿归英国管辖。即日将派去弹压之华兵三百名，军械、号褂尽行搜去，勒令立刻迁移。现于距新安城二十余里，距深圳二十里之沙角驻兵二百名，云将筑炮台守之。九龙海关已闭，惟汲水门外三税厂尚系中国收税，港督并饬白税司妥为照料，故目前未便遽与决裂，但照会领事，转致港督，以后两国交涉事件是否仍照条约办理？希即见复。现尚未有复音。总署屡言与之婉商，其人反复，殆不可以理谕。此九龙近日情形也。

广州湾租界，前经臣等奏请饬总理衙门，催法使派人勘界。旋据寄示法使界图，纵横数百里，吴川、遂溪两县均割去其半，且硇州、东海两岛，一属高州，一属雷州，孤悬海中，乃高、廉、钦、雷、琼五郡出入必由之道，并入租界，是扼其吭而绝其来往，五郡之众未必心服，亦未闻有跨海而立租界者，此万不可行者也。曾另绘一图，于本月初三日专差赍呈总署，就吴川县境划一广州湾租界，以内港为界，中历数百村落，周回百数十里，亦自可观，然意知其未能俯从。昨据遂溪李令禀：法国三画官率兵登岸绘图，从赤坎埠起，至县城七里之万年桥止，较法国前寄界图为尤阔。遂溪一城，浮寄于租界之外，成何事体？虽法官绘图后未造兵房，民心惶惑，恐至忿争。似此不候勘界，肆意强占，其势较英为尤凶。万一决裂，地方官无从弹压，坐视百姓之被戕，心固有所不忍，欲起而显与之斗，势又有所不行。尤可虑者，此间准备与战，彼乃避实击虚，扰及邻封，以图牵制，此所以徘徊审慎不敢轻试者也。臣等拟姑置九龙两处不与英争，而于高、雷两郡先为布置，以遏法人之凶锋。兵少力薄，必须添募十营，以资调遣。究应如何办理？敬恳饬下总理衙门统筹全局，密授机宜，俾得有所遵循。谨奏。

光绪二十五年五月十五日奉朱批：该衙门迅速酌核，电复。

黑龙江将军恩泽等奏爱珲商号煤矿因疏通销路改为华俄合股折　附合同

黑龙江将军恩泽等奏，为爱珲商号煤矿因疏通销路，改为华俄合股事。

窃查，爱珲阿林别拉沟地方煤矿，系由该城铺商永和公、鼎盛昌两号承办，官中派员抽税，前于光绪二十三年三月二十八日具奏在案。上年春间，忽闻永和公经理人张志清、鼎盛昌经理人李文展与俄商纪凤台、卢宾诺夫有承立合同合股开采之说，当即派员查办，严饬退毁。讵纪、卢二人托故他去，迄无成议。追究此约何以擅订，该商何乐而为，则谓煤矿销路在俄，非与纪、卢合伙，不能有成。迨调核其原订合同，有俄文而无华文，所议条款利权半非己有，且系通省煤矿，更非爱珲一处，盖永、鼎两商不明事体，不解洋文，任听纪、卢作弄，所以大受其骗也。正核办间，该商亦自知受骗，情愿与俄商另立合同。因令去其太甚，声明：只办爱珲一城，他处不得援例，合同以华文为主，将来无论赢亏，中国国家概不担保等情，饬改。去后，复据委员李席珍禀称：奉饬改订合同均已遵照，惟第七条、第十一条、第十三条，经纪、卢两人略有增减。其第七条系减去副都统三字，据纪、卢云，开办煤矿非同小贩，延雇矿师，购办机器，一切用度，核计需款非四五十万不可，若限定止在副都统辖境内采办，设煤不佳不旺，如许巨款势必尽付子虚，承办者将何以了局？应用黑龙江辖境字样，期可推广，以免事后之悔。其第十一条增入，倘纪凤台、卢宾诺夫以后无力操持，准转兑别人接理，必须商妥有可信服之人方准等语，据纪、卢云，彼此合办，来日方长，后事不可逆料，倘一旦资财不给，无力经营，势不得不转兑他人接办，应于不准续入俄股之下添此数语，不过预防未然，与官处亦无窒碍。其第十三条增入附黏俄文四字，据纪、卢云，合办既有俄股，如仅以华文为证，所入巨款毫无著落，殊非平允，应于永远以华文为证之下添此四字，俾得稍有把握，其实仍以华文为据也。委员窃思纪、卢所称各节尚在情理之内，渠等既已合办，并藉用其力，以疏通销路，似兹细微之处若不稍予通融，非惟不能平服其心，抑且费尽气力，事败垂成，又恐因此或有阻滞，故曲徇所请，即照妥办，共缮五分。除由各该煤商等同赴中国边界厅遵约画押外，一并呈请核夺，乞赐钤印发回，由委员分交各该煤商，以便将旧合同换出，带省销毁等情，并呈到新订之华俄合壁合同五分。

奴才等逐条披阅，核与原订合同实已去其太甚。惟后附俄文两纸，由省饬令重译，虽与改订之华文无甚出入，然语意之间亦似间有不符。江省无深通翻译之人，其中利弊所在，究与地方有无关碍，无从逆忆。当于本年正月二十八日咨呈总理衙门暨矿务铁路总局，详核酌定。旋于二月二十三日接准电示：合同第七条黑龙江辖境一语，所包太广，宜令酌改。奴才等比又电商，拟将此条开首一语仍用黑龙江城辖境字样，盖黑龙江城即爱珲也，而于推广开办一语之下声明，此外黑龙江通省地方如有煤矿，准其指请开办一二处，不准再多，以示限制。嗣于三月初三日续准电复：所改第七条可核准，其第二条黑龙江下照铺商原稿漏城字，应添入，第三、第六、第十三各条，应照该商遵改新订合同华文缮定各等因。除俟原呈合同由总理衙门、矿路总局核定咨复后，奴才等再将一切指明，应改应增字样，即于该合同华、俄各文之旁添注涂改，钤印饬遵外，惟以永、鼎两商承办之矿改为华俄合股，事关中外交涉，非奴才等所敢擅便，谨缮改订合同原稿，恭呈御览，伏乞圣裁。谨奏。

光绪二十五年五月十八日奉旨：着总理衙门会同管理矿务总局大臣妥议。

改订华俄合股爱珲商号煤矿合同

一、前次张志清、李文展二人承办黑龙江副都统所辖赫尔沁、阿林沟煤矿公司二处，因欲疏通销路，时有俄商纪凤台、卢宾诺夫二人愿为帮同疏销，因之合为四股，伙同办理，此系商家之事，并不与各该国国家相涉。

二、既因疏通销路，作为四股合办，允宜同心协力，不得少有异言。当议定中国黑龙江城煤矿公司字样，以取信于中外。凡售煤票章，照此为凭。

三、俄界各轮船以及机器各厂、华俄铁路凡有购用煤斤，至于厂中雇募矿师、采煤规法、有所需机器及布置销路、码头、修造栈房各事，均责成卢宾诺夫为总张罗人，妥实料理。然必预先同众商妥，始可照办。凡事公司须订立合同。

四、厂中花费各项之款，四股按期均摊。或款项不敷之处，可由卢宾诺夫向银行富商挪借，务先与四家商妥，再为照办。至于一切往来账目、各厂事宜，除卢宾诺夫录账外，仍归公司经管给值，每年终核算大账，在股者均齐集公司结总，各给清单一分。

五、售煤若干，得价若干，先交公司收账，再由永和公、鼎盛昌、卢宾诺夫三人经手，各录账外，随时送交银行生息，不准私自动用。惟税课拟定每吊按五个各别抽纳，随归征税局查收，以重官款，不准延欠。

六、俄界倘有公事交卢宾诺夫承办，中国地方如有公事归永和公、鼎盛昌承办，彼此商妥，互相办理，以俾矿务有益。

七、黑龙江辖境内如另踩出煤矿，均由张志清、李文展等商同推广开办。倘有为难之处，邀卢宾诺夫亲往指点，以便设法办理，或派矿师及熟悉矿务之人亦可。若张、李等人请假回家，抑或往他处有事，必须拣派董事之人替管，总期同心勤俭办理。如钱财谁号舛错，应归谁号包补。

八、卢宾诺夫管理事务，如有别的私事，三灾八难，准其另请替手。用人几名，自己开销工食，与公司无干。公中钱财如有舛错，归卢宾诺夫照数包补。替换新手，必先领到公司见面认识，以便办事。

九、煤矿公司四家股友，至年终，分别勤劳，酌给辛力银两。各厂执事人，大众公议，到厂之日拨给。惟卢宾诺夫薪水，俟开办之日起，再公议拨给。如雇矿师及机器匠等人工食银，由卢宾诺夫酌拨。其余各厂人工，由大众公拨。至年终算账，准以厚积余款另存银行，以备紧要杂费鼓励之用，一体遵照现订合同办事。

十、黑龙江副都统辖境内阿林沟煤矿公司，系由永和公、鼎盛昌两号商人出名承办，已经将军衙门奏明有案。所有应管事务，自应由永、鼎两号商人出头承办，别人不得干预。

十一、煤矿公司续入俄商纪凤台、卢宾诺夫两股友，原为疏通俄界销路而入，自应永远同心，合伙办理。此外，再不准续入俄股，以免股友众多，意见分歧之弊。倘纪凤台、卢宾诺夫以后无力操持，准转兑别人接理，必须商妥有可信服之人方准。

十二、矿务之股分，如果纪、卢二人百年后，准以后嗣接续。惟永、鼎两号执事人，准其诸号轮流调派，均照旧章办理。

十三、本公司自立此疏通销路合同后，并无反悔，永远以华文为证，附黏俄文，后人照此行事。恐口无凭，立此合同为据。原根存煤矿公司，照此字样，四家各执一分。

十四、此合同议定后，将来须在中国地方官衙门画押盖印，方足为凭。

滇督崧蕃奏英法各员同时查勘铁路缕陈窒碍情形请饬设法补救折

云贵总督崧蕃奏，为英、法各员同时查勘铁路，急欲兴修，将其中窒碍情形密折缕陈，并恳饬下总理衙门，趁此设法补救，以维大局事。

窃奴才于上年八月内曾将法员吉理默等来滇查勘铁路暨未候滇员会勘折回越南情形具奏，钦奉朱批：该衙门知道。钦此。因总理衙门来电，前与法使互换照会，应由中国渐次查勘铁路，并非即时开办。维时英国亦无勘修之议，尚盼置为缓图。嗣接总理衙门先后来电，英员白定若等来滇查勘铁路，饬即转行所属，妥为保护。又准法使函称，越南河内总督都梅意欲来滇，商定安设铁路一切事宜。现复以应由中国查勘清楚，方可商办，都大臣应缓起程。惟其意甚坚，势难久缓。饬即速行委员，就省城至越界一路查勘筹办各等因。复经奴才奏明，派委藩、臬两司等总理其事，并委补用知州罗守城等，俟法员来滇，即行会同勘办各在案。旋据英员白定若等由四川永宁勘至滇境达威斯州，尼斯等由工隆查勘大理永湖北以达石城，现在法员都加坡等正在省垣城外踏勘码头基址，法国河内总督都梅、英国总办司梧德、领事杰弥逊均约五月初到滇。因何公件虽未明言，以理揣之，必系修路之事。

查法约三端，仅只载明中国渐次查勘。迨后法员吉理默等来滇查勘道路，随即同回越南，至今未提此事。英则有无条约，未见明文，只奉有总理衙门饬令保护白定若等之电。今英、法两国各委大员同时纷纷来滇，通省绅商士庶无不惊惶。奴才任重，岩疆守土，是其专责。此时若准修路，则未奉准修之明文。此时若不准修路，又恐实逼处此，别滋他衅。奴才反复筹度，理无中立，作辍两难，随将一切为难情形电请总理衙门代奏，请示遵办。正缮折具奏间，接准复电，内开：电已进呈。查中缅约附款第十二条载：中国允将来审量在云南修建铁路与贸易有无利益，如果修建，即允于缅甸铁路相接等语。既云审量，则修建滇路本在未定。即使议定，亦由中国自造无疑。本署并无允英开办之据，前给白定若等勘路护照，只允勘，未允办，希据约商阻。至法请造路一事，上年三月间互换照会三端：一、中国允法国自越南至云南省城造铁路一道，中国应备者，惟有该路所经及应用地段而已，查勘后，另由两国会订，再行会同订立章程等语。吉理默到滇，应告以俟会订章程后再议开办等因。本应遵照办理，惟其中窒碍情形不一而足，敢为我皇太后、皇上缕晰陈之。

查铁路之修，利在彼族。铁路之成，害在全滇。何也？滇省地属边脊，跬步皆山，行旅往还，必须舆马。若铁路修成，舆夫、马脚以及沿途客栈必尽失业。滇省军兴以后，伏莽原未尽绝，近年裁兵散练，为数更多，再加此辈无业之民，势必麕集为非，乱萌即肇于此。且缅有海盐，越有陖私，味厚价廉，彼族久欲驰禁，均经设法阻止。若铁路一成，海盐、陖私必致肆行充斥，不惟滇省数十万井灶商民立受其害，即每年所征盐课、盐厘数十万两亦均消归乌有。又滇省地居上游，屏蔽川楚各省，沿边形势动关紧要。此次中缅界务遇有险要形势之处，奴才督同在事各员，无论如何为难，必须极力争回。今若准其修筑铁路，则重门洞辟，可以长驱直入，达我堂奥，转嫌勘界为多事矣！又滇省出产无可通商，洋货进口俱系奇巧玩物，是我以有用之财，作无用之耗费，于滇省民情风俗尤大有关系。即以修路而论，所过田园、庐墓、村庄、寺庙不知凡几。如其可以挪移，小民自无不听从。万一不能迁而必令其迁，不能改而必令其改，无穷争竞，由此而生。加以腾越、临安各属民俗最为强悍，此次洋员过境，群情汹汹，几酿事端。适值贵州毕节一带英员白定若有枪毙民命、诬盗索赔情事，滇民闻之，益不相下。又近日洋人来往，举止无不骄纵，稍一盘诘，辄以恶语侵人，甚至藉端讹诈，需索供应，窥看妇女，棒打行人，凶恶情形，难以尽述。若使铁路一修，商民与洋人日有交涉，四川余蛮子之事难保不复见于滇。彼时纵将地方官严行处分，亦无补矣！况该商人等涵濡圣泽二百余年，只祈保此利权，不愿与洋人交易，似亦百姓中之安守本分者。若因修路之举致与彼族为难，地方官只能先之以弹压，弹压不已，加之以劝导，劝导不已，再继之以官刑。迨至刑驱势迫之俱穷，断不能尽人而诛之。我朝政尚宽大，亦何忍出此？又滇省西南边界虽与缅、越接壤，然重峦叠嶂，洋人来此颇不容易。所以不惜重资，急于兴路者，盖以铁路修成，必设保路之兵，以后征军、运粮均惟其所欲。恐滇省铁路一成，川、黔、湘、广各省必定接续开办。此时若不阻挡，将来更无挡阻之时。窃恐铁路所至，即彼族兵力所至，更恐兵力所至，即彼族侵占之所至。兴言及此，涕泪交零。

查上年八月二十四日奉上谕：现在中外交涉日繁，如矿务、铁路、借款等皆关系重大，不得不格外慎重。即如胡聘之现办山西矿务，未能先事斟酌合宜，不免临时束手。嗣后各直省如有开矿、筑路一切交涉事件，均须于事前将详细办法奏明，听候朝廷酌夺，毋得擅立合同，致多窒碍等因。奴才世受国恩，朝廷委以边疆重任，既为愚虑所及，不敢缄默不言。现在英、法勘路各员往来如织，又各派大员来省面议，并在省城关厢之地踏勘码头基址，大有即勘即办之意，情形汲汲，绅商士庶均难安枕。兼之上年吉理默等来滇查勘铁路，事经晓谕绅民，并非即时开办。现滇员尚未会勘，法员复纷纷来此，任意踏勘地段，绅民惊骇，迥异寻常。其为争先占地而来，三尺之童尽皆知悉。不惟以后民间田地不肯出售，即现在洋员勘路过境亦有挺〔铤〕而走险之虞。此时若强以所难，其乱可以立见。惟有仰恳天恩，饬下总理衙门，速与法使商议，俟滇员罗守诚等与法员会勘后，由中国将铁路所经及应用地段逐一渐次查明，其修路一层，仍须缓议。盖滇省民情既已如此，朝廷不能不稍事曲从，免致舍己耘人，失却民望。万一事机决裂，洋员必首受其殃。奴才及地方官之身家不足惜，其如大局何？并恳谕饬总理衙门，将此情形详告法使。彼族亦有国政，亦有民人，讵不为我思之？至在省城修建码头一节，并未先行知会。查询所勘地段多系民间田亩，又在关厢适中之地，不特彼族来往藉此可以自由，且从此以后盘据要津，阴谋挑衅，皆自此起，流弊更属无穷，亦望总理衙门迅告法使，即将踏勘码头各员暂行撤回，俟中国将地段料理清楚，另行议办。所有地段未经踏出，章程未经议妥以前，无论滇省何处，均不得率行动工，致与照会相背。奴才更有虑者，英之与法，虽貌合而神离，其合以谋我，则英、法并无二致。如准法国开办，英员必挟以要我，又将何词以对？总之，事机迫切至此，奴才不能不披沥上陈，务望总理衙门趁此设法补救，阻法即以阻英。此次英、法各员来滇，奴才拟即以此意告之。仍俟面议如何情形，由奴才会同总理衙门妥为筹办。盖英、法各员在外，每一议论不合，辄云已与总理衙门议定，其饰词欺诈，辩不胜辩，必须内外互相维持，以期挽回。不然，后患方长，不堪设想矣。谨奏。

光绪二十五年五月十九日。

总署奏遵议饶应祺派员与俄商伙办金矿合同折

总理各国事务庆亲王奕劻等奏，为遵旨核议具奏事。

窃本年五月二十五日，准军机处钞新疆巡抚饶应祺奏，与俄商伙办金矿，议定合同，开单呈览一折，奉朱批：该衙门核议具奏。钦此。

臣等查，原奏内称：新疆五金并产，而金矿最多，无如素乏熟习矿学之人，故无成效。臣与升任藩司丁振铎、镇迪道兼臬司潘效苏再三商酌，拟派员与俄商伙办，以兴地利，藉资学习。上年据情电商总理衙门，饬令先与俄商妥议，钞录合同，候奏咨核准，再行开办等因。饬司与驻扎乌鲁木齐总领事吴司本迭次筹商，有俄商墨斯克温愿与伙办，派员同赴各处查勘矿苗。据勘得塔尔巴哈台属之札工、新兴工、兰州湾及库尔喀喇乌苏属之济尔噶朗四处金苗较旺。议定首年各出成本银三万两，会同购机修厂，次第试办。请以二十五年为期，无利不拘年限停止。每一段岁纳租银三百两，获利均分，不再征收金税。先订合同二十一条，本年正月二十六日将紧要各节电奏，奉旨交总署会同矿路总局妥议复奏。旋准电复：合同尚须酌改。一、塔城等处均系蒙地，应先商明该部落，划清界址。此外可开金矿，随时奏开，不得笼统载入，致被俄商把持争执。地租一项，应分别地段广狭、定向，以免偏枯。一、矿产出口、出井均应纳租，所得余利，亦应提成充饷，以符定章。一、银、铜、煤矿各归各案奏办，不得一并叙入。以上各条，应先与俄领事等商改后，暂准试办。仍俟合同全文到时，复核奏准，方能定案。二月初六日，奉旨：依议。钦此。钦遵咨行照办。臣遵即转行，妥为商改。经藩、臬两司复与俄总领事筹商，另议简明合同十九条，其中紧要各端，如塔城等处矿地划清界址，每段不过俄十里，每段每年公纳地租银三百两，津贴蒙民。此外可开金矿及银、铜、煤各矿，一并删除，均未载入约内。金税一层，徐与磋磨，俄商应允，每年截算一次，得金一千五百两以内百分抽一，一千五百两至二千五百两百分抽三，二千五百两以外百分抽五。无论出井、出口，均只认完一遵。提成一层，该俄商等谓：远来中国伙办金矿，先费资本已多，将来利益若何，尚不可必，现议地租、金租已属竭力勉从，若再提成，力恐不逮等情。臣维新疆此次会办金矿，司库筹提成本得金若干，除清还成本、开支厂费外，余皆涓滴归公，概充饷项，较之定章提缴二五，公家得利尤多。俄领事既坚执只认金税一道，不允提成，自应准予通融。俟办有成效，每岁工厂年终结报，公家实应得利若干，即行全数报明户部，听候指拨。该俄领事等因合同改定，机器、匠工已先后到齐，商请派员会同设厂置机，立候兴工。现已派委熟习俄文言语之候补知府桂荣驰往塔城公所，充当总办；一面与俄领事议定，暂作试办。俟合同复奏，奉旨允准，彼此画押盖印，方准定案等语。

臣查，该抚此次与俄领事所议改订合同十九条，核与本年二月初六日臣衙门奏请饬令改订各节已多更改，惟第十条厂内应用工匠人等，彼此会商，或墨斯克温由俄觅雇，或觅雇中国土人一节，应令按照奏准库伦之鄂尔河等处金矿章程，厂中所用工匠，除矿师及管理机器聘用洋人外，其余淘沙工人悉募蒙众及内地民人，不得雇募俄人，免妨中国穷民衣食。第十四条所得之金，按照俄国税章，如在一千五百两以内百分抽一，一千五百两至二千五百两百分抽三，二千五百两以外百分抽五。无论出井、出口，只认此一税一节，查此次新省议开金矿，系与俄商伙出资本，平分余利，既与借款情形不同，复与集股章程有别，无股利花红之派，除此一税而外，所得之利亦尽属公家，应准暂照办理。仍俟议定通行税则后，咨行该省体察情形，再行酌定。此外，如第一条定限二十五年，无利不拘年限即行停止。第二条首先开办塔城喀图山所属之札工一处。如札工利少，或有余利，再往兰州湾并库尔喀拉乌苏厅所属之济尔噶朗接续开办。第三条每处所划地界，不得过俄里十里，每年纳地租银三百两，津贴蒙民。以上三条，尚属妥协。其余各条，亦尚无窒碍。应请准如所拟办理。惟派员会勘界址，应先与该蒙古部落商明，以免日后争论。其盈余提成报效一节，该俄领谓：远来中国伙办金矿，先费资本，将来利益若何，尚不可必，现议地租、金税已属勉力遵从，若再提成，力恐不逮等情。既据该抚奏请准予通融，俟办有成效，每年据实结报，听候指拨，应请一并照准。谨奏。

光绪二十五年六月二十三日奉朱批：依议。

总署奏广州湾租界紧要请派员与法员会勘折

总理各国事务庆亲王奕劻等奏，为广州湾租界紧要，拟请特派大员与法员会勘事。

窃法国议租广州湾作为停船趸煤之所，声明租界四至，俟查勘后，彼此商订，业于上年闰三月初五日奏明在案。当经臣衙门咨行两广总督谭钟麟，派委道员潘培楷，与法员会勘界址。潘培楷在广州湾守候二十余日，法员不到。潘培楷因有公事暂回高廉署任，嗣后屡次约勘，法员转谓潘培楷爽期，一味推宕。迭经臣电令出使大臣庆常，切催法国外部，从速会勘。本年正月二十八日，法国使臣毕盛来臣衙门面称：广州湾界务，两广总督不肯会商，请在臣衙门商定。臣等告以事关该省地方形势，臣衙门无从遥度，仍应在粤商办。二月初二日，复准该使臣毕盛照送分界说帖一件，地图一幅。臣等核其图说，北至三水门头，东至黄坡，西至旧县村，南至大海，将硇州、东海两岛全划界内，东西约一百二十里，南北约百里左右，所占陆里太广，且东海、硇州两岛为高、廉、雷、琼、钦五府州出入门户，尤未便轻议划租。当经驳复该使，一面电致出使大臣庆常，向该国外部切实辩论；一面咨商谭钟麟，酌核筹办。旋准谭钟麟函复：另拟地图，就黄坡以南，自西门口港，循水道东至利剑门一带陆地至海而止，纵横各三十余里，作为租地，并拟将已占之海头炮台附近地划入，以示通融。臣等执与法使辩驳，该使迭来臣衙门会晤，谓：所送界图出自本国国家之意，难再更改。如果不允，彼即自行办理。臣等仍坚持前议，不为耸动，仍电令庆常切告法外部，诫饬该国水师提督，静候两国商勘，不得先行妄动。乃屡接庆常电复，系称外部允饬和商，迄无确辞。自三月至今，迭准两广总督节次来电，法提督在硇州借演武亭造兵房，借炮台驻兵，又带兵轮四艘，兵千余，至海头汛驻泊。又法提督派兵分驻赤坎埠、门头、新墟、黄坡等处，并面告道员潘培楷谓，地已归法，广贴告示，查取遂溪、吴川粮册，催撤厘卡等情，是法人意在纵兵强占，得步进步，已可概见。虽经臣等迭向法使诘问，并由庆常向法外部商阻。该国逞蛮无理，迄无转圜之意。

臣等再四思维，此案日久相持，为患益深，亟宜早日定界，庶可杜其逐渐侵越之谋。前委候补道潘培楷位望较轻，法员不愿与商。谭钟麟身任兼圻，公事繁重，又未便轻易出省。溯查光绪二十一年七月间臣衙门以滇粤边界紧要，奏蒙钦派内阁学士周德润、鸿胪寺卿邓承修分往云南、广西办理勘界事宜，界务得以迅定。今广州湾租界滨临内海，关系尤重，拟请特派熟悉边情大员，迅往勘定，以清界限而弭衅争。恭候命下，臣等即行将全案钞送钦派大员详细检阅，并照会法国使臣，转电该国外部遵照办理。谨奏。

光绪二十五年七月初五日奉朱批：着派广西提督苏元春前往，会同法员办理界务。

使美伍廷芳奏与西班牙办理交涉情形起程旋美日期折

出使美、日、秘国大臣伍廷芳奏，为恭报微臣由日国起程旋美日期事。

查日国交涉，向以古巴苛政、小吕宋设官二事，历任使臣办未就绪。臣到任后，复与筹商，甫于上年将小吕宋设官一节议准，由总理衙门奏设总领事官，商民称便。现该岛割隶美国，仍旧派员，尚无异议。古巴亦已自主，归美保护。以日国现在情形而论，交涉尚易措手，似可无须久驻。惟墨西哥国求订约章，经总理衙门奏准，由臣就近与驻美墨使商订画押，将次定局，亟应与之妥立条款，迅速画押。又经督办矿务大臣盛宣怀电请，奏准由臣代借洋款，兴筑粤汉铁路，当与美国殷商订借妥协，所定合同已咨总理衙门在案。目下正在交款开工之际，一切未尽事宜亦应接晤该商，随时议办。至美国西省工党嫉忌华佣，争端时起，尤应与该国外部争论，绥辑侨黎。兹择于本月初五起程，取道英、法国都，乘坐轮船，渡大西洋，仍回美国。谨奏。

光绪二十五年七月初六日。

旨寄裕禄着严防意船预为布置电

旨：裕禄电奏悉。意船虽无动静，自应随时查探严防。惟海军新集，尚无铁甲巨舰，如遽出洋争胜，恐无把握，转虑损威。万一有事，应仿坚壁清野之法，预为布置，免堕敌谋。着责成叶祖珪熟察情形，妥筹万全之策，朝廷不为遥制也。

七月初六日

使韩徐寿朋奏中韩通商条约业经议定折　附条约章程暨照会

出使韩国大臣徐寿朋奏，为中韩通商条约业经议定，谨将各款缮单呈览事。

窃臣上年拟具与韩国通商约稿，奏蒙敕下总理各国事务衙门复核发交，臣到韩后，复经添列四款，与韩廷所派议约大臣外部大臣朴齐纯会议，会于本年正月内附片陈明。其开议后，迭次商办情形亦经随时备具文函，并电达总理衙门各在案。

计自正月初六日开议起，会议多次。寻常约款大致与各国条约均属从同，不过字句间彼此斟酌增删，尚易商办。惟各国商民在韩国汉城都城开设行栈，韩廷谓：此事实自中国滥觞，且以英、德各国善后续条载明，中国如允将汉城开设行栈之益撤销，则该国不得援引此例，以为欲撤销汉城外商行栈，非先与中国商允不可，于是韩外部初次所交改稿第八款则云：韩国政府拟将各国商民在汉城开设行栈之例废止，所有房屋由韩国政府人民随时将原价买回，惟中国商民开设行栈为日稍久，一时难办，务须酌定限期，设法撤销。并于所交说帖内引北京不准通商之例，以相比附。臣告以通商办法大致从同，中国将来不能准韩民入都贸易，以中国各约载明，京师不在通商之列，韩于各国不至相形见绌也。华民得在汉城开设行栈，以韩国各约载明汉城京城作为通商之处，韩于中国并非相待独优也。即有英、德各约在前，何能遽作定期撤销之说？该外部遂将此款改作善后续条，稍参圆活之辞，云：韩国政府日后若要将汉城开设行栈之益撤销，则中国政府于英、德政府将该利益撤销之先，宜将中国人民在汉城开设行栈之益应允撤销等语。复于所交说帖内叙及：溯查《水陆贸易章程》第四款载明，朝鲜商民在北京例准交易，中国商民准入汉城开设行栈，实有互酬利益之意。北京交易今已停废，汉城开栈仍然如旧。揆诸情理，岂得谓平？臣答以从前朝鲜贡使进京，商人顺带红参赴京交易，韩国以后再无贡使进京之事，乃情形之变迁，非情理之不平也。该外部总以韩民赴京交易，不为各国均沾之口实。汉城开栈，则实始于中国商民，而各国得以援例，不容不先向中国商明，然后可以有辞于各国，哓哓置辩。查此事关系华民利益，且与各国牵涉，未便曲为迁就。至于约内既载有与相待最优之国相同字样，汉城设栈，自已包括在内。日本与朝鲜商约即是如此。臣遂以汉城撤销行栈，既改善后续条，可以暂从缓议。如肯照办，则正约各款再有一次会议后，便可订期盖印。若仍不肯，则正约因此不能遽定，恐致旷日持久等因，函致该外部。去后，旋准该外部复函，订于六月十一日会商，即于是日彼此当面言明，先定正约。计此次商定共正约十五款，款内语句均经详细推敲，不致滋生流弊。理合缮具清单，奏请敕交总理衙门核议。俟复奏奉旨后，传电知照，以便与韩国外部订期盖印。谨奏。

光绪二十五年七月初十日奉朱批：该衙门议奏。单并发。

谨将议定中韩通商条约缮具清单恭呈御览

大清国、大韩国切欲敦崇和好，惠顾彼此人民，是以大清国大皇帝特派全权大臣·二品衔·太仆寺卿徐寿朋，大韩国大皇帝特派全权大臣·从二品·议政府赞政·外部大臣朴齐纯，各将所奉全权字据互相较阅，均属妥善，订立通商条约，胪列于左：

第一款　嗣后大清国、大韩国永远和好，两国商民人等彼此侨居皆全获保护优待利益。若他国遇有不公轻藐之事，一经照知，均须相助，从中善为调处，以示友谊关切。

第二款　自此次订立通商和好之约后，两国可交派秉权大臣，驻扎彼此都城，并于通商口岸设立领事等官，均可听便。此等官员与本地方官员交涉往来，俱用品级相当之礼。两国秉权大臣与领事等官享获种种恩施，与彼此相待最优之国之官员无异。领事官必须奉到驻扎之国批准文凭，方可视事。使署人员往来及专差送文等事，均不得留难阻滞。惟所派领事等官必须真正官员，不得以商人兼充，亦不得兼作贸易。倘各口未设领事官，或请别国领事兼代，亦不得以商人兼充。如两国所派领事官办事不合，可知照驻京公使撤回更换。

第三款　韩国商民并其商船前往中国通商口岸贸易，凡应完进出口货税、船钞并一切各费，亦悉照中国海关章程，与征收相待最优之国商民税钞相同。中国商民并其商船前往韩国通商口岸贸易，应完进出口货税、船钞并一切各费，亦悉照韩国海关章程，与征收相待最优之国商民税钞相同。凡两国已开口岸，均准彼此商民前往贸易。其一切章程税则，悉照相待最优之国订定章程税则相同。

第四款　一、韩国商民前往中国通商口岸，在所定租界内赁房居住，或租地起盖栈房，任其自便。所有土产以及制造之物与不违禁之货，均许售卖。中国商民前往韩国通商口岸，在所定租界内赁房居住，或租地起盖栈房，任其自便。所有土产以及制造之物与不违禁之货，均许售卖。在彼此通商口岸租地盖房、修建坟茔及交完地租地税等事，均应遵守该租界章程及绅董公司章程办理，不得违越。

二、两国通商口岸，除各外国公同租界外，如有一外国专管之租界，则租地赁房等事一遵该租界章程，不得违越。

三、在韩国通商口岸，所定租界外准外国人永租或暂租地段赁购房屋之处，中国商民亦应享获一切利益。惟租住此项地段之人，于居住、纳税各事，应行一律遵守韩国自定地方税课章程。在中国通商口岸，所定租界外准外国人永租或暂租地段赁购房屋之处，韩国商民亦应享获一切利益。惟租住此项地段之人，于居住、纳税各事，应行遵守中国自定地方税课章程。

四、两国商民在两国口岸通商界限外不得租地赁房开栈，违者将地段房栈入官，按原价加倍施罚。

五、凡在各口租地时，均不得稍有勒逼。其出租之地，仍归各本国版图。

六、两国商民由货物所在之国内此通商口岸输运彼通商口岸，一遵相待最优之国人民所纳之税钞及章程禁例。

第五款　一、中国民人在韩国者，如有犯法之事，中国领事官按照中国律例审办。韩国民人在中国者，如有犯法之事，韩国领事官按照韩国律例审办。韩国民人性命、财产在中国者，被中国民人损伤，中国官按照中国律例审办。中国民人性命、财产在韩国者，被韩国民人损伤，韩国官按照韩国律例审办。两国民人如有涉讼，该案应由被告所属之国官员按照本国律例审断，原告所属之国可以派员听审，承审官当以礼相待。听审官如欲传询证见，亦听其便。如以承审官所断为不公，亦许详细驳辩。

二、两国民人或有犯本国律禁私逃在彼国商民行栈及船上者，由地方官一面知照领事官，一面派差员协同设法拘拿，听凭本国官惩办，不得隐匿袒庇。

三、两国民人或有犯本国律禁私在彼国地方者，一经此国官员知照，应即查明交出，押归本国惩办，不得隐匿袒庇。

四、日后两国政府整顿改变律例及审案办法，视以为现在难服之处俱已革除，即可将两国官员在彼国审理己国民人之权收回。

第六款　中国向不准将米谷运出外洋，韩国虽无此禁，如或因事恐致境内缺食暂禁米粮出口，经地方官照知后，自应由中国官转饬在各口贸易商民一体遵办。

第七款　倘有两国商民欺罔炫卖、贷借不偿等事，两国官吏严拿该逋商民，令追办债欠，但两国政府不能代偿。

第八款　中国民人准领护照前往韩国内地游历、通商，但不准坐肆卖买。违者，将所有货物入官，按原价加倍施罚。韩国民人亦准请领执照前往中国内地游历、通商，照相待最优之国民人游历章程一律办理。

第九款　一、凡兵器各项军物，如大小炮位及炮子、开花弹子、各种火枪、装枪药筒、附枪刀刺、佩带腰刀等扎枪，硝火药、棉火药、烈火药及他轰烈各药等，应由两国官员自行采办，或商人领有进口之国官员准买明文，方许进口。如有私贩运售者，查拿入官，按照原价加倍施罚。

二、鸦片在韩国系禁运之物，中国人如有将洋药、土药运进韩国地方者，查拿入官，按照原价加倍施罚。

三、红参一项，韩国旧禁出口，中国人如有潜买及出口未经政府特允者，均查拿入官，仍分别惩罚。

第十款　两国船只，在彼此附近海面，如遇飓风，或缺粮食、煤水，应许其收进口内避风购粮，修理船只。所有经费均由船主自备。地方官民应加援助，供其所需。如该船在不通商口岸及禁往处所私行贸易，不论已行未行，由地方官及附近海关官员拿获，船只、货物入官，违犯之人按原价加倍施罚。如两国船只在彼此海岸破坏，地方官一经闻知，即应饬令将水手先行救获，供其粮食，一面设法保护船只、货物，并行知照领事官，俾将水手送回本国，并将船、货捞起。一切费用，或由船主，或由本国官认还。

第十一款　凡两国官员、商民在彼此通商地方居住，均可雇请各色人等，襄执分内工艺。

第十二款　两国陆路交界处所，边民向来互市。此次应于定约后重订陆路通商章程税则。边民已经越垦者，听其安业，俾保性命、财产。以后如有潜越边界者，彼此均应禁止，以免滋生事端。至开市应在何处，俟议章时会同商定。

第十三款　两国师船，无论是否通商口岸，彼此均许驶往。船上不准私带货物。惟有时买取船上食用各物，均准免税。其船上水手人等，准听随时登岸，但非请领护照，不准前往内地。如有因事将船上所用杂物转售，则由买客将应完税项补交。

第十四款　此次所立条约，俟两国御笔批准，至迟以一年为期，在韩国都城互换。然后将此约各款彼此通谕本国官商，俾得咸知遵守。

第十五款　中、韩两国本属同文，此次立约及日后公牍往来，自应均用华文，以归简易。

大清帝国钦差议约全权大臣·二品衔·太仆寺卿徐寿朋。

大韩帝国特命议约全权大臣·从二品·议政府赞政·外部大臣朴齐纯。

光绪二十五年八月初七日。

光武三年九月十一日。

中国朝鲜商民水陆贸易章程

朝鲜久列藩封，典礼所关，一切均有定制，毋庸更议。惟现在各国既由水路通商，自宜亟开海禁，令两国商民一体互相贸易，共沾利益。其边界互市之例，亦因时量为变通。惟此次所订水陆贸易章程，系中国优待属邦之意，不在各与国一体均沾之列。兹定各条如左：

第一条　嗣后由北洋大臣札派商务委员前往驻扎朝鲜已开口岸，专为照料本国商民。该员与朝鲜官员往来，均属平行，优待如礼。如遇有重大事件，未便与朝鲜官员擅自定议，则详请北洋大臣，咨照朝鲜国王，转札其政府筹办。朝鲜国王亦遣派大员驻扎天津，并分派他员至中国已开口岸，充当商务委员。该员与道、府、州、县等地方官往来，亦以平行相待。如遇有疑难事件，听其由驻津大员详请北［南］洋大臣定夺。两国商务委员应用经费，均归自备，不得私索供亿。若此等官员执意任性，办事不合，则由北洋大臣与朝鲜国王彼此知会，立即撤回。

第二条　中国商民在朝鲜口岸如自行控告，应归中国商务委员审断。此外财产、罪犯等案，如朝鲜人民为原告，中国人民为被告，则应由中国商务委员追拿审断。如中国人民为原告，朝鲜人民为被告，则应由朝鲜官员将被告罪犯交出，会同中国商务委员，按律审断。至朝鲜商民在中国已开口岸所有一切财产、罪犯等案，无论被告、原告为何国人民，悉由中国地方官按律审断，并知照朝鲜委员备案。如所断案件朝鲜人民未服，许由该国商务委员禀请大宪复讯，以昭平允。凡朝鲜人民在其本国，至中国商务委员处，或在中国至各地方官处，控告中国人民，各色衙役人等不得私索丝毫规费。违者，查出将该管官从严惩办。若两国人民或在本国，或在彼此通商口岸，有犯本国律禁私逃在彼此地界者，各地方官一经彼此商务委员知照，即设法拿交就近商务委员，押归本国惩办。惟于途中止可拘禁，不得凌虐。

第三条　两国商船听其驶入彼此通商口岸交易。所有卸载货物与一切海关纳税则例，悉照两国已定章程办理。倘在彼此海滨遭风搁浅，可随处收泊。购买食物、修理船只一切经费均归船主自备，地方官第妥为照料。如船只破坏，地方官当设法救护，将船内客商、水手人等送交就近口岸彼此商务委员，转送回国，可省前此互相护送之费。若两国商船于遭风触损需修外，潜往未开口岸贸易者，查拿船、货入官。惟朝鲜平安、黄海道与山东、奉天等省滨海地方，听两国渔船往来捕鱼，并就岸购买食物、甜水，不得私以货物贸易。违者，船、货入官。其于所在地方有犯法等事，即由该地方官拿交就近商务委员，按第二条惩办。至彼此渔船应征鱼税，俟遵行两年后，再行会议酌定。查山东渔户因海滨之鱼为轮船惊至对岸，每年私至朝鲜黄海道大小青岛捕鱼者岁以千计。

第四条　两国商前往彼此已开口岸贸易，如安分守法，准其租地赁房建屋。所有土产与非干例禁之货，均许交易。除进、出货物应纳货税、船钞悉照彼此海关通行章程完纳外，其有欲将土货由此口运往彼口者，于已纳出口税外，仍于进口时验单完纳出口税之半。朝鲜商民除在北京例准交易，与中国商民准入朝鲜杨花津、汉城开设行栈外，不准将各色货物运入内地坐肆售卖。如两国商民欲入内地采办土货，应禀请彼此商务委员，与地方官会衔，给予执照，填明采办处所，车马、船只听该商自雇，仍照纳沿途应完厘税。如有彼此入内地游历者，应禀请商务委员，与地方官会衔，给予执照，然后前往。其沿途地方有犯法等事，统由地方官押交就近通商口岸，照第二条惩办。途中止可拘禁，不得凌虐。

第五条　向来两国边界，如义州、会宁、庆源等处，例有互市，统由官员主持，每多窒碍。兹定于鸭绿江对岸栅门与义州二处，又图们江对岸珲春与会宁二处，听边民随时往来交易。两国第于彼此开市之处设立关卡，稽察匪类，征收税课。其所征税则，无论出入口货，除红参外，概行值百抽五。从前馆宇、饩廪、刍粮、迎送等费，悉予罢除。至边民钱财、罪犯等案，仍由彼此地方官按照定律办理。其一切详细章程，应俟北洋大臣与朝鲜国王派员至该处踏勘会商，禀请奏定。

第六条　两国商民无论在何处口岸与边界地方，均不准将洋药、土药与制成军器贩运售卖。违者，查出分别严加处治。至红参一项，例准朝鲜商民带入中国地界，应纳税则，按价值百抽十五。其有中国商民将红参私运出朝鲜地界，未经政府特允者，查出将货入官。

第七条　两国驿道向由栅门陆路往来，所有供亿极为烦费。现在海禁已开，自应就便听由海道来往。惟朝鲜现无兵商轮船，可由朝鲜国王商请北洋大臣暂派商局轮船，每月定期往返一次，由朝鲜政府协贴船费若干。此外，中国兵船往朝鲜海滨游弋，并驶泊各处港口，以资捍卫。地方官所有供应，一切豁除。至购办粮物经费，均由兵船自备。该兵船自管驾官以下，与朝鲜地方官俱属平行优礼相待。水手上岸，由兵船官员严加约束，不得稍有骚扰滋事。

第八条　此次所定贸易章程姑从简约，两国官民均须就已载者一体恪遵，以后有须增损之处，应随时由北洋大臣与朝鲜国王咨商妥善，请旨定夺施行。

钦差署理北洋通商大臣・太子太傅・前文华殿大学士・直隶总督部堂・一等肃毅伯李，督同津海关道周馥、候选道马建忠，会同朝鲜国奏副使金宏集、奏正使赵宁夏、问议官鱼允中议定。

使韩徐寿朋致韩外部请订明换约日期照会

为照会事。

照得中韩两国和好通商条约经本〈大〉臣与贵大臣会同议定，一俟互换之后，两国人民在彼此通商口岸贸易、工作，均获同沾利益，与各有约之国人民毫无轩轾。我国大皇帝视为妥洽，业经批准用宝，由故使署参赞将约本赍回。并我国政府文函以条约内详细节目多有未备，修约亦未载明期限，均应查照与各国所订约章办理。如日后两国政府有与别国订立新章，彼此商民亦应一体遵守，合即知照备案等因。所有议定条约贵国大皇帝是否亦已批准？何日可以互换？相应备文照会贵大臣，请烦查照备案，并希订明换约日期，见复。

十一月初十日

韩外部致徐寿朋两国订立新章应以最优国相待照会

大韩外部大臣朴齐纯，为照复事。

照得光武三年十二月十二日接到贵大臣照会，内开：通商条约经会同议定，一俟互换之后，两国人民在彼此通商口岸贸易、工作，均获同沾利益。我国大皇帝视为妥洽，业经批准用宝，由使署参赞带回。请订换约日期等因。准此，查所有议定条约经本大臣与贵大臣会同签名盖印，嗣由本大臣具奏请旨，已于光武三年十月六日奉我大皇帝批准。兹接来文，拟订于韩历十二月十四日正午十二时会同互换，请烦贵大臣查照。再，贵照会谓条约内详细节目多有未备，修约亦未载明限期，均应查照各国所订约章办理一节。查原约第三款内开：彼此商民前往贸易一切章程税则，悉照相待最优之国订定章程税则相同等语。详细节目，均已载明于各国所订章程之内，总不能谓之有所未备也。如日后两国政府与别国订立新章，彼此商民自可一体遵守，以副原约内悉照相待最优国之意也。至修约限期，虽未载明，而亦可仿照各与国之例也。

光武三年十二月十三日

清季外交史料卷一百三十九终

清季外交史料卷一百四十

光绪二十五年七月至九月

使韩徐寿朋奏与韩所订条约比各国较为优异片

徐寿朋片。

再，各国条约利益均沾一款最多流弊，此次与韩人所订条约虽就两面立说，视各国在中国所立之约专指洋人来中国通商一面而言者大不相同，然究以不言利益均沾为妥，故约内并无此款。至两国彼此互交逃犯，西洋各国往往订立专条，不入商约之内，且须查其犯何罪案，有应交不应交之别，此次议定条约第五款交犯一节，颇为直捷。中、韩两国壤地毗连，文字相同，性情相近，逃犯互相隐匿，不可不防，列此一条，亦颇有裨交涉。韩王现虽自主，然其君臣上下仍存内向之心，约事易成，殆由于此，故各约尽有之款可以独无，各约尽无之条可以独有，不止汉城撤销行栈一节暂置不议，为能就我范围也。谨奏。

光绪二十五年七月初十日。

使韩徐寿朋奏处置奉吉两省越垦韩民片

徐寿朋片。

再，奉、吉两省越垦韩民为数甚众，大半薙发编籍，受廛为氓，均经奏明有案。此次约内第十二款，即原拟之第十三款，韩外部于初次交来约稿增入交界荒废之地，韩民已经垦辟者，仍令安住如旧，边界官应妥为保护等语。臣驳以边界本无荒废之地，措词欠妥，且未便载明韩民，亦未便载明边界官妥为保护，盖各该处均系内地，既曰韩民，即不能听其居留。好在该民在华多年，朝廷一视同仁，地方官断不苛待，如遇涉讼一切，自应与华民一律办理。该外部无词可答。臣于约稿内删去，该外部复行商恳改为边民已经越界者，听其安业，俾保性命财产。曰越垦则可见确在中国界内，并非交界之地，瓯脱之乡，属中属韩，界于疑似也。曰已经越垦者听其安业，则针对下文嗣后潜越者严行禁止，以见此系约前之事，中朝特施宽大之恩，不加驱逐也。此数语尚无流弊。以后越垦者既应禁止，从前越垦者如何措置，自亦题中应有之义，是以准其添列。俟条约盖印后，再当与该外部妥议陆路通商章程，以臻周密。谨奏。

光绪二十五年七月初十日。

使韩徐寿朋奏德国亲王穹利来韩游历片

徐寿朋片。

再，德国亲王穹利来韩游历，于五月初一日到仁川，初二日入汉城。韩当库藏如洗之时，独力筹洋银八万元，盛设供张，多方联络，韩王及其太子均亲自设宴款待。穹利在汉城留三日，往江原道、长崎往返六日，陆路皆由韩廷供给。虽讲求外交，势非得已，然不能自固封疆，亦终归于无益。英水师正、副提督率巡洋兵舰十二艘到韩，泊马山浦，二十一日出口，望俄境而去。据闻，该提督言及马山浦长年水势深浅如一岛屿，足以避风，口内宽阔，可停大战舰百艘，当为通地球第一海口云云。韩有如此海澳，无兵可守，各国难保不生觊觎，颇属可危。谨奏。

光绪二十五年七月初十日。

鄂督张之洞奏遵查招商局保借洋款办理萍乡煤矿情形折

湖广总督张之洞奏，为遵旨查明招商局保借洋款，办理萍乡煤矿，有益民生，无碍商局事。

窃本年四月初三日奉上谕：有人奏，大理寺少卿盛宣怀办理江西萍乡煤矿铁路，以招商局洋泾滨各产抵保洋行借款，请饬查禁等语。萍乡煤矿，前据张之洞等奏陈开办情形，并无抵保借款之说。若如所奏，因萍乡一隅之矿，辄以招商局各产作抵，殊属有碍大局。着张之洞详细查明，即行咨照盛宣怀，毋得轻许，致滋流弊。钦此。

臣查，各国自强之道，不外铁路、轮船、枪炮数大端，皆以铁厂为始基，而练〔炼〕铁、炼钢尤以得佳煤炼焦炭为先务。湖北前经奏开铁厂，遍觅煤矿，不得佳质。后经臣访获江西萍乡煤矿最合炼焦之用，历年臣饬铁厂购用不少，实为铁厂化铁、炼钢、造轨之根本。因路僻运艰，故未能尽量采购，多开煤座。上年三月间，经督办铁路·大理寺少卿盛宣怀会同臣奏明，购用机器，筑路设线，派员总办，力筹大举，并援照开平，禁止商人别立公司及多开小窿，抬价收买，以济厂用而杜流弊，仰蒙谕旨，钦遵在案。盖开矿不用机器，不能深入得佳煤；炼焦不用洋炉，不能去磷成佳钢；运道不用铁路、轮船，不能济急用而轻成本。目前建轨，将来行车，需用煤焦，为数极巨。路厂与萍矿互相联属，皆为杜塞中国漏卮要举。至轮船招商局每年用煤为出款大宗，上年用开平煤不及接济，多购洋煤，坐糜二十万金，以故竭力筹办萍煤，至今已用银五十万两左右，系由湖北铁厂认股二十万，铁路总公司、轮船招商局认股十五万，均以其相需甚殷也。现在每日出煤二三百吨，运道节节艰阻，所运不敷所用，必须先由矿山造铁路一条至萍乡河口，由湘潭至汉口置造轮剥各船，使每日可运数千吨，足供铁厂、轮船、车路之用。然后路厂可相持不敝，招商局亦受其益，而萍矿得可恃之销路，即操获利之券。惟购办机器、制造铁路、轮剥需款至繁，事当未成，利尚有待，华商之股未易一时招集，盛宣怀当因机器各件暨由德商礼和洋行垫办为数已巨，故与该行议借四百万马克，分十二年摊还，统由萍乡煤矿公司商借商还。惟向来借用洋款必须给以办矿事权，并须分得矿中余利，此次盛宣怀议明萍矿仍归自办，仅给借息七厘，彼既无办矿之权，又无余利可得，不得不照商例切实保借，因将招商局产业以为作保之据。当经议订借款合同，分别咨呈总理衙门、路矿总局核准在案。此盛宣怀以招商局保借礼和洋款扩充萍乡煤矿办法之情形也。

臣钦奉慈谕，当将此项借款每年还款本利共须若干，是否以招商全局各项产业抵押，抑止上海洋泾滨一处栈房产业作保，现在全局各项产业共值银若干，洋泾滨一处产业值银若干，至抵押与作保有何分别，设将来借款本利万一无着，洋商能否将全局占据管理，有碍大局各节，向盛宣怀详细咨查。旋准咨复，并详考案据，查借款合同载明：招商局允保礼和垫款四百万马克息本。其息本未还以前，不将上海洋泾滨南北地皮栈房产业出售，或抵押于人等语，实系招商局仅止作保，并未将产业抵押，且止将上海洋泾滨一处栈房产业作保，并未将全局各码头及轮船作保。查光绪十一年向旗昌洋行赎回招商局之时，因无款可筹，曾将全局各码头按照商例抵押与汇丰银行。其时经律师将各项地契、船照均缮押契，赴英领事衙门过户汇丰行名，至光绪二十一年还本清楚，始收回各契据，仍易招商局户名，系属洋商抵押之一定办法。现借礼和之款止有合同载明作保字样，并未将地契交给，亦未赴领事过户，是招商局产不作抵押之明证。又光绪二十四年〈招〉商局结账载明：全局轮船、码头、栈房各项资本六百八十六万两，其中上海洋泾滨南北栈房产业值本银一百六十八万八千两，以保礼和借款，专指此项洋泾滨栈房产业，是并未将全局资本作保之明证。至于抵押与作保区别之处，查抵押则产业已属于人，作保则产业现仍在我。现在不过由招商局作保，设将来借款本利无着，应先将所借礼和四百万马克购办之煤矿机器、铁路等物以及该煤矿公司自己股本五十万所办之矿产各物，尽其所有，以归借款，必不至将招商局保产作抵。如煤矿公司各物不敷还款，再由保人如数补足，赔还了事。如保人不能将欠款赔补，始将合同内所指作保之产变价补足，此作保不能遽抵之明证。兹查礼和所借之款，前三年不还本，后十年每年摊还四十万马克，约合银十三万两左右。预计此矿三年后每日至少出煤一千吨，一年出煤三十万吨，每吨提银五钱，已足敷还本利。就使意外之变，出煤无多，该煤矿尚有股分及借款所置铁路、机器各项产业，不难作第二次借款，为借债还债之计。就使该煤矿及铁路、机器各项产业不足抵债所短之数，已属有限。铁厂、铁路公司、轮船公司应照商例，按股摊赔，至多不过数十万两，断不敢将所保之洋泾滨产业为彼所占，更不能将全局占据管理。此又臣查明盛宣怀保洋款不难筹还与招商局无碍之情形也。

查该少卿此次以招商局保借礼和洋款，实因商股一时难集，而萍矿所关与铁路甚巨，不得不力图其成。核计借款本息，每年止摊还十余万两，为数不巨，必能清还。盛宣怀综核素精，断无将成本数倍借款之商局送与外人之理。恭绎此次谕旨，原只戒其勿得轻许作抵，致碍大局。然则此事之有无流弊，应否阻止，自以于招商局是否有碍为断。体察合同办法情形，实与招商局并无妨碍。且此事既经总署、总局核准有案，而洋行又久订合同，似不必另起波澜，致外人别滋口舌。合无仰恳天恩，仍准以此款扩充煤矿，不独于铁厂有益，而地产工作日盛一日，于萍乡小民之生计裨益尤宏。现仍一面招集商股办理，拟有章程，并当多留矿股，专待江西商富附入，以示公享美利之意。该股票拟定一百万两，铁厂及铁路公司并招商局入股五十万两，其余五十万两由盛宣怀将章程、股票咨送江西巡抚、藩司就地招股。如有不敷，再向他省招集。其所认股分限六个月缴足，以免贻误。如此办法，盛宣怀肩借款之难，任开凿、洗炼、修路、转运之劳，而江西商富享入股获利之逸，有盈则江省分一半之利，无效则京卿还合数之款，似亦极为平允。谨奏。

光绪二十五年七月初十日奉朱批：知道了。

路矿督办张翼奏查明秦皇岛接修铁路谨拟办法折

督办铁路矿务大臣张翼奏，为查明秦皇岛详细情形，谨拟办法事。

窃臣于上年十二月间曾将秦皇岛建设码头一节附片陈明在案。溯自光绪二十三年经总税务司赫德议行邮政，因向来隆冬封河后，商轮停驶，各省及外洋文报不通，禀经总署咨行北洋大臣王文韶，转饬开平局设法维持。臣会同赫德札委之天津税务司贺壁理察看海滨地势，详慎妥筹，勘得秦皇岛地方可为停泊轮船之所，即用矿局运煤轮船，由该岛至烟台为度，往返试行。当此之时，胶、旅已租给他人，北洋水师无险可据。臣屡与洋员德璀琳等留心考究，均以秦皇岛形胜较庙岛等处为独优。臣率该洋员亲往履勘，回环审视，见其襟山带海，形势天然，心焉喜之。臣一面密派干员，将该处一带地亩并接连沿海之金山嘴、北戴河，尢论平地荒基，筹资购买十得七八。适奉谕旨，作为通商口岸，各国购地者纷纷而来，幸臣已占先著。复缄商赫德，约同工程司哈定，又派曾办旅顺之工程司贾理先后详加相度，均无异词。旋大学士臣荣禄初莅任北洋，以无处屯扎兵轮及建造船坞各情与臣密商，臣以该岛情事言之，所见相符，即属臣速为筹画。臣以事关重大，虽迭经华、洋员司考求，必得一外洋头等工程司考核精详，始有把握。其时有英国矿务公司著名之富商墨林偕噶大立游历来津，因德璀琳介绍与臣晤谈。臣以该岛勘工借款等事相商，当经慨允。及冬间，臣奉督办矿务之命，函催定议。墨林等即代订英之巴礼工程司派洋员秀士到华，业经周历细勘，测量推算，所有淤泥之厚薄、海底之浅深、水溜之疾徐、冰凌之大小及如何修造堤坝与码头、船坞等工，莫不缕晰条分，绘图贴说，悉得了然纸上，工程用款亦经洋员估定。其图分为两式，即估作两截办法。码头为运煤而设，不过一百万元。若大举动工，约计六百万元，购炮、筑台尚不在内。

臣熟观大局，此事机缄与用兵相为维系，又海关中外之利权若出自国家，固滋唇舌，且遽行和盘托出，亦启戎心。臣与现任北洋大臣裕禄将此件始末详细推求，拟定计先由矿局试办码头，藉资利运。现经裕禄派员勘丈地亩，随即迅筹开办。俟此项工程告竣，如果风涛沙线实无疵病，再与裕禄从长计议，因势扩充，或在秦皇岛商务公司集华洋商股为之，以商家出名，以外人合力，庶几得步进步，可收规画全局之功。但刻当开办之时，商力艰难，公款亦无从借领。臣三年之内购地以及查工垫款已属不资，现在罗掘已穷，非借洋款，究难济事。曾与墨林议借二十万镑，约估银一百四十万两有奇，商借商还，于公家无干。将有成说，俟定局后奏咨立案，以符定章。

臣维时局之变迁，非人事所能逆料，要在因时以应变。近日大沽海口淤深水浅，拦江沙愈涨愈高，故商轮进口维艰，即塘沽亦有淤高之势，营口则封河较早，开冻又迟，于商情更虞窒碍。俄人经营旅顺，全力注焉！该处入冬不冻，水又最深，即三四千吨之重载可停。铁路一通，旅顺商船极便，懋迁繁盛，我之天津、营口受损已多，而津海与山海两关巨万税金将归无有。我惟有以秦皇岛补救，设立码头，则地情与水势均宜，不至如大沽各处之受病。且以旅顺比较，该岛实甚便而甚近，设关征税，使水陆转运之物各以滴滴归源。然则欲济商务之穷，而塞饷源之漏，固非此不足以制胜，不独全省矿务于该岛关系匪轻也。至各国船坞港澳自然者少，大都由工作而成，该岛形势本佳，复加之以人力，于兵轮之修理、停泊，在在相宜。况乎密迩神京，咫尺铁道，一旦有事，不独兵丁之征调、军火之转运，朝发夕至，呼应灵通，而且水陆相依，有大气盘旋之势。若以后自行筹款，于该岛以北内地接修铁路，由永平、遵化等处直达京师，此则妙用无穷，又胜于他处万万矣！谨奏。

光绪二十五年八月十二日奉朱批：依议。

总署奏龙州铁路现时筹办情形折

总理各国事务庆亲王奕劻等奏，为龙州铁路现时筹办情形事。

查臣衙门于光绪二十一年五月与法国使臣续议商约第五款载明：越南铁路，彼此妥定办法，接至中国界内等语。嗣该使臣屡次催办，请由越南造至龙州、百色。经臣衙门迭次辩驳，始与议定由广州〔西〕龙州至越南同登修筑铁路一段，计长一百五十里，由中国自造，用法国工料，于二十二年二月初七日具奏，奉旨允准，当由臣衙门电前广西巡抚史念祖设局开办。旋派广西提督苏元春为督办，知府唐际清为帮办，与法国费务林公司按图公酌。随据该国使臣照送合同，经臣衙门复核，于是年五月二十一日将合同奏明各在案。该合同订明：勘路及造路均归该公司包办，勘路后，由官局与该公司估定造路价值等语。勘路之事，于上年业已完竣。现在议造价值，第一次估单合库平〈银〉五百四十九万二千余两，第二次改图加价估单合银六百零一万九千两。苏元春以所估价目太昂，核减为二百六十四万余两。该公司以彼此价目悬殊，援引原订合同请中公断之条，请人公断，乃所断仍须银五百九十九万余两，所减无多。臣等查，各国公例，两国有事，请中公断后，即应照办。虽据苏元春电称，地多山岭，兼多水沟，凿洞、架桥，稍糜工料，惟所议究嫌过昂。苏元春携带估册来京，与臣面商一切。臣等详加酌核，该铁路既与法国订立合同，势难中止，但库款支绌，巨款难筹，应令苏元春与该公司商改做法，另议价值，能减一分即省一分经费。俟有就绪，再行奏闻，伏乞圣鉴。谨奏。

光绪二十五年七月二十日奉朱批：依议。

总署奏龙州铁路商定减省办法另立合同折　附合同

总理各国事务庆亲王奕劻等奏，为龙州铁路商定减省办法，另立合同事。

查中、法订办由广西龙州至越南同登铁路一段，经中人断定，包办价值库平银五百九十九万余两。臣等以需款过巨，拟令督办铁路工程提督苏元春与法公司商改做法，另议价值，以期减省，当将筹办大概情形于本年七月二十日具奏，奉朱批：依议。钦此。当即行知苏元春钦遵办理，并与法使臣及法公司切实商论，力求撙节。兹准苏元春咨称：迭与法使毕盛暨法公司监工博浪澄竭力驳辩，该公司始允另筹减省办法，将铁路改窄，计合法尺一迈达宽，言明包办之价总在三百二十万两左右，另订合同二条，较原断减去一半，已与毕盛商明于八月十一日将合同画押，咨请从速核准，拨款办理，并将合同十条钞送前来。臣等查，该铁路前经中人断定价值，按照各国通例，即须照办，欲筹转圜之策，非改定做法，另立合同，不能减轻。现将该路改造一迈达宽，言明包价在三百二十万左右，尚为核实。所订合同亦尚妥适。谨缮具清单，恭呈御览。并请饬下户部，迅筹的款，源源拨解，以裨要工。伏乞圣鉴。谨奏。

光绪二十五年八月二十日奉朱批：依议。

中法龙州至镇南关续立铁路合同

现由中国简派钦命督办广西边防·兼督办龙州铁路·太子少保·广西提督苏，与费务林公司监工博浪澄会商，定立合同各条，开列如左：

第一条　议定自镇南关至龙州铁路开办系一迈达宽窄之道。工程由费务林公司代中国开办，均系包办之价，照以下第六条定数，铁路自可能开车之日，包办之价照全交公司，此应包估业经领款。

第二款〔条〕　由中国除业经给收勘路之费外，应找给该公司银一十六万两一两合三法郎零半，此系于光绪二十五年六月二十五日预垫用费者。此外，有龙州铁路官局特允明文建造房屋之费，应照原议，将由中人局所定此屋之价，注明在工程费用所找一十六万之款于订立此合同核准之日收领银十万两下余之款，每月除计开工程费用付价外，另给还银五千两。

第三条　自光绪二十五年六月二十五日起，至开办工程之日，所有聘金、工资及或在道路或在公所所有各项费用，以便查勘新路、绘画新图、丈量、开单等费，均系中国自出。每月初五日，将上月费用清单呈报官局。呈报后，期于十五日限内理应照该单清还。所有已经勘明之路，于新路有几分可用，是以此路除勿庸多时预备外，其价亦较前减少，且公司应照极省办法，并议明在查勘之间，公司应报官局所欲知言明各事。

第四条　自订立此合同核准之日，中国国家应将银一百二十万两在上海交给华俄、汇丰、法朗西银行，归入该公司账目，作为存储之据，用保以上各费并工程之费清还。此存储之款系用付查勘并工程需用等费各价。惟广西铁路官局总办允准，即该公司可将此款按月陆续收领。费务林公司呈报各项系查勘或工程需用等费之后，定期不能逾十五日之限，必须允准，且中国官局理应于是日电达银行得知。至如何交存款项作据于银行库内，应至少以银六十万两为准，中国国家常须至少交存款目并理应随用随时补添原数。

第五条　费务林公司允将查勘新道实力撙节。中国所存三百二十万，该公司极力省费，以免多逾此数，并按照苏提督变通之意，斟酌设法，且横之侧半式样均系援照法国所造如此铁路一律办理。斜坡地方之斜，但可至多每迈达二生的迈达之五分。该铁路曲绕之半径，在平处有一百迈达，斜坡地方有一百二十五迈达，车站之处在外。经过铁路之线丈量、开单等事，自呈报之日，中国官局期限至多一月之内理应批准。设若此时尚未定明无干，即视草稿批准。并费务林公司有开办工程之理所有地段以用承办者，除该地之图与草稿一并呈报官局，于声请之日，期以一月内，应将该地段均交给该公司承领。此地段随工程之用，可以分给该公司，预为指明此地，以免耽延。

第六条　共计包办数目，查以计包办之数应照于光绪二十五年请中局公定原价与新路各项一律办理。此详细原价，均载节略内声明，并附请中公断之折，中国中人及费务林公司中人各执准凭一分。新包办之价，如中人公断之价一体照办，系在包办价内，将道路垫平至多一百之十，及下余工程、房屋、物料、车辆等件至多一百之五，以备补给若干，且费用合算之数系一百之二十，并花红系一百之十五。除此更变之外，所请中局公定之原价，无论何故，不能加添。

第七条　查援照请中局公断之语，每月应定工程需用各料费用之单至以每月之费给还一事，将此费总数于原定价值合算，惟与原价加添补给若干及一切费用所收总数不能过已减利益包办价之数。所有定数以资利益，除现由中国收存外，一俟铁路开车之时，即将此数全行交给公司。所有需用各料预先支给之事及所有外洋购办货件，先给其余价钱若干，按照各样货物中人所定行情，即行给还。

第八条　设若以上所定各节中国国家不照施行，费务林公司即有理将此不照施行者视为废弃合同，中国国家必给该公司酬报废弃之款，现定明五十万两。

第九条　中国与费务林公司前订光绪二十二年四月二十四日合同，除工程、价值等款已经新合同改订外，其余办理各节仍应遵守。

第十条　此合同画押后，即请总理衙门从速核准，就近照会法国驻京大臣，再行拨款办理。此次合同缮就汉文、法文各二分，彼此存收各一分。遇有可疑不符之处，以法文为准。

督办龙州铁路·广西提督苏。

包办龙州铁路费务林公司监工博浪澄。

光绪二十五年月日，西历一千八百九十九年月日，在中国京都立。

总署奏遵议奎俊请招集华洋商人开办川省矿务议定章程折

总理各国事务庆亲王奕劻等奏，为遵旨议奏事。

窃本年七月二十三日，臣衙门准军机处钞交四川总督奎俊奏，招集华、洋商人开办川省矿务，议定章程一折，奉朱批：该衙门议奏。钦此。

查原奏内称：川省矿产丰厚，道员李征庸招集英商摩根合股开办，以为之先，奏准不准一国专利。兹据法商俞德乐到川省矿务总局称，欲与华商集股合办煤铁专矿，名曰福安公司，集股本一千万两，华、洋各半。当饬矿务局司道悉心与议草合同十条，分咨总署、矿路总局核定，改易数条，大致有利无弊。惟思矿禁初开，外人争先请办。英商会同公司既由华益公司购地，是以仿照该公司章程，设立保商公司，招集中外商人合办矿务，以知府徐麟光等总办其事。凡来川办矿者，皆归该公司备本、购地、管理。在我足操保地之权，在彼亦可杜争端之渐，坐收其利，永无弃财于地、授柄于人之患，于矿政不无裨益。现据布政使王之春督同福安公司华员总办李征庸、洋员总办俞德乐、保富公司总办徐麟光订立合办矿务正合同十条，开具清单，恭呈御览等因。

臣等查，本年四月间准四川总督奎俊咨称：法领事哈士率同矿师俞德乐来称，欲与华商合伙承办煤铁矿产，饬据司道与订章程十条，咨请查核。经臣等按照奏定矿务章程及李征庸与英商摩根合股开矿成案，逐一核订，内第一条拟集股本一千万两，应令明定华、洋成数，如能华七洋三，或华六洋四，固属甚善，即令不能，亦应华、洋各半，庶可平分事权。第二条指定灌县等六处，核与奏定章程不符。且恐一经标占，他人不得过问，必启争端。应令于开办时逐段呈报，不必预定地段。重庆之店〔唐〕家沱为川省水路咽喉，尤不宜轻许开挖。所定地段，以敷用挖井、盖厂为限，不得太广。第三条保富公司所集资本，应令声明，专集华款，不参洋款，以保购地之权。第五条所办地段如先有土人在界内开挖，或愿出卖，或愿附股，各听其便，若实有不能相让之处，不得勉强抑勒。第六条经过田园、坟墓不愿迁让者，应令设法绕越。第九条订办以六十年为限，应令改为五十年，以归一律。余亦逐条推求，俾臻妥协，行令转加核议。

兹准具奏前因，臣等严加核议，第二条指办煤铁之地，原令开办某处，随时逐案呈报，不必预定地段。现缮合同仍开列灌县、犍为、威远、綦江、合州、重庆等处地名，虽于下文声叙听由保富公司择地交给，不得预先标占，究竟成案未协，应再切实声明，以杜将来专擅之渐。且重庆系属府名，统辖十余州县，綦江、合州即系重庆府属，界限亦欠明晰。所指重庆地方，应以附郭首县为准，拟请将第二条起首改为所有将来如指办煤铁之地，除重庆之唐家沱不准开挖外，得在灌县、犍为、綦江、威远、合州、巴县六处临开办时，听由保富公司择定某山某矿交给，如各该州县界内另有华、洋商人请开矿产，亦准一律办理，法商不得预先标占云云。又第三条所有煤铁应照井口税值百抽五归保富公司，以作地租，原以保富公司出资购地，是以抽纳地租，以备资本。若系官山，无须出资购买，则地租一项自不应听保富公司坐收其利，应酌照英商摩根合同第七条办法，于该条末尾添叙，若系官山，应将值百抽五地租报效中国国家，仍准提一分作为四川矿务局及保富公司办公经费数语。其余各条，均经该督照咨厘订，尚无流弊，自可准行。如蒙俞允，即由臣等咨行该督遵照办理。谨奏。

光绪二十五年八月二十日奉旨：依议。

使韩徐寿朋奏派员赍送约本请用御宝折

出使韩国大臣徐寿朋奏，为派员赍送约本，请用御宝事。

窃臣于本年七月二十三日接准总理衙门二十日电开：中韩约款核准，二十日具奏，奉朱批：依议。钦此。可与外部定期盖印等因。正拟与韩外部订期，适据各帮商人具禀，以闻得约内红参一项，私运者查拿入官，仍照原价加倍施罚，甚为不愿。告以韩与各国所订条约，于入官外加倍施罚者甚多，如不私运违章，虽重罚亦无足畏。各商再四坚恳，请与外部商酌，改为活动语气。臣商之外部，彼以约款业经议定，不允更改，并云：改参活笔，是为私运者开方便法门，且各国约文并无特允可以出口之说，此条已较各约活动，似无须再费周章。臣告以罚货入官，仅足示惩，再行赔罚，本属太重，虽韩国向有此例，然将语气改活，较之中国海关办理漏税货物仅止入官者，轻重已觉不同。争辩再三，该外部始允将约内第九款红参一项照原价加倍施罚句改为仍分别惩罚，于是众商始各欣然。因此稍迟日期，于八月初七日签名盖印。共计约本四分，内两分系备分，交总理衙门及韩外部存备查考。其应行互换两分，一分交韩外部，一分派使署参赞官·云南候补知府许台身赍送进京，俟盖用御宝之后，恭赍回韩，听候钦派大臣互换，以昭郑重。谨将约本咨送总署代呈。谨奏。

光绪二十五年八月二十四日奉朱批：该衙门知道。

使俄杨儒奏遵赴和都保和公会蒇事返俄情形折

出使俄、奥大臣杨儒奏，为恭报奴才遵赴和都保和公会蒇事返俄情形事。

窃奴才渥蒙简命，派赴和兰都城，与议保和公会。当于四月初二日率同参赞官何彦升、胡惟德、翻译官陆征祥由俄启程，初六日行抵和都。初九日在树安宫开会，俄为会主，和为地主，与会者计二十六国，各国所派文武官绅计百零一人，循例概作议员，逐日会议，各摅己见，驳诘推敲，直至六月二十三日方克告竣。奴才业将会中大概情形迭次电陈总理衙门代奏，请旨遵行在案。

俄国创会本意专在限制兵数暨禁用猛力军火，各强国议员均谓碍难订入条约，于〈是〉公议将限制兵数一层叙入蒇事文据内，愿归下次续议。禁用猛力军火一层，改为声明文件，附于帙末，以示变通。刊有会章定稿，首列蒇事文据，次列第一股和解公断条约，第二股陆地战例条约，第三股推广日来弗原议行之于水战条约，此即红十字会，第四股禁用猛力军火声明文件三件。本拟原照比利时所订陆地战例旧章，议员先行画押，至批准与否，仍候各国政府核夺。嗣经各议员公同商酌，谓此次如已画押，必须批准，爰定期限以本年西十二月三十一号为止，俾各政府从长计议，免致迫促为难。除蒇事文据一概从众画押外，其余各条约暨声明文件，各国已奉训条者或全款画押，或择款画押。德、奥、英、义、日本、瑞士、塞尔维、卢森、不尔厄等国，均以未奉训条暂缓画押为辞。奴才当即在会言明，亦须详告政府，再酌画押。伏续〔读〕五月初八日电传谕旨，训以总期于中国情形无碍，仰见宸衷慎重，严杜觊觎，莫名钦服。

奴才谨案：会章第一股，和解公断条约，议设常川公断衙门，遇有争端，愿归公断与否，仍听自便。第四股，声明文件，禁用气球掷放炸药暨迷闷毒气、硬壳枪弹。中国虽有制造局厂，尚未讲求此项猛力军火。此两股似与中国无甚窒碍。若第二股，陆地战例条约，各国陆军同一训练，视章程为习见之端。此次意在精益求精，中国虽间改洋操，未必尽谙西例。设或准约，一旦与外邦开战，必须照约施行。第三股推广日来弗原议行之于水战条约，各国均有红十字会，此次不过由陆军推诸水战。中国各口岸尚无官设之西式医院暨西学医生、执役人等，又无救伤船只，设或准约，一旦与外邦开战，或中国为局外之国，所有病伤军士亦必须照约施行。此两股似与中国究有窒碍，然以此两股轻重相较，陆地战例非旦夕所克举办，窒碍良多。若日来弗约之红十字会，各国均视为最关文化之善举。即如日本向未入会，官倡民捐，办有成效。如不准约，必致独违善举，措词较难。如欲准约，似宜仿照日本捷便办法，以示中国善与人同，是虽有窒碍，即仍可免于窒碍。总之，此项与会为中国入会之始，倘概不画押批准，外人将疑中国显分畛域，遇有应入之公会，未必肯与我周旋。

以上各节，就奴才管见所及，据实胪陈，上渎圣听。应如何画押以备批准之处，伏候谕旨训示，电传祗遵，俾得不逾期限。至未经画押之德、奥、英、义等国，按期限内或全款画押，或择款画押，当随时确探，电陈总理衙门代奏，藉觇各国之从违。奴才于六月二十四日由和都启程，二十七日行抵俄都使署。除将会章洋文定稿暨洋文译稿咨呈总理衙门备案外，谨奏。

光绪二十五年九月十一日奉朱批：该衙门议奏。

旨着庆常俟裕庚呈递国书后再行起程电

旨：裕庚到法，外部以广州湾界未定，博罗案未结，归咎粤督，总统不肯接见等因。办理交涉事务与接见新使事不相涉，庆常驻法日久，情形熟悉，现甫交替，着向法外部申明两国交谊，切实劝导，务令于事有济，不着痕迹。俟裕庚呈递国书，再行起程。

九月十五日

谕谭钟麟苏元春等不许将东海硇州两岛与法并派员赴港查拿康有为电

旨：昨据苏元春电述与法员会议情形，拟索还内地，将东海、硇州两岛许作租界。正饬总署驳复间，据谭钟麟等电称：硇、东两岛为五府商民出入必由之道，万不可弃等语。苏元春办理此等重要事件，何以未与该督抚商明，遽行允许租界，草率迁就？殊属冒昧！硇、东既为五府出入要区，如归租界，则五府民心必不甘服，激成变故，朝廷亦不能强众情之所不愿，压以兵力。法人得之，后患方多，亦非得计。着苏元春即向法员切实开导，一面着谭钟麟等熟权利害轻重，与苏元春妥筹酌中办法，俾此事得有收束，务须彼此和衷，勿存意见，共维大局。再，据李盛铎电奏，顷，控〔探〕康有为于本月二十四日由日本邮船开赴香港。该督迅即相机设法，派员购线查拿。无论官绅，能将该逆捕获，立予重赏。

九月二十七日

总署奏遵议杨儒赴保和会参酌情形以便画押折 附旨

总理各国事务庆亲王奕劻等奏，为遵旨议奏事。

光绪二十五年九月十一日，军机处钞交出使俄、奥国大臣杨儒奏，遵赴和都保和公会蒇事返俄情形一折，奉朱批：该衙门议奏。钦此。

查原奏内称：俄为会主，和为地主，与会者二十六国。俄国创会本意专在限制兵数暨禁用猛力军火，各强国议员均谓，碍难订入条约，于是将限制兵数一层叙入蒇事文据内，愿归下次续议。禁用猛力军火一层，改为声明文件，附于帙末。刊有会章定稿，议定期限以本年西历十二月三十号为止，除蒇事各据一概从众画押外，其余各条约及声明文件，惟德、奥、英、义、日本、瑞士、塞尔维、卢森、不尔尼〔厄?〕等国均以未奉训条，暂缓画押为词。奴才亦明言，详告政府，再酌画押。谨案：会章第一股，和解公断条约，议设常川公断衙门，遇有争端，愿归公断与否，仍听自便。第四股，声明文件，禁用气球掷放炸药、迷闷毒气、硬壳枪弹。中国虽有制造局厂，尚未讲求此项猛力军火。此两股似均无窒碍。第二股，陆地战例条约，各国视为习见。中国虽已改洋操，未必尽谙西例。第三股，推广日来弗原议行之于水战条约，各国均有红十字会，此次不过推之水战。中国向无官设之西式医院、西学医生，又无救伤船只。此两股究有窒碍，然轻重相较，陆地战例非旦夕所克举办，窒碍良多。若红十字会，各国均视为善举。日本官倡民捐，办有成效。如不准约，措词较难。似宜仿照日本办法，以示中国善与人同，是虽有窒碍而仍可免于窒碍。以上各节，应如何画押以备批准之处，伏候谕旨，训示遵行等语。

臣等查，俄国创设保和会虽系为修好息戎起见，而列邦环峙，猜忌方深，故其限制兵数一层已不克尽如原议。至会章所定各款，皆系申明泰西通行条例，与中国规制不同。然当入会伊始，如未免畛域过分，致使外人歧视。兹据该大臣奏称，各条约暨声明文件，与中国无甚窒碍者两股，究有窒碍者一股，所论均尚详尽。臣等复加察核，陆地战例条约，泰西各国陆军行之已久，于彼国俗、军心称便，而施之中国陆军，恐窒碍难行。且中国各省旗、绿、防营虽间有改习洋操，未必尽谙西例。设或准约，一旦有疆场之事，转多窒碍，此一股自应毋庸画押。至第一股和解公断条约，议设常川公断衙门，遇有争端，愿归公断与否，仍听自便。第四股声明文件，禁用各项猛力军火，中国局厂现尚未讲求及此，于利害无甚关系。第三股推广日来弗原议，将有约各国所设红十字会推行之于水战，环球方均视为善举，日本亦办有成效，虽为中国水陆军向来所无，势难独异，不妨示以善与人同、好行其德之意。以上三股，似均无甚窒碍，可准予使臣会同画押。应请饬下该大臣，确探未经画押各国届时如无异议，即行一律从众画押。如蒙俞允，臣等即电咨该大臣遵照办理。谨奏。

光绪二十五年九月二十八日奉旨：总理衙门奏议复保和会各章程一折，所有拟准画押各款究竟有无窒碍，着该衙门再行详慎复核。

大理寺卿盛宣怀致总署烟台电闻意国暗调兵舰欲截三门湾电 附旨

烟台电报局电：日来风传意大利暗调兵舰，欲截三门湾，又云要占登州府庙山岛，职亦未敢以风影之谣冒昧电禀。讵今、昨两日天明时，意兵官连发三等密报十数次，情形甚急，该国复来亦系三等密报，恐事非无因。理合据情电禀等语。请代奏。

九月二十八日奉旨：昨风闻意大利暗调兵舰，欲截三门湾，又云欲占登州庙山。意使在总署索款，久议未允，搁置不议，情殊叵测，难保非故作宕延，俟调到兵舰，出其不意。庙岛地方空阔，向未驻兵。夏辛酉所统防营是否足资分布？北洋沿海一带亦应预备不虞，着裕禄、毓贤密饬各军，早为部勒，毋使乘虚而来，致有疏误，并勿稍涉张皇。是为至要！

清季外交史料卷一百四十终

清季外交史料卷一百四十一

光绪二十五年十月至十二月

旨寄谭钟麟苏元春法占硇东着会商对法布置电

旨：据苏元春电称，硇、东两岛，早为法兵所据，不肯作为通商口岸，且以不允铁路，即收所让各村，情词决绝，并急欲进兵剿除黄略、麻章两村，以图报复等语。法兵已占硇、东，虽势为我所必争，诚非口舌所能为力，必须准备在先，布置周密，方可与议。且黄略、麻章两村民命攸关，谭钟麟等身任地方，早应防患未然，保全疆土，岂得临时概诿诸议界大员？此时法提督如此嚣张，难保不开兵衅。该督等捍卫海疆究竟有无把握？总之，此事必须统筹全局，妥拟办法，断非意气用事所能结束。着即详慎审察，与苏元春迅速会商电复，勿延为要。

十月初一日

大理寺卿盛宣怀奏遵旨体察广九铁路情形折

大理寺少卿盛宣怀奏，为遵旨体察九龙至广州铁路情形事。

窃臣于光绪二十五年九月初十日奉上谕：鹿传霖奏，九龙至广州铁路修成以后，亦〔一〕有事故，英兵由香港顷刻可至，险要俱失，此路现经盛宣怀派员勘定，尚待集款，请及时罢修，以杜后患等语。九龙铁路关系粤防门户，现在集款未成，洋商既不愿出资，能否设法停罢，抑或宕延从缓？着盛宣怀体察情形，妥筹办理。钦此。

伏查，九龙至广州铁路，系英国驻京使臣向总理衙门请准英商承修中国铁路五条之一。上年七月，总理衙门准窦使函称，请复咨令臣处酌办，以一中国南北铁路章程与英商妥订章程，并照会窦使查照。经臣与英商怡和洋行议定草约五条，于本年二月十七日在上海铁路总公司画押，即经钞约咨呈总理衙门在案。窃谓此案初由英使坚请，本系交涉之事。总理衙门鉴于俄、法诸路之前辙，委之总公司，变交涉为商务，权衡利害，实具深心。鹿传霖谓，由香港华商欲藉此集资渔利，起意怂动，似系指十年前华商有具禀粤督者，尚未悉此次发端之所。自现在九龙地方已属英国租地，则由香港至九龙顷刻可至，由九龙至广州陆路亦咫尺相连，不必待修铁道而已可径行直达。揆诸各国经营外政，此段铁路彼必不能中止，而我亦无以相拒。现归商办，虽英商借款代造，究竟路为中国之路，犹可随时羁驭，较胜于彼国自造。总理衙门行知议定之约欲令停罢，不难于废商务之局，特虑改归交涉，后患殆有甚焉！英方有事于南非洲，其商人与国家同休戚，无暇及此，故不催定正约。原片所称洋商知其无利，无人出资，消息似未尽确。但当彼不催办，总当搁置不提，以免挑动。他日如未议正约，再当商请总理衙门，相机因应，以副朝廷廑念海疆之至意。伏乞圣鉴。谨奏。

光绪二十五年十月十七日。

旨寄南洋闽浙督抚等意船窥伺沿海着妥筹万全电

旨：现因意大利兵船在沿海一带不时窥伺，曾经传谕叶祖珪预行布置，妥筹万全，朝廷不为遥制。惟是各省沿江、沿海炮台与兵轮相为表里，必须先事联络一气，以免临时紊乱之虞。兵轮通语，日用旗号，夜用灯号，各式旗灯，具有成书可考。闻南洋各台于此事不甚谙晓，必致呼应不灵。各国兵轮大约相似，北洋所购数船，各炮台亦未经认识，万一辨别不真，为害匪细。至炮台攻船之法，必须将炮表度数、船行速率推算定准。各省炮台恐未能悉精此艺。且建有炮台地方，岸上各要隘固应严密防堵，又须紧防抄袭后路。以上各节皆系吃紧关键，必有制胜之将，熟练之兵，炮台、兵轮互相犄角，纵不能出洋攻敌，守口尚属有余。现在吴淞、镇江、长门三处暨沿江一带炮台统领为谁？是否得力？守台兵数各若干？着督抚先行具奏。此次叶祖珪率船南下，并着南洋、闽浙等省督抚接见该统带，面商一切机宜，即令会同各炮台统将，周察形势，讲求布置，总期事出万全，不准稍存畛域之见，致误事机。其各该省应如何先事预防之处，朝廷仍不为遥制。将此各谕令知之。

十月十八日

谕各省督抚倘遇各国事变惟有同心协力不得预梗和议

旨：现在时势日艰，各国虎视眈眈，争先入我堂奥。以中国目下财力、兵力而论，断无衅自我开之理。惟是事变之来，实逼处此，万一强敌凭陵，胁我以万不能允之事，亦惟有理直气壮，敌忾同仇。胜败情形，非所逆计也。近来各省督抚每遇中外交涉，重大事件，往往预梗一和字于胸中，遂至临时毫无准备，此等锢〔痼〕习实为辜恩负国之尤。兹特严行申谕，嗣后倘遇万不得已之事，非战不能结局者，如业经宣战，万无即行议和之理。各省督抚必须同心协力，不分畛域，督饬将士杀敌致果，和之一字不但不可出诸口，并且不可存诸心。以中国地大物博，幅员数万里，人丁数万万，苟能共矢忠君爱国之诚，又何强敌之可惧？究不必化干戈为玉帛，专恃折冲尊俎也。将此通谕知之。

十月十九日

总署奏遵查保和会各款并红十字会章程尚无窒碍折　附旨

总理各国事务庆亲王奕劻等奏，为遵旨查明保和会拟准画押各款并红十字会章程，尚无窒碍事。

光绪二十五年九月二十八日，军机大臣面奉谕旨：总理衙门奏，议复保和会各股章程一折，所有拟准画押各款究竟有无窒碍？着该衙门再行复核，并所称红十字会系同等善举，一并查明具奏。钦此。臣等谨就出使大臣原奏及所送会章定稿，参酌中外事宜，悉心复核，为我皇太后、皇上陈之。

伏查，会章第一股和解公断条约，第二股陆地战例条约，第三股推广日来弗原议行之于水战条约，第四股声明文件。原其用意，大抵因欧洲列邦互相猜忌，兵端屡启，火器日精，有各不相安之意，故思保全和局，以弭兵端。除第二股陆地战例条约业经臣等陈明，究有窒碍，毋庸画押外，其第一股和解公断条约分为四章，曰保持和局、曰和解调处、曰派员查究、曰公断，意在申明公法，详议是非，设立常川公断衙门，遇有争端，特请友邦调处，设法和商，预免兵衅。查中美条约第一款，内开：若他国有何不公及轻视之事，一经照知，必须从中相助，善为调处，以示关切等语，是友邦调处亦曾载入约章，果能遇事转圜，亦弭衅息争之一术。且现据杨儒声明，愿归公断与否，仍听自便，不至有牵制之虞。此查无窒碍者一也。

第四股声明文件：一、禁用气球掷放炸药，二、禁用迷闷毒气之弹；三、禁用硬壳枪弹。泰西以火器擅长，兢尚新奇，愈趋酷烈。各强国议员虽不愿列入禁约，仍议附诸帙末，限以五年，盖亦难遽违公议。中国练兵之要，武备为先。本年三月钦奉电旨，饬查各省设厂制造枪炮子弹俱系何项名目。旋据复奏，如后膛枪炮、无烟栗色火药等厂逐渐扩充。至于此项猛力军火，并未制造，于行军利器并无出入。此查无窒碍者二也。

至第三股推广日来弗原议行之于水战条约，西人称为红十字。今日来弗即瑞士都城，始自同治三年各国公议立约十条，大致遇有战事，在战地设立病院，救治伤病军士，两军当视作局外中立之人，公同保护。大抵泰西政俗与墨子兼爱之义相近。此次推广会章，行之水战，详列十四款，添设救伤船只，意在广施医药，拯溺扶伤，故环球各国均视为最要之善举。杨儒原奏内称，日本官倡民捐，著有成效。查日本名此约曰博爱社，平时习练人员，宽采药物，为战时救护之需，大都出自社员之醵资及有志者之资助，不由官办。风气既开，未始不可仿照，以示仁爱之意。此查无窒碍者三也。

臣等复查，各条约均有业经订议之国如不愿从此约，知会各国，以一年为限，允许出会之条，是以后仍可自为操纵。前据杨儒电称，保和会章，奥、义、美三国各派原员赴和全款画押，闻英、德亦有派员画押之信，德似可全押，惟英适开战，务稍须精择等语。现计为期较近，所有拟准画押各款，如蒙俞允，臣等即电知该大臣，届时从众画押，以示联属邦交之意。谨奏。

光绪二十五年十月二十二日奉旨：本日总理衙门具奏保和会拟准画押各款一折，所称第一款内公断一条，虽系遇事转圜、弭衅息争之一术，惟外国皆联为一气，恐临战时转恃彼此交锋之利钝，巧为和解之谋。此条应否从众画押，着该衙门再行妥议具奏。

川督奎俊奏保富公司招集华洋商人合办金矿议定章程折

四川总督奎俊奏，为川省矿务总局、保富公司招集华、洋商人，合办天全、懋功两处金矿，议订章程，缮具清单，仰祈圣鉴事。

窃查，川省矿产富饶，自经统辖铁路矿务总局，奏准华、洋合伙开办中土各矿，而英商摩根开创于前，设立华益公司，于是风气日开，华洋纷至，遂有法商俞德乐拟立福安公司，请办煤、铁等矿。经奴才督饬司道，设立保富公司，与议章程，奏奉谕旨允准在案。兹据矿务总局司道会详法国领事哈士称：有本国商人愿与华商集股本一千万两，华洋各半，合办天全、懋功两处五金矿产，名曰福成公司，由保富公司备本购地，转租承办。当经悉心妥议为合同草据十款，电奉总理衙门、路矿总局酌改。俟法商洋员总办裕富到川，再立华洋合璧正合同。先将草据开具清折，详请奏咨前来。奴才复加查核，所议合同系仿照华益公司及上次奏定煤铁准行章程办理，大致有利无弊。谨照缮清单，恭呈御览，伏乞训示遵行。谨奏。

光绪二十五年十月二十七日奉朱批：该衙门知道。单并发。

使韩徐寿朋奏照约添设领事保护寓韩华民折

出使韩国大臣徐寿朋奏，为照约添设领事，保护寓韩华民事。

窃查，此次与韩国议定通商条约第二款载明：通商口岸设立领事等官，均可听便，领事官必须奉到驻扎之国批准文凭，方可视事等语。又查本年三月间总理衙门奏准，各口领事署内准设随员、翻译各一员，驻扎美国金山、纽约等处各领署公事较繁，于随员、翻译定额各一员之外，酌添一员等因，遵旨咨行遵办在案。现在中韩通商条约已蒙批准，俟委员赍呈后，一经互换，所有华韩商民交涉事件，即应由华官自行办理，未便仍请英国保护。而领事官须待韩国给凭，略有周折，是在约本既换以后，领事接到文凭以前，遇有商民交涉事宜，不免暂时延搁，自应迅将各口领事酌定奏派，以便于奉旨俞允后，即日照会韩国外部，以期迅速。汉城总领事官，前已奏明派委同知衔・直隶候补知县吴广霈，奉旨允准在案。

查寓韩华民均归华官管辖，尚有治外法权交涉情形，较派驻欧美各国领事官更为吃重。汉城总领事兼管元山、龙山等处，事务繁剧，应请照金山、纽约等处领署，于随员、翻译各一员外酌添一员之例，准用三员。该领署现已有随员二员，日后拟再添募西文翻译一员，以供差遣。其分驻仁川之商务委员，应改为仁川正领事官，拟即以现充委员之候选知县唐荣浩改充领事，兼管木浦、群山等处。至甑南浦领事，拟即以臣前次奏明派往之委员候选训导汤肇贤改为该处领事官，兼平壤华民事务。又查釜山一处，从前本有商务委员公署，亦系自建，因其无权办事，经臣于去冬奏撤。该处附近日本，为韩国通商要口，华民在彼贸易者为数甚多。兹届设立领事之时，仍应酌派委员，藉资保护，拟调戊戌科贡士傅良弼充当该口领事，兼管马山浦事务。该贡士学问渊博，品端才优，于内治、外交素肯留心考究，以之派充领事，实堪胜任。韩国所开通商口岸已有十一处之多，虽到处皆有华人，断不能各设领事，只可令归附近领事照料，或由派分领署随员抽暇前往巡察，俾臻周妥。其甑南浦、斧山两处，应派随员、翻译，另片奏明办理。谨奏。

光绪二十五年十月二十八日奉朱批：该衙门知道。

粤督谭钟麟致总署法人越界开炮被人砍毙案已商结电

据高州马镇复称：查平石村距广州才六十余里，距遂溪县驻场三十余里，距门头六七里。门头系吴川界，到平石内隔一海，约宽里许。初七日法员二人坐小划一只，又一只坐三十余人，小划先登平石，百姓见法人越界登岸，正值门头开炮之际，以致将二人砍弊，百姓亦被枪伤二人。门头开炮，万目共见。至法人首级，已派查看有无。并据该镇称：十月初九日，到石遂交界地方，体察情形，藉知肇事之由，实因法四画官纵兵四出奸淫，打死文士，枪毙多命。然百姓犹隐忍听受，未敢造次。迨九月后，法人竟迭次开炮，出队攻打村落，百姓不能束手待毙，因联络应敌，以顾身家，亦迫于势之无可如何。数次互斗，并非百姓向法营启衅云云。

查法弁于门头开炮攻击之际，带领多人前赴平石，显系往打该村，致被杀害，实所自取。即使谓为游历，当界议未定之时亦不应往。且地方官未据知会，更不能任保护之责。李令相距数十里，法使谓戕二法员系该令护勇团丁所为，殊属有意诬陷。钧署拟令先予参处，固为曲合起见，惟麟等实无词可措，请由钧署酌办。周道被法扣留，尚无消息。苏军门拟俟界务一定即须回省，派该道弹压，谓伤二画之案未了，尚要羁留，求电达钧署，请苏一手经理清楚，与该道同归等情。所请系为杜绝后患起见，祈转达。博罗案，遵传葛令来省，与领事、主教商结。据云，须先缴八万元，即致法使允结。今已如数筹齐，送交如何？

十一月初四日

总署奏保和会章内公断一条遵旨再行妥议折

总理各国事务庆亲王奕劻等奏，为保和会章内公断一条，遵旨再行妥议事。

本年十月二十三日，军机大臣面奉谕旨：本日总理衙门具奏查明保和会拟准画押各款一折。所称第一股内公断一条，虽系遇事转圜、弭衅息争之一术，惟外国皆联为一气，恐临战时专视彼此交锋之利钝，巧为和解之谋。此条应否从众画押？着该衙门再行妥议具奏等因。钦此。

伏查，会章内首列和解公断一条，大抵以保全和局、预弭兵端为本旨，命意非不甚善。然欧洲各国在同洲之中，虽互相猜忌，遇东方交涉之事，则恐其联为一气，协以谋我。设或两军相见，我有可乘之机，彼乃藉口公断，令他国出为调处，阳居和解之名，阴行牵制之计，诚如圣明远虑，流弊亦不可不预防。惟查此项条约第二章内第五条载：所拟调处之法，一经相争国或调处国察明办法，实准允从调处之责立即作罢。又第六条载：和解调处，或由相争国特请，或系局外国自愿，务须商量办法，毋得勉强。又第七条载：相争国虽允他国调处，如未经专条订明另有办法，不得因此停止征调之事暨筹备一切战务各等语。详核文义，所谓公断和解，在两国未交锋之先，此时利钝未形，调处之国无所用其阴谋袒助。若相争之国不允调处，或即允调处而未订专条，此时并不停止用兵，于战事机宜尚无阻碍。又第六十一条称：业经订议之国将来如不愿本约，备文知照公会，声明不愿遵从之意，核与杨儒原奏所称愿归公断与否，仍听自便之意相符。是虽经准约，而操纵之权仍可临时自定机宜，不受公会之牵制。国家整军经武，内严戒备，外示怀柔。此次入会之始，系分条画押。其公断一条，据杨儒详称，画押已有十六国。本年九月二十五日，又据杨儒电称，奥、义、美三国亦赴和会，将会款画押，闻英、德亦有派员画押之信等语。中国似亦未便立异。所有公断一条，臣等再三详核，尚无窒碍。请旨饬下该大臣，着一并从众画押，以泯猜嫌而示联络。谨奏。

光绪二十五年十一月初五日奉朱批：依议。

总署奏法人藉案要求情势迫切谨陈现办情形折

总理各国事务庆亲王奕劻等奏，为法人藉案要求，情势迫切，谨陈现办情形事。

窃臣衙门前以法人议租广州湾，界务紧要，请特派大员前往会勘，于本年七月初五日具奏，钦奉谕旨：着派苏元春前往详慎会勘，会同该督抚妥筹办理。钦此。苏元春于九月中旬行抵广州湾后，与法提督商议，法人坚索硇州、东海两岛，而允退还内地各村，东西八十余里，南北三十余里。臣等正与苏元春往返电商间，忽接苏元春电称：法兵头二名在遂溪县界乐〔平〕石地方被土人戕杀，又到法兵轮三艘，法人将署雷琼道周炳勋、参将陈良杰等扣留，大局全变等语。臣等即分电苏元春、谭钟麟等，令将议界、惩凶分为两事，一面向法员剀切开导，送回周炳勋等，速定界议；一面严缉人犯，妥为弹压。复迭奉谕旨，饬令谭钟麟、苏元春将租界事务详慎会商，妥筹办法。嗣迭据苏元春来电：法国因乐〔平〕石村民戕杀法弁，意图报复。前议界址，深恐再延时日，藉端增添，是以赶速绘图，画定界址。斟酌七款，与法员彼此画押，免致得步进步。并将所订界约七条电由臣衙门先行照录呈览，在案。是界务一节业经定议。而法人被戕二命，应行查办，乃地方官之责。经臣衙门电知谭钟麟，严缉人犯。去后，十月二十一日法国使臣毕盛来臣衙门面称：我国武员二人无故被杀，今接本国训条：一、广州湾勘定租界即行批准。二、事由遂溪县主使，即作凶犯看待，应将该县知县并团丁凶首均即正法。三、被害法弁首级尚在遂溪县署，应以礼送还。四、广东省交涉积案妥速办竣。此外，尚有法人前在蒙自被扰应行索补之款，亦应付清。又有请给工商利益之事，须预为声明。并谓：今日所言皆本国紧要训条，若不照办，本国自行设法办理等语。次日复准该使臣照同前因。臣等当于二十五日备文，逐条分别驳复，并责令将雷琼道周炳勋立即释回，以昭公允。二十六日，复准该使臣照会，以前索各节未允照办，应再行加重。本月初三日，该使臣复来臣衙门面递照会，添索抚恤被害法弁家属银二十万佛郎，并请将两广总督即行革职，又所索铁路、矿务等项利益均须改变办法，随后再行叙明。词气蛮横，较前更甚，且言毕即去，不受商量。臣等先于十月二十三、二十六等日，将臣与法使问答暨往来照会情形择要电知谭钟麟，嘱令严拿平石凶犯，并将遂溪县知县先予参办，以期结束。直至本月初四日，始准谭钟麟电复，略谓：法弁被杀，实所自致。平石距遂溪数十里，该县不能任保护之责，欲予参处，无词可措，仍由总署酌办为便等语。似于臣等筹画苦衷均未体会。

臣等统核案情，法人于广州湾租界既定之后，辄因土人戕毙兵弁二名，藉端要求多款，并将该处道员等扣留，固属无理之极。其所请将遂溪县知县拟抵，谭钟麟革职，臣等自应切实驳斥，不容稍涉迁就。惟法人既在遂溪县境，地方官即有保护之责。该县知县李钟珏事前既失于防范，事后又未能迅即获犯，事隔月余，案悬莫结，以致法人肆口要求，种种枝节，由此而生。事关交涉重案，岂可置之不问？谭钟麟身任封疆，责无旁贷，乃竟将分内应办之事诿之臣等，诚所不解。本年三四月间，英租九龙正在交收之际，适有大埔墟村民与英兵互相攻击，英以村民多穿号衣，疑为地方官指使，欲藉此寻衅，图占深圳，臣等迭经电令谭钟麟将租界内防兵撤回，免贻口实，该督迟迟不应。迨至英兵占据深圳，并将九龙城内官兵尽行逐出，该督始以姑置九龙两处不与英争，而于高、雷两郡先行布置，以遏法人等语一奏卸责。旋经臣等迭向英使驳诘，并电令出使大臣罗丰禄向英国外部力争，始将深圳索回。是谭钟麟偏执己见，并无善全之策，臣等亦实难为之曲讳。方今时局艰难，交涉日棘，总须中外一心，力弭外衅，庶得趁此闲暇，修明武备，徐图自强。若先自存意见，国事何从措办？臣等思维至再，不敢不将办理棘手情形披沥上陈。谨钞录法使来照四件，臣衙门照复一件，恭呈御览。请饬下两广总督谭钟麟，将法弁在平石被杀一案勒限严缉凶犯，务获惩办，并将疏于防范之遂溪县知县李钟珏先行参革。一面再由臣等与法使竭力辩驳，冀图结束。谨奏。

光绪二十五年十一月初九日奉朱批：另有旨。

浙抚刘树堂奏意人要索三门湾敬陈防务情形折　附旨

浙江巡抚刘树堂奏，为敬陈管见事。

窃臣已将巡阅海防完竣日期并防务详细情形具奏在案。窃查，意人要索三门湾一案，自本年正月起，至今将及一年，屡以虚词恫喝。至今我糜帑增兵，办防不已，且重烦宵旰焦劳，时时以东顾为虑。臣以大势计之，窃以为一意大利不足虑也。其联合谋我则可虑，其〈不〉合谋尚不足虑。所虑者，彼恃船炮坚利，游弋洋面，声东击西，踪迹不定，使我求战不得，防守无从，则真坐困之道也。臣请先言意之不足虑约有五端：国小民贫，难筹战费，一也。运一兵来华，约费华银二百余元，难以动大众，二也。自拿波利起至中国，二万余里，俱无该国埠头，煤水皆仰给于人，三也。一兵一卒皆须运自本国，非若英兵可拨由印度，法兵可出自安南，四也。即使如愿以偿得地，而兵力不足以常川驻守，财力不足以振兴商务，虽得美地，如获石田，五也。我兵第主扼之于陆，其便利有数端：敌若登陆，彼客我主，情见势绌也。彼攻我守，地利之谙熟不如我也。我能拒险塞以分敌势，彼不敢久屯兵于险塞下也。我有民兵援助，既便侦探，又易增募，彼则兵力有限，既须留兵守船，更须分兵御敌，势难久支也。我之士卒、军械，凡百军用易于接济，又可合大众而战一隅，彼一登陆即失其便利，前进后退都可顾虑，转运、侦探举步皆艰也。我之便利如此，彼之不便利如彼，故臣谓意不足虑也。所虑者，彼不肯登陆耳！轮船飘忽，可以出奇，可以用诈，步步皆占活着，彼逸我劳，主客之形相反。但用兵轮绕我沿海一周，全边必为骚动。臣愚以为，彼之称兵为占地计，不若授之以隙，与以可占之地，诱令登陆，以求一战。

查镇海为我重兵所在，敌或不敢轻犯，蹈兵法攻坚之忌。乍浦为省垣门户，亦所注意，我防守严密，亦必不敢轻试。即使冒险来攻，亦必绕出后路，伺我设防未及之地，潜行登岸。臣已密谕在防将士，凡敌军登陆，虽用舢板接渡，必其兵船停泊相近，船炮所及，足以庇其登岸之兵。令测量海岸，凡水深之处，可以停泊兵船，与岸相近者，一律增筑土堤，多掘地营，广设疑台，虚虚实实，以扰乱其心志耳目。每遇大雾昏夜，尤须格外侦探谨慎，又密饬各州县，推广民团，以为应敌之接济。严查保甲，以杜奸宄之潜踪。无论敌至何处，一闻警报，臣即亲出督师，以鼓士气。抑臣更有进者，节节设防，兵家大忌，海疆千余里，难保无百密之一疏。伏读本年四月初九日电谕：浙民素称怯懦，若任敌人登岸，必至全省骚然等因。钦此。圣虑周详，无任钦感！臣愚以为，诱敌登岸而后令大众以击之，与听敌登岸毫无布置者则有间矣！彼不登岸，兵轮随地可到，随时可攻，亟肆以疲我，多方以诱我，使我战不得战，守无从守，不免进退皆失其据。故臣之愚见，力主诱敌登岸之计。意人所欲者三门湾，臣请即以台州湾给之。

查台州口岸，除海门以外，其余如健跳、松门等处，皆海岸荒寒，居民寥落。再进则重山叠岭，歧路纵横，皆天生用奇设伏之地。拟将健跳、松门两处防营移并海门，该两处阙而不守。敌思得志三门，必耀兵于台洋。若蹈此地之瑕而登陆，则适入吾彀中。臣已密饬台防文武，严密布置，多设疑台疑兵，引之出于此路。敌即不由此路，我亦无所损失。

总之，以台地作为战地有二利焉！一、山川掩映，地利之险可扼。二、民情强悍，新募亦皆可用。臣现筹防务，系将全边联为一气。若敌攻镇海，则以石浦防营为应援，台防之兵进驻石浦为后备。攻海门，亦以石浦防营为应援，镇防之兵移驻石浦为后备。若攻石浦，则镇防、台防两路分兵来援。若攻乍浦，则以省防为应援，湖防之兵调驻省垣为后备。其温州一口，则专以台防为应援。沿途均设有瞭台哨探。由宁波至温台一带，现已招定商人接设电线，正在举办。臣默揣现有兵力，若与敌人陆战，洵足以杀敌致果。若谓海防严密，可使敌一兵一卒不得至岸，臣实不敢为此谰语，以欺圣明。至于敌既登陆，不使占地，不使深入，臣窃自揣，尚有把握。所虑敌一登陆，外人不知，责臣以纵敌，斥臣以恇怯，使臣诱敌登陆、力求一战之谋不能竟其事，此则不得不预陈圣听者也。现在时事多艰，祸机丛伏，意人即或无事，难保他国之不生心。浙洋四战之区，非能战必不能守。防务不能一日而撤，即战事不可一日而不讲求。微臣受恩深重，承乏此间，惟有督饬诸将领，日日以讲武练兵为事，殚竭心智，尽力筹措，务使全浙疆土慎固无虞，以期仰副圣朝付托之重，竭微臣区区报称之心。谨奏。

光绪二十五年十二月十三日奉朱批：所奏不为无见！惟兵事变动莫测，全在布置得法，权机调遣。该抚身任疆圻，责无旁贷，朝廷不为遥制也。

总署奏华洋商人伙开西山煤窑现经付款了结折

总理各国事务庆亲王奕劻等奏，为华、洋商人伙开西山煤窑，现经付款了结，以断葛藤而杜后患事。

前于光绪二十三年十二月初十日，准德国使臣海靖照会内称：已故德人瑞乃尔曾充中国武备学堂教习，先经借给华人张殿栋资本，置买西山、天利两处煤窑。嗣张姓因与邻窑涉讼，被地方官将天利煤窑封闭，张姓旋亦病故，所欠瑞乃尔资本未还。瑞乃尔借款本以煤窑担保，自应将挑挖煤窑之权归瑞乃尔后人承受。否则，酌量给银二万两，以为瑞乃尔后人养赡等语。当经臣衙门札行顺天府查复，适已革主事席庆云串通义商，私立合同，图开西山大安山斋堂一带煤矿，义使迭向臣衙门索办，经臣等再三驳斥，该使臣虽已暂息前议，而德国使臣又藉瑞乃尔一案希图西山煤矿之利。因思瑞乃尔亏款如果不允赔补，拟即另招他商代瑞乃尔之子接续开挖煤斤，以所得余利补偿前款，察其隐情，难保不与义使声息相通，同来尝试。与其准招德商开挖，致开洋商揽预之端，不如酌给银两，以期永断葛藤，当饬津海关道与德国驻津领事妥商了结。旋据复称：已定议给银一万九千五百两，付与瑞乃尔之子，嗣后瑞乃尔后人永无索挖煤之权，无论此窑日后盈亏，永无干涉，并立定字据。所有窑产暂由该道派人经管，另招本地窑商开挖。应付银两即由该关八分经费项下核拨。谨奏。

光绪二十五年十二月十六日奉朱批：依议。

使法庆常致总署法拟建筑滇越铁路密陈梗概函

窃庆常前于十月二十日肃具禀函、问答节略等件计已仰达宪鉴。法国驻越总督杜梅回国，请筹款项为越南本境及滇越建造铁路一节，前禀业经述及。旋经法政府交议院核议，现闻滇越一道大致核准，拟自云南保胜边界起，开造铁路一道，至云南省城止，估计工料法银七千万佛郎，由法招商承办，所借款项由法国国家认保。又闻其藩部大臣吉兰函告，议院称系按照本年三月法使在京所订条约办理各等情，法外部尚未提及，不便先行诘问，未审法使在京议及否？谨先奉闻。至越南本境拟开铁路四道，闻其估价法银二万万佛郎，该督请由法国国家担保，此款议院未允，改由越南担保，尚未定议。庆常窃查，法人既有开通铁路之议，于我之矿务、商务、边防、地利不无关系。此事现已发端，谨就探闻所及，密陈梗概，以便早为筹备，相机因应，以保利权。因电语难详，谨由函达。恳祈费神，代回堂宪鉴察。无任感祷！

十二月十八日

谭钟麟德寿苏元春等奏报广州湾勘界事竣折

两广总督谭钟麟、广东巡抚德寿、广西提督苏元春奏，为广州湾勘界事竣，仰祈圣鉴事。

窃奴才苏元春于本年七月初五日承总理衙门奏准，奉旨派往广州湾，会勘界务，于九月初十日行抵广东省城，与督抚会商，均谓硇、东两岛为五郡门户，必当力争。嗣闻广州湾地方土法开衅，奴才元春星夜驰往，晤商法提督高礼睿，劝令从容商议界址，反复辩论，迄无定议。奴才元春固争不已，始允将原议租界图内退出遂溪县属之麻章、黄略、新埠，吴川县属之黄坡、石门、三柏等村，东西八九十里，南北二三十里。此时接遂溪县知县李钟珏说帖，有可租海外两岛，愿存内地各村，以安生灵等语。奴才元春揆情度势，不能不如此结束。况劫杀案件迭起，法人因之欲启兵端，事处万难。钦奉谕旨：熟权利害，可了则了，硇、东两岛，虽为我所必争，诚非口舌所能为力等因。钦此。当即往复电商，于十月十四日与法提督酌议条约七款，彼此画押签字。法人攻黄、麻之兵亦于是日撤还，惟地方未了之案尚须随后议结。臣钟麟、德寿当即饬高、廉二府赶紧驰赴广州湾，随同奴才元春，于十月二十六日会同法员到界，先立界址标记，传集绅民开导。此臣等会同办理情形也。谨奏。

光绪二十五年十二月二十日奉朱批：该衙门知道。

滇督崧蕃奏中法会勘铁路需费孔巨请拨款备用折

云贵总督崧蕃奏，为中法会勘铁路，需费孔巨，恳恩敕部筹拨的款，解滇备用，以免贻误事。

窃查，上年法员吉理默等先后到滇，照总理衙门与法使互换照会三端第二条，自越南交界起，修造铁路，以达省城，业将一切情形具奏，声明照复法员，铁路修费归法国筹办，至应用地段，由中国设法筹办。本年法员又络绎到滇，并准总署来电，法使催令速即委员查勘等因。又经奏明，派委藩、臬等总司其事。旋经委员等偕法员，自越南老街，经安平山、红河，顺新现小河，抵蒙自，又自蒙自阿迷连水至馆驿，又自馆驿经通海、河西、新粤、昆阳、呈贡等属抵省，分为三段，各段中又分数小段，均次第会同查勘，处处添兵往返保护。又委员与各地方官先后晓谕绅民，各绅俱厚给薪工，帮同照料，分段立桩，略有头绪。其应先备小路者，亦一切勘议。又随处均须购地、建盖公所，经法人开工修造，未定何时。将来应如何自操地主之权、同分应获之利，以及路税如何交纳，铁轨宽窄如何酌定，俱俟会议时办理。惟地段既归中国筹办，无论由老街抵省，地段千余里，所经民间山场、田土地主数万家，或买或租，需费既难预计。即自上年至今，法员四处查勘，派委文武员弁、绅耆、兵役弹压保护，及在省城修买房屋公所，所费已属不少。滇本受协之省，近更库储支绌，无力垫办。况此时之用费，即他日之成本，尤必预行筹备专款，免致临事周章。拟请先行奏饬户部，预筹的款银一百万两，迅即解滇备用。俟彼运料开工，即可合办。伏乞圣鉴。谨奏。

光绪二十五年十二月二十七日。

滇督崧蕃奏英使照称拟照约于腾越设领事请设关征税片

崧蕃片。

再，准总理衙门咨，光绪二十五年九月二十八日准英艾署使照称：中缅条约第十三条内载，准将驻扎蛮允之领事官改驻，或腾越，或顺宁府，择定一处，并准在思茅设领事府驻扎。今本国已择定腾越设领事官驻扎，请贵国即于该处设立新关，征收洋税，并派办理交涉事务关道，以便会办一切，咨滇照章酌量奏明办理等因。当经转饬，去后，兹据署云南布政使林绍年详称：查腾越界连缅甸，为由缅入滇门户，英人注意通商，已非一日。光绪二年，烟台会议，英使威妥玛即欲在大理通商。嗣于二十三年续定滇缅界务，遂议将驻蛮允之领事官改驻腾越或顺宁府，随便指定一处，经总署与英使议定，奉旨允准在案。是此事开办在即，将来税司到滇应如何妥议章程，再行议定奏明办理。至腾越向设有同知一员，现在甫议开关，商务未旺，若设道员监督，则经费不支，拟请仿照思茅关，暂以该厅同知为监督，俟商务畅旺，或斟酌另设关道。是否有当？仰候查核奏咨等情。臣复查无异，理合附片具陈，伏乞圣鉴。谨奏。

光绪二十五年十二月二十七日。

使俄杨儒奏遵赴和兰画押请补签日来弗原议并筹办救生善会折

出使俄、奥大臣杨儒奏，为保和会章遵旨赴和兰画押，并请补签日来弗原议暨筹办救生善会事。

窃奴才于本年四月奉命赴和兰都城，与议保和公会，七月会竣旋俄，业将蒇事情形并译会章奏明请旨在案。九月十一日奉朱批：该衙门议奏。钦此。十一月初六日，接到总理衙门电开：保和会章先后奏复。除第二股陆地战例条约无庸画押外，第一股公断和解条约、第三股推广日来弗原议行之于水战条约、第四股声明文件，均一并从众画押。

初五日奉朱批：依议。钦此。仰见圣谟远运，慎重邻交。祗奉之余，莫名钦悚！奴才遵即备文预先知照和国外部，二十二日率同二等翻译官陆征祥、随员王祖同启程遄往，二十五日行抵和都，面晤外部大臣波伏尔，当将第一股及第三股条约并第四股声明文件遵旨押画〔画押〕。其第二股陆地战例条约，遵未画押，当告以中国极愿从约，惟陆军尚未概用西操，俟练有成规，再行知照入会。外部答以在会各国均愿中国练军增强，俾与各国一律办理，匪独和国政府乐观厥成云。现计在会二十六国均已画押，即前次择款画押者刻下亦概行补押。惟英、德、美、土耳其四国，因第三股条约之第十款与彼国定律稍有不符，摘出声明，始行画押。又英国新与脱兰斯瓦国开战，第四股声明文件未即画押。瑞士国于第二股陆地战例条约亦未画押。此各国分别画押完竣之情形也。

伏念此会之设，与春秋时弭兵会大致相同，昔会于宋，今会于和，此一同也。昔会晋、楚争先，今会英、俄各党，此二同也。昔会谓兵为民残财蠹，小国之大菑，明知不可久弭，而各国皆许之，今会亦谓兵凶战危，火器日加精锐，明知俄为掩耳盗铃之举，而各国咸播为美谈，此三同也。昔会如晋赵武、羊舌肸，楚伯州犁，鲁叔孙豹，齐陈须无，宋向戌，皆贤大夫，今会如德之伯爵门司特、英之彭士福、法之布尔汝、比利时之白尔那耳、西班牙之公爵特迭仰、土尔其之杜尔可汗、希腊之德利牙尼、日本之男爵林董，或本系勋旧世臣，或曾任首相、外部，资深望重，名著一时，其余法律、武备、制造各专门家赴会甚众，此四同也。昔会告成，宋赏向戌邑六十，今会蒇事，门司特晋爵为王，彭士福益封劳特位号，林董亦有升授驻英头等公使之说，此五同也。

总之，环地球为列国形势无异春秋，虽越二千余年，犹合符节。会中议员有博通中国史事者，每咨询以备考证，各国报章公论则谓，兵戎为寰宇所恒有，自创此会，未战易得解纷之力，已战究免续〔黩〕武之虞，时局攸关，实非浅鲜。况我中国办理交涉已数十年，欧、墨两洲各大会向未与闻。去岁，俄请入会，据外部面告，此系俄主顾念邦交，欲中国侪于各强国之列。在该外部虽不免甘言见好，然较诸高丽、巴西、阿根廷诸国遣使驻俄而未约入会，其相待已判等差。此次仰邀宸断，饬议画押，嗣后遇有邮政、商务、公法等会皆可援引列入，不至见摈，裨益尤多。此诚近日外交之一大转机也。

奴才更有请者，和国外部面称：第三股推广红十字救生善会行之于水战条约，实本瑞士国日来弗都城公会之原议，今推广条约，既已画押，瑞士政府必须声请补签日来弗之原议，以免纷歧，别国有允从现约而未与原议者，均已向瑞士补押。兹为中国筹一简便办法，不必另派专员，第于原议各国之中择一和好之国，给予该国外部代为补押全权文凭，即可转行该国派驻瑞士之公使，就近办理等语。奴才答以如请贵国代押，贵国愿否？外部称：极愿效劳。奴才复核日来弗原议，即此次第三股推广条约之发端，补押自不可缓。和国外部所筹简便办法，亦友邦效劳之通例。是否有当？应请饬下总理衙门核议具奏。如蒙俞允，准给和国外部转行驻瑞公使代为补押之权，当由奴才恭译谕旨，作为文凭，照会和国外部，转行驻瑞公使，就近遵办，俾昭画一。抑奴才所尤盼者，红十字救生善会，各国俱重视此举，谓为教化中应有之仁义。现既从众画押，自宜及时筹办，以示善与人同。拟请仿照日本捷便章程，由国家督率举行，并赏颁恩款，以为先导，再行广事劝募，聚少成多。出资者不甚为难，创始者方克持久。将来建造医院、购买船只、储备药材、教练侍役，试办于通商口岸，俾西法易于讲求。如果经理得宜，不数年间即可坐收成效。奴才明春差满，如蒙天恩，交替回华，深愿力任此事，并捐使俸银五千两，藉效绵薄，庶可早树规模。至善会之旗式，当援土耳其、波斯、暹罗等国另拟字样之例，业已备文与和国外部声明，中国文教不同，未便沿用十字。奴才愚见，拟加两画，写成中华之中字，或加四画，写成万年之卐字，以示区别。是否有当？应请饬下总理衙门核议遵行。

再，此次会章应由总理衙门刊印，颁发各省统兵大员，备案存核。如军操已改西法，务将陆地战例训练有成，营制一律相符，第二股仍可随时允从，此会遂臻完备，各国知我之整顿精进，遇事不至任意要求，未始非自强之一助也。奴才见闻所及，既不敢自安缄默，尤不敢过事张皇。蠡测管窥，或可备宵旰刍荛之采。谨奏。

光绪二十五年十二月二十八日。

清季外交史料卷一百四十一终

清季外交史料卷一百四十二

光绪二十六年正月至三月

使美伍廷芳奏遵旨与墨西哥妥订约款定期画押折

出使美、日、秘国大臣伍廷芳奏，为遵旨与墨西哥妥订约款，定期画押，谨陈办理情形事。

窃查，墨西哥国在美国之西南，水陆相接，地多矿产，土亦膏腴。光绪甲申、乙酉间，该国以立约招工来请，久无成议。经前任使臣杨儒派员赴墨察看情形，拟定约款，电请总理衙门筹办。旋因墨国政府久无确音，将墨约暂难定稿缘由奏明在案。臣接任后，细核接管案卷，知此约创议已十余年，只因彼此意见不同，旋议旋辍。复与墨使之驻美者卢美路重申前议，告以约章速成，两国可永敦和好。该使和衷，并不胶执，允将前议永行墨圆一节删除，免碍我国圜法；交犯一款，允照总署来函办法，留为后图。彼此熟商，事将就绪。上年十一月，经将各款详送总署，于二十四年十二月初九日奏请派臣就近与墨使画押，奉朱批：依议。钦此。会新使来美，复与续议。现经议定，厘为二十款。查中国自与海外通商以来，定约者凡十余国，初因文字语言彼此隔阂，所订各款易为彼族所蒙。此次订约，臣先将历来中国与各国所订条约详审得失，将墨国与英、法、美所订条约比类参观，历经磋磨，方臻美善。谨按中国与各国所订通商约章，以同治十三年秘鲁约、光绪七年巴西约为最持平。即以此二约为底本，而以墨与各强国所订之约参之，务期妥当。谨胪陈崖略，惟圣明省览。

查泰西通例，领事初到，须领事驻扎之国认准文凭，方可视事，大小各国无不皆然。中国除巴西约外，各国约内均无此条，以致各领事干预词讼，袒护教民，箝束无权，时局日坏。今于第三款内订明，领事必有认准文凭，方能视事，如办事不合，违背地方条例，可将文凭收回。在我既操用舍之权，在彼自无嚣陵之习。第五款，不准诱拐华人出洋一节，是查照日斯巴尼亚约办理。墨约之订，实前任使臣郑藻如首倡其议，盖谓出洋不必禁，诱拐则不可不防。华人自闻中墨议约，来者已数千人，固虑他族欺陵，尤恐奸民拐卖。既于定约之始预防流弊，必须本人情愿，不准诱令出洋，则包揽诱拐之风不禁自绝。第六款，中国民人与别国人民一律同沾利益一节，华民出洋自为风气，外国人每多歧视。美国禁工，前车之鉴。此约一定，则我国人民往来贸易与别国一律无异，非特商务可以扩允，且于将来开荒种植之事均可援照各国章程办理。第八款，原稿彼此土产税则未载者免税。承准总署电示，恐他国进口有税，彼独无税，窒碍难行，遵即改为彼此进口、出口税照相待最优之国一律办理，此是仿照法墨商约改订。法为大国，商务所在，剖析毫厘，准此为衡，较为得体。第十款，遇有军务，不准勒令侨民充当兵勇，不得强令捐输一节，此是仿照英墨约办理，以期华民安土乐业。第十五款，中国将来议立交涉公律一节，欧美通例，凡侨居他国人民遇有控告案件，均归地方官审断，所以尊主国之权。中国与各国定约，此等案件不归地方官承审，各归本国领事审断，此权一失，太阿倒持。墨国见有各国成式，先以利益均沾为词，不便不暂行照办，惟于约内声明：若中国将来与各国设立交涉公律，以治侨居中国之外国人民，墨国亦应照办，以为日后治外国人张本，则外人受治于我，此实权舆。第十六款，凡船到口岸，船上人等如有上岸，在二十四点钟内滋事者，准由地方官讯断、罚锾、监禁，此是创给中国官讯问外国人之权，为向来所未有。如地方官办理得当，外人折服，既有此约导其先路，他日各国修约即可循此而推。第十七款，中国人民有事在墨国控告，得享权利与墨国或相待最优之国人民无异一节，查本年五月间墨国覃壁古埠华人数百被工头陵虐，具词呈诉，经臣备文，由墨使转送彼国政府，派员查办。惟条约未立，设施无由。今约内声明得享权利，则随时赴官，可以径达，外侮无由而来。似此各款，均经斟酌妥协，并将汉、洋文校对符合。

臣查，该国地分二十九部，其南路一岁二获，尤为沃壤，民慵耕作，地利未兴。近年新定招人垦荒章程，一经开垦，即为永业。内地人稠，时虞艰食，托足海外，谋生日难。有此邦为消纳之区，既可广开利源，又可隐消患气。此事幸赖总理衙门指示动中机宜，而墨使愿缔邦交，事幸就绪。当即将约本缮就，订期十一月十二日与墨国全权大臣画押盖印，照例咨送总理衙门，请旨批行，伏乞圣鉴。谨奏。

光绪二十六年正月二十日奉朱批：该衙门知道。

总署奏勘定广州湾租界谨呈条约请旨允准折　附条约

总理各国事务庆亲王奕劻等奏，为广州湾租界业经勘定，谨将画押条约钞录，并照绘界图，进呈御览，请旨允准事。

光绪二十五年十二月二十日，准军机处钞交两广总督谭钟麟等会奏广州湾勘界事竣一折，本日奉朱批：该衙门知道。钦此。并准广西提督苏元春将业与法国水师提督画押之图约等件咨送前来。查广州湾租界轇轕年余，迄未定议。本年七月间，经简派广西提督苏元春前往会勘。该提督于九月中旬行抵广州湾，迭将办理情形先后电奏，钦奉谕旨，饬令妥筹办法。旋由苏元春与法国水师提督议定界约七条，亦经电由臣衙门代奏在案。兹准谭钟麟等会奏前因，臣等复就送到界约详细查核，所订一切事宜均尚明晰。既经苏元春会同谭钟麟与法国提督议定画押，自应请旨允准，恭候命下，再将汉、洋文原订条约咨送军机处，请用御宝，照会法国驻京使臣，订期互换。其地方善后一切事宜，仍由臣衙门随时咨商署两广总督李鸿章等，妥为核办，以期日久相安。谨奏。

光绪二十六年正月二十一日奉朱批：依议。①

附中法互订广州湾租界条约

第一款　因和睦之由，中国国家将广州湾租与法国国家，作为停船趸煤之所，定期九十九年。惟在其租界之内，订明所租情形于中国自主之权无碍。

第二款　议定在停船趸煤之界以守卫、备运、兴旺等情，所有租界内水面均归入租界内管辖。其未入租界者，仍归中国管辖。开列于左：

东海全岛，硇州全岛，该岛与东海岛中间水面系中国船舶往来要道，嗣后仍由中国船舶任便往来租界之内停泊，勿得阻滞，并勿庸纳钞、征税等事。其租界定在遂溪县属南，由通明港登岸，向北至新墟，沿官路作界线，直至志满墟，转向东北，至赤坎以北、福建村以南，分中为界。赤坎、志满、新墟归入租界；黄略、麻章、新埠、福建各村均归中国管辖。复由赤坎以北、福建村以南分中出海水面，横过调神岛北边水面，至兜离窝登岸，向东至吴川县属西炮台河面，分中出海三海里为界即中国十里，黄坡仍归中国管辖。又由吴川县海口外三海里水面起，沿岸边至遂溪县属之南通明港，向北三海里转入通明港内，分中登岸，沿官路为界。此约订明并绘图划明界址，互相划界，分执后，两国特派委员会勘明确，妥定界址，以免两国争执。

第三款　于九十九年内所租之地全归法国一国管辖，以免两国争执。又议定，租界内华民能安分，并不犯法，仍可居住，照常自便，不可迫令迁移。其华民物业仍归华民管业，法国自应一律保护。若法国需用物业，照给业主公平价值。

第四款　在租界之内，法国可筑炮台、驻扎兵丁，并设保护武备各法。又在各岛及沿岸，法国应起造灯塔、设立标记、浮桩等，以便行船，并总设整齐各善事，以利来往行船，以资保护。

第五款　中国商轮船只在新租界湾内，如在中国通商各口一律优待办理。其租界各地湾内水面均归法国管辖，法国可以立定章程，并征收灯、船各钞，以为修造灯、桩各项工程之费。此款专指广州湾内水面而言，至硇、东水面已在第二款内声明。

第六款　遇有交犯之事，应照中法条款互订中越边界章程办理。

第七款　中国国家允准，法国自雷州府属广州湾地方赤坎至安铺之处建造铁路、旱

① 原刊目录标为“二十日”。

电线等事，应备所用地段，由法国官员给价，请中国地方官代向中国民人照购，给与公平价值。而修造、行车需用各项材料及养修电路各费，均归法国办理。且按照所定总则数目，华民可用铁路、电线之益。至铁路、旱电线，若在中国者，中国官员应有防护铁道、车机、电线等务之责。其在租界者，由法国自理。又议定在安铺铁路电线所抵之处水面岸上，均准筑造房屋，停放物料，并准法国商轮停泊上落，以便往来而重邦交。此约应自画押之日起开办施行。其现由大清国大皇帝批准及大法民主国大伯里玺天德①批准后，即在中国京都互换，以法文为凭。此约在广州湾缮立汉文四分，法文四分，共八分。

大清国钦差广州湾勘界大臣·太子少保·广西提督苏押。

大法国钦差广州湾勘界全权大臣·水师提督高押。

光绪二十五年十月十四日。

西历一千八百九十九年十一月十六号。

总署奏议订中墨通商招工约本请旨批准折 附条约

总理各国事务庆亲王奕劻等奏，为议订中墨通商招工约本，遵章请旨批准事。

窃查，光绪二十四年十一月间，准出使美国大臣伍廷芳将与驻美墨使所订通商约款录送前来。经臣衙门将拟办条约情形于是年十二月初九日具奏，请派出使美国大臣伍廷芳就近与墨使画押，奉朱批：依议。钦此。臣等遵即恭录，知照伍廷芳。旋据该使臣将会订条约专送臣衙门请旨批准。本年正月二十日，军机处钞交出使美国大臣伍廷芳具奏中墨订约告成画押详细情形一折，奉朱批：该衙门知道。钦此。臣等公同阅看，约章所载二十条，与臣衙门历年所拟筹办情形均属相符，间有增损，亦皆斟酌妥协。谨缮单恭呈御览，请旨批准互换，以昭信守。恭候命下，臣衙门遵照向章，将约本咨送军机处，请用御宝，作为批准，发下臣衙门，即寄交伍廷芳，仍在美都与墨国驻美全权大臣阿罗〔斯〕芘罗斯定期互换，以省转折。谨奏。

光绪二十六年二月二十六日奉朱批：依议。

附中墨通商条约

大清国大皇帝，大墨西哥国大伯理玺天德，欲两国及其人民敦友睦之谊，公订和好通商行船条约，是以大清国大皇帝特派钦差出使美、日、秘国大臣·二品衔·四品卿衔伍廷芳，大墨西哥国大伯理玺天德特派钦差头等出使美国大臣阿斯芘罗斯为全权大臣，

① “伯里玺天德”有时作“伯理玺天德”，保留原貌。

各将所奉议约之据公同校阅，均属妥善，现将议定条款开列于左：

第一款　嗣后大清国、大墨西哥国暨两国人民永敦友谊，坚固笃诚，彼此皆可任便前往侨居，其身体、家属、财产皆全获保护，与相待最优之国人民同获恩施权利。

第二款　嗣后大清国大皇帝可派使臣驻扎墨国京都，大墨西哥大伯理玺天德亦可派使臣驻扎中国京都，以便往还通好，各准两国使臣并眷属、随员人等前往彼此京都，或常川居住，或随时往来。两国使臣在驻扎之国得享权利、优例、恩施及应得豁免利益，均与相待最优之国同等使臣无异。

第三款　两国于彼此通商口岸可设立总领事、领事、副领事并代理领事等官。惟此等官员必须奉到驻扎之国认准文凭，方得视事。交发此项文凭均不收费。于未设领事官之各口，可请友邦领事兼代。如无领事之处，即由地方官照现定条约使两国人民享获种种恩施。其领事官应得分位、职权、豁免利益及优例，均与相待最优之国领事官无异。至商民交涉事件，有与地方官民龃龉者，领事官均不得任意争执。如领事官办事不合，违背地方条例，彼此均可将认准文凭收回。

第四款　中国人民在墨西哥国如安本分，不违墨国律例章程，无论何处，任便游历。墨国人民亦准前往中国内地游历，惟须由领事官照会关道，请领执照，方可前往。此项执照缮写中、墨两国文字，所过地方如饬交出执照，即应随时呈验，回日缴销。该民雇人、雇船、雇车装运行李，不得拦阻。如其照内有误，或查出沿途有不法情事，即送交就近墨国领事，或墨国委令兼理之友邦领事查办。沿途只可拘禁，不得凌虐。如在通商各口出外游玩者，地在百里之中，期在五日之内，可以毋庸请照。至于船上诸色人等，不在此例。如有上岸，应照地方官会同领事所定章程遵守办理。

第五款　两国允准，嗣后彼此人民出洋，无论单身或携眷属，皆须出于情甘自愿，不准或在中国各口、或在他处妄用勉强之法，或施诡谲之计，诱令中国人民不出情愿而往。如有两国人民及船只违背此约，则两国必从严究办，均照本国律例，从重拟定罪名。

第六款　中国人民准赴墨国各处地方往来运货贸易，与别国人民一律无异。墨国人民准赴别国人民所至之中国通商口岸往来运货贸易。嗣后两国如有给与他国利益之处，系出于甘让，立有互相酬报专条者，彼此均须将互相酬报之专条一体遵守，或互订专章，方准同沾所给他国之利益。

第七款　两国人民及商船，凡在此国通商口岸，即应遵照此国与各国现在合例通行商务章程，或日后续议新章，一律办理。

第八款　中国土产及制造各物运入墨国，或墨国土产及制造各物运入中国，彼此征进口税，不得较相待最优之国之同样物产现在或将来所征之税稍有区别，或有加增。各物出口征税，亦照此办理。两国彼此通商，若非通商各别国一律照办。无论进口、出口货物，不得稍有禁止，或立限制。惟国中遇有办理人畜疫禁，或堤防损害丰收，或为军务起见，则不在此例。

第九款　两国兵船准赴别国兵船所至口岸，彼此接待与相待最优之国无异。购买食物、烟煤、甜水以及行船必需之件，修理船只，各听其便。该兵船进口、出口一切税钞，概不输纳。墨国兵船管驾官，中国地方大官与之平行相待。

第十款　此国人民寓居彼国境内，不得勒令充当水师、陆师、义勇等役，亦不得勒令出资捐免，亦不得以军需等名目勒借强派。惟遇有按产抽捐之事，此国人民在彼国置有产业，则照彼国人民一律办理。所有船只、器具、各项货物以及家用什物，均不得强令捐出，以供军务等用。须先订价议妥，方可。

第十一款　两国商船准在彼此现在或将来开准通商各口与外洋往来贸易，但不准在一国之内各口岸往来载货贸易，盖于本国之地往返各口运货乃本国子民独享之利也。如此国将此例施于别国，则彼国商民自应一律均沾，但须妥立互相酬报专条，方可照行。此国商船出入湾泊彼国各口，其应输关税、船钞、灯楼、入口带水、疫禁、救生、救货以及国家地方抽收各费，不得较抽别国船只稍有殊异，或有加增。此次立约所言各口，即指现在及将来准设货物进出通商之口岸。彼此均以海岸去地三力克每力克合中国十里为水界，以退潮时为准。界内由本国将税关章程切实施行，并设法巡缉，以杜走私漏税。两国船只遇有天灾，在彼此沿海地方收口者，该处官员须设法相助。所有未遭失险之货物，如不出售，准免纳税。此项遇险船只，均与别国遇险船只一律相待。

第十二款　此国人民订立合同，在彼国承工，不论田寮、机器厂、行店、住宅等处，应遵照两国妥定章程办理。

第十三款　墨国人民在中国遇有控告华民事件，须先禀墨国领事查明根由，先行劝息，使不成讼。中国人民有赴墨国领事控告墨国人民在中国者，墨国领事亦应一体劝息。间有不能听劝者，无论原告或系华民，或系墨民，皆专由被告所属之官员公平讯断。

第十四款　中国人民有被墨国人民在中国欺凌扰害，墨国官依照墨国法律拿获惩办。墨国人民在中国有被中国人民欺凌扰害，地方官亦依照中国法律拿获惩办。总之，两国人民在中国遇有交涉、财产、犯罪各案，俱由被告所属之官员专行审断，各照本国法律定罪。惟逋欠案件应由欠户所属之官员勉力设法，使其偿还；窃盗、棍骗案件应照被告所隶之国法律办理，两国官员均不能代偿。至中国人民在中国遇有本身犯案，或牵涉被控，凡在墨国人房屋、行栈及商船隐匿者，由地方官知照领事官，会同派差拘拿，不得庇纵掯留。

第十五款　墨国人民在中国有自相控告案件，不论人产，皆归墨国官审办。倘与别国人民有事，在中国涉讼，应由墨国官员与该国官员办理。以上案内如牵涉中国人民，仍应按照前两款办理。若将来中国与各国另行议立中外交涉公律，以治侨居中国之外国人民，墨国亦应照办。

第十六款　凡此国船只驶至彼国通商口岸，该船诸色人等如有上岸，在二十四点钟内滋事者，应由的当地方官惩办，只照该口常例罚锾或监禁。至墨国船只在中国水界之内，有与中国船只相碰互控情事，可由被告所属之官员查照各国现行碰船章程审理。倘未甘服，应听原告所属之官员照会审理之员，秉公复讯，核断了结。

第十七款　中国人民在墨国有控告事件，听其至审院控告，应得权利、恩施与墨国人民或与相待最优之国人民无异。

第十八款　此次所定条约系用中国文、墨国文、英国文，在本国各用本国文字，如有不符，应以英文为主。

第十九款　此次议定条约彼此恪守。自互换之日起，至满十年为期。若于款内有欲行变通之处，应俟计至期满之日先期六个月，彼此备文知照。若未先期知照，仍应照此次议定条约办理。倘欲停止此约，必须预先知照。惟自知照之日起，仍须照行一年。

第二十款　此次所定条约由两国批准后，即在美国华盛顿京都迅速互换。此约在美国华盛顿缮写汉文、墨文、英文各二分，由两国全权大臣署名盖印，以昭信守。

光绪二十五年十一月十二日。

西历一千八百九十九年十二月十四日。

大清国钦差大臣伍。

大墨西哥国钦差大臣阿斯芘罗斯。

鲁抚袁世凯致总署议订中德胶澳交涉章程暨德华矿务章程请核复文　附胶澳交涉章程德华矿务章程

案查，中、德两国遵照光绪二十四年山东曹州府教案条约，另订路矿详细各章程。本年正月二十五日，曾将拟具各章程缮折备函，恭呈鉴核在案。嗣经本部院会同记名副都统荫昌与德员再四磋磨，反复争执，屡议屡改，迭有变更，商至两旬，始经先后定议。

查会商各章大纲有四，曰收回地权也，曰挽回利权也，曰示以限制也，曰期于便民也。自租割胶澳，我之地权已削，而尺寸在所必争。自兴办各矿，我之利权复失，而锱铢在所必较。不示以限制，则彼族得步以进步，势将后患滋深。不期于便民，则百姓敢怒不敢言，久之郁极必逞。故开议之始，必思斟酌尽善，遗憾不留。然而得失所分，利害攸系，在我固不能事事迁就，在彼亦断不能一一听从，惟视力所能争者争之，理所应争者争之，若为理之所应争而为势之所不能争，则惟以熟权审处，通盘筹计，使无失乎缓急轻重之宜而已。如交涉章程本意重在会同审办案件，而叶世克所派代商之德员布德乐坚持原订曹约第一端第三款所云，德国租定之地，中国不得治理，均归德国管辖等语，凡该租界内办案各条，概不列议。争之至再，势难挽回，只得量为变通，议定交涉暂行简明章程七款，此外委实无法再争，当于本月二十一日由本部院会同荫副都统签押。布德乐先在洋文本内代签草押，俟携回青岛，呈请叶世克押定，再盖印施行。其路矿章程尤费唇舌。因铁路总办德员锡乐巴在华多年，异常狡黠，坚称，路矿各事早经约许，是中国已特予以自有之利，与创议章程者有别，凡涉情节较重各款，均力请删改，不肯照允。至预先绘图呈由巡抚核定，并由巡抚节制及分其余利各项，直属不容置喙。争持多日，始就范围。虽不能尽如原拟各条，而已属争得过半。并于二十一日由锡乐巴将路章彼此押定施行，仍俟德京总管签押后，再行用印。煤矿章程系锡乐巴代青岛矿员米海里、司米德商订，应携回青岛，由该矿员押定施行，亦须请德京总管签押，均已由本部院会同荫副都统先行签押。该德员等随于二十三日全回青岛。

查二十五年三月间，德员曾拟路矿事宜七条，几欲将山东全省地权、利权据为己有，经调任巡抚部院毓贤咨呈贵衙门核议在案。此次该德员抵省，复出以尝试，当经严驳，已作罢论。自上年以来，德人造路用地，或妨民生计，或掯发价值，甚至派员勘验矿产，试采煤斤，各西人纷至沓来，任意投往，并不请领会印护照，竟持叶世克之印文执照遍行内地。遇有可采之矿，不先谋诸地主，擅自开凿。又迭因细故，伤毙人命，居民积怨，屡滋事端。而胶澳一带向无中国办理交涉之员，遂亦无从稽查防范。该处匪徒恃西人为护符，借青岛作逃薮，往往夤夜结伙驾舟，沿海抢掠，地方官吏莫可如何。每遇租界内外词讼案件，德员一味偏袒界内人民，不肯拿交，动致案无结束。是我之地权、利权大半为彼侵夺，遇事漫无限制，恣意欺虐吾民，若非妥订详章，为患伊于胡底？现既将各项章程会同议妥，拟即陆续调派妥员，各专责成，分司经理。嗣后事案有所据依，或者补救一分，当有一分之益。至于洋情叵测，事变靡常，将来能否一律顺手，恐仍未可逆料也。除会议各章程俟由叶世克暨矿务德员押定后再汇案具奏外，所有议定交涉、路矿章程谨钞录三本，呈请核复遵行。

三月初二日

中德山东胶澳交涉简明章程

第一款　中、德两国在胶澳一带遇有交涉重要案件，应由大清国山东巡抚会同大德国驻扎青岛租界大臣秉公商办。其该处词讼、界务及寻常例行各案件，德国大臣选派办理官一员，山东巡抚特派交涉官一员，常川驻扎，按照两国条约及中国各口岸通行约章，遇事妥商办理。彼此按平行优待，文牍均用照会。

第二款　德国官民有由青岛前往山东内地各处游历及勘办路矿各人员，应按照两国游历约章，德国办理官、山东交涉官会同印发护照。自给照之日起，限定六个月缴废。即由交涉官报明巡抚，饬属验明，保护照料。如出山东境外游历，仍应由烟台口岸办发护照。其租界内如有禁令须华民照行者，应由办理官请交涉官妥议后方可颁贴。

第三款　胶澳附近各府县守令，遇有与德国官员商办事件，如德国官员有与地方官交涉公事，亦统向交涉官商办，以期画一。

第四款　青岛租界内所有华民控告华民及德人控告华人，无论钱债、斗殴、窃盗、交易各案件，均由交涉官提讯审断，照中国常例，刑讯管押，及发落枷杖以下各罪名。至租界外华民与租界内华民互控案件，亦归交涉官传审判断。

第五款　遇有租界内华人牵涉德人案件，必须德人到案者，应由德国办理官传提，会同山东交涉官审问，各按本国律例秉公判断。若案内并无德人，则德国办理官不得干预。如有德人苛虐所雇华工人等被控有案，亦由交涉官会同办理，秉公讯断，按西例惩罪。

第六款　凡在青岛租界内，德国雇用华民，如牵涉讼案，应由交涉官将该犯案情移知德国办理官，立将应讯之人交案，不得庇匿，亦不得干预。

第七款　华人如犯案重大，或至死罪，或军流各罪名，可先由交涉官拿禁，仍照例由地方正印官详请臬司提审，转巡抚奏咨，应由胶州即墨地方官审断详办。租界内倘有华人命案，亦归该地方官相验。

第八款　如有租界外罪犯逃避青岛华民住处者，交涉官查明后，即径派巡差、丁役提拿，解交犯事处之地方官归案讯办。如逃在德人房屋住者，应由交涉官知会办理官交出，转解归案讯办。

第九款　如华人在租界内向德人行凶，德兵役亦可拿禁，解交中国交涉官讯办。若德人在租界外向华人行凶，华兵役亦可拿禁，解交德国办理官审办。如该犯未曾拒捕，彼此均不得凌虐。

第十款　德国办理官及山东交涉官商办案件，均须秉公和衷，不得各怀意见。交涉官所属随员、翻译、巡差、丁役各员，与办理官所属各员役，均以礼相待，和衷办事。

第十一款　设遇有重大案件，在本省不能妥结者，仍应咨由中国总理衙门及德国驻京大臣商办。

以上各款系暂行简明章程，其未尽事宜均按照两国所订条约办理。如日后有彼此增损之处，每届中西年底先一个月，彼此知照，互商改订。

大清光绪二十六年三月二十一日。

大德一千九百年四月二十二日。

山东华德〔德华〕矿务公司章程

大清国兵部侍郎·兼都察院右副都御史·山东巡抚部院·兼理各国事务衙门大臣袁，大清国记名副都统·帮办山东交涉·总理路矿事宜荫，大德国驻扎青岛矿务公司总办山东矿务米海里与司米德，为办事迅速安静起见，按照原约在铁路附近三十里内准德人开采煤斤等项，商订章程各条如下。此项章程系用华文、德文缮就，其中语意彼此相符，并须由驻德京之总管矿务处签押，以昭慎重。

第一款　按照曹州教案条约第二端第四款，在铁路附近三十里内指定各地段，允准德商开挖煤斤等项，及须办工程各事，亦可华商、德商合股开采一节，应设立山东华德〔德华〕煤矿公司，并照公司章程招集中国官商股分，先由德人暂时经理。所收华人股分，按季呈报本省交涉局，俟招股在十万两银以外时，再由本省选派妥员入公司，订立章程，稽察华股应得一切利益。

第二款　该公司应设局在何处招股及若干处，俟查看情形，随时商定。校与德文符。

第三款　该公司应办勘查、开采以及试办各事，应由本省派定妥员，会同商办，或并约绅衿帮同办理。该公司倘在一处先欲试办，所用地段不欲购买，则应先商明发给租价。至所伤禾稼等项，应照该处情形给价作赔，以免百姓吃亏。再，每次试办开采，应在半个月以前通知该处地方官，以便转达百姓，俾杜生疑。校与德文符。

第四款　开挖煤矿应用地段，如建筑矿井、修盖机器等厂，以至工人住房与货栈等项，须会同官绅，彼此商办，以期无损于百姓所，为平安顺手起见，是以山东巡抚特派干员，帮同买地及料理一切。惟凡关矿学处与采择地势各节，应归矿师作主，而购租地段须会同特派之员妥商办理，或租或买，不得强抑勒索。每次查定地段后，应绘一作二万五千比例之布置形势图，送呈山东巡抚，以备稽查。呈图后始准买地。俟地买妥，方准修盖。所需各处，至地下所作一切，除第七款所云不计外，不与上面人相干，故不得拦阻，亦不得争讨，以昭公允。再，买地一事，应秉公迅速妥办，以免耽延开采。矿产地价，应照该处情形，核实付给。所购地段，只准购得将来修盖矿井与各项房屋、煤栈、装车运煤处所等项，足敷应用为止。此款与德文不符。德文语意云：如在地下采挖煤斤及他项矿产，除第七款所云不计外，不与上面人相干。华文只云：所需各处至地下所作一切等语，无采挖煤斤及他项矿产字样。

第五款　凡庙宇、房屋、树木及众多齐整之坟茔等项，均应顾惜，谨慎躲避，不使因办矿务令其受伤。万不得已，必须迁移以上所指各物，则请地方官在两个月以前通知该主人，以便妥商赔偿，总使该主人在他处能照原样另行置办，并于钱财上不致吃亏。此款校与德文不符。德文云：不使因办矿务致令其地之上面受伤。华文只云：不使因办矿务令其受伤，无地之上面字样。

第六款　办理矿务须盖各房及开挖矿井等项地位均须合宜，总使于本省城垒公基及防守各要害无所妨损。此款校与德文不符。德文云：总使于本省城垒公基及防守各要害上面之地土无所损伤。华文只云：及防守各要害无所损伤，无上面之地土等字样。

第七款　朝廷所属各祠庙、行宫、园厂等项之下概不准办理矿务。校与德文符。

第八款　该公司因开矿买地，无论何处，应用官弓尺丈量地亩，每弓合五尺，每尺合三百三十八米里密达，每地一亩按三百六十弓计算，合九千方尺。至所购地段应纳国课一节，须照他国人在中国他处开矿章程办理，以昭公允。校与德文符。

第九款　该公司倘请地方官派人前来帮同作事，则应给辛工银两，另行开发，不准与地价稍有牵涉，以清眉目。所发地价应妥交地方官代收，以便转给各该地主，一面由地方官发给公司买地执照，发照后始准动工。校与德文符。

第十款　或在勘查矿苗时，或在开采矿产、修盖矿厂时，在百里环界外，倘须禀请山东巡抚派兵前往保护一切，届时查度情形，见禀随即照准，并派敷用之兵数，以应所需。至该公司应给此项卫兵若干津贴，应另行商议，惟不准请用外国兵队。校与德文符。

第十一款　该公司购买物件应照本地市价交易，不准强买，亦不准故意贵卖，以昭公允。或请地方官代购，亦可。校与德文符。

第十二款　在开矿处附近一带，倘欲租赁住房或办公处所，应请地方官代租，并代立租房合同。校与德文符。

第十三款　该公司办理矿务应搀用本处工人，使之工作。所需物料，凡本处所有之物，亦应在本处购买，并须公平给价。倘公司所用之工人与本处百姓滋事，应由地方官拿办。再，公司所用各工人，无论如何，不准擅入百姓住家。如敢违禁，定必从严究办。校与德文符。

第十四款　该公司开采矿产时，万一遇意外不测之事，致伤人命或物件，理应抚恤赔偿。除此以外，尚有应定详细章程，凡因办理矿务被伤各物，均照详细章程赔偿。至在试办时，倘因公司之过致伤人命或物件，亦应抚恤赔偿。校与德文符。

第十五款　办理矿务，准保不伤民田、房屋、水井等项。若因公司大意粗心，致伤以上所指各物，定当按照该处情形认赔。至矿内若有泉水，应谨慎引出，总以不伤民田等项为率。否则，议价赔偿。校与德文符。

第十六款　凡矿务公司所用各洋人，均须请领中国地方官与矿务公司会印凭单，以便随时稽查。如不领会印凭单，中国官不认保护之责。此项洋人若欲他往游历，均应请领中国官与德国官会印护照，以便饬属加意保护。倘无此项护照，中国官亦不认保护之责。该公司在勘查矿苗时，应由地方官派差跟随，藉资保护。该公司应酌给此项差人酬劳津贴。倘遇假冒公司之人并无凭单作证，则应由地方官拿办，以杜舍混滋事。校与德文符。

第十七款　在铁路附近三十里外，无论谁何，倘未经山东巡抚允准，不准私自开矿。在三十里内，除华人外，只准德人开采矿产。凡经华人已开之矿，应准其办理，惟不得使下面之德人矿务实有危险。倘该公司深恐冒险，则可请地方官查明，向华矿主人公平议价，或将矿卖与公司。倘华人在某处已开大矿，该公司意欲购买，在商定价值后，听矿主自便，或将购买价折作股分，领取股票，亦可。如华矿主人不愿将所开之矿卖出，则应作罢论，不得搅扰其事。此款校与德文不符。译录如下：在附近铁路每边三十里外，无论如何，倘未奉山东巡抚允准，不准私自开矿。其附近铁路每边三十里内，除现办之华矿外，只准德国公司开挖煤矿及他项矿产。其当时正在开办之华矿，仍得照向来办法办理，惟不得使德国矿务因之吃亏。倘在华矿下面又为德国公司开挖不免有意外危险，应准该公司请地方官查明，向该华矿主人议购。如欲在三十里内购买稍大之华矿，该公司可向该华主商议，或将矿价折作股资。如华主不愿出售，公司不得勉强。

第十八款　倘该公司所办矿务实系日有起色，所得矿产实系茂盛，则附近居民日用所需煤斤应准以较廉之价购买，惟不得转卖，致于公司生意有碍。校与德文符。

第十九款　凡德租界外各处，其地主大权仍操之于山东巡抚。公司所用华人，应归中国地方官稽察。倘有违犯华例等事，亦归地方官究办。至所用各洋人，倘有不合之处，照条约秉公办理。校与德文符。

第二十款　此项矿局，将来中国国家可以如何购回，与于何时可以购回，应将来另议。校与德文符。

以上各款，俟画押盖印后，应颁行山东各州县与办矿各员，以便按照各款所云办理。此后彼此若有应行增损之处，只能由山东巡抚或特派大员与山东矿务公司彼此商订。

大清国兵部侍郎·兼都察院右〈副〉都御史·山东巡抚部院·兼理各国事务衙门大臣袁。

大清国记名副都统·帮办山东交涉·总理路矿事宜荫。

大德国驻扎青岛矿务公司总办山东矿务米海里、司米德。

光绪二十六年二月二十一日。

大德一千九百年三月二十一日。

鲁抚袁世凯奏陈办理高密阻修铁路情形暨进呈铁路章程折

山东巡抚袁世凯奏，为敬陈办理高密民人阻修铁路一案情形，并将议定铁路章程照录进呈事。

窃查，光绪二十四年原订山东曹州教案条约，德国在山东省盖造铁路及铁路附近之处开采煤矿，均应另立详细章程，而此项详章迄久未定，德人恃无钤制，往往恣意横行，加以东省风气未开，民情强悍，龃龉生事，时所不免。上年五月间，铁路公司所雇小工与高密县大吕庄民人口角互殴，庄民乘势拔去路桩，聚围公司，德人藉口保护路务，遣兵竟至高密，击毙庄民二十余人，兵复盘据不退。经调任抚臣毓贤议偿德人桩价、兵费等款共银三千四百余两，始行罢兵结案。是德人之恃强逞凶，动因细故称兵压胁，久已成为惯技。臣抵任后，复有高密聚众阻工之事。数月以来，变端层出。内之愚民悍顽，外之强邻逼处，调停维护，操纵两难，几至智力俱困。谨将办理情形敬为我皇太后、皇上缕晰陈之。

查高密阻工起事之由，因该县境濠里一带地势洼下，易受水患，居民怀疑积愤，遂以铁路阻水为名，群起而与洋人为难。上年十一月杪，该县车辋、坊岭两乡已经蠢动。

十二月初二日，武生李金榜等率二百余人，执旗抬炮，往拆德人窝铺，掠取粮物。臣接电禀后，飞饬莱州府知府曹榕，督同高密县李桂芬，妥慎查办，设法谕解，并电饬驻潍管带东字后营游击彭金山拨队弹压。该民等声请铁路改道，或豁免濠里各村钱粮。十一日，李金榜复偕高民孙文、孙成书等，率众持械阻工，拆毁木架。德人因我兵未肯抵击，拟调洋兵剿办。当经一面婉商止兵，自任保护之责；一面电饬登防分统副将王来魁拨队分布，以资镇摄〔慑〕；一面剀切出示，谕以修路载在条约，势难中辍。现已商允德人造桥六十五道，不至壅水成灾。将来如受水灾，必可奏请免粮，且加抚恤，决不任民失所，并将桥道绘图遍示。该民等终怀疑忌，首鼠两端。臣复派山东候补道姚钊驰往谕饬，百方晓譬，迄未就绪。于十二月二十日，恭奉电旨：饬迅速妥筹办理，分别首从惩治等因。钦此。遵即察度情形，饬将为首李金榜等分别革衿购缉。旋于二十八日将李金榜缉获禁押，因令作书解散徒党，以自赎罪；并派高密绅士教谕单荫堂约同乡绅分投开导，该民等仍不听从。本年正月初二日，复聚数百人，夜赴南流地方，围攻公司。德人驻局者五人均夺围而出，转毙华民一人，伤二人，该民亦将德局拆毁。德人执意用兵，复经竭力劝阻。臣以事久相持，骤难妥结，加派登莱青道李希杰、烟防统领汉中镇总兵孙金彪，会同驰往查办。该民等坚以改道为请，因电商驻胶德员叶世克，派员赴高查勘，已允改道，可期转圜矣！乃该民于十二日又聚众攻掠鲁家庙公司，经该处守护兵丁抵御，始行退去。德人因迭被抢掠，我兵保护不力，执为口实，竟调兵三百名进驻胶州，距高密四十里，相机而动，势将决裂，岌岌可虞。正在商阻德兵，该民又于十四日夜间聚谋，将抢芝兰庄公司，并毁平铁路。幸李希杰等预先闻信，派兵救护。该民等竟开枪迎敌。万不得已，因当场拿获六十余人，轰伤二人，夺获抬炮、火枪、刀矛多件，众始逃散。遂电饬将首要禁押，去后，责枷〔次要枷责〕，胁从保释，藉示惩儆。而二十一日复有张庄挑衅之事。先是德员暮兴立至昌邑县之范庄，会验庄民范希聪被德人沙拉克击伤一案，验毕，路过高密张庄，庄民忽施放抬炮，德员愤怒，复致信胶州调兵。再三婉劝，始经中止。因饬查拿该庄放炮之人，拿获刘学义、赵显荣二名禁押。该民等渐知畏惧，各萌悔心。自正月二十三日至二月初二等日，濠里七十余庄先后赴县具结，永不滋事。为首之孙成书亦随同具结，仅孙文饬拿在逃，余众均就定帖。初九日，德公司照旧开工。初十日，驻胶德兵依次撤回青岛，亦未给德人兵费赔款，事遂结束。以上情形，迭据道员李希杰及各守令营员等禀报，业经分别电咨总理衙门查照在案。

伏查，高密阻工一案，屡经反复，迭费周折，几如一波未平一波又起，固由民情顽梗，究系乡愚无知，与盗贼有别，自无用兵击剿之理。惟有遴派员绅劝谕解散，斯为上策。即获其首犯，亦未可遽置重典。无如该民等抗不遵劝，多方阻挠，徒逞小忿而忘巨患。如操之过急，重拂舆情，既非牧民者所忍出。倘稍涉宽纵，德兵又近在咫尺，我不惩办，彼必纵兵焚掠无辜，为祸尤烈。情势异常棘手，安危间不容发。为善后之计，惟有妥订章程，使彼此均有遵守，德人不至暴横自恣，愚民亦不至疑忌生衅，庶足渐杜纷纭。臣迭商叶世克派员来省议章，复奏请调派记名副都统荫昌来东赞佐。正月二十八日，叶世克所派代商交涉之武员布德乐暨铁路公司总办锡乐巴等同抵东省，先由臣拟定交涉路矿各章，会同荫昌，持与开议。得失所在，利害随之。在我固不肯事事迁就，在彼亦断不能一一遵从。再四磋磨屡改，商至两旬之久，始先后议定交涉章程七款、煤矿章程二十款、铁路章程二十八款。此外，委实无法再争，当于二月二十一日由臣会同荫昌逐一签押。其交涉章程，布德乐先签草押，须携回青岛，呈叶世克押定盖印。其煤矿章程，系锡乐巴代青岛矿员米海里、司米德商订，亦须携回青岛该矿员签押。惟铁路章程已由锡乐巴在省押定施行。嗣后德人筑路用地、设局、雇工以及运轨、货商征收厘税等项，事无巨细，皆有据依，而地主之事权亦不至尽行旁落，漫无限制。但该路由胶至济七百余里，将来能否节节顺手，究难预料。臣当即陆续调派委员，按照定章，分别认真经理，各专责成，务期勉尽一分心力，或可稍有一分补救，庶足仰慰宸廑。除交涉、煤矿各章俟叶世克等押定后再恭录奏进外，谨先将议定铁路章程照录，恭呈御览。再，此项章程系照录签押原本，因未便删改，故与奏折体例不符。谨奏。

光绪二十六年三月十九日奉朱批：该衙门核议具奏。

清季外交史料卷一百四十二终

清季外交史料卷一百四十三

光绪二十六年四月至六月

总署奏遵议办理高密民人阻修铁路及胶济铁路章程缘由折　附章程

总理各国事务庆亲王奕劻等奏，为遵旨议奏事。

窃本年三月十九日，准军机处钞交山东巡抚袁世凯奏，办理高民阻修铁路一案情形，暨铁路章程一折，本日奉朱批：该衙门核议具奏。钦此。臣等查，原奏内称：光绪二十四年原订山东曹州府教案条约，德国在山东省盖造铁路，及铁路附近之处开采煤矿，均应另立详细章程，而此项详章迄久未定，东省风气未开，民情强悍，龃龉生事，时所不免。旋有高密聚众阻工一事，当经电饬文武员弁查办弹压，一面谕以修路载在条约，势难中辍，分投开导，该民等仍不听从。本年正月间，德人因迭被抢掠，竟调兵驻胶。该民人又于十四日夜谋抢芝兰庄公司，毁路拆局，经登莱青道李希杰等预先探知，派兵救护，该民等竟开枪迎敌。〈万〉不得已，当场拿获六十余人，轰伤二人，夺获抬炮、火枪、刀矛多件，众始逃散。遂电饬将首要禁押，次要枷责，胁从保释。而二十一日复有张庄民挑寻前衅，施放抬炮。因饬拿获该庄放炮人禁押，该民等渐知畏惧，各萌悔心。自正月二十三日至二月初二等日，濠里七十余庄先后具结，永不滋事。为首之孙成书亦随同具结，仅孙文饬拿在逃，余众均就安帖。德公司照旧开工，驻胶德兵依次撤回青岛。为善后之计，惟有妥定章程，俾彼此均有遵守，庶足以渐杜纷纭。迭商叶世克，派员来省议章，复奏请调派副都统荫昌来东赞画，拟定交涉路矿各章，会同荫昌，持与叶世克所派武员布德乐暨铁路公司总办锡乐巴等议商再四，始议定交涉章程七款，煤矿章程二十款，铁路章程二十八款，当于二月二十一日会同荫昌逐一签押。其交涉章程，布德乐先签草押，须携回青岛，由叶世克押定盖印。其煤矿章程，系锡乐巴代青岛矿员米海里、司米德商订，亦须携回青岛，由该矿员签押，惟铁路章程已由锡乐巴在省押定施行等因。

臣等查，德国准在山东建造铁路，及铁路附近之处开采煤矿，立有专约，德国未俟另立详章，辄自勘办，所雇通事、工役到处滋扰，动因细故称兵压胁，伤残人命，居民积怨莫释，以致枝节横生，几于不可收拾。该抚臣议定交涉、路矿各章，意在设法箝制，以期收回自主之权。辩论多日，卒使德人就我范围。嗣后勘办一切有所遵循，免生衅端，洵与大局有裨。除交涉、煤矿各章应仍由该抚转催德员早日押定，另行具奏外，其铁路章程二十八款，臣等逐一复核，均属妥协，应令该抚切实照办，以期中外相安。谨奏。

光绪二十六年四月初四日奉朱批：依议。

中德胶济铁路章程

大清国兵部侍郎·兼都察院右副都御史·山东巡抚部院袁，大清国记名副都统·帮办山东交涉·总理路矿事宜荫，大德国驻扎青岛总办山东铁路事务锡乐巴，为办事迅速安静起见，商订由德租界外至济南府开办铁路章程各条如下。此项章程系用华文、德文缮就，其中语意彼此相符，并须由驻德京之总管铁路事务处签押，以昭慎重。

第一款　按照曹州教案条约第二端第二款，应设立华商、德商胶济铁路公司，招集华人、德人各股分，先由德人暂时经理。所收华人股分，每半年呈报本省交涉局，俟招集股银在拾万两以外，再由本省选派妥员入公司，详订章程，会同办理。

第二款　该公司将来若在山东境内添立分局，本省亦随时添派中国妥员入局，以便商同办事。

第三款　该公司寻查修路地段，应由巡抚专派官员会同勘办，并约请地方官或该处绅衿帮同办理，俾于该处情形无所损碍。惟工程学问事应由工师定夺，而买地一切应与专派官员商办。查路后，该公司应绘一作二万五千比例尺之路线情形图，呈报巡抚，然后再议置地。俟地买妥，始准动工。至买地一节，务期仍照以前，一律迅速，一律安静，以免地主藉端留难，致使耽延工作。所购地段，只准购得造办铁路将来足敷应用之尺寸为止。至建筑小号停车所，准购地面长约陆百叁拾密达每密达合官尺贰尺玖寸陆分，每官尺叁百叁拾捌米里密达，宽约柒拾密达。建筑大号停车所，准购地面长约柒百叁拾密达，宽约壹百密达。建筑中号车站，准购地面长捌百伍十〔拾〕密达，宽壹百叁拾密达。附近大城建筑大号车站，应购地段尺寸，须照该处情形放宽放大，亦期敷用为止。至另购取土用以垫高之地，均不在以上所言尺寸数目之内。

第四款　该公司所用地段，修盖铁路，凡遇有应留水道之处，或造桥梁，或留涵洞，必须妥为留出，不得阻碍，有妨民田。

第五款　铁路经过地段，概不准损妨本省城叠〔垒〕、公基及防守各要害。

第六款　该公司建筑铁路，应于村镇、祠庙、坟墓、庐舍、水道及果园、菜园等处，但能绕避，应不使因之受伤。至修理众多齐整坟墓，尤当顾惜。倘有万不得已时，应公同查明妥商，请地方官在两个月以前通知该业主，使其另于他处能照原式修盖，且不使其于钱财上吃亏。

第七款　该公司购买地亩，应用中国弓尺丈量亩数分数。此弓长五尺每尺计三百三十八米里密达，每地一亩按三百六十弓合算，得九千方尺，由本省布政使发给一律弓尺，以便彼此遵守。至国课一节，应照他国人在中国他处购地造路之规矩办理。

第八款　该公司丈量地亩、购运物料及人夫往来，自应绕避民间所有田禾、蔬菜处所。如实被践踏，一经控诉，公同验明，与地方官议价赔偿，以示体恤。

第九款　凡请地方官选派帮同修路之各人，该公司均应发给饭食钱文，不得与应发民间地价项内丝毫牵混，以清界限。所发地价，应妥交地方官代收，转给地主，一面发给公司购地执照。

第十款　该公司于路上左近租赁房屋，预先知会地方官，转商房主代租，并代立租房合同。

第十一款　修盖铁路需购各物，应按市价购买，公平给价，或请地方官代购。

第十二款　该公司所用一切银钱等项，均按照本地时价，公平兑换。

第十三款　除原约指定地段建造铁路外，不准擅行另造枝路。如大路中应有之引矿、取石、运灰等项所需近小叉路，譬如在博山县所盖引矿之叉路，不在禁例之内。但每造一叉路，必须预禀山东巡抚，以备查核。

第十四款　该公司所派各段之人，在山东省内地往来，均须请领两国官员会印护照，以便地方官加意保护。倘无此项护照，地方官不认保护之责。

第十五款　该公司所用华人、德人应有地方官与公司会印之凭单，以便稽查是否假冒，在勘路修路时，应由中国官派人逐段跟随，帮同照料各物以及木桩等项。倘遇假冒公司所属之人，应由地方官拿办。

第十六款　倘在百里环界外，有须兵保护铁路之处，应由山东巡抚派兵前往，不准派用外国兵队。山东巡抚允许竭力保护，无论在工作时，或在走车时，总使铁路一切不使匪徒毁伤。

第十七款　此项铁路专为治理商务起见，自百里环界起以外各处，概不准载运外国兵队，与外国兵队所用之军械。万一中外失和，该路尚为该公司经理，该公司仍应遵照。倘有为敌人把持处所，该公司失管路之权，本省亦不认保护之责。

第十八款　本省遇有饥馑之年，或有水灾，必须赈济，所运米粮、衣服等项，或有变乱，须用兵队，与此项兵队所用之军械、粮草、行李等项，应照德国向章，少给车价。

第十九款　本省应征货物、牲口各项厘税，在车站左近者，该公司须妥为料理，使应征各税容易收纳。至须盖税房等项，应由本省管理税物〔务〕之员与该铁路公司妥议价值，然后酌办。

第二十款　该公司建造铁路，应逐段换用本地距路至近各村之人作工，并与伊等交易，以免向隅。

第二十一款　该公司在租界外所用华人，倘作违禁之事，应由该处地方官审办。一俟地方官知照公司，例应查办某犯，则公司不得袒护阻拦。倘所用外国人中有作违犯礼法禁例者，一经控告，即应按照洋例究办，公司亦应严查，不得宽贷。

第二十二款　沿途所用工人，须择其能作工者，多用本地土人，并按照该处情形，发给工价。如该工人与居民口角生事，由中国官按律拿办。该佣工人等尤不准擅入人家与人生事，违者亦由中国官员查明严办。

第二十三款　铁路造成后，应设修路看路工役人等，须托各该段本地殷实之老住户代雇，以保所雇之人均系安善良民，并每人均须由代雇主禀承地方官，发有凭单，以便稽查。

第二十四款　车路全工告竣，照章开驶后，如遇有意外事故，至伤损华民人物者，应由该公司按照地方情形发给赔恤。平时当有明发告白，凡人命或物件，倘因管理火车疏误，致受损伤，亦应赔恤。至全局未定，暂先开驶时，倘因管理火车疏误，致伤人命或物件，亦然。

第二十五款　嗣后设或本省地方有危险之处，譬如水灾或火车甬路塌陷、桥梁伤损之处，致碍火车行驶，则先应除去妨碍，然后始准照章往来。

第二十六款　该公司在查路时、造路时及行车时，倘因事禀请山东巡抚派兵保护，应立即查核情形，准如所请，并遣派敷用数目兵丁前往须用之处。至该公司应给此项卫队若干津贴，将来另行商议。

第二十七款　凡铁路在德国租界以外者，其原旧地主大权仍操之于山东巡抚。在租界内者，权归德抚。

第二十八款　此段铁路将来中国国家可以收回，其如何购买之处，应侯〔候〕将来另议。

以上各款，应于议定签押盖印后，颁行山东各州县及铁路各员，俾咸周知，依款照办。将来倘有应行更改添增之处，只能由山东巡抚或转派明练大员与铁路公司彼此商办。

光绪二十六年二月廿一日订定。

直督裕禄奏商阻续进洋兵办理情形折

直隶总督裕禄奏，为商阻续进洋兵办理情形事。

窃奴才于本月十八日钦奉寄谕，以各国使馆先后到京之兵足敷保护，倘再有兵队北来，实力禁阻等因。钦此。奴才详加采询，闻得各国除已续至之兵，俄兵赴京尤急，为数最多。现在天津租界以法国总领事杜士兰为领袖，当经商同帮办铁路大臣张翼，并饬津海关道黄建筦暨秦皇岛税务司洋员德璀琳，向杜士兰商阻。该总领事以各国各使催兵甚急，重在保护在京洋人、眷属。其二次进京之兵虽仍以保护使馆为言，中露保护眷属出京之意。如果中国官兵能任认真保护之责，朝廷有切实谕旨，则续进京之兵可从缓议。该总领事并允将俄国欲进之兵商留两日，听候都中信息，再行停止。其各国已去之兵现仍在廊坊，亦可由该总领事转商各国领事，由恰克图将此节转电各国驻京公使，一并候信。该总领事与张翼等面议如此。奴才恐其尚有变动，业经函致该总领事，听候奏明办理。详查洋人在京照约本应保护。现在谣言四起，其惊恐亦系实情。所请降旨保护，在彼固非意外之求，在我亦舍此别无办法。惟有仰恳天恩，明降谕旨，在京各国使馆及洋人住处多派得力将弁、兵丁加意保护。若各国驻京公使及各国洋人、眷属有愿出京者，一经各国驻京公使照会总理衙门，即妥派大员，多带兵弁，沿途妥为送至廊坊，由火车来津。其京津铁路应修处所，即当由中国多派兵丁保护，速为修理。如蒙俞允，伏祈迅赐施行。谨奏。

光绪二十六年五月十九日。

太常寺卿袁昶奏局势危迫亟图补救以弭巨患折

太常寺卿袁昶奏，为密陈目前局势危迫，亟图补救之法，以弭将来巨患事。

窃［见］自本月十六、七日拳匪倡乱，京师连日召见王、贝勒、内外臣工，圣躬焦劳，为宗庙社稷，深维至计，广谘下问。臣等不能弭患事先，纾君父之忧劳，负罪无状，内愧且愤。伏查，嘉庆十三年七月上谕，即有山东、河南一带匪徒设立八卦教义和拳名目，实系白莲教余孽，奉严旨密拿惩办。去年，吴桥县知县劳乃宣说帖考之最详。前月，东抚袁世凯遵旨复陈［言］万无招抚编为营伍之理，言之最为切实明白。前东抚毓贤办理平原县邪匪一案，称匪首朱红灯自称明裔，妖言煽乱，各处响应，幸被官兵掩捕擒获，就地正法，绝无能避枪炮刀斧之妖术，此其明证。上年臣询提督程文炳，该提督乙未年驻军近畿，有山东义和拳，又自称金钟罩、红灯照名目，四五十人投效，以火枪利刃试其技，立时见血伤毙，是妖术全不可信，确凿无疑。而其匪首广树党羽，久蓄逆谋，妄称明裔煽乱，其为乱民，又确凿无疑。

臣于上年十一月十三日蒙恩召见，其时东省拳匪借仇教为名滋事，臣曾面奏，系邪教倡乱，应预为扑灭各情。旋经东抚袁世凯实力禁止，扑灭十余巨股，东省晏然。始而士绅误信腾谤，谓该抚不应用剿，此皆不学无识之徒，以邪为正，近亦贴服，以该抚办理为是。臣去年冬曾以劳乃宣说帖商之总署诸臣，奏明请旨，饬下东抚办理。旋因东抚办有头绪，遂寝未奏。不意东省渐次肃清，流入直隶。督臣观望迁延，养痈成患，听其蔓延，始谋不臧，咎实难辞。及涞水戕官，督臣裕禄见该邪匪借仇教为名，叛迹昭著，乃电奏力请剿办，而内外议有异同，迟延未决。涿州据城不已，延及永清、霸州。涞水戕官未经痛办，遂致匪胆愈张。焚毁芦保铁路、京津铁路电杆，又毁京津至张家口电线，此皆国家派员出内帑、借洋款所经营，一旦焚毁，数百万巨资深堪惋惜！又焚杀教堂教民数百处，将来议偿亦不资。伏以民教互仇，积成愤毒，地方官禀承国家律令，自有平心谳狱办法，但凭案情曲直，不分是民是教，断不容匪徒自行报复。乃自本月十六、七日，该匪胆敢潜入京师，盗兵辇毂之下，焚毁教堂，攻击各使馆，纵横恣肆，放火杀人，震惊宫阙，实为罪大恶极，万不可赦。二十日，焚烧前〈门〉外千余家，京城财产精华所聚，焚掠一空，士民搬徙，十室九逃，商贾尽行闭歇失业，饷项亦难于汇兑给发，气象萧索已极。自有乱民不法，任其焚杀叫喊，实贻邻国之耻笑。各国公使因匪仇教，畏其凶锋，情急自卫，现兵只有四百十余人，各保性命，是其实情。十六日，枢臣启秀等传懿旨慰问各使馆并及公使之妻，该公使等感戴圣慈，沦肌入髓，口称调洋兵为卫馆保命，绝不干预中国国家公事，匪平无事，即行撤回，指天誓日，其词决非虚伪。为今之计，惟有先清内城之匪，以抚定民心，慰安洋情，乃可阻其续调之兵。必中国自剿，乃可免洋兵助剿，情势显然。

臣伏思，兵事最忌多立统帅，意见参差，事权不一，以致互相观望，转误事机。现在历奉严旨，饬令步军统领、武卫中军与各御营禁兵严拿首要各犯等，即解散协从，将城内外设立坛棚尽行折〔拆〕去，乃官兵观望，拳匪横行如故。步军统领、顺天府、五城前遵旨所拟十条章程，实止虚文，何曾实力做到，此事权不一之故也。拳匪麇聚京城，久且煽惑愈多，致生巨变。伏乞皇太后、皇上赫然震怒，恭行天讨，上安九庙，下靖兆民。专责成大学士荣禄，兼用且剿且抚之法，得以便宜从事，先肃清内城地面，遵旨立即出示，遍谕军民人等：凡遇头扎红布，身系红带，持刀放火杀人之匪，准其格杀勿论。并悬重赏之格，缚献匪首所谓老祖师、大师兄者，赏银两万两，立即超擢官阶；擒斩该匪团长，赏银五百两；若余匪计首一级，赏银一百两，均准报名候予奏奖。该大学士为国重臣，应扼要坐镇，不宜劳以细事，须差委得人襄助，乃可分理。伏见武卫军幕僚记名道府樊增祥素有谋略，内阁学士桂春忠勇明决，编修王廷相、御史黄桂鋆素有清操，通达事理，府丞兼署府尹陈夔龙勇于任事，请旨交大学士荣禄参赞谋略。遴派武卫中军得力将弁，挑选劲兵，分为十余队。队长如得力，每队止枪手、刀斧手二三百人已足。请旨暂闭前三门，严禁游民，只准出，不准进，分路搜捕匪徒，务令各空庙废祠根株净尽。命提督衙门、刑部遴派明干司员多人，分驻各汛段官厅，随将所拿匪徒略讯口供，禀明统帅，即行就地正法，以儆凶顽。余者解散，驱逐出外城之外，递解回藉。事平，再行将正法若干匪造册奏报。或谓该匪人多，不可剿，不知只匪首倡乱，余多愚蠢村农，幼壮不一；或谓匪有邪术，臣愚以为，汉末黄巾张角、元末破头潘关先生皆有妖术，卒归擒斩。该匪昼伏夜动，动言请神，此乃符咒扶鸾请仙五鬼搬运之邪术，一遇声光并见之物，阳气炽烈如枪炮等物，立即轰毙。若云匪术能避枪炮，何以十六、七等日该匪连攻东交民巷使馆，洋兵放枪，立毙数匪？昨又击毙帅府胡同拳匪四十余名，拆毁其坛？京师军民数百万，受国厚恩，实无一谋叛者，叛逆只拳匪首要数人耳！一经擒斩，申国法而儆人心，匪胆即寒，民志自然大定。此外，五城御史街道厅亦应督同绿营、练勇、水会一体照办。城匪既清，各公使馆蒙天恩保护，感激再生之恩，则续调之洋兵自可阻其来。即来，亦可以城匪既清，无庸自行保护折之，令其撤回。

总之，周礼称，治乱国，用重典；康诰称，用其义刑义杀。内匪事在必剿，无可游移。若因循不剿，招抚之亦不受命，各国势大怨深，并举报复，祸患不可胜言。与其外兵干预，代行剿办，必至拳匪洋兵互相斗哄，喋血京师，转致玉石不分，杀害无数良民，大局糜烂，不可收拾，不如我自行剿办，尚可示以形势，杜彼族之口实，以维持大局，庙社不惊，万民幸甚！伏乞圣明裁断。谨奏。

光绪二十六年五月二十二日。

太常寺卿袁昶奏内讧外侮祸乱日急请维持大局折

太常寺卿袁昶奏，为密陈内讧外侮，祸乱日急，速谋保护使馆，维持大局事。

窃自上月二十四日德国使臣克林德途遇枪毙之后，该匪遂攻击各国使馆，提督董福祥所统甘军尤与声势相倚，狼狈为虐，使馆附近居民遭池鱼之殃者不可胜计，东城一带京官私宅劫掠殆尽。该匪既以仇教为名，波及使馆，复以攻使馆之故，波及官民。辇毂之下，任令乱军、乱民纵横荡决，伊古伊今，实为罕见。当匪徒初攻使馆时，莫不谓旦夕间便可铲除，董福祥且屡以使馆尽毁告矣！今已二十余日，洋兵死者寥寥，而匪徒骸骼狼藉，遍于东交民巷口。平日妖言惑众，自诩能避枪炮之术，而今安在？夫以数万匪徒攻四百余洋兵所守之使馆至二十余日之久，犹未能破，则其伎俩已可概见，尚得自恃其血气之勇收御侮之效哉？若云真义和团确能为国宣力，其寻衅焚杀皆依附其间之伪义和团所为。一类之中既分真伪，扰乱已极，且既容附入之伪者无恶不作，则真者亦非善类可知。况历奉严旨，禁止持械寻仇，焚毁劫掠，并令解散出城，该匪竟置若罔闻，横行如故。无论真伪，总之藐视王法，均为冥顽不灵，罪在不赦。愈抚则愈聚，愈纵则愈骄。臣前次奏请专责成大学士荣禄用且剿且抚之法，未蒙俞允施行，今祸乱日亟，愚妄之见，尤不敢不冒死续陈于圣明之前。

伏以春秋之义，两国构兵，不戮行人。泰西公法，尤以公使为国之重臣。蔑视其公使，即蔑视其国。兹若任令该匪攻毁使馆，尽杀使臣，各国引为大耻，连合一气，致死报复。在京之洋兵有限，续来之洋兵无穷。以一国而敌各国，臣愚以为，不独胜负攸关，实存亡攸关也。我国家与泰西各国通商垂六十年，准其各省传教，平日教民倚势，鱼肉乡里，以洋教士为护符。地方官或者希图了事，抑制平民，亦属不免。民心怨愤，仇视教民，是皆臣等办理不善，贻害至今，负罪实甚，臣何敢谓民教相仇其曲全出于民？特任令自相报复，殊失国体。譬如乡里之间，两家有隙，而子弟、僮仆肆行斗狠，毁邻居之室，而杀其阖人，为家主者不能禁止，而邻居之诘问必不向子弟、僮仆而向家主，为家主者又乌得以子弟、僮仆不受约束而置身事外？以小喻大，其理相同。且泰西各国之教［育］有宗天主者，有宗耶苏〔稣〕者。传天主教者曰神父，传耶稣教者曰牧师。该匪亦不辨为所传何教，统以洋教呼之。而俄国向宗希腊，日本向宗佛教，该国从无入内地传教之事，该匪更不知何国有传教之人，何国无传教之人，见异言异服者统呼之为毛子，锐以狝薙为快。无论势有所不可，理有所不宜。且我驻洋各使臣非衔命而出者乎？若各国以我杀其使臣而不胜忿忿，先杀我使臣以偿之，是直易刃而自杀其使臣也。朝廷方赐各使馆蔬、果、米、麦，以示怀柔，该匪乃倚骄将为护符，肆行攻击，外人且疑朝廷阳款阴袒，谓非纵令恣意凌轹，其谁信之？夫使馆无恙，将来与各国复归于好，各使臣受皇太后、皇上之恩，自当激发天良，剖言祸之肇自拳匪，猝不及防，非朝廷姑息所致，释其本国疑忌之心，事半功倍，转圜较易。若使馆尽毁，使臣尽戮，则我皇太后、皇上此时怀柔之恩外人乌从而知之？欲自释于各国，虽百喙亦无从解免。今各国纷纷调兵，以代剿匪为辞。疑之者谓乘机窥窃，信之者谓其心无他。臣愚莫测其究竟，而拳匪种种无法，早当痛剿，本不待外人谆请，更何待外人代疱？臣愚请保全使馆为将来转圜地步；一面严旨切责提督董福祥，饬令甘军悉行退扎城外，不许重至东交民巷，比昵匪徒，向各使馆攻击。违者，即行正法。使兵匪相离，匪势较弱，则铲除亦较易。一面仍请责成大学士荣禄，克期将拳匪一律驱逐出城，以救燃眉之急，再图剿洗，永杜后患。臣亦知飞蝗蔽天，言出祸随，顾念存亡呼吸，区区蝼蝼，不忍言亦不忍不言，是用冒死具奏。

光绪二十六年六月十六日。

裕禄宋庆奏连日鏖战力不能支天津郡城失陷折

直隶总督裕禄、帮办北洋军务·四川提督宋庆奏，为连日鏖战，官军力不能支，天津郡城失陷，请将奴才等严加治罪事。

窃奴才等前于本月十六日将十二至十五连日接仗情形驰陈在案。十六日，提督马玉昆拟进攻老龙头各处，将各处队伍炮位布置停妥，传于是日夜齐向紫竹林开炮攻击。十七日寅刻，炮位齐发，马玉昆督队由东路陈家沟一带进攻，洋兵亦由租界出而迎敌。自寅至午，鏖战数时之久，彼此各有伤亡。我军恐过伤精锐，先行撤回，彼亦收队。是日复有洋兵分三路窜扰，一由租界西马家口，一由火车站至盐坨官汛一带，一由芦庄抢渡扑奔南门，而此三路之兵以扑南门一股为尤猛，先经我军击退，又复添兵继至，用炮轰击南门城楼，以致火发。洋人又分兵于城东南、西南两隅攻打，我亦拨队抵御，相持一昼夜，击毙洋兵多人。淮军统带卞长胜受伤，练军营官余正清阵亡，其余将士伤亡甚伙。至天明时，南门城楼火烧愈烈，墙壁皆赤，护城兵勇站立不住，更兼城内炸弹横飞，奸细四面开枪响应，伤人过多，军心惊乱，洋人遽乘隙由东南城墙爬入，以致郡城失陷。城陷后，洋兵复在东北隅城墙上施放排枪，并安设炸炮，专向河北一带及各营垒攻打，弹如雨下，并使奸细于附近处埋藏地雷，遇炮雷发，各营房屋皆被轰毁，兵丁无处立身，并见城上已插洋旗，遂陆续退在围墙外西路一带分扎。奴才裕禄行署正与城东南隅相对，炮弹纷落，房屋多被炸毁，势难存身，奴才裕禄即至北仓，与奴才宋庆商酌，整理退散队伍，一面再图还击，一面扼其北窜。伏查，洋人自前月二十一日开衅以来，以各军之力支持将近一月，方期兵心渐固，剿办可以得手，乃洋兵续至，日益加多，兼有教民及所招铁路工人夹杂在内，人势愈众。以八国之兵轮番迭战，我军只此数十营，昼夜抵敌，毫无休息。彼族专恃火器，我军虽胜，亦有伤亡，故精锐所损不少，以致力难支持，郡城失陷。奴才等督率无方，实深惭愤！惟有恳请将奴才等严行治罪。现在整齐队伍，必须并力进攻，方能扼其北窜，事关安危大局，仍当激励将士，共矢愧奋，竭力御敌，断不敢因有此挫致懈军心。谨奏。

光绪二十六年〈六月〉二十一日奉朱批：另有旨。

裕禄宋庆奏退守北仓以遏洋兵北窜片

裕禄等片。

再，自十三、四日洋人由火车逐日来兵，携带大炮子弹。马玉昆当派守备胡殿甲率领四营前扎，截其后路，不得不力图痛剿，以免其势日盛。十六日夜间，协同义和团进攻紫竹林，由火车站猛进，乃洋人开枪一排，而拳民先已溃散。马玉昆督率各营，竭力接应，击毙洋兵颇众。无如各国之兵前者退，后者进，使我昼夜不息。奴才庆所住之处连发地雷三处，房屋火灼坍塌。各营后队均被雷轰，伤亡极多，不能立足，纷纷后退，经奴才庆率弁拦阻，直至北仓，始得团聚成营。马玉昆在前力战一昼夜，未曾停枪。营官守备方有田、千总李魁永皆受重伤，裹创酣战。各军营哨官伤亡纷纷，弁勇阵殁数百人。其未伤者，枪筒灼红，两手烫焦，仍不稍息，始将洋兵击退，而子弹将罄，力实难支。至十八日晚，始撤至北仓一带，整理摧残，以期遏其北窜。敬附片具陈，谨奏。

光绪二十六年六月二十一日奉朱批：另有旨。

李鸿章刘坤一张之洞等奏拳匪肇祸敬陈管见折

两广总督李鸿章、两江总督刘坤一、湖广总督张之洞、闽浙总督许应骙、四川总都

〔督〕奎俊、福州将军善联、大理寺少卿盛宣怀、浙江巡抚刘树棠、安徽巡抚王之春、山东巡抚袁世凯、陕西巡抚端方等奏，为合词敬陈管见事。

窃臣等恭读华洋电传六月初三日寄出使各国大臣电谕，详示匪乱肇祸、外军相迫及力保使馆情形，理直辞正，钦佩莫名。从此各国定知朝廷若非万不得已不肯轻战之本意，自可愤情顿释，渐就范围。伏念此时各省自应力筹战守，而朝廷必宜先伐敌谋。恭绎此次谕旨之意，拟请推行者四事：一、请明降谕旨，饬各省将军、督抚仍照约保护各省洋商、教士，以示虽已开战，其不预战事者皆为国家所保护，益彰圣朝如天之仁。且中国官员、商民在外国者尤多，保全尤广。一、请明降谕旨，将德公使被戕事切实惋惜，并致国书于德主，以便别国排解，并请致英、法两国国书，以见中国意在敦睦，一视同仁。一、请明降谕旨，饬顺天府尹、直隶总督查明，除因战事外，此次匪乱被害之洋人、教士等所有损失人命、物产，开具清单，请旨抚恤，以示朝廷不肯延及无辜之恩义，不待外人启口，将来所省实多。一、请明降谕旨，饬直隶境内督抚、统兵大员，如有乱匪乱兵，实系扰害良民，焚杀劫掠，饬其相机力办，一面奏闻。从来安内乃可攘外，必先令京畿安谧，民心乃固，必先能纪律严肃，兵气乃扬。以上四条，均仰恳明降谕旨，并饬由各电局飞传各省，尤为有益。数日之间，四海遍传，各国自然感颂朝廷。并请于上谕中提明钦奉皇太后懿旨字样，令各国感颂皇太后、皇上圣德。此旨一降，则我国家既自立于情义兼尽之地步，各国无可藉词，自然懈其愤斗之志，散其连合之局，此正古人所谓用兵攻心之法。即使逼至连战不休，更可表明非我开衅之实证。合词敬陈管见，伏侯圣裁。再，此折系臣之洞主稿，往返电商，意见相同。谨奏。

光绪二十六年六月二十一日。

吉林将军长顺奏外洋开衅中国势成孤立拟请暂事笼络俄国折

吉林将军长顺奏，为外洋开衅，中国势成孤立，拟请暂事笼络俄罗斯，以安边境，请旨速示机宜事。

窃奴才前因中外开衅，各国合谋，而奉天一省急欲与俄开仗，吉省兵力不足，拟请添练二十营，一面电达山海关副都统马递总署代奏，一面由驿驰陈在案。近日警报迭至，奉天辽阳开仗，沈垣拳民四起，铁岭兵民旋亦与俄战斗，吉林边备愈严，各军万难抽调，不得不从速招募，现已大半成营，名为靖边自强军，即派前次奏留之金州副都统明顺为总统，连原有边练各军，并归节制。正布置间，准署黑龙江将军寿山电，约是月十二日以驻扎呼兰之十二营进攻哈尔滨车站，谓该站资粮甚多，亟宜进捣。经奴才力阻，以修路监工与敌人不同，理应保护，或送之出境，不可因其在此人少，先行杀伤，致结深怨。倘边界兵来，我必迎头堵剿，庶几情理两得。而寿山又改约十四日会合进攻，复经奴才电阻，始允从缓。此非奴才过于持重，诚以前奉寄谕，仅令厚集兵团，听候调拨，而恭阅五月下旬邸钞，历奉谕旨，均系指外洋传教各国，似与俄不相涉。此时中、俄是否决裂，尚在疑似之间，只可严守以待战，不可先战以召衅。此东三省之办法，与各直省微有不同者。奴才维天下大势，俄跨欧、亚两洲，处处与中国毗连，拊我之背，近则东三省兴修铁路，其患又在肘腋，与英、法之远隔重洋，形势迥殊。当时俄占金、旅，我如联英、日以拒俄，远交近攻，最为善策。今日事机失矣！英、法卒然启衅，外洋各国联盟，合以谋我，津沽危急，俄与华，则华胜，与洋，则洋胜。此诚楚汉争锋，可忍则忍之时也。即或中国拳民义愤，万众一心，足以自强，无待外助，亦不妨暂事羁縻，勿与遽绝。否则，海氛既起，边衅又开，彼则首尾相应之形成，我则腹背受敌之患深矣！奴才过虑及此，不得不言。至于京津俄情，谣传不一，尚未确有所闻。此间举动，实关大局。还求皇太后、皇上密示机宜，俾免贻误。再，中、俄如果决裂，彼必分道入寇新疆南北两路，相隔尚远，我可虚张声势以待之。若库伦一带，距京仅四十余站，夏秋水足草肥，蒙古驼马正值膘壮，彼勒用之，亦极便利，似宜重兵驻守，以杜其乘虚暗袭。谨奏。

光绪二十六年六月二十二日奉朱批：另有旨。

李鸿章袁世凯奏吁恳救护各国使臣以保危局折

两广总督李鸿章、山东抚巡〔巡抚〕袁世凯等奏，为吁恳圣慈，极力救护各国使臣，以保危局事。

窃臣等屡接出使日本大臣李盛铎电称：据日本政府意见及各国公议，均谓此时各国专重救使一事，必须将各使救出，方为排解之法等语。闻各洋报及上海各领事言，若使臣皆歼，各国即不以公法待中国。窃思杀使无纤毫之益，有无穷之害。伏读谕旨，屡言保护使馆，但恐事机危迫，防不及防，贻祸大局，实非浅鲜。务恳皇太后、皇上极力将各国使臣救护，可否明降谕旨，饬令四川提督臣宋庆派兵护送各使赴津，洵为安危利害之一关键。宗社幸甚！谨奏。

光绪二十六年六月二十二日奉朱批：另有旨。

李鸿章袁世凯奏据许应骙电请保护各国使臣片

李鸿章、袁世凯片。

再，据闽浙总督臣许应骙电称：现闻京城各使馆围困甚急，洋人谓将聚歼，衔愤至深。查公法首重使臣，虽启衅端，必妥护出境，然后开仗。即春秋诸国兵戎相见，使臣仍往来其间，可见实中西通义也。倘以堂堂大国而任兵民迁怒于公使，滥行焚杀，于理未协，于情亦未安。且今各国连横，势力雄厚，虽孙吴定策，颇牧将卒，犹恐决胜万难，是非委曲迁就，无从了结。特结之解不解，系乎使之存不存。亟宜责成得力之军认真保护，并派总署大臣亲往慰问，嘱其各告平安，俾各国得电，疑愤稍纾，转圜较易。近英、俄意见渐露参差，据西报云，俄欲排解。请饬驻使密探，如有机可乘，或救眉急。时事瞬息千变，全仗随机善应，勿稍胶柱，庶就范围。谨献刍荛，伏乞采择，请代奏等因，前来。理合据电附片密陈。谨奏。

光绪二十六年六月二十二日奉朱批：另有旨。

李鸿章刘坤一奏奉谕暂行停还洋款谨据实核计请旨遵行折

两广总督李鸿章、两江总督刘坤一奏，为钦奉谕旨，暂行停还洋款，谨据实核计，请旨遵行事。

窃臣等前奉寄谕：各省认还洋款，着即暂行停解等因。钦此。目下中外兵端已开，臣等惟有钦遵，力筹战守。恭绎廷旨之意，本因防亟饷绌，故俯为各省筹画，移还款以充饷需，惟此事于全局军饷甚有关系。现在东南各省尚无兵事，商货亦尚流通，故税厘得以征解，军饷得资挹注，而风鹤震惊，居民迁徙，收数已不免短绌。各项洋款均以关税、厘金作抵，彼念我通商之利，与应还之款牵制顾忌，不敢到处逞志。今若停还，若无所希冀，各国股票惊惶，必致耸动该国力据海关，分扰沿江、沿海、沿边等省。臣等均有守土之责，自应极力抵拒。惟利钝非所逆睹，难免日久旷时，从此军事四起，腹地伏莽乘机滋扰，外侮内患，天下骚然。洋货不能入，土货不能出，各省商贾裹足不前，洋关与沿海常关固涓滴无收，内地厘税亦必因而大绌。京外正在筹备战守，饷需不继，为害非轻。查每年应还各项洋款计共二千数百万两，每年洋税及洋药税计收二千数百万两，常税厘金计收二千万两左右，税厘两项几可收银四千余两，除还洋款外，尚可余银二千万两之谱。若沿江、沿海、沿边等省到处用兵，洋税全失，内地税厘收数亦必十去五六，通盘核计，较之向解洋款转受亏在千万两以外。是停还洋款，于各省筹饷有损，尤于京饷有妨，盖停战无期，则需饷尤巨。既有必战之志，必宽留筹饷之源。臣等再四思维，拟恳天恩，俯念此时保疆以练兵为急务，筹饷以商贾厘税为大宗，洋款若停，牵动内地厘金，亦碍华民生计，转于饷需有害，京饷及北上诸军饷项无从接济，关系尤大。可否饬下户部通盘筹计，俯准暂行，仍照旧案解还，以保饷源而维全局。俟数月后，体察大局情形，再行请旨办理。臣等未敢擅专，谨据实核计声明，请旨遵行。谨奏。

光绪二十六年六月二十三日奉朱批：另有旨。

太常寺卿袁昶奏大臣信崇邪术请严惩祸首折

太常寺卿袁昶奏，为密陈大臣信崇邪术，误国殃民，请旨严惩祸首，以遏乱源而救危局事。

窃自拳匪肇乱，甫经月余，神京震动，四海响应，兵联祸结，牵制全球，为千古未有之奇事，必酿成千古未有之奇灾。昔咸丰年间之发匪、捻匪负嵎十余年，蹂躏十余省。上溯嘉庆年间之川陕教匪沦陷四省，窃据三四载。考之方略，见当时兴师振旅，竭中原全力，仅乃克之。至今视之，则前数者皆手足之疾，未若拳匪为腹心之疾。盖发匪、捻匪、教匪之乱，上自朝廷，下至闾阎，莫不知其为匪，而今之拳匪，竟有身为大员谬视为义民，不肯以匪目之，亦有知其为匪，不敢以匪加之者。无识至此，不特为各国所仇，且为各国所笑。

查拳匪揭竿之始，非有枪炮之坚利，战陈〔阵〕之训练，以扶清灭洋四字号召群不逞之徒，乌合肇事。若得一牧令将弁之能者，荡平之而有余。前山东巡抚毓贤养痈于先，直隶总督裕禄礼迎于后，给以战具，附虎以翼。夫扶清灭洋四字，试问从何解说？谓我国家二百余年深仁厚泽浃于人心，食毛践土者思效力驰驱以答覆载之德，斯可矣！若谓际兹国家多事，时局维艰，草野之民具有大力能扶危而为安，既能扶之，即能倾之，其心不可问，其言尤可诛。臣等虽不肖，亦知洋人窟穴内地，诚非中国之利。然必修明内政，慎重邦交，观衅而动，择各国中之易与者一震威权，用雪积愤。当外寇入犯时，有能奋发忠义，为灭此朝食之谋，臣等无论其力量何如，要不敢不服其气概。今朝廷方与各国讲信修睦，忽创灭洋之说，是欲横挑边衅，以天下为儿戏。且所灭之洋人指在中国之洋人而言，抑括五洲各国之洋人而言？仅灭在中国之洋人，不能禁其续至，若尽灭五洲各国，则洋人之于华人奚止十倍？其能尽灭与否，不待智者已知之。

不料毓贤、裕禄为封疆大吏，识不及此。裕禄且招揽拳匪头目，待如上宾，乡里无赖棍徒聚众千万人，持义和团三字名帖即可身入衙署，与该督分庭抗礼，不亦轻朝廷而羞当世之士耶？静海县之拳匪张德成、曹福田、韩以礼，文霸之王德成等，皆平日武断乡曲、蔑视官长、聚众滋事之棍徒，为地方巨害，其名久著，土人莫不知之，即京师之人亦莫不知之。该督公然入诸奏报，加以考语，为录用地步，欺罔君上，莫此为甚。又裕禄奏称：五月二十夜戌刻，洋人欲占据大沽炮台屯兵，提督罗荣光坚却不允，相持至丑刻，洋人竟先开炮攻取，该提督竭力抵战，击坏洋人停泊轮船二艘。二十二日，紫竹林洋兵分路出战，我军随处截堵，义和团民分起助战，合力痛击，焚毁洋房不少。臣询由津避难来京之人，佥谓，击沉洋船、焚毁洋房实属并无其事，而我军及拳匪被洋兵轰毙者不下数万人，异口同声，决非谣传之讹；甚有谓，二十日，洋人攻击大沽炮台，系裕禄令拳匪攻紫竹林挑衅等语。此说或者众怨攸归，未可尽信。而诳报军情，竟与提督董福祥诈称使馆洋人焚杀尽净如出一辙。董福祥本系甘肃土匪，穷迫投诚，随营效力，积有微劳，蒙朝廷不次之擢，得有今职。应如何束身自爱，仰答高厚鸿慈，乃比匪为奸，形同寇贼，迹其狂悖之状，不但辜负天恩，益恐狼子野心，或生他患。裕禄历任兼圻，非董福祥武员可比，而竟愦愦乃尔，令人不可思议。要皆希合在廷诸臣谬见，误为圣意所在，遂各倒行逆施，肆无忌惮，是皆在廷诸臣欺饰锢蔽有以召之也。

大学士徐桐素性糊涂，罔识利害。军机大臣・协办大学士刚毅比奸阿匪，顽固性成。军机大臣・礼部尚书启秀胶执己见，愚而自用。军机大臣・刑部尚书赵舒翘居心狡狯，工于逢迎。当拳匪甫入京师之时，仰蒙召见王公以下内外臣工垂询剿抚之策，臣等有以团民非义民，不可恃以御敌，无故不可轻与各国开衅之说进者，徐桐、刚毅等竟敢于皇太后、皇上之前面斥为逆说。夫使十万横磨剑果足制敌，臣等凡有血气，何尝不愿聚彼族而歼旃。否则，自误以误国，其逆恐不在臣等也。五月间，刚毅、赵舒翘奉旨前往涿州解散拳匪，该匪勒令跪香，语多诬罔，赵舒翘明知其妄语，其随员人等则太息痛恨，终以刚毅信有神术，不敢立异，仅出告示数百张，含糊了事，以业经解散复命。既解散矣，何以群匪如毛，不胜狝〔猕〕薙？似此任意妄奏，朝廷盍一诘责之乎？近日天津被陷，洋兵节节内逼，曾无拳匪能以邪术阻令前进？诚恐旬日之间，势将直扑京师。万一九庙震惊，兆民涂炭，尔时作何景象？臣等设想及之，悲愤填膺。而徐桐、刚毅等谈笑漏舟之中，晏然自得，一若仍以拳匪可作长城之恃，盈廷惘惘，如醉如痴，亲而天潢贵胄，尊而师保枢密，大半尊奉拳匪，神而明之，甚至王公府第闻亦设有拳坛。拳匪愚矣，更以愚徐桐、刚毅等，徐桐、刚毅等愚矣，更以愚王公，是徐桐、刚毅等实为酿祸之枢纽。若非皇太后、皇上立将首先袒护拳匪之大臣明正其罪，上伸国法，恐廷臣佥为拳匪所惑，疆臣之希合接踵而起，又不止毓贤、裕禄数人。国家三百年宗社将任谬妄诸臣轻信拳匪为孤注之一掷，何以仰答列祖列宗在天之灵？

臣等愚谓，时至今日，间不容发，非痛剿无词以止洋兵，非诛袒护拳匪之大臣不足以剿拳匪。方匪初起时，何尝敢抗旨辱官，毁坏官物？亦何敢持械焚劫、杀戮平民？自徐桐、刚毅等称为义民，拳匪之势益张，愚民之惑滋甚，无赖之聚众。使毓贤去岁能尽心力剿，该匪断不致蔓延至直隶。使今春裕禄能认真防堵，该匪亦不致闯入京师。使徐桐、刚毅等不加以义民之称，该匪尚不敢大肆其焚掠杀戮之惨。推原祸首，罪有攸归。应请旨将徐桐、刚毅、启秀、赵舒翘、裕禄、毓贤、董福祥先治以重典，其余袒护拳匪与徐桐、刚毅等谬妄相若者一律治以应得之罪，不得援议贵议亲为之末减，庶各国恍然于从前纵匪肇衅皆谬妄诸臣所为，并非国家本意。弃仇寻好，宗社无恙，然后诛臣等以谢徐桐、刚毅诸臣。臣等虽死，当含笑入地。流涕具陈，不胜痛愤惶迫之至！谨奏。

光绪二十六年六月二十六日。

清季外交史料卷一百四十三终

清季外交史料卷一百四十四

光绪二十六年七月至十月

江海关道呈总署杨使电称俄皇谓须在京各使无恙方有词排解电

接杨大臣啸电，请转尊处，飞呈军机处代奏，照译俄主复电：俄国大皇帝与大清国光绪大皇帝友谊素敦，关念中国最为真切，以敦友邻之邦，事机危急，甚为焦忧。北京情形，俄国使署人民暨他国使署人民存亡莫测，深用为大局虑，刻下尚无从措办。惟俄国意旨始终如一，当竭力帮助中国平定地方，剿办乱匪。此等乱匪初与天下各国为难，现已蔓延满州〔洲〕，与贵专使李鸿章订定密约大相违背。如此情形，向各国设法调处，实难启口。如大皇帝政权自操，设法先将各国旅民〔居〕贵国人民照约保护，一面剿平乱匪，朕深愿竭力帮助大皇帝挽回时局，不令贵国生灵涂炭，是为至盼云。外部称：俄主一意敦睦，但须在京各使无恙，满洲铁路保全，方有词向各国排解，现各使情形，务乞示知等语。仍请电谕东三省将军，力保铁路，勿与俄开衅。是为至要！请代奏。再，初三电旨，十六日始到，已向外部切实声明云。合并电闻，乞速奏。

七月初五日

总署致罗伍杨裕李五使驻京各使均一律平安希先达外部电

驻京各使均一律平安无恙，近日致送蔬果、食物数次，往来甚好。现在商议保护各使，赴津暂避，将有头绪。惟天津现已开战，不便准发密电，已告各领事，转报各本国。希先达外部。

七月初六日

使俄杨儒致总署俄外部以我办事颟顸出示六条请速补救电

顷，外部约晤，以我剿匪延宕，办事颟顸，气愤见于词色，出示六条，切嘱电达政府：一、贵国屡称平乱，迄无举动。二、贵国大皇帝暨各督抚虽请俄国调处，阻各国进兵，仍不准俄国人民径与本国通电，又不将伊等护送至津。三、如此情形，俄此后不能容忍。四、俄国人民立盼释放，并加保护。五、如贵国顾自己利益，将来欲俄相助，须有真实凭证，空言无益。六、以上各条，立待明白见复云。外部又称：俄屡阻各国进兵，因久闭各使，兹已词穷。中国既不送出各使，又阻人进兵，安有此理？中、俄既称交好，何不先释格使。外部之言虽非哀的美敦书，俄实预为决裂地步。前俄主复电保路、保使两层，无一办到，兵部日劝进兵，大局可虑。儒窃恐各国兵内犯，已难禁阻，彼断不以各使将遭毒手而气馁。惟商办善后，必视各使之存亡为操纵，惟赖朝廷设法筹画，补救危局。

七月初八日

江督刘坤一致枢垣吕使电称德使被戕未经查明之先德外部未能代递国书电

吕使电请转军机处，国书钦遵译送。顷，外部复称：中国大皇帝电书已到，惟未悉驻京各使馆暨在京洋人被困情形，德使惨被残杀如何惩偿，及如何切实设法，足保将来按照公法、礼法办事，以上未经查明之先，电书未能遽代呈递云。请代奏。

七月初八日

使英罗丰禄致总署报义主被刺逝世电

义主昨日被刺逝世，应否传旨致唁，祈代奏请旨。

七月初八日

大理寺卿盛宣怀致总署伍廷芳电美国首倡保全中国电

伍使江电：美谓，各使通电，方易商办。美国前得康格一电，喜甚，始首倡保全中国疆土，照会各国。近日各驻使请总署转致各公使及赫德电，问其是否无恙，数日未得复电，益恐因疑生惧，进兵愈速。可否请旨准其通信，使其国人得见各使函电，涣然冰释，谕旨、国书保护，并非虚言，关系大局匪浅。至我使除德国只准通明电外，其余仍通密电，此系和战关键。昨复刚相电，已极言之。用特密达。

七月初九日

中丹英会订沪沽水线合同

中国电报总局、英国大东公司、丹国大北公司会议订立。

中国电报局以后即称电局，古本海根之大北水线并大东水线公司以后称两公司。现因电局愿由上海至北洋安设水线一条，两公司愿承办此条水线。中国电报局由督办盛大臣、大北公司由驻华代理总办毕德生史温生、大东公司由驻沪总办蒲勒德主政，故特于光绪二十六年七月初十日西历一千九百年八月四号，彼此授有全权，议定合同，所议各款开列于后：

第一款　两公司承办安设水线一条，由直隶之大沽口直达江苏之吴淞口，中间在烟台上岸，并盖造水线房及开局所需机器、电瓶各料全备，以资创办。

第二款　电局付两公司水线价计英金二十一万镑，连本及按年五厘利息，分作三十年付清。核定准数，每半年照付一次。第一期，西历一千九百一年三月三十一号。如二十五年后电局愿将所余之款并作一次付清，亦听其便。如到期不付，或付而未清，两公司可在与电局前后所立合同之付款内扣除。

第三款　此条水线，现作为第二款内金镑之质，抵押与两公司。此外无论何人，不得将此水线全条或一段执押购买。如电局因亏空及别项意外事故，均不得任债主或他人夺取此水线为质。

第四款　电局与两公司或一公司前后所订别项合同及后附条款，均展限至一千九百三十年底。

第五款　于第二款内金镑未付清之先，此水线全归两公司专管修设。其详细各款，另订合同办理。

第六款　与有关系之政府必欲将此水线接通至威海卫、旅顺、胶州，可由两公司承办。至接通三处之水线，如各政府并无异言，则电局亦可照此合同办理。惟其价按英里算，临时议定。

此合同中、英文照缮三纸，校对无讹，各执一纸，画押为凭。

大清光绪二十六年七月初十日。

西历一千九百年八月四号。

督办电政事宜・头品顶戴・大理寺少堂盛。

驻沪大北水线公司代理总办毕德生史温生。

驻沪大东水线公司总办蒲勒德。

杨儒吕海寰裕庚李盛铎罗丰禄伍廷芳致枢垣请送各使至津或令与本国通电以示凭信电

屡遵电旨，告外部，各使平安无恙，彼总以无确实证据，益滋疑虑。应吁恳迅速派队将各使馆人员暨眷属护送至津，或令与本国通电，以示凭信而救时局。乞代奏。

七月十一日

全权大臣李鸿章致总署据李盛铎电须派重臣与联军总统言和电

据日本参谋云，中国须从速派有威望重臣，曾办交涉者，面承谕旨，亲赴前敌，与联军总统宣布朝廷推广议和之意，并商办送使之意。据伊看来，如此办法，各国当可允停战，然后各派全权议款，非此办法，停战恐难，从前德、法之战亦是如此办法云。可否即照美、日各使所云办理？德有戕使之隙，复电亦称：知两宫十分为难，并无仇视，请勿多虑。乘舆万万不可西幸，不迁则各国有言在先，尚有可议之约，可转之机，迁则朝廷不自剿匪，团众必拥卫西行，闻各国已预备陆军向西截击。千里蒙尘，中途波折，自蹈危机，何堪设想？请设法电奏云云。谨代奏。

七月二十二日

附注：查本书所附《西巡大事记》，系光绪二十六年七月二十一日起，至二十七年十一月二十八日止，其时先严随扈往返京陕，所有行在文电均载入大事记内，未便另列，以免雷同。阅者注意。

全权大臣李鸿章奏义和团实匪而非民亟宜痛剿折

直隶总督李鸿章奏，为义和团实匪而非民，亟宜痛剿，以维大局事。

窃维中外构衅，自古有之，而制驭之方，要在审己量力，择而处之。我朝自道光中叶以来，外祸日滋，渐成坐困。驯至庚申之变，入我京师，焚我园淀，乘舆北狩，迫致升遐，此固子孙万世必报之仇，薄海臣民所当泣血椎心、卧薪尝胆者也。自是法扰越南，尽撤藩服。日争朝鲜，丧师失地。尤无理者，德占胶州湾，俄占旅顺、大连湾，英索威海卫、九龙，并推广上海租界、内地商埠，法索广州湾，侵入沿海之地百余里，种种要挟，万难忍受。于此而不图自强，是谓无耻，于此而不思报怨，是谓无心。臣受国家厚恩，负天下责望，岂不愿大张挞伐、振我皇威？倘于衰迈之年，亲见四国来宾，万方归服，岂非此生之大幸？无如熟审众寡之不敌，细察强弱之异形，宗社所关，岂可投鼠？卵石之敌，岂待蓍龟？试以近事言之。

紫竹林洋兵仅二三千人，拳匪他军实盈数万，以一敌十，鏖战旬日，毙洋人仅数百，杀华人已及二万，而兵火伤夷又以数万计，是兵是匪共战寡弱之外人皆不敌矣！又京城使馆本非城郭，使臣、随参、水兵本非劲旅，拳匪及董军攻之，兼旬不克，为所伤害又以数千计，是兵与团合攻孱怯之外人亦不敌矣！今各国之师连艅而至，快枪毒炮纷载而来，朝廷果有何军堪以捍御？天下果有何将堪以折冲？窃计子药无多，粮饷将竭。若各国以十余万众直扑都城，固守不能，播迁不得，虽欲如木兰之巡幸而无胜保阻遏之师，虽欲如马关之议和而无伊藤延接之使。彼时拳匪四散，朝右一空，亲贤谁倚？枢辅无材，此以皇太后、皇上为孤注之一掷耳！思之寒心，奚忍出口？夫拳匪假借神灵，妄言符咒，诬民惑世，本盛世所必诛。汉有三五里雾而汉以亡，宋有六甲神兵而宋以灭。此盖白莲余孽，世宗宪皇帝先遏其萌，仁宗睿皇帝终平其难。累朝圣训，昭示子孙，岂容以宵小之澜言弃祖宗之家法？

臣年届八旬，死亡无日，沐四朝之豢养深恩，若知而不言，言又不切，九泉之下，何面目见列祖之灵乎？用是沥血敷陈，伏祈宸衷独断，迅绌〔黜〕庸妄之臣工，立斩猖狂之妖孽，知义和团是匪非民，亟宜痛加剿洗，知扶清灭洋乃假托名号，不可姑息养痈，立简重臣，先清内匪，善遣驻使，速送彼军。臣冒暑遄征，已临沪渎，屡奉敦促，岂惜扶疾以行？惟每读诏书则国是未定，认贼作子则人心未安，而臣客寄江南，手无一兵一旅，即使奔命赴阙，道途险阻，徒为乱臣贼子作菹醢之资，是以小作盘桓，预筹兵食，兼觇敌志，徐议排解，仍俟布置稍齐，即行星驰北上。谨奏。

光绪二十六年八月初二日。

刘坤一张之洞致总署及荣禄请专力剿匪电

各国洋电皆以拳匪妄杀生衅，我不速剿，致动众怒。日本电谓，若肯剿匪，尚有转机。京城危急，北望焦灼。查拳匪符咒惑人，传教煽乱，实不能避枪炮，嘉庆十三年久经谕禁。若系直隶义民，何以陕西李来中为首？是为邪教，应剿一也。不遵诏旨解散，内外乱杀，华洋均受其害，且要挟钦使，请杀新城、莱水两知县，目无法纪，是为乱民，应剿二也。旗书扶清灭洋，乃各省会匪故套。若助朝廷，何以抗旨？北自京城，东至天津，西至河间，周围千余里，均被滋扰，勒派供粮。其中不尽教民，亦滥遭焚杀。畿辅灾旱，民不聊生。是为土匪，应剿三也。毁坏国家所设电线、铁路，值数百万，阻诏奏，误军行，又焚毁京外洋房、民房无算。是为盗匪，应剿四也。即不与各国开衅，亦应痛剿。况无故戕害洋人、洋房，杀日本参赞。今海口已被占夺，都城布满洋兵，增兵增舰，且匪无械无纪，在东在直，皆不能敌。官兵近日在落垡被洋兵击毙无算，在〈东〉交民巷又被洋兵击毙，未见其能避枪炮者。若谓乌合乱匪能与大队洋兵拒战，断无其事。仰恳皇太后、皇上圣断，念宗社之重，速持定见，勿信妄言，明降谕旨，力剿邪匪，严禁暴军，不准滋事，速安慰各使馆，力言决无失和之意，告以已召李鸿章来京，李到当与各国妥商办法。闻美国在大沽并未开炮，宜先托美使调停，劝令停兵息战，我方可专力剿匪。并请速发电旨，述皇太后、皇上之意，饬驻各国使臣令向外部道歉，日本被戕参赞优加抚恤，力任以后保护，明谕各省保护洋商、教士，众怒稍平，庶可徐商挽救。宗社安危所关，间不容发。再过数日，大局决裂，悔无及矣！焦思悚惶！坤一等意见相同，谨合词吁恳圣鉴。请代奏。因道路梗阻，分递两处：一呈总署，一呈荣中堂，均请代奏，以冀必有一路可到，并恳中堂示复。

八月初三日

刘坤一张之洞奏密陈大计以救危亡折

两江总督刘坤一、湖广总督〈张之洞〉奏，为密陈大计，以救危亡事。

窃此次拳匪肇乱，中外构兵，驯致决裂不堪，实为千古所罕见。各国因听各驻使之言，归罪于误信拳匪之王公大臣，必欲严速惩办，方可议和。臣坤一、臣之洞每晤各国领事及经过洋员，剀切开导，示以闰八月初二日谕旨，嘱其转达外部，催令开议停战，而各国以事未施行，疑系空言搪塞，固执前说，众口一词。观于德、日所复国书及美总统之言，其情若见。若不迅速惩办，现在联军已抵保定，并闻将趋正定，似此深入不已，万一渐引而西，断非程文炳、董福祥等所能敌，亦非百二山河所能阻。不得不仰恳宸断，立将该王公大臣分别治罪安置，毋令随扈，以平各国之愤，以释各国之疑，当可早日开议。该王公大臣误用拳匪，或出一时愚昧，惟各国啧有烦言，势将危及宗社，即应以身任咎。古来当国辅臣每遇水旱盗贼，辄以佐治无状，自请罢斥，义固应尔，史册可征。况经开邻衅，乘舆播迁，该王公大臣应已体谅及此。且由我速办，尚存自主之权，去可复还，夺可复与。若迁延日久，时局日非，深恐将来要索益坚，转非该王公大臣之福。此外，各省有酿成拳祸、杀戮无辜之员，应行重办，朝廷自有权衡。臣等自五月以来惊魂欲断，血泪将枯。自维待罪疆圻，何敢妄预内政？第事关存亡大计，不得不冒死沥陈。谨奏。

光绪二十六年闰八月初六日。

江督刘坤一等奏请收回幸陕成命以安人心电

两江总督刘坤一、湖广总督张之洞、陕甘总督魏光焘、署两广总督德寿、浙江巡抚刘树堂、山东巡抚袁世凯、湖北巡抚于荫霖、湖南巡抚俞廉三、安徽巡抚王之春、署江苏巡抚聂缉椝、大理寺少卿盛宣怀等奏。

自拳匪扰乱，构衅列邦，京津相继失陷，辽东亦多失守，以致宗社震惊，乘舆播越，薄海臣民皇皇失措。迭奉明诏，暂幸太原，剿治匪徒，议及亲贵，仰见我皇太后、皇上前者之苦衷，今者之明断。虽外人尚未满意，然已渐有转机。天下士庶，莫不欢欣鼓舞。方冀畿辅廓清，指日回銮，上慰九庙之灵，下遂兆民之望，乃昨日恭读电传谕旨，定于初八日启銮西幸长安等因，臣等鳃鳃过虑，有不得不直陈者。

自古国家多难之秋，亦有迁都之举，然必其地敌人不能深入，即深入亦不能持久，始能立国图存。今日联军谋坚势众，实与古来强敌情势不同。况陕西地方古称天府，今匪雄都，又与甘肃为邻，素称回薮，较之京师虽云完善，即就目前言之，各国方以新胜之师联合图进，我既能往，寇亦能来，不畏数万里之海涛，岂畏数千里之陆道？况京师根本重地，二百余年邦基巩固，一旦弃之，不特失臣民之望，度亦非圣心所安。前者各国合请退兵，不占土地，无论所请果否出于至诚，正可藉回銮之说以速其撤兵之议。倘西幸愈远，是折各国之请而阻就款之忱。万一激变宗旨，洋兵不撤，京畿从此沦胥矣！辽东不复，陵寝因而阻隔矣！一国变计，各国争先。外而沿江、沿海处处侵占，内而纷纷扰扰，奸宄生心，瓜分之势成，糜烂之祸亟。人心愈摇，饷源愈竭，而朝廷徒局偏安，为闭关自守之计，不待智者已知其难。伏乞睿裁，收回幸陕成命。若乘舆已距陕伊迩，势难折回，亦请明降谕旨，布告天下，具言此次幸陕亦系暂计，俟畿辅稍定，即行回銮；并由京简派王大臣致祭宗庙，恭谒诸陵，示天下以不忘宗庙社稷之重，断无终不回銮之理；一面仍饬令全权大臣婉商各使，果其退兵，示以必返，庶足以安人心而维大局。伏乞圣裁。

闰八月十九日

江督刘坤一等奏接杨儒电称移跸陪京此非其时电

再，臣坤一近接杨儒电称：俄外部云，各国势必大举西向，恐未定咸阳之居，又将税兰州之驾等语。即臣等所闻各国议论，大略相同。今者幸陕之举，议者必以为秦中奥区，远于海口，又有黄河潼关之险，敌来较难，拒敌较易。不知古今兵事，势各不同。

八国环攻，与一国构衅又不同。今日战事全凭枪力，守御全凭炮力。潼关、同州等处，黄河宽仅三四里，愈上愈狭，外国陆路行营快炮及新式田鸡炮可隔山遥击数里，中国仅恃土枪土炮岂能守河守关？且各省炮少弹缺，自造无多，假令敌兵深入，中原运道必然梗阻，不过数战，兵食俱穷，此陕省拒敌之难也。外洋通例，凡有约之国必驻公使。若公使所不驻者，即不视为与国，不立和约。即使迁都陕西，各国并无疑义，亦必各遣公使来陕驻扎。经此次事变之后，使馆必派洋兵保护。去海愈远，驻兵愈多。且直隶、山东、河南节节皆驻重兵。是无论迁都何处，必有使馆，必有洋兵，徒使中原数千里皆为外人盘据，此陕省迁都之难也。总之，陪都之计全在平日经营，若战败之后，则敌人必有责言矣！守险远海亦御外之一策，若海口既已属人，内地素无守具，则险者失其险矣！各国并力，各省遍扰，彼有接济之便，我无持久之方，腹背受敌，跋前疐后，则远者失其远矣！此事须俟事定之后从容筹之。遇一国生衅之时，必先结缘数国，移跸陪京，军械充足，炮台固密，再行开战，斯为要著，然非所论于此时也。以上各情，恐议者或未详考，不敢不据实上陈，以备朝廷采择。

闰八月十九日

中丹英会订沪沽新水线合同

中国电报总局，英国大东公司，丹国大北公司，会议订立。

中国电报局，于光绪二十六年七月初十日即西历一千九百年八月四号，与丹国古本海根大北电线公司以及英国大东电线公司，订立第一次公司代电局安设沪烟沽水线合同。此水线以后即称为新水线，从大沽安设起，至上海止，烟台作为中间之局。光绪二十六年七月初十日即西历一千九百年八月四号所订合同第五款内载：此新水线专由公司代办代管。其办理之法，电局与公司当另订详细合同，故特于光绪二十六年九月初四日即西历一千九百年十月二十六号，中国电报局由督办盛大臣、大北公司由驻沪代理总办毕德生史温生、大东公司由驻沪总办蒲勒德主政，彼此授有全权，按照第一次合同第五款订此合同。所议条款开列于下：

第一款　此新水线由公司代办代管，一切费用由电局出资。凡在沪、烟、沽三处局内所需报生、帐〔账〕房，应用各项机器料物，预备相宜局屋，于电务有益者，准公司代办。惟代电局额外用款数在千元以上者，必须先与电局会商。该公司在该三处地方可有径与各商家往来办事之权。以上三局局用宜省，传递宜速。公司允照自设之局，自设之线，一律办理，毫无歧视。

第二款　电局准给公司所租三处局屋房租，无论由公司自造以及由公司租定，并此次合同第一款内指明各项费用，均须由电局照给，并照每日实用之数额外加给五厘，作为酬劳。公司每于西月底开一清账，交于电局复核，电局于接到此账一月之后，照数付清。试办至西历一千九百一年年终止。届时，电局与公司可以议定，将应付公司局用等项约计成数，按年照付。

第三款　新水线由公司代管。如有阻滞，应由公司赶速代修。所有费用一切由局给付。公司水线船如无别项差使，准由电局雇用。船上所有电师、船主人等，机器、煤以及各项物件，均可随时借用。电局雇用此线船，每日船价英金一百五十镑，或数点钟亦作为一日。除上岸捞水线、放水线、驳船、舢板费由公司发给外，其余雇用船只各费由电局发给。所有领港及进口船税并一切水线船上零用，均在其内。惟修理新水线需添用水线，由公司代办，照原价，由电局出资，并照原价额外加给五厘，以作利息等费。所有修线之费，须于修通后一月内照数付讫。此两段新水线，各以通报之日起，一个月为期，期内如须修理，除有意割断外，其修费归公司自给。自安设该新水线之日起，三年期内，如有破断，而其破断之由察得因所用上岸并近海边以及海中深处各项水线轻于该公司本线相同之处原用之料者，该公司允将该新水线所断之处照本线原用重料修好，其费由公司自备。

第四款　沪、烟、沽之处与新水线接通之旱线，由电局自设自管，总使迅速传递各报，不致延搁。

第五款　电局现在准将沪、烟、沽三处旱线报费价目与新水线同业已照办。倘以后电局欲改价目，应先与公司会商。

第六款　公司在沪、烟、沽三处应将经过新水线各报逐号列册，电局派出沪、烟、沽三处稽核总管，可以随时到各该公司查核帐〔账〕目。沪、烟、沽三处公司应将所有经过沪、烟、沽全段或沪、烟、沽半段新水线出洋以及内地往来报费在上海代收者，逐日交电局。在烟、沽二处者，逐日就近代电局存各该处中国通商银行，由银行付收条，交各公司经理人收执。惟大沽一处，日前北方乱事未平，所收报费应汇上海公司，由上海公司转交电局。至目前汇寄此项报费应如何办理，并如何分期，暂可任由公司定夺。烟、沽二处之账，每逢西历月底，由电局所派稽核总管并该二处公司经理人签字，寄上海，按西历月分清结一次。所有一切账务以及代公司所收外洋报费，仍照电局与公司向章办理。此等账目可随时复核。电局应付公司此新水线价值，如到期不付，公司可在此次所订合同并以前所订各合同公司应划交电局各款内扣除。

第七款　此合同期内，局中各事，凡华人可以充当者，公司允尽用华人，惟每处公司应参用西人若干，由公司主政。

第八款　除此项新水线合同或有条款稍异外，所有电局与公司前订草约各项合同条款，此次新水线一律遵照办理。

第九款　光绪二十六年七月初十日即西历一千九百年八月四号所订合同第六款内载三条水线，两公司有权在沪、烟、沽三处局内通报。

第十款　公司与电局应按照此合同信守办理。至光绪二十六年七月初十日即西历一千九百年八月四号所签合同第二款内指明之款交清之日为止，二十五年后，电局欲将新水线自管，此合同第八款仍须展期至西历一千九百三十年十一月三十一号为止。

第十一款　此合同订于上海，用华、英文各缮写三分，彼此签订，各执一分，以资信守。

大清光绪二十六年九月初四日。

西历一千九百年十月二十六号。

督办电报事宜・头品顶戴・大理寺少卿盛押。

驻沪代理总办大北水线公司毕德生史温生押。

驻沪总办大东水线公司蒲勒德押。

中丹英会订京津沽陆线暂行合同

中国电报总局，丹国大北公司，英国大东公司，会议订立。

中国电报局以后即称为电局，于光绪二十六年九月初四日即西历一千九百年十月二十六号，与丹国古本海根大北电线公司以及英国大东电线公司以后即称为公司，订立合同。电局情愿修复大沽至北京陆线，并复设天津、北京两处电局，两公司愿为帮助，是以特于今日议定条款，彼此允照。中国电局由督办盛大臣、大北公司由驻扎中国署理总办毕德生史温生、大东公司由总办蒲勒德主政，彼此授有全权，订立合同，所议条款开列于后：

第一款　公司当仰承各该国家权力，代电局向联军请准，由大沽至北京重造陆线，并于天津、北京设立电局，订明专归公司管理。

第二款　照第一款内所议，应由公司于天津、北京两局派一经理人。所有局内一切事务，并所用华人，均归该经理人统属调度。公司并可察核情形，随便添用洋人，冀臻上理。以上陆线，即由大沽水线公司通报。

第三款　电局可派司账数人，分驻京、津两局，专司收管电局报费。至大沽一处，所收各项报费当由公司汇缴电局。

第四款　所有公司于津、京两处造线设局以及公司所用洋人并一切局用，统由电局付给。

第五款　此合同在上海订立，用华、英文，各缮三分，校对无讹，彼此签订信守，至中国和约议定，北方联军大众退出，地方照常平靖为止，即行交还电局自行管理。

大清光绪二十六年九月初四日。

西历一千九百年十月二十六号。

督办电政事宜·头品顶戴·大理寺少卿盛押。

驻沪代理总办大北水线公司毕德生史温生押。

驻沪总办大东水线公司蒲勒德押。

俄提督致增祺议订暂且章程请画押钤印照会　附章程

为照复事。

前准闰八月十八日照会内开：兹派全权委员周道冕等前往面商事件一节，查该员等现已行抵旅顺，本提督即派交涉总管阔为全权委员，与该道等商办一切。兹于俄历十月二十七日议订暂且章程，书写俄、汉文字，由该道等携归一分，转呈钧鉴。贵将军深明时事，必可早为画押盖印。查本国朝廷深悉贵将军名望素著，是以仍愿重申友谊，安静本省。本提督立意愿照现定章程，各施诚信，和衷共济，办理奉省各事宜，以资两有裨益可也。

九月二十八日，即俄历一千九百年十月二十八日

暂且章程九条

大俄国大皇帝愿保守俄、清两国永远睦谊，因此允许将俄军所占奉省各地方仍由大清国将军以及各员回署，重立从前美善政法，所以大皇帝派总理辽东租界各岛事宜·统辖各陆军兼太平洋海军事务大臣·二等水师提督阿为全权大臣，商议善后事件，同奉天将军立定章程。现因奉天将军增派周道冕、瑞丞安、蒋令文熙等为全权委员，面商一切。周道等现到旅顺，本提督遂派驻扎旅顺办理交涉事务总管阔，代本提督同该道商定暂且章程九条，阔总管、周道等先行画押钤印，各自呈请阿提督、增将军批准盖印。兹将章程开列于后：

第一条　增将军回任后，应任保卫地方安静，务使兴修铁路毫无拦阻损坏。

第二条　奉天省城等处现留俄军驻防，一为保护铁路，二为安堵地方。将军及地方官等应与俄官以礼相待，并随时尽办帮同，譬如住宿处所及采买粮料等事。

第三条　奉省军队联络叛逆拆毁铁路，应由奉天将军将所有军队一律撤散，收缴军械。如不抗缴，前罪免究。至俄队未得之军器库所存各军装、枪炮统行转交俄武官经理。亮按：此时黑龙江军械已为俄搜索殆尽，吉林枪炮为俄运走，子弹悉抛松江。奉天除阵失之外军械尚多，故以此为要挟。

第四条　奉天各处俄军未经驻扎炮台、营垒，由华员偕俄官前往，当面一并拆毁。若俄员不用火药库，亦照前法办理。亮按：奉天省只旅大有炮台，已为俄租界，营口炮台，中东之战已为日本所毁。重要口岸炮台，损失殆尽。又三省火药库，其时已为俄占。

第五条　营口等处，俄官暂为经理。俟俄廷查得奉省确实太平，再许调换华员。

第六条　奉天通省城镇应听将军设立巡捕、马步各队，保护商民。其余屯堡，亦一律照办，统归将军主政。人数多寡，携带枪械，另行酌定。

第七条　沈阳应设俄总管一员，以便办理奉天将军、辽东总理大臣往来交涉事件。凡将军所办要件，该总管应当明晰。

第八条　将来将军设立奉天各处巡捕、马步各队，倘遇地方有事，不足于用，无论水陆、边界、腹地，可由将军就近知会俄总管，转请俄带兵官尽力帮同办理。

第九条　前八条遇有评论，以俄文为准。

以上暂且章程九条，增将军回省立即照办。嗣后将军、总理大臣或遇两国利益相等应须添改之事，再行商议酌改。

盛京将军增祺致俄督请将暂且章程画押钤印照会

为照复事。

案照本军督部堂前经会同奉天府尹玉恒照会贵大臣，所有地方与铁路关涉诸事，自当尽力相济，以速要工，派委周道冕等为全权委员，前赴台端，面商一切。嗣接贵大臣照会：奉本国大皇帝谕旨，军队由京撤回，并拟有由直隶省一律撤还者。至于奉天省，亦欲仿照北京、直隶办法。本大臣为百姓裨益，仍愿原来地方官回至本署，政治地方，以安民生。并望贵将军速还盛京。本国军队除撤还外，暂留一分，一为帮同护理地方，一为保全铁路，以免再有损坏。如贵将军回省，本大臣管保无险等因。既承贵国大皇帝谊重邻交，永敦和好，暨贵大臣隆情美意，正殷感佩，又念撤兵、平匪、安民系两有裨益，曾于十五、十九等日在新民厅两次电达贵大臣，以便商办一切事宜，并因周道冕等久无回音，恐于地面情形不熟，仍由本军督部堂面商一切。昨于二十八日，周道冕等同千总洼威洛夫持来贵大臣照会一件，现议暂且章程九条，本军督部堂查阅各条中虽尚有应行商酌之处，惟第三条撤兵缴械一事，尚须详筹妥善办法，庶可消患无形。又第五条营口等处，俄官暂为经理，俟俄廷查得奉省确实太平，许调换华员一节。查所称营口等处，并未指明均系某处，且海关道所收常、洋两税又归直隶总督经管，且事关地方职官，本军督部堂并无全权大臣字样，亦未奉到此次和约条章，碍难擅主，须俟奏明本国大皇帝饬议，再行画押。兹迭经千总洼威洛夫送到贵大臣来电，谓：此系暂且章程，以后能以改换等因。除本军督部堂另行具奏，核议办理，并应行商议改换添补各事，宜俟到省城，再为详议外，现将暂且章程九条画押盖印，交千总洼威洛夫携回，仍请贵大臣亦将此次暂且章程画押钤印，交敝差员携回备案。为此照会贵大臣，请烦查照，见复施行。

须至照会者。

十月初九日

盛京将军增祺奏奉省金旅等处失守自请处分电

盛京将军增祺电奏，奉省幅员延袤，南皆界海，东北沿边，控制本自不易。自俄占金、旅，兴修铁路，水陆皆据其冲，及熊岳、盖平、营口、海城相继失守，南路日逼日近，鸭绿江东岸亦有日兵数千分布伺伏。前因山海关防务紧要，京津无兵可拨，复奉旨，仍令总统讷钦带队填扎。而西北一带，拳教土匪滋扰，在在均关筹备。然北面尚恃有吉林、黑龙江为之屏蔽也。自江省失，吉林又约定，俄兵所至，手执白旗，各不开枪，而彼北路之兵随由伯都讷、长春南下，使我首尾兼顾不遑，全局更为震动。况又夺我唐山煤矿、铁路，山海关咽喉已为所扼。查海城失守后，停战几及月余。现忽调集重兵，并力攻我。闻因和议未定，有必欲力取东三省以为独占之说。且我已四面受敌，情见势绌，彼以全力总攻一处，其不支固已不待言喻。溯查，甲午日本一役，关内外调兵四百余营，宿将数十人，粮饷、军火不绝于道，然只防南半面。今兵力既远不相及，分防有四顾之虑，统将只晋昌、纳钦、寿长三人，现饷仅剩两月有余，又值京师戒严之后，电奏、文报一概不通，军务紧要，无所禀承。战则兵已溃散，和则彼不肯听，守则人心不固，到处以白旗相迎，现在吉林通省及奉天、牛庄、辽阳、田庄台、怀德、奉化各县莫不皆然。如黑龙江之敌，近省城始议迎战，及至晋城时，即将粮饷三十余万以及军火等项全行运去，凌辱副都统萨保，而以知县程德全办理将军事务，并将库存及各营兵丁现用军械全行撤去，此待降人例也。又吉林将军长顺，前因三姓、珲春、阿勒楚喀相继失守，兵力不能任战。且俄由珲春进兵，至鄂穆和索，截宁古塔后路，直趋省城，情势迫急，长顺曾派连桂赴哈尔滨与俄监工商议停兵，俄兵到处，各兵执白旗，不开枪，彼亦不进攻，并须格外优待，仍令文武各员照常弹压地面，商民各回安业，且到处皆令兵团撤械。银库被抢，电局把持，其省城、伯都讷、长春、伊通等处皆分兵驻守。虽云议和，实与黑龙江无异。且俄人残毒，前此江省曾与之战，至艾珲失守，杀华民数万人，余如珲春各城，皆残害不少。况奉省拆其铁路四五百里，尤所痛恨。且省城陵寝所在，辽阳既失，四面毫无屏障。大军已溃，则又守御无资。又况俄由西、南、北三面合围，日木〔本〕又由东边一带前进，四面包罗，势穷力竭，大局万难支持，不得不暂为退计。究之于守土存亡之义，实于臣职有亏。伏乞圣恩，将奴才增祺严行治罪，并将玉恒、清锐、崇宽、萨廉、溥颋、钟灵一并治罪之处，伏候圣裁。晋昌已出法库门外，陈兆文未知现在何处，合并陈明。

十月二十九日

盛京将军增祺奏晋昌擅拆俄路贻祸无穷寿长督率无方请一并议罪电

增祺片。

再，此次东三省边衅自拆俄国铁路始，折〔拆〕铁路实自副都统晋昌始。当本年拳匪初起时，曾经奴才出示严禁，嗣俄铁路工员来请保护，亦经出示弹压。忽于五月二十九日，据辽阳城守尉广林等电禀：育字军队在沙河等处烧毁俄铁路、桥梁二处，打死俄官一员，系晋昌所派，该尉等劝阻不从。奴才面向晋昌劝阻，亦不肯从命。由是大相龃龉时，俄员犹隐忍以嗣后保护为请。至六月初四、五日，拳民起事，连将俄各教堂、俄铁路工司先后焚毁，又会育字军将茨儿山俄人煤厂焚烧殆尽。自是辽阳以北，铁岭以南，车站、洋房、铁房莫不逐段拆毁，焚烧殆尽。维时李鸿章、刘坤一、杨儒电信均谓所关甚大，东三省危，大局亦危。并据俄工员电述该国谕旨，谓：此次用兵系为中国平乱，如我不毁其铁路，彼亦决不派兵前来等语。然已莫可挽回矣！当铁路初毁时，俄廷从不信有此事，复因屡被攻击，始议派兵。未几，熊岳、金州、盖平、营口相继失陷。晋昌旋赴海城，而海城又失。旋退辽阳，兵已大溃。忽据电称，战守均无把握。迨奴才照会俄军停战，则又云敌有可击之势，且调拨各队节节进逼，更招胡匪千名助势，而俄人亦即分路添兵。比战局已成，乃又令人讽示回省。奴才当以辽阳为省城屏蔽，敕晋昌不可移动，恐敌得乘虚而来，晋昌径自回省，敌人果于是日攻我牛庄。后路空虚，辽阳随亦失守，以致敌氛逼近省城，势不可支。且黑龙江将军寿山之与俄开仗，亦实因晋昌屡次电激之，以致数十万生灵惨遭涂炭，卒至东三省皆无完肤。虽妇人、女子无不叹息痛恨于晋昌之贻祸良深也。又已革副都统寿长，身任全军翼长，虽到营未久，兵未素练，惟督战无方，以致溃败，应与晋昌一并议罪。伏候圣裁。

十月二十〈九〉日

清季外交史料卷一百四十四终

清季外交史料卷一百四十五

光绪二十六年十一月至十二月

奕谟溥植准良等奏各国联兵盘据山陵情形折

奕谟、溥植、准良奏，为各国联兵盘据山陵，专折驰陈事。

窃自闰八月中旬以来，英、法、德、义四国联兵到省，驿递梗阻，文报不通。奴才等遣人四出侦探，奈兵气颓败，一闻洋兵信息，无论军民人等纷纷逃窜，即奴才等遣出兵弁，仅能得道路传闻，不能得实在消息。自九月初二日，四国分兵到易，英、意仅数百人，德、法约在三四千人。初七日，攻紫荆关，意在恫喝扬威，尚非一意前进。六陵尊藏陈设，以瞻仰保护为名，纵兵掠取。至初九日，公私衙署营房同被占据，掠取财物。初十以后，兼及市镇乡村，抢夺一空。前因全权大臣李鸿章办理和局，敛兵示好，所有直省一带谆谆诰诫，忍辱求全，不得令彼藉端，有碍和议。彼族阳居保卫之名，阴行抢掠之实。洋官则以安民为言，洋兵则以扰民为事。奴才等敷衍局面，勉与委蛇。刻下寝殿安然，树木无恙。倘一时和议难成，山陵重地，宜如何预筹保卫，奴才等无可措手，不胜焦急之至。再，十五日以后，英、德、意兵陆续开行。惟法人盘据不退，尚不时分兵各处，以搜查拳匪为名，肆行滋扰。此洋兵到易之实在情形也。至隆恩殿陈设各件，容俟洋兵退后详细查明，再行具奏。伏乞圣鉴。谨奏。

光绪二十六年十一月初二日奉朱批：洋兵尚未退尽，仍着随时认真保护。余依议。

奕劻李鸿章致各使议和条款遵旨画押请撤驻兵照会　附条款暨索赔章程

为照会事。

照得本年十一月初三日，接读各国钦差全权大臣公议条约十二款，足见各国与中国真心和好，曷胜欣感！所开各款，业经本爵大臣电奏，现奉中国大皇帝电旨，所奏十二条大纲，应即照允等因。钦此。旋于十七日，接各贵大臣送来条款，并葛大臣照会内开：所有要款施行其详细条目，应请贵王大臣议妥，以便当面答复，而免迟延各等因。本爵大臣当即遵照前奉谕旨署名画押。查诸贵大臣开来条约共十二款，中国业经允从，足适各国之意，自应照条约末节所称，撤退京畿一带驻扎兵队，未撤之先，自应停战止兵，不可派兵分往各州县城镇，四出骚扰，致令居民惊惧，是为至要。其余详细条目，欲商各事，开列于后，请烦查照。

须至照会者。

十一月二十日

议和条款①

第一款　德国钦差克林德事，应照办。

第二款　西历九月二十五日，即中历闰八月初二日上谕业将该王大臣等治罪，既据贵各国大臣条款，仍请严惩，自应照款内所称，分别轻重，治以应得之罪等语，奏请严加惩办。又载诸各国人民被戕凌虐之各城镇，五年内，概不得举行文武考试，查各府、厅、州、县所管城镇甚多，应查明何城何镇地方，如有戕害凌虐诸国人民之事，自应照办。此项自指学政岁科试而言，至乡、会试，系各直省合考之事，其有戕害凌虐诸国人民之城镇，应仍照前项查明办理，其他处城镇并无干涉者，仍应照常考试，以分良莠而示劝惩。

第三款　日本书记生杉山彬事，照办。

第四款　各坟立碑事，照办。

第五款　运进中国之军火暨专为制造军火之各种器料，照诸国后定之款，仍不准运入中国。查中国内地土匪随地皆有，且均执有洋枪火器，中国防勇若无精利枪械，难资弹压，设纷出滋扰，中外商民均不免受害，应请酌定年限，限满仍可购买。至制造军火之各种器料甚多，其有国家必需应用者，应由总署随时知照，准其购买。

第六款　中国国家须筹定各国所能允从之理财办法，以为担保如何赔补。查赔偿各款，须量中国之力，或宽定年限，或推情量减，必须通盘筹画。中国岁入、岁出各款，为诸贵国所深知。此次赔款，尤属额外加项。凡中国筹款有可设法增益之处，如加关税、加矿税、通邮政、行印花税之类，现已各国通行，望诸邻邦一律照允。

第七款　各国驻兵护卫使馆，并使馆境界自行防守，中国人民不准在界内居住。查此项驻兵，务请酌定数目，详订约束章程，庶可兵民相安，不致越界滋事。至使馆境界，系由何处起，何处止，应将内有公所衙署划出，并须先行勘定界址，以便转谕该处居民迁徙。

第八款　大沽炮台事，凡有碍畅道，议令平毁。

① 原文无此标题。

第九款　京师至海边畅道，诸国酌定数处留兵驻守。查此项驻兵共计若干、分扎几处，应先行商定，并由各国酌定约束章程，以免附近居民惊惶。驻兵专为各国保护官商之用，于中国地方及行旅均无干涉。中国国家并力任保护各国人民，由京师至海边决不使有断绝之虞。如一二年后，各国查明中国保护得力，亦可酌量情形，撤去各处驻守之兵队。

第十款　各省文武大小官员，于所属境内，均有保护各国人民之责，如复肇伤害他国人民之乱，必须立时弹压惩办。否则，该管官员即行革职，永不叙用。查中国地方官屡奉严旨，本有保护各国人民之责，如再有伤害各国商民等事，自应按律重处。惟此次肇乱，实由民教不和，惩前毖后，自当筹永远相安办法，应公同妥议和平详细章程，立为专条，以免教案日繁，民不堪命，官不胜参。

第十一款　凡通商行船以及关乎通商各地事宜以修改为有益者，中国认与商议更改。查各国以修改为有益者，自系为中国与各国均有利益起见，凡有损中国利权及商民生计、税科、款项等事，当非诸贵国所愿，其通商各地事宜以修改为有益者，中国自应认与商议更改。

第十二款　各国使臣觐见中国皇帝礼节，如须变通更改之处，自应临时彼此商酌定议。

以上各款，均系就诸贵大臣开来各款，引申其义，参以鄙见，详细声明，并非另有更改。如诸贵大臣公同商酌，并无异议，应将以上各节附注于开来各款之后，即为将来议约底本。至条款末节所称撤退京畿一带驻扎兵队，除在京保护使馆及由京至海边酌留屯兵外，其余在京及保定、天津等处地方兵队，应请从速酌定日期，全数撤回。其占据北京、天津、保定等处官禁、城垣、衙署、仓库，均应交还中国国家。想各贵国与中国共敦睦谊，定荷照允施行。

各国索赔章程

一、失毁物产果系因去夏拳匪所致者，始可索赔。

二、索赔之款，计有三种：一为各国赔款；二为各行及各西人赔款；三为华人曾经西人雇用者之赔款。

三、所有失毁物产，应开列详细章程，以便索赔。

四、索赔清单须交呈其本国公使。如事关各国者，则交呈资格最深之公使。各公使既将交呈索赔清单验过，如一切系按此次定章开列，即送交中国政府索赔，不再另列细单。

五、各物理合索赔者，均须照实价开列。应赔之款，亦许给息，平民以五厘，商家则以七厘行息。息钱未付之前，不得以息生息。至被毁之物，能与以下所列第七款章程相同者，始可给息，息即自被毁之日起算。

六、如各行、各西人经带兵官饬令将其所属之货物供给军营，以为保守之需者，则其所属之国或兵官必有字据承认，不向中国索赔。被毁物产须有实证，即按照其本国国律开单，交呈其所属之公使验明，并无可疑之处，始代向中国政府索赔。

七、被毁之物须将未乱前本有此物之实据，交呈其所属之公使照验。如该公使以为毫无疑窦，即能向中国政府索赔。失主所业何事，以及其平时进款若干，其所失之物，亦可按之估价。

八、应赔之款，俱照关平估出。

九、无论何国何人，俱当按照以上所列各章开单，方能索赔。

光绪二十六年十一月二十日。

全权大臣李鸿章奏酌定天津俄国租界条款折　附条款

全权大臣・直隶总督李鸿章奏，为酌定天津俄国租界条款事。

窃查，各国联军深入，连陷天津、京城。西法，以兵力所至之区，视为应得之地。现虽与之开议，而各国所占之地，率皆划分段落，竖彼国旗，将来逐条议明，自必将据地商令退出。但市廛繁盛堪作商场者，彼必据为己有。现在各立界碑，拆毁房舍，开通道路，经营不休。适俄国驻京全权大臣格尔思会晤，述及天津城外为各国通商口岸，俄国向无租界，拟求河东地一段，以为通商市场。臣查，河东之地，民居尚不甚多，惟其中设有盐坨，为长芦盐商煮盐存盐之所。当告以盐法为我国课饷大宗，不容废置，且系商人世业，断不能价卖与人，应即一律划出，不入租地之内。该使臣随即应允，欲先立草约，以便日后逐节细商。臣查，各国在天津均有租界，俄商独无，论理本觉偏枯，今既来就范围，以礼乞请，自应允许，使彼心向我益坚。现值东三省商议交还，事机甚切，姑从所请，订立草约二条，先与画押盖印，彼此各执一分为凭。谨钞录清单，恭呈御览。除咨明总署查照外，理合恭折具陈。谨奏。

光绪二十六年十一月二十二日奉朱批：该衙门知道。单并发。

谨将与俄使订立天津租界条款缮单恭呈御览

为立条款事。

兹因天津俄国贸易日见兴旺，俄国必得租地一段，以便俄国商民居住，设立行栈，今准中国政府允许在该城东北划出俄国租界，立定条款如后：

一、天津俄国租界设立在河东，约占所立界牌内之地一段，内有靠河盐坨地界，关系紧要，应划出，不入租界之内。

一、将来履勘租界，更订界线，如睹势所须更改者，以及办理该段关乎地主各事，宜照各国租地章程办法，立定经营俄国租界各项章程，应由两国另派委员办理。

以上所列条款，系为天津俄国租界条议，缮具两本，画押盖印为凭。

全权大臣奕劻与日使小村论限制俄国驻兵东三省问答

光绪二十六年十一月二十六日午后，庆邸赴日本使署，见小村公使。

寒暄毕，小村云：贵国与俄国所议东三省事件，闻派驻俄公使杨大臣与俄政府商办，目下若何情形，愿闻其详。

庆云：此事二、三日前接杨大臣来电云，尚未开议，惟周道冕所议九条，杨大臣亦不以为然，想必能力与争辩。

小村云：如此甚好，此事关系甚重大，王爷与李中堂务须格外留意。今据我所闻者，敢以奉告，以备参考。昨接俄都圣彼得堡友人来电，谓：伊见俄国户部大臣，户部大臣告以东三省俄兵必全行撤回，土地全还中国，以复旧制，决不侵占云云。伊既明言交还，似不能食言，惟在东三省铁路系俄之资本，现被土匪毁坏，不能不留兵保护。然所留兵数，必须定一限制，前者只三千名，此次或增至五千名，或六千名，须先限定。否则，虽交还，如同占据，于中国大有损害。不特此也，英国已与德国立约，不占中国土地，惟他国得有利益，彼亦须一律均沾。东三省若显为俄有，英必占长江一带，德必占山东全省，我日本虽不敢有利中国土地之心，然时局若此，亦不得不起而争利益，于中国损莫大焉。故此事务望留意，利害相关，故敢直言无隐。

庆云：盛意可感，周冕所议九条，我与李中堂均不以为然，奉天增将军亦以为非，杨大臣来电亦以为不然，可见杨大臣尚明白事理，或可以办好。

小村云：我已将中国政府派杨大臣与俄外部商议之事电达我外部，请外部电告驻俄我国公使，打听若何情形，随时电知，此处得有消息，我当奉告。此事于我日本大有关系，我当极力相助。与周道在旅顺所议者，乃俄水师提督。凡武官莫不欲占便宜，以为己功，殆非俄政府意也。惟目下英、德咸注意俄之举动，以待机会，俄一得利，彼必效尤，恐现在所定之和约十二条亦将变更，后来诸事殊多棘手，故我日本深望东三省之事早日定议，以免各国生心。

庆云：我亦深望早日议妥，尚要贵公使相助。

小村云：敢不竭力。敢问前出使我国李经方大臣现在何处？

庆云：现在芜湖，我曾电招来京相助，惜伊不愿来。

小村云：李大臣明白事理，极有才干，我深佩服，伊若来京，大可帮助王爷与中堂，国事有益。伊之不来，深可惜也。

十一月二十六日

全权大臣李鸿章与日使小村商议俄国驻兵东三省问答

光绪二十六年十一月二十七日午后，日小村公使往拜李中堂。

寒暄毕，李云：贵公使此次来华，深望诸事相助。伊藤侯近日起居何如？

小村云：我临行之前日曾见伊藤侯，伊嘱候中堂，并云此次和议，深望中堂为国宣劳，早速议妥。我政府及全国小民均愿保全中国领土，故我来贵国，凡可相助者，无不竭力。今幸大局已定，昨日送来说帖，我已看过，俟各国公使会议后再行答复。我意十二条中最难者，系办祸首、赔款二事。请问，祸首贵国拟如何办法？

李云：政府拟将端王发往新疆，遇赦不赦；庄王拟赐自尽；毓贤拟正法；余则革职，分别办理。

小村云：然则董福祥如之何？

李云：此事颇为难，董福祥本甘肃人，其部下多是甘肃人，若将伊正法，恐甘人生变作乱，不特中国人民遭难，即西国之人寓居者亦难保护，是以颇难动手。

小村云：此等情形，会议时可详告各国公使，我必暗中代为说明。我日本所注意者，莫过于东三省之事。盖俄国若有利益，则英、法必据利益均沾之说向中国要求，各国亦必起而效尤，故关系甚大。俄得志于东三省，我日本亦大有不利，将来似可将此意明告俄国。保铁路之兵仍不能免，必须定一人数，定一年限。伊既以保护铁路为名，亦只宜在铁路一带，若旅顺、吉林、奉天则不宜屯兵。我已将中国政府派驻俄杨大臣向俄政府商议之事电达我外部，请外部电饬我国在俄使臣，打听情形，随时电知，我处得有消息，即可奉告中堂。中堂如接杨大臣来电，亦求告知敝处，我当电达我政府，以作准备。我国在俄公使奉政府训令，贵国亦可令杨大臣随时与我国公使商议，我公使亦当竭力相助也。总之，此事彼此均有关系，务望推诚相商是荷。我天津领事来告，谓俄领事告伊，已向中国要一租界于天津，不识有诸，且问是何日立约？

李云：是前月底之事。因天津各国皆有租界，惟俄独无，故不便不与。

小村云：将来闻意、西、澳〔奥〕皆拟要租界于天津。

李云：意、澳〔奥〕、西等国皆无商务，何必要租界？

小村云：俄亦无甚商务。

李云：俄国于茶叶是一大宗，不得谓之无商务。

小村云：俄之买茶，从前是天津陆路运往蒙古赴俄。然他日西伯利亚铁路一成，则皆由水运矣，不复再由天津。

李云：铁路虽成，然商人亦多愿由张家口此路走者，天津商务未必能全废。

小村云：我非阻止俄之要租界，不过泛论及之耳。惟天津日本租界至城根余地，请留与日本，不可与他国。因此次我日本人死于此处者甚多，故求留作日本租界扩充之地。

李云：此事俟我回天津后察看情形再议。我尚有一事奉商，贵国书记生杉山彬遇害一节，优荣典礼将来如何办法?

小村云：德使被害，请派亲王赴德谢过，已载条约。我国系书记生，品位非同公使，不敢请亲王劳驾，故条约并未说明。然中国若派一总署大臣为特使，前往我国呈递国书，我皇上必然欣悦，我国政府及全国人民亦皆欣喜无量，于两国交谊大有益焉。此是我两国之事，与各国无干，将来彼此商办可也。中国政府如派人，乞先通知敝处，我当即行电达政府，如以为然，即可前往也。

李云：此事他日当与贵公使商议。

余与前日见庆王所说同。

十一月二十七日

刘坤一张之洞盛宣怀致总署通商行船事应详思力筹拟具说帖以备修约电

个电，奉旨恭悉。修改通商行船条约，载在大纲十二条，已经奉旨照允画押。若忽生异议，不愿修改，各国将疑我反复，各款均不足信，于和局且有妨碍。原奏谓：战事止在北方，东南通商行船一切照常，应与商免修改等语。查当日保护东南一切，原系奏明遵旨办理，所以宣布朝廷德意。今日议约，自未便以朝廷已允之件另起波澜。至补救之方，自当详思力筹，此系善后事宜，不比议和总约事机紧迫。惟有商酌细目时，视彼要索何款，相机抵制，设法坚持，总以勿碍我商民生计，勿侵我自主之权利为主。闻各国已令议院、商会各抒所见，势将择其利彼损我者合力挟求更改。盖各国通商，自有常法，修改条约，必期彼此有益。中国则旧约本已受亏，彼本不以各国通例待我，战败以后，必然猛改愈狠，势所必然。倘能于和局大定之后，即行宣示整顿内政切实办法，使各国咸知我有发奋自强之望、力除积弊之心，则筹议修约时尚可容我置词，不致一味听人指挥，受人侵削。坤一、之洞拟即札饬各关道，并分咨转饬各省关道，将关系通商行船各事宜，各具说帖，以备参酌。一面互商全权大臣，一面奏明备考。宣怀亦饬各商局，预筹利弊，届时以便随同商酌。请代奏。

十二月初一日

大理寺卿盛宣怀奏请诛豪将董福祥办法电

宥电，转京内廷谕旨，奉令官兵语句，全权沁奏，保无后患。宣以为患之有无，本不在纸片，而在办法。朝廷迭次谕旨，归咎肇祸诸臣，贻忧宗社。懿亲如端、庄两邸，已所勿恤，自足以折服人心。董福祥戕害日员，围攻使馆，各使尤深恨之。初以为董虽构衅而忠勇可嘉，近自北方来者，皆言董拥重兵未与联军一战，洋兵过通州，董即出城，沿途抢掠，骡马尽为所掳，京城内外财物，旗汉妇女，满载而行，众所共见。其时圣驾蒙尘，并不随扈，然则董罪不仅在外衅，实已国法所难容。圣明既允徐图办法，相机为之，是朝廷并无袒纵之意。自古诛豪将全在出其不备，若明示查办，恐激变端，似不若仅予革职，不加查办字样。如政府真不欲开脱，仍密电全权，允许各国从缓相机筹办，较为省事。乞密筹。

十二月初八日

晋抚锡良致总署升允请转致法使撤兵以全和局电

顷，据升允禀称：洋人已从五虎岭来，要到广昌，嘱该县预备，并转致山西各营。此系直隶地方，业划归法国，与山西无涉，务须赶紧退出，免起兵端。查广昌既驻晋军，即是晋省门户，我军不能不严阵以待，派人前往开导。升允因病请假，已约万本华前往会商，坚忍堵御等语。伏思现正议和，各国礼〔理〕应退兵。法人忽逼晋疆，阻之则必开衅，听之则竟长驱，究应如何因应之处，乞代奏请旨遵行，并请电饬全权大臣，转致法国公使，速令撤兵，以全和局。

十二月初八日

盛京将军增祺致俄督商订交收东三省条款照会 附条款二件

为照会事。

前于华历本年十月十五、二十四等日，接准本国钦差全权大臣庆亲王、李中堂知照，内开：大俄国朝廷已允将东三省地方交还，两国皆奉有谕旨，当经照会贵提督，妥商接收地方，以凭具奏在案。现本将军于十二月初四日，偕同武廓米萨尔格罗穆切夫司克到旅，业经晤商贵提督，面订交收地方一切事宜。兹将商订各条款开列于后，即希贵提督请烦查照见复，以凭接收。其未定各条，仍希笃念邦交，概行允准。不胜盼祷之至！并祈照复施行。

须至照会者。

计开已经商定各条

一、俄兵所占之沈阳、辽阳、海城、盖平、熊岳等处各城池地方，均行交还盛京将军管理，其城内外仍归华员照旧办事。

一、设立巡捕队，缉捕盗贼。现定议通省共设立此项队兵六千人，均带枪械。先募五千五百人，其余五百人，俟察酌地方情形，再行随时添募，其余军队概行裁撤，军械收回。

一、俄所修奉省铁路，由盛京将军责成各地方官并各集镇村屯分段保护，如有拆毁等事，定行从严惩办。中国巡捕队如前往各处巡护铁路，俄兵亦不得拦阻。

一、沈阳先当变乱之际，俄暂委有巡抚一员，现地方既均交还，其所委之巡抚即行裁撤。

一、盛京将军所辖各地方原征盐厘，仍归盛京将军派员照旧征收。亮查：此条俄因金州租界盐不畅销，故欲将我盐厘包征。

一、前逮去金州各官概行放回。

一、现在奉省办理善后需款孔亟，暂行向俄借银三十万两，以为各项要需之用，其归还日期及息银另立合同为据。

一、盛京将军原住之府，俄员即行腾出，仍归盛京将军移住其内。

一、省城现既驻有俄队，暂留巴里子一员，专管俄人词讼。凡华人犯事，仍归华官办理。如俄华人等涉讼案件，应由彼此公同会讯，各不得妄拿存留查治。亮查：巴里子系巡查街面、看押人犯之小官。

计开尚未定准各条

一、营口地方及税关，应请仍行交还，归华员照旧办理。

一、金州城内商民人等，应请查照前约，仍归中国官员管理。

一、现在奉省俄兵前占各衙署及各民房，均请让出，以资办公，并以便民。其所留俄兵，应于何处归并驻扎，须会同酌定。

一、奉省原设中国官商各电报局，请仍归华员办理。遇有俄报，各电局均可代打。

一、俄队所驻之处，该地方官务与该带兵官以礼相待，遇事和衷相商，彼此严行约束兵民，不得滋生事端。倘俄队买办粮草等事，或由地方官派人同往采买，或由地方官代为定购，须按公平价值，该带兵官须照价给发。

一、酌留俄马步队若干名，均分驻何处，以便知照各该地方各官。如有胡匪，即由各地方官巡捕队自行缉捕。倘有大股马贼，再为知会俄兵官带队帮同剿捕，然须有各该地方巡捕队知照，以免匪人误指妄拿等弊。亮查：当时通事每有勾串俄兵下乡，或因勒索不遂，即诬为匪，或报民间有枪，藉端讹诈，或因盗匪已去，指民为贼，烧毁诬伤，时时有之，故订此条。

一、前派海城署知县凤鸣仍请放回。

一、以上各条，均系归还地方应办之件，所有前次暂且章程及此次各条办法，将来均视北京所定和约为断。如有未尽者，随时续办，如与和约不符者，即行更改，总期永敦和好，两国均有裨益。合并订明。

光绪二十六年十二月初十日。

奕劻李鸿章奏遵旨拟就德使克林德碑文电

敬电，奉旨：大纲第一款为德使克林德树立铭志之碑，着即派员先行撰文呈览，候旨定夺等因。除碑式如何与该使品位相配另与驻使斟酌妥商外，所有碑文兹已派员撰就，电呈御览，请旨定夺。请代奏。

碑文如下：

国家与环球各国立约以来，使臣历数万里之远，来驻吾华，国权所寄，至隆且重，凡我中国臣民俱宜爱护而敬恭之者也。德国使臣克林德，秉性和平，办理两国交涉诸务尤为朕心所深信，乃本年五月义和拳匪阑入京师，兵民交讧，竟至被戕损命，朕心实负疚焉。业经降旨，特派大臣致祭，并命南、北洋大臣于该使臣灵柩回国时妥为照料。兹于被害地方，按其品位，树立碑铭。朕尤有再三致意者，盖睦邻之谊，载于古经，修好之规，详于公法，我中国夙称礼义之邦，宜敦忠信之本。今者克林德为国捐驱〔躯〕，令名美誉，虽已传播五洲，而在朕惋惜之怀，则更历久弥笃，惟望译读是碑者，睹物思人，惩前毖后，咸知远人来华，意存亲睦，相与开诚布公，尽心款洽，庶几太和之气洋溢寰区，既副朝廷柔远之思，益保亚洲升平之局，此尤朕所厚望云。

十二月初十日

江督刘坤一致总署英君主薨逝拟发国电唁慰加意联络电

英君主薨逝，日本知该国新君雄略，是以极意联络。中与俄前订密约，为英所忌。此次议款，英多要挟。现将开议细目，通商、加税等事，尤以英为枢纽。是为我计，亟宜乘此联英，冀得相助。拟请即发国电唁慰声明后，派专使弔贺，似与派使赴俄专贺加冕之意相同。修好释嫌，机不可失。请代奏。

十二月初十日

旨寄奕劻李鸿章增祺与俄立交地暂约实属荒谬着严议电

旨电奕劻、李鸿章：奕劻等来电悉。杨儒电所称增祺派委革员周冕往俄，与俄擅立奉天交地暂且约章九条画押之语，殊骇听闻。此事增祺并未奏闻。周冕系已革道员，即系暂约，该革员亦无订约之权。此次东三省交收，关系甚大。杨儒既派全权，着即与俄外部婉商妥办。增祺擅派委员，妄加全权字样，实属荒谬，着交部严议。俄与中国交谊日久，遇事竭力维持，此次许还东三省，尤征睦谊。谅不至以该革员暂且之约，执为定据也。李鸿章恳旨交涉之事，曾与俄国议立专约，此事关系重大，亟应通筹办理。

十二月十一日

奕劻李鸿章致总署杨儒晤商俄外部交地仍诿户兵两部电　附旨

杨使江电，艳，晤外部，据称，现议之约，由户、兵部拟稿，数日内可以送阅。告以俄一意保全中国，屡经宣告中外，今议交地，总须名实相副，不但中国心感，亦且环球属目。如此榜样，恐英于长江、云南，德于山东，法于广西及日本等，相率效尤，流弊何极？伊谓：事隶户、兵，势难专主，开议时，当代为调停。昨奉勘电，及盛转勘旨，又撮要告外、户两部。效尤一层，前已屡言之，与尊见吻合。惟伊等均称，增祺暂约，须先请政府批准，画押之件，岂可不认？答以增祺既未请旨，革员决无全权，断难批准。彼终以既订难毁为言，儒争之至再，户部允从长计议，然终未允毁。儒又谓：俄声言保我自主，何兵权、利权、派官之权一朝夺尽？声言不利土地，何现商东省连及蒙古与北省？太不为中国地所，冀实践前言，以固邻好。前口述各款，决难办到。彼仍诿户，户称：惩前毖后，不得不尔，现正拟约稿，可让之处，惟力是视云。容再闻，乞代奏。

十二月十二日奉旨寄杨儒：现既欲我另立正约，旧约作废，此中碍难之处，须竭力磋磨。

俄提督复增祺商改交还东三省条款照会　附条款

为照复事。

本大臣接准贵将军光绪二十六年十二月初十日照会，各情均悉。贵将军抵旅，本大臣殊深感佩欣慰。先前彼此时常往来文件，已知贵将军竭力为中国裨益保护奉省百姓，于俄裨益之道亦无妨害。今幸晤面商议各件，仰见贵将军谦光厚德，本大臣中心诚服，足征贵将军出于真实，愿联和好，安静地方，况且开示各条，多有根据，与本大臣意见相符。现将原开各条逐细回复，请烦查照。

须至照复者。

第一条　俄兵所占之沈阳、辽阳、海城、盖平、熊岳等处各城池地方，均行交还盛京将军管理，其城内外仍归华员照旧办事。

第二条　本大臣准照贵将军会同武廓米萨尔及满洲南部都统所议，设立马步巡捕队兵，计通省先募五千五百人，其余五百人，俟查酌地方情形，再同武廓米萨尔随时商议添募，但通计不过六千人之数。其号衣、枪械样式及逐细章程，均须与武廓米萨尔会同商订。其巡捕队不得入铁路十里地以内，以免误疑，致滋事端。

第三条　本大臣深许贵将军会同武廓米萨尔所订保护铁路条款，由各集镇屯分段保护，并须责成地方官按照章程随时照料。

第四条　今因贵将军回省办理善后事宜，所请将俄巡抚调回一节，待此次贵将军由旅回省，即可照办。

第五条　盛京将军所辖各地方原征盐厘，仍归盛京将军派员照旧征收。

第六条　前所逮去金州各官，惟副都统福升早经释放，已赴烟台。至于马牧及两协领，本大臣亦准一同释放，并不阻回奉居住，但不准再到金州及俄国界限以内。

第七条　撤散兵勇，并开销别项，需款孔亟，本大臣深以为然，准向道胜银行借款三十万两，其合同即请同该银行立定。

第八条　盛京将军原住之府业已饬知，不日即可腾出，仍归盛京将军移住其内。

第九条　省城现设巴里子官，专管俄人词讼。凡华人犯事，仍归华官办理。如俄华人等涉讼案件，由俄官按照情形自行审办，或邀华员在座听讼，解明一切。

第十条　前曾订立营口等处俟奉省确实太平，再行调换华员管理，现在奉省虽然还未安静，本大臣已准将各地方交还，营口地方将来亦行交还。

第十一条　金州设回华官，务须候两国朝廷立妥和议，始能核准，今本大臣未便先议。

第十二条　前俄兵所占各衙署及各民房之时均系空房，皆自行修整，所费甚巨，倘请让出，必须俄官所指方便洁整地方，始可迁往。此事会同满州〔洲〕南部都统由武廓米萨尔商定。

第十三条　拟设回中国电局，须俟奉省各处均已安静，方可照办，惟现华官报，可请俄官允准代达。

第十四条　贵将军所议俄队须由各地方官务与该带兵官以礼相待，遇事和衷相商，办理一切，适合本大臣心意，并俄队买办粮草等事，由地方官派员同往，或代为定购一节，亦堪嘉尚，惟照时价给发，前已屡次饬札传谕遵办矣。前所掠取物件不给价值，现已严行惩办，想不能再蹈故辙。

第十五条　奉天省酌留俄马步队若干，本大臣现不能酌定，因须看地面安否始能定数，并分驻何处，由武廓米萨尔知照，倘有大股马贼，由各该地方官武巡捕队知照，即可帮同剿捕，本大臣深以为然。但该贼欲攻害俄队或铁路及俄人等，则俄兵自行剿获，不俟地方官知照矣。

第十六条　前署海城县凤鸣现已释放，已赴烟台，但不许再回东三省居住，因其欲仇害俄人，恐其回来，致生事端。

前订暂且章程曾已详明，暂时照办，嗣后两国朝廷可以酌改。此等章程，当停战之后，当由两国统辖将官订立，即刻添改各条，亦为安堵地方。现因和约未妥，彼此先行立定，请贵将军诚信，俟和局一定，本大臣必备文照会，将前立暂且章程并现订各条，均照和约章程续改。暂时之间，彼此应照以上各条办理，并望永敦和好，两国均有利益。

俄历一千九百零一年一月十七日。

光绪二十六年十二月十二日。

中丹英会订烟沽副水线合同

中国电报总局，丹国大北公司，英国大东公司，会议订立。

中国电报局以后即称电局，古本海根之大北水线公司并大东水线公司以后即称两公司。现由电局愿由烟台至大沽添设水线一条，两公司愿承办此条水线以后即称副水线，按照西历一千九百年八月四号电局与两公司所订第一次合同，并西历一千九百年十月二十六号电局与两公司所订第二次合同载明，专由两公司代办代管字样办理，故特于西历一千九百零一年二月九号议定合同。中国电报局由督办盛大臣，大北公司由总办白伊尹，大东公司由总办蒲勒德主政，彼此授有全权，签定所议各款，开列于后：

第一款　两公司愿尽力从速添设烟台至大沽结实相宜水线一条，电局付两公司水线价计英金四万八千磅〔镑〕。

第二款　除此合同条款外，所有西历一千九百年八月四号，并西历一千九百年十月二十六号，所订合同各款副水线，应一切按照办理，以后即与沪烟沽新水线一律相视。

此合同用中、英文照缮三纸，校对无讹，各执一纸，画押为凭。

大清光绪二十六年十二月二十一日。

西历一千九百零一年二月九号。

督办电报事宜·头品顶戴·宗人府丞盛押。

驻沪总办大北水线公司白伊尹押。

驻沪总办大东水线公司蒲勒德押。

谕内外各大臣固邦交保疆土举贤才除积习并引咎自责

上谕：本年夏间，拳匪构乱，开衅友邦，朕奉慈驾西巡，京师云扰，迭命庆亲王奕劻、大学士李鸿章作为全权大臣，便宜行事，与各国使臣止兵议款。昨据奕劻等电呈各国和议十二条大纲，业已照允。仍电饬该全权大臣，将详细节目悉心酌核，量中国之物力，结与国之欢心。既有悔祸之机，宜颁自责之诏，朝廷一切委曲难言之苦衷，不得不为尔天下臣民明谕之。

此次拳教之祸，不知者或疑国家纵庇匪徒，激成大变。殊不知五六月间，屡诏剿拳保教，而乱民悍族迫人于无可如何，既苦禁谕之俱穷，复愤存亡之莫保，迨至七月二十一日之变，朕与皇太后誓与同殉社稷，上谢九庙之灵。乃当哀痛昏瞀之际，经王大臣等数人扶掖而出，于枪林弹雨之中仓皇西狩。是慈躬惊险，宗社阽危，阛阓成墟，衣冠填壑，莫非拳匪所致，朝廷其尚护庇耶？

夫拳匪之乱，与信拳匪者之召乱，均非无因而起。各国在中国传教，由来已久，民教争讼，地方官时有所偏，畏事者袒教庇民，沽名者袒民伤教，官无持平办法，民教之怨，愈结愈深，拳匪乘机寖成大衅，良由平日办理不善，以致一朝骤发，不可遏抑，是则地方之咎也。涞涿拳匪既焚堂毁路，亟派直隶练军弹压，乃该军所至，漫无纪律，戕虐善良，而拳匪专持仇教之说，不扰乡里，以致百姓皆畏兵而爱匪，匪势由是大炽，匪党亦愈聚愈多，此则将领之咎也。该匪妖言邪说，煽惑愚人，王公大臣中或少年任性，或迂谬无知，平时嫉外洋之强而不知自量，惑于妖妄，诧为神奇，于是各村习拳矣，各坊市习拳矣，或资拳以粮，或赠拳以械，三数人倡之于上，千万人和之于下，朕与皇太后方力持严拿首要、解散胁从之议，特命刚毅前往谕禁，乃竟不能解散，而数万乱民胆敢红巾露刃，充斥都城，焚掠教堂，围攻使馆。我皇太后垂帘训政将四十年，朕躬仰承慈训，夙昔睦邻保教，何等怀柔，而况天下断无杀人放火之义民，国家岂有倚匪败盟之政体？当此之时，首祸诸人，叫嚣隳突，匪党纷纭，患在肘腋。朕奉慈圣，既有法不及众之忧，寖成尾大不掉之势。兴言及此，流涕何追。此则首祸王大臣之罪也！然当使馆被围之际，屡次谕令总理衙门大臣前往禁止攻击，并至各使馆会晤慰问，乃因枪炮互施，竟至无人敢往。扰攘纷呶，莫可究诘。设使火轰水灌，岂能一律保全。所以不致竟成巨祸者，实由朝廷竭力维持，是以酒果冰瓜联翩致送，无非仰体慈怀。惟我与国，应识此衷。今兹议约，不侵我主权，不割我土地，念列邦之见谅，嫉愚暴之无知，事后追思，惭愤交集。惟各国既定和局，自不致强人所难，着奕劻、李鸿章于详订约章时，婉商力辩，持以理而感以情，各大国以信义为重，当视我力之所能及，以期其议之必可行，此全权大臣所当竭忠尽智者也。当京师扰乱之时，曾谕令各疆臣固守封圻，不令同时开衅。东南之所以明订约章，极力保护者，悉由遵奉谕旨不欲失和之意，故列邦商务得以保全，而东南疆臣亦藉以自固。惟各省大吏平时无不以自强为辞，究之临事张皇，一无可恃，又不悉朝廷事处万难，但执一偏之词责难君父。试思乘舆出走，风鹤惊心，昌平、宣化间，朕侍皇太后素衣将敝，豆粥难求，困苦饥寒，不如氓庶，不知为人臣者，亦尝念及忧辱之义与否。

总之，臣民有罪，罪在朕躬。朕为此言，并非追既往之愆尤，实欲儆将来之泄沓。近二十年来，每有一次衅端，必申一番诰诫。卧薪尝胆，徒托空言，理财自强，几成习套，事平以后，徇情面如故，用私人如故，敷衍公事如故，欺饰朝廷如故。大小臣工，清夜自思，即无拳匪之变，我中国能自强耶？夫无事且难支柱，今又构此奇变，益贫益弱，不待智者而知。尔诸臣受国厚恩，当于屯险之中，竭其忠贞，综核财赋，固宜亟偿洋款，仍当体恤民艰，保荐人才，不当专取才华，而当内观心术，其大要无过于去私心、破积习两言。大臣不存私心，则用人必公，破除积习，则办事着实。惟公与实，乃理财、治兵之根本，即天心、国脉之转机。应即遵照初十日之谕旨，妥速议奏，实力奉行，此则中外大臣所当国尔忘家、正己率属者也。朕受皇太后鞠劳训养几三十年，一旦颠危至此，仰思宗社之震惊，北望京师之残毁，士大夫之流离者数千家，兵民之死伤者数十万，自责不暇，何忍责人？所以谆谆诰谕者，则以振作之与因循为兴衰所由判，切实之与敷衍即强弱所由分。固邦交，保疆土，举贤才，开言路，屡次剀切申谕，中外各大臣其各凛遵训诰，激发忠忱，深念殷忧启圣之言，勿忘尽瘁鞠躬之谊。朕与皇太后有厚望焉！

十二月二十五日

清季外交史料卷一百四十五终

清季外交史料卷一百四十六

光绪二十七年正月至四月

各使致全权大臣奕劻李鸿章请旨惩办罪魁照会

为照会事。

照得在京肇乱行凶各事，昨经诸国全权大臣将专责较重异常获咎之王大臣姓名陈述，并将各该犯照所得罪戾应如何严惩之处，逐一指明在案。贵王大臣于此节持论名通，诸国全权大臣均已聆悉，亦皆考查是文，即系以此事如何由诸国全权大臣核定，特为奉达。其日后由诸国大臣指定外省犯罪之员，不能援引此情偏袒辩驳。贵王大臣所拟，庄亲王载勋，令其自尽，诸国大臣照允；至端郡王载漪，辅国公载澜，诸国大臣核定，均必应斩监候，如蒙上裁，似应即行加恩，贷其一死，极轻当发新疆极边，永远监禁，决不得再行递减；英年，必当斩立决；刚毅，亦当定以斩立决罪名，既系已死，其干系地步，例应与生罹斩罪者同；赵舒翘，应斩立决；至贵王大臣所称毓贤一犯，必当斩立决，与诸国大臣意见相同；至董福祥一犯，日后如何定罪之处，贵王大臣所许各节，诸国大臣已经纪录存案，照诸国大臣主见，莫若从速先行夺其兵柄，则照许施行岂不较易；李秉衡、徐桐，均当定以斩立决罪名，既系已死，其干系地步，应与生罹斩罪者同；徐承煜、启秀二犯，应均定以斩立决。颁发此次核定罪犯案由之上谕，诸国大臣皆以为应立即钞示。其处决之日，从速指定，惟无论京外，诸国大臣特行派员监视管理行刑之权。就此而观，则诸国全权大臣重以尊意，不事苛求之处，已可概见。总之，戕杀使臣及书记生两月之久，督率官兵攻击西人境界、教堂、各国使臣，且狡设陷井〔阱〕，诱骗西人离京赴津，以便途中加害；又以极其痛恨违悖公法，致害多命罪状，递折辩驳之员，惨罹大辟等情，今诸国大臣所讨办者，仅只如斯，几如无所要求。本领衔大臣合率诸国全权大臣再行提及转送条款末尾一段，又西历正月二十六日，即华历十二月初七日，文内所开此节各语，及贵王大臣于西历正月十六日，即华历十一月二十六日，说帖内所列军情各节，如欲诸国全权大臣斟酌其间，中国必应自先以诸国大臣申雪之旨，首为允从施行可也。

须至照会者。

正月初四日

各使致全权大臣奕劻李鸿章请昭雪被祸诸臣照会

为续行照会事。

前文内曾将诸国大臣核定如何惩办在京行凶犯法异常获罪者，并提及递折力驳西历去年在中肇乱之时，有极其痛恨违悖公法各状之大员惨罹大辟一节，声明在案。兹诸国全权大臣核定，徐用仪、许景澄、袁昶、联元、立山等五员，皆应立行开复原官，以示昭雪抵偿之意，而垂仁义大公之道。特此奉达。此举谅中国国家未必不欣然允服也。如外省有被害之大员，情节与以上相同者，日后由诸国全权大臣即请贵王大臣于奏请颁发前文所讨各罪名之谕旨时，即将以上五员开复原官之上谕一并宣示可也。

须至照会者。

正月初五日

中国致俄廷请交还东三省国书

大清国大皇帝敬问俄国大皇帝好！

朕维讲信修睦，为国之常经，救灾恤患，交邻之盛事。中国与贵国交好二百余年，从无纤芥之隙。去年六七月间，中国京城乱民滋事，一时扑灭不易，蔓延及于东三省。疆吏不善处置，致烦贵国用兵代我剿平匪乱，非与中国有隙也。及各国联军入京，贵国首先撤队出郊，以明不贪土地之意，并许贵国在我东三省兵力所及之处一律归还。义声昭著，环球各国无不钦仰。朕曾经两次电谢，谅邀鉴及。兹闻贵国政府与统兵官持议颇异于前，欲将东三省政权隐由贵国主持，而中国所得者，特一空名。如此则欧美各国势将群起效法，有妨中国内治之权。朕思大皇帝决不出此，大皇帝笃念邦交，信义如一，欲结欢中国之盛心至优且渥。今日之事，尤赖贵国主持，为各国示之准则。中国与贵国毗连之界二万余里，唇齿相依，他日苟有以报答大惠之处，当惟力是视。所有东三省现筑铁路关系紧要，自应照常经理。夫铁路之利，非独贵国重之，即中国亦重之，朕断无膜〔漠〕视不加保护之理。此次保护不力之疆吏，已加重惩，以后当严饬地方官，防患未萌，尽力保卫，务惬盛怀。惟愿大皇帝鉴朕此心，俾我东三省政权无损，悉照从前办理，庶几两国生民乐业，旧好永敦。朕实有厚望焉！

正月初五日

俄廷致中国声明东三省事件均照原定宗旨办理国书

大俄国皇帝敬问大清国皇帝圣安！

顷，由贵国出使大臣惠来赐书，其词挚而且实，恰获我心。此次贵国内乱，敝国一切办理，重顾邦交，知已在洞鉴之中。敝国亦曾明白宣布我俄之办东方事件不变宗旨，要唯不外保我邦之自主。大皇帝赐书中深明此意，谨当申谢。唯无稽谣传，谓满洲之事改变初议，有惑圣明，虽深以为异，然实大不然。各统领所奉训条，一如敝国所屡声明之语。敝国政府与贵国全权大臣所商议各项，正欲寻二百余年之邻好愈见加笃，并不欲稍碍大皇帝之主权，且急欲以满洲全归贵国之吏治，一切悉照俄兵未据以前办理，唯详细情节，自应订明，以便贵国官吏次第复旧，免再滋蔓，扰我边疆。以上情节，此次均应订明，发给训条于贵国全权大臣，务使所商之事易于成功，实为贵国大有益之举，速见施行，是所至盼！贵国经此事变，恢复旧规，永保太平，及两国历久不渝之交谊益加坚固，不胜厚望之至。惟大皇帝鉴诸！

正月十一日

中国复俄廷交还东三省请照俄兵未据以前办理国书

大清国大皇帝敬问大俄国大皇帝好！

昨得还书，仁人之言，大君之度，具形楮墨，惭感实深！嗣由杨儒递到东三省约章十二条，逐细寻译〔绎〕，似中国主权尚未能保全无碍。大皇帝书云：不欲稍碍主权，一切悉照俄兵未据以前办理，惟详细情事，自应订明，免再滋蔓。斯言也，光同日月，誓等河山。今十二条所拟，似未尽照未据以前办理。盖国书者，大君所言也，约章者，廷臣所议也。夫思患预防者，谋臣之忠，而恤邻仗义者，大君之仁。敝国东三省业已失守，仍以见还。朕图报不遑，岂忍违异。无如东三省主权一失，各国皆从而生心，中国将无以自立。大皇帝欲力图和局，而尚不免各国藉口纷争，度必不忍出此也。况来书所云，仁至义尽，敝国自庆如天之福，大国必昭大信之言，前此之衅，朕知过矣。今日之事，惟大国实保全之。已饬敝国全权大臣杨儒与贵国详加酌议。谨再致书，道达苦衷，惟大皇帝始终玉成，朕与亿万臣民同深庆幸矣！

正月十三日

各使致全权大臣奕劻李鸿章续请惩办外省获咎官员照会

为照会事。

照得在各外省犯事获咎官员姓名及应如何议定条款严惩之处，日后由诸国全权大臣指定。迭经照知，复于西历二月初五日，即庚子年十二月十七日，会议时再为声明各在案。各本大臣今将所指各犯清单二纸黏送查阅，一系由各本大臣查明后以为其罪足有确据应如何严惩者，一系获重罪被控因证据已足请中国国家另行查办者，各本大臣应请贵王大臣按照单开各情奏请，分别颁发谕旨，归结此事。其查办一层，应由中国国家从速饬行。务俟查毕，即照各本大臣之意，按会定条款第十条，颁发各犯所定罪名及如何严惩之谕旨，通行布告。如此办理，则贵王大臣原拟缓至会定条款第二十条竣后方可斟酌各节，较能早日施行也。

须至照会者。

二月十二日，西历零一年三月三十一日

直督袁世凯致总署德领电请订定矿务公司章程电

顷，接驻烟台德领事连珍电开：光绪二十五年九月间，本国驻京钦差与总署商妥以下之事，德矿务制造公司可在山东五处采探开办，其一在山东沂水地方，东至黄海边，南通江苏界，西由沂水转而向南，直抵江苏界，北由沂州府向东，直达海边；其二在沂水县地方，自城外一百二十里为界；其三在诸城西北十里路开算，须三十六度向东，直抵德国租界，西由诸城县之西北十里廾算，顺转而抵南，直抵海边，东南面均至黄海，并德国租界为界；其四在潍县西南一百一十里之温河北大地方，该处以五十里为界；其五在渔台周围二百五十里为界，惟中国已允他国承办之处自应在外等语。因去年有事，未能专订章程，现本国驻京钦差属本领事与贵部院和议章程等事，兹请由贵部院及荫都统与山东矿务公司所议章程，亦作为德矿务制造公司章程，特请将该章程内第四、第十七甚紧要两款，与德矿务制造公司立为订定，再行商办此等事件，或贵部院与本领事商办，或派全权委员，即祈电复。再，德制造公司现拟开办云。

二月二十三日

直督袁世凯致总署德领电声明无议定约章之权请向总署商定电

现复德领事电开：承示光绪二十六年九月间贵钦差与总署商妥各节，遍查本处档案，并无此项文据，且本部院职权有限，遇有重大案件，及指定地方各事，只能遵守本国政府议定颁行之约章，无自行商订约章之权，应请贵领事转达贵钦差，仍照原案，向北京总署商定，以符通例而昭慎重。至上年本部院、荫都统与山东矿务公司所订章程，亦作为德矿务制造公司章程，并商订紧要两款各节，查山东矿务公司亦系德人按照曹州教案条约办理，该章末款有此后彼此若有应行增损之处，只能由山东巡抚或特派大员与山东矿务公司彼此商订等语，该两公司名目虽异，然同为德人，又属一事，如有商订要款之处，应请贵领事商属山东矿务公司先为商订，庶不至有违原章，且矿务制造公司亟欲开办，自可援照上年定章，先行办理，期归简便云。

二月二十四日

总署与各使会议赔款事宜述略

三月初一日，徐星使寿朋、那侍郎桐、周方伯馥，同至德馆，晤法使毕君、德使穆君、英使萨君、日本使小村君，由联芳传语。

毕曰：今日系为赔款事，请示中国每年可能摊还若干？

徐曰：请问各国共索赔款若干？

毕曰：赔款截至西七月初一止，计银四万五千万两。

徐曰：中国财力不足，各国既有顾全交情之意，应恳将赔款数目减少。

毕曰：此数各国并不多索，但所亏之数必须索偿。将来或多几日，少几日，仍须核算，此数不过约计。今日系专为要知中国有若干款项可以作抵。

徐曰：中国近年库帑入不敷出，各位谅已尽知。我想海关进口货税，核计原定税则时与现在镑价增订，商人仍可将多出之数加入货价之内，于洋商无所亏损，而中国办理赔款，大有裨益。

毕曰：我等亦曾议及，似属可行，计中国每年约可多得银一千万两以上。中国常关税每年共得银若干？

徐曰：如交税务司征收，每年约可得银四五百万两。

毕曰：果能交给税务司否？

徐曰：常关多归海关道管，与海关相连，可交税务司代征。

毕曰：洋货进口加税及常关归税司代征作抵，我等皆以为然，但所差尚多。

徐曰：请问各国之意可缓至若干年摊还？

毕曰：摊还年分暂且慢说，须考究再有何款能以作抵，闻中国盐课为大宗入款，如能变通办法，更可得多，然否？

徐曰：盐法变通甚难。

毕曰：盐款每年若干？

徐曰：盐款盐厘每年收数共约一千三百万两。已有宜昌、鄂岸、皖岸三处抵还洋债，共应除银一百八十万两。又长芦每年销盐五十万引，自去年乱后，洋兵将盐任意销运，闻逾二百万引之多。以后三年，芦盐无从行销，国课从何征纳。故以现在而论，盐课、盐厘两项，每年只可作一千万两算。

毕曰：然则此款可抵一千万矣！

徐曰：不然，我中国有若干应用要款，皆取给于此，只可挪出四百万作抵。

毕曰：闻漕粮改办法，每年可余银七百万两。

徐曰：所谓改办法，是折漕之说也。然即改收折色，断不能余七百万之多。

毕曰：每年约运漕米若干？

徐曰：约一百二三十万石。

毕曰：南省米价若干，运脚若干？

徐曰：米一石约价银四两，运脚约二两。若改折，只省去运脚，不过余银二百万两。商人运米至京售卖，亦必少沾余利，不能照南省原价也。

毕曰：河运米若干，运脚若干？

徐曰：河运米近年不过十万石，运脚较海运为轻。

萨曰：中国运米不得法，故米到京多霉坏，每石仅值银一两。若交外国轮船包运，所费运脚无多，而米可不坏，并可省出运费，凑抵赔款。

徐曰：漕运改章，只可令民间改交现银。若仅止由上海至天津交洋轮包运，则上海仍须设局收兑，天津仍须设局收兑，用驳船运至通州，又须在通验收，转运京仓，岂能凑抵赔款耶？

萨曰：海运漕全改折收，究可余几百万？

徐曰：前已算过，不过余二百万。且改折甚难，缘有漕州县百姓交米，使水搀谷搀土，颇有取巧。仓米之坏，固不尽因在船在仓霉变之故。若改收折银，百姓必至吃亏怨望，非善政也。

萨曰：京城进出货，每年收税银若干？

徐曰：崇文门向来只收进城货税，其出城之货，例不征税。每年约收银七十万两左右，为数无多。各口常关既拟改归税司征收，崇文门一处，似可不必算入抵款之内。

萨曰：唯海关加进口税，约每年总可多六百万。

徐曰：洋货肯允加税，深感各位美意。

毕曰：总理衙门所设之同文馆及出使各国人员所需经费，实无他款可筹，皆取给于海关税项，似可改由他处筹付。

徐曰：同文馆费用无着，出使经费实无他款可筹，断无因赔款不敷将使馆撤销之理。

毕曰：学堂本系应设，若因此赔款致裁减出使人员，亦非各国所愿，此节可不论矣！闻裁减旗饷，每年约可省三百万。

徐曰：旗饷裁减甚难，即能裁减，而每年须付赔款，因而缺用甚多，此项节省之银，亦只可为自己补亏之用矣！

毕曰：水陆军饷项每年可省若干？

徐曰：水陆军不无可省，但难预定确数。且裁减之款，究属空名，似可不必指明款目，但酌定每年摊还若干。除盐课、常税及洋货加税，其不敷之数由中国设法解足可矣！

毕曰：每年究能摊还若干？

徐曰：至多一千五百万两。

毕乃持洋笔算之，左右顾英、德使而言曰：如此须六十年，为期太远，能三十年摊还更好。

徐曰：一年三千万，断不能筹。

毕曰：洋税增至值百抽十，每年约可多收若干？

徐曰：当可至千万以外。

毕曰：如此则一年三千万不为难矣！

徐曰：洋税虽约计可增至千万，但货物销数本自无常，若预算数多，届时不足，将如之何？莫如每年只按六七百万两计算，届时如逾此数，亦可将下次应解之款提前早解，较为简易。

毕曰：人丁税可办否？如每人每年征银五分，即可得银二千万两。

徐曰：从前本有丁税，后来并入地粮，是以田亩赋课，名为地丁钱粮，若再按丁抽税，是重征矣。

萨曰：地亩亦可加税。

徐曰：各省多有瘠薄之处，所获本属不丰，若再加征，恐贫民更多苦累，地方难期安庆〔静〕矣！

萨曰：然则办房捐如何？

徐曰：房捐从前亦有省分办过，总未办成，因一经收捐，其店家则歇业罢市，其居民则诉屈呼冤，地方官无如之何，故此事甚不易办也。

萨曰：闻土药较洋药多至三倍，如每担征银六十两，可得一千余万。

徐曰：土药出产处多散在内地，并无扼要稽征之处。若税厘太重，偷漏更多，恐无实济。

萨曰：印花税似可行。

徐曰：此事亦曾筹度，似只可于通商口岸先行试办，因通商口岸风气略开，商民或肯遵行，若内地居民习故蹈常，视印花为无用，如派差随时随地稽察，徒为差役开索扰之门，于国课恐毫无裨益也。

毕曰：请问赔款如何偿法，将分年摊还乎，抑借债总付乎？

徐曰：借债甚难，能宽定年期摊还最妙。若内有一二国愿得现银，各位为难，则请代为公保，借债亦无不可，应请各位酌之。

毕曰：是否托肯行缓期之国代为借债？

徐曰：不敢指定必须肯行缓期之国代为借债。我想其急需现银者，必不肯代为借债，又想现在应得赔偿巨款者，均系富国，亦不至急需现银，故莫若宽定年限，容中国摊还为妙也。

毕曰：愿摊还，不愿借债，是何意？

徐曰：愿摊还，不愿借债者，因各国既重友谊，不必为借债再独承一二国之情。且银若由一国借出，款数既巨，必不肯多宽年限，故不若分欠各国之为妙也。

言至此，为时已晚，茶毕辞归。

三月初一日

署浙抚余联沅奏详述浙省民穷财尽摊派赔款为难情形电

浙江之宁波一关，自洋药并征后，税厘两项，光绪二十四年四结止，计征百三十万，按时完解，尚可敷衍。迨奉拨英俄洋款，数目太多，已形竭蹶。近又杭州设埠，商货前趋，茶叶之税，已不及半。自二十五年十二月，至二十六年七月止，四结期满，仅征银六十八万两。开销税务司薪俸十二万八千零，又北卡局洋人薪水二万四千两，奉拨京饷十万两，内务府二万两，常税京饷二万两零，加放俸饷二万两，四国洋款二十万两，共需银八十三万三千余两，已不敷十五万两。虽洋税由杭关协解，而本省旗绿各营俸饷十万两，防营十万两，拨补浙东厘金十万两，以及正税项下应拨南北洋四成防费与一成半出使经费，均归无着，统计积欠已逾百万。现在和议未定，将来洋款必奉摊派，罗掘均穷。每一念之，兴嗟仰屋，而到处民穷财尽，真有不可终日之势，不得不详述情形，以备参考，伏乞圣鉴。

三月初六日

闽督许应骙致总署闽省裁兵筹款亦无济于事电

筹款一事，闽省岁入不过二百二十万左右，解款一切，须二百五十万左右，而本省开销尚不在此内，十分竭蹶。现惟有裁兵一法，岁可得十万，杯水车薪，无济于事。

四月初七日

总署致各使债款四百五十兆按四厘息照会 附表

为照复事。

四月初七日，准贵大臣照会内开：西历本年五月初七日，即中历三月十九日，照会贵王大臣，以赔款一事，各国所出款项及公私各亏，结至西历本年七月初一日，即中历五月十六日止，共约计银数在四百五十兆两上下等语在案。旋准复文内称：中国国家拟按月摊还一百二十五万两，将此四百五十兆之数归清等因。诸国全权大臣已将此节详达各本国政府查照矣。惟中国国家所拟按月摊还之总数，不过仅足赔款之本而已，并未算及利息，是以应请贵王大臣再行酌核。本领衔大臣相应函请贵王大臣，将中国国家于此事主见从速示复可也等因。准此，查赔款一事，业于其次照会中将中国艰窘情形布达。兹准来文，以所拟每年付银一千五百万两，三十年摊完，仅足赔款之本，询及利息一节如何主见，本王大臣拟按周年四厘加息，已经电奏，奉旨：各国偿款四百五十兆，四厘息，应准照办。钦此。谨应钦遵知照。惟中国财力过于短绌，所能筹拨者，仍只每年一千五百万两之专款。既于本银外须付利息，只得将三十年之限宽展其期，上半期每年所付之一千五百万两作为还本，下半期每年所付之一千五百万两作为付利，俟付足日停止。付款之事，仍由税务司经理。其付利一层，应按照上年还本若干，次年减利若干核算。可否如此分期还本付利，抑或于每年一千五百万两内将若干分为还本，若干分为付利？一切详细办法，尚须妥议商定。再，中国既允如数归本，复允加利，则赔款一事，可谓已经实在，各国撤兵之期，务望早日示知。不胜企望之至！理合备文照复贵大臣，迅速转知诸国全权大臣查照。

须至照复者。

四月十二日

附赔款本息表

还本息表

年	A字类	B字类	C字类	D字类	E字类	ABCDE各类总数	现在每年摊付欠款以海关及厘金进款作抵之数	欠泰西款总数
年	七十五兆两，一千九百四十年还清，还本息款按年还百分之一零一零六，自一千九百零二年起，三十九年，至一千九百四十年止	六十兆两，一千九百四十年还清，还本息款按年还百分之一零七八三，自一千九百十一年起，三十年，至一千九百四十年止	一百五十兆两，一千九百四十年还清，还本息款按年还百分之二零二五六，自一千九百十五年起，二十六年，至一千九百四十年止	五十兆两，一千九百四十年还清，还本息款按年还百分之二零四零一，自一千九百十六年起，二十五年，至一千九百四十年止	一百十五兆两，一千九百四十年还清，还本息款按年还百分之九零四四九，自一千九百三十二年起，九年，至一千九百四十年止			
	两	两	两	两	两	两	两	两
一千九百零二	利本三兆八十二万九千五百	利二兆四十万	利六兆	利二兆	利四兆六十万	十八兆八十二万九千五百	二十三兆六十万	四十二兆四十二万九千五百
一千九百零三							二十三兆三十万	四十二兆十二万九千五百
一千九百零四							二十三兆三十万	四十二兆十二万九千五百
一千九百零五							二十四兆十万	四十二兆九十二万九千五百
一千九百零六							二十三兆九十万	四十二兆七十二万九千五百

一千九百零七							二十三兆七十万	四十二兆五十二万九千五百
一千九百零八							二十三兆四十万	四十二兆二十二万九千五百
一千九百零九							二十三兆四十万	四十二兆二十二万九千五百
一千九百一十							二十三兆二十万	四十二兆零二万九千五百
一千九百十一						十九兆八十九万九千三百	二十二兆八十万	四十二兆六十九万九千三百
一千九百十二							二十二兆六十万	四十二兆四十九万九千三百
一千九百十三		利本三兆四十六万九千八百					二十二兆四十万	四十二兆二十九万九千三百
一千九百十四							二十二兆十万	四十二兆九十九万九千三百
一千九百十五						二十三兆二十八万三千三百	十九兆四十万	四十二兆六〔九?〕十八万三千三百
一千九百十六			利本九兆三十八万四千				十八兆五十万	四十二兆九十八万三千八百
一千九百十七				利本三兆二十万零五百		二十四兆四十八万三千八百	十八兆五十万	四十二兆九十八万三千八百
一千九百十八							十八兆五十万	四十二兆九十八万三千八百
一千九百十九							十八兆五十万	四十二兆九十八万三千八百

一千九百二十							十八兆五十万	四十二兆九十八万三千八百
一千九百廿一							十八兆五十万	四十二兆九十八万三千八百
一千九百廿二							十八兆五十万	四十二兆九十八万三千八百
一千九百廿三							十八兆五十万	四十二兆九十八万三千八百
一千九百廿四							十八兆五十万	四十二兆九十八万三千八百
一千九百廿五							十八兆五十万	四十二兆九十八万三千八百
一千九百廿六							十八兆五十万	四十二兆九十八万三千八百
一千九百廿七							十八兆五十万	四十二兆九十八万三千八百
一千九百廿八							十八兆五十万	四十二兆九十八万三千八百
一千九百廿九							十八兆五十万	四十二兆九十八万三千八百
一千九百三十							十八兆五十万	四十二兆九十八万三千八百
一千九百卅一							十八兆四十万	四十二兆八十八万三千八百
一千九百卅二					利本十五兆四十六万六千三百五十	三十五兆卅五万零一百五十	七兆五丨万	四十二兆八十五万零一百五十

一千九百卅三							六兆三十万	四十一兆六十五万零一百五十
一千九百卅四							五兆九十万	四十一兆二十五万零一百五十
一千九百卅五							五兆九十万	四十一兆二十五万零一百五十
一千九百卅六							五兆九十万	四十一兆二十五万零一百五十
一千九百卅七							五兆九十万	四十一兆二十五万零一百五十
一千九百卅八							五兆九十万	四十一兆二十五万零一百五十
一千九百卅九							五兆九十万	四十一兆二十五万零一百五十
一千九百四十							五兆九十万	四十一兆二十五万零一百五十
	即四百五十兆两总数百分之四零一八四三三，自一千九百零二年起	即四百五十兆两总数百分之四零二三七七三，或加上A字之数，即四零四二二零六，自一千九百十一年起	即四百五十兆两总数百分之四零七五二，或加上AB二字之数，即五零一七四零六，自一千九百十五年起	即四百五十兆两总数百分之四零二六六七七，或加上ABC三字之数，即五零四四零八三，自一千九百十六年起	即四百五十兆两总数百分之六零四一四七七，或加上ABCD四字之数，即七零八五六，自一千九百三十二年起	应付之总数即二百八九二兆十十三万八千一百五十两		

使馆界线说帖

1 字处，在城墙上正阳门楼东一百英尺，自此处界线往北稍偏，二百十六英尺，至2 字处。

2 字处，在大清门前周碁盘街白石栏东南角，自此界线顺石栏东面往北稍偏，三百十英尺，至3 字处。

3 字处，在东交民巷北界线相交处，自此界线循东交民巷北墙根六百四十一英尺半，至4 字处。

4 字处，在兵部街西一百四十六英尺系随东交民巷北边而量，自此界线往北，或循房式凸凹而画，无房处或取直而画，计长二千一百五十二英尺，其线与兵部街并列，北首距皇城外墙对兵部街栅栏门西一百五十七英尺，至5 字处。

5 字处，在皇城外墙南面距对兵部街栅栏门西一百五十七英尺，自此界线顺皇墙往东一千二百八十八英尺，至6 字处。

6 字处，在皇城外墙东南角，自此界线循皇城往北二百十八英尺，至7 字处。

7 字处，在皇城外墙与皇城相交处，自此界线顺皇城往东六百八十一英尺，至8 字处。

8 字处，在皇城东南角，自此界线顺皇城往北六十五英尺，至9 字处。

9 字处，在距皇城东南角北六十五英尺，自此界线直往正东四千零十英尺，至10 字处。

10 字处，在崇文门大街路西距与长安街相交处北三百英尺，自此界线往南顺大街西至11 字处。

11 字处，在城墙上，即系崇文门西北角，自此界线顺城墙往西门，西马道在内，至12 字处。

12 字处，在城墙上，距崇文门楼西一百英尺，自此界线按图上所画之线，顺城墙南面，城垛亦在内，至1 字处。

四月十二日

修治上海黄浦河道局条款

第一条　现于上海设立修治黄浦河道局。

第二条　该局责任有二，一举办整理改善河道之工，一系经管河道。

第三条　该局管辖之境，自江南制造总局之下界向港口其名为滦华港作一直线，自该线起，至扬子江中红色浮标处为止。

第四条　该局应任之员开列于后：甲、上海道；乙、海关税务司；丙、各国领事中公举二员；丁、上海通商总局中由董事公举二员；戊、由各行船公司及在上海吴淞或黄浦之各他口岸所有每年进出口船只吨数逾五万之各行商公举二员，以保行船行商利益；己、公共租界工部局一员；庚、法国租界工部局一员；辛、各国在沪及吴淞并黄浦之各他口岸如每年进出船只吨数逾二十万吨者，由该国国家特派一员。

第五条　所有因居官职应任之员，按照居此官职时即供该局之任。

第六条　各工部局及通商总局所举之员，在局期限一年，期满者，亦可立即公举续充。按第四条辛字各该国所派之员，在局亦期限一年，其余各员期限均系三年，限满者，亦可立即公举续充。

第七条　期限之内，如有开缺接任者，即照其班供职一年或三年。

第八条　由该局员中公举督办一员，及帮办一员，期限皆系一年。公举督办之时，如投名无较多之数，即请各国领事中之领衔者入名，以成较多之数。

第九条　凡督办不在座，帮办即代之。若均不在座，由各在座之员公推一位为此次督办。

第十条　凡该局会议时，如值投名适均，则任由督办列名，以成其事。

第十一条　至少非有四员，该局不能会议事件。

第十二条　该局应用之员差，均可随意聘请，以为修办工筑及施行一切章程。其薪水工资贴费，均由该局指定数目，由进款内给发。章程及员差一切事务，均由该局自行办理。员差亦由该局任便辞退。

第十三条　所有经理行船应置各节，由该局立定。河内所设停泊船只器具，并整理停船，在第三条所述限内，以及各水道，如吴淞江，并过上海法国租界，或公共租界，或吴淞洋界各港，此外入河之各他港，自港口往上二英迈勒之远，均在应置各节之内。

第十四条　凡人于河内所设停船器具，该局皆有取获之权，另设公共停船器具之法。

第十五条　第十三条所述河内所有挖河、修筑码头等工，以及各浮码头、浮房，应由该局允准，方能修建，该局亦可随意不允。

第十六条　凡除去河内及以上所述各港阻隔之事，并去阻各费，随事向责成之人索取，该局皆有全权。

第十七条　第十三条所述之河港内所有浮灯、浮标、标记、标灯以及地上设立保护船只安行河道之具，除灯楼之外，均由该局任便安置。灯楼仍按一千八百五十八年中英《天津条约》第三十二款办理。

第十八条　所有改善及保全黄浦各工，统由该局工程司管理。如因其工应在辖界之外兴作，亦一律办理，惟应饬行之处，当由中国官员转布。所饬之事，亦当由中国官员允准，方可照办。

第十九条　兴工所筹之款，全由该局出入。追课及施行章程各事，亦由该局会同应管之官设法办理。

第二十条　海口理船长及其用之人，均由该局拣派。理船长事务，于第十三条内所述之河，亦在该局所有权柄之内举办。

第二十一条　该局有整顿巡查一切事务之权，以期确照章程及饬令而行。

第二十二条　上海引水一切事务即下扬子江引水，由该局经管。前往上海船只所用引水人之执照，只能由该局任便发给。

第二十三条　凡违章者，如系外国人民，该局即向该国领事或应管之律法官员控告，中国人民及无钦差领事驻中国之人，在会审衙门控告。审讯时，必须外国官员在旁观审。

第二十四条　凡控该局者，即向上海各国领事公堂投告。凡涉讼之事，均系该局总办代为就审。

第二十五条　该局各员及所用之人，因投名议定之事及所办事件，并已定合同或议定之出款等事，其系按照该局或所属各司之权柄号令而行，及有关详办施行该局所发章程，各该本人并不担责。

第二十六条　除第十三条所述行船应置各节外，应定章程及违章罚款，如在权力之内，均可由该局宣布。

第二十七条　第二十六条所述之章程，应呈请各国领事官允准。如章程稿底呈交两个月后，各国领事并无阻止或拟改之处，其稿即当作准，亦可照办。

第二十八条　凡改善保全黄浦各工所应用之地，该局有取舍之权。如照此议酌有地段益于采用，即按上海洋泾浜北公共租界地产章程第六条 A 字办理。地价即由业主本国之官及该局并领衔领事各举一人断定。

第二十九条　河岸地段，前如因改善河道之工增加淤滩，应先由该地主愿否买用。地价按第二十八条所述，由举派人断定。

第三十条　该局进款开列于后：

甲、法国租界及公共租界各地产，无论有无房间，按估价每年值千抽一。

乙、黄浦两岸，自江南制造总局之下界向港口其名为滦华港作一直线，自该线起，至黄浦入扬子江处为止之各地产，亦按甲字征抽，此地估价亦按第二十八条所述，由举派人断定。

丙、非中国式样船只，逾一百五十吨者，进出上海吴淞及黄浦之各他口岸，均按每吨抽钞银五分。非中国式样船只，自一百五十吨以下者，抽以上所言之钞银四分之一。每船无论进出若干次，均每四个月抽收一次。非中国式样之船，在扬子江中行驶，专为领取江照行至吴淞者，免抽以上所言之钞课。惟来往之时，不得在吴淞有商贾之行，仅能取水购食而已。

丁、凡在上海吴淞及黄浦之各他口岸报海关之货，均按估价值千抽一。

戊、中国国家每年津贴该局之款，应与外国干涉者每年所付该局各款总数相同。

第三十一条　第三十条所述之各钞课，应由后列之员转征。甲字课，由各该工部局征收；乙字课，在中国驻有钦差领事之国民，由各该领事征收，中国人民及在中国无钦差领事之国民，由上海道征收；丙、丁两字钞课，由新海关征收。

第三十二条　该局每年进款总数，付还兴工借款本利，及养已竣之工，并办理一切事务诸费，有所不敷，则可将船钞、地产，无论有无房间，及商货各饷课，一律均匀比增，以至足抵需用之数。其第三十条戊字中国国家津贴，亦一律比增。

第三十三条　凡应按照第三十二条有加增之情，当由该局先行知照南洋大臣、驻沪各国领事。此项加增，应俟驻沪各国领事允准，方能施行。

第三十四条　每年帐〔账〕目算结后六个月内，应由该局将前十二个月内经管各事及进出各款，详细呈报南洋大臣、各国驻沪领事，所报各节，即应印发通行。

第三十五条　所印发详算之帐〔账〕，查如进款有逾出款，则将第三十条所述各钞课，均由各国驻沪领事会同河道局均匀比减。第三十条戊字中国国家津贴，亦一律比减。

第三十六条　第一次三年期满之后，各列名画押之大臣即会查此附件内应行更改之处更改，将来每届三年，仍可照此会查更改。

第三十七条　在第十三条所述各界限内该局所行之章，如各国驻沪领事允准，则各国人民皆应遵行。

光绪二十七年四月十四日。

御史黄曾源奏请定期回銮以维大局折

御史黄曾源奏，请速定回銮日期，以维大局事。

窃自洋兵入城，乘舆西幸，举国皇皇，罔知所措。臣坐困危城，体察情势，知彼族原无仇我之心，而人心渐有不可收拾之势。谨就耳目所及，为我皇太后、皇上陈之。

臣闻上年七月十九夜，联军游骑由水关入，二十日大队继至。以迩日情形而论，岂难辟我九门。乃当师徒挠败之余，随扈将士犹得按辔徐行。虽邀福于九庙之灵，亦可见与国与寇盗不同，今事与古事迥异。此其可信者一也。西人视宫殿最重，其他则不在此例。我出使大臣初至彼国，彼率以其主所乘之马车来迎，于是离宫别馆，次第游行，初未视为禁地也。今洋兵充斥，犹于午门以内严为守卫，不使一兵阑入。此其敬我朝廷，尊我君上，殆无异心。此其可信者二也。洋兵入城后，惟扼芦沟桥以守，初未分兵出扰也。迨怀柔戕官，黄村小红门义拳蠢动，谣言四起，于是以剿匪为名，畿辅糜烂矣。然正定之兵，犹未逾固关一步也。大凡两国交战，及其罢兵而修好也，彼此互退，斯为军礼，彼退我进，是曰跟追。刘光才未谙西例，几致决裂。然我军一退，彼即不复前进。此其无挑衅之心，可信者三也。使馆设在都城，各国之通例也。即或再建新都，亦难拒其来使。现已重门洞开，又复引之深入，实为非计。而且銮舆西幸，万众观瞻，倘必待外人陈请而后回銮，尤非所以肃天威而崇国体。凡此皆宜仰烦圣虑者也。顾臣尤有虑者，人心狡诈，至今已极，去年拳匪之乱，率以仇教为名，宜其与外人势不两立也。乃自洋兵入城以后，向之习义和拳者，又复为洋人服役，搜括闾阎，滋扰乡镇，大都若辈导之。而其尤甚者，竟有外人为我保护，而我之官役因而监守自盗者，内库已然，窃恐宫廷当差人等亦复从而效尤。又况畿辅各州县，虽已奉旨解散团聚，而为义和拳者，习于杀人放火，不自以为非，作奸犯科，且妄托于忠义，不申左道之诛，几忘妖言惑众之干犯国纪。现在和议已成，洋兵将退，设有大奸巨猾从而煽动，朝廷鞭长莫及，难保不别生事端。是乘舆一日不返，畿辅之人心一日不靖。圣人已溺已饥，岂忍数百万生灵任其荼毒而不之恤耶？然使长安可以久居，臣亦何庸过虑。无如秦中荒歉，在在堪虞，而列国邦交必索和好实据。倘因回銮稍滞，事机中变，海疆各省必不能敌列国之兵。即使井陉可守，亦恐财赋中阻，立成坐困。故以今日情形而论，回銮尚可以自立，不回銮必不可以偏安，似宜速定回銮日期，颁告天下，既慰臣民属望之私，并示列国以不疑之大度，庶几和议益坚，人心大定矣。谨奏。

光绪二十七年四月二十日。

御史黄曾源奏俄于东三省因利乘便必自受其敝片

黄曾源片。

再，东三省另订约章，几致和议中梗。现虽存而不论，或虑公约定后俄约尚费调停。以臣测之，当无大虑。何则？中俄唇齿之邦，中弱俄强，俄不我忌。甲午之后，辽东不守，德、法出而执言，于是中俄铁路之议即罢。据此可知，俄之经营西伯利亚者，与英、日争中国，非与中国争中国也。臣于甲戌之秋，谏阻借用伊藤文，曾敷陈彼族情事，谓中俄无衅，英、日之交于我者乃益固。今观联军西来，弃而不取，俄人南至，又复自为转圜，此其互相牵制，尤为显而易见。盖西人虑俄增其权势，俄亦不欲自为戎首，以自坏其门户也。今东省之约，已一易再易。当此之际，正宜以我之利害婉达于俄，而予以可转之机，自无凶终之隙。华元之屈子，反正以直言无隐，夺强楚虚骄之气耳！处强国者，不可触其所忌。彼士商之横议，英、日之违言，适足激强俄之怒，而无所当也。至于瓜分之说，近来谈洋务者恒以为虑，臣窃以为不然。中俄接壤，其他则重洋数万里，鞭长莫及也，故泰西以中国为商务之尾闾则可矣，必欲利其疆土，无论所得几何，不如俄之因利乘便，是其为害于我者，终必自受其敝，彼人虑远谋深，当不出此下策。特恐我之和俄者，未得其宜，彼为事机所迫，遂为饥不择食之谋。故知今日之事，安危仍系于俄。事机虽甚棘手，而事理确有可凭。曾纪泽能废崇厚已成之约，则李鸿章、杨儒正宜为国家肩此重任也。谨奏。

光绪二十七年四月二十日。

奕劻李鸿章奏请饬各省保护芦汉铁路电线折 附旨

全权大臣庆亲王奕劻、大学士李鸿章奏，为联军将退，请严饬各省保护芦汉铁路、电线，以肃政令而弭衅端事。

光绪二十七年四月初六日，准比国使臣姚士登照称：去岁拳匪肇衅，曾经两次照请保护芦汉铁路在案。查联军不久退出直隶省，现今务筹万全之策，保护铁路工艺诸人并铁路物料等事。而联军须目睹中国竭力设法保护外国人，以及铁路诸物，永无危险，联军方能退去。即希奏明朝廷，允准铁路总办相机调兵保护铁路，官兵须任其指使，多寡亦听随时调用。尚有电线，若是修齐，亦饬各该地方官务当竭力保卫，不令再生乱萌。请作速转奏请旨，责成各该地方官担任其事，将去年乱由以至重修芦汉铁路各节，明令天下周知，竭力保护之至意。务将所论各节，即日办妥。不独铁路不致损坏，即中国利源亦由斯茂盛等因。

臣等查，铁路以便转输，电线以通消息，益国便民，功效难以枚举。近十余年来，国家于铁路、电线两端，特派大臣经营缔造，动拨库帑，筹借洋款，始得具此规模。乃民间风气未开，习于锢蔽，未谙朝廷利国之远谟，视同外人经商之恒产。去年拳匪之乱，肆意拆毁，几至前功尽弃。现在事局粗定，逐渐修复，又须另筹巨款。比国使臣姚士登因芦汉铁路系借比款兴修，照会臣等奏明请旨，责成保护，系为保全路工预防变端起见，似可准行。且据照称，联军须中国竭力设法保护外国人及铁路、电线诸务，方能退去，尤应实力筹办，以期大局早定。谨钞录该使照会，恭呈御览，拟请旨宣明，铁路、电线为中国兴利之源，铁路各项物料均系动用国帑购造，工艺诸人亦系国家招雇，责成经过各该州县及各防营切实保护，如有疏虞，从严参办。并令出示剀切晓谕军民人等，务各仰体朝廷兴作本意，家喻户晓，悉泯猜嫌，倘敢违令，定行尽法惩办，庶几观听一新，永弭祸患。至该使臣所称准由铁路总办向地方官调兵护路，任其指使，多寡亦听总办随时调用各节，查各项铁路合同，各有准设巡兵护路之条。电线本亦派兵看守，惟三五零星，遇事未能得力，应如何设法整顿，酌量归并之处，并请饬下督办铁路大臣，妥议奏明办理，总期兵归实用，权不外移，以仰副圣主慎重要工，备预不虞之至意。谨奏。

光绪二十七年四月二十四日奉上谕：奕劻、李鸿章奏，请严饬各省保护芦汉铁路、电线一折，铁路、电线为国家兴利之源，十数年来，经营缔造，迭拨巨帑，方得稍具规模。乃上年拳匪之乱，芦汉铁路及沿途电线，肆意拆毁，几致尽弃前功，殊堪痛恨！现在大局渐定，亟应及时修复，其经过地方，尤宜加重防范，着各该督抚严饬所属州县及各防营认真办理。该公司各项物料，均系动用国帑购造，工艺诸人亦系国家招雇，均应一体切实保护，毋得稍有疏虞，致干参处。并着出示剀切，晓谕军民人等，务各仰体朝廷兴作本意，家喻户晓，悉泯猜嫌，倘敢抗违，定即严拿重办，以肃政令。至沿途巡护之兵必须得力，应如何酌量归并随时调遣之处，着督办铁路大臣妥议章程，奏明办理。

鲁抚袁世凯致枢垣胶州探报德又添兵电

顷，据胶州探报，德国新换胶澳提督，名日刚所，带领一千三百名兵来，声称到此住三数月，即当撤回。查胶澳原驻德国兵队三千，今又添一千三百名来，大约是因俄国东三省事，至今尚未定约，不免心生觊觎，藉此观望，亦未可知。当调夏辛酉兵驻防于东路，马兵驻防西路，以备不虞。

四月二十四日

盛京将军增祺奏周冕前在旅顺所议暂约已作废折

盛京将军增祺奏，为详陈周冕前在旅顺所议暂约历办未能遽达及已经作废各情形事。

窃奴才于光绪二十六年十二月间，在旅顺口承准议和全权大臣庆亲王奕劻、大学士李鸿章电开：奉旨，增祺未经奏明，擅派周冕赴旅顺，妄立暂约，荒谬已极，业已照部议革职，现又未经具奏，径行赴旅顺，与俄提督面议接收事宜，必更枝节横生，着即迅速电饬，克日回京，不准擅议接收。旋奉恩旨，暂准留任，交收事宜，悉听杨儒办理各等因。钦此。奴才奉职无状，惶愧莫名。当将历办未能遽达各情，先行派员航海由烟台电请奕劻、李鸿章代奏在案，兹谨再为皇太后、皇上详陈之。

查上年八月间，东三省各城相继失守，大局不支，前署黑龙江将军寿山曾经派委知县程德全等，驰赴俄营，议约停战。嗣俄军至齐齐哈尔，即未攻击，吉林将军长顺先已遣派已革协领达桂赴哈尔滨，与俄总监工约定停战，帮助铁路各条，盖安危吸呼之间，不得不权济所急也。奉省自七月以后，营口等处连次失陷。所募之兵，不能任战。时值京城戒严，恭阅邸钞，有简派议和全权大臣谕旨，因亦邀集同官，照会俄将，约其罢战听和，并归其俘虏六人。不谓派往之员到彼见屏〔摒〕，弗与议事，仍悉力攻我牛庄等处，以致连日鏖战。迨至闰八月初五日，各军同时败溃，辽阳失守，省城势甚危急。初八日，由旅顺转到庆亲王奕劻咸电，谓洋兵入城，銮舆西狩，如不停战，不能开议。于是复邀副都统、各部侍郎、府尹、学政，公同计议，至者仅三四人，而道、厅、协、佐各员，亦无一肯效烛武、向戌之说敌者。寿长忽又于半夜回城，声称俄兵已至白塔铺，距城仅二十里，并据山海关电称，炮台、火车已为敌占，北路敌骑亦相逼而来。斯时也，战既无人，守亦乏术，势穷力竭，万难支持。因念陵寝、宫殿所在，岂可致敌攻击，重滋贻误？当退至三面船，仍拟仿照吉、江两省办法，照会俄将，以为弭兵暂计，免其肆出分扰。时晋昌、寿长等俱已出边，奴才左右只有戈什数名，而败兵、土匪沿路抢劫，虽悬赏千金，无人肯往。适在新立屯地方，遇道员周冕由黑龙江逃来，自以熟悉俄情，慨然请行。正与府尹玉恒会同札委间，又有吉林逃来同知崇廉曾充交涉局提调，谓：吉林初次派员赴哈尔滨，因无全权字样，彼即不与议事，后经加给全权，始行定议等语，核与奉省前派委员忠骏等两赴俄营，为彼所屏〔摒〕，弗能议事之意相符，随即加给全权委员字样。至于照会俄提督文内曾声明，和议大端，自应静候朝命，所有地方关涉铁路诸事，本将军、府尹当尽力相助，以速要工，是原派意旨，不过帮助铁路各事，以为停战议和之地，即加给全权，亦不过如吉林、黑龙江办法，能与将军、府尹帮助铁路之权而已，故在义州奏报辽阳失守折内，即将派员往议铁路大略情形附陈及之。嗣因该员等多日未回，即恐其别生枝节，当在新民厅两次电致旅顺俄提督谓：恐因周冕于地方情形不熟，俟本将军到省再议，讵该提督迄无复电。奴才与侍郎钟灵屡欲进省，又为俄统领所阻留，并派兵日夜巡护，继而周冕偕俄员窪成洛夫持来暂行章程九条，该员已同俄交涉委员先行画押，接阅之余，殊深骇异！及核所议，又与原旨不符，因面斥其擅专，而该员则谓，身非钦命全权大臣，画押原不足据，饰词自解。当以事关紧要，且和约条章应由全权王大臣订议，请旨遵行，非外间所敢搀越。此次虽系暂章，难免不为日后引证，爰派专员函请全权大臣奕劻、李鸿章、荣禄查核指示，并与俄员再三论驳，而该提督数次复电，总以暂且章程后能改换为解，必须画押，方可进省。其种种为难情形，皆钟灵、崇宽所目睹。

惟再四筹思，地方为彼占据，和议条款尚未奉到明文，既据一再声称，系属暂且章程，后能改换，并非永远定约可比，又未便一力拒绝，显示决裂。况公法，凡越其权之所可为者，虽经立约，亦不足执为信据，则不如权宜进行，犹易挽回。且往返论驳，北京和议当有定局。故一面画押，一面告以奴才并无全权大臣字样，亦未接到此次约章，事关职官地方，须俟请旨饬议等语，照会该提督，去后，到省立即拣派同知涂景涛、通判李席珍驰赴旅顺，续议转圜。该提督深以照会各情为是，并未坚持为一定不易之约，惟以留兵一万五百名非该提督一人所能主，派武廓米萨尔来省代达一切。据云，我留兵若干，彼亦将留若干。迭经与议，先约以六千人为率，并允将辽阳、海城、盖平、熊岳等处城外地面税课先行交管。是时已准全权大臣奕劻、李鸿章函知，东三省各城，俄廷已允交还，惟保路之兵不允全撤，令即遵旨先行接管，并速会商俄将，妥议接收，免致日久生变。杨儒亦电转前因，并称：已向外务部商由俄总督统领迳与诸帅接洽，立据签押为凭各等因。遵即照会俄提督，询其定于何日交收。先是该提督屡约赴旅顺面议，俾速商定，奴才未敢率往。至是省城俄将既屡经推缓不交，该提督亦久无照复，而逃兵、马贼到处烤人、勒捐、强抢妇女、烧毁民房，生灵涂炭，苦不堪言，且匪首刘弹子拥众万余，据通化县，贾得胜、杨玉林等股亦分扰康平、海龙各境，并扬言直攻省城，官商士民，一日数惊，变在旦夕，众议无不催促，速赴旅顺面议，俾早接收，以救数百万生灵，且全权王大臣亦有会商俄将妥议之示，万不得已，于十二月初三日起程赴旅。奈自闰八月以来，奏折均未奉到批回，电报又复不通，故到旅顺后，始由北京转电。此暂约未经具奏及亲赴旅顺之实在情形也。

到旅后，即与该提督连次晤议归还地方应办之事，并以现办各条及前次暂且章程，仍视北京和约为断，如有不符，即行更改各情，照会该提督。该提督亦以和局一定，均照和约章程续改照复。正拟磋商妥协即行遄回，旋奉全权大臣来电，传谕前因，并知照，现接杨儒电，暂约已经作废，奴才随即钦遵回省，当于电奏谢恩时，均各声明矣。谨奏。

光绪二十七年四月二十四日。

奕劻李鸿章奏奉旨定期回銮预筹跸路所经请旨折

庆亲王奕劻、大学士李鸿章奏，现奉谕旨，定期回銮，拟预筹跸路所经，请旨遵行事。

查此次回銮，若由山西旧路径行回京，计陆路二千五百四十里，惟山西荒旱，且又山路难行。若由西安东出潼关，入河南，达京师，陆路亦二千数百里，沿途平坦，较西路为便。数日即入直隶磁州，以迄定州，六百二十五里，宜分十二跕，中隔大小河二十余道，须搭浮桥。而正定城外即滹沱河，冬令水涸，搭桥容易，夏秋水涨，河面广阔，颇属费事。至尖站处所，自磁州至正定，经过村镇，兵燹之后，房屋焚毁，修造需时。定州虽属荒灾，但有铁路可通之处。分派数起，两日即可到京。此陆路径达之大概也。若由河南卫辉改道濬滑水路，直达天津，一千六百余里，顺流而下，舟行甚稳，令直、东、豫三省先期备船，在道口预备应用。过天津，或由水道走东明、通州，或改火车径抵都下，火车半日可达，再行亦数日可达。伏念由西安至定州，陆路六十余站，诸多未便，似水驿较为快速。但经由天津，各国官商不免在途瞻谒，既经修好，自更尽礼。至水程所过，随扈兵勇循河两岸夹护而进，随地支搭帐棚，永无他患。此由水道前进之大概也。两路情形，敬请皇太后、皇上圣鉴，请旨以便遵行。谨奏。

光绪二十七年四月二十六日。

清季外交史料卷一百四十六终

清季外交史料卷一百四十七

光绪二十七年五月至六月上

江督刘坤一致总署筹款若办印花税岁可得千万电

和议渐定，筹款万难。鄂督加丁税之议，德外部告罗使云，丁捐恐生事，且中外情形不同，将来造册筹定捐数亦苦无凭据，计惟捐税与印花税相辅而行。印花税为外洋进款之一大宗，中国若仿照办理，一切田产、买卖、汇票均加印花，惟当票不加税，以恤民力，虽进款不及丁税之多，然亦可得一千万，应请酌之。

五月初一日

全权大臣李鸿章致总署据德使言如允赔款即可撤兵电

德使言，奉政府电，已准瓦纳撤兵，如果允认赔款四厘，即日可撤兵云云。加息一节，宜速允，以免事机中变。英、法、美使均言四厘不可减。张之洞言，英有活动，语不可信。若游移不决，秋后撤兵，必增巨款。加税作抵，顷办不到，俟通商行船各约商定更改时，再行商议办抵未晚。

五月初二日

鄂督张之洞致总署赔款不可令各国公保恐致干预财政电

杰弥逊述萨使言：赔款之法，不可令各国公保，致干预中国财政。不索现银，各国分写债票，如分五十年，每年还二千零九十四万余，本利共一千零四十七兆有奇，即是四厘息；杰又言：此系每年以一千八百万两作为付四厘息，其余系以半厘有零还本云云。西人精算法，彼自以为四厘，我不可以为二厘半，反误认重息为轻息。此语一出，外人将错就错，仍按四厘算则吃亏矣！

五月初二日

总署致德使树立克林德被害碑志照会

为照复事。

本年五月初三日，接准贵大臣照称：和议总纲第一款载明原任德国克大臣被害处所树立铭志之碑一节，章京瑞良、候选道联芳奉派办理。该章京等早经向本署开商议及此碑应如何做法。屡商议间，又称，愿在被害处所，用大理石树立牌坊一座，东西宽满崇文门大街。因材料难于转运，做工多需时日，又设别法将他处现有之牌楼移至被害处所树立，或立一新牌楼，或挪用旧有者，均应听候本国裁夺。本大臣当经电询本国国家意向，兹奉回谕，德国大皇帝意旨亲裁，仍应新设牌坊一座，足满街衢等因。自应剀切请迅速妥办，以便立刻兴工等因前来。本王大臣当即札饬该章京等遵照办理。据报，已于五月初十日开工，先筑地基，其开山、凿石、转运料件在在均须时日，惟有督饬工人尽力妥速办理等语。除饬将全工随时禀商外，相应照复贵大臣查照可也。

须至照会者。

六月初七日

上谕总署改为外务部派奕劻总理王文韶会办并各将军督抚毋庸兼总署衔　二件

上谕：从来设官分职，惟在因时制宜。现当重定和约之时，首以邦交为重，一切讲信修睦，尤赖得人而理。从前设立总理各国事务衙门，办理交涉，虽历有年所，惟所派王大臣等多系兼差，未能殚心职守，自应特设员缺，以专责成。总理各国事务衙门，着改为外务部，班列六部之前。简派和硕庆亲王奕劻总理外务部事务，体仁阁大学士王文韶着授为会办外务部大臣，工部尚书瞿鸿禨着调补外务部尚书，授为会办大臣，太仆寺卿徐寿朋、候补三四品京堂联芳着补授外务部左、右侍郎。所有该部应设司员额缺、选补章程、各堂司各官应如何优给俸糈之处，着政务处大臣会同吏部妥速核议具奏。

六月初九日

上谕：前因各直省办理交涉事务殷繁，特令各将军、督抚兼总理各国事务大臣之衔，现在该衙门已改为外务部，特设专官，各将军、督抚即着毋庸兼衔。惟交涉一切关系甚重，皆地方大吏分内应办之事，该将军、督抚等仍当加意讲求，持平商办，用副委任。

六月初十日

各国使臣觐见礼节说帖

一、诸国使臣会同或单行觐见大清国大皇帝时，即在大内之乾清宫正殿。

二、诸国使臣觐见时，来往乘轿至景运门外，在景运门换乘椅轿，至乾清门阶前降舆，步行至乾清宫大皇帝前，礼成后，诸国大臣一体回馆。

三、每值使臣呈递敕书或国书时，大皇帝必遣加用黄襻如亲王所乘之绿轿到馆，将使臣迎入大内。礼成后，仍一体送回。来往之时，必派兵队前往使馆迎送。

四、每值呈递敕书或国书时，其书在使臣手内，必由大内之各中门走进，直到驾前。礼成后，即由已定诸国使臣觐见礼节所议各门而回。

五、使臣所递敕书或国书，皇帝必亲手接收。

六、如皇帝愿款宴诸国使臣，现已议明，应在大内之殿廷设备，皇帝亦躬亲入座。

七、总之，无论如何，中国优礼诸国使臣，断不至与彼此两国平行体制有所不同。

六月初十日

粤督陶模致外部粤海关报澳门设关无益于中国电

艳电悉。澳门设关事，据粤海关等税务司云：中国在本疆界内开设通商口岸，自有权衡管辖。若照葡使所请，则关设彼界，恐无管辖之权，虽华人犯法，亦必经葡官之手。如此漏脱必多，且澳境海港分歧，即果设关在彼，而现在之卡仍不可裁，庶免绕越之虞。更可虑者，别国之船安肯在澳境新关输税于中国？揆度情形，在澳设关，恐无益于中国等语。所见与鄙意相同。铁路可否允准，仍乞电商盛侍郎察夺详核。

六月十一日

刘坤一张之洞奏条陈变通政治四端恳决意施行折

两江总督刘坤一、湖广总督兼署湖北巡抚张之洞奏，为变通政治，人才为先，遵旨筹议奏陈事。

窃臣等钦奉光绪二十六年十二月初十日上谕：法令不更，锢习不破，欲求振作，当议更张，着军机大臣、大学士、六部九卿、出使各国大臣、各省督抚，各就现在情形，参酌中西政要，举凡朝章国故、吏治民生、学校科举、军政财政，当因当革，当省当并，或取诸人，或求诸己，如何而国势始兴，如何而人才始出，如何而度支始裕，如何而武备始修，各举所知，各抒所见，通限两个月，详悉条议以闻等因。钦此。仰见我皇上慜毖多难，必欲扫积习以济时艰。感涕之余，且愧且奋。臣等尝闻之，周易乾道变化者，行健自强之大用也。又闻之孟子，过然后改，困然后作，动心忍性，增益所不能者，生于忧患之枢机也。上年京畿之变，大局几危，其为我中国之忧患者，可谓巨矣！其动忍我君臣士民之心性者，可谓深矣！穷而不变，何以为国？然则修中华之内政，采列国之专长，圣道执中，洵为至当。惟是中国贫弱废弛之弊，或相沿百余年，或相沿二千余年，一旦欲大加兴革，必须规画周详，确有下手之处，然后气血生而宿疴自去，疣痈决而元气可支。窃谓中国不贫于财，而贫于人才；不弱于兵，而弱于志气。人才之贫，由于见闻不广，学业不实；志气之弱，由于苟安者无履危救亡之远谋，自足者无发愤好学之果力。保邦致治，非人无由。谨先就育才兴学之大端，参考古今，会通文武，筹拟四条，敬为圣主陈之。

一、设文武学堂。

取士之法，自汉至隋为一类，自唐至明为一类。无论或用选举，或凭考试，立法虽有短长，而大意实不相远。汉魏至隋，选举为主，而亦间用考试，如董、晁、郄、杜之对策是也。唐宋至明，考试为主，而亦参用选举，如温、造、种、放之征召是也。要之，皆就已有之人才而甄拔之，未尝就未成之人才而教成之，故家塾则有课程，官学但凭考校。此皆与三代学校之制不合。现行科举章程，本是沿袭前明旧制，承平之世，其人才尚足以佐治安民。今日国蹙患深，才乏文敝，若非改弦易辙，何以拯此艰危。然而中国见闻素狭，讲求无素，即有考求时务者，不过粗知大略，于西国政治，未能详举其章，西国学术，未能身习其事。现虽举行经济特科，不过招贤自隗始之意，只可为开辟风气之资，而未必遽有因应不穷之具。考周官司徒之职，小戴礼学记之文，大率皆以德行道艺兼教并学，学成而后用之。此外见于经传者，乡国之学，皆兼六艺，大夫之职，必备九能，书礼干弋，司成并教，寄象鞮译，王制分官，海外图经，伯益所传，润色专对，论语所重。又按三代之制，庠序之称曰士，卒伍之称亦曰士，实为文武合一、文武并重之明征。若孔子兼通文武，学于四裔，尤圣人躬行垂教之彰彰者。此后汉举使才，唐采回历，隋志经籍多收方言，明初文科亦兼骑射。钦惟我朝康熙年间，测天造炮，皆用西人。内府地图，创用西法之经纬线，此图所刻铜板，即用东洋铜板之阴阳文。尼布楚界碑，兼用三体文字。乾隆年间，西域同文志，兼列清、汉、蒙古、西番、托忒、回部之书。至于内廷功课，八旗教官皆系文武兼习。祖宗旧制，洵足为万代法程。

今泰西各国学校之法，犹有三代遗意。礼失求野，或尚非诬。其立学教士之要义有三：一曰道艺兼通，二曰文武兼通，三曰内外兼通。其教法之善有四：一曰求讲解，不责记诵；一曰有定程，亦有余暇；一曰循序不躐等；一曰教科之书官定颁发，通国一律，大小各学，功有浅深，意无歧异。其考校进退章程，皆用北宋国学积分升舍之法，才能优绌，切实有据，既不虞试官偏私，亦不至摸索偶误，故其人才日多，国势日盛。

德之势最强，而学校之制惟德最详。日本兴最骤，而学校之数在东方之国为最多。兴学之功，此其明证。其学校教法，大率少年者先入小学堂，先教以浅近文理、算法、史事、格致之属。小学堂又分初等、高等两种。小学成后，选入中学堂，所学门类甚多，名曰普通学，如国教、格致、算学、地理、史事、绘图、体操、兵队操、本国行文法、外国言语文字行文法等事，皆须全习。惟外国文字，只兼习一国。无论大小学堂，皆有讲国教一门，皆有学兵队之操场。日本之教科名曰伦理科，所讲皆人伦道德之事，其大义皆本五经四书。普通学毕业后，发给凭照，升入高等学堂，习专门之学。自此以后，然后文武分途，或文或武，听其自便，惟文武皆必先习普通。至专门之学，习文事者名高等学校，英分经、教、法、医、化、工六科，又另设专门农、商、矿学。法与英略同。德又另设专门工学。日本高等学校亦分六门，一法科，二文科，三工科，四理科，五农科，六医科，每科所习学业，各有子目。其余专门，各有高等学校。查日本门目与中国情形较近。欧美无学不兼讲西教，日本无学不兼讲论理。习武备者名士官学校，略分地理、战史、战法、军械、测绘、工程、经理、军医八门，兼习外国文字、兵式体操、兵队操、行军操、射的、击刺、乘骑、游水等事，射的即枪炮打靶，击刺即短刀刺枪互击。习文事者，高等学校毕业后，发给凭照，略如中国举人，分类量能而授以官。其愿再学者，升入大学校。大学校毕业领照者，略如中国进士。习武备者，普通毕业后，先入营练习半年，方入士官学校，士官学校毕业后，仍须入营练习三年，方为毕业。第一年学为兵，第二年学为弁，第三年即在其营内充弁。其弁亦名下士官，其分际略如中国把总、外委、额外。此堂毕业后，发给凭照，其国家即用为各军少尉。自少尉以上，皆名士官。大尉、中尉、少尉，略如都司、守备、千总。自少尉以后，可在本营叙劳升转。若仅由充兵出身者，官至特务曹长为止。曹长略如把总。仅由士官学校出身者，官至大佐为止。大佐略如副将。中佐、少佐，如参、游。若欲为大将、中将、少将者，仍须升少佐、中佐后，再入陆军大学校三年。习水师者名海军大学校，其海陆大学校体制与文事大学校同。大将如统兵大臣，中将、少将如提镇。以上所举，皆日本官名，取其易晓。各国学制教法，节目虽有小异，用意事事相同。其大、中、小学之年限，无论文武，大率三、四、五年不等。等级渐深者，子目亦渐加多。其东西各国今昔章程微有不同者，大约西繁而东简，西迟而东速，昔专一而今变通。如西国马上不放火枪，日本近三年始于马上操枪之类。其学校监督，皆用武官为之，以武官于礼节规矩，最为谨严详密。文职偶有脱略，武官断不通融。此外国学校教士官人之大略也。

臣等谨参酌中外情形，酌拟今日设学堂办法，拟令州县设小学校及高等小学校。童子八岁以上入蒙学，习识字，正语音，读蒙，学歌诀，诸书除四书必读外，五经可择读一二部，家塾、义塾悉听其便，由绅董自办，官劝导而稽其数，每年报闻上司可也。十二岁以上入小学校，习普通学，兼习五经。先讲解，后记诵，但解经书浅显义理，兼看中外简略地图，学粗浅算法至开立方止，学粗浅绘图法至画出地面平形止；习中国历代史事大略、本朝制度大略；习柔软体操。三年而毕业，绅董司之，官考察之。十五岁以上，入高等小学校，解经书较深之义理，学行文法，学为策论词章，看中外详细地图，学较深算法至代数几何止，学较深绘图法至画出地上平剖面、立剖面、水底平剖面止；习中国历史大事、外国政治学术大略；习器具体操，兼习外国一国语言文字之较浅者。此学必设兵队操场。三年而毕业，官司之，绅董佐之。毕业后，本管府考之，分数及格者，给予凭照，作为附生，送入府学校。分数欠者，留学府设中学校。十八岁高等小学校毕业取为附生者，入中学校习普通学。其有监生世职职衔，愿入普通学者，亦听，但须酌捐学费，与附生一律教课。其有营弁营兵，文理通畅，能解算法、绘图，考验有据者，亦准收入此学。温习经史、地理，仍兼习策论词章，并习公牍书记文字，学精深算法至弧三角、航海驶船法止，学精深绘图法至测算经纬度、行军图、目揣远近斜度止，习中国历史兵事，习外国历史、津法、格致等学。外国政治条约即附于律法之内，并讲明农、工、商等学之大略。习兵式体操，兼习外国一国语言文字之较深者。词章一门亦设教习，学生愿习与否，均听其便。弁兵入学者，专学策论，免习词章。此学亦必设兵队操场。三年而毕业，学政考之，给予凭照，作为廪生，送入省城高等学校。省城应设高等学校一区，大省容二三百人，中小省容百余人。屋舍不便者，分设两三处，亦可。但教法必须一律。非由中学校普通学毕业者，不能收入。拟参酌东西学制，分为七专门：一、经学，中国经学、文学皆属焉。二、史学，中外史学、中外地理学皆属焉。三、格致学，中外天文学、外国物理学、化学、电学、力学、光学皆属焉。四、政治学，中外政治学、外国法律学、财政学、交涉学皆属焉。五、兵学，外国战法学、军械学、经理学、军医学皆属焉。六、农学。七、工学，凡测算学、绘图学、道路、河渠、营垒、制造军械、火药等事皆属焉。共七门，各认习一门，惟人人皆须兼一国语言文字。此学亦必设兵队操场。至医学一门，以卫生为义，本为养民强国之一大端，然西医不习风土，中医又鲜真传，止可从缓，惟军医必不可缓，故附于兵学之内。并另设农、工、商、矿四专门学校各一区，专以考验实事为主。机器、药料、试验场皆备，亦三年而毕业。其普通学成，愿入此四学者，听入。此四学者，中国经学、文学皆令温习。无论何学，皆有兵队操场。其习武者，专设一武备学校，择普通毕业之廪生愿习武者送入。四书、中国历史、策论，人人兼习。其余悉依外国教课之法，并专习一国语言文字。或仿日本，并设一炮工学校，专学制造枪炮之法，均三年而毕业。文学生高等学校毕业后，除农、工、商、矿专门四学另为章程外，此七门学生，学法律者，派入交涉局学习实事，名曰练习学生。学兵法者，派入各营学习实事，亦名曰练习学生。其余五门学生，均随其所愿，派入农、工、商、矿等局兼习实事，名曰兼习学生，均以实在局在营一年为度。农、工、商、矿四专门学，三年毕业后，农学派赴本省外县山乡水乡考验农业，工学派赴本省外省华洋工厂考验制造，商学派赴南北繁盛口岸考验商务，矿学派赴本省外省开矿之山、炼矿之厂，考验采炼，均名曰练习学生，亦均以实在出外游历练习一年为度。其武学生，武备学校毕业后，令入营学习操练一年，半年充兵，半年充弁，以实在营一年为度，合计在学肄业及出外练习文武各门均四年学成。先由督抚、学政考之，再由主考考之。取中者，除入京师大学校外，或即授以官职，令其效用。大学校毕业，又益加精门目，与省城所设高等专门学校同。三年学成会试，总裁考之。取中者，授以官。此大、中、小学教法、门目、等级、年限之大略也。

其考用之法，高等小学学成者，本管知府考之，普通中学学成者，学政考之，均不弥封。县送府考，府送学院考，均须详注分数，知府、学政考取榜示亦须注明分数，不准浑沦取进。高等专门教成者，督抚、学政分文武两途考之。应分几场，临时酌定。取者作为优贡，武者作为武优贡。其文事由他途径入普通中学荐送农、工、商、矿四专门学非由生员者，及由普通中学毕业径入四门专学非由高等学毕业者，其武事弁兵径送入普通学非由生员者，一并准其与考。其优贡所取人数，视本省中额加倍，钦派考官会同督抚、学政亦分文武两途考之。应分几场，临时酌定。考其专门之学及各国语言文字，非优贡不得与考。大率督抚、学政所取优贡，即系录送乡试之意，应试人少。且诸学有须面试者，勿庸糊名易书。考中者作为举人，其非由生员出身及非由高等出身者，作为副榜。择其中式前半若干名，分别送入京城文武大学校。所以止送一半入大学校者，一为京师大学若欲全容天下举人，费用过多，故减半送京，以节经费；一为分半就职，俾得及时效用，以应目前急需。其有未获送入大学校者，及已经送京而不愿入大学校，愿就职者，听。其未送大学校而不愿就职，自愿留学，以待下科者，亦听。就职者，文授以七品小京官及六、七品佐贰、首领，分部、分省候补，或充各局委员；武授以守备、千总等官，发营差委。考官照学政例，准带幕友二三人，同考官由外省酌量访求聘委，不拘官阶，亦不必本省人员。京城设文事大学校、水军陆军大学校各一，学业又益加精，门目略与省城专门学校同。学成者，钦派总裁大臣考之，作为进士，经廷试后，文授以部属、知县等官，武授以都司、守备等官，均令分部、分省、分标候补，优其序补班次，勿庸归选。如朝廷需用编书、修史、应奉文字之词臣、宿卫禁廷之侍卫，应随时听候谕旨考选，不在科举常例之内。统计自八岁入小学起，至大学校毕业止，共十七年。计十八岁为附生，二十一岁为廪生，二十五岁为优贡、举人，二十八岁为进士，除去出学、入学、程途考选日期外，亦不过三十岁内外，较之向来得科第者，并不为迟，此大、中、小学层递考取录用之大略也。

其取中之额，即分旧日岁科考取进学额，以为学堂所取生员之额；分乡、会试中额，以为学堂所中举人、进士之额；优贡应请新定学堂之额，大率比本省中额加倍而略多。初开办数年，学堂未广，取中尚少。前两科，每科分减旧日中额学额三成。第三科，每科分减旧额四成，十年三科之后，旧额减尽。生员、举人、进士皆出于学堂矣！至日久才多以后，应仿各国章程，视其学业分数以为中额之多少，并可不拘定额，以昭核实而资策励，总须较旧额之数有增无减。此学堂取中额数移拨旧额，日后并不限以定额之大略也。

或谓废八股，则人不读经书，不尊圣贤，不宗理学，不知八股始自前明，自汉至宋，皆无八股，何以传经卫道，代有名儒，忠孝节义，史不绝书，即如周、程、张、朱乃理学之宗主，其时未尝有八股也。或谓废八股，则人不能为文，不知文章之美者，莫如春秋之左氏、战国之诸子、两汉之马班、唐宋之八家，其时未尝有八股也。或谓废八股，则旧日专攻帖括者，无进身之路，不知历来擅长八股诸名家，亦必系学赡才敏、文笔优长之士，其最著者，前明如唐顺之、归有光，国朝如韩菼、方苞辈。即不由场屋，岂患无自见之学，登进之阶，故能为好时文者，考试策论固属优为，兼习诸学亦非难事。无论少年易于改业，即二十五岁以上至五十岁者，除外国语言、精微算法外，何事不能通晓，若从此三科十年以后，不能中式而又不能改习诸学，则断非有才有志之人，国家取之何益于用，然此辈仍可为小学、中学经书词章之师；其衰老不第而学行尚有可取者，可由督抚、学政访察考选，朝廷优予体恤，六十岁以上者，酌给职衔，五十岁以下者，广设其途，分别举贡生员，用为知县、佐贰杂职，详见酌改文科专条，似亦足以安宿儒而慰寒畯矣。捐纳既停，即中等儒生岂患无出路哉！此裁减旧日学额中额，仍将从前举贡生员分别录用之大略也。

论外国设学之定法，自宜先由小学校办起，层累而上，以至中学、高等学、大学，方为切实有序。惟经费太绌，师范难求，只可剀切劝谕，竭力陆续筹办。若必待天下遍设数万小学、数百中学，然后升之高等学、大学而教之用之，至速亦须十年。时事日棘，人不我待，刻舟胶柱，必致空言误事。今日为救时计，惟有权宜变通。先自多设中学及高等学，始选年力少壮、通敏有志之生员，迅速教之，先学普通，缓习专门。应各就省城及大府酌量情形，迅速筹办，以资目前之用。取才由粗入精，立法由疏入密，凡事何莫不然。将来小学林立，中学亦多，则循序渐进，取财既裕，而教法亦不劳矣！查三十岁而入官，科名不得为晚。自初学以至学成，十七年而成文武兼备之人才，造就不得为迟。惟事急需才，恐难久待。查日本文武各种学校皆有速成教法，于各项功课择要加功，于稍缓者量加省减，刻期毕业。应请旨饬出使大臣李盛铎，切托日本文部、参谋、陆军省代我筹计，酌拟大、中、小学各种速成教法，以应急需。此权宜救急，先设普通中学，暨采访速成教法之大略也。

惟成事必先正名，三代皆名学校，宋人始有书院之名，宋大儒胡瑗在湖州设学，分经义、治事两斋，人称为湖学，并未尝名为书院。今日书院积习过深，假借姓名，希图膏奖，不守规矩，动滋事端，必须正其名曰学，乃可鼓舞人心，涤除习气。如谓学堂之名不古，似可即名曰各种学校，既合古制，且亦名实相符。

总之，中华所以立教，我朝所以立国者，不过二帝、三王之心法，周公、孔子之学术。今宗旨则不悖经书，学业则兼通文武，特以世变日多，故多设门类以教士，取其周知四国，博学无方，正与经传所载三代教士取人之法相合。看似无事非新，实则无法非旧。且经史词章，仍设专门，学人、文人皆有自见之路，何得以唐人专考词章之下策，前明八股之俳体，视为儒者正宗哉！臣等所拟以上办法，不过明宗旨、标门类、分等级、计年限、筹出路、除妨碍，举其大略如此。至于详细章程，究应如何斟酌损益之处，应候敕议裁定。此一事为救时首务，振作大端，伏望我皇上思危虑患，饬取日本学校章程，迅速详议，乾断施行，收人心以固国基，四海瞻仰，首在此举矣！

一、酌改文科。

科举一事，为自强求才之首务。时局艰危至此，断不能不酌量变通。半年来，咨访官绅人士，众论佥同。两广督臣陶模、山东抚臣袁世凯咨来奏稿，言之甚为恳切。改章大旨，总以讲求有用之学，永远不废经书为宗旨。拟即照光绪二十四年臣等所奏变通科举奉旨允准之案酌办。原奏乃系参酌古今，求实崇正，力驳侈谈新学者之谬论，不过原本旧章，力求核实而已。大略系三场先后互易，分场发榜，各有去取，以期场场核实。头场取博学，二场取通才，三场归纯正，以期由粗入精。头场试中国政治、史事，二场试各国政治、地理、武备、农工、算法之类，三场试四书五经经义，经义即论说考辨之类也。头场十倍中额，二场三倍中额。原奏经礼部通行陕西，有案可查。惟声、光、化、电等学，场内不能试验，拟请删去。此系原本朱子救弊须兼他科目取人之意，欧阳修随场去留鄙恶乖诞以次先去之法，而又略仿现行府县复试童生、学政会考优贡之章，且可免寒士之候榜艰难、考官之疲劳草率，似乎有益无弊，简要易行。窃惟今日育才要旨，自宜多设学堂，分门讲求实学，考取有据，体用兼赅，方为有裨世用。惟数年之内，各省学堂不能多设，而人才不能一日不用。即使学堂大兴，而旧日生员年岁已长，资性较钝，不能入学堂者，亦必须为之筹一出路，是故渐改科举之章程，以待学堂之成就。似此办法，策论乃诸生所能，史学、政治、时务乃三场策题，所有考生断不致因改章而阁〔搁〕笔，科场更可因改章而省费，而去取渐精，学业渐实，所得人才，固已较胜于前矣。兹拟将科举略改旧章，令与学堂并行不悖，以期两无偏废。俟学堂人才渐多，即按科递减科举取士之额为学堂取士之额。其颖敏有志者，必已渐次改业，归入学堂；其学优而年长者，文平而品端者，尽可宽格收罗，量材录用，或取作副榜，多取数名，或令充岁贡，倍增其额，或推广大挑，每科一次，或挑作誊录，令其议叙有资，或举人比照孝廉方正，生员比照已满吏，准其考职，令其入官效用。宜汇总核计以上各途推广录用之数，足以抵每科减额之数，则旧日专习时文者，亦尚有进身之阶。十数年以后，奋勉改业者日多，株守沉沦者日少，且仍可为小学堂、中学堂经书词章之师。其衰老者，可从优赏给职衔。总之，但宜多设其途，以恤中才之寒畯，而必当使举人、进士作为学堂出身，以励济世之人才。只可稍宽停罢场屋试士之期，而不可使空疏无具者永占科目之名。果使捐纳一停，则举贡生员决不患其终无出路。此则兼顾统筹，潜移默化，而不患其窒碍难行者也。

一、停罢武科。

文、武两科并称，而两科之轻重利弊迥然不同。国家任官求才，无论章程如何，总之必用读书明理之士。因近年帖括之士有文无实，故改章以求实学。先略改科举章程，以取已有之人才。次广设学堂，以教未成之人才。他日专门学成，体用兼备，仍是此等读书明理之人。其法小变，其意仍同。若武科则不然，硬弓刀石之拙，固无益于战征，弧矢之利，亦远逊于火器。至于默写武经，大率皆系代倩文字，且不知何论韬略。以故军兴以来，以武科立功者，概乎其未有闻。凡武生、武举、进士之流，不过恃符豪霸，健讼佐斗，抗官扰民，既于国家无益，实于治理有害。此海内人人能言之，无待臣等之烦言者也。或谓武生等可使改习枪炮，不知利器散布民间，流弊太大，实无防察之法，万不可行。或谓武生等可使入武备学堂肆业，不知学堂定法，无论水师、陆师，皆必须曾读书通文理。若不识文字者，虽有西师善教，精者不能解，粗者不能记，断无受教之地。或谓武科所以收强梁不驯之人才，不知凡应武试者，大率小康之家子弟，椎鲁游荡，不肯读书，乃使之习武，以博科目之荣。其弓马衣装之费，较之文生为多，故世俗有穷文富武之谚。夫取士求将，本欲得良善守法之士，教以礼义，授以技能，以备干城腹心之用，岂有搜罗不逞，加虎以冠？且天下盗贼、会匪亦多矣，岂武科所能网罗者哉？今日勇营甚多，其材武有力之辈，皆可容纳，何藉武科？或谓古今名将未必尽能知书，不知古之孙、吴、韩、岳、戚继光，今之罗泽南、王鑫、彭玉麟等，何一非学古能文之士？间有不学问而为名将者，多由阅历而来。故兵勇起家为良将者有之，然在今日已不能与强敌角胜。若应武科者，平日所习皆与兵事无涉，既不晓枪炮之精，复不谙营阵之法，及取中武科，年齿已长，习气已深，循资数年，即可为参、游、都、守，何所谓阅历哉！查国家官制，武职以行伍为正途，八旗世家，无非兵籍。此时讲求兵事，必须武学、西操相资为用。其学堂毕业入营操练精熟者，自必予以出身，荐擢官职。将来内而禁卫，外而将校，皆可于此取之。考拔擢用之法，另详专条。若仍以循旧之武科，滥厕右职，殊于讲武励才之出路有妨。近年自故督臣沈葆桢以后，中外大臣言武科改章者甚多，盖久已共知其弊。臣等揆之今日时势，武科无益有损。拟请宸断奋然径将武科小考、乡、会试等场，一切停罢。其旧日之武进士、武举，兵部差官一律发标学习，考察人材，酌量委用补署，不必按资挨次选补实缺。武生年壮有志者，令其讲求武学，以备应募入伍之用；疲老者，听其改业。如此则学堂讲武学者，营弁精操练者，在标有战功劳绩者，登进之途较宽，必皆鼓舞奋兴，而将校皆有实用。此诚自强讲武之大关键也。

一、奖劝游学。

学堂固宜速设矣！然而非多设不足以济用，欲多设则有二难：经费巨，一也；教习少，二也。求师之难，尤甚于筹费。天下州县皆立学堂，数必逾万，无论大学、小学，断无许多之师，是则惟有赴外国游学一法。查外国学堂法整肃而不苦，教知要而有序。为教师者，类皆实有专长，其教人亦有专书。定法，凡立一学，必先限定教至何等地位，算定几年毕业，总计此项学业共须几年，若干时刻方能教毕，按日排定，每日必作几刻工夫定为课程，一刻不旷，如期而毕，故成效最确，学生亦愿受教。而教法尤以日本为最善，文字较近，课程较速，其盼望学生成就之心至为恳切。传习易，经费省，回华速，较之学于欧洲各国者，其经费可省三分之二，其学成及往返日期可速一倍。江、鄂等省学生在日本学堂者多，故臣等知之甚确。此时宜令各省分遣学生出洋游学，文、武两途，及农、工、商等专门之学，均须分门认习，但须择其志定文通者乃可派往。学成后，得有凭照，回华加以复试，如学业与凭照相符，即按其等第，作为进士、举贡，以辅各省学堂之不足，最为善策。此时日本人才已多，然现在欧洲学堂附学者尚数百人。此举之有益可知，并宜专派若干人入其师范学堂，专学师范，以备回华充各小学、中学普通教习，尤为要著。再，官筹学费，究属有限。拟请明谕各省士人，如有自备资斧出洋游学，得有优等凭照者，回华后，复试相符，亦按其等第，作为进士、举贡。如此则游学者众，而经费不必尽由官筹。盖游学外国者，但筹给经费，而可省无数之心力，得无数之人才，已可谓善策矣！若自备资斧游学者，准按凭照优奖录用，则经费并不必多筹，尤善之善者矣！

此四条，为求才图治之首务，其间事理皆互相贯通，互相补益，故先以此四事上陈。盖非育才不能图存，非兴学不能育才，非变通文武两科不能兴学，非游学不能助兴学之所不足。揆之今日时势，倖无可倖，缓无可缓，仰恳宸衷独断，决意施行。其间条目章程，自须详议，而大纲要旨，无可游移。其有为因循迁就之说，惟赖朝廷坚持，勿为其所摇夺。其余各条，另折奏上。臣等往复商酌，意见一切相同，未便各自具折，转嫌雷同重复。谨奏。

光绪二十七年六月十一日。

侍郎盛宣怀致奕劻李鸿章转伍廷芳电赔款事美商各国还银未允可请公评电

伍使鱼电：岘、香帅电悉。查还款表，本年至九百十年数目，一律现时起，计至九次还银，即与张电无异。至全款还银，商美外部，据称，美出全力，各国未允，惟英略转圜，只可暂允。日后中国强，银价高，亦有益。前接康电称，京中大员及赫德已允还金，各国谓，美听廷言，过于偏袒，今再力争，恐无把握云云。廷为国家计，固不足惜，美招各国忌，不免顾虑，再三力恳，虽允劝商，似近勉强。窃维办理交涉，贵有主见，稍不坚持，即被外人恫喝。我理既长，无须疑惧。如做到全款还银，固善。倘难就范，今日如既照表收银，即他日之成案，我不另立字据，十年后，仍照表付银。如彼不允，可请局外公评，断不生衅。且仍前一面磋磨，不必着急。是否？乞酌裁。请照转岘、香帅，如须转枢府、外部，乞公酌电示云。

六月十二日

鲁抚袁世凯致外部各使条款较各武官原议轻减甚多电

各国使臣既送交洋文条款，较各武官原议初稿轻减甚多，惟第一节野外大操，未指明界限；第二节允设警勇，安静河面，未叙明陆路；第六节各国军队夏令避暑，亦未指定地段。固应辨明，以防流弊。然闻各国武官多方刁难，利在延宕。经各使一再驳斥，始成现议。我如再向辩论，恐各武官又藉会议为题，拖延时日。请大部照复声明，嗣后商酌等语。俟交还，再相机设法依次辩明，冀可两全。

六月十二日

外部奏照录各使交还天津照会进呈御览折

总理外务部事务庆亲王奕劻、会办外务部大臣・体仁阁大学士王文韶、会办大臣・外务部尚书瞿鸿禨、左侍郎那桐、右侍郎联芳奏，为照录各国使臣交还天津照会，进呈御览，请旨遵行事。

窃自上年和约定后，诸国兵队除驻守畅道各处外，均按期由直隶省撤退，交还地面。惟天津所设之都统衙门，系由德、俄、法、日本、义大利六国派员管理，久未裁撤。臣等于本年正月间，会同六国驻京使臣，以交还治理天津事务载在公约第十一款，该处为近畿要地，尚未归还，于中国治理之权诸多未便，应由诸国会商，撤退兵队，交还地方等因，去后，旋据各使臣等照复，应与各国武员并同议和约条款之诸国公使共商，以致往返数月，尚未定议。臣等复切实照催，兹据驻京各使臣等照称，现奉本国国家应允，将该都统衙门裁撤，惟中国国家先应特为声明，允照所拟各节办理。自应允各节之复文到日起计算，四个礼拜内，将天津都统衙门裁撤，应请指明届时都统衙门应将天津城并天津一带地方各事，交与何项官员接收等因前来。臣等就照会内所开各节详悉查核，如拆毁炮台，及京师至海通道酌定数处留兵照旧驻扎，均系按照公约第八款、第九款办理。中国驻兵须距天津二十里，系免彼此相遇滋事。其所称由京至海通道各军队管带所得弹压治罪之权延至铁路两旁六里，系指有犯铁路或电线或联军之人及物产而言。查此节曾于光绪二十七年六月，经领衔日国使臣葛络干照会全权大臣有案，尚非漫无限制。其余帐〔账〕目、案件、赋税等事，各分界限，又无轇轕。天津为畿辅要区，直督治所，惟期早日交还，妥筹善后。此事经臣等与各该使臣屡次确商，据称，已将格外要求情事一概删除，无可再减。此次照会各节，核与中国治理地方之权尚无窒碍。既据声称，自复照会允行之日起，于四礼拜内，将天津都统衙门裁撤，交还地方。相应照录原送照会，恭呈御览。如蒙俞允，臣等即照复各该使臣，如期交还，并请饬下北洋大臣，将接收事宜妥为办理，以昭慎重。谨奏。

光绪二十七年六月十三日。

增改扩充北京各国使馆界址章程　附专条

一、界内民产，以契据为凭。凡业主持有契据者，自晓谕后，立即呈出，交本公所掛号，先行发给印收，听候查验房地是否相符，以凭办理。

一、凡有契据者，呈验查勘相符，应将印收缴回，换给领价凭单。须俟特行出示，另定日期，以便持单领银。其间如有盗典盗卖及各项轇轕不清之事，须限内呈报，听候查办。倘逾限不报，一经发价后作为完结，其查验不符者，另行核办。

一、凡契据失毁无存者，准将四至开明，取其近邻切实保结，呈报掛号，听候勘验明确，再行发领凭单，以便持单依限领取价银。

一、按照上年西历十一月二十六日告示内所载，使馆界址所定四至，由海岱门城门顺大街至东长安街一带，又自前门内棋盘街一直往南至城墙。在此四至之内，所有房产契据，凡由上年西历六月二十日、即华历五月二十四日以前所立者，方作为确据。

一、为防守使馆起见，必须四围有隙地一段。所有隙地之内，不得留有房屋。其隙地房基，应行合价。自长安街以北，所展宽八十迈当之内所有房产契据，亦应呈送界务局查核，以凭办理。

一、所定界内如有华民以私产或租或典与各国官商者，即应将合同情形、欠银数目，报明本局，以便清楚经理。

一、房间院落，有已为各国圈入围墙之内，一律铲锄平坦，或已起造新房者，以致某某界限无基，应先将所圈之地统行丈量清楚，俟与各户所呈契据四至汇总核明相符，候划清给价。

一、界内所占官署公所之地，应一律查明四至登记，以免牵混。

一、凡庙宇，如系私产，与民人之产一律办理。

一、界内铺面房间如为原基所有，续经铺商修理整齐者，此次房银应全归业主承领。为原基所无，经铺商自行添造者，应由该商与业主会同呈报，听候核办。

一、界内民产，有全家殉难业主无人者，应作为官产。如有冒认情弊，一经查出，定行从严惩办。

一、界内所占之民产，如有产业轇轕争执之事，应由中国地方官公平听断。

一、各户产业领价时，应具结存案。

一、所有房间应给价若干，随后另行出示。

华历光绪二十七年四月十三日，西历一千九百一年五月　日。①

北京各国使馆界址四至专章

一、东界至距崇文门十丈为止。其城门旁西首登城马道，不在界内。

二、西界至兵部街为止。街西宗人府、吏部、户部、礼部四衙门，均还中国，并可在衙门后建筑墙垣，不宜过高。衙门旁民房本多毁坏，其现在尚存者，一律拆为空地，无论中国人、外国人，不得建造房屋。各使馆服役之中国人原有房屋在界内者，另行拟给地段，令其盖房居住。

三、南界至大城根为止。其靠使馆界之城上，许各使馆派人巡查，但不得建造房屋。

四、北界至东长安街北八十迈当为止。使馆界墙在东长安街南约十五丈。自界墙外至东长安街北界线以内之房屋，均拆为空地，惟皇城不得拆动，其空地内以后彼此均不得造屋。东长安街一带，仍听车马任便行走，作为公共道路，由中国设立查街巡捕，建造巡捕房，为该巡捕等办公之地。

附声明北京各国使馆界址四至详细专条

一、东界谓至距崇文门往西十丈为止一语，查系照三月初四日义、奥、法三国大臣所言，应自崇文门马道以西一直线往北。此指使馆东面界墙而言，有交来界图红线为凭，非仅城墙上界址而已。自红线推而往东十丈至大街，系为公共道路界线，本与界墙之线无干。

二、西界由正阳门东顺AB字母之线北至东交民巷，再顺交民巷街北东至距兵部街西四十迈当，折而北，至皇城外墙为止。按照义、奥、法三国大臣所言，并送来界图内兵部街东所画红线，系为使馆西面界墙。自此红线往西四十迈当，系为公共道路界线，北至皇城外墙为止。再，兵部街至正阳门一带民房，应全行拆为空地。除宗人府、吏、户、礼四署不得另有房屋一节，前经义、奥、法三国大臣面称，愿将此一带民房留为使馆服役之中国人居住，嗣又据义、奥、法三国翻译官转述诸国大臣之意，重申前请，并言明，民房虽留服役人居住，仍应令业主一律投契，由官给价。本王大臣亦无不以为然。至俄使馆所占樊主教地段，应由俄国大臣与樊主教自行商办。

三、南界之线，循城墙南址而划，并留城垣上派驻巡捕之权、不得建造房屋各节，均属相符。

四、北界至东长安街北八十迈当为止。该界一带仍听车马任便行走，作为公共道

① 原文如此。

路。其公共路内，应设中国巡捕。曾与义、奥、法三国大臣言明，公共路内，除巡捕外，不得另有房屋。巡查章程，由各国大臣代拟。今来文谓，所拟建造之巡捕房，不得在界线之南施工，是公共界内又变而不准设巡捕房矣！但巡查章程既由诸国大臣定拟，自必格外妥善。建造捕房，专为有益道路而设，与住户之房不同，应请贵大臣转致诸国大臣，仍照前议办理，无庸更改。又拟拆英馆相近之皇城墙改为铁栅一节，查三月初四日义、奥、法三国大臣有此一说，当经本王大臣将碍难情形言明，并商准不拆。况此墙之南面，原有两门，任人行走，毫无妨碍，与铁栅无异。总之，此次扩充使馆所占各处，凡可通融者，本王大臣无不设法通融，惟实有窒碍难行者，亦望各国大臣见谅。

以上各节，统希贵大臣转致各国大臣查照为荷。

清季外交史料卷一百四十七终

清季外交史料卷一百四十八

光绪二十七年六月下

刘坤一张之洞奏遵旨筹议变法谨拟整顿中法十二条折

两江总督刘坤一、湖广总督张之洞奏，为遵旨筹议变法，谨拟整顿中法十二条，恭折续陈事。

窃臣等筹拟兴学育才四条，业经会同奏陈在案。窃惟治国如治疾，然阴阳之能为患者，内有所不足也。七情不节，然后六气感之，此因内政不修而致外患之说也。疗创伤者，必先调其服食，安其脏腑，行其气血，去其腐败，然后施以药物针石而有功。此欲行新法必先除旧弊之说也。盖立国之道，大要有三：一曰治，二曰富，三曰强。国既治，则贫弱者可以力求富强；国不治，则富强者亦必转为贫弱。整顿中法者，所以为治本之具也。采用西法者，所以为富强之谋也。谨将中法之必应整顿变通者，酌拟十二条，敬备朝廷采择，胪陈于左：

一、崇节俭。

昔春秋传记卫文公之兴国也，农、工、商、学诸善政，无一不举，而首先书之曰：大布之衣，大帛之冠，是知国家当多难之际，创痛之余，欲求振兴，未有不以节俭为先务者。后世若汉、晋、隋、唐、宋之令主，皆以俭约著称，遂兴其国。伏读我圣祖仁皇帝庭训格言，服茧绸之衣，无兼味之馔，省宫女之数，内殿一毡，用至四十年，宫闱一年之费，只抵前明一月，俭德昭垂，遂以戡乱致治。今京畿凋残，秦晋饥馑，赔款浩大，民生困穷，以后更不知如何景象。此时若欲挽回天意，激励人心，非贬损寅畏，力行节俭不可。窃见自两宫西幸以来，备尝艰难，力戒糜费。今年又奉明旨，裁省例贡，并戒跸路虚糜。仰见圣心乾惕震恐，此诚自强之基。诚虑回京以后，所司以相沿成例，一切供奉仍照成规，不能仰喻宸衷，赞成盛德。拟请明降谕旨，力行节俭，始自宫廷所有不急之务，一切停罢，无益之费，一切裁减，即不能不兴之工，务从俭省核实，内务府诸臣再有营私糜费者，必重惩之；并请谕饬内外大小臣工，务从节俭，力禁奢华，所有宫室舆服，力求朴素，应酬宴会，勿得浮糜，上官岁时之供億，一概禁绝，督抚巡阅，学政按试，以及一切驰驿过境之贵官要差，所有舟车、馆舍、厨传、供张，严禁华侈，不准需索骚扰，宽于商民，严于职官。有违旨者，上司立予纠参。此不惟爱惜物力之心，乃所以昭不忘忧患之意。且不尚玩好，则工无淫巧，而并力于制造，不崇侈靡，则商轻成本，而增多其赢余，官以俭而廉，民以俭而足，农多本富则有用之货物易销，工执正业则出口之利源日扩，是不惟务本之常经，抑亦驭外之要策也。恭读圣谕，屡以卧薪尝胆为言，夫欲使天下四海见朝廷实有卧薪尝胆之志者，必自三事始：一曰俭，二曰勤，三曰破格。三事之中，惟俭最为显著而易行，化臣民而阜财用，其效亦最速。必朝廷时时有不忘在莒之心，则国势有转否为泰之望矣！

一、破常格。

从来国家开创之初，疏节阔目，上下情通，既能周悉民隐，亦能鼓舞贤才，故成功易。中叶以后，拘文牵义，上下否隔，民情多壅于上，闻人才亦难于自见，故致治难。今外患日迫，政权渐侵，迥非光绪初年之旧时局，已非常局则政事岂可仍拘常格。伏读圣谕有云，积习相仍，因循粉饰，以致成此大衅，洵为深中时弊之至论。积习莫甚于骄惰恶劳，因循莫甚于藉口旧章，粉饰莫甚于实情不上闻。若因仍旧习文貌相承，则下欺而上不悟，民怨而官不知。敏捷者以粉饰为能，庸懦者以无事为福，以当群强，必不支矣！昔汉高帝以褐衣挽辂拔娄敬，光武以披襟岸帻见马援，唐太宗闻孔颖达上下情隔之谏赐物二百段，又以尚书郎不解乘马为戒，金太祖开国之初，坐地而谋，上马而战，以故其兵满万无敌，遂成大业。今日谋国之急，交邻之难，不惟五十年前所无，抑且非历代所有。尝读周易屯初九之象曰：以贵下贱，大得民也。盖国家当屯险多难之时，帝王群臣皆必力求得民之道，乃能动乎险中而得亨贞之吉。窃谓此时朝廷一切举动，宜视为草昧缔造之时，视为与民同患之时，将一切承平安乐之繁文缛节，量为简省变通。中外大小臣工，尤以除官气、达下情为主。应行破除常格之事甚多，兹先约举最要者三事：

一曰敷奏。奏对之际，天威咫尺，往往战栗矜持，不能尽言。至于上疏陈言，每以不能称旨为虑。导之使言，犹多顾忌。若以折槛批鳞为戒，则虽至于颠覆而无人为朝廷言之矣。拟请明谕中外，凡臣工奏疏召对，务以直言正谏，指陈利害为主，不必稍存忌讳。言事过于憨直者，体式稍有未合者，亦望朝廷曲予优容，以收从善纳规之益。

一曰仪文。今日文武官员官气最重，实为失人心、害政事之根。故大学士曾国藩、故巡抚胡林翼，常切切言之。文官贱视其民，罕与民接，炫之以仪从，威之以鞭扑，故罕通民隐。武将贱视其兵，罕与兵亲，驱为贱役，视为利薮，故罕识兵情。夫不得民心而能治，不得兵心而能胜，未之有也。应请切戒文武各官，务须屏除官气，不尚虚文，必其诚意感孚，然后兵民皆可用矣。至于上天下泽，堂高帘远，其分不可不肃，而其情不可不通。若尊崇严畏之意过多，则诚恳忠爱之意渐少。必朝廷有曲体群臣之心，有圣不自圣之意，斯臣下得进忠言，庶民皆同休戚矣。至于谕旨中所举朝章国故，其间有无应行变通酌定之处，非臣等所敢擅拟，应请饬下廷臣详议，奏请圣裁。

一曰用人。承平用人，多计资格，所以抑躁进。时危用人，必取英俊，所以济艰难。今之仕途，不必其皆下劣也。同一才具而依流平进者多骑墙，精力渐衰者惮改作，资序已深者耻下问。平日论吏才者患更事之不多，今当变更政治之际，则惟患更事之太多。盖其所谓更事者，不过痼习空文，于中外时局素未讲求，安有阅历，而迂谈谬论成见塞胸，不惟西法之长不能采取学步，即中法之弊亦必不肯锐意扫除。古人有言：老者谋之，壮者行之。施之今日，似为有当。或谓进用太骤，易开钻营徼倖之风，莫如略仿宋人外吏转官，须有十人荐举之例，如其人有四五人保荐者，即破格用之。如此则徇私援引之弊除矣。如止一人保荐，则必试之以事，果有实效，然后破格用之，如此则虚声误采之弊免矣！若驭下但责之以文貌，用人仍困之以例章，则所得者皆寻常之俗吏而已，岂能济非常之艰难乎？

一、停捐纳。

捐纳有害吏治，有妨正途，人人能言之。户部徒以每年可收捐三百万，遂致不肯停罢。查常捐若衔、封、翎枝、贡监等项，本可不停。若将常捐量为推广，但系虚与荣名，无关实政者，皆可扩充。假如清班之衔，章服之贵，因公处分，准其捐免，游幕省分捐，准服官寄籍捐，准应试生员捐，免岁考节孝旌表捐，准年限从宽，以及赐匾建坊之类，似皆可酌加推广。拟请敕下户部，博采众议，量为推广，必可抵补捐数大半。即或不敷百余万，然今日须筹赔款数千万，断不宜惜此区区，以致牵挂有妨自强要政。拟请宸衷独断，明降谕旨，俟此次秦晋赈捐完竣后，即行永远停罢，以作士气而清治源。

一、课官重禄。

方今事变日多，京外各衙门，断非仅通时文翻查成例者所能胜任。欲济世用，非学无由。拟请京城设仕学院，外省均设教吏馆，多储中外各种政治之书，凡中外舆图、公法、条约、学制、武备、天算、地理、农、工、商、矿各学之书，咸萃其中。选派端正博通之员为教习，令候补各员均入其中，分门讲习，严定课程，切实考核。进功者，给予凭照，量材任用。昏惰者，惩儆留学。不可教者，勒令回籍。其实缺各官愿入馆讨论求益者，亦听其便。惟善教以培其材，尤须重禄以养其廉。查京职俸银俸米为数无多，加以银贱物贵，实不足以自给，而科道为风宪之官，翰詹为储才之地，俸廉尤宜从优。光绪八年户部奏定，令各省关筹解京官津贴银二十六万两，乃行之一年，旋将此项拨充饷需，且原定数目较少，大小各官不能遍及。其分给者，为数亦不敷用度，今日亟宜另筹办理。至三品以上大员，用度较繁，关系甚重，必应一并筹及，其名目即称为养廉，勿庸再称津贴，方为名正言顺。谨拟仰恳天恩，即以原议京官津贴二十六万两仍行发给各官。至此项饷需，应令各省照数另筹奏明抵补。此外拟请即以此次奏陈裁汰屯卫各官所省之款并卫田新拟酌捐之款发给，抑或另筹他款，应请旨饬议施行，大约必须筹款百万，乃足敷各衙门办公之需，杜乞贷苞苴之习。至外省，若府县等官甘苦亦不一致。州县有民社之寄，知府有表率之责，断不可令其苦累州县。瘠区则科派鬻狱而病民，冲繁则亏挪库款而病国。不得已而为调剂调署之策，则传舍无常，而国与民交病。其号称优缺者，不过隐匿契税、杂税，减削驿站经费，甚至捏报例灾。盖州县官卑事繁，科场考棚之摊捐、招解缉捕之繁费、驿路大差之供億、委员例差之应酬，其养廉不足以给用，不得不迫而出此，故州县多一分之繁费，则国帑暗伤一分之进款。知府公费无非取给州县，然公费多少不一，往往藉端挑剔，格外诛求，故府州县皆须令其办公有资，然后能尽心于国事民事。应请敕下各省，体察本省情形，省州县之繁费，禁上司之需索，其办公不敷者，拟为拨给职田一法。考晋、唐、宋、明以来，郡县等官皆有职田，明又有边臣养廉田，此制似可仿行。查各州县大率皆有充公之田，私垦官荒并未升科之地，及原主久亡、契据久失、地棍冒认、争论不休之业，此类各项田地，若认真清查，一州县至少亦有数十顷。应即将此业拨充州县职田之用，收其租课，以资办公。州县既无累可言，则可令其久任，责以实政。设遇地方有重要难办之事，只可因择人而量移，不准因恤累而更调。一切公款，责令切实报解，不得藉口侵欺。知府办公竭蹶者，亦为筹增公费。至增加养廉公费以后，京外各官如再有贪墨败检者，除参革外，仍行追罚充公。方今度支困绌之际，岂愿更增用款，然果使贤才无北门贫窭之忧，当官有公尔忘私之志，则为国家所省者多矣！

一、去书吏。

蠹吏害政，相沿已二千年。今仰蒙乾断，一旦铲除，天下臣民，无不钦颂。臣等历年所见部文，不过查叙旧案，核算数目，从未论及事理，下等司官皆优为之，其准者，不过曰与某案尚属相符，尚属实在情形；其驳者，不过曰与旧案不合，窒碍难行；间有援据古今，发为议论，指陈事理，语有断制者，则必系司官秉笔，或经堂官改定，一望而知，决非经承稿书吏所能为。然则此辈一无所长，但工作弊索贿。至外省各衙门书吏弊窦亦多，若督抚衙门之兵房，藩司之吏房、户房，州县之户〈房〉、粮房、税契房，皆所不免，而州县为尤甚。缘兵燹以后，鱼鳞册多已无存，催征底册皆在书吏之手，缓欠飞沥，弊混極多，把持州县，盘剥乡民，税契一项，包揽隐匿，官无如何。其实无论大小衙门书吏，技〔伎〕俩皆极庸劣。凡紧要奏牍、咨札、详禀，或本官亲自属稿，或委员幕友拟稿，从无书吏能动笔者。所能为者，不过例行公事，依样葫芦而已。若各局文件多非循例之事，则皆系委员办稿。至清书，则满纸俗别谬误脱落，尤为恶劣，实于公事有防〔妨〕。昨读电传邸钞，已奉明谕将各省书吏概行裁汰，自应钦遵办理。兹拟将各省书吏一律汰除，改用委员。其额设办稿经承，督抚、司道、知府、直隶州衙门用本省候补佐贰杂职为之，称为稿委。缮写清书，用本省生员为之，称为写生。惟各衙门清书人数甚多，如生员可选充写生者一时不能足数，则于生员之外，就该衙门清书中挑选谨慎守法者充作书手，称为贴写生。同通州县首领佐贰教职衙门，则稿书用生员。如生员不敷，则监生、童生亦可，称为稿生。清书另雇读书安分之书手为之，亦称为写生。所以必改名为生者，以示改用士人之意。缘书吏一项，久已为世诟病。人既视为不足重，吏亦遂不自重而轻于犯法。今一律改用士人，优其名目，则稿生、写生皆有顾惜廉耻之心，化去骫法营私之习。督抚、司道、知府衙门书吏，向有饭食、津贴各项银两，即以拨充稿委、写生薪水之用。州县等衙门应就地筹款。以臣等所到各省论之，其候补佐杂，文理通畅、心地明白而无差困苦者甚多，足敷稿委之用。查委员办稿，乃古人州郡有六曹掾属之意。生员缮写，乃乡会试誊录用生员之意，似此办法，中等省分可用佐杂百余人、生员千余人，大省加多。既可令候补人员练习公事，又可为本省寒士开一生计，实属一举数善。惟此项裁除书吏，皆系世业，拟请按已满吏加等给与官职，并将其每年应得饭食、津贴之数发给两年，令其自谋生理，以示体恤。州县书吏令其自行酌赏。如虑新换稿生、写生等一时未能熟习，或由各省自行酌量情形，分为两年裁汰。惟各州县户房、粮房，藏匿收征底册以为居奇，最为藐法可恶。今闻将裁汰，必多抗匿不交，甚且别造伪册。州县按照串票原不难于清查，但恐繁细需时，于催科稍有阻碍。拟请将各省州县户房、粮房应分为数年裁汰。由督抚体察情形，一年先办六七县，或十余县。择其易于清理者办起，如该吏有敢抗匿销毁粮册者，即行奏请正法。俟办有规模，即可一律推行，永除贪官朘民之弊矣！至各部则例亦拟请敕各部臣删繁就简，因时制宜，以省虚文而收实效。尘牍既省，则以吏为师者自无所藉口矣！

一、去差役。

差役之为民害，各省皆同。必乡里无赖，始充此业。传案之株连、过堂之勒索、看管之凌虐、相验之科派、缉捕之淫掳、白役之助虐，其害不可殚述。民见差役，无不疾首蹙额，视如虎狼蛇蝎者。差役扰民之事，其报官者，不过什之一。其报官而惩办者，不过什之五。师徒相承，专习为恶之事。良由换官不换差役，故根株蟠结，党羽繁滋，旋革旋复，虽有良吏，只能遇事惩儆，稍戢其暴而已，而终不能令种种扰民害民之弊一概杜绝。盖官署事事需差，州县不皆久于其任，势不能锄而去之，别筹良法。今钦奉明谕，令将差役、白役分别裁汰，此诚恤民图治之要端也。此事自当转饬有司，钦遵实办。惟州县之听讼、理刑、催科、缉捕等事，不能不需人以供驱使。若繁剧州县，人少亦不敷用，例定役食无多，不足以资雇募。拟令州县自行募勇，以供驱遣，大县百余名，小县数十名，以供上项各种驱使，此勇既由官选募，自必择妥实可信之人。去留在官，自然不能把持，习气未深，作弊不能甚巧。但使本官约束严明，即可不为民害。用勇之与用差，利害相去悬绝。如虑人地生疏，其查案传人，自有乡保可以指引。如虑缉捕不知贼踪，尽可临时购觅眼线。此项养勇之费，应令各州县体察情形，就地筹办。如州县以无款可筹，藉口推诿，亦尚有一办法，大率民间词讼必有讼费，少者钱四千，多者数十百千，不待审断，一经过堂，即须先纳此钱，讼者久已视为成例，各处相沿，皆有陋规，需索稍轻者，即已欣幸，应令州县按其旧规，量为裁减，定一数目，以示限制，此外不准多索分文，示民周知，即以此钱为养勇之费。民间乐于去差役之害，未有不踊跃交纳者。大县讼多，简县讼少，如不敷养勇之费，再行就地劝筹，民必乐从。惟繁缺州县，差役多至数百人，骤行革除，虑其流而为盗。应请限以五年，次第裁革，并给以三年役食，令其各谋生计。去此巨害则民气渐纾，教养有所施矣！再者，各国清查、保甲、巡街、查夜、禁暴、诘奸，皆系巡捕兵之责。其人并非下流猥贱之人，其头目即系武弁，日本名为警察，其头目名为警察长，而统之以警察部。其章程用意，大要以安民防患为主，与保甲局及营兵堆卡略同。然警察系出于学堂，故章程甚严，而用意甚厚。凡一切查户口、清道路、防火患、别良莠、诘盗贼，皆此警察局为之。闻京城现拟设立巡捕，将来外省自可仿办。兹拟令州县用勇，即与用巡捕兵之意相近。当于繁盛城镇，采取外国成法，并参酌本地情形，先行试办，以次推行。警察若设，则差役之害可以永远革除。此尤为吏治之根基，除莠安良之长策矣！

一、恤刑狱。

鲁曹刿之论战也，谓小大之狱，必以情为可战之具，遂一战而胜强齐。诚以狱为生民之大命，结民心，御强敌，其端皆基于此，非迂谈也。我朝列圣皆以哀矜庶狱为心。大清律例较之汉、隋、唐、明之律，其仁恕宽平，相去霄壤，徒以州县有司政事过繁，文法过密，经费过绌，而实心爱民者不多，于是滥刑株累之酷，囹圄凌虐之弊，往往而有。虽有良吏，不过随时消息，终不能尽挽颓风。外国人来华者，往往亲入州县之监狱，旁观州县之问案，疾首蹙额，讥为贱视人类。驱民入教，职此之由。盖外国百年以来，其听讼之详慎，刑罚之轻简，监狱之宽舒，从无苛酷之事，以故民气发舒，人知有耻，国势以强。夫中外情形不同，外国案以证定，中国案以供定。若照众证确凿，即同狱成之例，罕有不翻控者。故外国听讼，从不用刑求、重罪罕至大辟两端，中国遽难仿照。然而，明慎用刑，不留狱，大易之文；圜土教职事，周礼之典；疑狱与众共，王制之法。此皆中国古典旧章，与西法无涉。今酌拟九条：

一曰：禁讼累。每有诉讼，差役家丁必索讼费，视其家道以为多少。至少者，制钱四千，薄有田产者，任意诛求。不满其欲者，则诡曰案未传齐，致官不能过堂。即恤民之官为之酌减定数，不准多索，然一官所禁，后任复然。差役不革，此弊不除。至传案诛累，最为民害。其中有原告诬攀者，亦有吏役怂恿本官者，亦必须裁去吏役，方能杜绝。

二曰：省文法。承审之例限，处分太严，而命盗案之报少，必俟犯已认供而后详报。盗案之例限，开参太严，且必获犯过半兼获盗首，方予免议，而讳盗之事多讳有为无，讳劫为窃，讳多为少，各省从无一实报人数者。命案罕报罕结，则多私和人命及拖毙证人之事，民冤所以不伸也。盗案不早报，不实报，则萑苻已起，而上官不知寇乱所以潜伏也。二事关系甚大，非宽减例处，断无禁绝拖延命案、讳饰盗案之法。至于上控之案，其官吏偏私，实有冤抑者，自应彻究严惩。乃近来上控者，往往有讼棍主持，意图攀累讹索，图告而不图审，以致被告羁系日久而原告总不到案。虽有原告两月不到将案注销之例，而两月之久拖累已多。即由省押发，或已经逃匿，或中途潜逃，诬累害人，情尤可恶。应请明定例章，如上控案已经批发而两月后并不到案者，除照例注销外，并将上控之人通缉治罪。以后再将此案上控者，亦即驳斥治罪，究出架讼之人，一律严办。并请将上控承审迟延之处分，分别情节办理。此亦省拖累之一端也。

三曰：省刑责。敲朴呼暴，血肉横飞，最为伤和害理，有悖民牧之义。地方官相沿已久，漠不动心。夫民虽犯法，当存哀矜。供情未定，有罪与否，尚不可知，理宜详慎，况轻罪一眚，当时如法惩儆，日后仍望其勉为良民，更宜存其廉耻。拟请以后除盗案、命案证据已确而不肯认供者，准其刑吓外，凡初次讯供时，及牵连人证，断不准轻加刑责。其笞杖等罪，应由地方官体察情形，酌量改为羁禁，或数日，或数旬，不得凌虐久系。

四曰：重众证。外国问案，专凭证人，众证既确，即无须本犯之供。然外国问案有专官，刑律少死罪，时刻闲暇，故可以从容研求。监禁不苦，故有确证者，即不肯狡供，且警察之法最密，平日之良莠、生业、街巷、踪迹一一周知，故证据多。问案皆系列坐，证人从不管押，故证人易。中国州县事繁，素无警察，而刑罚较严，出入甚巨，旁人多不肯作证，本犯自必图幸免。此刑求拖累之所由来也。今惟有申明定例一法，可以稍救此弊。查例载，众证明白，即同狱成，不须对问，然照此断拟者，往往翻控，非诬问官受贿，即诋证人得赃，以故非有确供不敢详办，于是反复刑求，则有拷掠之惨，多人拖累，则有庾毙之冤。拟请以后断案，除死罪必须有输服供词外，其军流以下罪名，若本犯狡供，拖延至半年以外者，果系众证确凿，其证人皆系公正可信，上司层递亲提复讯皆无疑义者，即按律定拟，奏咨立案。如再京控上控，均不准理。夫既非死罪，又有众证，兼有复勘，即使本犯不肯输服，不过意有不足，断不能全然颠倒。据此定案，则全案应讯人等可以省释谋生。夫为一人之军流，而致防废多家之生业，拖毙无数之人命，孰得孰失，仁人良吏必有能辨之者矣！此则省酷刑、恤拖累之大端也。

五曰：修监羁。州县监狱之外，又有羁所，又有交差押带等名目，狭隘污秽，凌虐多端，暑疫传染，多至庾毙，仁人不忍睹闻，等之于地狱，外人尤为痛诋，比之以番蛮。夫监狱不能无，而酷虐不可有。宜令各省设法筹款，将臬司、府、厅、州、县各衙门内监、外监大加修改，地面务须宽敞，屋宇务须整洁，优给口食及冬夏调理各费，禁卒凌虐，随时严惩。至羁所一项，所以管押窃贼、地痞及案情干涉甚重而供情未确、罪名未定、保人未到者，定例虽无明文，而各省州县无处无之。盖此等案犯若取保，则什九潜逃，断不能行。若令迁住客店，交差看守，则勒虐更甚，无从稽考。故羁所一项，其势不能不设。查雍正三年刑部尚书励廷仪奏，监禁宜分内外，内监以居重要人犯，外监以居现羁轻犯并案内听审人犯，部议从之，是今之羁所，即本励廷议〔仪〕所奏外监之意。拟请明定章程，各处羁所务须宽整洁净，不准虐待，亦不准多押。至传质者归入候审所，各省多已设立。其余差带官店等事，务须禁绝。此事之实办与否，有房屋可验，不能掩饰。

六曰：教工艺。近年各省多有设立迁善所、改过所者，亦间教以工艺等事，然行之不广，且教之亦不认真。应令天下各州县有狱地方，均于内监、外监中必留一宽大空院，修工艺房一区，令其学习。将来释放者可以谋生改行，禁系者亦可自给衣履。

七曰：恤相验。凡有命案应相验者，验尸棚厂、官吏夫马之费甚多，均取之被告家，不足则派之族邻，小村单户则派之一半里外之远邻。间有恤民之吏，自备夫马、帐棚，严禁差役科派，然亦不过百之一二，终无禁绝之法。查四川有三费局，由绅民粮户捐出，一为招解费，一为相验费，一为夫马费，民甚便之，行之已三十年。此事似宜令各州县就地筹款，务以办成为度，仍责令州县轻骑简从，不准纵扰，违者严参。

八曰：改罚锾。赎罚之刑，古经今律皆同有之，惟其途尚隘。查命盗案应按律治罪，窃贼、地痞、恶棍伤人、诈骗、讼棍，应量予朴责监禁，藉以儆其悍暴，昭示良民。此数项应不准罚赎。此外如户婚、田土、家务、钱债等类之案，其中多系绅衿，且两造必系亲族乡邻，不宜苦辱过甚，致本人有碍上进，并使两造子孙永为仇隙。除按其曲直审断外，其曲者，按其罪名轻重，酌令罚缴赎罪银若干，以为修理监狱经费。举贡生监、职员封职犯事，罪不至军遣者，除褫革外，并罚缴修理监狱经费，看管数月，免其刑责，似于化民善俗之义有合。罚缴之数令其详报上司，私罚及入已者，罪之。至近年流徒各犯，率皆中途逃回，否则在配不久即逃。由于沿途押解差役无多，到配管束地保难信，逃回以后，肆恶更甚，似此有名无实，岂足以昭儆戒？查近年盗匪各案，外省多奏明改为监禁数年。拟请以后除军罪皆系重情照旧发遣外，其流徒两项，由地方官酌量情节，详报咨部，令缴赎罪银若干，以为监狱经费，改为羁禁几年，较本例所定年限少减，则该犯有羁管之实，沿途省解送之烦，似亦两有裨益。

九曰：派专官。监羁一事，固须屋宇广洁，尤须随时体恤，禁绝凌虐，必有专官司之，方有实济，吏目、典史卑于州县，不能考察。查各府皆有同知通判，所司清、军、盐、捕、水利等事，久成具文，一无事事。按今之通判，宋亦名通判，或名签判，明名曰推官，皆兼管狱囚诉讼，故文人称为司李，俗人称为刑厅。拟请著为定章，每府即派实缺同知，专司稽察各属监狱之事。同知不同城者，派同城通判，每两个月内遍赴所属外县稽察一次。同城兼有同通者，两员分往，一月稽察一次，同城县监，十日稽察一次。监狱不善、凌虐未禁者，准其据实禀明督抚、臬司，比照滥刑例参处。稽察府监，责成本道司监，由督抚随时委员稽察。

要之，去差役则讼累可除免，宽文法则命盗少讳延，省刑责则廉耻可培养，重众证则无辜少拖毙，修监羁则民可多全，教工艺则盗贼可稀少，筹验费则乡民免科派，改罚锾则民俗可渐敦，设专官则狱囚受实惠。以上各弊，例禁无一不周备，而州县无一能奉行。若不酌改例章，量筹经费，虽警以文檄，绳以处分，断无实效。必事事皆有确实办法，庶可以仰裨圣朝尚德缓刑之治，而驱民入教之患可渐除矣！

一、改选法。

古来吏部用人名曰铨选。铨者，铨衡也。选者，选择也。自明季以来，部选之官皆系按班依次选用。查册之外，辅以掣签，并无考核贤否之法。候选人员多系倩人投供，必托部吏查探，选期已近，始行亲自入都选缺，到省必令赴任，间有留省学习，不过一年数月。其中多有纨袴子弟，乡僻寒儒，罕能通晓吏事。至本省情形，则更茫然。每出一缺，或应外补，或应内选，班次纠纷，章程繁细。各官但算计得缺之迟早、班次之通塞，心思识解，日趋鄙俗。窃拟略为变通，以后州县同通统归外补，无论正途、保举、捐纳皆令分发到省补用、试用，令其学习政治，上官亦得以考核其才识之短长。遇有缺出，按照部章，应补何班，即于本班内统加酌量拟补，不必拘定名次。惟到省未满一年者，除本班无人外，不得请补。查部定委署章程只分三班：一正途，一委用，一试用。委用，即劳绩也，就应用各班之中酌量遴委，不必挨次。如有重要难办之事，并班次亦可不拘此章，最为简易通达。既有范围可守，亦可因地择人。今即略仿其意，或谓有外补、无内选，则吏部之权渐轻，窃谓不然。分发到省之初，部臣视合例核准者，始行验看，奏请引见发往，不核准者，即驳斥不行。外省请补之时，部臣视其合例者准，不合例者驳，其权仍在吏部。夫使今日吏部选缺章程果能裁量群伦，分别进退，因时求才，因地择人，与铨选之义名实相符，岂敢轻议更张？无如选人云集，与部臣从未谋面，月官之卷，但写履历，无事可试，无才可见，无文可考，无劳可奖，虽有山涛之明，徐勉之正，卢承庆之恕，王翱之公，无所用之，则何如内外互相考核历试然后授官之为愈乎？盖同一按照部章外补，则于遵章之外，又多一考核酌量，督抚、藩司所拟酌补之人，纵不能一一精当，亦必可十得其五。公论具在，断不能概系偏私，况繁要之缺，自道府以至州县，皆由督抚酌补酌调，部选者皆系中简之缺，岂有酌补繁要缺则督抚皆秉公酌补，中简缺则督抚皆徇私乎？必不然矣！照此办法，则所用皆系熟习地方情形之员，又有鼓励人才之具，于吏治实有裨益。至道府两项，应查照向章，如有补选相间者，其咨部归选之缺应用候选人员者，则改归外补，应选实缺人员者，则改为请旨简放。所有实缺京官、向章应选道府者，亦请改为记名简放。如此则内外皆有择人之实效矣。抑臣等更有进者，古人称吏部之善曰简要清通，拟请敕下部臣将各项班次量加删减归并，总以宏纲疏目为主，俾候缺各官但思濯磨自效，而不以计缺趋避分其心思，庶几吏治或有起色乎！

一、筹八旗生计。

京外八旗，生齿日繁，饷额有定，且银价渐低，物价日贵，国家虽岁费巨款，而旗兵旗丁等不免拮据之忧，殊鲜饱腾之乐。自咸丰军兴以来，江宁、杭州、镇江、乍浦、沧州等处驻防受祸甚巨。去年联军之变，则京旗受害亦深。此不可不急思变计者也。伏思中国涵濡圣化二百余年，九州四海同为食毛践土之人，满蒙汉民久已互通婚媾，情同一家。考荡平发捻以来，南北各省文武军民团练，其竭忠戮力效命行间者，旗民皆同，并无区别。况方今中外大通，乃天子守在四裔之时，无论旗民，皆有同患难、共安乐之谊。然则两京二十一省凡有血气者，皆是拱卫国家之人，干城腹心，原不必专恃禁旅。

况八旗近来文才日盛，而武勇渐逊于前，迥非国初之旧，若犹令丰镐子弟沿袭旧制，坐困都城，外省驻防，株守一隅，局于兵额，非所以昭同仁而规久远也。溯查乾隆以来，满汉大臣、言官屡有上疏筹及旗人生计者，大率皆以出外屯垦为言。特是荒地惟关东口北为多，内地罕有，且宦家兵籍亦未必皆习于农，故屯垦一说迄未能大加推行。窃谓朝廷养人不必指定何项生计，但宜使之有自谋生计之才，拟请将京外八旗饷项仍照旧额开支，惟将旧法略为变通，宽其拘束，凡京城及驻防旗人，有愿至各省随宦、游幕、投亲、访友以及农、工、商、贾各业，悉听其便。侨寓地方，愿寄籍应小考、乡试者，亦听其便，准附入所寄居地方之籍一律取中，但注明寄居某旗人而已。有驻防省分或即附入驻防之额，其自愿归入民卷者，必其自揣文艺，可与众人争衡，即不必为之区别。寄籍者，即归地方官与民人一体约束看待。惟出京寄籍自谋生理之人，其钱粮即行开除，不必另补，但将马步甲兵预定一至少减至若干之额，省出饷银饷米，即以专充八旗广设学堂之费。士、农、工、商、兵五门，随所愿习。惟习武备须择年在二十岁以下者，如本系当兵者，既入学堂，则寻常旧例操演勿庸再到，以免分其学堂之日力。其习武备者，留以供禁旅之用。习他项者，令其为谋生之资。所学未成不能营生之时，饷项照旧给发。五年以后，省饷日巨，学堂日增。十年以后，充兵者可以御侮则不患弱，改业者各有所长则亦不患贫矣！

一、裁屯卫。

查全漕改折，计省出耗折、兑运、局栈、员绅、修河、闸坝、剥船、仓库各费，可岁赢二百余万。数十年来，言者多已议及，户部屡经咨询。查江浙漕粮皆系临起运时购买，海运则于上海购米交商轮，河运则于氾水镇购米交船户。在民久已折征，在官并不折解，剥船有掺水霉变之弊，花户有盗卖回漕之弊，暗亏尤多，旗兵得米尽以易钱，京官食米皆买北稻，然则漕运一事，种种有名无实，亟应设法变通。查有漕各省屯田本为赡运军而设，各卫所守备、千总本为征屯饷、押漕运而设，今日无论折漕与否，运漕皆系轮船、民船，运军久无其人，卫官一无所事，而屯田屯饷弊窦尤多。一卫所属屯田，有隔在别府者，有跨在别省者，卫官并不知其田在何处、数有若干，其册皆在该卫数书吏之手。至于荒熟丰歉，更无影响可寻，卫官但向书吏索取年例陋规而已。此等积弊，各省皆同，臣等查之甚悉。计十年之中，江南湖北各卫官以争利、谋缺、讦讼、滋闹之案甚多，谬妄离奇，直不知官常为何事，不文不武，形同赘疣。若屯田屯饷改归所隶州县征收，则每年丰歉完欠皆有可考。查前明屯田立法之始，本系官田发给运丁承种纳租，故定例准典而不准买。然相沿数百年来，展转典当，久已屡易其主，视同民业。屯户既系用价所置，此时自不便绳以旧法。但当令其报官税契，将屯饷改为地丁，将屯丁、运军之名、编审之例永行删除，卫守备、卫千总等官一概裁罢，改为营守备、营千总分别补用。漕督遇事可与各粮道、州县行文往来，亦不必有此卫官。民间买屯田者，既享世业之利，又除运军编审之累，受益已多。若令其于旧章屯饷之外，每亩酌加报效银二分，总计各省屯田二十五万余顷，可岁增银五十万两，即有灾缓，所减无多，再益以裁省卫官之费，实为巨款。此项系裁屯裁卫所得，拟请即以拨充加增大小京官俸廉之用。若于清理卫田一事尚可多筹，应请一并解充京官俸廉，省枝官以赡实职，名义尤属相宜。

一、裁绿营。

绿营之无用，自嘉庆初年川楚教匪之乱而已著，自发捻之乱而大著。故大学士曾国藩在直隶创为练军之议，意在加饷并营，以冀整队勤操，诚亦苦心救弊之术，各省仿而行之。然而饷项虽加，习气未改，亲族相承，视同世业。每营人数较多，更易挟制滋事，身既懒弱，多操数刻则有怨言，性又不驯，稍施鞭笞则必哗噪，将弁不能约束，遑论教练。至于调派出征，则闻风推诿，其不能当大敌，御外侮，固不待言，即土匪、盐枭亦且不能剿捕。惟直隶练军皆系勇营规模，其中多有外省勇丁，故尚可用，此外各省积弊大率相同。至于原营零星之兵，饥困无聊，大率皆兼工艺小贩，以资糊口，尤为无用。岁糜巨饷则可惜，干城无具则可忧。三十年来，以裁汰绿营为言者，不止数十百人。自光绪十一年奉懿旨令裁汰绿营，光绪二十二年又奉上谕裁汰绿营，各省虽已分别裁汰，然现存者尚复不少。合计各省原营额饷、挑练加饷、岁费、饷银、饷米、马干，照光绪十一年八月二十二日懿旨，绿营兵饷一千五百万两之数核算，此时尚需银一千万两以外，物力艰难，年年巨耗，真不知何所底止也。或谓兵勇同是一人，何以绿营不能教练？不知勇营统带、营、哨各官可以随时撤换，量能委用，不拘资格，勇丁可以随时革补，重者施以军法，旧勇疲劣，可全裁此营，另募新营。若绿营官由选补，兵皆土著，兵非弁之所自招，弁非将之所亲信，既无恩义，自难钤束，以传舍之官，驭世业之兵，亦如州县之于吏役，欲其整饬变化、服教从风，此必无之事也。况绿营将弁皆染官场习气，官弁且不易教，况于兵乎？或谓绿营虽无用而难遽裁，可改为巡捕兵，以资弹压防缉，不知绿营官弁、兵丁层层积弊，已入膏肓，既甚骄顽，又极疲弱，欲望其练成可战之兵，固断无其术，即改为警察，不惰废旷，误则索扰生事，亦如差役、地保而已。然则既不能整顿变化而用之，自非裁汰不可。特是裁汰之要义有二：一则宜筹从容消散之方，一则宜筹抵补弹压地方之具。夫裁兵之议已经多年，然至今未能多裁者，则以欲求近效而多裁，遂致牵制而不能裁。窃思惟有多分年限渐次裁汰一策，则无弊而必有成。拟请将各省绿营不论挑练之兵、原营之兵，不分马步、战守，限定每年裁二十分之一，计百人裁五，统限二十年裁竣。应裁者，每名发给恩饷一年。责成各省督抚、藩司，每年饷银、饷米就现在应发之数，于二十成中扣发一成，其何营应开除几名，令各该营自行按数开除。盖无论绿营、勇营，每百人中，一年之内，断无不出缺数名之理。或谓即明定一章，以后缺额不补，自然日久减尽，不知若听各营自行报出空额，则永远推延，捏名接充，永无开革病故者。惟有计成扣饷不发，最为简易。而分为二十年之限，尤属从宽，销除有渐，改业有资，断不至更有他虞。惟各省间有不便裁汰者，如湖南镇筸镇，乃改土归流之地，并无土著农民，其地除苗产外，土地皆系屯田，民人皆系兵藉，以入伍食粮为业，其兵亦健朴可用，从前屡立战功，绥靖镇亦然，是以光绪二十三年裁兵案内声明，湖南镇筸镇毋庸议减，绥靖镇只裁一成，拟请将此两镇兵额不再裁汰，但将绿营改为勇营，一切营制、汛地、名目、章程，统饬辰永沅靖道会同该两镇酌定，将绿营旧日故套空文、摊扣积弊永远革除，统照勇营办理。此外他省，如实有与该两镇相似者，应由该省督抚酌办。直隶练军，应由直隶督臣酌办。或谓为期过缓，所省无多，不知绿营规制始于前明，以五百余年养成之痼疾，若能以二十年扫除之，即已非易。假如自光绪十一年即定为二十年裁汰之议，今已历十七年，行将告竣矣。计十一年以后，即可岁省五百万，二十一年以后，即可岁省一千万矣。惟是此项省出之饷，只能改为养缉勇、设警察之费，不能指为充裕库储之计。盖精练备战之营，只可屯扎省城及要隘重镇两三处，断不宜各处分扎，又蹈营汛之失。省外府县亦未便听其空虚，可即以此项省出之饷酌设缉捕勇营，派赴外府，择要分防，并设警察之勇，归州县调度，不过改募勇丁，则整饬去留，其权在地方官，勇可随时裁募，弁可随时更换，于弭乱安民既有实际，而经费可免另筹。此即与新增巨款无异矣。至于武职大小各员缺，则拟请概勿裁汰，盖以后无论勇营如何整饬，操法如何改练，要必有管带之统领、营、哨各官。又武备学堂教练已成之学生，必有奖拔官阶以为出路而资效用，又营弁剿匪捕盗著有劳绩者，及操防出力者，亦必有武职升阶以为奖励，然则绿营可裁，而武职之缺不能裁。若至二十年以后，则从前各路军营立功者，无论大小将弁，久已凋谢无存，其实缺提镇大员，既蒙特简，且品秩已崇，资序已深，除才能统军带勇者自宜任用外，其余即不能带勇者，但开其缺，拟恳赏加荣衔，优其礼貌，照旧支领俸廉，如日本元老院之例，至该员身故而止。至实缺副将、参、游、都、守等官，才能带勇者改隶勇营，不能带勇者即开其缺，如有识字晓事者，准其呈请降等改就文职，用以知府、同、通、佐贰等官，如副将改用知府，以下递推，千、把改用杂职。臣等深知外省情形，绿营将弁若得改为知府、同、通、佐贰，无不欣幸乐为。其开缺而不能改文者，如系稳练勤奋之员，可令供他项差委，如缉捕、转运、堤防等事。其平庸无能者，亦可加以升衔，量给薪水。盖为旧日营弁别开自效之仕途，即可腾出武缺以授有用之将士。其候补武职能改文者，或与实缺武职同，或再降实缺武职一等。不能改文而才具又无足差委者，从优资遣回籍。若照此次所奏设文武学堂、罢武科两条，办理二十年以后，凡为武职者，断无不读书识字之人，亦无不晓兵事不能带勇之人。其仅存旧日绿营候补之将弁，盖亦寥寥，每岁需费无多，不过十年，即已渐次减尽矣。似此分别位置变通，有体恤绿营将弁之方，即可无碍整军经武之政。盖绿营兵之不能裁，皆由于武官之把持鼓动，必将武职官弁设法体恤，使其得所，自无窒碍矣！

一、简文法。

恭读此次谕旨，其要义有二：一曰简，二曰宽，实与圣经居敬行简宽则得众之旨相合，钦服莫名。窃惟立法所以防弊，而任法适以生弊，诚以文法过繁，则日力精力皆有不给，必致疲劳于虚文而疏略于实事，吏议过密，则贤者苦于束缚不能设施，不肖者工为趋避仍难指摘，以致居官者但有奉法救过之心思，并无忧国爱民之诚意。况方今事变离奇，动关大局，即昼夜精思，破格振作，犹恐无济，若再困之于簿书期会之间，则国家利害安危无暇筹及矣。夫衡石程书，专用督责，秦之所以亡也。斲雕为朴，吏治蒸蒸，汉之所以兴也。隋以察而乱，唐以宽而治，宋以繁而败，金以简而胜，此治国治军得失之定论也。简文法约有三端：一曰省虚文。凡部院文移，外省公牍，多有陈陈相因，无益实政者，有册籍浩繁无关利弊者，有末节细故往返驳查稽延时日者，有循旧具报出结并无实事者，此类不可殚述。拟请敕下京外各衙门通行澈查，酌量省罢。至于无谓仪节，徒致废务妨要者，亦请查核酌改从简。一曰省题本。查题本乃前明旧制，既有副本，又有贴黄，兼须缮写宋字，繁复迟缓。我朝雍正年间，谕令臣工将要事改为折奏，简速易览，远胜题本。五十年来，各省已多改题为奏之案，上年冬间曾经行在部臣奏请将题本暂缓办理。此后拟请查核详议，永远省除，分别改为奏咨。一曰宽例处。范仲淹之言曰：士大夫公罪不能无，私罪不可有，洵为名论。方今吏议繁密，京外各官殆无一人无一日不干吏议者，而州县为尤甚。治民之本，全在州县，救过不暇，何暇论及教养乎？牵挂既多，于是遇事诿卸，多方弥缝。上官亦知其情多为难，不肯苛求，姑从掩覆。既明知为无益劝惩之事，何必存此虚文，应请敕下吏、兵两部、都察院，查核处分旧例，分别公私轻重，量加宽减删除。如此则臣下之于朝廷，僚属之于上官，可以进实言，办实事矣！

以上十二条，皆中国积弱不振之故，而尤为外国指摘诟病之端。臣等所拟办法，或养民力，或澄官方，或作士气，前人论及此者多矣，特以误于弊去泰甚之言，怵于诸事更张之谤，律令文告，都成具文，小有设施，不规久远。今日外患日深，其乐因循务欺饰者，动以民心固结为言，不知近日民情已非三十年前之旧，羡外国之富而鄙中土之贫，见外兵之强而疾官军之懦，乐海关之平允而怨厘局之刁难，夸租界之整肃而苦吏胥之骚扰，于是民从洋教，商挂洋旗，士入洋籍，始由否隔，浸成涣散，乱民渐起，邪说乘之。邦基所关，不胜忧惧，必先将以上诸弊一律铲除，方可冀民心永远固结，然后亲上、死长、御侮、捍患可得而言矣！仰恳圣明裁察施行，以为自强之根本。谨奏。

光绪二十七年六月十八日。

领袖全权日国葛使致外部议定京海畅道驻兵地点及管辖权限照会

为照会事。

照得中国皇帝允准之和议大纲第九款内载：为京师至海边畅道不使有断绝之虞，由诸国应分自主酌定数处留兵驻守等语。兹诸国全权大臣嘱为转致，现已议定，照该款之言，在由京至山海关铁路上后开之处，驻守黄村、郎〔廊〕坊、落垡、杨村、天津、军粮城、塘沽、芦台、唐山、滦州、昌黎、秦皇岛至山海关一带京榆铁路，诸国兵丁驻扎之处，各统领官员管辖中国人民之权，惟止关该民有犯铁路或电线或联军人及物产等者，其权及于铁路左右各二英迈勒之远。如有犯铁路、电线或联军人及物产者，当时察见，各统领之权亦可随时拓展逾二英迈勒之限，惟非当时察见之犯，所有踩访追拿以及交联军兵队之手各节，均归中国官员办理。合即备文照会，即希贵王大臣查照可也。

须至照会者。

光绪二十七年六月二十二日，西历一九百零二年七月二十六日。

政务处大臣奕劻等奏遵议外务部应设司员额缺俸给章程折　附章程

政务处大臣奕劻等奏，为遵旨议奏事。

窃本年四月初八日奉旨：奕劻等奏拟改总理衙门为外务部一折，所有应设司员额缺各事，宜着政务处大臣会同吏部妥议具奏。钦此。臣等往返函商，皆以交涉事宜关系紧要，该司员等必须精专练习，切实讲求，俾不至萦情他途，分其心力，庶几洞达时务，学有专门，非独协一时因应之宜，并欲收异日富强之效。拟请优予升阶，厚给养廉，仍随时严行甄别、劝惩互用，以资策励而育通才。拟就章程十二条，恭呈御览，伏候钦定。谨奏。

光绪二十七年六月二十九日。

遵拟外务部额缺养廉各项章程单

一、拟分设四司：一曰和会司，专司各国使臣觐见晤会、请赏宝星、奏派使臣、更换领事、文武学堂、本部员司升调、各项保奖。一曰考工司，专司铁路、矿务、电线、机器制造、军火、船政、聘用洋将洋员、招工、出洋学生。一曰榷算司，专司关税、商务、行船、华洋借款、财币、邮政、本部经费、使臣支销经费。一曰庶务司，专司界务、防务、传教、游历、保护、恤赏、禁令、警巡、词讼。此外未尽事宜，各以类从。

一、拟每司设郎中、员外郎、主事各二员，均作为题缺，毋庸咨选。每司各定额外行走六员。以上所设各缺，既归酌补，自应不分满汉。除此次甄别去留外，嗣后传到之员，无论郎中、员外郎均先借补。主事、中书小京官亦准借补。主事应扣试俸二年。

一、拟设左、右丞各一员，正三品，左、右参议各一员，正四品，即充总办职掌。左、右丞缺以左、右参议开列，奏请简放。左、右参议缺先尽郎中，次用员外郎，由该部堂官保送引见，请旨录用，均备出使大臣之选。遇有该部侍郎缺出，先尽左、右丞开列。该部既设有丞、参四缺，所有郎中例应保送四品京堂，即毋庸开列。

一、拟左右丞、参议既备出使之选，郎中、员外郎、主事即可备参赞、领事、随员之选。丞、参奉使，毋庸开缺，请旨派员署理。郎中以下奏调出京，即应开缺回署，作为候补，三年期满，准由出使大臣保奖。准保该部升阶，不得保至参议，亦不得保遇有应升之缺开列在前等花样。郎中准保道员，员外郎准保知府，主事准保直隶州，均分发沿江沿海各省补用，作为专章。

一、外务部既设专官，自应优给养廉，以资办公。拟请总理王公每年给养廉银一万二千两，会办大臣每年各一万两，侍郎各八千两，左、右丞每年各五千两，参议各四千两，郎中八员每年各给三千六百两，员外郎八员每年各给三千二百两，主事八员每年各给二千四百两，额外二十四员每年各给六百两，其翻译等官薪水由该王大臣从优酌给，以上各经费，即在本衙门应收三成船钞及罚款项下开支，不敷再由出使经费项下拨补。

一、改设该衙门原期核实，既将原有之章京分别去留，所有新设各缺，先尽得力实缺人员改补。如不敷改补，即作为候补。原衙门底缺，即行开去。不愿候缺，呈请回原衙门者，听其自便。此后新缺人员，随时察看，如不得力，仍行咨回原衙门，惟此项人员系因不谙交涉，与别项咨回者不同，咨回后，所有该原衙门一切升转保送各途应准一律办理，以免向隅。

一、司员保送考试，仍照总署旧章办理。每次考取记名以二十员为度，遇有额外缺出，按次传补。

一、新设左右丞、参议，既充总办职掌，各司掌印拟兼充帮办，每司设掌印一员，帮掌印二员，均照六部之例，因材酌派，不拘坐缺。同文馆设提调一员，以各司帮掌印拣员兼充，帮提调二员，以七品翻译官选充。

一、拟设司务厅司务二员，以翻译官拣补司务系正八品，以七品拣补者，仍带原衔，三年期满，准其作为额外主事，一体序补。

一、拟分俄、德、法、英、日本五处，每处设七、八、九品翻译官各一缺，由同文馆学生及各省学堂高等学生拣补。遇有该部主事缺出，历五缺后准升补。七品翻译官一人，至派充同文馆帮提调当差，扣差满三年，即准其升补主事。

一、该部司员既备出使参、随之选，复优予升途，厚给养廉，自应专意讲求，以资任用。较之各部司员体例不同，除京察仍照例办理外，所有保奖关道、截取保送及部差、应得例差，概行停止。

一、供事仍照总署旧章，两年保奖一次，马弁、听差、苏拉各项，亦拟照章分别奏咨，给予奖叙。

清季外交史料卷一百四十八终

清季外交史料卷一百四十九

光绪二十七年七月至十月

使俄杨儒奏请变通成法补救时艰谨拟六策折

出使俄国大臣杨儒奏，为变通成法，补救时艰，遵旨条议事。

窃维今日时势，舍富强难图立国，舍变法莫致富强。谨效一得之愚，条拟六策，曰：固封圉、求贤才、裕财用、整内治、重使务、集众长。敬为我皇太后、皇上缕晰陈之：

溯自强邻环伺，舟车飙驰，海疆边陲，险要尽失，非慎固封圉，何以图存？思患预防，厥端有六：一曰建陪都。威旅海口让人，已无门户。满洲铁路南向，已失藩篱。方且大沽撤防，京津设卡，从此京师在人掌握。迁都之计，不容再迟。然骤尔议迁，恐都城所在，驻使随之，设卡撤防，行将易其谋旧都者以谋新都矣！惟先择陪都，暂置行宫，避暑避冬，驻跸于此，一旦缓急，有备无患，万世基业，次第经营。惟洛阳、太原、长安，宜于闭关谢客，而不宜于奋发有为，且益长群雄环伺之谋，恐逼成蹋蹐偏安之局。建业近海，仅亚燕京，亦非万全之地。宜在荆襄上游，有长江以便转输，有川蜀以为退步。芦汉、粤汉铁路成而南北贯注，精华荟萃，呼吸灵通。有事则江险千里，铁舰不入浅水，沿江可置重防，其地利有足恃焉。二曰设江防。上游建都，下游必须设守。江流狭处，两岸置炮，节节严防，辅以快船鱼雷，彼巨舰既不克来，即用炮艇兵船，我有连垒舟师三面抵御，可以无虞。至炮台不坚与无台同，舟师不练与无师同，此则武备不精，非关形势。西国有一军守台，百舰不能飞度者，是在办理之得人耳。三曰练陆军。中国兵力一时决难与他国争衡，然域中不可以无备，海军暂可不设，陆师亟宜讲求。各省分练精兵，凡军法、营规、枪炮、器械必须一律。练兵先须教将，凡武备学堂各营教习，应专取法一邦。德国最精，日本最廉，所宜预为择定也。学堂诸生学有成效，遣赴外洋，即入各教习出身之学堂中肄业，以竟其学，庶几心传一脉，迁地为良。十年成材，陆续辞客。二十年后，华兵尽习洋操，不需洋将，学堂自有教习，无事外求矣。四曰满蒙特简重臣。西伯利亚铁路克日告成，陆路通商，强邻逼处，满蒙情形从此一变。今兵权虽被限制，而额兵可先精练，徐谋扩充。利权预防把持，则商货尤贵畅行，藉图补救。拟请简派夙有威望、熟悉交涉之明干大员为满蒙陆路通商大臣，凡外交、商务、征税、治军统归筹画，措置一新，异日必有成效可睹。五曰陇桂添练劲旅。甘肃回匪最多，广西寇盗充斥，仓卒变起，往往本省兵力不足，征调他军，牵动全局。如添练劲旅，既可搜罗亡命，又可扑灭匪氛，然其用尚有切于此者。俄人里海铁路已逼新疆，法人越南铁路已达龙州，两国注意，原在陇桂内地，旦夕路成，蹈瑕伺隙，不但商利肆其要求，即兵权将遭挟制，异日虽欲练兵而不能，东三省事可为殷鉴！劲旅既成，甘肃之军尚足备新疆之急，广西之军且足辅云南之防。六曰卫藏早筹办法。俄逼新疆、甘肃，英据印度、缅甸，均有窥伺卫藏之意。藏中达赖颇为所惑，常遣人私聘于俄，又二十年以来，英屡遣使入藏探路，绘有细图，密藏兵谋，两国用意略可知矣！与其并吞已形再与理论，何如乘其未发先事预防？或改全境为行省，或造铁路通滇蜀，或与英、俄订约准其辟道通商，是不可不及早筹之也。

国之强弱，视贤才之盛衰。处今之时，若非破除成格，宽予进身，恐世变无穷而贤才有限，是在养之有道，取之有方而已。何谓养之有道？方今之世，培才育士，莫重学堂。官家学堂，所宜加额扩充。然或限于经费，或限于道路，势不得不借助私塾以济官家之穷。果其激劝得宜，必有志士富绅，踊跃从事，不费公帑造就人才。凡民间自办学堂，如中西教习果系通才，学规课程果具条理，准其呈送学政衙门扃试，择尤录取，作为生员，但取成材，不拘额数。至一切官私学堂，优等高材，皆宜分遣外洋，以期卒业。惟为数有限，学成亦尚需时，则请设一权宜之策，明降谕旨，凡中华子弟曾在外洋大学学成领有凭照者，准其就近投各出使大臣呈验凭照，面试所学，分别等级，随时奏请钦赐贡生、举人、进士名目，作为正途出身，则不需官项，骤得多才，风气既开，益知奋学。且久客外洋之富商子弟受制苛例，切齿外人之凌逼，痛心中国之不强，果能量才器使，必可得其死力，胜于聘用西人。将见志士不惮远游，自备资斧，航海从师，人才辈出矣！何谓取之有方？未成之才养之于平日，已成之材取之于临时，则选举尚已。选举之法：一、政绩。有学无才者，跋前而疐后，有才无行者，重私而轻公。若政绩可观，则更事既多，必堪任事。如考课者实心求之，干练之才必脱颖而出。二、上书。十室之邑，必有忠信。世岂无抱有本之学屡踬名场、怀不羁之才穷于汲引者？诚许士民上书，由督抚代奏，或慨陈时政，或各献专书。果其言有可行，学有实用，即由该督抚察看，询事考言，量才录用，必有宏毅多材之士出乎其间。如有著作等身、名满天下者，亦准督抚访求荐举，庶几野无遗贤。此取之之方一也。自古用人，不惜借才异国。晋用巫臣，吴用伍员，汉用金日磾，流传史册，功绩昭然。近者戈登、赫德之流，迭效驰驱，弥多补益。诚以非用彼隽才不足测敌情之幻，非广搜臂助无以济世变之穷。不但开矿、造路、制器、练兵、税务、学堂必宜聘用外人，即内治、外务、国用、民生均可用彼所长，益我所短。此后除聘用洋员、洋匠、洋教习外，拟请访聘外国通才，延为幕客，不但赞益公事，且可兼习外情。此取之之方二也。至于废员之中，亦岂无瑕不掩瑜、才堪大用？或经兹磨折，增益其所不能，或愿赎前愆，感激图报，使功使过，一出圣裁。此取之之方三也。

自古为政，未有不富而可以言强，不富强而可以言治者。国之有财用，如人之有元气，开之益通，闭之立塞，塞则养一国而不足，通则供天下而有余。裕之之道，约有七端：一曰出产。地中则有金石宝藏，其产在矿，地面则有树艺种植，其产在农。至于山林蕃草木，江海富鱼盐；畜牧宜于平原，裘马饶于边塞；育蚕作茧，种蚌生珠，羊毛织呢，驼绒制毡，推之牛皮象齿，蜂蜜乳酥，以此类求，不可殚述。中国物产不特甲于环球，即萃万国之精华，亦不足以相埒。然天与弗取，人将取之。各国觊觎矿产，已有明征。诚能将各项物产，博采西法，逐事讲求，聘专门之家，成专门之业，行见地无余利，人无余力，孳乳而浸多，愈用而愈出矣！二曰造货。物之大者，轮舟枪炮，所宜逐渐精求，勿恃外购，固也。今民间日用所需，洋货辄居其半。若我自仿造，则工值既轻，用费又省，非但抵制洋货，而养工养商，利莫大焉！民间之用，既无取外求，海外之销，复多方设法，一转移间，将见进口货少，出口货多，是在力之果、工之精而已。三曰学艺。工何以精？惟学斯精。先创工艺学堂，聘西匠以传其术，再遣工艺游学，分专门以习其长。工欲善其事，必先利其器。若彼以机器，我以手工，则工之迟速悬殊。而机器之学，又不可以不讲。或云西国人少，机器便于制造，中国人多，机器有害民生，不知每一机器厂雇人常多至数千，惟用机器，而后出货可速，而后售价可廉，而后洋货之利可夺，而后中国之货可满天下，其养工正同，其获利迥异矣！是在激励而兴起之，天下之大，必有起而应之者。四曰劝商。有工无商，行而不远。有洋商，无华商，则彼货内售而我货不外流。鹿茸、洋参、海参、鱼翅于彼为弃物，知我贵重，捆载以来。丝茶、绸缎、磁〔瓷〕器、草缏为我之所出，赖彼购取，绝少改良，销路渐减。诸如此类，不可枚举。何则？彼有商学而我不讲，彼有商会而我不兴，彼有公司以集资、国家为保护而我皆缺焉！故中国商货出口不敌进口，互市以来，彼愈富而我愈贫。失今不图，利源立涸。亟应订商务之律，设商务之局，遍询商家之疾苦不便而善谋补救；博访商务之盈虚利弊而力为主持；陈内地之产，纵洋人观览而谋所以畅销；购外洋之物，资华人揣摩而谋所以学制；海外富商派之为领事，可免病商；招商轮船推广至外洋以资运货，庶商利渐为我夺，商务不让人先矣！五曰：保权。域中利，我自有之，即外人合股，客自客，而主自主，今则反客为主矣！通商利权与人共之，即一国沾利，我有施而彼有报，今则有施无报矣！领事只理商务，今彼领事自治洋商兼治租界之华人矣！洋商原辖于地方官，今彼商虽在中国地方不归中国管辖矣！税则本由我增改，今彼多方挟制而我失税权。商政本由我扩充，今彼任意把持而我失商权。莫保本有之权，遑论已失之权？履霜坚冰，后患何堪设想？然目前骤难理争，争亦无益。非审酌时宜，更定律法，则外人断不肯就我范围，而约章终不可改。约章不改，则利权久为人所限制，而商利终不可兴。昔之日本，今之中国也。自改订律法，重定约章，内治之权专、商利之权保矣！东邻之成例可援，时局之挽回可望。速图变计，收效已迟，若复因循，补救无日！此尤奴才所夙夜彷徨而不能自已者也。六曰禁烟。中国害之尤甚者，莫如雅〔鸦〕片。查烟之入口，岁约十万箱，每箱约五百余金，除捐税各项约百金外，洋人约得四百余金。统计每年出口银四千余万两。自内地仿种，各省所出又多至十二万箱，以每箱重百二十斤，每人岁食六斤计之，食之者盖四千四百万人，而自种自食者不与焉！如此而言禁，徒禁食烟而不禁入口，无益也。禁入口而不禁自种，外人必不肯也。斯事体大，非专派大员明订条约，严立章程，宽限时日，中外合力，上下一心，决难举办。英国向有禁烟入华之会，其中不乏好义官绅，推演其说，只以事关英属地度支，中国既未议禁，英政府本可不问。应请饬令出使英国大臣，先将朝廷之意婉达外部，并敦请其合力赞成。英如见中国诚心举办，当无不允。然后钦派专员，先赴印度，与英提督妥筹办法，再赴英商订禁烟条约。即以一年进口箱数平分为五十分，以后进口逐年减少一分，限五十年减尽，俾印度岁进以渐而短，亦可预图弥补，一面详立禁种禁食章程，与约章相为表里，电告中外。此项章程亦当分年课功，务期五十年内既无人种，亦无人食。应请特简大员会同总税务司设局办理，详商办法。大约先编烟田册，亦用禁入口法将烟田平分为五十分，每年减种一分，限五十年减尽。又编烟丁册，限若干年一律戒尽，过期不戒，四十以内，官削职，士褫衿，兵、吏除名，工商罚锾，押送戒烟局，官为督戒。四十岁以外者，视其所业分别收纳烟丁税，以终其身。所收之税即充戒烟局经费。务须妥定约章，切实办理，漏卮之杜，其在此矣！至于邮政行而驿传可废，练军成而绿营可裁，武学兴而武科可省，庶政举而无用之局、挂名之差、素餐之冗员、虚设之衙署，举可删除，而后有用之财源，不致虚糜于无益矣！

内治者，国之本原，当今之急务也。整顿之策，约有三端：一曰专职司。西国内政，未闻一部数官，亦从无一官兼摄者。今举一切六曹之大政，或以一人而兼署数缺，或取一职而历试多人，且官又屡转屡迁，几同传舍，是宜各部大臣一例擢自司员，则部务夙娴，心思以专则愈一。各曹政事应一体责成长吏，则职无旁贷，功效以专而愈宏。部臣如是，疆臣亦如是。由州县而监司，由监司而督抚，升迁不出本省，督抚不轻调离，庶免人地不习之虞，更收久道化成之效。二曰除积弊。凡事壹则弊少，纷则弊多。中国之度量权衡，银之成色，秤之大小，至纷而不一，故胥吏因以肆其奸。凡事明则弊难，暗则弊易。中国之清销出纳收管之数，开除之数，常暗而不明，故官吏得遂其巧。由前之说，是在权衡度量，统由部颁，惟期画一，部中设铸钱局，各省解银至京，由部代造，通归一制，庶几永绝耗折之患。由后之说，应令内外各衙门将进出数目，每月榜示一次，每岁汇刻总册，准人购阅。如某户完粮而月榜不列，某款出入与清册不符，榜册所登与总册不合，一经控揭，立予重惩，原官严议，庶官邪以警，民困以苏。三曰筹荒政。济荒之策，莫善于移粟、移民。秦、晋、齐、豫等省，饥馑洊臻，均应预造铁路，俾与他省肥饶之地四通八达，气脉联贯。移民之法，更宜于丰稔之区略兴工筑，如开河、造路之类，以工代赈，亦一举而两得。所谓整内治者，此也。

中国谈洋务已七十稔，而西学仅得皮毛。设总署已四十年，而外交终多隔膜。兵谋不敌，专赖使才，智力兼穷，惟恃联络。自经此次挫折，至少须有五十年无外患，以纾财力而苏民困，庶可勉策富强，则使才不可缓矣。其要有三：一曰修订出使章程。出使一途，本系参用西例，然略具规模，未探原本。彼立为专门之学，我以为进身之阶，无怪外人之轻我也。诚节取各国出使章程，去其重复，并将历年内外诸臣所上出使条陈，一并饬下总署核议，删繁就简，修订新章，俾资模范，使务必大有起色。二曰汇刻中西文成案。中国与外国定约，互换中西文约稿，遇有辩论，每以西文为准，是西文亦不可略。今总署所刻条约稿，往往仅有中文，不列西文。应请饬总署，每年终，将本衙门及各使馆所办紧要公牍，中西文并列，汇编档案，并补刊旧案，发给内外各衙门办事人员，悉心研讨。此事有数便，有时中国交涉之案，各国已采入外部官书、刊入新报，而使臣、疆臣尚未接洽，既有此册足备稽考，便一；办理洋文公牍，如涉前案，可检原文，便二；洋文公牍既须一并咨总署校核，译者必加详慎，便三；学习洋文公牍之人如得此册，足当揣摩细究中西文义之异同、语气之轻重，裨益译务，成就译才，便四。此亦使务中所不可少者也。

世之论者辄谓外国之长不过经商用兵，此不探本原之论也。试一观其内治，一考其史书，乃知其一切行政设官、教民养民之方，亦系萃数十国之观摩，积千余年之阅历，经几世之患难更变，集众才之智力精神，始有今日。欲取其法，莫如读其书。中国之大，势不能驱通国之人皆习西文，更不能强中年以上之人尽弃所学而学西法，则惟有多译书之一法。一曰官译。各部衙门均宜设译书所，译本部有用之书，如理财入户部，制造入工部，律法入刑部，武备入兵部，是也。各部大臣随译随阅，纂译成书，取其可法者奏请施行。各省督抚亦置译书局，如水师、陆师、船炮等类，每省认定一门，彼此互相更调。译务须委专家，方得奥窍，缘习医者不通机器，学农者不解行军。又如陆师、医学宜译德文，水师、制造宜译英文，丝蚕宜译义文之类是也。二曰私译。士民译书，不论何种，译成呈大吏核定，如果有益，或收作官书，或准其专售，俾之踊跃行事。三曰译报。近年风气渐开，报馆林立。言其利则多闻可开民智，言其弊则横议徒惑人心。惟披阅西报，颇足习外事而备观摩，或论及中国尤足藉公议以资参考。各国要事，顷刻电传中外。各洋报馆，一律购阅，采登报纸。拟请饬令总署，购备时事电报全分，随到随译，择其有关政要者，按日进呈御览，藉以察洋情而识时务，比之借鉴古事，似更切近有用。奴才之所愿集众长者，此也。

以上六策，或整顿旧章，或参酌西政，或史册所经见，或各国所通行，谨就闻见所及，披沥缕陈，伏祈圣鉴。谨奏。

光绪二十七年七月初一日。

使日李盛铎致外部日内田云暂难劝俄退兵请预筹妥善办法电

昨交外部曾弥称：斟酌再复，本日嘱次官内田代答云，俄屡次宣言，须候回銮后，中国政府有力量弹压地方，一律安静，即可归还三省。现回銮尚早，地方亦未全平，此时各国不便向俄启齿，责令退兵。即劝，俄亦必不允。时机未到，说亦无益。如有机可乘，日本必随时密告，决不令中国失机会。至全权照会问何时退兵，亦无妨碍等语。属电陈，乞钧夺。内田又询，将来俄允退兵，中国能有得力统将率重兵赴三省镇抚否？铎答：此难预定。宋、马等军曾驻奉省，或即派往，亦未可知。内田言：此极要紧，不可不预筹妥善。倘所派统将不得力，或兵数稍少，致地方又生事，俄兵复来，再撤极难云。

七月初二日

江督刘坤一致枢垣各国请疏浚吴淞若允其派官商会办恐失主权请熟商电

全权艳电、有经沁电悉。和议总纲第十一款载明：凡通商行船各约各国以修改为有益者，中国认与商议更改。吴淞挑沙，关系通商行船，各国视为要务。即不允海关办足值百抽五及删除免税之例，彼援第十一款议办，我亦无从驳阻。各使因议条款，附商照送吴淞章程。就事而论，各国因吴淞淤浅，于大轮船出入阻碍，屡请疏浚，前迭饬沪道办理，率皆半途而废。此次各使必欲派人，实有所不得已。尊处谓，此事必应由华官主政，领事仅可派人稽查用款，立论甚正。然阅送来章程，派人次序，尚有上海道、税务司居前，各领事在后，亦不可谓非关道主持。至沿岸田房抽捐，于理欠合。英、德领事既向尊处陈说，应请就近派员妥速商酌。此事不办，则公约必不成，洋兵必不撤，事关总结画押议定，乞即电知。船钞一节，已询赫德，据称，恐不敷用，俟复到另电。至杰弥生前称挖淤即可加税值百抽十二五之说，英使终未言及，且云，杰语不可信。并闻云，现复以艳电，悉民田、民船抽费。英领面云，本未议抽及此。德领告局员谓，民船本不收费，前系误译沿河田念小民苦亦可免。昨德领函复云，修理淞口，尊函解说：一，税司、关道为督办，其余各员为参议。二，沿河边田及民船无须抽税。三，船钞须归北京作主。业已禀驻京大臣，想和议画押，不致因此耽延。英领函亦云，将函语呈公使，先回沪。今日贝领偕英班领来晤谓：公使电，全约待此应允方定。告以黄浦江现已允开，除民船、民田免税外，只有办事之权不能不属海关。英总领又谓，由各国派员设局，奉萨公使电，只令告知，并未令其商议。复以既无可商，何须费词？英总领拟即返沪。查派办此事，虽有关道、税司在内，事由何人主持，究未声明。关道、税司均谓，权不可失，纵开淤有关通商行船，在我只须允办，在彼不应揽权，况开淤以工程用费为要。今允由各国派官商会同商办工费，查考用费，并公举办工洋人，于开淤之事，已属切实办法。此外皆税司、关道分内之事，自未便因借开淤一并干预，不独碍一口事权，且恐以后遇事援案，并南北各口自主之权亦失。此事仅告及敝处不与会商，自应归尊处定议。惟其中事权所关，不能不请鼎力主持熟商等语。谨闻。

七月初五日

谕各省督抚学政据奕劻李鸿章奏滋事地方停止考试五年着遵办电

上谕：本日奕劻、李鸿章具奏，各国议定，滋事地方停止文武考试各五年一折，据称，顺天、太原地方乡试仍应停止。其单开山西省之太原府、忻州、太谷县、大同府、汾州府、孝义县、曲沃县、大宁县、河津县、岳阳县、朔平府、文水县、寿阳县、平阳府、长子县、高平县、泽州府、隰州、蒲县、绛州、归化城、绥远城，河南省之南阳府、光州，浙江省之衢州府，直隶省之北京顺天府、保定府、永清县、天津府、顺德府、望都县、获鹿县、新安县、通州、武邑县、景州、滦平县，东三省之盛京、甲子厂、连山、余庆街、北林子、呼兰城，陕西省之宁羌州，湖南省之衡州府等地方，均应停止文武考试五年。着各该省督抚、学政遵照办理，出示晓谕。钦此。

七月初六日

皖抚王之春奏预筹和约抵制办法折

安徽巡抚王之春奏，为预筹议约抵制办法事。

窃维各国于此次和议，拟改通商行船约章。钦奉谕旨，饬令刘坤一、张之洞、盛宣怀悉心筹议。仰见圣主顾念时艰、慎重因应之至意。历溯道光、咸丰以来，迫于兵戎，订立诸约，其中不无亏损，而每届修改，辄有要求，屡烦支拄。今彼众愈盛，我势愈孤，苛索之端势且至甚。

伏查，通商行船各事宜，上关国家主权，下系商民生计。旧约既损失甚巨，改议更侵削可虞。每一思维，忧愤曷极！惟查各国事例，除战后专约不免迫胁外，其于常行约章，意在彼此相安，例得反复驳辩，往往彼索利益，则此议抵偿，或至相持，并可暂置，故虽极费唇舌，多历岁时，从无因此复致决裂之事。惟在熟审机宜，坚持定见，我不摇于恫喝，彼乃渐就范围。今虽开议尚早，而筹策不可不先。迭准刘坤一、张之洞咨商到臣，谨就管见所及，上备采择。

一、议改税则必酌量相抵之法。有一减必有一增，大抵我所必需及已能仿制者，税不妨减；其贵重如钟表、玩具之类耗民财者，增之；烟、酒尤宜援照彼法加重，从前定约，原因在华洋人所用无几，故从宽免税，今此两项为进口大宗，势不能不取税，各国于此等税，未有不视为宜重者，谅无词以拒我也。

一、凡不通商口岸，例不准洋人设立机厂，制造土货。若各国争此，则请无论华洋均免征出口税，使所制能输出外洋，是无异召外人为我流通土货，虽遍地设厂无碍也。若内地销售，仍照税则征取，以保税源。

一、禁米出口，久成具文，似宜于出口税加成，以为不禁之禁。惟须各关卡一律严办，庶无此堵彼决之弊，不致以加税失向来税源。其民船在口内买卖，应仍照旧办理。

一、添开口岸，展拓租界，为此次所必议。宜照湖北例，先自辟地段，设工局巡捕，以握主权，且以此抵偿他项要索，实足以餍其心而关其口。日本常用此法以收回权利，成效昭然也。

一、开浚海口及江道沮滞，事为各国所通行，我即难以独拒。惟须华督洋办，以明宾主之义，且此事理应自主，只可许其随时酌办，不宜载入约章，以杜干预内政之渐。其修浚经费，加之轮钞可也。

一、内河准洋人行轮，已成大错，今惟有广招华商，于凡小轮能到之地先自为之，并抱定民船生计立论，只许拖带，不许自装，其一切防弊章程，华洋均须一律遵守。

一、盐利关系国课民生，且内产充滞，方待疏畅，更不能任洋盐灌入，此我所必拒者。更宜整顿盐法，讲求煎晒，务使盐质坚洁，足敌外私，冀得分利塞源，永绝觊觎。

一、开矿应以指矿承办不包通省为要，尤以每办一矿垫输税课为要，较空索报效，似有实际。臣于本年四月初八日条陈折内业已详晰陈明，若蒙采择，应请早自定议，俾该王大臣议约时有所依据。至各省铁路，只可借洋债，用洋工，而不能任洋人自造。应请谕令路矿总局并加核议，垂为定章，以息纷扰。

以上八条，皆揣诸外情尚非难办，揆之理势亦实在所必争，但能力与磋磨，似尚不无裨益。伏乞饬下王大臣相机办理，其从前杜弊各章，应令择要坚持，以维全局。

抑臣更有请者，查旧约失策之最甚者，莫如治外无权、制税无权二端。而各海关之税权付英，东三省及铁路之权付俄、付德，皆足以启各国之轻视，召无厌之要求。今成事虽能与争，而绸缪不容稍懈。查日本明治之初，其误许各国之约，害与我等。所以能修改尽善者，由于国威之能振，亦实由其于条约事宜，派有专员与外部各员考其害之重轻、争之难易，而因以筹补救之机宜，虽效非一蹴可几，而事必以预而立。臣愚以为，此次如改定总署规制，似宜将考究条约一事列为司员考成，及内外情形了然于中，得以预筹修约时迎拒之宜与商改之法，虽未必尽改旧观，而争一分有一分之益。且使各国知我熟谙外情，不妄冀得步进步，庶交涉不至棘手，罅漏亦渐可补苴。臣熟察事势，痛心于外侮纷乘，益令我内政难举。敬念主忧臣辱之义，当效千虑一得之愚，伏望圣明鉴察。谨奏。

光绪二十七年七月初六日。

各省督抚张之洞等致枢垣各省分派赔款为数过巨请减免四成以纾民力电

各省分派赔款，为数过巨，筹措万难。方今民生困穷，商业凋敝。经去年之变，各省商民元气大伤。种种筹款之法，历年皆经办过，久已竭泽而渔。若再痛加搜括，民力既不能堪，赔款仍必贻误。且沿江沿海五省盐厘、货厘，久已抵还旧案洋债，拨补大半无著。近年加拨各款，多系有名无实，无法筹解。而自去年以来，南北各省闹教，赔款多者二三百万，少者数十万；即不闹教省分，摊派直隶教案赔款，亦二三十万至十数万，此又出于各项饷需之外，民怨已深，正苦无从设法。自新案大赔款经全权定议后数月以来，屡与司道各局筹商，无不焦思束手，虽勉强搜罗，断难如数。且即所拟议奏明筹捐加收之数，将来亦恐难收足，实无把握。间有议加货厘者，乃是无聊之极思，窃恐驱鱼驱爵〔雀〕，徒归洋旗，子口收数，转不能多。若按粮捐输，少则无益，多则必然扞格。房捐，为数有限。此外各种筹款之法，无一易办者。总之，无论如何，筹加筹捐，无非取之于民。当此时势，民心为国家第一根本。以民穷财尽之时，傥再尽力搜括追呼，以供外国赔款，必然内怨朝政，外愤洋人，为患不堪设想！否则商挂洋旗，民入教堂，国势何由固结？之洞等渥受厚恩，分膺疆寄，若因筹赔款之故，以政〔致〕稍生事端，罪戾滋重。若百事俱废，专凑赔款，将兴学、练兵、农工、商务一切养民、治民、卫民之自强要政，概行阁〔搁〕置不办，则民心日涣，士心日离，国势日微，外侮日甚，内乱将作，大局亦必难支。惟赔款岂能失信？窃拟一稍纾民力之法。盖各省赔款数巨，筹足固难，而尤以明年上半年一期为更难。筹款甫经试办，尚无端绪，期限已迫，必然贻误。查十月初一起，现办洋税加足值百抽五一条，据上年二月赫德条议，每年可增加三百万。向来免税洋货亦按抽五纳税一条，据上年二月盛宣怀条议，每年可增加一百万。常关归税司代收一条，据德国穆使自天津来与之洞面言，津海一关每年可多收三十万。准此类推，除粤海关外，各海关监督兼管之常关，税司代收，每年必可多收一百五六十万，有盈无绌。现在饬办折漕一事，电询漕督张复称，每年可省百余万。四项合计，已有六百六十万。又查张春发、陈泽霖两军，去秋裁汰八营外，每年可节省银二十八万。董军余众无多，已归他人接统，每年可节省银四十余万。六项增收款及裁省款并计，共得银七百三十万。就每年赔款一千八百万之数核计，正得四成之数尚多十万。伏思洋货加足抽五、免税之货完税、常关税归司兼办、全漕改折四款，乃各国公使所指定者，本议明专为赔款而设。拟吁恳圣恩，俯念民生困苦，巨款难筹，准将各省赔款减免四成，将上项所指加增裁省之款凑足，各省上半年止解一成，下半年解五成，以纾民力而免贻误。此减剩六成，自必如期筹解，不敢延欠。惟所指抵凑四成之款，必须明年十一月方能收齐，而明年上半年五月还期万不能缓。拟请敕下户部、盛宣怀及上海道，向外国银行如汇丰、德华之类商借七百二十万，约定明年五月半交银，一年归还，酌给利息，能止借八个月尤善。国家止借此数，并不为难。年限既少，即利息稍重亦属有限。俟明年十二月间，核计所指增收裁省各款实得若干，如足敷四成及息银，即请于光绪二十九年起，令各省以后即照此六成之数筹解。如洋、常两税于抵足四成外，能再多收一成一百八十万，各省即再减一成。能再多收半成，即再减半成。如尚不敷四成及息银，则请由各省照数分摊，解部补还，限后年二月解足。盖减少四成，薄海商民固感朝廷宽恤之恩，且展至下半年始解巨款，亦可从容妥筹，免致操切生事。此外西北各省，尤为瘠苦，情形亦必相同。之洞等为仰体皇仁纾民力、固邦基起见，不得已勉筹此策。仰恳圣裁施行。不胜惶迫待命之至。请代奏。

十月初二日

鄂督张之洞致枢垣如俄专辽东之利恐各国效尤电

顷，英总领事法磊斯函云：昨夜接奉本国国家来电，指摘近日俄约各款，其尤为窒碍者三条：一、所有一切赔偿已包在总赔款内，俄国铁路亦应在内，不应另索赔偿；二、俄人欲专揽矿利、有违条约，恐各国将与中国为难；三、中国在东三省行政应有自主之权，禁用炮队便有碍此权等语。本领事意见，照此约，俄人并非交还东三省。若中国允照此约，则中国名为收回东三省，实则允俄永占，自弃主权，且开效尤之端。若中国不允照办，而俄仍自占据，则俄为公论所责，自食前言，结仇日本。盖此时不允，将来犹可议及。若允之，则案已结，不能再议矣！英人因去年北方之事，未免与中国略有意见。若中国能坚持力争东三省应有权利，且于中国政事真心变法，则英国国家以及人民自必乐于劝助也等语。

英政府明言，俄专辽东之利，则各国将与中国为难，是俄约万万不宜轻定。所谓效尤为难者，各国分占中国矿利、内地铁路皆驻洋兵保护之谓也。长江则事事须问英，山东、江北则事事须问德，福建、江西则事事须问日，广东、广西、云南则事事须问法，苏、浙则英、意合谋，权利尽矣！不可为国矣！谨飞电上陈。请代奏。

十月初二日

鲁抚袁世凯奏山东煤矿章程业经德员签押折　附咨文函电

山东巡抚袁世凯奏，为上年商订山东煤矿章程，业经德员签押，谨照录补行进呈事。

窃臣于上年二月间会同记名副都统荫昌，在省与德员商订本省煤矿章程二十款，当经签押，由胶济铁路公司德国总办锡乐巴携回青岛，由该国矿员签押，各缘由业经臣于上年三月间进呈铁路章程折内分晰奏陈，并声明，俟矿务章程押订后，恭录奏进在案。嗣经该矿员米海里司米德将章程签押送还，未几匪乱大作，矿务暂停，是以前项章程未敢遽行奏进。迨和议渐次就绪，德人后来兴工，幸有上年商订章程，尚可照章办理，俾就范围。臣遴委候补道洪用舟前往经理，认真商办，务期地主之事权不至尽行旁落，庶足仰慰宸廑。谨奏。

光绪二十七年十月十六日奉朱批：外务部知道。

鲁抚袁世凯咨总署钞送山东矿务章程文

光绪二十七年四月十九日，准驻扎烟台领事官连梓函开：前函贵部院筱电，拜悉一切。前因本国钦差函召本领事赴都面示公事，今甫回署，致迟裁答，抱歉殊深！奉示事日内亦有议论德矿务制造公司之事，本领事曾将贵部院养电带呈本国钦差鉴核，此电内贵部院未言应允照准与德矿务制造公司定准约章办理。本国钦差细审之下，道谢盛意。再，为筱电内事，本领事尚有陈情。去年四月间，本国原任钦差克大臣与贵国总署函商情节，亦不过为专订详细章程，毫无关涉于原准条约。此项原准在五处按照订定情形勘行，本经定妥大纲，无疑须后议详细各事，似此贵国总署实经允准，而贵部院即可照行，毋庸为难逾限贵国成例。且前来养电内所允之情，亦属妥协，暂时彀〔够〕用。惟紧要之事向有规章，须立永远作据字据，以故深望贵部院即将养电之内总诺之言，特须立一作凭字据，就与本领事互相签押该项章程。此样会订章程作凭，本国钦差亦所深欲也。另有须向申明之事，贵部院所谓指定地界又无全权，而今并无欲要此项之意情，因贵国总署又已允准德矿务制造公司，在该五处按照贵部院所知情形勘办，况此节全非让地之事，不过为给该公司指明开办之处。再，该章程亦非新定之事，只愿与山东矿务公司所订章程，亦与矿务制造公司照行。总之，毫无与贵部院为难之意，贵部院可深信之。本领事又极欲将此事照旧情睦与贵部院辩明。此是实情，亦系照奉本国钦差之命。本领事常承贵部院垂爱，遇事格外关照，此事亦望赐力助办妥协，俾速报复本国钦差之命，为感等因，到本部院。准此，当复以准西历五月二十八号惠函备悉种切，承示养电所允一节，查上年本部院、荫都统与山东矿务公司所订章程，备极详细，亦永远可作凭据。现允矿务制造公司援照先行办理，应将该章程照录二分，末附养电一纸，先由本部院加章签名，送请贵领事签押发还，一分存留本署案内，一分存在贵署，即饬该制造公司遵照办理，并请由贵领事传知山东矿务公司查照，自不须另立字据，以期简便。核与领事所愿与山东矿务公司所订章程亦与矿务制造公司照行之意，仍相符合。至本国总署与贵国原任克大臣所议指定五处各节，有在上年订章以外地段，业经养、筱电一再声明，仍应俟总署行文到东，方可另议等语。并钞送山东矿务章程二本，一并札发东海关道，转交该领事查收。除咨呈行在贵衙门查照外，相应详叙来往函牍，咨呈贵衙门，谨请查照施行。

五月初一日

鲁抚袁世凯致德领事约章请向北京总署商订电

烟台大德国连领事官鉴：

个电拜悉。承示二十五年九月间贵国钦差与总署商妥各节，遍查本署档案，并无此项文据。全案始末，初无所闻。且本部院职权有限，遇有重大案件及指定地界各事，只能遵守本国政府议定颁行之约章，无自行商订约章之权。应请贵领事转达贵钦差，仍照原案，向北京总署商订，以符通例而昭慎重。至上年本部院、荫都统与山东矿务公司所订章程亦作为德矿务制造公司章程，并商订紧要两款各节，查山东矿务公司亦系德人按照曹州教案条约办理。该章末款有此后彼此若有应行增损之处，只能由山东巡抚或特派大员与山东矿务公司彼此商订等语。该两公司名目虽异，然同为德人，又属一事，如有商订要款之处，应请贵领事商嘱山东矿务公司先为商订，庶不至有违原章。如矿务制造公司亟欲开办，自可援照上年定章，先行办理，期归简便。

鲁抚袁世凯致德领事所指五处仍请俟总署文到另议函

敬复者：

准五月二十八号惠函拜悉。就谂贵领事因公赴都贤劳可想，并承贵钦差及贵领事谊敦友睦，毫无与本部院为难之意，可深信之，亦深感之！至养电所允一节，查上年本部院、荫都统与山东矿务公司所订章程备极详细，亦永远可作凭据。现允矿务制造公司援照，先行办理。将该章程照录二分，末附养电一纸，先由本部院加章签名，送请贵领事签押发还，一分存留本署案内，一分存在贵署，即饬该制造公司遵照办理，并请由贵领事传知山东矿务公司查照，自不须另立字据，以期简便。核与贵领事所愿与山东矿务公司所订章程亦与矿务制造公司照行之意，仍相符合。至本国总署与贵国原任克大臣所议指定五处各节，有在上年订章以外地段，业经养、筱两电一再声明，仍应俟总署行文到东，方可另议。尚祈涵亮。

鄂督张之洞致枢垣英使来言俄新约万不可许电

前数日英使萨托自京来见，密谈云：闻俄人新改之约，仍系欲专东三省矿务、工商等利，显违各国条约，亏损各国利权。中国若许，各国必向中国索偿。闻俄已派人往吉林、黑龙江另立矿务专约，如果许之，各国必与中国为难。论理，各省矿务应归朝廷主持，各省将军、督抚不应擅许一国专利。至此约侵夺中国自主之权，如兵数及驻兵处所须商俄官、华兵充巡捕不能用炮各条，尽夺中国兵权，中国直是无兵。且此数条未言年限，是中国永远自弃兵权、政权，尤虑他国藉口。但东三省既有去年之乱，中国若不暂为稍事迁就，亦难望俄人甘心退还。即普法战后，法人未清还赔款以前，亦受普人种种箝制。应于各条下明订年限，只可作为暂时办法。如俄人未退兵前，则兵数及驻兵处所与俄商明，巡捕兵亦暂不用炮。俄兵退清后，则一切悉仍旧由中国自主。中国前数年既准俄人在东三省造路，俄人自得以沿路驻兵保护，但除保路外，俄人断不应索，中国亦断不可让他项利权，如辽河不准造桥及他处造路之类。不然，他国亦恐在他处效尤也。总之，此约万不可照许。如中国自与俄议，不能得公平之约，则可请英、美、日、德、法五大国公断其事，其余小国不必请其与议。又云：恐中国全权大臣或不知其中详细利害，以为此只系中俄两国之约，与各国无关，仓卒即行定议，实于中国大有妨碍，嘱洞转为上达朝廷等语。次日来函，大意略同。

该使之意，最注重矿路、工商等利，切实屡言，中国若许俄人专各种之权利，英、日等国必怒，必在各省效尤。洞九月三十电、十月东电两奏，一据日电，一据英电，已经痛切沥陈。今萨使当面直言无忌，不敢不以上闻。至其劝我不可永弃主权，必须明订暂时年限一节，尚属持平。至将来总以请五国公断为妥，朝廷如以未定之约不便宣布，或即不必明列中俄现在所议之条款，只云此事两国意见多有不同，日久未能议妥，各国代为持平公断，各国即可出为调停，于俄亦尚无妨碍。总之，俄约宜详询妥商，不可贸然遽定。谨据情密陈。请代奏。

十月二十五日

清季外交史料卷一百四十九终

清季外交史料卷一百五十

光绪二十七年十一月至十二月上

鄂督张之洞致外部武昌常关不归江汉关管请令赫德勿揽办电

各口常关归税司兼管，本专指监督所管常关而言。嗣以偿款为重，即别衙门所管之关亦间有拨归税司者，然亦本口之别衙门之关而已。若既非监督之关，又非通商口岸之衙门所管，自不应归税司管理。乃昨据江汉关道禀：该关署税司卢力飞奉总税务司赫德札，请将武昌厂关归其兼管，谓系各国公使之意等语。查武昌船关系武昌府管，不归江汉关监督。汉口与武昌不惟隔江，而且隔府，更非同一口岸，与税司何涉？各国公使只求偿款有著，何尝为税司揽权？近日税司拟推广邮政，派洋员入内地各处，直至河南。若不及早限制，中国政权、利权尽归赫德矣！况鄂省民船日形贫苦，正拟将武昌关章程妥为筹酌，以示体恤。若归海关洋员办理，必多窒碍。除饬关道驳复外，务请鼎力主持，饬令赫德，转饬汉口税司，不得揽办口外他衙门之关。至盼，并祈电复。

十一月初二日

鄂督张之洞致刘坤一盛宣怀免厘加税十八条分别详注请酌示电

沪宥电、宁卅电均悉。英使议免厘加税一事，鄙意大纲有十八条：一曰免厘不可碍我商民生计。二曰免厘不可侵我财政之权，致妨我日后筹款。三曰加税之数必足与免厘相抵。四曰厘金外销之数必须算入。五曰各省筹款有实系内销报部而不名为厘金者，必须算入。六曰产地之厘不能免。七曰土货内地往来无关出口销外洋者，不能免。八曰国家度支所抽可免，地方所用、州县绅董所抽不能免。九曰将来中国行印花税、物业税不能阻。十曰洋货进口税只可加至值百抽十五而止，即少加亦可。十一曰土货出口税万不可加。十二曰丝茶出口税必须减。十三曰出口矿产之税必须加至抽十，出厂矿税另抽五。十四曰洋人在内地制造土货，只可照向章，离厂正税、出口半税共抽七五，不可加。十五曰运行土货，坐贾华商挂洋旗之弊宜绝禁。十六曰我内地厘金自行设法轻减裁并。十七曰若产地捐不免，内地来往土货厘不免，地方税不免，印花税、物业税不阻，则进口洋货抽十五、出口土货不加，已足相敌而有余。十八曰总税司虽允将增收关税拨还各省厘金内外销，然与其多受关税之拨补，不如少留自抽之厘捐。

第一条注曰：税司贺壁〔璧〕理面告鄙人言，内地往来土货，如秦运晋、东运豫、川运楚、粤运湘、江运皖、闽运浙、本省此府运彼府之类，其厘皆免，最为无理。其说以商贩土货或夹有洋货，恐仍多留难为词，其意盖欲洋商在内地运销土货。从前英国约内虽有内地通商之条，因阻碍甚多，迄不能行。今照此办法，洋商长袖善舞，铁路日通，尽夺华商之利，暗中作成一遍地开放通商之局。此说一行，华人只能充小贩，充零星坐贾，充洋伙，再无专行厚利，中国商务永无生机矣！

第二条注曰：时势无定，关税亦无准。若各厘各捐皆免载入条约，是中华全国利权专在海关税司之手，此外不许自筹一钱，设有缓急，竟成束手。

第三条注曰：应免之厘内外销约二千一二百万，可加之关税进出口亦可约二千一二百万。

第四条注曰：报部厘金一千六百万，外销必有六七百万。

第五条注曰：各省于厘金之外，多有实系内销报部充正用而不在报部厘金数内者，或名曰捐，或名曰经费；有事系试办名已报而数未报者；有数系约举未报确数者；有试办之初数少近日数多者。此非厘金局所管，户部遂不归入厘金数内。计算此类，各省大约亦共有七八百万。

第六条注曰：产地之货，或销内地，或销外洋，无从区别，此项厘金，洋人不当与闻，断不可免。况产地可随便加捐，无碍税则。去年二月总署咨内已声明，但恐洋人不允。或设法分别此货是否出洋，以定免否。

第七条注曰：土货内地往来与各国商务无涉。去年二月总署咨内已声明。

第八条注曰：外国税章分国家税、地方税两种，充俸饷、船械、国学、铸币、人工、奖农、劝工、助商、赏恤、兵民、外交、开埠等事用者为国家税，充本县学校、巡警、修街道、修堤防、备荒、善举等用者为地方税，此本州县所用、绅董所抽者也。若此项地方税不减，办事尚不至束手，惟条款内必须载明。

第九条注曰：印花税种类甚多，有取之契券、凭约、货单者，与田房契税、补缺领凭有部费、五贡领单有费、官代书领戳有费相类，除税契外国不能干预外，其余中国难办。有取之工商物业执照者，与牙帖、当帖、铺户门市捐、广东膏店领牌捐相类，此种亦名物业税，日本名营业税。此与厘金迥然不同，且皆各国所有，不应阻我有此项物业税，不阻止亦尚有筹款之法。惟贺璧理已微露其意，将阻我收此种税，必须极力辩驳，于条款内详晰载明。

第十条注曰：洋税至多只可抽十五，万不宜多加，多加则彼不准我留种种捐款矣！

第十一条注曰：土货出口免税，为富民第一义，商务第一义，劝工第一义，交涉第一义，自强第一义，外国通行之善政。今日即不能免，万不可加。即抽十，亦不可。变法、学西法，似须从此事变起、学起。

第十二条注曰：丝、茶为出口土货大宗，通商实在有益者莫如此两项，厘税重极困极。今印度之茶，意大利、日本之丝日盛，中国丝、茶日衰，必须大减，以保固有之民业。若兴办地方税、物业税，必可相抵，不患款少。

第十三条注曰：矿产与他项土货不同，华商学问、资本断不能开，非外国巨商不可。中国所得者，穷民苦工开采口食之利耳！故宜加至抽十五，其势必行。

第十四条注曰：洋人制造土货于中国有益。工必取之于华，则利工。造厂制货其料必取之于华，则利工而并利农。华工在厂日久，学其技艺，华商察彼销路，仿其成法，将来中国可自开无数工厂，则利工而并利商。且此项税万不宜重。厘税章程，华厂只能援洋厂为例，若洋厂重则华厂不得轻矣！岂非为法自困，故不可加。

第十五条注曰：洋旗既非洋商，又多土货，本非条约所有，乃买办及流氓渔利弊混耳！必宜详议查禁之法，载入条约。

第十六条注曰：内地厘金苛扰之弊不除，则此次厘金全不能保。即不明免，亦必尽归洋旗，虽不免而无可抽。

第十七条注曰：今日洋税抽十已开办，免税洋货已抽税，两项至少可得二百七八十万，连原有正税，计可收洋税九百万，内除抵向有报部子口半税六七十万外，此两项已增二百万。若抽十五，应加两倍，共得一千八百万，连上两项可共增二千万，已足抵报部厘金及总署咨外销之数矣！若内地土货厘不免，产地捐仍可抽，地方税可抽，物业税可抽，则所免之厘不过一千数百万。加税虽略少，已足相抵。而所留之四项，岂止一千五百万哉？故洋货进口税不宜过加，免其藉口禁阻我各种厘捐也。

第十八条注曰：全国巨款抽收之权，若全操之于洋关，则全省用款拨补之权，又全操之于户部。赫德虽有甘言，户部断不遵办。五省盐厘拨补，是其前鉴。赫德拟拨还百万，户部不过准六七十万。拨剩之款，全令解部。且所拨者，既有定数，必将竭泽求鱼，胶柱鼓瑟，先提京款，不顾外款，治乱不问，缓急不问。户部径札关道提取，谁能阻之？至无款办事，请于户部，不过答以求节省、杜中饱、责虚糜等语。今日裁营，明日裁局，后日催报销，大局不可为矣！故今日与其多加洋税，适为自缚之茧，不如少加洋税，留我自筹之地。而减于抽十五，亦未尝不可。果使洋人不夺我筹款之权，即加税不敷免厘之数，似亦无难。岘帅身膺重任，应办之事，应用之款最多，杏翁指日封疆，亦不可不虑及也！此约本为有益各国而来，只望其不大损我利权，幸矣！若欲赔款全取给于加税，恐办不到。此事应由杏翁主持，岘帅定断，鄙论不过刍荛备采而已。特通筹远虑，十分危险，不敢不为两公尽言。英马使到鄂，鄙人总只作虚活语，要上等价，断不敢率然轻许，令杏翁难于争改也。至行轮章程，总是取便洋商，吞并华商，不知出何花样？请岘帅、杏翁筹酌，择要电示。

十一月初三日

江督刘坤一致枢垣赫德欲包揽常关请照约声明电

口岸常税改归税司代征，系载公约，自应照办。惟赫德志在尽夺各省权利，藉端争揽，非驳不可。即如奉行公约所载，本云常税，乃赫必欲谓之土税，欲将各处之土药税并口岸之厘捐均并归包改约内载明在通商口岸之常关，并欲将距口甚远之常关一并包揽，即如苏省扬由关，设在内地之扬州，彼一再争执，幸经户部执约衡定，不为所夺。现又争执武昌厂关，已经鄂督电请主持。此外各省保无类此，为其所朦？自应由外务部再行照约切实声明，行知各省。又邮政一事，内地已渐推行，若无限制，势必全国邮政在其掌握。可否密嘱外务部，饬令勿再推广，听候政务处从容自为筹办，以杜流弊？统乞钧裁。

十一月初五日

鄂督张之洞致刘坤一盛宣怀马使来言内地土货免厘事请熟筹远虑电

昨英马使来，晤谈免厘事。除进口洋货、出口土货免厘外，内地土货来往之厘及产地厘，皆须全免，意甚坚很〔狠〕。当告以各省厘金内外销，约二千数百万，报部内销不名厘金而外国视为厘金者，约七百万，加以赔款太巨，须筹抵补。彼云：可加进口税。询以可加若干？一味游词语气，不能甚多。又询矿务可许外国来办否？答以章程公平，即可与外国议办，但不能将一省之矿专归一国人。又询外国人入内地任便居住，可否？答以外国人不受中国管束，杂居难保护，不能相安。此外辩论甚多。其意明明欲作成一遍地开放通商之局，包藏深远，不惟笼我利权，直是梗我内政。彼云：运动之货，各省俱不能抽厘，何以常关归税司兼管即可抽税？其意显然。昨夜即东下。此事关系全局生机，应请岘帅熟筹远虑，杏翁力持妥商。惟探其语意，惟营业税、印花税可抽，并以密闻。

十一月初八日

谕奉懿旨定期觐见各国公使及公使夫人

上谕：朕钦奉皇太后懿旨，国家与各友邦购信修睦，椝敦联欢，现在回銮京师，各国驻京公使亟应早行觐见，以笃邦交而重使事。俟择日后，皇帝于乾清宫觐见各国公使。其各国公使夫人从前入谒宫廷，极称款洽，予深嘉之！兹拟另期于宁寿宫觐见公使夫人，用昭睦谊，着外务部即行预备，请旨定期，一并恭录照会办理。

十一月二十二日

外部奏核销办结京内教案收支各款数目折　附清单

总理外部庆亲王奕劻、会办王文韶奏，为核销办结京内教案收支各款数目事。

窃臣奕劻于本年五月初六日，会同前大学士李鸿章具奏商办京城教案赔恤并议立碑碣情形，请旨饬部迅拨的款，以应急需等因。五月十七日奉朱批：户部速议具奏。钦此。旋经户部议准，指拨银二百万两，由各省陆续汇解来京。当即饬交直隶藩司周馥分别发放。去后，兹据该藩司详称：和约大纲第六条载明，各国各会所受各亏应由中国公平赔补，是以此次赔修教堂各款，惟西什库付现款五十万两，余俱归入大赔款之内。至抚恤教民乃中国官自办之事，应付现银，以安教民身家。各国茔地建碑之银，本在和约大纲第四条之内议付银七万两，各使亦无异言。总计京城教案须共赔抚恤银三百六十八万五千六百十七两三钱七厘，除归大赔款一百九十八万余两外，前请奏拨银二百万两，嗣据陆续解到江浙漕折等项，共银一百九十四万五千二百三十六两八钱八分六厘，共计支银一百七十二万八千一百四十两三钱七厘。随时与教士商酌磨减，是以较前详银数稍为节省。另有江浙解到运费银十万两，不在奉部指拨之内，应请解缴户部。至前详请将余款拨入保定天津教案之用，后因另案奏拨顺直各州县教案津贴银二百万两，是以未拨。现计实存库平银二十一万七千九十六两五钱七分九厘，合将收放银数造册具报等因前来。

臣等复加查核，所有京城教案赔抚各款，经该藩司会同通永道杨士骧等与教士随时磋商，为数稍减，并将抚恤教民之银均照京平给发，平余拨作保定善后局局费，办理尚属核实，应请一并准销。其江浙溢解运费银十万两，既不在原拨之内，已由臣等咨解户部兑收。所余库平银二十一万七千余两，查外务部自收回衙署，库储一空，现当改章之际，百废待举，交涉事务纷繁，尤需经费，不得不酌筹款项，以资缓急，应请将此项银两留存备用。除将清册咨送户部备查外，谨缮清单，恭呈御览。谨奏。

光绪二十七年十一月二十七日奉朱批：依议。

谨将核销办结京城教案收支各款数目缮单恭呈御览

一、旧管项下：无

一、新收项下：江浙折漕库平银一百三十六万五百四十八两九钱三分，江浙折漕运费库平银十万两，江苏筹饷新捐库平银二十二万两，通商银行缴还武卫中军饷京平银十万两，合库平银九万四千一百八十七两九钱五分六厘，山东折漕一万五百两，并改拨九龙、拱北关税各五万两，共库平银一十一万五百两，安徽漕项库平银一十一万两，湖北宜昌关税库平银五万两，以上共收库平银二百四万五千二百三十六两八钱八分六厘。查户部原拨银二百万两，因收数平色，各有增减，除江浙折漕运费银十万两不在原拨之内，已照数缴还户部外，实收库平银一百九十四万五千二百三十六两八钱八分六厘。

一、开除项下：付西什库法国天主教赔修教堂库平银五十万两，天主教民京平银九十九万两，合库平银九十三万三千九百六十二两二钱六分四厘。京内英国耶稣教伦敦会抚恤教民京平银三万一千二百四十五两，合库平银二万九千四百七十六两四钱一分，京内英国圣道会赔耶稣教堂公砝平银二万五千七百四十两，合库平银二万四千八百九十三两六钱一分。美国公理会抚恤耶稣教民京平银二万五千四百二十四两，合库平银二万三千九百八十四两九钱六厘，京都灯市口美国公理会移建小关帝庙京平银八十两，合库平银七十五两四钱七分一厘，美国美以美会抚恤教民京平银二万九千八百六十六两，合库平银二万八千一百七十五两四钱七分，美以美会京外大兴县黄村、青云店等处抚恤教民京平银四千五百两，合库平银四千二百四十五两二钱八分，美国长老会抚恤教民库平银一万二百一十九两九钱二分，美国宣道会抚恤教民京平银八百两，合库平银七百五十四两七钱一分七厘。京内俄国东天主教会修墙买基等项库平银七千五百五两三钱七厘。各国茔地建碑库平银七万两。汇费库平银二万二千三百八十五两一钱八分七厘。保定善后局拨付节省汇费京平银一万两，合库平银九千四百三十三两六钱六分，又拨付库平银六万三千二十七两八钱五厘。以上共支库平银一百七十二万八千一百四十两三钱七厘。所有抚恤教民之银，系照京平给发，统折库平，由沪汇京之费，从减核付。其京内英国圣道会赔耶〈稣〉教堂一款，本系归入大赔款内，因令该教士买屋腾让贝子溥伦之宅，商明由中国垫付，将来由英使交还。保定善后局拨付汇费平余两项，为管理通省教案局费，另由该藩司随时报明直隶总督查考。臣等逐款复核，均系实用，应请一并准销。

一、实存项下：实存库平银二十一万七千九十六两五钱七分九厘，应请存留外务部备用。

谕各省将军督抚着将赔款按期拨解不准短欠

上谕：此次赔款载在条约，必须如期筹偿，万不可稍涉迁延，致失大信。着各直省将军、督抚务须遵照全权、户部会议办法，竭力筹措，源源拨解，按期应付，不准丝毫短欠，致生枝节。倘或因循贻误，定惟该将军、督抚等是问！懔之！慎之！

十二月初一日

使日蔡钧致外部代日本国民贺回銮请收回东省电

据同文会众请合词代电奏文曰：外臣日本国民同盟会员近卫笃麿等谨贺回銮无恙，大局乂安，伏祈圣德乾断，收复东三省，建更始维新之基，外臣等不胜感激瞻望之至！

十二月初一日

外部致各省督抚摊还新约赔款银数按期汇沪电

新约赔款每月应交一百八十二万，本月二十二第一次付款，该省应照户部奏定摊还银数，匀分十二次，按期汇沪，勿误！

十二月初一日

商约大臣盛宣怀致外部马凯交来商约条款电 二件

英使马凯交来应议商约条款目录如下：一、外洋货物牌号宜注册及保护。一、准外洋盐纳税进口。一、中国五谷运出外洋，或通商彼口运至此口，宜方便。一、开新通商口岸。一、矿务铁路章程宜整顿。一、准洋人内地长远侨居贸易。一、长江上游、广东珠江宜整顿。一、中国邮政及电报宜整顿。一、出口货如丝、茶两种尤要，其税宜减，以便中国赔偿新款。一、由此内地运至彼内地，货物宜免税，有益于中国商务，土药宜加税以代之。一、银两平色宜一律，有利于中国。一、宜设海上律例，并设商律衙门。一、中国买股份未付足应付之股本，宜照章付足。一、土货出口三联单镇江章程宜修改并推广。一、关栈宜推广并广加方便之法，以装包出入口货及复出口货。一、上海会审衙门宜整顿。一、内河行驶小轮章程宜修改。一、子口单宜设法按条约所订各款办理。一、通商口岸指定何处须免厘之处。一、完税存票常有耽误，宜整顿。一、常关在通商要口须归新关管理。一、轮船与民船所载货物收纳税项，应一律办理。一、沿海灯塔、河内浮标宜整顿。一、货物由彼埠运至此埠，通在一河者或在该河分支者，进出口税宜不征收。共二十四款。马云：各款均有详目，随议随交云。

十二月初三日

马使交来详目三端：第六款，英国民人应能在中国无论何处买地、租地、买房、租房，以便居住、贸易、制造、连安设机器，以备一切之用。该英民及其委派代理，无论华洋之人，均可任便在各处侨居、贸易，不得阻挠，并不得与华人区别，收取畸轻畸重之捐。第十五款，中国政府应知进口货及复出口土货改包整饬。在要紧通商口岸，现在关栈虽方便，仍不敷贸易之用，中国政府须允将关栈利益推广各栈房，惟该栈房须由中国海关有权者验明合式妥稳，即可作关栈之用。第一款，中国政府应在上海、广州两口岸设立货物牌号注册所，有英国货物牌号妥当注册，归中国海关经理，自此次通商条约签字后一年内举办。中国政府必须再加保护，以免违犯假冒等弊，有碍注册妥当之牌号等语。现已将第六款内地侨居事，驳不可行。第十五款关栈事，海关本有章程，其意仅在推广，现已派贺、戴两税司与之妥商。第一款保护外洋货物牌号，各省已有给示保护成案，拟添中国贸易牌号，英国政府亦应一律保护，并添牌号注册时，应照各国收注册之费。该国允再议云。

以上三端，钧意以为如何？乞电示。

十二月初五日

鄂督张之洞致外部英约二十四目录谨抒管见电

沪电二十四目录均悉。谨抒管见，先复大略：

一曰：牌号保护，可行，宜以禁止假洋行、冒洋旗抵之。二曰：洋盐进口，不可行，宜以盐务已抵赔款，洋盐来则损课厘、碍赔款驳之。三曰：五谷出洋，众情不愿，难行。然彼口运此口，准行已久，所云方便系何事，宜杜之。四曰：开新口岸，指何处？恐不能全驳，俟指明地方再议。五曰：路矿改章，危险已极，明系欲据我矿利，夺我路权，须问其如何整顿。六曰：洋人内地杂居，须中国改律例洋人受管束以后，方可行。七曰：长江上游整顿，想是指明川江三峡之滩。开滩是好事，但有涨滩，有涸滩，凿之不尽。假使凿尽，一泻无余，夏涨暴至一日骤高三丈，荆州为鱼矣！珠江开通立桩，可行，但需费耳。八曰：邮电整顿，未解，俟见详目再复。九曰：丝、茶减税，极是，必宜速行。十曰：内地往来货物免税，是否指常关税，抑系包括厘金？土货免厘未尝不可，但须议明，许我抽他项税捐，若营业税、印花税、进项税之类以抵之。土药税已加，甚有限。多加则不能防走私。十一曰：银两平色一律，甚好。必是用银元，但须问明中国所铸龙元，若我户部藩库收款、发款俱作库纹用，洋商与华商交易亦能作库纹用否？是否宜重七钱二分？抑或宜重壹两？洋商意以何者为便？十二曰：商律衙门，甚好。十三曰：华人股票付足，可行。其意是否指川矿，抑指汉路？十四曰：镇江章程太繁密，未宜改此有益土货事。十五曰：关栈推广便商，可行，但须有稽察法。十六曰：会审衙门整顿，未详。或是欲仿法界公堂挽权耶？请酌办。十七曰：小轮改章，恐不能不允，但须令华商同受利益。十八曰：子口单按约，可行。十九曰：口岸指定免厘之处，界限不宜太宽。二十曰：存票整顿便洋商，可行。二十一曰：口岸常关归新关兼管，已举行，何以又议？或有新花样。望询明详酌。二十二曰：轮船、民船同税，于华洋商均有益，于厘有损，似仍不必驳。二十三曰：灯塔、浮标整顿，是好事，但此款须轮船加捐，船钞恐不敷。二十四曰：两埠同一河免税，与十条内地土货免税同意，须有抵款方可。

总之，目中最无理者，洋盐进口；最危险者，整顿矿路章程。此系关系全国政要，万年利源，千万详酌为要。至五谷出洋，人皆痛恨，然假使洋人必欲要求，若为民生计，尚是利害参半之事，若止准价贵之米、麦、芝麻出口，不准粗杂粮出口，且重征其税，并设法限制米行，其售与洋人每石定价若干，减价者有罚，荒年仍禁止，则工商食贵米而农民获厚利，亦是劝农务本之法。若为兵事计，则有碍，盖此口可运彼口之例，闽、粤、津、辽皆包其中，港、澳、胶、旅无从究诘，开端已错，影射难免。今欲求方便，其意何居？恐须筹一防维善策。最狡黠者，暗免厘而不加税。盖此目既言子口单，又言镇江章程，又言口岸租界免厘，土货、水陆均止言免税，是明明不责我免厘矣！然照此办法，全归洋旗联单及口岸免厘界内，则厘已去十之七八矣！或因厘金内外销之数过多，不愿以加税相抵耶？抑逼我自说出免厘、税可少加耶？其于中国稍有益者，若因此改定律例以便交涉，通行银币以利商民，减轻出口税，改过路厘为他项捐，以畅土货。此四事，虽因改议商约外人创议，然实华洋均利者也。以上各节，臆测之词，聊备廑虑之万一。

十二月初六日

商约大臣盛宣怀致外部马使交来商约各款细目请电江鄂筹复电　二件

马使交来第二款细目如下：彼此订定，洋盐纳税可运进中国，所有纳税之条如下，自此次商约签字后，头五年定税每担若干，后五年定税每担若干，十年后定税每担若干。中国政府无论何时欲将定税减轻，任听其便。但减轻之后再不能加涨，除非英国政府允准后方可。其屯盐应用关栈，可由商人在通商口岸设立，遵中国海关所定章程办理。中国政府允愿将此项洋盐头二十年另行存储，以便还应偿有票据之债，免得与中国向来办成之利益相干涉。此条拟切实议驳。

又交来第七款详目如下：中国政府允愿于两年内将有碍广东珠江行船并非天生窒碍者除去，并将广州港口内推广整顿，以便湾泊船只，仍随时用挖泥船整理善后。又扬子江上游水势宜整顿，以便常年稳当通行船只。中国政府一俟帑项充裕，筹此必须之经费以办此工程。现时驶船之窒碍未除以前，应给轮船利便牵拉过滩，并在岸上所需号塔、水道所需号标，均由中国预备。嗣后英国民人如有可行条陈整顿利于行船通畅之法并可办到者，中国政府应相助一切等语。并据面称，珠江行船窒碍，系指前办海防时所设之险，长江上游系指宜昌、重庆等处。查天津、吴淞两处，挖河经费已巨，复经筹办粤、鄂江路，恐亦非易。其粤江设险处能否拆除？已电江、鄂筹复。

十二月初六日

英使交第十四款细目如下：中国出口贸易宜极力讲求。查现在土货三联单由内地运行镇江口岸者，办法久已讲求，足可振兴该处出口之贸易，又不碍税源。中国政府应愿将镇江办法行于中国通商口岸，均照此推广办法，所有三联单之税及有违三联单章程之罚款，应另行交藩库存储。其土货由产地起运、路过一省或数省运至出口之口岸者，所收之税须按所过之省分匀摊派。此项三联单不分华、英民人，均可请领，亦不分何项土货，均可用此三联单运载出口，并照以上办理，须定立一律章程云。请饬岘帅电镇关道，将土货三联单由内地运至镇江口岸章程单式，迅速钞寄，以便核议。

十二月初七日

外部致盛宣怀马凯交来商约条款开列准驳大概电

英使马凯交商约条款二十四条，先将准驳大概开列如下：一、外洋货物牌号宜注册及保护一条，拟添中国贸易牌号英国一律保护，注册时照各国收费，马议甚妥。一、外洋盐进口、五谷运出外洋，此两条有碍中国利权、民食，流弊太甚，万难照允。一、矿路章程应由中国自行整顿。一、开新通商口岸，从前本衙门曾经奏请推广有案，应订明中国自开口岸。一、准洋人内地长远侨居贸易，华洋杂处，必滋事端，应驳。一、丝、茶减税，有益商务，然必须中外通筹，再行议定。一、由此内地运至彼内地货物宜免税，是否专指土货而言？此条有碍内地收厘，应驳。一、关栈海关既有章程，彼意仅在推广，自可妥商再核。一、整顿完税存票，系属便商之事，可允。一、常关在通商要口须归新关管理。查现定常关在通商口岸五十里以内归新关税司代征，所收税银仍交中国官员经理，承办委员仍用原办之人。现所开是否照此办法？一、整顿沿海灯塔、河内浮标，当与税务司妥商办理。一、货物由彼埠运至此埠，通在一河或在该河分支者不征进口税，包括太广，与中国税项有碍，宜驳。其余各条，原电笼统开列，应俟详目到后再酌。

十二月初六日

外部致张人骏德使索勘鲁省矿产三处勿遽开办电

现准德使来照，仍索三处同时开办，并云：纳税等费暂行无关紧要，嗣后可再为议定等情。查德使以此事早有成约，上年因乱停议，致受亏损，必须开办三处为补偿之计。现只能通融，允其先勘三处。惟章程未经定妥以前，只准查勘，勿遽开办，以符矿章。至抽税、报效两项，近与连领事磋商如何？前电连领允值百抽五，核与原议煤、铁矿税相符，惟金、银仍须值百抽十五。现德使以该矿产铜、铅等类，允值百抽七，应令加至值百抽十，酌中定议。其报效一项，据连领呈称，初办五年内尚无盈余，已言明情愿议妥此节，并拟将报效之款照盈余之数增长等语。应将此节订入章程，切实声明，为将来议增地步。希饬杨道与连领分别商定，将所订章程摘要先电复，以免稽延。德使以此事未定，与天津撤兵甚有关系，务祈迅筹结束，勿致牵制。

十二月初八日

外部致盛宣怀请妥筹加税增口岸及整顿圜法电

加税一事，前年执事议而未定，此时亟宜妥商，以保利权。至开通商口岸，北京为根本重地，决难允准。从前马关立约，日本曾经拟及，力争作罢。现在自应痛驳。其余各处，应分电各省，察看内地情形再议。整顿圜法一事，尊议洋商在中国贸易，均须通用中国银元，他国银元不应混入，固合各国通例，然必须力能铸用金钱，子母相权，方足以资周转，此节尚宜妥筹。总之，当自行整顿耳。

十二月初十日

商约大臣盛宣怀致外部英使请推广通商口岸并随时陈说电务均不能允电　二件

英使交来第四款：中国政府允愿将以下所列各处开作通商口岸，照天津、江宁条约已开之通商各处一律办理，计开：直隶之北京，湖南之常德、长沙，四川之成都、叙州，云南之云南府，安徽之安庆，江西之湖口，广东之珠江，惠州之江门。以上所列，北京、江门两处于六、九月开办，其余一年内开办云。此款拟即以外部曾经奏请推广有案，应订明中国自开口岸至内地有无窒碍，能否自开口岸，仍须另筹答之。北京关系重大，应议驳。

十二月初十日

又交来第八款：中国设立电报，足见于内外商务大有用处，但宜整顿，更有利便于商民。如大英驻京钦差为有对于电报随时陈说者，中国政府允愿商酌办理。又如中国邮政事务有陈说者，亦一体商酌办理。电务随时陈说，恐即指京津电局欲归大东北代管，亦断不能允。邮政应询赫德。

十二月初十日

商约大臣盛宣怀致外部整顿圜法系内政宜自行办理又免厘拟以加税为抵制电　二件

英使交来第十一款：因中国圜法不能一律，以致华洋贸易均多不便。中国允将国家圜法整顿，银元平色均归一律，凡纳税付捐，全中国均可流通行用等语。已将七月十三日上谕交阅，据云，搭收三成仍难。通用圜法固不应两歧，洋商亦多不便，拟照允。此系内政，本宜自行整顿。平色均归一律，亦须彼允平色能归一律之后，洋商在中国贸易均须通用中国银元，他国银元不应混入。钧意然否？

十二月初十日

各要款自当遵照电示，分别准驳，决不轻允。五谷、洋盐两条，已痛驳。惟内有八条关涉厘金，该使不提免厘加税而处处挤我厘税。香帅所云全归洋旗联单及口岸免厘界内，则厘已去十之七八，诚不可不虑。但此时若再不索加税，恐以后厘吃亏而税不加。洋债每年四千九百万，愈逼愈乱，如何得了。数日内即须议及关涉厘金之款，可否即以加税事试探，以为抵制？时不可失，务求钧示！

十二月初十日

旨着刘坤一张之洞盛宣怀酌办通商行船约章电

旨：有人奏，通商行船必先将前约或废或停，始能更改，具载公法。中国本年战事止在北方，东南有与各国立互保约，通商行船一切照常。此次和议拟改通商行船约章，自宜责成保护东南商务。各督抚切实婉言，或修改，或变通补救。着刘坤一、张之洞、盛宣怀酌办。

十二月十一日

江督刘坤一致外部英使所开邮政圜法及口岸情弊请饬盛宣怀切实与辩电

邮政本属中国内政，如驻京英使有所陈说，只能作为代筹，听中国自行斟酌，可行则行，不得相强。缘邮政近因加收民局寄资，民局力不能支，停办乞免业者数万人，又难骤改别业。现虽电准外务部暂行改为每磅三角，然以后仍须岁加一角，增至九角为止。此事于全国民生有关系，是以约内不能不用活笔。银元平色，本属一律。所难整齐者，价值。盖龙元本仿洋制，而洋元自始销及今，皆随市作价，如仍照市价，则收款价有出入，计数即有多寡，此中弊窦甚多。其制九银一铜，若照分两概作纹银，商民必难信从。且作银钱合仍须按照银价核算，似非用西法，用金、银、铜酌定三圜，划一等次，并废华银，不能整齐价值。然中国力量，此时如何能行？禁用洋元，诚为握要。业已流入之银元，作何办法，亦须预筹。现因变法，民心已摇摇未定。圜法关系民生日用，万一民不能从，必致扰累。洋商但欲出入之便，不顾闭塞之虞，中外皆受其累，统须杏翁卓裁，告马使能不干预，听中国渐自量力整理最好。索开多口，无非挠我厘务，为内地居住之谋。往岁广开口岸之旨，原欲预杜侵占。第多一口岸，于税厘即增一漏卮，于国帑即多一分费用。通盘筹计，沿海择要开口，利多害少。沿江、内地多开口岸，实属有害无利。盖内地与沿江，断不虑有侵占，而于华洋杂处、制造皆有大损。且内地开口沿途经由之地，皆隐成口岸。且内地明虽开通一处，实则沿江海而至内地开处，均与口岸无异，所损尤大，而于商务未必真有利益，观苏杭可知。所［口］索之各口，北京、常德、长沙、成都、叙州、云南府皆在内地。北京关系国都。湘中现开岳岸，创办极难，若再深入内地，则目前之开办与夫日后之弹压保护，其难更可想见。此时中国应还洋债已如此之巨，财力已万分为难，如再多耗国帑，损我厘税，不独有碍还款，且致中国民穷财尽，于英之商务亦有不利。数事彼此总当从大处着想。请杏兄切实与辩，如其必不得已，亦只有将所索江海各处量为因应，并作为自开之处。仍乞裁示！

十二月十一日

江督刘坤一致外部马使意在免厘加税请张盛详酌并江海等关商照镇江章程办理电　二件

马使意在免厘加税而又不明索，但于各款中处处侵我厘务，无非为逼免全厘、稍加洋税蓄势。我若索加税，彼然后索免厘。我若不索加税，但将各款与之磋磨，彼得一是一，即不免厘，已大获便利。用意巧黠，无过于此。在我虽有将彼索款凡碍我厘者，处处不稍放松，一面向索加税以为抵制。土货单镇章虽繁碎曲折，然非此不能周密。彼既云镇章足可振兴贸易，愿各口悉照镇章，在我多年相商未允之事，今难得彼愿推行，实不宜自行改简，致挂漏滋弊。惟彼欲无论何项土货皆可领单办运，则关碍厘务实大，必须抱定镇章限有种数。明示保厘，暗逼加税。银元之事，已详前电。鄙人尚有所虑，禁用洋元能否办到？既不可必，纵彼允行，业已流入之洋元，应如何酌办？若销毁，则收不胜收。若仍准用，则暗地新来之洋元无从识别查禁。若照龙元作银，利为外溢。如仍照市作价与龙元分两、成色均同，价值特廉，民必愿用洋元，即足以阻碍我圜法，龙元作银，数少不敷成本。照分两作库平，民间能否信从，亦无把握。况洋商完税、买卖既允作银抵用，而中外款项出入交涉亦必须先行度量。查中国付洋人之款，以还债为大宗。洋商输中国之款，以完税为大宗。华洋商往来以货价为大宗。如还债亦准用龙元可作银赔矿〔款〕，则完税照用，明虽无亏，犹虑其故昂镑价，中国只有纹银、银元，则银与元均受其亏。华商本微，贩货亟于求售，洋商富厚，囤货可以涨价，一出一入，亦恐失算。历年华洋商交易丝、茶，洋商得操利权，抑勒盘剥，已可概见。请转香帅、杏兄，再加详酌。

十二月十三日

马使交来商约条款目录，内有土货出口三联单镇江章程宜修改并推广一条。查洋商入内地办土货，完一子口半税准免沿途厘金，诚以货系出洋，优待远人，盖华商内地运货，逢关纳税，遇卡抽厘，洋商办货若不出口，岂非自绝华商生计？各国当无此办法，是以《烟台条约》载明：若非英商自置土货，该货若非实在运往海关，不得援照办理等语。镇章所以请单之后，必须限内将货运口，并预征正税三倍，如逾限不运出口，除应完正半税外，下余正半罚缴充公，原所以杜中途卸卖、漏免税厘、货不出口，有碍华商生计。事本照约，最为公允。近来请单办运流弊，业据沪道咨行杏翁有案。此时正拟将江海等关商照镇章办理，岂可转将镇章修改，致滋流弊？

十二月十三日

江督刘坤一致外部论内地杂居贸易之害请商阻电

内地杂居，与民争利，既占口岸之利，又夺内地民生之谋，并挠政权。此事若允，官民交困，必须力阻。裴议既带眷属，许其暂居，又准展限，是即许予居住，照章贸易。并用华工、租屋办公、作栈，即暗寓制造，拟设机器，则直许居住贸易。若云遇事可由领事前往查办，现历来教案能秉公否？且英之奸商包揽货税，干预词讼，不一而足。照约，不安本分之人，不准给照游历。今到处多事，试问约章洋官可凭信乎？内地准居之后，纵遇事秉公核办，商民之利已为所夺。矧欲求秉公，断不可得，此皆欺饰之词。中国通商所以特限在口居住贸易者，诚以风气未开，情形不同，律法互异，权不我操，且因未经全国开通，致一切交涉章法、权利处处受亏。今准居住贸易，仍不得照东西各国交际办理，岂不更受大亏？和好通商，安有此不公之事？沿江之大通等六处，准其起下货物，尚不准其居住、开设行栈，载明《烟台条约》，矧内地乎？马关约货运内地时租栈暂存，盖入内地之货，不能无寄存之处。照约，西商本亦准入内地办货及运货入内地，是西商货运内地及内地办集货物，向亦有存储之处。日约不过揭明其义，并非别有优异，是以译署商约解义言明，比照泰西各约，所有界限，日本不能越其范围，今何能因日约申明西约之义，藉此以为入内杂居贸易之计？至机匠更属受赁而往，仅博薪资，事事仍听命总办，与商民自行携资入内居住贸易，为占夺华民生计，迥不相同。

总之，中国苟无十分大碍之事，断不愿坚却，岂有有利之事转肯自阻？此时全国尚难开通，内地居住贸易，有害无利，万难允从。且中国商务，英居六七。中国地方兴旺，英亦大利。现耽耽〔眈眈〕者，欲与英争中国商利，颇不乏人。一国准居，各国照办，因此滋生事端，地方扰乱，于商务亦甚不利。英何必为各国争利权、损中国、自害其商务乎？若再要索，请杏兄反复申论，推诚商阻，保我黎民，大局幸甚！保牌一条，能将洋人得费包庇华商包充洋行洋旗之弊，如何设法商禁为妥。存票一条，期须宽，过期万不能算息。华洋合股，税厘不同，应如何区别限制，亦请明定。完常税一条，民船完常税纵稍轻，惟经常关之货抵埠，无不兼完厘金，税厘并计，实较洋税为重，如再加重常税，商何以堪？船户失业，即为地方之患，能商照现章为妥！

十二月十四日

清季外交史料卷一百五十终

清季外交史料卷一百五十一

光绪二十七年七月中

外部致刘坤一英使言现约各国同撤驻沪洋兵电

英使言，接政府电，现约各国将驻沪洋兵一同撤回，惟英政府意须商约画押后，即可定期撤退云。

七月十四日

吕海寰盛宣怀致外部银式一款据马使称另用照会声明不应入约电

银式一款，昨与马使商添。彼云：此事于中有益，于英无大益，不过可杜胥吏舞弊藉端需索起见。究之完关税应用何项平色，本由中国自定，不应增入约内，转觉不得体，徒贻别国讥诮。商说至再，彼谓：必不得已，或用照会声明。当即照宁电原添之语照会马使，彼之照复如无辩驳，即可备案。

七月十四日

鄂督张之洞致外部口岸界址须趁早议定以免愈侵愈远电

口岸界址，既非租界之界址，亦非海关所定之轮船上下货物之界限，乃限制洋人任便居住贸易之陆地界址也。查各处口岸从未议定界址，洋人遂于各口任便侵占，或混入城邑之内，或竟至附近乡外居住，设无限制。即如湖北一省而论，汉口洋人竟于二十年前已在汉阳建造房屋，近又援上海可在浦东建栈之例，欲将武昌亦归入汉口口内。各省似此多矣，如不趁早会定界址，则愈侵愈远，断断非计，是第十一款实于我有益无损也。原文有外国人民在租界之外居住，须守工部巡捕之章程等语，是所指口岸确非租界之证，岂能相混？洋人既可明索开四口岸，若欲推广租界，何难明说耶？如岘帅恐其藉词展拓租界，地方官不明白者，或受其损，则请星使与马订明，不得藉此条展拓租界，以免误会，尤为周妥。至无租界之口岸，自应声明仍旧，不得添设，照第十一款第二节，一切遵我巡捕工部局章程也。

七月十四日

吕海寰盛宣怀致刘坤一张之洞请定全约奏稿由沪缮折进呈电

此次商约，各国皆称，照和议大纲，中国已允以商改利益，与寻常修约不同。海、宣自奉命以来，日夜焦思，深虞陨越。英约原索二十四款，驳拒不议者七款：曰洋盐进口，曰内地侨居贸易，曰邮政电报，曰设海上律例，曰整顿上海新衙门，曰口岸免厘界限，曰贸易同在一河免复进口税；在沪议准者七款：曰保护牌号，曰整顿珠江、川江，曰圜法，曰华洋合股，曰关栈，曰存票，曰广东民船与轮船纳税一律；在鄂议定者三款：曰矿务章程，曰内港行轮，曰通商口岸利权；回沪续议定者一款：曰谷米禁令；并入加税免厘者六款：曰新开口岸，曰减出口税，曰加税，曰三联单，曰子口单，曰常关归新关管理；合计驳拒删并者十三款，商允改妥者十一款。外免厘加税一款系沪所议而鄂所定；又加筹议教案一款，系在沪所索二十二款未允之一；又如治外法权一款，系张大臣所索；又约后三款为向来条约所应声叙。

综论全约，以免厘加税一款为要端，其为中国取利杜弊，已详会奏筹议；教案、治外法权、画一圜法三款，于我政权裨益最巨；合股、牌号、矿务三款，彼此均益；存票、关栈、整顿珠江川江、民船轮船一律完税，尚无关紧要。内港行轮、口岸界址、米谷禁令三款，内中亦多补救。近洋商皆以马凯所定不满所欲，登报訾议，故我翻改内港行轮，万分为难。马今日照会谓，英商众情甚不允愿，恐数月来所费苦功化为乌有等语，意甚不快。海、宣等终当坚持定议，不为所摇。惟日本两使面告，口岸权利、内港行轮两款，为日本所最重，深恐英约让我，屡请英、日会同订议。海、宣密劝马使，英约将完，何必与人混合，转致耽延，亦失体面。日人又请不同坐而同时商议，我亦设法推宕。倘能英约先定，则日约或不至过于离谱。顷，马使函已定西八月三十号回国，无论画押与否，不肯再改期。窃思马凯虽负众谤，然仍彼尚有不愿翻悔所议之意，每议到万难地步，亦颇肯委曲迁就，此已在两帅鉴中。我若再迁延不定，马去或另派驻使要求增益，或竟为日人耸动，合而谋我，英、日之交正密，恐欲求如今之所议不可得也。且全约在鄂时已议定，回沪又议，各款再四力争，非敢畏难。战后之约，到此地步，非仗两帅威灵，未易臻此。应请两帅统核全约，如可不再驳论，乞速将第一至七款复核电奏，并将第十、十一、十四分别复奏。奉旨准行，即电请派员先行画押。一面请两帅主稿，速定全约奏稿，由沪缮折进呈，庶可不致迟误。伏乞鉴裁！

七月十四日

吕海寰盛宣怀致刘坤一张之洞内港行轮英使以已定案不肯轻动现订三事电

内港行轮，两旬驳辩，马使终执已定之案，不肯轻动。昨与订三事：一、将武昌所允等十款抽出第二、三节，移入章程，只留第七节，前因光绪二十四年，内地水道至彼此允愿更正为止；第四节，中、英国议定，江门开为通商口岸至六都封川为止。二、将总署原款正续章程照旧遵行，毋庸议改，马使与裴、贺两税务司修改之本作废。三、彼此允再另议续增章程，附于原章之后试办。并即亲自与议续章共十一节：一、英国轮船船东可向中国人民在河道两岸租栈房及码头，不逾二十五年租期，如彼此两愿续租，亦可从新再议章程。倘英商不能向华民妥租栈房及码头，与商务局商妥后，须由地方官照时值公道预备栈房、码头。租船租满之后，亦可接租。如该处向无商务局，可与商务大臣酌办。二、靠船码头不得有碍阻水道，亦不碍船渡通行，并须由最近海关先行查明允准，但海关亦不得苛求。三、英国商人所租栈房及小码头，须纳税捐，如同中国人民左近相须之房屋一样。英国商人止能用中国代理人及办事等人在该内河行轮处租房，居住贸易，惟英商亦可随时前往，察视其生意情形，不得因此于中国管辖人民之权有损，或有妨碍。四、凡在中国内港行驶之轮船，如有伤损堤岸或各项工程，应责成该轮船将该堤岸、工程查系损伤以及他项因伤受亏一切赔偿业主。如有浅水河道恐有行轮致伤堤岸以及相连之田地中国欲禁小轮行驶者，知会英国官员，查明实有妨碍，即行禁止英轮行驶该河，但华轮亦应一律禁止。至华洋轮船，并不得在内河向有闸坝之处行驶，防有损伤该处闸坝，致碍水利。五、英国政府请将中国内地水道开通，行驶轮船，大意实为中外货物运输迅速起见。如现在或日后有行驶内地水道之英轮，而该船允愿将轮船转归华人公司及挂中国旗号，英政府应许不加禁阻。六、民船向不准装运违禁货物，凡行驶内港轮船及该轮拖带之船，亦均一律不准装运。如有不遵，即照违约章程办理，注销所给关牌，不准行驶内港。七、内港行轮风气未开，内地居民宜令其少受惊扰，故凡内港向来未经轮船行驶者，须审察商情便利，并轮船东实见生意有利可图，方可渐次开驶。如有商人欲于商船未经到之内港设轮行驶，须先向最近口岸之税务司报明，以便转禀商务大臣，体察情形，迅速批准。八、此项轮船只准在口岸内行驶，或由通商此口至通商彼口，或由口岸至内地并由该内地驶回口岸，并准报明海关，在沿途此次所至贸易各处上下客货，但不得由此不通商口岸之内地至彼不通商口岸之内地擅行往来。九、无论客船或货船，均准轮船拖带。凡被拖之船只，其船户、水手均应归华民充当，并不拘船东为何人，均须挂号，方准由口岸行驶内港。十、现在所定以上章程，系补续光绪二十四年七月，西九月前后，所订内港行轮之章程。其未经此次所订更改者，则仍旧照行。其为此次章程所改者，则以此次所定为准。此次章程是补二十四年前后之章程，当视同旧章一样，足为现时管理此项轮船之章程，嗣后有应行修改之处，即可随时商准。

以上十条脱稿后，马使又请添改，请照裴、贺与彼所改章程为定，如两制台必欲照商约大臣所议之新章，利益太薄，彼只允请示英廷，无权答允，且恐加重进口税，必为英廷及英商所不允云云。当又告以贵大臣与税司所拟，早已言明作废，新章已议定，断不能改。马复请将原议定租地一节添入，恐英政府不允，或有变卦，立由我去电请示，不可再迟云云。管见此事，若能悉照所拟定议，似已补救不少。岘帅电，不能由此内地至彼内地任意行驶，并不准自建栈房；香帅电，船户应归华民充当及不得稍损管辖之权数语，均已叙入新章。海、宜嗣欲立内港华轮公司准洋商入股，而不准挂洋旗，德、美领事均谓可行。马使私议亦谓，只要华官真肯体恤华商，则洋船可由少而无，洋旗可不禁自止，到彼时，英商自愿售船，英官可不阻止。请其列入章程，强而后可。洋人惯布闲子，将来即系我要着。近有美商买英公司轮船而英廷阻之。彼国有此政权，将来英商轮或受我饵，愿拔帜易帜，如有此条，则彼政府不能阻。争得此条，实为洋旗销案之根据。如两制台愿删去，马之愿也。是否？即请两帅酌核复奏电示。

七月十五日

吕海寰盛宣怀致外部报新改税则日后修改期限电

英约，在鄂议定者共十三款，回沪又复议米谷一款，为十四款。兹马使按照旧约开送修改税则，限期议订十年，列为第十五款。文曰：此次新改税则，日后彼此若欲修改，以十年为限。该限期未满六个月，先须预行知照，酌量更改。若未于期前声明修改，则税课仍照前章完纳，须再俟十年，再行修改，以后均照此限办理。嗣后中国如有与他国所产或所造货物之益，则英国所产或所造相同货物，无论由何人运来进口者，亦应一律均沾此利益。彼此所定条约如未经此次修改者，仍照旧遵守。又约文照英为凭，列为十六款。又换约年限列为十七款，文曰：本约立定，由两国特派大臣在中国江苏省之上海，将约之汉、英文各一分，先行画押盖印，等候两国御笔批准，在于中国京城一年限内互换，以昭信守。均系查照旧约办理，为向来修约应有之款，应请查照核夺，一并挈衔列奏。

七月十五日

鄂督张之洞致枢垣及吕盛华洋合股营业须一律守章电

论合股事，华合洋股，洋合华股，一律守章，尚属公允。内有英人附股中国公司，亦当一体遵有益共享、有害共承之例，语亦分明，似无流弊。但查各国公司所有账薄、股票等据，皆抽收印花税。今华洋公司在中国贸易、制造，既不纳中国税项，如不报明地方官，毫无稽查，一旦涉讼，中国官须为之审断追账，似欠平允。拟于此条内载明：无论从前、现在、将来，华附洋股，洋附华股，必须先将章程报明地方官批准，如中国将来仿照各国章程举行印花税，所有一切字据、股票须遵章粘贴印花，则中国当视为合例，照该公司章程判断。如不报明，有案不得视为合例等语。如此则于中国大有裨益，而从前惠通等类之案，自不能援引翻异矣，此乃将彼所索之利益转为我所索之利益，机不可失，不仅如沪电所云，虽不能取益，亦无所损也。万望切商添入为要。

七月十七日

吕海寰盛宣怀致外部全约关系在加税一端英商不愿加税电

顷，马使云：闻英商多不愿意加税至十二五，其尤不愿意者，以向来免税之件忽抽加至十二五，是以共怀不甘；并闻由工部局联同商家致英政府，请其暂勿授权马使画押，俟商家公禀到，然后听由政府定夺云。查马使原送条款，本声明免税之物只照和议切实抽五，不在加税之列。前议加税十二五，系连免税之物一概照抽。及议切实抽五税则善后章程时，英商又将实在自用物件列入免税米面之后，海、宣又复驳令删去，彼时即闻英商大不满意，谓马使上我之当。盖彼之上当，即系我之有益，是以亟盼早成，免致中变，非敢鳃鳃过虑，实因英人商务最重考求，一经宣布而不定局，必为看破阻挠，甚为可惜！全约关系在此加税一端，不敢不预陈明。乞详察。

七月十七日

吕海寰盛宣怀致外部英国公司不肯在中国注册电

鄂电，与马使切商，请添入。顷，来照会，其文曰：准照会第四款，合股公司于注册时应纳印花税一层，若为华人公司，其应纳与否，候中国自办。至注册时所纳印花税，应由公司完缴，非由各股份人自缴。英国公司为华人附股者，如云该公司之报章及其合股章程须在中国官员处报注一节，实不能行。华人应自行筹算附股于英国公司是否有利可图，然后附股，无所勉强，英国公司断不肯将章程在中国官员处注册。现欲再议，实难从命云。请核示。

七月十七日

鄂督张之洞致外部丝税办法不宜过重并漏列数字请查明添入电 二件

丝税办法，今日自不宜过重，然亦必须公平。鄂电及马谈皆同，出洋之税不过抽五，此议定者也。至内地之丝流通各省，岂有不纳关税之理？浙丝即可销浙，苏丝即可销苏，此外销本省及各省内地者不少。各省有丝，非必出洋，何能概免关税？自应在第一常关先完二五。至出口之关验二五之关单者，亦只抽二五，免其二五，似是值百共抽五而已。若谓如此，恐海关之丝税减少，则旧章丝税只抽二两。今即减半抽二五，较之现在所抽税数已加数倍，只有加而无减。且各国及马使只欲我减轻出口土货税，我自销内地之土货税轻重，彼皆不商。今既允出洋之丝抽五，何反阻我抽行销内地之丝税耶？如必虑海关丝税不能甚加，则验有常关关单曾抽二五，而出口海关减收二五者，仅可于第一常关照数拨还海关。有上海道拨还韶州关丝税成案可考，比例仿办，亦甚不难。如此，则出洋者止于抽五，断不重抽；而不出洋者，无论何省，皆是抽五，可云均平，且出洋之丝与内地之丝，自然不致相混。至销场税，即落地税，与常关无涉。各种土货运常关者，皆须完抽五之税。复进口又有半税，则落地又有销场税。丝乃殷富人家所用，何独反止完销场税耶？土货销场由我自抽，不必与马商酌矣！华文本是常关免抽蚕茧及蚕种税，所载分明。译员不应将洋文误为免抽蚕茧及丝税，自当照原议更正，将洋文常关免丝税改为免蚕种税，不应迁就，反改华文，令各省常关一律免丝税也！

七月十八日

谏电论丝税事，漏数字。各种土货过第一常关者，皆须先完二五之税，过出口洋关又须再抽五之税，复进口又有半税，盖土货复进口者共系抽十。前电漏第一两字，又漏先完二五之税、过出口洋关又须十三字，请查明添入，以符商约原议。

七月十八日

鄂督张之洞致吕盛监察洋员权限不清必须酌改电

沪、咸二电，论监察洋员，增改字句，具悉。马使续改第八款第十节，一经监察之员禀复，中国政府即行将弊端除去三语，权限不清，必须酌改。查监察常关销场税，监察洋员既由各省督抚选派，则该洋员必应受督抚节制。该洋员查有不合例之需索，自应禀报督抚。今乃欲径报中国政府，将原派之督抚越过，中外均无此种办法。向来洋关税务司有事，仅能禀报总税务司，监察洋员所得权限岂能过于税司？应将中国政府四字改为本省督抚四字。若虑督抚不肯查禁，下文当有商人告发一条。洋商受累，可控告领事，领事可告督抚，督抚不理，可禀告公使告外务部，何忧壅蔽耶？此数语与原议不符，应请星使将华洋文一律商改。至要！

七月十八日

鄂督张之洞致外部及吕盛内港章程第七条流弊太多请商改电

沪电，论内港章程事。第七条，商人欲于商船未经到之内港设轮行驶，须向最近口岸之税务司报明，转禀商务大臣迅速批准一节，此条流弊太多，必宜更改。查各省内港能否行轮，一察水道，一察民情，与别项商务不同，自应由本省督抚体察情形酌办。商务大臣相距甚远，无从遥断，设商务大臣批准而事有难行，更多窒碍。无论何人为商务大臣，皆不能周妥。况有准无驳，何取乎批？体察亦属空言。若照此稿，则洋商公司有请必准，有准必速，毫无阻驳，是商务大臣徒为洋商之役。鄙人断不敢出此也！此条万万不妥，必应于转禀商务大臣句下添会同该省督抚六字，体察情形句下添如果确有妨碍六字，迅速批准句改为即行迅速核准。查鄂至江、沪歌二电，曾有先行湘、汉、淮、赣四大水，其余从缓体察酌商之议，闻马已允，而为其参赞哲弥孙所阻，复与鄂异，仍可再与婉商。又闻彼欲添江苏运河甚切，请删去淮水一处，添苏州一处，共止先行四水，尚可从容筹劝华轮，以资抵制。

第九条，无论客船、货船均准轮船拖带一节，盛等议，所准拖带者系何船式，未言及，且有无论船东系何人之说，尤深可虑！查拖洋式剥船，外部谓，华人、洋人所造均有流弊，不可行。即日转电江、沪，请坚持妥订。今但言客船、货船，未指明船式，不知尊处已订明不得拖洋式剥船否？抑或已许其拖洋式剥船？盖拖货必以剥船式为便利。马使意专在拖洋商自造之洋式剥船，敝处前商拟令用华民所造之洋式剥船，以保华民生计，因江南、汉口民间皆能造洋式剥船也。然部电既驳，自当电明，不准行用。此时如稍含糊，设将来洋商拖带洋式剥船，欲阻之则彼言两星使并未阻驳，欲许之则外部曾经电驳，岂可故违？似宜于无论客船、货船句下添系华民所造之船六〔七〕字，均准拖带下添惟不得拖洋式剥船八字。马使能允固妙，不允亦应据实达外部酌核，以免日后为难。总之，凡事办得到则以实告，办不到亦宜以实告。又前电请于章程内另加一条：议明如洋商愿与华商合办内港轮船公司，洋股不得过十成之五，凡合股公司须挂中国旗号，归中国官管辖等语。迄未接复。鄙意实因他国商人有愿合华股而自占股十成之八者，若临时驳阻，势必为难。故欲议定此条，以自保利权。此条紧要，务商马使添入，其益甚大！

七月十八日

吕海寰盛宣怀致外部丝税宜与常关分抽电

丝税宜与常关分抽，自有至理。现与马辩论声明：出口税仍是值百抽五，不过分征，并非重征。至分征，从海关与各省如何拨抵，是中国事，与各国无涉。马始恍然，将此节重为改定如下：至于丝斤一项，无论手缫或机缫，所征出口正税之总数，不得逾估价切实值百抽五之数。此税并可在丝斤所过之第一内地常关征抽一半，惟须按照第三节所载办法给以单据，该单据即可抵纳出口税一半之数，各蚕茧经过常关，则须免抽各项之税。似此较原文更正更切实云。

七月十八日

吕海寰盛宣怀致外部与马使磋商行轮章程并拖带船式电

行轮第七节，与马磋商，马只允于转禀商务句下加会同该省督抚六字，余更不允添，盖虑我藉此箝制其行驶之利益也。四水一节，仍不肯允，以既有各项限制，不欲我再限以行驶之处。第九条，拖带洋式剥船，续议章程时，但言客船、货船，而不言明船式，系照原定正续章程办理。刻商马，云：船式但以装货多而吃水浅合用为定，原本不必分华式、洋式，现在华船多有改造洋式者，况本条声明，被拖之船，其船户、水手人等均归华民充当，尚何碍华人生计？此条似不必空争。鄂电属加一条，马亦不以为然。以华洋合股一条，已订明：华附洋股照英公司章程，洋附华股照华公司章程；至占股多少，乃公司定章自有之权。如系华公司，自应挂中国旗号，归中国管辖，此一定之理，不应人约。强而后允，加添一节，附第五条章程之后。文曰：如有华人按照中国律例注册，设立内港行轮公司，而有英人附股者，不得因该公司有英股在内，遂以为该公司轮船即准挂英国旗号等语。然马终以为无谓也！

七月十八日

外部致许应骙矿务合同应声明购地归华员经理电

真电悉。矿务合同，华裕虽有华股，应声明：购地专归华员经理，洋人但分股利，不预事权。否则，一事而设两公司，似觉无谓。第四既无先行管业字样，当可照议。第十一造运矿枝路，各省均照章咨部核定，闽省未便独异，应仍照前电更正，希饬再与磋商，电复。

七月十八日

商约大臣盛宣怀致外部马使谓留沪英队俟商约画押即撤电

马使告，接英廷电，上海所留英队愿撤退，并与德、法国商定同退，一俟商约画押，即撤。

七月十八日

川督奎俊致外部英商指矿地八处并未剖别未敢允准电

英领、英商指地八处，并不分析何县开何矿。除遂宁、南川、江北厅当无碍外，邛州须注明本州境属县不在内，荣县碍，贡井不能开煤油，惟俟华商自办煤油，不能再开煤油。犍为井灶林立，且法指宜煤、铁，不能开煤油，亦不能开煤。秀山华商开锑，不能再开锑。屡饬宝、贺两道与之剖别，请其另指，坚不认允。外间恐有后议，未敢允准，乞酌核复英使。

七月十九日

外部致吕海寰盛宣怀行驶内港轮船应添代递信包一条电

总税司函称：上海既议内河行轮章程，应请添一条，云，凡领有关照行驶内河之轮船，应将中国邮政官局信件、包裹接收代递，不取资费，此外一概不准代为接递云云。希查照商添。

七月十九日

吕海寰盛宣怀致外部租界内华民中国向无权抽税请示办法电

口岸一款，马使未言。今日工部局向其理论，谓：租界内华民中国向无权抽收税项，若如第十一款第三节办理，将来租界必致滋事，工部局万不能允。即强行入约，英廷亦决不批准。当诘以此节所商各项税捐，其意专指印花税，到鄂后改为各项税捐，若仍改为印花税，仿照邮票办法，可否？马又密告：此系工部局有意指摘，耸惑众听，藉阻加税之举，似不可因小失大，不如将此款全行删去，彼可力劝英廷照允云。看此情节，与其勉令入约，日后仍办不到，转累全约，仍不合算。查第十一款首节，诚如江帅所虑，日后难免轇轕，所稍资补救者，在第二、三节。今马使决欲废去，则不如将此款全删，两不吃亏。好在此款第二节租界外口岸内应遵中国章程，第八款第十二节新开口岸，约内已载有此，则似此尚无所失。应如何办法？乞速复。

七月十九日

刘坤一张之洞吕海寰盛宣怀致外部马使称所加进出口税不得挪用及抵押新债电

马使照称：现奉英政府训条，谓应议定所加之进出口税须留为各省督抚，以抵向来所收百货厘捐之用，不得将此款归入海关正税，亦不得抵押新借洋债，请将此事奏陈，并将此事明降谕旨，与条约一并宣布等因。查此事虽经于会奏第八款时陈明在案，惟究系内政，不便据马使照会入告，启外人干预之渐，应作为坤一等陈请奉旨，将此原奏及所奉谕旨照会英使，作为约中附件，较为得体。谨拟电陈，文曰：窃查各省所收各项厘金内，以拨还息借洋款为一宗，拟解京协各饷又为一宗，其余留供本省度支。现与英国修改商约，彼此议定：加税以补第八款所载应裁各项百货厘捐，除还现在洋债、抵押本息外，自应分别拨补抵解，免致各省为难，并不得挪作别项之用，及将此款抵押新借洋债，亦不得归入海关正税项内，以符加税抵补百货厘捐之原议。相应吁请将上列各节明降谕旨，饬下户部，查明各省裁免各项厘金向来应解应留各数目，俟加税免厘条款举行开办之日，分别派拨各省，俾资应付而昭允协。请代奏。

七月二十日

吕海寰盛宣怀致外部所办商约不得再议口岸马允照办电

沪效二电，想达览。马使今日复议第十一款，已将宁效二、鄂效一各电不允删此款切告，属仍照旧。况撤厘后所捐不过印花税，华民应守华例，断难不捐。租界不愿专设收税局，可归商务公所或海关代办。马云：沪工部局以租界内华官向不能收捐，第三节断难允行。又租界以外颇多体面洋人居住，如担文即住在界外，岂能遵守华民章程？第二节亦难允行。又驳以口岸一事，我政府本不允议，因英国坚请，乃添入两节，以为抵制，若仅留口岸界址第一节，而去第二、三节，我万不能允。马云：似此只有全删此款一法。我又驳以若我允全删，而英廷只允删第二、三节，不允删第一节，彼时将若之何？马云：彼此即日各自请示政府，得复再行商定。彼意必劝英廷全删。当允其一面电商外务部及江、鄂，如亦允删此款，必当另加照会声明，此款所订商约不得再议口岸之事，马允照办。看来此款所索两益处已为工部局力阻，只得坚持将口岸一节要删全删，仍符不议口岸之初意，尚不吃亏。乞速核示。

七月二十一日

江督刘坤一致外部请张督吕盛两使向马使切商印花税电

沪效二、鄂效一电均悉。香帅以万不可删者，诚以二、三节于治权、利权藉可稍挽。今两星使体察情势，虑碍全约，此款删虽无利，亦无弊。惟虑商议多时，遽尔删去，未免不值。印花税本为各国通行办法，即不抽洋商，似不应阻抽于华商。倘星使能再向马使切商改明印税，裨益大局，实非浅鲜。是否？仍请香帅与两星使裁酌办理。

七月二十一日

鄂督张之洞致吕海寰盛宣怀挽马使宽留数日亲自画押电

顷，接马使来电，言：决意西八月三十日回国，即中七月二十七日，务请设法于行前画押，不然将来废约，不能归咎于我也等语。兹复马电云：贵大臣来电悉，昨本部堂已有电致贵大臣云，江、鄂现已照现商各节定议，只候会奏奉旨，即可画押，请宽留数日，以竟全功，当已邀览。兹接来电，又已电催会奏，敝处于全约必不再有更改。贵大臣既欲急于回国，亦万望勿再删改，庶于数日内赶办一切，早得奉旨画押。但电奏各起校对、抄录华洋文字，亦须时日，万一赶办不及，惟望再宽留数日，务请贵大臣亲自画押，再行离沪，切祷等语。马使一行，全约必有更变，万分可惜！再请两公速商马使，看其意见有无活动，示复。切盼！

七月二十一日

刘坤一张之洞吕海寰盛宣怀致外部与马凯商议商约妥协七款请代奏电　附约稿

英使马凯原送商约二十四款，初以和议允其商改，彼多奢望，迭经会筹，坚耐磋议，凡有碍政权、利权各款，严词拒绝；其侧重捐厘各款，皆设法推宕；一面自筹加税免厘抵补善法。计在沪议定七款，均经海、宣随时电商坤、洞及有关涉各省，并请外务部酌核准驳，仅择其无大关系之牌号、合股、存票、关栈、珠江川江整顿行船、广东轮船民船一律征税六条，及有裨国政之整顿圜法一条，先行议定。除第八款至十三款已由鄂会同电奏外，所有第一款至第七款理合厘订次第，再将全文会电，列款如下：

第一款　向来存票延搁，推原其故，系此等存票由监督经理，而监督与海关相隔遥远。现议定，嗣后所有存票悉归海关发给。自商人禀请之日起，以三礼拜为限，此等存票可用作海关通行税票，以抵出入口货税，惟不得用以抵纳子口半税。至洋货入口后，三年之内再运出外洋，其存票可由该货入口纳税之处向海关银号领取现银，不得减扣。倘请发存票之人欲图混骗，一经海关官员查出，须罚银，照其所图骗之数，不得逾五倍，或将其货入官。

第二款　中国允定国家一律通用之银式，即以此为合例之银式，将来中、英两国人民应在中国各处用之完纳各项税饷及各项之用。

第三款　中国允许，凡民船载货由香港往来广东省内各通商口岸，所纳之税，连厘金合算，不得少于洋关征收轮船所载相同货物之数。

第四款　曩者曾有因中国人民醵资附入外国人所办之公司等举，亦有经中国人民附入巨资为众所共晓，惟是否合例，尚无明定之章。中国今允认定，不论从前、现在、将来，凡中国人民出资附入外国人所办之公司等举者，应均视为合例，有利共享，有害共承，始昭公信。中国更允，凡中国人民或已附股、或此后附股英之股票公司者，既已为股友，即应为已允依从公司所订明各章程，遵守英公堂所解说办法。如有因前项控告公堂之事，中国公堂即应饬附股华人遵听判断，与英人无异，不能较同附股之英人受累有多有少。英国政府亦允，凡英国人民附股中国公司等举者，亦当一体遵有利共享、有害共承之例，与华人之同附股者无异。凡以上所开各节，应与曾经呈控公堂已经判断完结者无涉。

第五款　中国政府允于两年内将有碍广东珠江行船并非天生窒碍者拆除，又允准将广州口岸泊船处整顿，其如何设法整顿，由中国海关整理，其经费准于华、英两国商人卸装之货物收捐充用。至应抽若干，仍候海关与华、英商人议定。第二节，中国政府悉知，宜昌至重庆一带水势宜整顿，以便通行轮船，又深知整顿工费浩大，且关系川、楚两省地方百姓，所以彼此订定，目下未能整顿以前，应准轮船听由海关核准后安设拖拉过滩利便之件，经费由轮船自出。该利便之件不论轮船、民船均可任便听用，仍须遵照海关议定章程办理，但所设之件不得阻碍河道及轮船畅行。如需用号塔、号标，均由海关酌度何时、何地相宜备设。将来如有可行条陈利于行船之法，果能无害于地方百姓，而费不由官出，中国可和平商酌。

第六款　中国允愿设法在通商口岸多给利便之方以设关栈，及将关栈所存之货改包。又凡英国官员照会，请将民栈给以关栈之利益者，即中国海关验明称意，足以保护税饷，不致走漏，即可将民栈改为关栈，该关栈应按海关所定之章程办理。该章程并载取收费用，按货物之贵贱、离洋关之远近与作工之时刻而定，及海关于保护税饷之处，须寓方便商人之意。

第七款　英国政府保护中国贸易牌号，以免英国民人违犯假冒名色。中国政府亦应保护英国贸易牌号，以免中国民人违犯假冒名色。中国政府再请南、北洋大臣在各管辖境内设立局所，归中国海关管理，以便将贸易洋牌号可以注册，应收注册费公道收取。

以上七款，连鄂定六款，马使已将洋文刷印送来。除第十款、第十一款尚待另奏，又第八款英廷尚须酌妥字句另电外，其余各款，俟核准后，汉、洋文亟应派员预为核对，以免届时匆遽错误，请代奏施行。

七月二十一日

外部致吕海寰盛宣怀值百抽五税则即遵旨画押电

尊处会奏估定切实值百抽五税则折，十七日奉旨：外务部知道！应即遵照画押。

七月二十一日

清季外交史料卷一百五十一终

清季外交史料卷一百五十二

光绪二十八年正月至二月上

使美伍廷芳致外部美外部言东三省通商俄不能专利电

美外部照会，东三省约，中国若许俄独占利权，有碍美国商务利益，大损中国主权。美廷前主中国开门通商之议，俄愿照允，如独专利，实与初意相左，愿中、俄政府设法裁夺云。

正月初一日

伊犁将军长庚致外部俄领订借特克斯河南牧厂电

春间，俄商请暂借牧厂，曾电请代奏，奉旨照办。当与俄领事订明，马以一万匹为断，牧夫以百名为断。现议定借给特克斯河南与俄接界之那林郭勒地方，东至穆胡尔莫敦地方为止，并由该头目等出具字据，订明光绪二十八年二月迁回，不准属下滋事云。

正月初一日

闽督许应骙致外部请阻英商要求采办樟脑报单电

英商永昌请三联单入内地采办樟脑，闽海关查系镇江关章三十一种外之货，未允照发。福州通商数十年，无论何货，从未发给报单，不独樟脑也。此端一开，厘征骤绌，势必饷匮兵哗，大局不堪设想！务请钧部设法阻止。

正月初二日

商约大臣盛宣怀致外部议约之电江鄂两督请钞送枢廷电

香帅电：商税各节，不仅交涉，全系理财，不仅理财，实关政治，似宜并达枢廷、户部为要。岘帅电：请此后凡议约之电，均由外务部钞送枢廷，关财政者并钞送户部云。

正月初二日

商约大臣盛宣怀致外部赫德可赞助税务不宜派为会办电

接岘帅复：派裴帮办，甚妥。凡涉税务，挽赫德赞助则可，奏派会办须酌，恐事权并重，万一意见稍歧，必至掣肘，不可不虑，请再筹。度香帅电，二者只可于税务挽其赞助，不宜奏请会办云。查洋药税厘并征，旨派邵友濂会同赫德赴香港议办，甚得力。请查前案如何奏派已亥冬军机处交行加税一事，着派盛、聂会同赫德筹议等因。此次拟电奏，商约凡涉税事，仍会同赫德筹议，在沪时由赫派裴式楷帮同筹议。请旨饬下外部，传谕遵行，是否妥协？乞示。

正月初三日

商约大臣盛宣怀致外部与英使订行轮传教诉讼通商各条电　二件

四条之外，又拟交英使第五、第六两条：一、中国商民自置之各项船只，不准悬挂英国旗号，如查有可疑之迹，中国该管官即可知会英国领事官，查明实系违例冒挂，当将该船及船上所载华商之货全行解交华官办理。倘有英人知情不报，串通舞弊，亦将船内所有该英国人货物全罚入官，仍将其人交英官按律惩办。一、英国现允中国可派领事官驻扎英国及英国属地各口，并应照待各他国官员最优之礼以待华官。连前编成之六条，又税司所拟关章十五条，似宜尽向英使请议，无论允与不允，亦作为曾经订议，立为案据，有益无损云。

正月初五日

岁杪面告英使，中国亦有要求。英使云，和约第十一款，系英国可与中国商改，并无中国亦可向英国商改之字。我答以既有商议二字，便是彼此可以商改，况中国所商无非互相有益之事。辩论再四，已允送阅。现拟四条如下：

一、耶苏〔稣〕教及天主教均以劝人行善为本，传教自无不可。其有传授、习学者，皆当一体保护，所以，凡入内地传教者，须赴通商口岸之本国领事府，报明名姓、会名以及前往何处等情，以便转请道台发给护身执照，方可前往。一面由地方官妥为保护，一面由该管领事随时稽查。至凡欲入教者，毫无查禁。惟入教与未入教者，同系中国子民，均须遵照中国律例，安分守法。不得由传教者干预地方官管理人民之权，而地方官亦不得因教民与平民有所区别。凡欲在内地置买地产，原为盖房、建堂与兴造育婴、留养、医药等院，惟各契据内必须注明该地系为本处某教堂公产字样，不能专列传教士及奉教人之名；且堂院应以本地式样为本，再与邻近之绅耆商允，以期相安；并准地方官随时入内察看情形。

一、曾定条约虽载明，英国民人应照英国律例由英官定办，惟英国商民不能援引此条，以为不归地方官管理，即作毋庸遵守中国律例之据。凡华民照例不准行者，英国民人亦应一律遵守，以昭公允。且中国因此亦可愿意，凡遇华洋争讼事出，均于各处一律办理。故拟由外洋聘请有名律师，帮同熟悉中国律例者编纂律法。在通商口岸特设公堂，以便候中国允准后，华、英民人所有词讼案情，均由该公堂按律办理。如中国尚未有熟悉新定律例之官员派充听审，或愿聘请英国律师在于公堂代为听审，且准华人之便，或到地方官处伸诉，或到该公堂请办。

一、《天津条约》第五十四款内载：上年立约，所有英国官民理应取益防损各事，今仍存之无失，倘他国今后别有润及之处，英国无不同享其利益等因。英国现允，中国如有与他国之益彼此订立如何施行之专章，嗣后英国既欲援引中国与他国之益，使其人民同沾，亦应允照所定专章，一体遵守。

一、中国约准英国商民在指定通商口岸以及江河贸易行走之处，中、英现在言明，除条约明定界限外，其管辖地方水面之权仍归自主，且未让与他国，故管理通商口岸之洋船并防护船只染疫、保卫通商口岸水道各等章程，仍由中国自定颁行遵守。且此后如有两国贸易之事，中国若欲于原定约章之外，另与英国商民别开贸易行船利益之路，皆由中国专主，自定章程，惟总不得与原约之意相背。

以上三条皆本赫德来函之意，后一款系保全行船自主之权。可否即日送交？乞并前电示。

正月初五日

江督刘坤一致外部免厘加税实赖大部秉公核办电

此后凡议约电均应钞送枢府，关财政者并送户部。此次议加税，大约非尽免全厘，不能允。加税能议至抽十五，万不能再增。既免厘加税，除常税、乡约捐，此外凡欲在货物上收钱，恐其势亦不能允。如房税、地税、营业税、进项税、印花税，凡不关货物，为外国向有办法，中国如仿办，外人当不能阻，惟须自体察采择，不能悉如外国一律创收耳！厘全免，税加十五，万不敷抵。查各省报部厘数，照二十二至二十四年岁约一千七百万。进口税，照贸易册，十九年至二十一年岁收六百余万，二十六年岁约七百余万，独二十五年八百余万，是年各税皆迭增，不能作为定数，从宽当以七百万为则，是税厘并计，岁共二千四百万。现加抽足五及向免税者收税，两共所增，只能约作二百万。新旧并计，岁收进口税不过九百万。抽十五计，增两倍，岁可收二千七百万，除抵向有进口税及报部厘金外，所余岁仅三百万。杏翁盛宣怀字杏荪系将原收进口税作八百万，加抽足五及免税收税均二百万，故抽十五有三千万之说，然不能作准。各省杂捐报部而不名厘，及外销不报部之厘，并地方收用各项，约计决不止此数。矧洋货税加，进口之货必渐减少，视洋药可知。洋药因税厘并征，食者多买土药，故税厘并征初办时，厘收至五百余万，现减至三百余万。现在风气已开，内地制造渐兴，洋货税加，价昂华。洋商必更谋在华设厂制造，将来进口之税亦必如洋药之递减。是免厘加税，仅能作抵向收进口税及报部厘金之数，至此外一切报部杂捐及不报部外销各项厘捐，均成无著。地方各捐即以乡约捐作抵，其余必须另筹。丝、茶万不能不减，若减至七五，短收必多，非将土货出口税加至捐十不能弥补。若丝、茶减税，并内外销杂捐以此抵补之外，纵不敷，亦必无多，即以印花、落地等税补之，庶有盈无绌。进口税，香帅拟分完，原虑偏重，第货物进口未必尽属转口，亦万不能禁其在口售卖，若抵口先完一半，在口销售者，俟售卖时再行完足，则偷漏影射，百弊丛生，断不能如洋药抵口悉数封包也。历来入内地半税仅及进口正税十分之一，固有厘轻者完厘不完税之处。然究其短少之巨，实以在口零售漏卮，未免损伤。此时加税，必须一气完纳，方可杜其影漏。此最切要。物之不齐，其势使然。将来酌盈剂虚，实赖大部之秉公核办。

正月初五日

使英罗丰禄致外部报英日联约六款内容电

英、日联约六款：一，两国宣明毫无侵占中、韩土地之意，惟互相援助，共保在中、韩工商利益。二，英、日如有因保以上利益与他国宣战，则联国不但严守局外之例，并力劝别国勿与联国为难。三，设有别国与敌国相联，英、日即公与宣战。将来议和，亦公同办理。四，英、日两国非经彼此商明，不得与他国立约，致碍以上利益。五，英、日两国无论何时，如以上利益一有险象，即彼此熟商。六，此约自画押日起，五年为限。

正月初五日

江督刘坤一致外部请电各使编译各国律例条约电

中外通商已久，外人于我政治、法律纤悉必知，我于各国约章、律令亦必须详加考究，不独遇事因应得有依据，日后编纂商律尤资考证，此实目前切要之图。拟请钧处分电各使，各就所驻之国将该国律例、条约详加编译，分类成书，寄交钧处，核明刊发，以备研究，实较在华搜求事半功倍。伏乞照行为祷。

正月初六日

江督刘坤一致外部英约请添人民入教办法电

盛拟四条，第一条，应添入教士收人入教，必先查明其人平日安分，并未涉讼，然后收入。租地每有盗卖、侵占等事，致民教结怨，美约本有无碍居民，不关方向，方能照租，拟请添入必须查明无侵盗纠葛，方可租买。第三条，本于同治八年向英议而未行。约内有此四条，亦好。

正月初七日

鄂督张之洞致外部及盛宣怀中英商约谨陈管见电

沪电六条，大旨皆防损抵制要著。英国若允，大有裨益。兹陈管见如左：

第一条，约束教士、教民，已另详齐电。查中国诋毁洋人、洋教揭帖，中国已严禁严办；而各国洋人时有谤议圣教者，以及沪上挂洋牌之报馆任意诋毁中国，竟有诬诋朝廷、劝人叛逆、大干公法者，祸乱不息，大害商务，此乃各国报律所不许，似可添一条，请其实力严禁，以昭公允。第二条，聘律师，纂律法，华、英一律审办，最为救时要策。更有一义，须预陈明，中国将来仿行印花税时，所有在中国之英人与华商交易，于一切单据、合同等件，应遵用中国印花，方能呈递公堂作据。第三条，英欲均沾，须守专章云云，极好！惟语气似尚囫囵，可否明晰言之，某国以某项利益予中国抵换某项利益，英亦欲均沾，必须予中国以相当利益，方能援照。第四条，中国江河水道管辖水面之权仍归中国自主，英船须守中国各等章程，极为握要，关系甚大。查此后各国大小轮船以及挂洋旗民船之入内河者必多，若地方官不能管束，兵差不能拿犯，必多棘手，似须与彼订明约束水手及拿犯章程。第五条，冒挂洋旗，陆路商贾行店亦多，不仅船只，请添入中国商民所开铺店不准悬挂英国旗号。将来过境厘金若免，拿犯有章，华、洋船只商贾一律看待，则冒旗自少。此时诸事尚未办定，先立此条，自属有益无损。第六条，英属可设华领事，一律优待云云。两国立约，自应公平一体，不应有厚薄轻重之殊，窃谓不特领事官为然也，凡我华商、华民之在英地者，亦应一律优待，尤合公理。国家所当力向外国恳求，为民请命。近年美国禁华工入境，法于越南重税华人，皆应设法挽救。今与英议，似可先订优待华人一条，以为底本。请裁酌。

再，宁、沪及敝处电，似皆宜向外国索取抵补者，但有商务以外之事，恐非马使所能专断，望杏翁设法筹示。

正月初八日

张之洞端方致外部鄂省所摊赔款拟将税契加捐电

湖北公约赔款百二十万，省瘠数巨，从前两次洋款拨补多系无著，镑价又加，已极竭蹶。兹复筹措此极巨之款，且又须兴办自强要政，民力困竭，万分为难。筹措数日，勉得数条。拟先于光绪二十三年部议提解州县丁漕钱价盈余外，再行加提，合计共得银十余万两，以为民间提倡。又查光绪二十三年部议，每地丁银一两减征百文，漕粮每石减征钱一百四十文，粮户所省无多，且此等奇零之数，吏胥多仍旧征收，小民未沾实惠，拟将此项减征之数，仍照旧案征收，合计可得数万两。赔款完毕，即行停止。又查税契一项，皆系家计充裕之人，向来民间税契，亦不止定例之三分，多系五六分、七八分不等，兹拟于三分之外加捐三分，名曰税捐。总期于民无扰而已。

正月初八日

鄂督张之洞致外部已电各星使商各国政府约束教士电

鄂省上年五月致驻英、德、法、美、日各星使，请转商各国约束教士、教民十条曰：一、洋教士与地方官往来函牍酬答，地方官应以客礼相待，以示优异，而通中外之情。但洋教士既非职官，不得用公文照会，面谈不得及公事，词讼不得私函请托。违者，重则送之出境，轻则申饬。二、教民必须照例呈诉地方官到案听审，不得径诉教士，请领事照会上司。倘有教民未照例禀诉地方官有案，而径禀教士，请领事照会者，照越控例办理。原告教民匿不到案者，案作了结，不能翻案。三、凡教堂收人入教，必先查明其人平日实系安分，亦未与人涉讼，然后可收。若地方官查知其人并非安分之良民，当即告教士将此人屏逐出堂。四、凡教民如有因其从教而受平民欺凌者，或为地方官冤抑者，教士止可诉之于领事，由领事照会，请派员查办，但须教民真系因从教受欺，教士方能禀诉领事干预。五、教民与平民止可一体看待，不得歧视，如地方官并未歧视，不得诉以冤抑。六、教民仍系中国子民，除酬神赛会不派钱外，如地方指派一切有关国家课税、有益地方公事善举之钱，教民不得独免，须与平民一律。七、华教士既非绅士，更非职官，仍系平民，不得拜会官长，擅投函牍。其见官礼节，必须照平民一律。八、教士藏匿犯人，抗不交官者，照会领事撤退，遣令出境。九、教堂不得藏匿犯事之人，如逃匿在内，差役可随时入堂拘拿。十、洋式教堂，应报明地方官，核实估价存案，教民讲会之所并非洋式者，亦应预先报官，核实估价。如平日未经报官者，遇有伤损，只按中国民房办理等语。

兹当议及教案善后办法之际，特照录奉达，请岘帅、杏翁斟酌与商。其不备处，望补益之，但宜添入敷衍教堂一两条，以平其心。教案为此次祸乱之根源，即以后政权完缺之枢纽，彼视之亦甚重，宜提出另作专条，筹思周妥，与之力商，似不必列此六条。法、英皆袒教，惟美于教案最为公平，德国政府自毕士马克后皆不以教士干政权为然，故德使及德领事均不愿纵教士横行。将来此事须从德、美著想，设法请其助力，方能有益。

正月初九日

江督刘坤一致外部约束教士教民宜先与英商电

鄂电十条，皆对症之药。惟上年江、鄂托各星使商各外部，日本以未传教恐招忌，法则怫然，即美于教案较为公平，亦以所拟关教士职名、利权须待细酌，并商教会，方能答复，惟德允复。穆使与各使妥商，英澜候〔侯〕亦云防范未然，彼此同心，允电萨使照办。通观各国之意，是欲照我拟章必难办到。自上年拳教闹事以来，教士之气焰益盛，地方官之调和愈难。借此修约，若不稍定范围，以后遇事更无从措手。澜候〔侯〕既有防患同心之语，此时似宜先与英商，并可以澜候〔侯〕意告马。若提出恐后商办为难，请再详酌。

正月初九日

刘坤一张之洞致枢垣俄约万不可许请各国公断电

接全权函，欲将俄约允许。此约一成，祸不旋踵，大局不堪设想，敬为圣主陈之：

原函谓：俄约有碍主权各节，一概删除，各国尚无他说，惟银行合同再四商改，以保利权等语。查银行合同明系予俄专利，何得云无碍主权？英国国家明言将与中国为难，萨使明言定向中国索偿，何得云尚无他说？

原函又云：东三省矿务中国自办，如交俄办，须中国批准，尚不失主权，至中、俄商务小事，与各口岸无涉，于各国工商利益无碍，我持此义，彼未遽从等语。查矿务既声明中国自办，复云如交俄办，即是许俄专利之据。既禁他国来开，中国更无此力，俄有所欲，岂能不批准乎？主权已尽失矣！萨使明言此乃弥缝背约之法，是外人业已窥破，何可再持此义？

原函又谓：英、日、美但有阻缓之言，并无切实相助办法，两国定约，不应他国干预，能自定为上策，请各国调停为下策等语。查英、日等国忌俄甚深，俄得志东三省，日固有唇齿之虞，英商务亦大受损，英已屡劝中国坚持。日本去秋复电，允俟津兵撤后联英、美诘俄，语尤结实。近日英、日联盟，专为东三省事。揆之现时情势如彼，证之实事又如此，不能自持定见，乃专以不切实相助责人乎？自行定约为上，系指寻常而言。此次俄约，本与北京公约事属一案。既有各国牵制，毅然许俄，开罪各国，实为下策。激怒之后，咸相诘问，何以应之？况英、日联盟，互保权利，我能从彼力持，即与三省有益。若堕俄计，日、英权利受损，必取偿于我，利害显然。

原函又谓：各国评断，俄即相从，事后要索酬报，亦难遍应等语。查东三省利益，若许各国均沾，岂能再索酬报？今不虑索偿而虑索谢，殊不可解。

原函又云：拟妥定矿路章程，俄办矿务，以此为衡，他国援办，不能出此范围等语。查自定章程，在强国为有用。今国势至此，岂一纸矿章所能限制？各国且约内已明言如交俄办云云，将来各国援请，英于长江，德于山东、江北、河南，法于滇、桂，日于闽、浙、江西，皆在意中。外人租山办矿，原无不可。惟每省不专归一国，则权在主人。若援俄例，则一省利权专属一国，地产全失，兵权在人，道路阻隔，政令不行，与瓜分何异？

原函又云：东三省为俄兵力所得。以此为言，无异召敌，各国并起而中国危矣！坤一、之洞反复思维，此约万不可许，仍以请各国公断为妥，否则仍暂作宕局。转瞬冰泮，先请各国撤兵还津，再联英、日、美诘俄。此一定之步骤，伏乞宸断施行。请代奏。

正月初九日

江督刘坤一致外部报日本联英美责俄撤兵电

东三省事，去秋李使电谓，日外部云：于日本、朝鲜关系甚重。回銮后，天津兵撤，当联英、美责俄撤兵，时机一到，决勿游移；又云：日本兵未全撤，亦为后向各国劝同撤津兵地步等语。现两宫已回銮，津河指日冰泮，深盼日本仗义践言，商撤津兵，诘还东地，以安亚东全境。于正初电蔡使商日，又前由蔡使电，知日英盟约首条，有清、韩内地骚扰，日、英可因时因地设法理处语，作何解？现据复云：清、韩内地骚扰系指俄在东省及在韩占据，如去年拳匪事，亦包括在内。又三省事，商日外部，有云仍是去秋宗旨，电知彼使转语朝鲜，请纾念云。

正月十四日

甘督崧蕃致外部请留邓军俾董福祥不敢妄动电

革提督董福祥惜命畏诛，风声最恶。函请赴兰议事，抗不肯来。此人罔知大义，激之生变，悍徒利器，尽在其手。万一有事，群回趁衅而起，害不胜言。邓提军增现奉部文遣散，若董拥多兵而邓单身回任，事实可虑。拟请暂留邓军三数月，俾董有所慑而不敢动，俟董营撤尽，再散邓军，数月之饷，由秦筹拨，以顾大局。请代奏。

正月十四日

闽督许应骙致外部樟脑仅产闽地他国在别省似难援办电

樟脑仅产闽地，他国在别省似难援办。前由闽绅林朝栋包办亏折，厘税无出，向日本银行借款，日领事始来商请。若中国筹款自办，成本至少需数十万，现在无此财力。前议设立官局，酌附官股，内地各事仍由官局主持，权非尽失。且海关收出口税，内地收什一税，于国课大有裨益。因添筹成本责之技师，是以办事之权不得不略予从优，实与专利不同。至通商口岸照约仍应准他国熬脑，合同业经载明，无虞贻人口实。若必欲全筹官本，则徒托空言，永无开办之日，弃利于地，殊为可惜。利既无著，权于何有？尚祈详酌为要。

正月十八日

粤督陶模致外部比法公司请办之路已函法领商盛大臣电

比法公司请办之路，由粤派绅商向该公司借款自造，固无把握，且恐将来别生枝节，似以仍由该公司与盛大臣按照粤汉办法商办较妥。已函达法领事，转致该公司，径向盛大臣商订合同，呈候贵部核办。

正月十八日

江督刘坤一致外部德兵由津撤沪各国效尤请商各使电

沪上洋兵，前日盛大臣商各国领事，均愿早撤，惟英、德相持不定。曾电全权商各使，电罗、吕两使，商各外部，又电伍、李两使，托美、日商英、德。嗣吕复云：德允电穆使，查看情形再定。罗复云：英允先撤千人，余相机续撤。李复云：日外部允转商英。伍复云：英回信，如沪平安，兵允撤。德亦云。然现闻德撤津兵驻上海，甚骇异。前岁北地匪扰，东南力保平安，各国驻兵于沪，已属不合。今沪兵应撤不撤，德将由津撤沪，致各国亦牵连不撤，实非情理之平。应请尊处转商德使，兼商各使，撤退沪兵，勿再移驻，以靖人心而安贸易。

正月十九日

铁路督办盛宣怀致外部福公司拟造铁路与芦汉铁路有碍宜俟工竣再议电

前电询福公司拟造铁路与芦汉有无妨碍，顷据总工程司沙多禀复：该路若由怀庆造至浦口，则河北、河南生意本由芦汉铁路直达汉口者，势必分至浦口。芦汉借款，全仗路利分年归还，且因前尚有一半股票未售，如另添一路，势必售票为难，恐致不能完工。尤关紧要，如福公司必要兴办，只须俟芦汉完工之后察看情形，方可允准等语。查该工程司所论关系甚大。务乞钧裁！

正月二十日

江督刘坤一致外部赔款还银应由全权力争电　二件

赔款还银，不还镑，属沪道向董事婉商。现据电复：迭商银行参赞，据云，屡经各董聚议，意见不一，未能遽定云云。查赔款约载本属银数，葛使照会亦以约载银数即为赔款一定总数，是赔款原定本属还银。因全权照复，方使改为付款时镑价，此时各银行既尚无定见，若由全权据约及执葛使照会，仍请改照所定银数即为还款实在之数，事尚不难。各银行定议必须还镑，即再改为难。以后镑价由银行暗抬，新旧还款，受亏实无底止。出入关系甚大，应请切实商改为盼。

正月二十四日

顷，沪道电：赔款事，先由道拟就办法数条，于第一月付款前，面交该银行参赞。

一、第一年共应付本息及带还息银二千一百八十二万九千五百两，现每月匀付一百八十二万。一、新约列衔十一国，何国派款若干，约未载明，且各国金币不同，未知应购何币为合。现拟按应还关平银数总交参赞，转付各银行，听凭分派，择价购买，以省周折。一、还款每月付一百八十二万，照前半年还息银计则有余，照下半年还本息计则不足。现拟前后统折，以有余补不足。每届一年结算一次，以付足每年应还关平银数为止。一、西历上年欠付息银九百万，照约每年补给四厘利息，所有此次提前匀付本息，自应按月扣回四厘利息，以昭公允。一、应补迟付九百万息银之息，及应扣提前归还本息之息，每年分别结算一次，在此次还款之内扣算清楚。

参赞接阅后即谓，还款应按约关平镑价折还金镑。当驳以从前赔款照约载关平银数还足为止，并无于银数外赔还镑价不足之事，新约无洋币确数，只有关平一定数目，且全权改为按付款时镑价一节，各使亦无异言，何得执索洋币？参赞谓，不能擅允，咨交会董复议定夺。现闻会议未定，拟请各政府请示，此次二期还款仍以上期银数送去，各银行以尚未分派定当，全数退回，请俟参赞知照再付云云。赔款约载本属银数，葛使照会亦执约载银数为应还一定总数，历来约载赔款亦均按银数照约还银，现在驻京各使多系议约原人，自应由尊处与各使商定为要。

正月二十四日

铁路督办盛宣怀致外部萍渌枝路美逾期未造拟自办电　二件

查粤汉铁路合同，武昌至广州，经由三水，即美使函述之第一、第二段，其萍乡至渌口枝路，续约订明一千九百年十二月十号以前，美不兴造，准将此条删除，归总公司自办。现已由总公司筹款自造，将抵醴陵。原订合同即日钞寄。

正月二十四日

萍乡至湘河铁路，已由总公司筹款自造。美国合同本载明，逾限即可抽出另办。至礼和洋行曾愿借款，总公司因此枝路需款无多，尚可自筹，已决绝回复，以免枝节。

正月二十六日

闽督许应骙奏厦门鼓浪屿议作公地一体保护折

闽浙总督许应骙奏，为厦门鼓浪屿现经议作公地，一体保护厦门，以固藩篱而臻辑睦事。

窃照闽省厦门为各国通商要埠，其鼓浪屿系据厦西南小岛，四面环海，商贾素称繁盛，各国官商房栈咸萃其间，缔造经营，相安已久。自台湾外属之后，厦门地当冲要，民心极为浮动，镇抚维艰，税务、商情关系甚重。前因美国巴领事请将鼓浪屿开作公地，藉可保护厦门，经臣檄饬洋务局，按照自开各口成案，妥议章程，与巴领事面商定议，交兴泉永道延年，与各国领事会商办理。乃巴领事旋经回国，各领事辄行自拟条款，竟将鼓浪屿全岛认作各国公共租界，遇事悉归领事专管，并不兼护厦门，实与自开商埠章程权利迥异。复经臣电达全权大臣，照会各使，饬照公地办法，彼此妥商。并加派漳州府知府孙传兖、候补通判郑煦，随同该道延年，与各国领事往返辩论，再三磋磨，时阅数月，始克就范。现议各款，虽领事办事之权不无偏重，惟局董既可酌派华人，定章仍须彼此批准，揆以公地之义，大致尚属相符。且厦门均归一体保护，实于地方有裨，亦不至失自主之权。当由该道延年，于本年月十一月初一日，会同各国领事，在日本领事署，将章程草约公同签字，禀经臣饬据福建洋务局核明详请，奏咨前来。除将章程草约送咨外务部查核外，谨恭折具陈。谨奏。

光绪二十八年正月二十六日奉朱批：外务部知道！

驻俄代办胡惟德致外部报杨子通星使病殁情形函

敬肃者：

随使骞槎，久钦鸿度，少修笺敬，弥切葵倾。敬维勋福便蕃，兴居戬谷，慰符远祝。通宪客春一病，精力渐衰，切盼替人，事多梗阻。屡欲乞假调理，因循未果。正初感冒，寻转伤寒。初七身热加剧，脉数口燥，眠食大减，渐觉委顿。至初十晨，脉息骤微，神气大惫，午后汗出不止，申初遽尔骑箕，卧病仅三日也。方疾初起，即由知医孙随员泽霖诊视。嗣又遵宪意，延两德国名医商治，投以退热、生津、补气之品，竟无功效。中西医均称，衰年气虚，感受外邪，发热数日，津液枯而精神亦竭，遂不能支等语。随侍有宪太太，次公子暨两幼女在俄。长公子去秋来洋省觐，小住三月，旋即内渡，抵京甫八日，而噩耗传矣！现已在京起程，遵陆来俄，约二月中旬可到。通宪身后一切，均与次公子妥酌料理。

西国公使出缺，多在其本教堂诵经祷祝，同僚官绅官服往听。前年驻俄日本武随员殁于差次，即在使署设奠。此次蒙电示办法，幸有遵循。当于十八日在使馆设奠，同日发引，暂厝教堂空屋。俄主、太后、皇后均已先派礼部大臣来唁。是日，俄主又派御前大臣临吊。各头等、二等公使，各部大臣均亲到，亦有送殡者。客齐集时，当在灵榇前宣读诔词，用代诵经。海外殡仪，殊难周备，参酌中西，勉凑妥洽，盖四方观礼，又不能不谨慎将事也！连日赴各处踵谢，外、户部暨各头等公使均谒晤面谢，余俱留片而已。

惟德溯自癸巳春英伦差满回华，即蒙通宪奏带赴美，由美而俄，随节两洲，骖靳十稔，知遇之感，迥异寻常，柱石遽摧，不第为天下恸，抑亦哭其私。已旨派暂行代办使事，自顾驽庸，弥深冰惕，惟有勉自策励，勤慎从公，上答朝廷特沛之恩，仰副堂宪奖成之厚。比者英、日订约，如项庄舞剑，意在沛公。美仗义执言，与英、日不合而合，俄焰稍衰而衔我滋甚，外、户部平日往来已熟，虽稍冷淡，尚不至故意为难。英、美、日各使向曾相识。日使栗野慎一曾驻美，彼此往还，均相交好，盖伊等迩来亦颇意在联络也。现惟德所用代办出使大臣事务木质关防系俄馆旧存者，谨于正月二十二日开用，另具文申报钧部邮便，尚祈训示一切，俾有秉承，至为感幸。敬乞代回堂宪为荷。专肃，敬请勋安！胡惟德谨肃。

正月二十六日

按：杨子通星使病殁俄京，谣诼颇多，甚有谓为俄人踢毙者。嗣亮面询胡星使，承示颠末，并钞交当日致外部函稿，详述杨君逝世情形，足知谣言不足置信。此事于外交界不无关系，故特表而出之。

使英罗丰禄致外部英外部欲阻罗忠尧赴新金山已解释电

奉旨派员前往英国各埠详察情形，劝谕华民，勿为逆党所惑。当经复奏，拟派代理新嘉坡总领事罗道忠尧前往澳大利亚。嗣奉电知新金山华商电称：本处禁华人进口，实属苛虐，乞设法辩争，以苏民困。当经电复：已饬罗道顺查情形禀复，以便争辩等语。并照会英外部，去后，兹准英澜候〔侯〕照复：详察华民工商各业情形，当可允办，惟风闻该员此次出差，系为拦阻康有为诱惑华民，事关国政，未便照允等语。丰现拟复以此次罗道前赴新金山，实为详查华民情形，谋苏商困之法，与事关国政者不同，以免显触禁忌。并密饬罗道，相机劝谕，因时利导，勿致妨碍。当否？乞电示遵。

正月二十八日

使美伍廷芳致外部美议院续议苛例请向美使声明电

美议院续议苛例，廷已再三驳诘，相持甚力。如得堂宪向康使声明：此事政府甚为注意，如例太苛，我国商人必请设法抵制。中美素睦，恐碍邦交。请其电达政府，续例务宜从宽，以敦睦谊。议绅等闻我政府关心侨民，恐彼此互设禁例，有碍商务，则廷更易措词。此电乞秘。

正月〈二〉十八日

盛京将军增祺奏俄人近又搜索溃兵枪械片

增祺片。

再，密陈者：光绪二十六年，曾据海参崴委员李家鏊寄到出使大臣杨儒八月来电，具知俄人搜缴军器，固已早有成见，故于占据吉、江两省时，先将枪炮搜索殆尽。奉天为四省溃兵所集，无不携有枪械。本拟设法招抚，分别留遣，藉将枪械收回。无如俄兵堵截，致令散漫，穷无所归。其不逞者，遂勒捐强抢，到处骚然。上年据俄武员廓米萨尔照会，巡捕兵过六千之外，有持枪者，即照敌人看待。疑忌多端，剿抚愈形掣肘。然犹可婉商，分别羁縻，故我军队仍有一万二千余名之数。乃自去冬以来，彼以矿务一事为各国所持，日本领事等官此次来奉又更触其猜忌。该武员廓米萨尔曾向奴才增祺称，日本有帮兵六万及在大凌河暗购地亩之说，虽告以并无其事，而彼终怀疑莫释。近来搜枪之举，犹有不可终日之势。十月间，海龙练军枪枝收去三百余杆，并勒令总管依凌阿将收抚各军全行遣撤。各情形前已附奏在案。近又将通江子河防团勇及降军张占元、冯佩均、金戢珊各枪械陆续收去六七百杆，并派俄队将姜家屯团会击散。又于十二月二十八日忽称：锦州城内运到洋枪五万杆，闭城大索，并请将各处团勇尽数裁撤缴枪。迭经奴才等再四商阻，颇有难以理喻之势。现据各处禀报，俄兵仍然不时四出搜寻，团勇多为趋避之计。再四通筹，只有统俟大局定后，再行妥为收遣，以免枝节。伏乞圣鉴！谨奏。

光绪二十八年二月初一日奉朱批：知道了，仍着相机因应。

刘坤一张之洞致外部俄使约稿应先商英美各使电

英领事云，接萨使电，闻中国全权已拟约稿送俄使。其大意，俄于十二个月内退还东三省，中国可于东三省随处驻兵多少，惟未将俄索铁路赔款驳去，亦未将中国三十六年后可将东省铁路购还，及八十年后不出价路归中国一层声明。如按照此次俄送约稿第二款，则中国无此权。若不声明，恐路无还中国之期。又俄保护铁路巡兵并无限制。辽河造桥之禁，原为抑秦皇岛以利俄口达尼而设，此条亦未驳去，请为全权指明等语。查英使所言各条，均系为我筹计。其限制保路巡兵一条，尤宜注意。若无限制，俄可到处多驻马、步、炮各兵，则虽无限我兵权之条，彼可处处兵力加厚于我，不惟三省仍在其掌握之中，尤恐随时随处滋生事端，后患无穷。但不知我送约稿一层确否？果由我送，似宜格外周妥，不可稍有疏漏，盖恐送去之后难于添改。可否请于未送之先密向英、日、美各使商妥，再行送去？事关安危大计，有闻不敢不告，仍请钧裁。

二月初三日

外部致盛宣怀法比公司请办三水至梧州铁路宜缓议电

粤汉公司总办如来署议及路事，即令其向尊处商酌。再，法比公司请办三水至梧州路，已由粤督饬该公司向尊处商订合同。现据美使函称：粤汉公司绘送路图，系有由广至梧之路线，该公司总办行将到京面商，应将三水至梧州之路暂行停议，以免枝节等语。查粤汉续约所载，只由广州绕经三水，并无接至梧州一条。该公司前送路图线向是否抵梧？希查复。如法比公司到沪，商订三水至梧州铁路合同，宜暂从缓议，俟彼此商明，再行核办。

二月初三日

商约大臣吕海寰奏奉旨会议商约谢恩折

商约大臣吕海寰奏，为叩谢天恩事。

窃臣于本年正月十六日接准外务部铣电，内开：本日奉上谕：现在会议商约事宜，着派吕海寰会同盛宣怀悉心筹议，随时具奏。钦此。闻命之下，惶悚莫名！伏念臣奉使重洋，瞬经六稔，方愧涓埃未报，内疚滋深，乃承恩命迭颁，畀以重任，自维愚陋，敢不殚竭血诚，共济时艰，力图补救。查英使开送商约二十四款，其有碍民生大局、万难允准之洋盐进口、米粮出洋及洋商入内地侨寓贸易、京城开作通商口岸等款，业经盛宣怀切实痛驳，尚未再议。此外关涉免厘七条，乃全约主脑，尤为紧要。细核七条之中，虽以已奉准行进口洋货之子口单、出口土货之三联单，请我整顿推广为名，实处处挤我不能再收厘金，将不免而自免。盛宣怀已与外务部及两江督臣刘坤一、湖广督臣张之洞往复电商，拟有款目二十一条，交英使汇议，大意以调教为保护商务之本，以加税为抵制免厘之方，用心良苦。容臣再与盛宣怀熟思审处，尽力磋磨，仍随时电商外务部及两江、湖广督臣，总期能挽回一分即是一分。决不敢畏难因循，稍涉瞻顾；亦不敢师心自用，致滋纷歧。惟当共励协恭，以冀仰答高厚鸿慈于万一。

再，臣本拟即日回京，现既奉旨留沪，所有应缴出使大臣木质关防，容臣到京复命时再行呈缴。谨奏。

光绪二十八年二月初三日。

滇督魏光焘奏滇缅界务镇边厅属一段现议各划一线互换请示折

云贵总督魏光焘奏，为滇缅界务镇边厅属一段，英员不遵会订图约，欲改线内侵，现议各画一线互换，请示业经停办，并抚绥土夷，以安边氓各情形，恭折缕陈事。

窃查，滇缅界务，自光绪二十三年奉到总理衙门颁发重订续约暨附款专条后，当经本任督臣崧蕃奏明，派委临元镇总兵刘万胜总办厥事，带同员弁，于是年十一月间与英总办卫德，在新街会议，分段委员勘办起，至二十四年闰三月止，将太平江北南奔江起，至瓦仑山止一段，又由瓦仑山起至尖高山止一段，先后勘毕。二十四年，英改派司格德到界，会同刘万胜，于是年十月起，至二十五年三月止，将腾越厅属之南布江起至顺宁、永昌两府属之耿马、孟定止，沿边界址一律勘毕。其潞江至湄江一段，添派迤南道陈灿，与英会办觉罗智会勘，亦于二十五年三月勘毕。随将勘定各段画押界图暨垒石清单，咨送总理衙门查核在案。

至镇边厅属一段，自上年七月英员司格德、杰弥逊来省谒见督臣崧蕃云，原定图约经纬不合，另出私图商议。核其私图，系欲改线内侵，占我镇边孟连各土司治理之地。当以图约系两国大臣会订，未允更改。司格德等倔强殊甚，旋即回缅。随派陈灿、刘万胜前往，会同照约勘办。于十一月间在户板与英员会议，以此段界地中多瓯脱，向为犿猽野夷占据，不归中缅管辖。犿猽异常凶悍，假道内地行走。十二月二十六日，抵猛角驻扎，随邀同司格德登山，按图指证，应以约内公明山分界定线。司格德仍以公明山南卡江与附款经纬度不合，争执未决。至本年正月初十日，英员烈敦等忽私出闲游，潜至钜〔距〕猛角二十余里，逼近界外野夷犿猽之猛董寨赶街，致被野夷杀毙英员曹大林，继医士二人、弁兵、土目趋救，亦被伤亡四名，余皆受伤，力护烈敦转回。野夷遂乘势扑攻猛董，经该镇道督饬护界官兵奋力击退，互有伤损，而野夷深仇英人，愈聚愈众，势难就抚。该镇道原带护兵无多，不敷分布，即饬参将王伯成暂募土勇三百名，并飞调附近防军、土练赴援。该野夷连日攻扑猛董不下，先后烧抢附近大小十四村寨。迨援兵齐集，英员亦调兵助剿，即于二十七日会攻野夷营垒，烧去贼巢二十余寨，枪毙悍匪百余名。我兵阵亡四名，英兵阵亡一名，野夷潜伏远遁。英员亦因野径崎岖，势难穷追，约会仍接办界务。据该镇道电禀，即经臣将剿办一切情形电咨总理衙门，并饬镇道抚绥被难土民，赈恤伤亡兵勇在案。该镇道将防务布置周妥，于二月初三日同英员由猛角起行，接办界务。沿途迭次会议，英员仍挟其私图，欲侵占我镇边孟连治理之地。辩论日久，英员坚执图约经纬不符为词，该镇道不得已，自拟一酌中之线绘图请示。臣因限期迫促，恐英员以此藉口，复经电咨总理衙门商办一切，仍饬镇道竭力与之磋磨就绪，俾得如期蒇事。兹据该镇道禀称，屡与英员会议，虽尽力磋磨，无如彼一味强狡，竟欲照彼私图之线立桩，且欲驱逐该处防兵，进占中地。镇道仍按约据理驳斥，不为声色所动，英员词塞，始议各画一线互换，请示两国政府核办。于三月二十一日，自猛马起程，出我华地。二十九日，遣人赍送线图照会来营。核其图线，仍与所执私图无异。经镇道逐层指驳，备文照复，并照前拟酌中之线绘具一图，派弁送投英员。即于四月初四日，由邦桑起程回缅。该镇道亦于四月初六、七日先后下界，回至猛董，抚绥土夷，以安边氓。将中、英各画线图又往来照会清单钞呈前来，臣复核无异，谨照绘各图，并钞录来往照会清单，咨呈总理衙门参考酌核，以备与英辩论办理。谨奏。

光绪二十八年二月初五日。

滇督魏光焘奏英兵侵越请饬外部与英使妥议片

魏光焘片。

再，滇缅界务条约第四款内载：北纬二十五度三十五分之北一段边界，俟将来查明该处情形稍详，两国再定界线等语。查此段边界，系在腾越厅属尖高山之北，两国既未勘分，自应仍各守现管之界，不得稍有侵越。乃于本年正月十六日，据云南腾越镇总兵张松林、署腾越同知杨均电称：正月十四，突有英兵数百阑入内地，经茨竹土把总左孝臣理阻，英兵诡称查界，并无他意。讵于是夜，忽发号开枪，烧杀茨竹、派赖各寨。左孝臣率土练、土民抵御，致被枪毙一百余命，左孝臣亦登时阵亡，英兵即占据该处，威逼土民归顺。该镇厅闻警，派兵往援，并饬不准越界追击，英兵始退出界外。适提臣冯子材查阅营伍到腾，臣即电请提臣，督同镇厅，妥为布置防务，绅民亦请留提臣暂驻腾城，以资镇摄。并将一切情形电咨总理衙门，照会英使，速饬英员密芝那府与该厅会勘查办。嗣总理衙门复电：英使称，滇缅交界滋事，系华兵先越界；并云，该处未分界，应先以恩买卡河与潞江中间之分水岭为暂时从权之界等语。

臣查，茨竹、派赖各寨，系我土把总承袭世守之地。所管地方，向以缅境接壤之小江为界，均有图册可考。即将来两国照约勘定界线，亦应在滇缅交界处划分，方昭公允。英使所谓恩买卡河，查无其名。即潞江之分水岭，系在我茨竹、派赖各寨之内。岂能于未查明勘分之先，突入我现管界内百余里自立一从权之界？窥其意，显欲藉此狡赖，遂可将烧杀之案抹煞，又可为将来侵占张本，用意甚谲，关系甚大。复经臣电请总理衙门，切实照会英使，详告外部，应以现管小江为界，勿再越扰，以全邦交；一面仍饬该厅约会英员，妥为议办。兹据该厅禀称：遵即备文照会英员新街、密芝那两府并驻缅杜参赞，订期四月十九日在边界会议。该厅即率领通事、土弁，携持承袭部颁札付疆界图册，前往会议。英员初仍坚执恩买卡河与潞江中间分水岭为两国暂定界线，经该厅驳以明光、茨行一带山脚系小江及龙江分水，并不流入潞江，亦无恩买卡河之名，并证以土弁札付图册，英员始觉语塞。该厅议及烧杀命案，英员语尤支吾，但云事关重大，须禀由两国政府和衷商议，次日即相率回缅，未能强留议办等情，请示前来。

臣查，该处边界，未经勘定以前，彼此均应各守现管之界，无相侵扰。乃英员突然纵兵犯境，烧杀多命，复欲入我内地，立一暂时从权之界，强横狡谲，莫此为甚。如此次人命不究，边民无以自立，界址不清，彼族益将肆扰。苟遂其所欲，不惟腾越厅属明光各隘险要全失，即保山县属之登梗、鲁掌各土弁所管之地，亦难保全。惟人命、界址两事，该英员均称须禀由两国政府商办，意在不欲与滇议结？合无仰恳天恩饬下总理衙门，再行切实照会英使，转告外部，饬知新街、密芝那两府，该处一段边界，未经两国钦派大臣查明勘分以前，仍应各守现管之界，勿再侵越滋扰。其英兵烧杀茨竹、派赖土弁土民多命之案，应如何议结，一并由总理衙门会同英使妥议，饬遵办理，俾安边氓而敦睦谊。谨奏。

光绪二十八年二月初五日。

外部致俄使由恰克图至北京电报须用丹国电线经费由双方给算已咨盛大臣照会

为照会事。

本年正月二十九日，接准照称：俄、中电线相接，曾立条约，嗣后又行解明增改。兹查各该约届于俄历本年十二月三十一日为止，现奉本国训条，请将此约再行按照中国电报局与大北公司所立合同内限期，再行会同商订展限。其原续各约所订各条，可无更改。查报费一节，可按一千八百九十七年八月二十五日续约所开之价目暂行照办。又应听俄国电局由恰克图至北京传递各电报须用丹国所承让之电线，以图方便。此项电费，均由该电局与该公司结算等因前来。本部已按照来文各节咨行盛大臣，酌核办理。除俟复到，再行知照外，相应先行照复贵大臣，查照可也。

二月初五日

清季外交史料卷一百五十二终

清季外交史料卷一百五十三

光绪二十八年二月下

滇督魏光焘奏法员来滇开办矿务现与议定章程折 附章程

云贵总督魏光焘奏，为法员来滇开办矿务，现与议定章程，请旨办理事。

案查，法员弥乐石于光绪二十七年三月到滇议办矿务，经臣唐炯将初议大概情形奏奉朱批：政务处速议具奏。旋经政务处复议，奏奉谕旨，饬由臣等悉心妥议，钞折咨行到滇，钦遵办理。随准法员弥乐石将所拟中西合办矿务章程照送前来。臣等伏查，滇省风气未开，遇有交涉事件，群情辄滋疑惧，谣诼繁兴，猝难喻解。此次开议矿章，犹幸弥乐石在滇年久，熟悉地方情形。臣等推诚布公，与之和衷商榷，往返斟酌，务期详晰。诚以此时多一番研求，即日后少一番轇轕，实为交益之道。历时七月有奇，定章二十五款，大旨不外均中外之利便，弭闾里之猜嫌，明地主之义分，弥乐石尚能通悉曲谅。臣等察知与该公司实有窒碍者，亦不强以所难。业经会议妥竣，准弥乐石将议定各款亲缮法文照会送到，校核无讹，随备中文照会互换，声明具奏请旨办理。所有会议章程，理合缮具清单，恭呈御览。可否请旨饬下外务部，先将会议章程详加复核，一俟该公司查勘滇矿完竣，绘图开单，交由臣等分别核明，另行具奏，到日一并饬部核议，奏奉谕旨，照会英、法使臣，订立合同，咨行到滇，钦遵办理之处，伏候圣裁。谨奏。

光绪二十八年二月初五日奉朱批：外务部议奏。单一件、片一件并发。

谨将会议云南隆兴矿务公司章程缮单恭呈御览

查滇省开矿之法，不精不全，未能推广。现云南公司拟纠集资本，采用善法，藉工程师、机器及一应专家从事开采，俾裕国计而利民生。因此，云贵总督、云南巡抚及矿务大臣，与云南公司所派之总办·法国总领事官弥乐石，议订办矿章程如下：

第一款　云贵总督、云南巡抚会同督办云南矿务大臣允奏请国家，准云南公司寻采滇省各项矿产如下：一、公家现在荒废之铜矿，并嗣后公司寻出之铜矿。一、曾经开采现在荒废之金、银、铁、煤矿。一、嗣后公司寻出之金、银、铁、煤矿及火油、宝石、朱砂矿，云南大吏允奏请国家，给该公司以专办之利益，寻采上开各矿，嗣后别国公司概不准来滇办矿，惟中国官民在云南省增开各项新矿，应听照旧办理，随处可以开采。再，中国自立公司，筹给中国股本，呈请开矿，而但聘用英、法国矿师襄助，且比较云南公司分利完税章程不再轻减者，应仍准予采办。

第二款　除开采官矿外，凡民间未开及荒废各矿，如公司愿开，可呈报云南大吏，饬查果无窒碍，地方官应向业主商议租山、租地，其租价由公司认给，惟公司不得径向民间租赁，亦不得购买，山地永为业主，无论山地何时起租，均不得逾此章二十一款所定年限。凡矿山奉准开办后，倘三年之内公司未能开工，应将矿山及租券交滇官归还业主。

第三款　云南土地广阔，矿山散布，其利于开采第一款指明各矿，必须公司详为查勘，方有端倪。应俟工程师将可开之矿汇开清单，注明界址，绘图呈报大吏，勘查果无窒碍，奏准国家，将清单列入合同，然后将地租妥，拨交公司开办。

第四款　云南公司可在矿厂附近荒地，酌修必须之铁路，并开水陆各道，以便工人来往及转运器具、矿质等用。如此项道路占用民地，应呈请大吏，查无窒碍，饬知地方官，向业主公平议租，其租价由公司认给。至于修筑铁路以接干路，系为运销矿质及转运器具、人工益臻利便起见，应俟干路告成，商议专章，奏奉中国国家核准，然后开办，惟公司永不得揽载客货。

第五款　开矿需用工人，公司应在云南省内觅雇，不敷则由邻省招补。凡招用工人，视其勤能，无分民教。如工人为工作受伤、残废、殒命，公司可公平偿恤。厂地词讼、命盗、争殴等案，均查照约章，分别办理。

第六款　公司开办铜矿倘有起色，应岁缴京铜一百五十万斤，以表感忱。如下开办铜矿三年期满，即按年缴交京铜一百万斤，再二年期满，按年加缴京铜五十万斤，以后即以岁缴铜一百五十万斤为定额。公司应交之铜含净质八成半，每百斤给价库平银二十两。每岁所出之铜，除按照以上年限交足京铜外，公司可以余铜照市价先售与滇省官用，并中国各省采买，再有余铜，转运出口。京铜免完税课，其余售与云南及各省并转运出口之铜，应按本质每百抽五完纳落地税。

第七款　公司勘指矿山道路，凡有碍房屋、田地、坟墓、风俗及中国国家商民现仍开办原有利益各矿产，公司概不开办侵占，永杜惊扰。

第八款　公司愿创学堂一所或数所，教授华人，以造就开矿及百工之材，嗣后公司需用之工程师及专门各工头等，应先尽学成诸生中酌量选用。

第九款　查矿地广阔，转运艰难。中国国家为推广矿务、溥开利源起见，准云南公司分设开矿公司，将所得之权利交托承办，或让与自办，惟各该公司无论代办、自办，务须遵守现订之章程。中国国家既不担任亏折，则每矿应分立账目，不得以此矿之盈余抵彼矿之短耗，年终按股分利，应各归各矿核算。公司将来发售各矿股票时，应竭力设法广招华股。凡官、绅、工、商均可与公司合伙生理，与外国股东一律看待。出售股票，应在欧洲及中国各大埠同时举行。

第十款　云南公司开矿之股本不过关平银五千万两，将来倘需加增，可商允云南大吏酌添股本。

第十一款　公司进款，除去下开各项，即为净利：一、各项费用及应完税课、租地价值。一、按股本银数提付八厘利息。一、按所购器件原价并修造学堂、栈房等原价提还一成，提足停止。一、按所余之款提出一成，作为公积，以备公司要需。此项公积日后提分，应照第十二款所定股分公平均沾。

第十二款　除去上开各项所余之款即为净利，应摊分如下：一、中国国家得百分之二十五。一、云南省得百分之十。一、公司各股东得百分之六十五。每届年终，云南大吏及公司各派一员查核每矿各账，分领应得之款。

第十三款　公司事业亏累自行担任，与中国国家及云南省毫不干涉。

第十四款　公司开办诸矿所出各项矿产，分别出炉出井，均按本色，每百抽五，缴交云南省，作为落地税。由驻厂委员随时查记矿产出炉出井帐〔账〕目，核对厂内出数账薄，每届三个月，计数抽收。公司办运进口之开矿器具及出口之矿质，均照海关税则，分别完税。公司进口之办矿器具及出口之矿质，只完关税，而概免内地常税厘金。惟公司应遵守中国定章，不得违背条约，夹带应完税厘常货，及私运禁物。

第十五款　倘此章程讲解有异，及照办时或有争执，应由中国国家云南大吏、法国公使、英国公使各派一员，会议判断，一俟断定，即用明文分别知照遵行。

第十六款　中国国家及云南省既分公司余利，则公司之矿务关系国课，自应尽力保持，俾收实效。所有章程各款，皆应令地方官切实遵行。

第十七款　公司仰体中国国家及云南大吏付托之重，应竭尽心力与地方官敦好修睦，诚信相孚。如执事人等有失敬伤谊情事，经地方官指告后，查明属实，即行撤退，二年之内不得录用。倘公司此后仍需此人，亦永不令在原厂办事。

第十八款　开矿处所人类甚杂，公司可在附近地方招募土勇，遴选中、西武官各一员，会同管带驻扎厂地，保护弹压，俾中、西执事人等均得安居，免滋事端。倘遇事故，土勇不敷弹压，则云南大吏酌派官兵。公司永远不得藉故招调洋兵入境。

第十九款　公司之矿师人等来滇查勘矿苗，或从事开矿，或由厂行往各处，应先期知照地方官派兵保护。倘未预知而生意外之事，则云南官员不任其咎。

第二十款　滇省派员赴厂动支薪水、火食，及矿师人等寻勘矿地，派兵随护，以及保护矿厂，在在需费，应筹给津贴。现公司允自开办矿工日起，按年缴交云南大吏库平银二万两。

第二十一款　此章程从画押日起，以八十五年为期限，期限届满，所有已开之矿，无论新旧及成效如何，均连同公司名下之田地、房屋、器具、铁路并水陆各道等，概由公司经理人移交云南大吏，无庸给价。

第二十二款　云南为中国行省，如中国与欧、美、亚诸国有开战情事，酌定合理之章程，以防私济敌人，公司自应遵守。

第二十三款　云南公司系为开采云南各矿起见，取名隆兴矿务公司。

第二十四款　此章程缮备华文、法文各三分，如讲解有异，以法文为正。

直督袁世凯致外部各国会议天津事均允交还电

闻昨日各国会议天津事，均允交还。尚有三四款须商妥，始可定期。该款内有天津附近十里内不许驻兵一节，惟天津系中国地方，各国均有驻兵，反不允地主自行其权，殊欠公道。且津郡盗贼充斥，多有利器，现各国驻兵甚多，仍不免抢劫迭出，我如无兵，断难治理。至津埠左右，地势甚狭，本不能驻重兵，而弹压、缉捕，二三千兵必不可少。如各国向大部商及，务祈鼎力主持切祷。

二月初四日①

旧金山华商致外部葡割香山人心愤极请拒绝电

葡割广东香山，请拒绝。寸土勿让，人心愤极，势必联众死拒。金山华商公电。

二月初七日

江督刘坤一致外部开浚淞江事经袁道设法联络挽回利权电

开浚淞江淤，闻英派怡和充董，各领均不愿。虽事系约载，无法翻异，袁道与之设法联络，若允暗中相助，倘能将办法挽回一分，即保我一分利权。此事深赖该道臂助。又闻由商认筹一半经费尚无着落。探悉英人询法人，以法国律法，能否抑勒在沪法商加出租界地捐？法人答以不能，惟领事及驻使拟届时密商中国政府，将附约中筹抽地捐一段改去云云。盖西国法律均不能强商民任便输纳地捐，沪上各西商又夙不愿加此地捐，此时中国与之商改办法，彼藉约载为词，则此项地捐既难照捐，即可乘便向我商改条款之际，我亦与之商改办法，所谓以矛攻盾，以后无论何国有以浚浦江附约不便向尊处商改者，务乞先电敝处，万勿遽允切祷。

二月初八日

---

①　原刊目录标为“初五日”。

江汉关税务司贺璧理呈刘坤一拟修浚黄浦节略

窃查，自咸丰年间以来，江苏之黄浦河道日渐淤塞，年甚一年，堤岸愈加宽阔，河身即愈浅窄，以致海上洋商啧有烦言，均恐现造长身吃水较深之轮船将来不得任便往来，与该处总汇贸易势必减色，所置产业亦必落价，故商务总会屡请设法修改水道，以利遄行。查黄浦河道较之从前愈窄愈浅，实属真情，并无疑义。但其所以致此者，皆由从前海关理船厅尚未管理之时，两岸业主希图推广地址，填平浅滩、岸底，打桩建设码头以至水深之处，而水内所流之沙土势必淤积于填地以外，或在打桩之中再行淤塞。业主又往前进，堤岸改阔，河身改窄，阻止之害，有必然者。若不早为改善，年复一年，渐渐加深，未卜伊于何底，故庚子年间定立和约，无怪各国使臣将上海商务总会屡次禀请整顿之办法列入款内附条之十七。惟该附条与中国损碍尤多，不特中国海关素来所管之巡江吏、灯塔、引水及准驳建设码头各项事宜应改归洋商所设之局办理，即如华民田地亦应由该局估价抽捐，以备修河之用。如此办法，虽未明夺中国之主权，而暗中已将中国商务总汇之口岸水道自主之权让与他人。惟彼时为事势所迫，无可奈何，诸国交出各款，不准中国全权改易一字，以致勉强画押。万幸嗣后驻京大臣电致上海领事之领袖，已将该附条之第二十八、二十九、三十等节之意略为改变。查既立条约，必由两下会商，始称妥协，现在彼既能擅行更变，我亦能会商修改，此绝妙机会也。故税务司既承宫太保谆嘱在先，谨就鄙见所及，乘此另拟办法列后。如有可采之处，并祈咨明外务部，转致原议和约之驻京各国使臣查照施行，缘上海各国领事本系使臣之属员，自不能改易各国使臣会订之约，即某国特派修改通商约章之专使，亦不能干预各国使臣公议之款，以招众怨。此自然之理，中国不能相强。莫若派一管理通商河道之专员，是为善策。

一、查驻京各国使臣立定和议条约，在伊所见，应将整顿江苏之黄浦、直隶之北河一切事宜，均交洋局办理。且在黄浦两岸业主所动工程，凡与该河有碍之处，固须一律改善，即他口亦有此等填筑沙滩之事，恐难保不与水势有碍，必当先行勘定界限，方能保全大局。闻此项案情，各口迭见，中国若欲办理此事，非派一大员，即派一专员管理。以及凡遇何口应修河道，如动大工，所需款项设法筹备，亦应彰明较著，俾免物议。若中国曾经特派此项专员管理河道，所办之事实有成效，则逆料议定和约之时，驻京公使必不将浚修黄浦等事列入款内，改归洋局办理。足见委派此项专员，即系顾全中国自主之权一大举也。但所派之员，必须著名谙练之人，以便所办各事，或准或驳，不独不被洋商所指责，且可令其心悦诚服，乐于遵行。

一、应暂立一局，浚修黄浦河道并该局应办各事。查该员尚未拣派，自须权变，另筹办法，以资浚修黄浦河道先有成效，奈工程浩大，需费甚巨，究于何时方能告竣，亦难预卜。如以鄙意，中国亦未便专任是责，莫若暂准洋商襄办其事。所谓众擎易举，独木难支，况彼此合办，既昭公道，自无私议。惟既用洋商协肋，必须始终防备，总要与中国自主之权一无所损，方为妥当。故拟从权设局，局内应派各员开后：一、派关道一员作为领袖因系地方官之故；一、派税务司一员；一、派该口理船厅一员；一、派海关管〔营〕造司一员；一、由洋商总会选举两位；一、由轮船公司选举一位，以上共七位。由浚河局延聘外国熟谙开修河道工程人员一位，办理一切，工程仍由局会商主持。该工程司应与理船厅、营造司等会商，勘定该河岸界，谕令两岸业主遵守，不准逾界擅行填筑、建造等事。此外一切工程办法，均为局中特聘之工程司一人是问。惟办理工程，偶有洋商与关道及海关各员意见实有不能协和之处，亦可将一切情形详细函请外洋著名之工程司代为评定，以重责成。再，该局亦应拣员办理文案、帐〔账〕目等事，每逢年底，即将出入各款开列清单，由精悉帐〔账〕目之人逐细核对，刊印成帙，取其征信，以备众知。至河道如缉捕、灯塔、引港、设浮、安桩各节，均仍按现在办法，由理船厅自行经理，与局无涉。惟该工程如视现在办法略有不妥之处，应将指出如何不妥、如何改善各情形呈局查核，如理船厅视为与大局实在有益无损，不妨即照所请，立即更改。应修河道，上自龙华港起，下至吴淞口外之拦江沙止，均应归局经理。惟上海通商口界内所有商民挖泥填出之岸坡、建设码头、安碇趸船等事，均照现在办法办理。又查另拟议自龙华港以北至十六铺止，如有应浚之处，仍由关道自办，款出公家。如此办理，原无不合。但恐意见不同，办法自异，莫若仍由一手经理，责有攸归，事权不致两歧。至该局应由何项工程起手，实难先定。惟河道业已损失大半，由于洋商自占岸坡，以冀将来所得之益。观大略情形，应先定立两岸界限，协助河水易于出入，修挖至底；并饬商民遵守定界，限外不准侵占，且须购办机器，以备浚挖淤沙。两岸农田皆不擅动，如实系有碍水势不得不更动者，此项农田应按时价发给业主。所浚之泥，自然堆积浦滩两岸，日积月累，愈培愈高，将来填成岸地，再浚修之后，水道既改，势必涨出沙滩，久而久之，亦如平地，均可按照时价发售。惟应先尽该地接壤之业主备价执业，如不愿买，方可转售他人。所售价值若干，归道收存，并由道补给印契，以凭执业。

一、经费如何筹备，照洋商原拟办法，条约载明，每年须用关平银四十六万两，惟洋局既管河道，缉捕、引港等事亦应归其办理。如照现在所拟办法，此等事宜仍由理船厅经理，费用自可较减。按洋商所估之数核实开销，每年工费不得过三十五万两之谱，且无庸照洋商所拟抵借巨款，而一年所筹入款足敷一年所出。惟赶紧购买机器需用巨款，不妨暂向洋行假借，或售认息股票，亦可。此项经费究应如何筹法？查黄浦一日不修，即一日加倍淤塞，其关系虽然甚大，但具与上海一口实在有碍。如人船不能驶行出入，所载货物势必改道，驶赴水深之别口，所以各口商务仍旧兴旺，不过仅有上海一处较前减色，故现修河道所需经费，应该大半出自占有此项利益之商贾及业主、轮船等处。除向收之产业、码头等捐并照约应征船钞外，再另抽船钞、产业、码头等捐。若谓如是筹款浚修中国贸易总汇之河道所需经费全系抽自洋商，殊属不公。要知不然，实系抽自华民。推原其故，洋货运华，全行售与华民，故起岸时须加捐码头等项，则洋商售货价亦随增，是明虽出自洋商，而实则出自华民。至洋商购置土货能给何价，总视他国同类之货在外洋能值若干以为准则，土货如须纳捐，洋商不得增价以购，是又出自华民。上海地基，大半虽系洋商之业，而近来华民购买年多一年，且洋商之地，亦多半建造华式房屋，租与华民居住。如纳业捐房租加重，该捐亦抽自华民。至船钞抽自轮船，本甚公平，缘河道修后，往来加倍便捷，既免耽延时日，又可减费用，而运价又不能不增，以此看来，船钞与码头捐无异，均系出自华人。如征抽此等捐钞，每年可得若干。查码头捐若照新关现在代租界工部局办理之捐，每年约收二十五万两。产业捐照各租界新定产业之价，共值银五千万两，能按洋商所拟，每值千两抽捐一两，每年可得五万两。惟如照此办法，自龙华港至吴淞口两岸华民田地，难免洋商不勉强亦照所拟估值抽捐，则农家不能得丝毫之惠，而反受终久之累，必不甘服，致生事端。故以鄙意，莫若作为罢论，业捐一概不捐。至船钞一项，洋商原拟各轮船吨数每四个月纳钞一次，一百五十吨及一百五十吨以下者，每吨纳钞一分二厘五毫，一百五十吨以上者，每吨五分，即按条约纳钞八分之一。按戊戌年间江海一关所征船钞，共收四十万两有奇。以此计之，修河船钞一年可收五万两之多。惟此钞能否抽收，税务司不敢料其必行，缘丁酉年间司榷津海关时，中国浚修北河，各国领事亦曾有另抽船钞之议，旋即查明，虽由驻京公使批准而亦无征抽之权，必俟在各本国专立律例，始可照办。有此为难，故改抽码头捐，以备所需之款。若照现拟办法，修河船钞如可征抽，船钞并码头捐两共每年共收三十万两之谱。修河船钞不能征收，则尚有码头捐一项，每年亦可收二十五万两之谱。如船钞、码头捐两项外，尚有不敷之数，应由中国政府自行筹备。诚能如是办法，则工程依然坚固，且免他人饶舌，又节经费，而中国自主之权庶可保而不失。税务司自蒙钧谕，时切踌躇，屡拟建议，苦无机遇。幸现在正及其时，姑就鄙见所及，妄拟此策，缕晰陈明。是否有当，伏乞酌夺施行，是为盼祷！

二月初八日

外部致袁世凯交还天津事尚有数款未妥协电

昨与英使谈及交还天津之事，尚有数款，系修北河，拆炮台，天津不修城、设巡捕、不得驻重兵。当答以弹压地方，必须二三千人方足敷用。英使但言不可在城内，并无限定十里外之说。交还天津日期，因以上未商妥协，是以未定。

二月初八日

外部致盛宣怀萍乡至渌口枝路美使称犹未失应造之权电

敬电悉。现美使函称：萍乡至渌口枝路续约载明，一千九百年九月以前美不兴造，准将此条删除，惟第十八条亦列如与造路有碍之事展缓限期等语，两条合看，该公司因前年遇乱不能兴工，犹未失应造枝路之权，照约仍归该公司办理。如总公司已开办，所有合理之用款，该公司亦拟缴赔。工程师现已抵华，请电达商办等语。查此路前据来电业经筹款自造，德商礼和借款亦已决绝回复，兹复据美使函称，究应如何办理，即与美工程师妥商，以免轇轕。

二月初八日

外部致江鄂两督东省铁路事已与英美日使晤谈均无异言电

东省铁路已声明仍照从前各条办理，年限自在其内。保路巡兵条款，虽无定数，却有三千人之说，所索赔款，俄国声明并未在大赔款内。再定应否赔偿辽河造桥，应彼此商议。已与英、美、日使晤谈，均无异言。本处所筹办法，正与荩虑相同。

二月初八日

外部户部致刘坤一张之洞免厘加税及改铸银圆事祈筹示电

两电均进呈。彼不加税而先挤免厘，骤失巨款，其何能支？若议税厘并征，必须通筹细核，约计收数能较向来税厘所入确可有增无减，方能议办。总之，新旧偿款岁需四千余万之多，但期设法预防，以杜侵夺亏损，不至入款日减，大局不支。是项计划，全赖与两公从长酌办也！又铸一两银圆，果能确有把握，渐杜墨元，自属至善，但恐资本不充，改铸一两银元，各省不能一律多铸，足供行使，而民间有用洋元仍不能禁，反多窒碍。仍祈详筹善策见示，再行商办。

二月初九日

外部户部致吕海寰盛宣怀存票限期添入关章为妥电

存票定限，询赫德谓：如于商约明写三礼拜限期，万一出有不能按期之事，便是显然违约，不若允于约文只载极力办理字样，将三礼拜限期添入关章，较为妥协云云。自以入关章、不入约为是。苏杭免单，南洋电两抚皆云可允，赫亦无异词。银元轻重，江、鄂异议，实则商约但须官铸银币，中英通用，订明其分量为七钱二为一两，系我内政，本无须载入约文，亦非议约时所能尽议也。

二月十二日

江督刘坤一致外部赔款总数约载还银若还金何以不载金数电

前得宥电，当以约载中国允付诸国偿款海关银四百五十兆，又谓即各国及中国人民之赔款总数，是约载本属银数，如须还金，何以不载金数，转载银数，且载平色？又云此四百五十兆系照海关银两市价易为金款，此市价按诸国各金磅〔镑〕之价易金如左，是即指各国赔款由金钱照约载各国市价合成四百五十兆银数，亦即以此四百五十兆仍照所载市价作为易金还偿，故该约下文有云或按应还日期市价易金付给。盖或字本系两可之词，极言如不照约载各国金钱市价算还，或即照当日市价易金付还。按此而论，如照约载各国市价算还，即系关平四百五十兆之数，故表与约均载明应还银数也。复电沪道，照此解释，再与切实妥商，实缘照市价购金付还，仅新赔款一项，按照现在市价，岁须亏银二百余万。此后镑价有增无减，连旧还款统计，岁将顿亏四五百万，不得不执约与之分辩。顷，据沪道电，据翻译称，昨据汇丰告知，应按照约载关平一两合三先令之数，购镑归还各期之银，按市价核算，有余抵还，不敷补足。驳以约末未载有此节。彼谓不特和约未载，即公使亦未了，惟赫总税司深知其细，仍俟会商再定函复等语。该道以镑价较前增巨，索还金镑，早在意中，难得约本载明，据以力争，尚可冀免补镑巨耗，万不敢畏难自阻，自当祗承训示，力持前议与争。惟约载中国国家另给保票暨分作零票两层办法，未谂票内只载银数有无兼金镑价字样，请电询摘要电示。倘票载银数，则理更足，并求内外协力商办，彼当无词云。约载还金还银，岂有议约使臣未能了了，局外之总税司转行深悉？此不过赫德以有余抵还、不敷补足之言，彼遂执此以为口实。当此镑价日涨，有余抵还系属虚文，不敷补足实大受累，务乞钧处主持，并查票电示为盼。

二月十二日

电政大臣盛宣怀咨外部安设沽烟沪水线并拟收回京津沽电局文 附函电三件

光绪二十七年十二月初一日，承准贵部电开：顷，准俄、英两使函称，上年冬间，大北、大东两公司与中国电局重修大沽至京电线，京津复设电局，订立章程，与中国局员会同管理。一年以来，驻京西官及京津西人咸以为极臻妥善。而大北、大东两公司系归英、俄两国保护，现两国政府以外洋来往各报在京沽陆线传递者大有加增，欲照现办情形蝉联办理，各奉本国政府训谕，转请办理等因。

准此，窃查，前年拳匪倡乱，京津电报杆线全遭拆毁，南北电报无从传递，消息骤然隔绝。各国联军屯于京师，兵舰集于大沽，拟自设大沽上海水线，以通出洋之报。本大臣探闻确凿，焦灼万状。查津沪线路为电报权利一大宗，京师首善，乃朝廷政令所由出，一旦为洋人占夺，当时正值军务吃紧，在彼则万里户庭，在我则内外隔阂，已多掣肘之虞。且既设断难复撤，卧榻之侧，长为他人鼾睡，失去电报权利，其患小，窒碍朝廷政令，其患大。本大臣督办电政，既不忍坐视商家失固有之利，复何敢上累国家贻捍格之忧，揆情度势，急宜挽救。遂查照前与大东、大北公司所订合同，迭次派员，与该公司总办往返熟商，动以利害相关之说，始由该公司代向联军设法挽回，即由该公司安设上海至大沽水线一条，与本电局密订合同，外假公司之名，实为电局之产，华电始得照常传递。此项水线之费，计合英金二十一万磅〔镑〕，各股商虽无力筹措，尚能同喻大义，情愿认为息借之款，分年摊还。探食于虎狼之口，实已煞费苦心。嗣因德人将由青岛水线滋蔓及于直境，复添设烟台至大沽水线一条，亦费巨资。当烟沽沪水线初通之际，正全权在京议和之时，要报络绎，关系全局安危，京津遍地洋兵，亟宜修复陆线，接通京沽，华工又无从开办。万不得已，又与该公司熟商，将京津设局设线之事暂托该公司代为经理，以便克期与水线接通，庶华报亦得以畅行直达，毫无阻滞。惟事属权宜，彼此订立合同载明：沪沽水线由该公司代电局经理，以二十五年为期，其京沽陆线暂由两公司代办，一俟中外和局告成，即将线局一并交回电局自办等语。此项合同当经呈送驻京英国公使并俄国兼理丹国公使核准照办在案。现在中外和局告成，联军已撤，京津两局及京沽陆线自应按照合同及时收回自办，盖电局以中国主权所在，历经遵守，仍当守之勿失。此在外洋各国莫不皆然，故在中国境内之陆线，必当由中国自办也。又欲报务办理得宜，使各国无所藉口，本大臣现拟于京、津、沽三局仍延用西人，管理报房各事；遇有各国公使电报，格外谨慎，妥速传递，以敦睦谊；并购用新式灵妙机器，不惜重资。电局如此竭意经营，无非欲将京沽线局臻于妥善，且欲渐次整顿中国他处报务。此事为中国主权所关，英、俄两国实不应出为干预也。

所有安设沽烟沪水线并拟收回京津沽线局自行管理各缘由，除择要电达贵部，并于上年十一月十九日拟函分致大东、大北两公司，声明本电局欲将京津沽陆线电局即行收回自办。去后，兹于正月二十四、二十五等日，先后据大北、大东两公司复函，并丹、英二京来电，呈送前来。本大臣复加查核，若俟英国驻京使署参赞于一月后来沪始行开议，未免过于迟缓，恐生意外枝节，除特派电报总局洋参赞宋纳即日附轮赴京，迅速筹商一切外，相应照录华文合同清折五扣，并大东、大北两公司复函，及英、丹二京来电清折两扣，备文咨呈贵部，谨请察核。

须至咨者。

二月十二日

附大北公司总办白伊尹致盛大臣函

谨肃者：

去冬十一月，接奉钧函，当经转致丹京总局核办在案。兹于昨日接准丹京复电，谨照录于后，即请贵大臣鉴察是荷。

正月二十四日

附丹京大北公司首董兼总办史温生致盛大臣电

接奉上年十一月十九日贵大臣钧函，谨悉一切。当经敝公司悉心筹核，按照中国目今大局情形而论，若将一千九百年十月二十六日所订代办京津沽陆线合同各节践约办理，及今即行交回，深恐别生枝节，有误事机。而敝大北公司各董事佥欲克践前约，今愿即行开议，按照合同所载，将丹公司所派执事收回。遇有应商事件，当电达上海敝公司总办办理也。

三月三号，即正月二十四日

附英京大东公司首董巴来致盛大臣电

盛宫保钧鉴：

接奉贵大臣钧函，谨悉一切。当经敝公司悉心筹核，按照目今中国大局情形而论，若将所订第四合同及今即行践约办理，深恐别生意外枝节，有误事机。而敝公司欲克践成约，公议一俟接奉驻华英公使允准字样，即将敝公司所派各执事按约即行收回。此盖因议办之初，英政府亦曾预闻其事。并闻现在敝国驻华公使正与贵政府商办此事，而英使署参赞将于一月后来沪，若尔时京中未议妥，即令该参赞就近与贵大臣商办也。

十一〈月〉十七日

使俄胡惟德致外部俄外部面交俄法新换文件电

外部面交俄、法新换文件，略称：近英、日订约，保东方和局，并保中、韩两国自主之权，俾与各国一律通商，正合俄、法迭次声明宗旨，且保彼东方利益。以后倘遇他国寻衅，或中国再有事故，致碍中国保全开通，并损及俄、法利益，两国亦应设法自保等语。明日当宣告。谨闻。

二月十二日

刘坤一张之洞致外部东三省事关系甚大请与英日美妥商酌办电

铁路年限，巡兵数目，均为要紧关键，必须载明约内。若稍含混，日后争辩，必多受亏。陆续添兵，无凭究诘。赔款，俄数最多，原因有东三省事在内，再议另给，不特无可筹措，且恐各国藉口。辽河桥，如载明彼此商议，将来俄必力主不造，势难与争，即碍主权，秦皇岛、山海关一带商务，必不能旺，被损华口，独利俄口。萨使电英领商请指明各节，是英已有异言，惟碍俄不肯在京明阻耳。以上各条，关系甚大，请深思详查，再与英、日、美各国妥商酌办，幸勿迁就，仍请钧裁，并祈示复。

二月十四日

江海关道致沪领袖领事述开浚黄浦为难情形函

敬启者：

黄浦开淤一事，既经各大国钦差暨我全权大臣画诺已半载有余，其不容以一国私情率有更易，明矣。我南洋刘宫太保本乐赞成此举，一律开通，既兴商务，益睦邦交。一再致辩，又何为者？第计利防害，中外同情，有益于人，必得无损于我，有济于商，必求无困于民。闻附约三十七款，系商会中数人之见，止顾开通黄浦，不顾我华民农田、船只，并不顾各大国在沪地产业主，事出仓卒，亦何怪焉？各大国钦差遽徇其请，我全权大臣亦遽徇各大国钦差之请，匆匆列入附约，而本乐赞成者，转有所为难矣。刘宫太保莅南洋十余年，每遇交涉，事事和衷，从不胶执已见，此贵总领事所素悉，无待本道赘陈。今以黄浦开淤一节，甚至因之抱恙，因而求退，其故何也？以附约三十七款竟似各大国不重开河，明明借开河攘此主权。刘宫太保初非不愿开河，因开河反失主权，设身以处，何以堪此？方北方战时，拼身家性命，始能互保其地。迨和议既成，转无由自保其权。刘宫太保谓不敢咎各大国，亦不能咎我全权大臣，惟深自咎前者之互保有以利各大国商民。而适以害敝国商民，是以贵总领事函促派员愈急，刘宫太保抱恙愈亟，求退亦愈亟，以无词下对商民也。贵总领事洞悉沿浦一带情形，平日和平中正，又为本道夙所纫佩。刘宫太保种种为难心事不能自白，而本道代白之。贵总领事谓无力擅改，固已。倘荷鉴及实情，会议详达驻京贵国钦差，并达之贵政府，极力主持，俾刘宫太保所至为难之数端，酌为更改。不成则贵总领事所以为敝国之盛心可告无憾矣，成则中外皆得其平。贵国之力，实贵总领事之惠也。不独敝国沿浦农民及千百万民船同承恺泽，长与浦水俱深，即刘宫太保与本道之幸拜嘉贶，岂有量哉！兹将至所为难者八条，分别另折开列。本道不才，未克为刘宫太保分忧，不得不向贵总领事饶舌。谅我，罪我，末由自必，诸祈鉴复施行。

二月十九日

计开实在为难各节于左：

一、第二条，管河道语，明攘主权，且与第一条修治河道局之宗旨亦自相悖。

一、第三条，自制造局之下龙华港起，至扬子江中红浮标处止。查洋轮出入，北自吴淞口，上泝法租界而止。其上为中国南市，大号洋轮素所不到。河之深浅，可无过问。民船聚泊，界限秩然。若由公局经修，则南市万百千号大小民船往来碇泊，从此窒碍。南市新成马路经费，将从何出？且各国商轮远道来华，自法租界以下，至下海埠，绵亘十余里，均为租界码头，各有专归，岂我土著商民船只不能留此一隅，得以自由。公法公理，商情民情，如此偏枯，不应亦不忍也。拟请自下游开起，上至法租界止，以上河道本深，即再缓数十年不开，船只尚可畅行。如必须一律开浚，当由道与税务司会同公局所延工程师督同理船厅承办。民船聚泊有地，南市经费有著，其开浚所需费用，由公局分拨，既免办法两歧，且与原章无碍。

一、第四条，该局应任之员。查各国议员公董，例以费之多寡为衡。中国既须认筹一半之费，中国即应坐派一半之员。

一、第八条，所举督办，如不能专归中国，亦应中外各举一员。

一、第十三条，过法租界或各租界各港、此外入河之各他港，自港口往上二英迈勒之远，夫约曰修治黄浦河道局，自应以黄浦为限断，方符约义。横侵旁轶，直是修治内地河道矣。约载之谓何？

一、第十七条，所有浮灯、浮标、标灯等，及第二十二条，上海引水一切事务，历由税务司督同理船厅经办数十年，次第改良，一切妥协，从无遗误，盖理船厅本系著名出色之员，且情形久而益熟。如公局所办果属能手，自必同此办法。约既声明仍按一千八百五十八年中英津约第三十二款办理，应请仍归税务司督同理船厅照旧经管，自无疑义。

一、第二十八条，河工应用之地，二十九条，河岸地段。今拟凡租界沿浦及对过东岸涨滩，先由理船厅会同会丈局员丈明亩分，无论已占未占，有照时值缴价者，即由道给印契管业，否则作为官地，以后公局需用，亩分、价目便易查核。如捐及岸上农田，亦须照给时价。

一、第三十条，租界地税、两岸地税、非中国式样船税。查租界以外两岸地主半属贫苦小民，所管之地多系奇零片段。中国新法未尽讲明，农民终岁作苦，勉以仰事俯畜而不足，无端饬令加税，天下无此人情。即使分沾水利，各国亦无令中国内地加税之权。况黄浦开深，于岸上农田并无所利，黄浦淤浅，沧海可成桑田，愚民无识，且有利于浅，不利于深者，强而税之，怨咨之声，啼号之惨，亦各国所不忍闻。应请除租界各地外，将两岸议抽地税之议，一律删去。

以上各节，均有实在为难之处。此外尤有虑者，附约开河各条，系侵越主权办法，并无切实工程办法。查租界之例，除工部局费外，不应有别样税项，以开河之故，忽增地税，各国律法，小有异同，居留各商，意见参差，即使勉强输纳一二年以后，或外国人，或中国人，万一有拒阻输纳地税之事，势不能不停工待款，而中国岁认一半之巨帑掷付浦江虚糜，岂不可惜？是以刘宫太保前者函达贵领袖总领事，必须各贵总领事能担保各商永远输纳此项地税，不致中辍，正可表见刘宫太保深愿赞成开河之本意，容敢代表白，并乞察照。

鄂督张之洞致外部与湘抚商开口岸照岳州自开章程办理电

长沙已与湘抚商妥可作为自开口岸，议定由一年后开办，以便布置一切。常德，俟长沙开后，体察情形，如妥善，亦可开，但一切须照岳州自开章程办理。

二月二十四日

江督刘坤一致外部银币不画一在银两平色参差电

银元改重一两，上年政务处电询，曾将窒碍情形先后详陈。此次贺、戴税司复申前议，在该税司但知化零为整，可以画一，殊不知中国币政不能画一者，在银两平色之参差，不在银元分两之轻重。盖银元自大至小，以次递减，成色本均一律。如能废生银，则银元分两即不改亦能画一；不能废生银，则银元分两虽改仍不能画一。若废生银，悉用银元，不独现在三局万不能应全国所需，纵将存沪机件运京，添设一局，亦无济于事。若待铸积巨数，然后通行，目前实无此财力。若随铸随用，既不足以供各省之用，则现用之纹银洋元不能不准兼用，是仍不能画一。如再广购机具，增添多厂，俾所铸务求足用，不特购机建厂需时，即欲遽行筹此巨款，以为购办机器之用，亦恐力有未逮。且银元之制，悉仿洋元，价有洋元可凭，至今尚难一律改用一两，若准随市作价，高下毫无凭藉，若酌定划一价值，定有盈亏，势必阻隔不行，民不信用，亦恐法令有时而穷。马使虽允中英通用，中国现无金元，还债须用金镑，彼可暗抬镑价，权操于人，受亏自在意中。中国自欲变法，有此种种关碍，尚未可轻于尝试。矧圜法本自有之权，一经入约，即自弃其权。万一事有阻隔，彼时欲用不得，欲罢不能，岂不更受大累？是以赫德之议，亦谓不必载入约内，实系有用之言，但不肯将入约关碍说破耳。事关国计民生，实由中国自度财力，酌定善法，再行核办，非独不便入约，亦不应遽定别法。且无金钱，徒有银元，亦万不济用。如欲创用钞票，即银元不改，亦可行。盖银与元，仅可各分票也。

二月二十五日

鄂督张之洞致吕海寰盛宣怀存票发还乃小事宜先议大事电

存票发还、免迟延一节，乃是小事，发还现银与否，亦是小事。此时宜先议大事，不宜与议小事。当此各种零星窒碍，凑集数条，亦可为议大事、操抵还之具。

二月二十五日

外部奏遵议和兰属地华侨亟宜保护添设领事折

总理外务部庆亲王奕劻等奏，为遵旨议奏事。

光绪二十七年十二月二十五日，前出使德、和国大臣吕海寰奏，和兰属地侨寓华民亟宜设法保护，添派领事一折，奉朱批：外务部议奏。钦此。由军机处钞交到部。臣等查，泰西各国于南洋各岛经营开埠，以和兰为最先。华民往彼谋生者，历年既久，人数倍多。洋官之征取无艺，地主之凌虐百端，亦以和属为最甚。前于光绪十三年两广总督张之洞派员访查，得知梗概。迭经臣衙门与各出使大臣筹商，拟在噶罗巴等处设立领事，和外部一意推阻，迄难就议。兹据该大臣奏称：迭接该处华商等禀报，密察情形，其种种苛待华民，更甚于昔，亟宜设立领事，以资保护。屡与和外部反复辩论，已有端绪。查和属应设领事者七处，如噶罗巴、三宝陇、泗里歪、望加锡、勿里洞、日里、文岛，均属紧要，今惟噶罗巴设立总领事为万不可缓等语。臣等复查，南洋各岛，如英属之新嘉坡、美属之小吕宋，皆已设立总领事。朝廷一视同仁，必不忍和属侨氓独抱向隅之憾。惟该国以各岛为外府，因我设立领事，恐不免以猜忌之心，仍作宕延之计。必须援据公法，查照成案，再三与之申辩，始可渐就范围。原奏所称：现在重订商约，正可及时声明，凡各国通商口岸及各岛屿华民、华工萃集之处，中国查看情形，随时均可商设领事。请饬商约大臣，会商外务部，趁此订约之时，与和兰增入中国可在噶罗巴岛等处设立领事之条各节，原以补从前条约所未备。前据盛宣怀来电，拟交英使各款，已有英国允中国可派领事驻扎英国及英国属地一条，英国如能商允，和兰亦易援办。吕海寰现经奉旨留沪，会办商约，自可与盛宣怀随时相机筹议。其和外部既经议有端绪，应即责成接任出使大臣荫昌与该外部申理前说，切实磋商。内外坚持，力办此事，务期得当。至所需经费，应俟添设领事议定后，再由臣部酌照章程奏明办理。谨奏。

光绪二十八年二月二十六日奉朱批：依议。

鄂督张之洞致外部银币是我内政不宜添入约内电

洋人肯用中国银元，不用墨元，是极好事。惟银币是我内政，此事似不宜添入约内。且银币关系全国财用，牵涉甚多。恐一时思虑未周，将来窒碍，便难更改。至鄂省前议铸七钱二分者，恐变式样则洋商不用也。如改铸一两重而西人愿用，未尝不可，不但须即将此一两之银元作库纹用，官民收发一律。洋商完关税，既专此一两之银币作库纹用，则洋商售洋货之价及还洋债亦俱作库纹用，不再补水，方为平允。若虑旧铸七钱二分者何以显分轩轾，则此一两重者改铸大清银币字样，加光绪某年某省某局造，重库平一两，赋税、俸饷均准作库纹用，收发一律等字样，则名目、式样、分两与旧铸龙元迥乎不同。其七钱二分之龙元，仍照市价行用，官民收发，照旧补水，如此则与旧龙元并无妨碍。此项银币初铸不多，官款收发皆先尽银币用，不必限定成数。不足者，再照旧章，以或银或钱补足之。数年之后，旧龙元及生银自然全改铸新式银币，不患参差矣。其解部库司道之平余解费，照旧另解，绝不加减。银币若定，并铸铜币，子母相权以辅之，惟银币大政，只能由户部及各省局分铸，华洋商人不得代铸。至开铸前数年，国家略有盈余。数年后，银币充牣，官民通用，便无盈余之可言。盖此举为便商利民、收权塞漏起见，国家但收无形之利，不能计有形之利。宗旨所在，谨先闻。并请吕、盛与洋人详商，售洋货价及还洋债两节，能照办与否，由枢、外、户部核定，方可定议。如售洋货、还洋债均允作库纹使用，则可入约内。务望详慎！

二月二十六日

江督刘坤一致外部免厘加税以相抵为度勿议零星厘章电

闻杏翁查询推广镇江章程及口岸免厘界限两事，不胜焦急。此两事，此时万不可与议。镇章通行，则各货皆归联单。免厘定界，则苏、沪、粤、汉、津、浙等处，凡各省最大之厘局皆附近租界者，均不能抽，中国厘金不言免而自免矣。巧计显然，万不可受其愚。此时总以先议加税为主。税多加，则厘多免，税少加，则不免，务以足敷相抵为度。万勿与议零星厘章，如零星允许将中国抽厘之权全行夺去，彼尚肯加税乎？向来出租界一步即可抽厘，有何里数之可言？若议定彼加税，我免厘，则须另议办法，甚为简易。所云界限，镇章皆用不着，何必费此无数唇舌耶？现闻汉口洋商已联禀马使，谓将汉口、汉阳、武昌三处统归入汉口口岸，作为免厘界限，他口洋商情事亦必相同。务望吕、盛明烛彼人情状，勿堕其计。

二月二十七日

江督刘坤一致外部划一银币万不可入约电

鄂有电。银元改一两，谓可行。冀外人允作库纹购镑，然外人纵允照办，现在中国无金钱，镑价低昂，权操于彼，官商必兼受其亏。近来每镑价已涨至规银八两二钱有奇。此后赔款如必须还镑，价必有增无减。若并将九银一铜之银钱允作库纹购镑，彼必更抬镑价，不止银元被其抑制，即生银亦为其牵累。彼转将售镑所得之银元作库纹完税，使我处处受亏。反复思维，不仅圜法自主，本不应与商已也，万万不可照办入约。

二月二十七日

江督刘坤一致外部开浚淤河以筹款为要义电

查开浚淤河，以筹款为第一要义。新款未著实，纵派员董，亦不能开办。是敝处先行照询捐款，再定派员，为第一要义。今彼不复捐项能否照约捐齐，转谓照询违约，实所不解。且现知附约开办之章二十八、二十九、三十等款内之乙字号所订各节，有删改之说。约载之件，如须改动，理应先与中国互商，方为正办。今各使将约章更改，非独不与中国先商，抑且并不告知，是各使办法自有未合，应由尊处先向询明，究系如何删改，并前项捐款能否照办，事得确实，方能派委也。

二月二十八日

外部致张之洞英使照称汉口车站利益不当偏于某国电

英萨使照称：某国催办汉口租界，欲垄断车站利益，甚非公允，该站各通道应过中国地界，不当偏于某国，如办有妨碍，必筹相抵之法等语。希查明此事原委，电复。

二月二十八日

江督刘坤一致外部请先议加税再通盘计算免厘电

鄂寝电所论极为握要。此后凡关厘务各款，万不可再与商议。若厘被侵损，彼已如愿而偿，再商加税，即万不能成。照约，进口土货一经离口，逢关纳税，遇卡抽厘。洋货照约本只租界免厘，乃《续增烟台条约》复载免输洋货厘金地界，须再商酌，是洋货界内免厘，彼尚不愿。土货离口界限，我照洋货以租界为界，屡次辩论，迄无一定办法。此时洋货免厘界限，不议则已，一经商议，无论如何坚持，其势必须较旧章放宽，口岸洋土各货之厘，必致尽失，受亏实大。为今之计，惟有先议加税，事能有成，不独丝、茶减税得有抵补，其余土货得免厘捐，洋销亦可畅旺。通盘计算，无逾于此。幸转吕、盛两公详查为要。

二月二十八日

外部致许应骙樟脑合同技师携闽请与详商电

脑局延聘技师合同，现与面订六条，大致以自备资本，不收押款，藉保利权。公使、技师均无异言。该技师已携草合同回闽，与尊处商订详细章程。

二月二十八日

清季外交史料卷一百五十三终

清季外交史料卷一百五十四

光绪二十八年三月

闽督许应骙奏闽省矿务拟由洋商承办现与妥定章程折 附合同

闽浙总督许应骙奏，为闽省矿务拟由洋商承办，现与妥定章程，酌定办法，以辟利源事。

窃维中国地大物博，矿产之富，甲于五洲。洋人来华游历，探测殆遍，佥谓弃利于地，深为可惜。近来风气渐开，各省华商间有设立公司，自行开采，然或因资本不足，或因矿师难延，或因机器难购，旋作旋辍，毫无成效。仅直隶开平煤矿经理如法，始获厚利，然糜款数百万，经营几二十年，亦可见收效之匪易矣！

查矿务办法大约有三：曰官办，曰商办，曰官督商办。但官办则公款难筹，商办则私财不给，官督商办则商恐受制于官，亦不能见信于人。瞻顾徘徊，事机坐失。光绪二十四年，京城矿务铁路总局奏定章程，通行各省，于兴利防弊之法极为周备。惟须多集华股，并须已集华股十分之三，方准招集洋股，自系为独操利权起见。无如中国富商于开矿之事素未讲求，断不肯以巨资轻于一掷，欲纠集公司，则办理毫无把握，大都迟疑观望。即使准招洋股，而洋人以承办者系属华商，更不肯轻附股分。若必照此办法，是中国永无开矿之日，徒托空言，于事何补？近年山西、河南、四川等省开矿章程，名为华洋合股，实则仍系洋商承办。洋人开矿，向有专门之学，其勘矿最精，其集资最厚，其办事最信，此处不成，另开他处，心志坚定，必求选获佳矿而后已，非若华人之急功近利，一蹶遂不复振也。臣愚以为，与其华商承办招集洋股而洋人决不愿附，不如由洋商承办而华股转可多招。即如美国之铁路公司、英国之汇丰银行，粤东绅商多购其股票，以为世守之业。盖以事归商办，款系公司，与其国家无涉，断无藉此攘夺之理。去年北方变乱，官办铁路皆被占据，独开平矿局因系公司，独得保全，可为明证。闽省崇山峻岭，绵亘千里，矿产甚多。据法国领事屡次来署商议，现有该国商人魏池，拟请准于邵武、建宁、汀州三府属择矿开办，设立华裕公司，仿照四川章程，由官派员设局，凡勘苗、购地、内地交涉之事，均归官局经理。该商另与大东公司法商立约，筹集资本，一切开采工程归大东公司承办，仍系华洋合股，互相维持，以五十年为限，限满，统归中国收回。大东公司于开办时，愿将股分票按每百张先抽五张送与矿务官局、华裕公司，各得其半。又将红利票按每百张先抽八张以充闽省公用，又按每百张抽二十五张报效公家，作为租课。其出口海关税仍照章完纳。此项股票可照时值售缴现银。将来开矿盈亏，概与官局无涉。臣饬藩司、洋务局与法领事详细商酌，拟定合同二十二条，先行签字。约内声明，俟矿务总局核复，奉旨允准后，方能开办。如奉议驳，此项合同应即作废。臣复加察核，所拟办法，大致参仿四川等省章程，于主权、利权均无妨碍，尚可准行。除将合同底稿钞咨外务部、矿务总局核办外，仰恳敕下该衙门迅速议复，以便转饬遵办。谨奏。

光绪二十八年三月初一日奉朱批：外务部议奏。

附福建建汀邵三府开矿合同

一、闽浙总督现要开采闽矿，设立矿务官局，派员督办官局，务要筹议便宜之法，开采闽属之建宁、邵武、汀州三府地方矿产，招致华裕、大东两公司，各集华洋商股，统归官局查核。华裕公司专司购地，归华员经理，洋人附股，只得稽查股利，不得干预事权。大东公司专司开采，限三年内，准在上所列三府属内觅矿，无论觅得几处，皆准开采，三年限满后，凡未经该公司指定者，准别项公司寻觅开采。其已经该公司指定者，予限一年，如未开工，亦准他项公司开办。

二、华裕公司现与大东公司另订合同，筹集一切资本，招商集股。华裕先备八万圆为购地之用，大东先备款七百四十万圆为开采之用，均系初备资本。俟定地开采，再行逐厂估计数目，招集华洋股分。华人购买股票，如有力量，尽可购至过半。至应享权利，华洋一律，不得畸重畸轻。

三、大东公司准于批准之后、未开办之先，外国总监工或矿师前往寻觅试验，惟须官局会同前往。

四、大东公司查勘试验之后，要开何矿，须明白指出，绘图详说，由华裕公司呈交官局，详禀准行。如矿地系民业或公产如祠庙等类，或买或租，华裕公司须向业主商议举办。华商已开之矿，公司不得侵占。该商如愿出售，亦准华裕与该商妥议，归伊接办。如遇华裕与业主商议不合，无论公业、私业，均可由官局派员勘估，酌给公道数目，业主不得居奇，官局亦不得抑勒。公司愿按照业主所索价目，先行备款缴局，再由官局与之议定付给。业主如愿入股，即将此款折给股票。

五、华裕公司坐得大东公司所送每百抽五张股票，应即将半数转送官局，又按大东公司所得红利项下每百抽八之红利、即每百张抽八张之红利股票呈缴官局。

六、华裕公司将大东公司所得红利项下每百抽二十五张之红利股票，以报效中国国家，官局有稽核之权。开矿所用物件，或矿务所属工程应用物件，以及矿产所出之货物，均免完厘金及内地各税。海关税则仍照章完纳。

七、所有五、六两条所载，华裕公司转送官局之每百张抽二张半之股票，及应缴官局每百抽三十三张之红利股票，均应于大东公司开售股票之时，首先照额抽送官局。

八、所开之矿倘系官业，应由官局委员与华裕公司总办议定公司应完租税之额。

九、官局所委随同矿师之员及护送兵勇一切费用，均归大东给付。所有载送机器事件，则归官局委员巡视保护。

十、大东公司要打钻掘井及开办勘验各工程，须先通知华裕公司，禀明官局，并与该管业主妥议，无庸全买矿外地段。如所办工程有伤地主权利，则公司当与地主商定赔偿款目。倘遇坟地、庙宇可以迁移者，公司当与其家属或该管地方官议妥办理。倘彼此不合，再由官局派员估价偿还。如实在不愿得价迁移，必欲设法绕越，毋得毁掘损坏，官局亦极力设法方便开采工程。该管地方官或省中官府须约明，凡矿务办事人员以及矿工之器具物件，皆极力妥为保护，勿使稍有惊扰。

十一、大东公司可于矿井处所疏通河道，以便行运，并修造小支铁路至最近水口或矿工关连之处，惟言明所造仅系支路，不得造干路，此种港路只能专作装运矿产之用，如要装载客商、货物，须妥议章程，另订条约。并须先将所开港路绘图贴说，禀请官局，查明地方情形有无窒碍，分咨外务部、路矿局核定，电行闽省照办。如未核定，不得开工。如须购地，应仍由华裕公司查照奏定章程办理。若为通达矿厂、运栈、屯栈消息，须用电线德律风，亦准禀明官局，候示办理。

十二、一切矿务工程均归大东公司管理，听凭官局查核。每厂应设华洋董事各一人，薪水由公司筹给。所有执事人员，但华人所能胜任者均派华人，并尽心教授，务须熟悉矿务工程。一切矿工、丁役极力多用土人，章程从优办理。

十三、一切矿厂、栈房，该管地方官须遵照官局意旨，实力保护。该矿厂、栈房人役，亦恪守礼法，并切实稽查，不容藏匿匪类。

十四、大东公司每年开矿所获利息，除开销各项费用外，提取三项：第一项，支付各股本息，长年七厘，从付本月起算，未付之息一并补还。第二项，从余息中再提百分之十，续收回股票。其收票之价按照原价加一偿还。第三项，酌提一款为公积本银，限定数目，以备添换器具之用。除三项之外，所剩余利作为实在红利，即在此红利上先行提取应缴国家及闽产官课，海关课税不在此内。其余均分于应享权利各股友。至所有公司承办应完一切课税银数，应声明悉愿遵照中国外务部及路矿局奏定新章办理。

十五、各处矿厂分厂各立出入账目。此厂盈余，不得抵彼厂亏折。

十六、每逢年终造具四柱清册，由华洋两董事会算复核，并会集股友核定之后，呈送官局再加核算，然后刊列报章，申报政府，详呈省宪。如有亏折，与中国国家官局无涉。

十七、公司承办限期，从批准开办日起算，以五十年为限。限满后，所有矿厂以及所属之道路、桥梁、电线、铁路各项，一概缴还官局。除所租矿地由官局给还原主外，余物并厂所房屋一切归中国官局，勿庸给价。

十八、公司股票本系华洋人合股，倘华商于限内收买开采股票至四分之三，则官局即可收回各矿以及厂所房屋各等项，按照条款所载价值偿还所剩股票。并购回红利股票，按照末三年匀分红利统并估算得中价值二十赔偿。

十九、凡公司开采需用之机器、物件，当照纳关税，惟只准免完内地厘金。

二十、所用各矿系中国物产，倘有与列国争战之事，开采公司须遵中国政令，不得资助敌国。

二十一、凡矿务总局现定章程条例，华裕、大东两公司均应遵守。

二十二、现订之合同，共缮华、洋文各四份，应候奏请批准后，由闽浙总督派员与公司签押，再行照办。一份交法国领事，一份总督存案，二份由总督分咨外务部、路矿总局存案。如有疑惑，以华文为凭。

附录华裕公司与大东公司订立合同

一、现经闽浙督宪奏奉中国国家批准，华裕公司承办闽产建、汀、邵三府矿务，并准其与大东公司订约集本开采。所有勘选矿地，除华裕准行外，别项公司概不得预。

二、大东公司愿立约设立分公司，其办事人员法人居大半之数，并遵照与印度银行所立成约，凡有举事，皆应商之。此项银行如有不肯出力相助，乃可与其他法国银行商议。该分公司应筹备资本，为勘选矿地之用，并于此约签押后，派员至承办矿工地所试佃合同办理，不得违背。其选派人员办理矿工、与人立约购办器具、或售卖矿产各等事，大东公司均得承认。至所有矿工差事，凡华人可以胜任者，均派华人充当，西国矿师须加意教导，俾练习矿务各工程。矿务官局可以随时稽查工程，并派员查勘各厂。

三、华裕将分公司所勘可开之矿交付此项开采公司办理，并创设厂所、栈房，寄屯矿产，又专为运送开矿器物，修浚江河，以便船行，专为联络矿工，起造小支铁路至最近水口，应遵照华裕公司与官局所订章程，创设开采公司数处，逐渐运送。此外华裕更应于开采公司开售股票之时，先得每百张抽四十之红利票，以备日后支取矿工凡百抽四十之实在红利，华裕于此应得红利项下立即提取所有应完租课，即开采公司值百抽八、值百抽二十五之红利票，遵照与闽督宪立约承办矿务章程办理，惟完纳海关税则不在内。

四、每处开采公司资本应分作股票若干，又红利票若干，每遇创设一处开采公司，则华裕公司均应首先坐得每百张抽五张之股票，勿庸给值。即以其半转送福建矿务官局查收，亦勿庸给价。或官局愿收现银，即按股票价兑给现银。此种股票或现银按照办期，限以三年为度。三年限满后，未经公司指定，应准别项公司开采。此项限期，由签押之日算起。一经勘选人员具报公司斟酌，如果有利可开，即设立开采公司，或一处，或数处。其开采公司股票应尽华商购买过半，所有应享权利，华洋一律，不得畸轻。其已经公司指定之矿，予限一年，如未开工，亦应准他项公司承办。

五、所有开矿利息，开除一切经费外，应提取三项款目：第一项，偿还开采公司各股票利息，长年七厘，并于付银日起算，所有未还利息一并补还。第二项，于余利中再提百分之十六，续偿还股票本银。其偿还之价，照股票原价再加一成。第三项，提取一款在百分之十，为公积本银添换器具之用。除提取以上三项之外，所余利息作为实在红利，照股匀分各红利股友。

六、所有股票本银利息，即以承办之矿与所属之房栈、道路、桥梁、器具、矿产为质，首先偿还。

七、华裕转交开采公司承办矿务之期，定五十年为限。限满后，所有各矿并所属厂所、桥路、电线各等项，均归华裕，听其遵照与闽浙督宪订立之合约章程办理。

八、每季开采公司均应钞送帐〔账〕目一份，此外每年终各公司更应钞送四柱清册，交官局查核，并另送华裕一份。官局暨华裕公司均可随时派员稽查矿工及各厂所、栈房等处。

九、此项合同须禀请闽浙督宪批准，并允保护所有派往勘选矿地及办理开采工程各员。凡派往勘矿之员须由官局委员同往，并派弁勇随同弹压。官局委员及弁勇一切费用，均归大东分公司付给。

十、华裕公司与闽浙督宪所定承办矿务合同，大东公司均愿一律遵守，不得歧异。所有大东公司承办各矿应完一切课税银数，应声明悉愿遵照中国外务部及路矿局奏定新章办理。

十一、倘三年限内，大东公司未将愿办之矿务及所属之铁路工程等类绘图注说，呈请官局及华裕公司，此项合约即废而无用。

十二、此项合同应遵例合缮华文、法文各四份，钤盖关防。一份存矿务官局，一份存领事衙门，一份交华裕公司，一份交大东公司。倘有疑误，惟以法文为凭。

谕教民犯案须由中国官听断与平民一律办理

上谕：国家怀保群黎，惟恐一夫不获，是以不论民教，一视同仁，正直荡平，无偏无党，原欲百姓亲睦，共乐时雍。迭经通饬各督抚，剀切劝导，务使民教相安。乃昨据河南巡抚锡良奏称，泌阳县属竟犹有焚毁教堂、杀害教民情事，业已降旨缉拿治罪。因思严惩于事后，两败俱伤，何如消患于未然，一劳永逸。查西人入中国已二百余年，其宗旨在劝人为善，教士远涉重洋，坚苦卓绝，施医疗病，赒济贫穷，无非克已利人，又何猜嫌之有？而闹教之案，层见迭出，法令森严，亦且悍然不顾。民即愚顽，不应至此。推原其故，总由人心诈伪，每有莠民藉入教为名，横行乡里，倚势作威，藉端兴讼，一不遂意，则以肤受之诉，使教士闻之不平，代为申理。地方官平日既与教士隔膜，又于案情曲折不能详明剖辩，遂成偏重之势。平民被抑，积愤滋多，匪徒藉此煽惑，激成事变。迨至酿案之后，缉凶限迫则多被株连，赔罚严苛则不胜扰累，此所以平民怨教之隐不能尽释，而教士劝善之心亦遂不彰。自非彼此辑和、尽泯嫌隙，无以为正本清源之计。现在驻京总主教樊国樑宅心公恕，见义勇为，前次觐见宫廷特加褒奖，并令遇案持平，俾民教相安于无事。着外务部再将此意与樊国樑婉切商议，使不安本分之人无从投教，其教民犯案，由中国官与平民一律办理。应如何妥定规条，杜绝后患，并着外务部及出使大臣照会各国公使、外部，转饬通行遵守，两有裨益。至各省教堂、教士人等，仍着各该督抚严饬地方文武各官，凛遵前旨，随时防范，实力保护，如有贻误，决不姑宽。将此通谕知之。

三月初三日

吕海寰盛宣怀致外部与马使酌定圜法条款电

圜法一事，马使开送此款时即告以此系内政，当自行整顿，并以洋商均须通用为抵制，盖有鉴于鄂之龙洋为赫德通饬各关不准收用，宁之龙洋沪上各银行不收，致难畅销。马使又问：关平因何与库平有多少之别，新关平并无两样？我竟无词以对。此马使必欲中国定一通用银式，以便完纳税项，不致吃亏。辩论几次，始将条款酌定。其洋商通用一节，马使云：只要中国能一律，洋商自必通用。譬如生银亦是国家信用，而洋商始用，其所以能使一律通行者，权仍在我国家，并不操于外人。故条约内只云：中国允愿设法立定国家一律通用银式，将来中英两国民人在中国各处即用以完纳税饷等语。原未定以年限，仍可由我自行设法办理，而我所以允入约者，重在洋商行使，则买货买镑自必一律通用，免致受其束缚。其分两轻重一节，马使虽云中国完税均用银两，亦以用一两重银元为宜，仍系我自主之权，故条款内并未列入。总之，圜法须归一律，若再因循，外人必滋议论。至分两多少，由我酌定，外人本难干预。但前拟一两重银元式原欲铸明纹银九钱，补水照算，官商并不吃亏，关吏不能高下其手，尚祈明察。若论行使之法，只须随铸随用，生银皆变为银元，其墨西哥及中国向用龙元只我随收随销随铸，断不能俟铸足而后行使也。现拟条款，与部电所谓商约但须将官铸银币中英通用订明，意义相符，应可定议。将来或铸七钱二分，或铸一两，决不能干预，则岘帅电所虑决无干碍。此议多次磋磨，有益无损。如再欲删改，恐彼只争关平太大，不欲助我一律使用中国银元，转为有损无益矣。

三月初三日

外部致江鄂督及各星使俄约四条遵旨画押电

俄约四条，初一日遵旨画押，即钞寄。

三月初三日

外部致张之洞请将行厘加入坐厘再商加税或可就绪电

现议商约免厘加税，彼此相持，彼且多方要索，意欲使厘不免而自免，终必受亏。商人久苦厘卡节节留难，若及时各省一律妥筹，将行厘收数总加入坐厘，统捐一次，任行无阻，商情必乐从，则厘收不至大减。行厘既免，再商加税，或可就绪。否则，持久不决，枝节丛生，所损尤大。望速筹复。

三月初五日

外部致胡惟德交收东三省条约业经批准应照会俄外部互换札

中俄议定交收东三省条约四款，于光绪二十八年三月初一日遵旨画押，业经请用御宝，作为批准。查条约内开：御笔批准之本，限三个月内，在森彼得堡互换等语。相应将用宝约本一分札寄驻俄代办使事参赞胡惟德恭收，应即照会俄国外部，与俄君批准之本订期互换，仍将换到之本，妥速寄回本部为要。

三月初五日

粤督陶模致外部粤办膏捐土药加抽之税过于洋药于专条无碍祈核准电

川电，土药出口正税每百斤二十六两，抵粤完进口税五十二两，厘金二十六两，共一百零四两，中间经过省分尚需完厘，较洋药进口税厘一百十两之数有盈无绌，专条第五款云，洋药拆包后，如有征收，不得较土烟税捐格外加增，系照货价计课，洋药价昂，土药价贱，应就货价相较均算，估价抽费，即属一律办法。粤现办膏捐，但就膏计数，无洋、土药之分。洋药成本虽重，膏捐并未加多，土药成本虽轻，膏捐亦未减少，是土药加抽之数已过于洋药。昨商人续递禀云，在香港与洋商面议，均无异言，其于专条无碍可知，祈迅赐核准，电示。

三月初六日

外部致吕海寰盛宣怀免厘拟章甚妥电

江电悉。免厘拟章甚妥。银元一条，仅言完税、买镑、购货，能赅括否？江省谓，须候各国同允再定解决，诚有主见。苟非于我有益者，谅稍缓亦不妨。

三月初七日

江督刘坤一致外部整顿圜法万勿列入条约电

关平与库平不同，事不难解，因洋货用司马镑，较关平为重，是以收税亦用司马平，于洋商本无出入。若彼争改税平，则货镑亦应照改。否则，即属暗中减耗。从前税收平余，尚系充作外销。今关税拨还洋债须付关平，若将税银改平，则关系赔款，必须另加贴平之银，一出一入，受亏甚大。一两重银元照洋制九银一铜，今作纹银九钱，则铜价、工价、火耗经费均无所出，此等亏蚀中国财力如何能任？今三局所铸大小银元，随铸随销，并无存积，洋商用与不用，本无所谓受制。若入约许以定一通用银式，则必尽废生银，纯用铜元，方有定式。纵再增机厂广铸，亦非一时所能尽废生银。彼时各执约相诘，势必又生枝节。此事一再筹思，整顿圜法诚属要图，然只能由国家自行变计，万不宜列入条约。幸吕、盛两公详慎为要。

三月初八日

吕海寰伍廷芳致外部及袁张日使不允加至值百抽一二五电

日约加税免厘一款，迭次商议，反复辩论，彼总谓日政府已定主意，决计不能照加十二五。昨奉大部支电，属扼定英约为准，勿稍松劲，又与日使再三切议，彼总云即执现定税则并未切实估足，以为辩论之助。彼云，我既不能定，彼又不能允以十二五，彼此相持，无可再议，只可将此款提开，先将议定别款签字，彼等不能久候。告以我国训条必须俟加税议妥，然后将全约请旨奉准，始能有画押之谕，此款一日不定，全约一日不能入奏，何能有画押之权？彼云，既和约条款不符，不能以加税未定，即置全约于不画。又告以英即如此办法，不得谓与和约相背。又劝以美国虽亦只允抽十，经我开诚相告，彼已允电彼政府，再请训条，岂日本同洲尚美国之不若？日使云，纵美能允值百抽十二五，日本亦不能照允，恐别国亦不能答应。我又劝如各国不允十二五，此款不能举行，则日本更乐得做人情，有何不可？彼始终坚执不移。又劝以税不能加足，厘即不能撤免，于我原无所损，不过各国久以厘金为秕政，前次聂、盛在京议办加税，各国已允加至值百抽十，我尚不允裁免土货之厘，以英国作梗，事遂中止。今我已允全裁厘金，而日本不允增二五之税则。往返辩论良久，彼仍狡执，旋忽云，我能允以三礼拜即可画押，彼尚有一调停之法。请问可允照英约加税十二五乎？彼含糊答称，总有善法使中国面子好看。又问何不先说，以便电部请示。彼云，如调停之法果善，我须允彼三礼拜内可以画押，彼始能说出。我答以如果善法，方可请示，一面将各款从速议妥后即请旨画押，然三礼拜亦恐办不到。彼始终不肯说破。窃恐彼给我画押而无真正调停善法也。观此情形，美、日不允，各国无举行之望。惟有请大部向内田、康格两使切问，作一转圜，恐此间两不相下，终致决裂。海等无不竭尽智能，力顾大局，终不敢稍为松劲。倘能内外夹攻，或者有济，亦未可知。如有良策，乞速示。

三月十二日

外部致张人骏津镇铁路峄县以北借德款以南借英款电

津镇铁路，峄县以北借德款，以南借英款修造，二十五年四月订立草合同，即钞寄。

三月十二日

外部致吕海寰盛宣怀加税议成仅可不限单数及货数电

镇章单限、货限，本为保厘起见，即旧章不准华商请领，用意亦同。将来加税议成，仅可不限单数、不限货数。此时尽量推广，未免为时尚早。总之，厘金可明免，不可暗免。我未尝不愿土货畅销，为国用计，加税未定以前，却不能不顾虑厘收短绌。此意竟可开诚布公告之。

三月十四日

外部致吕海寰盛宣怀请单办运必须限定货数电

请单办运，必须限定货数，稍杜流弊，仍望坚持，力与磋磨为祷。

三月十五日

粤督陶模咨吕海寰盛宣怀请妥议华商挂用洋旗章程文

为咨行事。

本年三月初十日，据九龙新关税司穆和德申称：窃查外洋船只凡准升该国之旗，必其船实系该国人民物业，始准升用。如美、法、德各国船只，其船主非该国之人，即不能升该国之旗，且须考有该国凭照，不得张冠李戴，始为合例。设遇万不得已之情势，方准通融办理，但不能据以为例。若英国之例则不然，无论何国人民，只须有英国执照，迨为英国各船船主，即可升用英旗。至华船而挂外国之旗一节，本税务司读贵部堂咨商外务部明定章程，出示晓谕，除该船主实系外国人，领有该国执照，始准悬用该国旗号外，其余各船，不论华式、洋式，凡在中国水面，俱不得悬挂外国徽章。惟当未出示以前，似应将所定章程先行送交各国钦差，请其札知各领事官遵照办理，然后揭示于众。盖以船悬外国之旗，其管驾、水手悉属华人，必至以外国旗为护符而胆气愈壮，一遇有隙可乘，即因事生风，或致酿交涉非常之祸。其一切华船受其鱼肉犹其小焉！惟使华洋各船两不相混，各归所属管理，则庶几可以相安。不然华式船只准悬外国旗号，将来以此启衅，将谁任其咎乎？况泾渭不分，其流弊复何所底止？愚昧之见，是否有当，理合申请训示施行等因。并先据该税务司声请，本年二月间迭有华式商船数只装载火水油进口，升挂德、美等国旗号，并携有广州口德、美等国领事官凭照，声明系洋商物业，先后过厂，坚不允纳经费，不得不任其开行。窃恐效尤者接踵而至，则经费短绌势必日甚一日等情。当以各国行船章程，凡升挂何国旗号之船，其船主必系该国之人。若船主并非洋人，混行升挂洋旗，认为洋商物业，殊与各国章程大相违背。饬即详细查明，申复核办。兹据申请前由，查华式商船悬挂洋商旗号，流弊滋多，必须订定章程，严分界限，庶免日后轇轕，而杜奸民冒混。现值修改商约之际，应请贵大臣悉心筹画，分别议订，务期周妥，以杜流弊。幸甚！除咨请外务部察核咨行外，相应咨会贵大臣，查照施行。

三月十五日

外部奏遵议魏光焘勘办滇省铁路请由该抚与法员妥议折

总理外务部庆亲王奕劻等奏，为遵旨议复事。

本年二月二十三日，军机大臣面奉谕旨：魏光焘等奏，勘办滇越铁路等语，着外务部议奏。钦此。钦遵钞交前来。查原奏内称：光绪二十四年，总署与法使互换照会三端内，第二款允修滇越铁路。法人不待议章，委员勘办。上年和约定议，法领事方苏雅重来催办，准外务部钞寄法使照送修路草章，惟责滇中借地、助工而于中国应有权利一未之及。偶以讯诸方苏雅，始谢议权不足，继许先议路章，在彼之把握已得，在我之权利终虚，是以两电外务部，请由滇与议路章，由京与议通章。嗣准外务部复电，饬仍与方领事平议，如有应与法使面商之处，届时再行由署与议等语。伏思路工在滇，应当遵议。惟事关重要，谋始宜慎。在此项章程应否查照滇省原议，内外分任其事，抑一并由滇先议？如奉饬由滇并议，拟即先将统关权利之通章开送法员议妥，再及造路章程。并请饬下外务部，迅将先议通章、后议路章办法婉切照会法使，电饬方苏雅遵照会议等因。

臣等查，光绪二十四年，法署使吕端与总理衙门互换照会三端内称：自越南边界至云南省城修造铁路一道，中国国家所应备者，惟有该路所经之地与路旁应用地段而已。该路现正查勘，以后另由两国会同订立章程等语。当由总理衙门咨行云南督抚查照在案。嗣据前云贵督臣崧蕃以该省创办铁路一切章程无所依据，请将各省铁路合同钞寄滇省，以备参考。复经总理衙门钞录东三省及芦汉、山西暨龙州、榆锦各路合同，寄滇备案。并由臣等公同商酌，拟就大致办法七条，函致该督，令其照此开议：一、此路地主系属中国所有。寄送来往文函，例不给费。如运送水陆各军及军械、粮饷、赈济等事，车价应减半。遇有战事，不守局外之例，悉听中国调度。二、此路应订明若干年限即归中国管业，或先期若干年照原修价值买回。三、每年议纳路税若干。四、装运货物应照本省章程抽收税厘。五、所用工匠、巡兵人等全用华人。六、铁轨尺寸由中国自定。七、所用材料先尽中国所产。以上各节，皆系自保地主权利，准理酌情，并无窒碍难行之处。通章路章，本系一事，无庸分而为二。臣等公同商议，应请旨饬下云南督抚，即照臣等所拟七条办法并各省所订铁路合同，取其有关地主权利者，参酌本省地方情形，详细分条与法员妥议。如彼一意坚执，不受商量，应由该督抚等随时电商臣部，再与法使磋磨，以期就范。谨奏。

光绪二十八年三月十五日奉朱批：依议。

吕海寰盛宣怀致外部捐厘事马使逐条辩论不容不议电

鄂、宁屡电，请勿再议捐厘各款，诚以财匮力殚，原有利源万万不可再受侵损。各关报单多无定限，正拟照镇章议定限制，岂可转将镇章修改，转滋流弊？又虞电谓：华商本已一体准领报单，惟镇章定有数种限制，今彼欲将所有土货悉准领单，为畅销土货计，原不宜阻，但此时财用匮乏，不能不定限制。香帅谓：推广镇章，质言之，是尽免出口土货厘金，无论如何限制，皆属无益。现反复辩论，只允推广，不允修改。而马使谓：三联单系久载入约，镇章又系议准通行，不过各关皆未限制货数、单数，为土货畅销计，是应如此，实于中国有益，词正言顺，殊费辩难。即经电饬各关查复，除岳州关、荆州关、东海关、杭关向未领过联单外，其闽海、九江、津海、重庆、汉阳、山海等关均照约章办理，而并未限定货数、单数。各关行之有年，恐亦难以强限。且各关出口土货名目、多少又复不一。悉心筹画，惟有货数仍照镇章，定以三十一种；单数，每起不得过二十张；必须前起缴销一张，方准后起请领一张；并改为发单日起，限六个月换运照，再限六个月到本口，或即由本口运往外国，或运往别口再出外国，均再限六个月，不再展限；如逾限不出口，即照镇章罚款办理。较镇章原定转运别口、自到别口日起限以一年运出外国，计减六个月。磋磨至再，马使只允单数减期，仍不肯限以货数。现虽坚持，未知能否就范也。至华商领单一层，岘帅谓本已一律准领，应毋庸再议。惟香帅谓须先议加税，不允勿议此条，无如马使每次会议必逐条辩论，不容我不议耳。

三月十五日

外部致魏光焘通章路章本系一事无庸分议电

皓电交议，既经本部复奏，通章、路章，本系一事，无庸分议。请饬滇省仍照二十五年七月间本署函拟七条办法，并各省铁路合同，取其有关地主权利者，参以本省地方情形，详细分条，与法员妥议。如彼仍坚执，可随时再与法使磋商等语。奉旨：依议。希遵办。

三月十六日

江督刘坤一致外部美不愿多加税英即受其牵制电

吕、盛一力主持加税事，且告马，洋货入华人手，土货未入洋人手，皆须加重抽厘，为还债之用。此为彼最忌而又坚持不与议，碍厘诸款，皆逼彼加税要法。美因北地厘轻，故不愿多加税，然美不多加，英即由其牵制。自应由慰帅虚张声势，故作欲加洋货落地、土货产地各捐。日本不肯多加，盖亦有取巧处。彼国行销中国之货以煤斤为大宗，余即海味、药材、磁器、玻璃、洋货、洋绸等物，大都即在口岸拆兑贩运内地，多不成件，不完半税，亦鲜有厘可收。惟有告以此后内地洋货各铺亦当估本价，按月加重缴捐。至所云坐厘者，即系落地、产地两捐。产地散漫，稽征最难。有行厘，则遇漏免尚有验补之法。免行厘，产地悉被偷漏，即无从稽考补抽，惟在出产人宗货物之处劝设牙行，以为收束之计。一面令行家代缴，一面派丁役巡缉。然捐宜轻减，重则漏多，转难招集。落地捐如在口岸，捐重则尽驱租界。惟内地城镇等处，操纵由我。然口岸之捐既轻，则内地城镇即不便过于悬殊。按此而论，但抽坐厘，收数必然有限。设局巡查收捐需费，地方办理一切又本有动支。厘捐者虽非外人所云之乡约、巡捕等捐，以就地之款，供就地之用，然以有限之坐厘，除开支外，可以供国用者无几矣！是留坐厘数既甚微，不独进口税抽十五不可再减，即出口税亦不能不增，盖洋商入内地办货，既免行厘，决不领单，则半税无着。自应于出口时正、子并纳，以抵向有进项。改为直〔值〕百抽十，除原有正半之七五外，仅增二五，以为凑抵所免行厘，恐尚不敷。再加丝、茶减税所短之款，仍须办印花等税，以弥其缺。万一厘不全免，税不允照加，宁可并免坐厘，言明但改抽乡约、警察等捐为地方应用诸款，仍照增进出口税为得计也。用就管见，以备采择。晤小田切，当照杏翁之意言之。

三月十九日

黑龙江将军萨保奏重设铁路交涉总局增改章程折

黑龙江将军萨保奏，为重设铁路交涉总局，并酌设分局，增改章程事。

窃奴才于上年十月间奏派前湖南候补道周冕为铁路交涉总办，前往哈尔滨，与铁路总监工商办交涉事宜。十二月十四日奉朱批：外务部知道。钦此。钦遵在案。当该员赴哈尔滨之初，其总监工茹格维志等先以从前派员未协、并未保护为辞，意在诘难，经周冕极力辩白，于是总副监工等援照吉林新订章程酌改旧章，拟有合同十一条，周冕详加斟酌，删其窒碍不符之语，而于黑龙江省关系重要之处量为增入，再三商办，草议章程十二条。该总监工等派其代办〈达〉聂尔偕同周冕赍送到省，经奴才核妥定议。查章程内所载：哈尔滨设立总局，各段监工处派专员设立分局，均归总局节制。所有局中经费仍照旧章，由该公司筹给津贴。惟前次设局专管铁路交涉，此次该总监工等所拟，凡关于铁路及牵涉铁路之命、盗杂案均须归局经理，免致移交地方官会办，转多迟误。奴才查，铁道横穿黑龙江省二千余里，惟呼兰、齐齐哈尔、呼伦贝尔三处离城较近，此外或千余里尚未设官，或数百里本无村堡。遇有案件，不但该公司患有周折，即奴才与各城副都统亦均有鞭长莫及之虞。盖铁路一通，中外杂处，较之从前治理旗民，其繁简难易，迥不相同，故与铁路干涉之事，悉归铁路交涉局经理。如其事情重要，及罪关流徒以上，均禀由奴才核夺，似于江省情形较为妥协。且乱后通事之害最烈，故章程内必先提准名目，以免日后遇事狡脱庇护。至铁路公司购买应用地亩，以前未经稽核，旷土太多，尤易私占；并风闻有奸民嗜利，暗中指地售与俄国商民情事，所以此次定章，再三磋磨，增入一条，声明无论满、蒙、汉官地、公地、私地，凡系铁路购买，均将各色契据送由铁路交涉总局验明盖印。既为补牢之策，而现在铁路两旁赶紧招垦，冀可以严稽察而免轇轕。此奴才派员总办铁路交涉、查核章程、增改定议之大致也。其各局一切经费，候拟定议，除将前刊关防札发周冕设局开用，并将合同咨呈军机处、外务部查照外，理合恭折具陈。谨奏。

光绪二十八年三月十九日奉朱批：外务部、路矿大臣议奏。片并发。

黑龙江将军萨保奏铁路两旁地亩俄商私购之地从权改买为租片

萨保片。

再，铁路两旁地亩，除铁路公司应用仍查照光绪二十二年合同办理外，如系正经俄商前此出资购买专为开设铺店者，此时若概欲发还原价，将地亩归公，势有未能。然因其所占无多，概置不问，则以后之流弊无穷。奴才拟饬铁路交涉局趁此开办局务，稽查公司以前购地各色契据之时，凡查出俄商私购之地，如实系正经商人并无别项关碍之处，从权改买为租，且严定年期，以示限制。但此系专为紧靠铁道地亩而言，别处不得援引。是否有当，谨附片密陈。谨奏。

光绪二十八年三月十九日奉朱批：览。

黑龙江将军萨保奏铁路公司需煤查照吉林原订合同议立踩煤章程折

黑龙江将军萨保奏，为铁路公司需煤孔亟，查照吉林原订合同，议立踩煤章程事。

窃查，光绪二十二年七月，中俄会订东三省建造铁路合同，本允其办理路旁矿务。兵燹后，又屡次以此为请。上年夏间，接准吉林将军函送吉林新订铁路办矿章程十二条到江。旋准总监工茹格维志函送章程，并派其代办达聂尔携带所拟矿务合同前来，催促商办。因饬铁路交涉局总办周冕，与达聂尔会议；并由奴才详细察核，迭经辩驳，而于第一条及第二条附条各节坚不肯稍为删改。奴才与周冕诘以矿务大局攸关，岂该公司所能独擅？坚持日久，达聂尔直言：勘挖煤矿，实因铁路需用起见，非为与华人争利，至别项矿务，实无染指之心云云。乃迎机商酌，逐条改为专指煤矿，并于十一条声明与别样矿产无干；第九条声明铁路公司应用开出之煤等语。盖现在江省火车汽机以木代煤，近二年中，砍用材木，为数已巨。砍木地方愈推愈远，深山穷谷，任便出入，于旗民围猎生计大有关碍。继此取煤于地，弗再求木于山，似亦该公司和平办法。因念国家既已允修铁路，其铁路必需之煤势难靳而不予，况当日原订建路合同亦经允许在先。与其漫无限制，任该公司随意开挖，诚不若明定章程，尚有一定界限，可以就我范围也。溯自停战以来，江省交涉事宜首推铁路公司最形辑睦。若因勘挖一事操之过激，恐该公司疑为有意掣肘，致生枝节。奴才因势利导，不敢昧通权达变之旨，复于章程内里数、斤数等字及小有出入之处辩论多日，逐细磋磨，始行援照吉林从权定议画押。此更订铁路用煤合同之实情也。

抑奴才犹有虑者，就黑龙江与该铁路公司情形而论，此次议订合同固属两有裨益，惟念中俄和约迄未就绪。现当订约之时，想东三省一切矿务不能不为议及。窃恐外间所订与京中新订之约或有参差，可否请旨饬下全权大臣、外务部暨路矿总局，将奴才与铁路公司所订煤矿章程详加复核，再行奏明办理之处，出自圣裁。谨奏。

光绪二十八年三月十九日奉朱批：外务部、路矿大臣复核具奏。

江督刘坤一致驻沪领袖领事查询黄浦税租照会

为照会事。

窃照黄浦工程一事，闻贵领袖总领事与各总领事集议已久，本大臣与贵领袖总领事相交最久，相信亦最深，即与各总领事亦莫不共敦辑睦也。前年夏间，北省之变，为祸甚烈，本大臣不辞艰险，力任其难，主持互保，俾长江一带各安生业，运用主权，所以顾全大局也。乃旅沪西商潜思侵攘，竟将本大臣与驻沪各总领事力持长江和局之功概置不顾，以黄浦工程明损主权、暗侵治理，是固有欠公道而又违公法者矣。倘令黄浦工程与本大臣熟商，果能允为设法修理，必能与一千九百年祸变之时同一言行相践也。现在工程既不由中国自主办理，而需款浩大，中国应认半费，每年又须于进项内筹一大款，按约认缴，但此项经费究竟能否获益，有无得失，约章俱不载明。然则于未应认缴之先，亟应询问明确，旅沪西商因办理黄浦工程是否悉愿输将？各总领事能否担承旅沪商民随时接连完纳租税？设有抗不遵缴，各总领事能否保其各以其国律法勒令完纳黄浦税租？此层颇关紧要。传闻英国国家律师向议院云，驻华公使无勒令寓华商民完纳税租之权，且闻各国之有公议院者，如贵国及德、法、奥、义、比等国，无论何项税捐，未经公议院准行，皆不能勒令商民认缴，是则黄浦工程虽经各国钦差议定捐输，载诸和约附件第十七条，而旅沪商民业认缴一二年或数年之后，设或不愿接付，各总领事即不能勒令照付。斯时经费虚糜，工程半辍，中国掷此巨款，未能获益。故不得不于未经拨认款项之先，应请各总领事切实声复，黄浦工程是否果有权力饬令各该商民按期认缴？即请贵领袖总领事转商各总领事，详细示复。为此，照会贵领袖总领事，请烦查照施行。

三月二十日

使美伍廷芳致外部请中国亦认古巴为自主国电

古巴自美日战后由美派员管辖，美廷允其自主，议立总统。驻古总领事禀，各国均认其自主，中国似须照认。饬领事届时会同各领事谒贺，庶交涉易办。

三月二十一日

江督刘坤一致外部请坚持约票所载以银易金算付之据电

前因镑价渐昂，应还赔款必须先行照约辩明，免贻后患。当以约载中国允付诸国偿款海关银四百五十兆，即各国及中国人民之赔款总数；又云，此四百五十兆，系照海关银两市价按诸国各金钱之价易金如左，此即指各国赔款应以海关银四百五十兆照约载各国金钱价值作为易金算付之据。故下文又云，此四五十兆年息四厘，按后附之表清还，或按应还日期市价易金付给。或字本系两可之词，极言应还本息如不照约载各国金钱市价算还，亦可照还日市价易金付还。如照约载各国金钱市价算还，即系四百五十兆之关平银数。盖应还各国金钱，即系照约载市价合成此四百五十兆之银数也。是以条约与按年还款之表不独均载银两之数，不载金钱之数，抑且载明银两平色。迭次电商外务部，并令沪道妥为商办，嗣因外部电复谓，应还金。又复电，经外部钞示保票，查核票载亦系照约文声叙，而票尾亦书明，此保票即当四百五十兆海关银两，按照以上所述诸国各金钱之价易金，即此为凭等语，是票所保者亦系四百五十兆之海关银两，应还各国之金钱即应照约载各国金钱之价值核算。照此而论，此项偿款虽应还金，而金价业已载明约章，是无论何时，并不论金价如何上下，均应照此算付。约票互证，其理甚明。质之沪关税司，亦深以为然。中国按照约载各国金钱价值算还，事系照约办理，各国不应别滋异议。现由沪道商于经收款项之参赞云，候公使核示。查定约时每规银一两合英金三先令，今则日见增涨至三先令三本士零，先后相较，已增至二成有余。上半年还款若照市价购金，所短不下二百数十万两。沪上银行皆有经收偿款，得以暗中串通。前项赔款，若不执约辩明，此后镑价必更有增无减。现在各省摊解之款，并所提足抽五，及免税收税，并常税二成，统作上半年还款，尚不敷还。沪道电请暗中预为拨备，以免临时贻误。因思各省摊解赔款，业已搜索殆尽，大都由于挪移应急，本非均有筹定的款，若再加派，势必将应解京协各饷一并凑齐。且新款原摊既多不敷，旧有还款亦复随之而增，即照目前新旧各款因镑贵受亏统计，已照约暗耗八九百万之巨。况此后镑价增涨，更无底止，受亏难益数计。以有限之财力，何能受无穷之巨耗？若不将前款赶速辩明，照约载易金价值算付，坐受镑价日涨之累，非误国用，即误还款，大局实不堪设想。目前之患，莫大于此。数月以来，倍切焦愁。今距三月还期已近，时迫情急，不得不据实沥陈，吁请饬下外务部，坚持约票所载金价算付，速向各使辩定。大局幸甚！请代奏。

三月二十二日

外部致伍廷芳古巴自主中国可照认电

古巴自主，中国自可照认。届时饬领事前往谒贺。

三月二十三日

川督奎俊致外部宁雅开矿请商英使指定两处电

川许法矿共十处，内有五金指天全、懋功两处。刻下普济英公司十四处，允改为八处。查钧署咨文，英请办宁、雅两处及打箭炉近处，浑言宁、雅州县太多，漫无限制，打箭炉为川藏要地，许之后患甚大。如于宁、雅两处，准英指定两处五金，与法之数相符，法不致藉口。乞钧署与英斟酌，如能照行，即电示，再由川商订草约呈核。

〈三月〉二十四日

外部致吕海寰盛宣怀马使请拟厘税新章宜细酌电

效电悉。答马语，明爽得力。马请我自拟厘税新章，何意？欲据以议免厘耶，欲据以议酌留厘金耶？若厘酌免而税不满加，我吃亏恐更巨。开送时，宜细酌，须防彼就此变换主义。

三月二十五日

外部致盛宣怀中韩电线应速修接以免俄人侵夺电

顷，接许使函称：中韩电线，韩廷屡催修整。现驻韩俄使向外部言，东三省线已允俄办，即日造至义州，与韩线相接等语。查东省电线前接尊处已派洋参赞到京与俄使面议收回，中韩电线亦必应赶紧修接，以免俄人侵夺。希迅即核办。

三月二十五日

外部致粤关监督陈村等四口大关仍归监督管理电

东西炮台分口五处，系为大关总巡查验而设，自应移交税司。其陈村等四口，大关志书并行船路程既在五十里以外，所有税务自应以志书及船路为凭，应仍归监督管理。

三月二十六日

外部致吕海寰盛宣怀米谷出口尊处不准极是电

米谷出口，所议第三款先一月示禁一节，应以示禁期前所报之数一月内尚可准运出口，一经示禁，不得再报，以防影射。又不准无论米谷一语，甚费解。又以六礼拜为限，方可复禁一句，为日亦太多，恐有牵制。务再磋商改定。漕米、军米，一系正供，一关兵食，万不能与商米一律，尊处决绝不允，极是。

三月二十八日

外部致吕海寰盛宣怀马使要求运米出口决不能允其入约电

漕粮、兵米，皆关国用，与商贩谋利之米不同。马使无论如何要求，不能允其入约。惟议款就苏省情形而论，尚有须辩明者。查光绪十六年间，因苏省灾歉禁止芜湖米轮运出口，英使即以只禁轮运，仍准民船贩运，有违定章为言。当将下游宁、镇等处民食全赖先米接济，若遇灾歉，不禁芜米轮运，势必尽贩各省下游之米，价必贵，民食愈艰，若并民船一体禁止，更属自绝来源。此实地势、民食合相维系，不能与沿海一律办理，英使遂无异词。此后遇歉，皆系如此办法。今议款有既禁之后如准运出口，即可驰禁，是无论民船、轮船，一体包括，与沿江省份遇歉禁止办法大有妨碍。此节应如何与之商明，或款内酌量区别添驳，或另行备文声明：沿江各省，如遇禁米轮运出口，仍准民船上下流通。事理所在，民食攸关，彼意又非重在禁米，务须吕、盛两公切与商办。又各口禁止，如有奸商偷运，只能查办，不能作为弛禁，亦应预先声明。

三月二十八日

清季外交史料卷一百五十四终

清季外交史料卷一百五十五

光绪二十八年四月上

外部奏遵核刘坤一奏请照约辩明应还赔款镑价折

总理外务部庆亲王奕劻等奏，为遵旨核复事。

光绪二十八年三月二十三日，准军机处交片，军机大臣面奉谕旨：刘坤一电奏，应还赔款镑价渐昂，请照约辩明等语，着外务部查核具奏。钦此。查原奏内称：前因镑价渐昂，应还赔款必须照约辩明，免贻后患，当以约载中国允付各国偿款海关银四百五十兆，即各国及中国人民之赔款总数；又云，此四百五十兆，系照海关银两市价，按诸国各金钱之价易金如左，此即指赔款应以海关银四百五十兆照约载各国金钱价值作为易金算付之据，故下文又云，此四百五十兆年息四厘，按后附二表清还，或按应还日期市价易金付给。或字本系两可之词，极言应还本息如不照约载各国金钱市价算还，亦可照还日市价易金付还。如照约载各国金钱市价算还，即系四百五十兆之关平银数。盖应还各国金钱，即系照约载市价合成此四百五十兆之银数，是以条约与按年还款之表不独均载银两之数，抑且载明银两平色。迭次电商外务部，并令沪道妥为商办。嗣因外务部电复谓，应还金，又复电，经外务部钞示保票。查核票载亦系照约文声叙，而票尾亦书明，此保票即当四百五十兆海关银两，按照上所述诸国各金钱之价易金，即此为凭等语。是票所保者即系四百五十兆之海关银两，应还各国之金钱，即应照约载各国金钱之价植核算。照此而论，此项偿款虽应还金，而金价业已载明约章，是无论何时，并不论金价如何上下，均应照此算付。约票互证，其理甚明。质之沪关税务司，亦深以为然。中国按照约载各国金钱价值算还，事系照约办理，各国不应别滋异议等语。

臣等伏查，赔款本息用金付给，约文固已载明。该督以分载各国金钱价目为逐年还款一定之准，其持论亦非无据。至所称加派亏累各节，尤属实在情形。此次偿款之巨，年数之多，臣等每一念及，仰屋同嗟，莫名焦灼！如各国能照定价计算，庶免受镑价巨亏。此中出入，关系至大。现在各国所派银行董事齐集上海，经收款项，本约款乙字原载明，此欠款一切事宜均在上海办理。拟请旨饬下刘坤一，熟筹办法，转饬上海道，就近与各国派出之银行董事详细辩明，及早订定，以免临时争执，于大局实多裨益。

谨奏。

光绪二十八年四月初一日奉朱批：依议。

外部致奎俊弥领指定矿地俟奏准往勘似无流弊电

弥领屡催订定矿章，本署以原章混指全省，万难照允。再四磋商，弥允指定漱江、云南、临安、开化、楚雄、永北、他郎共七处载入第一款。只所指之地不准他国公司勘探，并非包括全省。惟弥以第一款岁缴京铜及第二十款津贴银两，前因全滇矿产获利较丰，尚能报效，现改为七处，应去京铜三分之二，并删津贴一款，迭与磋磨，将京铜定额改为一百万斤，除去津贴二万，其委员、士兵薪粮等费仍归公司给发，弥始应允。其余各款，字句大致无甚出入。查尊处原奏，须俟指定矿地，再订合同，原为预防隐占全省起见。现弥既已指定七处，又称俟奏准后再派矿师往勘，似无流弊，希酌定速复。

四月初一日

电政大臣盛宣怀致外部东三省线路俄兵未撤俄使不允派员前往接修电

洋参赞宋纳见俄使，拟请开议收回东三省线路。俄使谓：约载交还东三省分六个月、十二个月、十八个月三期，期内俄兵未撤，碍难准电局前往修复电线等语。俄使不允，尚难往修，亦不能与韩线相接。应请贵部转告许使，密告韩外部，婉告俄使，一俟辽东退还，方可接通。

四月初一日

豫抚锡良致外部福公司造矿枝路与奏章未符电

福公司造矿支路，请由修武县老流河直达道口，相距三百里，与奏定章程未符，且逾卫辉而东，支不附干，东西横贯，于芦汉利权有碍。查获嘉县为干路所必经，距老流河矿所一百零五里，指令就此筑造，似于本年矿务新章第八条准将支路接至相近干路为止之意相符。若必需最近水口，则新乡县之杨树湾向来通船，距老流河陆路一百三十里，地在干路以西，与合同亦无不合。事关大局，恐非柯瑞所能专主，应请就近商明。

四月初一日

驻比参赞呈外部比人谓津保铁路不能许给英人电

比外部谓，保定至津铁路，经李文忠应许芦汉公司建造，今中英新约许给英人，有违前约。乞大部更正。

四月初二日

外部致许应骙闽脑章程由尊处自办务断葛藤电

前送闽脑章程合同，意在先收捐缴十万元，弥补前亏，致将事权全授技师。本部正在酌核，适英、德两使均来署，谓：此事若照此章定议，各国于别项土产亦必援照办理。是以本部往返电商，并与该技师改拟大致办法六条，其详章仍由尊处与议，以保利权而杜口实。现来电既难照办，愿作罢论。事由闽省发端，系铃解铃，应仍由尊处自行办理，务断葛藤。

四月初二日

外部致锡良运矿支路道口既有碍拟改至杨树湾电

运矿支路接至芦汉干路，前经本部与哲美森商议未允。道口一路，既由尊处查明恐有妨碍，拟改至杨树湾地方，应归韩道商令柯瑞前往勘定。柯有议路之权，当能作主。

四月初三日

外部奏英使展修津榆枝路之议请饬续行厘订折

总理外务部庆亲王奕劻等奏，为声明请旨事。

本年三月二十日，督办山海关内外铁路大臣袁世凯、胡燏棻奏，接收京津榆铁路，现与英使商订章程一折，本日奉朱批：依议，钦此。由该大臣将原折条款钞送到部。查原议条款第五款内载：议定嗣后在于离现时所有铁路八十英里地方之内，凡欲新修铁路，除此章程画押以前所应允修办之外，均由中国北方铁路督办大臣承修，盖如北京或丰台至长城向北之铁路，及通州至古冶或唐山宜弦之铁路，并天津至保定府各铁路，不得入他人之手，致妨碍中国北方铁路利益等语。

臣等查，天津至保定府铁路，上年二月间准督办大臣盛宣怀函，据比国总工程师禀，以芦汉铁路未达海岸，以致煤斤、材料转运多艰，应请展修津保枝路，以利转输。如准他商另辟此路，则芦汉干路块然中处，必至所收车脚不敷本息，实于大局关系极重，应先准总公司一气承办，以免他商搀渎等情。经臣等复：查该大臣所请展接津保枝路，实为保全干路利益起见，遂以日后倘有他人请办，自当拒绝等语，电复在案。现据袁世凯等与英使会议章程，将津保枝路订入条款，甫经奏准。比国署使臣贾尔牒即来臣部辩论，并执前北洋大臣李鸿章照会为凭。其照会内载：在将来自保定至天津如议另建枝路，自应按照芦汉铁路原定章程，仍交比国公司承办等语。该署使臣复以有违前议照会到部，并称：此事于上年十一月间照会现署北洋大臣袁世凯在案，将先后来往照会一并钞送前来。法国使臣鲍渥亦以成议在先，坚执辩论。

臣等窃维京津、芦汉均系中国自造之路，彼此原无轩轾。惟天津至保定一段有关芦汉干路转输，业经比国署使与李鸿章定议于先，势难中变。相应请旨饬下袁世凯等，与英国使臣妥为商办，将第五款展修枝路之议续行厘订，以免两歧而维大局。谨奏。

光绪二十八年四月初三日奉朱批：依议。

使法庆常致外部义外部请设驻义公使电

义外部总文案致函林桂芳云：本部请设驻使之意甚殷，如承大部慨允，即行请旨，则于张大臣兼使一节自无异议等语。谨闻。

四月初三日

外部致奎俊华英合办矿章已议妥合同电

华英合办矿章，与哲美森迭商，哲始允。各矿统计指定八处，其应注地名，须将合同寄川填注；查勘以五年为期，如原指之处查无矿产，准其另择，惟先后总不逾八处；每年地租照买价一成核算，每矿按年津贴办公银百两；保厂士兵口食由公司给发，惟临时酌定人数；原章第七、八条均删；其余酌改字句，并无出入。现已议妥合同。

四月初三日

吕海寰盛宣怀致外部密陈会议加税免厘详情电

二十八日，仍会议加税免厘一节。马凯谓：一、该国商人不愿加足十五之多；二、恐加税后内地厘金仍多影射，须得中国切实担保。告以担保不难，惟欲全免厘金，即加至十五，尚不抵免厘所失，故拟增出口税以抵补。马谓：加出口税与富国之策相背，天下无此办法。为中国计，免厘为上策，加出口税为下策，不啻自扼其吭。且加税后出口贸易退减，银价低落，所得不偿所失。告以中国亦知此理，但无法以补免厘之不足。裴税司乃云：如英国商民不愿将进口税加至十五，此议一散，深为可惜。或将进口税加至值百抽十二五，再将出口税估价后加至值百抽七五，并将出口税所加之二五二十年后递年减除。按裴所拟办法，除新约估价所余约三百万不计外，照前四年进出口货本通扯约算，每年洋货进口加税多收一千三百五十万，土货出口加税多收七百四十五万，土货此口运至彼口及复进口多收二百九十万，常关多收民船加税约一百万，扣除原收进出子口税七十八万，每年约共多收二千四百万，以之祗〔抵〕补报部行、坐各项厘金一千七百万，尚多七百万。各省厘金，屡查尚不确实，即使各省尚有不实，便将所余七百万尽行抵补，亦必有盈无绌。况厘卡全撤，商民如释重负，欢忭之余，另筹新税，如营业、铺户、印花税，户部与各省商定新章，切实开办，由数百万以至数千万，似不难得。此皆仿照各国，均归内政，洋人不能过问。或进一说，加税如稍不足，亦应扫除厘金积弊，方能力行理财新政，况有余乎？江电：厘免，物值轻减，不独民困可纾，即土货亦可畅销，则金价可平，债款亦不吃亏。反是，则税不能加，进口货日盛，厘不能免，出口货日衰，金愈贵，银愈贱，一弊也；华民坐受厘金之害，百货滞销，生机日减，欲行新政，处处掣肘，二弊也；洋商日促其国家推广联票，扩充租界，竭力损我厘金，以便其私，三弊也。马凯初议口气尚松，近则内因洋商讪谤，外被与国讥阻，是以愿将第十条、第廿一条注销。又日、美均不愿加税。裴谓：加十五，断做不到，所言加十二五，仅少四百五十万，拟以出口加税并留复进口补之，亦可补足。以上所指免厘加税实数，千万秘密勿泄。

四月初五日

吕海寰盛宣怀致外部送马使加税免厘新章四条电

谨拟开送马使加税免厘新章四条如下：

一、英国允准，进口洋货，按税则估价值百抽五正税及入内地二厘五子口半税，一并加倍完纳。中国允准，进口货并纳加倍之税后，无论运赴远近何处，或转运，或囤储，一切税厘捐款，概不征收。

一、英国允准，华洋商持有运照，贩运出口土货，按税则估价值百抽五正税及二厘五子口半税完纳。中国允准，出口土货，无论经过远近何处，一切税厘捐款，概不征收。

一、除以上两项之外，中国国家有权将华商贩运土货行销中国内地者应在销场处征税，但此项土货，在途一切厘金，亦概免除，免致有影射以上两项货物重征之弊。

一、中国允，以上各款办到后，即将各省厘捐局卡全行裁撤。如裁撤后未能实在奉行，或改换名目，暗征进出口货物，一经报到，中国与英国政府即派员会查。如有私行征收，即惟该地方官是问。如此四款不能议办，则所有贵大臣交来之第四、第九、第十二、第十三、第十四、第十七、第十九、第廿四款，均属有损厘金，一并作为罢议云。

以上所拟新章，如果应允，则第一端可得一千八百万，第二可得一千万，第三可得五百万，三共三千三百万，除抵补厘金一千七百万，尚多一千六百万。揣度情势，万做不到。初五限满，拟先交马使声明，姑就臆见开送，再当奏咨请旨，庶免停议。乞赐裁电复，以便因应。

四月初五日

商约大臣盛宣怀致外部英要求租买房地已辩驳电

第六款，请准英人应能无论何处买地、租地、买房、租房，以便居住、贸易、制造，连安设机器，以备一切之用，当即痛加辩驳。近来马使每会议辄哓哓不休。初执马关约谓，英国须照此推广。答以日约系准以暂时租栈存货，并非许其长远侨居贸易及内地买地、买房、设机制造。马使又云：英人挟巨资至内地贸易，实于中国有益，如恐滋事，可由领事查明正经商人，取其银两押作担保。答以目前只能照日约办，俟中国律例改后，各国商民能悉从中国律例办理，再行推广。从前大西洋及葡国约均不准入内地买地，设立行栈，即传教人买地，亦系用教堂之名。此时若照允英国，恐他国效尤。且领事均系见好商人，请给照据，必无不准，于中国关碍实多，各省断不能准。马云：照和约大纲载明，我等如有所求，必须共议，不能以不议二字了之。答以和约大纲载明，彼此公商，岂能强我必从？现在教士在内地传教，时时滋事，若再许外人侨居贸易，祸更无穷。马使又云：现在福公司矿师可在内地开矿，即与在内地侨居无异，是否归中国官与中国律例管理？答以与福公司订立合同，有管理各矿师之权。马使又云：中国新订矿章，无论洋人、华人均可入内地开矿，此即与准其在内地买地、租地、侨居贸易无异。答以开矿新章不过论其大意，其有洋人承办者，将来订详细合同时，必另有章程叙明，矿务洋人归中国官管辖，断不能听其自往买地及开办。马使遂将买地及安设机器等字抹去，仍再四纠缠，或限制人数。窃思此款只能准照马关之约暂行租栈。马使以日约本可一体均沾，不得谓之利益，必须较日约有加。近见都中颁行开矿新章，无论洋人、华人均可开办，执以要求。在矿路大臣订定此章，意在开我利源，原不料英使辄借以为准入内地买地、贸易、居住之证。海、寰等现虽驳辩，不知将来承办洋人到都递禀时，能否将该商买地仍归中国官买，或租给若干年，或以地作股及矿师、矿匠归官管辖一节，补行声明，方好。各国尚以抽税太重，拟请更改，可否乘机并将窒碍之处详慎修补，以杜各国藉端援引，别生枝节。此事关系甚重，万难迁就。望示方略，大局幸甚！

四月初六日

江督刘坤一致外部筹议加税免厘必须加免足抵并增进出口税勿失操纵之权电 二件

此次筹议加税免厘，必须加免足抵，尤须核计确数，方免以后短绌受亏。足抽五及免税物收税两项并计，现据查复，汉关增收最多，照原收仅增二分七厘，余或二分有奇，甚有一分零者；其余如沪、浙等关，以未能核计为言，按旧收进口税岁约七百万。即通照增数最多之二七计算，亦只岁增一百八十万，况多有不能增收至此数者，是现在增收较旧不过多收百余万，较个电所计有绌无盈。土货旧收八百余万，加二五约增四百余万，除子口半税十余万，约增四百万。土货由此口运彼口应收之税，即系复进口半税，此外并无别税。照贸易册，每年仅收复进口税一百五六十万。若出口税改七五，复进口半税改三七五，较旧加一二五，照旧收之数岁可增二十万。今裴云，除新约估价三百万不计外，照四年货本通扯抽十二五，可多收一千三百五十万，土货抽七五，可多收七百四十五万，复进口多收二百九十万，相去悬殊。究竟现在关税是否即按货本抽收，实在可增若干，必待确查。常关收数能否增至百万，尚不可必，缘近有据复，除税司经费外尚不及旧数者。为畅销土货计，诚不宜加重出口税。第中国负债之巨，不独原有进项不能再短，且必须多筹进款，方免贻误。厘已全免，所失既不能全数取偿于进口之税，则不得不加出口之税，以资凑补。厘免则民困既纾，工料之价必廉，物值即因之而减。纵稍加出口之税，较之旧收厘金已轻重迥异。且物值廉，将来计值收税，税亦随之而减，则加与不加无异。且鄙人有鉴于洋药自税厘并征，进口即年逊一年。洋货加税，价昂滞销，进口之货亦恐渐减，税亦随之而绌。照约，正、子并计本收七五，抽十仅加二五，所免内地重叠之厘，岂止倍蓰？断不至碍出洋销路。将来进口税绌，犹可望出口税增牵补。如仅抽七五，与进口税相去过巨，纵出口之货能畅，恐亦不足补进口之税所短，诚不仅目前赖此以补其缺。至王芍棠王之春字、聂仲方聂缉椝字所云，苏、皖外销不过各抽万两，殆指宫中成宗用款而言，如并地方善举及各处一切琐屑捐项并计，数必不细。乡约、警察等捐，前者商会曾议及此，如能与商限制，留此一项为地方之用，不独将来省无数为难，亦可藉省公项。总之，此事关系甚巨，必须通盘算计。裴言果确？或于进抽十五，出抽十，酌量于二者之间让去二五，统求再加详酌。

四月初六日

沪电所云进口增一千八百万，系估抽照原收七百万，增三百万，共千万，加倍半合二千五百万，除原收始多前数。然约计各关报收，所增至多二成有奇，不满二百万。照裴计估增差百余万，加倍半共短二百万有奇。出口增七百四十五万，系估抽照原收八百万，增二百三十万，共一千三十万，加半倍合一千五百四十五万，除原收始多前数。前岁议加洋税，由杏翁向赫德考较，据云，出口土货系以银估价，所增无几，进口货系金镑照岁收六百六十余万，可倍加三百万云云，与裴计不符，必须切考，因出入过巨也。又复进口半税，即征诸转口土货，虽有出洋之货在内，实系转售各口仍分运内地者为多。所以由轮转口者，原求迅便，亦为图免沿途重叠报捐之计。此后厘金裁撤，商人惟利是图，转口之货若非急待出售，必多改装民船。是复进口半税所云可多二百九百〔十〕万之说，非特毫无把握，且转恐较前为绌。盖税厘若先后增免互异，则商人之趋向亦随之变易，不可不预为计虑，虚增尤不可作实抵。又出口税岁约八百万，论理半税应得四百万，但考历年所收运出半税，至多不过十三五万。议者有谓不完半税必系完厘，但商人无不避重就轻，此项出口之货虽间有洋商不便赴内地零星购集，或在口购贩出洋，亦实由华、洋商互相隐戤，借报单免沿途之厘，将次抵口，又复多方舞弊，混漏应纳子口之税，观各领单不缴即可知矣！现在厘既议免，则出口货应纳正、子，亦必须照洋货，改为报运时一同并缴，不可如旧分征，转致半税丝毫无着。条内应加并征字样为要。且出口抽十，较原约多二五，则谓之加。否则，正、子皆照约，应纳之税不过改为同时并征，即不得视为加税。二十年后递年减除之说，尤万不可入约，致失操纵之权，而贻后日之累。统祈裁酌。

四月初七日

鄂督张之洞致外部法德商人拟包办烟膏请勿允电

上年有法国西贡税司某来鄂求见，商办熬膏事。据云，已托法使在京代谋，拟请包办中国十八省烟膏。大略将天下洋、土药均由该洋人熬膏发卖，禁止民间私自熬膏，洋商出资，获利与中国均分，谓一年可得二千余万，以代筹赔款为词，实则揽我全国利权，并报效巨款以为饵。鄂省未允，又托函告江省，江省已力驳之。前月德商瑞记洋行格兰踵法人之后，亦拟赴京揽办熬膏，并愿借巨款数千万垫办，又来鄂与洞力商。据云，当托其公使要求，并愿报效银一百万两，志在必成。查此事岂可令洋人出资包办？且土药牵涉民事，当已极力驳阻，不听，即日东下，由沪赴京。并据云，法人已将有成说，故德商甚急。顷，闻已到京，百计巧说图谋。万一堕其术中，无论德、法，是于二赤指赫德外又添一国把持我财政大权，加以借伊巨款，是永远在该商圈套之中不能摆脱。权利兼失，如何立国？且必于十八省腹地遍布洋员，查禁私膏、私土，家家户户，无论官民男女，皆可藉词查搜，骚扰滋事，为害何穷？倘日后民不堪命，杀毙洋人，须赔巨款，则更得不偿失矣！昨经电告江督刘、直督袁，皆以为万不可行。此事上关国家安危，下关万民生命，不敢缄默。倘该商嗾唆其公使代求，务恳朝廷饬外务部婉拒。天下幸甚！

四月初七日

鄂督张之洞致外部免厘新章包括太广请力争电

沪、支两电均悉。查美康使在沪曾言：不愿加税至十五，免厘与否，听中国自便。又闻美康使密告人云：加税免厘，系英国国家欲总揽中国财政之权；以便他年展布耳等语。细译康使之言，参以体察各国情形，实为至论。鄂省去腊宥电云，不得侵我损益财政之权；寝电云，限我主权，为害无穷，须留产地税、地方税，均已痛切言之，正与美使所言符合。顷，来电开送马使免厘新章，竟云一切税厘捐款概不征收，包括太广，是所有产地税、地方税、营业税、印花税皆不能办。惶骇万分！既浑言将局卡全撤，销场税如何征收？且改换名目亦不准抽，尤为很〔狠〕辣。裴税司所言加增之数，殊未可据。外省似厘非厘之各项捐款经费，为数甚巨，所计亦不能确。此举关系中国亿万年主权。财政若无权，安能立国？全国为洋关束缚，祸不胜言。务恳请旨饬吕、盛两大臣详慎审酌，万不可遽与定议，千万叩祷。总之，产地税万不可尽免，地方、营业、印花各税必须趁此时预先声明。若此时不议定，将来外人必不准抽。今新章所谓一切捐款概不征收，又不准改换名目，是各路俱已杜绝净尽。将来户部、各省无法筹款，势必归咎此次新约，何以堪此责备？为中国计，不如过境厘全免，进口税不必多加，而坚留产地税及地方、营业、印花各税，利害方足相抵，于恤商、保权庶可兼顾。不胜惶迫待命之至！请代奏。

四月初八日

商约大臣盛宣怀致外部临城煤矿与芦汉铁路相依为命未可轻易签字电

前因芦汉铁路须办临城磁州煤矿咨行在案。顷，据柯道鸿年电禀：临城矿务总办龚道照屿等索价现银十万，红股三十五万，先付定银三万，将次成议。龚道等以该矿已奉旨承办，不必铁路总公司与闻。沙多拟将此矿分三大股，总公司、比京公司、比商矿公司各得一股。本按股出，利亦按股分。本银拟筹二百万，龚道得红股三十五万，总公司应出三分之一本银五十五万两，如不愿出，可售与他人；股利定八厘；其余按路矿总局新章程办理，一二日即在京签字等语。查临矿为芦汉铁路经由之地，煤亦合用，该矿与该路相依为命，本应归总公司自办。惟总公司无此力量，只得让比商得三分之一，未免利权外溢，究竟中国留得一分较胜于无。沙多因回国亟须定议，龚道等亦愿与沙多议定，不及寄沪复核，只得电派柯道代总公司签字。查矿务新章第一条，须先禀明外务部，或专咨外部，俟批准后，方可准行。应请或令龚道、柯道将所议合同呈送贵部查核，以免将来如有不合，转生枝节。

四月初八日

吕海寰盛宣怀致外部路矿关系最重请勿入约章电

今日马凯送来英廷电，新改第五款如下：一、中国意欲兴办矿务铁路，以便开辟利源，并知悉如能招集华洋资本，则可冀望大为推广，故允愿派专员在北京商订章程。英国所应派之员数必须公平按所定之章程，得以利便探查矿产及煤油，并开挖兴办矿峒、油井及筑造铁路云。告以前奉部电，矿路章程应由中国自行整顿，且矿路总局现有专章，未便列入商约。马云，前章已撤回，坚请将此条转电贵部。揣其意在藉入商约，干预此事。中国路矿关系最重，若无极好办法，总以不入约章为是。应如何驳拒？乞速电示。

四月初九日

旨吕海寰盛宣怀商约一事财政攸关着会商妥筹电

旨：商约一事，财政攸关，最为紧要。前以盛宣怀熟悉商情，特旨派令议办此事，并饬随时与刘坤一、张之洞悉心商酌，嗣后添派吕海寰会同议办。乃数月以来，尚无头绪。迭经外务部将历次往返电函呈览，所议加税免厘一节，现在偿款方急，财力奇窘，亟应通筹出入，力保利权，不可稍涉大意，致滋流弊。着责成吕海寰、盛宣怀务当激发天良，握要辩论，切实磋磨，详慎核议，仍遵前旨，与刘坤一、张之洞会商，妥为筹订，期于财政无所亏损，有裨大局，毋负委任！

四月初九日

外部致刘张吕盛免厘加税须细核所加确数足抵电

前后各电均悉。免厘加税，必须细核所加确数足抵，免致吃亏。窃计即加至值百抽十五，仍恐不足抵免厘之数。各议久不决，彼且多方要索，夺我利权，终必大受亏损。

惟华商久苦厘卡节节留难苛索，若将过境行厘全免，而于产地、销场酌量加收，统捐一次，即畅行无阻，商情自必悦服，收数亦不至大减，似为得计。我既恤商，再议加税，必加数足抵免数，方可定议。支电内一切税厘捐款，概不征收一言，大有语病。凡产地、销场及地方善举办公就地所收落地各税，与各省向有大小关征杂税，均我自主之权，应声明一概照旧。又阳电，彼谓但求离开货字，语不近理。洋货免厘，自不待言；若土货为中国之货，我自收税，于彼何涉？土货无税，款从何出？至内地杂居，流弊甚大，万不可行。总之，种种要索，损我利彼，务望诸公熟商，期归至善。

四月初九日

外部致许应骙脑局如官本难筹向日本银行商借电

脑局开办成本，日本技师面称，只须十五六万，余俟得有盈余，再行扩充。至借款一节，本部仅与技师言及，如官本难筹，可由闽省向日本银行商借，并未与拟立合同。仍希酌定，咨部立案。

四月初九日

外部奏请饬袁世凯等与英使妥商关外铁路章程折

总理外务部庆亲王奕劻等奏，为声明请旨事。

光绪二十八年四月初三日，臣部奏请饬下督办关内外铁路大臣袁世凯、胡燏棻，将收回铁路章程第五款展修枝路之议续行厘订等因，本日奉朱批：依议。钦此。当经臣部咨行袁世凯等钦遵办理在案。嗣俄国使臣雷萨尔亦以原议章程殊多窒碍，向臣等辩论。本月初六日，复据该使照会内称：章程第二、第三两款，议设铁路会办一员，应用英国武官，凡各国武备载运等事，均由其经理。又德国、日本亦可各派帮办一人。查此路本为汇丰银行借款抵据，故该行可派稽查进款之人，该公司亦可约请英人办事。今会办系属武官，则非此项人役可比。两国往来，不能彼此自行办事，必以他国为介绍，殊失自主之义。俄国但知中国为自主之国，直可与之径行办事。至德、日两国均可派员，于俄国独未提及。此事原非他国使臣所能越俎代谋，如以为委派帮办一事必不可少，则俄国亦将索其应有之权，派一俄人。又章程内英国索取支路三条，由北京至长城向北一段，于俄国关系最重。从前中俄议办铁路时，前任公使格尔斯曾接总理衙门照会，如中国欲由京城向北或向东北修造铁路，许与俄国议办，不令他国官商修造。上年华俄银行请办，因中国拟自行办理，未蒙批准。中俄和约甫定，英国即将此路订入章程，俄国不能不力为争辩。中英交路章程载明，须各国公使允准，方可施行，俄国惟有不允此议等语。

臣等伏查，此次所议章程，会办武官系用英员，各国驻扎武官遇有载运军实等事，均应先向英员商办，恐他国有不能相下之势。俄使愿与中国径行办事，不愿由英国转达，自属正理。至索派俄员，只为抵制之语，其意仍在交还铁路，以后统由中国管理。此时若仅事调停，日后恐转滋轇轕。其所称长城向北支路一节，查二十五年四月间中俄议办铁路时，俄使格尔斯请将东省铁路通至北京，迭次争论，经总理衙门复以如中国欲由京城向北或向东北俄界修造铁路，除用中国款项及华员自行造路外，设有他国商办造路之意，必先与俄商议，断不允他国或他公司承造等语，照会该使。上年华俄银行璞科第禀请承办由北京至张家口铁路，经臣部以该处地方如果将来商务兴旺，应由中国自行筹款办理，碍难准如所请，札复璞科第各在案。是此段铁路既定自行筹办，自未便订入章程，致贻口实。相应请旨饬下袁世凯、胡燏棻，按照俄使所称各节，归入臣部前奏，一并与英使妥商续行厘订章程，以期妥洽。谨奏。

光绪二十八年四月初十日。

江督刘坤一致外部矿章系内政请速改颁行电

矿章必须速改颁行，此为内政，只能由我自定章程。若入约准其查勘兴办，一国照允，各国均沾，非特路矿之利尽为所夺，抑且太阿倒持，各国洋人必均以查勘矿路遍布内地，纷扰为难，则内地杂居贸易更复有词可藉。沪电以不入约为是，实一定不易办法。此时应以事属内政，应自定章。且局章本准华洋合股，洋人不愿办，尽可自合华商，遵章办理。请酌。

四月初十日

外部致刘张吕盛马使恫喝无礼仍当坚持加税电

马使恫喝无礼，仍当坚持。加税如不敷抵，断不能全免厘，必须详慎妥定。谷米出口、洋盐进口、内地杂居、通商口岸利权及邮政电报皆断不能允许之事。至铁路矿务章程，应由我修改，由我自定，更无列入商约之理。尊处驳拒，极为正办，一切均赖竭力磋磨，会商妥订为要。

四月初十日

鄂督张之洞致枢垣及外部条陈免厘加税意见电

加税必与免厘相抵，自是要旨。岘帅所见与鄙人同。裴拟酌加十二五，自是审度英国意旨。镜使、杏使能逼出此实情，实已不遗余力。慰帅谓，加十五断办不到，洞亦云。然英得美、日之助，故乐得少加。马使必欲去坐厘，曾经面谈，故鄂电只拟留产地厘。今拟变通产地厘以资补救办法详复，若既加税而又办统捐，洋人断断不允。据马使、小田皆言，营业、印花等税，即是离开货字。若议久不决，必生变幻。如户部所云，不可不虑也。惟鄙意稍有与岘帅不同者，条列于后：

一曰进口税能加至十二五，似已可允。管见进口税不必过争，彼加一分，必求损我十分矣。二曰进口税二十年递减至尽一条，当删。三曰出口土货税万不可加。即使议加，至多加二五，亦甚有限。如厘免税轻，销路必旺，正税必增。出口税八百余万，一年多一成，三年即二百四十万，已足抵此次议加之数。十年后，成巨款矣。此实环球万国理财要义，断不可与之背驰也。四曰坐厘洋人断不准抽，惟有将仿照西国理财各法与之一一声明，如国家所抽之营业税、印花等税、州县所抽之地方税、绅董所抽之乡约局税、马头捐税及专条烟酒等十四项，议定准抽，则亦足相抵。五曰土货产地税，彼既不允留，必须别筹一法，以抵收数。拟于出产土货之地限定必归行户发卖，征其行帖税。此与营业税、印花税相类，外人当不能阻。六曰有数种土货宜立专条，以资补救。中国烟、中国酒、中国糖、中国承充官商所办之硝磺、中国制成铜器、细巧木器、珠宝、玉器、绣货、香货、广扣、锡箔、鞭爆，此十四种皆中国自产自用之物，与洋人无涉，亦非民生所必需，应准仍旧抽收。除过境不抽外，无论产地、销场，均可设局抽税，外人不得干预。硝磺两项，尤应藉收税稽查。此十四项能认真抽收，每年可得五六百万。又米谷一项，与外人无涉，亦不至影射洋货，应听各省体察丰歉情形抽税，外人不得干预，亦不归洋关经收。七曰外国洋货有吗啡一项，系鸦片之精，最为害人。近年日来日多，此物应加重税。八曰出口土货有向来无税者，应查明酌增。九曰洋土各货估价，须议一确实估计可行之法。十曰内地大小常关甚多，洋人尚未详知，其关税应由我自定，外人不得胁我裁免。十一曰须声明彼若废加洋税之约，则我复抽厘金之章。十二曰沪电盈余巨款固不敢期，宁电增免相抵自是正办，然亦不易。洋人核算最精，断不令我于此次商约反增巨款。鄙意谓，能养利源，不忧民贫，能保利权，不忧国贫，出口之货不可加此利源也，内政所筹之款不能阻此利权也。抱定此两义，即可立国。但能将地方乡约局、营业、印花等税及马〔码〕头捐切实议定，必须开办，外人不能干预，载入此约，即可设［设］法弥补支持。若仅商会私议允抽，尚未可据，必须详晰入约。十三曰湖北烟酒糖税、米谷厘均系奏明有案，然不归厘金局计算，必不在部中所计厘金数内。他省似此者甚多，亦如江苏之茶厘、木厘归饷册，不归厘金也。十四曰进口税无论加至若干，拟定为首尾分半交纳。其税数由海口第一关查明填票，其税银于进口之关交一半，于起卸销售之关交一半，以昭平允而防后患。就旧章正半税共七五之数核计，海口皆是繁区，进口之后，必然就地销售许多，况加至十二五，即使分半，海口各关所入亦必较前增多。如此办法，洋商亦必愿从。缘厘金尽裁，天下大宗税款全在海口，偏重太甚。腹省全无理财之权，万一海疆有事，咽喉被扼，或内地不靖，饷道梗阻，必致腹省饷源顿竭，将有束手待乱之祸。诚如直督袁齐电所云，势将坐困，必至瓦解，最为卓识远虑。务望枢廷、外、户两大部通筹全局，以免自缚之害。

总论曰：战后之约，必是彼益我损，彼利我害，不待烦言，惟有两害取轻及害中求利两策，以为自救之计。零星要挟搅扰，推广联单，扩充租界，遍行小轮，厘名不去而厘权尽失，有百害而无一利，则不如明免厘而索加税矣！此所谓两害取轻也！扫除厘弊，民困可苏，理财新政可行，是为内治之利。进口税重，出口税轻，此时断不稍加，日后仍可递减。土货畅销，漏卮渐少，镑价渐平，富民强国，无逾于此，是为外交之利。此所谓害中求利也！目前增免实数，合内外销统计，恐必不能相抵。然利权不失，则目前暂救燃眉尚有筹抵之方。数年后，财政既善，土货复多，必有盈余之望。故此时断以割爱忍贫、规图国家久远之利为上策。枢、外、户三府胸罗全局，智周万事。但求于外省筹款事宜，条陈则多蒙采听，举办则坚予主持。即各省合计短少数百万金，亦尚不至无策。沪支电所谓加税如稍不足，亦应扫除厘弊，方能行理财新政，诚不易之论也。鄙意所最注重者，国家所抽营业、印花等税，可以供饷需、制造各项官事之用；州县所抽地方税，可以供办堤岸、道路、警察、监狱、官设学堂等事之用；绅董所抽乡约局税、码头捐，可以供民设小学堂、育婴、养废、社仓、善举等事之用。若将此数项切实声明，皆抽之于铺店、牙行、民户、田地、山场、江湖、舟车、文据，不抽于货物，且均系外国所有之办法，各国勿加挑剔，则诸事决不至束手。若彼仍多苛求，此则不可不始终坚持力争细磨者矣！统请钧裁熟虑，博访通筹。幸甚！

杂居、矿路事，另复。

四月十一日

江督刘坤一致外部洋人内地杂居并在口制造夺尽华民生计电

洋人内地杂居，其害至大。现仅教士，州县已疲于奔命。洋商准其运货出入内地，并在口制造，华商之利已大为所夺。若再准居内地制造，则华民生计既为尽夺，地方保护更属难周，必致弊端丛起。中国固受大害，恐于各国商务亦反不利，自应亟将矿章更改。查前定矿章，本须华洋股各居其半，方准开办。新章洋人亦准承办，得以藉口。自应改照旧章，必须华洋各半，仍由华商出为领办，尤重在矿师、矿匠遵守中国例章，均归地方官管辖，以示内地杂居贸易须归我管之意。此为最要关键，方可杜其藉端要求。再，烟台约亦载有洋人不准在内地居住，开设行店，马关约并未照泰西各约稍有逾越之处，均详盐电。

四月十二日

外部奏请旨简派驻奥义比三国使臣折

总理外务部庆亲王奕劻等奏，为请旨简派分驻奥、义、比三国使臣事。

窃查，出使章程，奥国以驻俄使臣兼充，义、比两国以驻英使臣兼充，历由臣衙门奏请简派，原因订约之国日多，势难遍遣专使，是以酌量繁简，从权办理。而该三国均先后遣使来华交际，情形近亦加密，每以中国使臣尚系兼摄，不无觖望。上年和约甫定，义国使臣萨尔瓦葛、比国使臣晓土登即均请派驻使。经臣等商允，各派参赞一员驻扎，遇事径达，当经附片奏明；并电知罗丰禄，派员前往该两国，仍请由臣部给发文凭，不归驻英使臣兼辖。本年正月间，又据奥国使臣齐干函称：奥介德、法之间，立国最古，前简专使驻京，中国未能照办。去岁回国时，政府谆嘱，到京商恳请旨简专员驻扎奥国，实为幸甚等语。现义国使臣嘎厘讷、比国署使臣贾尔牒亦复屡申前请。臣等伏维泰西通例，以遣使往来为重。奥本欧洲强国，迭与会盟。义为罗马旧邦，夙称文物。比以制造精良，讲求商务，近来芦汉铁路即归承办。该三国使臣皆因国体所关，不欲相形见绌，恳请中国遣派专使驻其国都，彼此益敦和好。臣等仰体朝廷德意，拟请旨简派分驻奥、义、比三国使臣各一员，以笃邦交而重使事。谨将中外臣工保举使才员名暨臣部左右丞、左右参议，照政务处会议章程一并开列，分缮清单，恭请御览。伏候命下，臣等即将出使事宜查照奏定成案钦遵办理。谨奏。

光绪二十八年四月十二日。

清季外交史料卷一百五十五终

清季外交史料卷一百五十六

光绪二十八年四月下

外部奏遵议俄铁路监工开采奉天煤矿订立合同折

总理外务部庆亲王奕劻等奏，为遵旨复陈事。

前准军机处钞交盛京将军增祺等奏，俄铁路监工拟仿吉林办法，在奉天全境开采煤矿，订立合同一折，光绪二十七年九月三十日奉朱批：着全权大臣、外务部妥议具奏。单并发。钦此。又增祺等奏，俄监工现仍催立开采奉天全境煤矿合同，密陈筹办情形一折，同日奉朱批：着全权大臣、外务部妥议具奏。单并发。钦此。钦遵各在案。

查原奏内称：据俄监工吉利时满来函，以奉天界内煤矿拟仿吉林现定章程一律办理，并送到总监工茹格维志等与吉林将军所订合同十二条。当经一面派委同知葆廉前往吉林，钞取合同，一面派委员外郎恩厚赴旅顺，与之婉商。上年复州之瓦房店、辽阳之茨尔山已经开采两处，若再指定一二处，尚可通融办理。如以全境订立合同，未敢擅允。且奉天三陵所在，风脉攸关，与吉林情形不同。此项合同是否奏经饬议核准，现未见有明文，似难援以为据。该监工再四坚请，并谓：东省煤矿垂涎者多，若不早为定立合同，恐日后事转棘手，如虑风脉有关，近陵三十里内决不开采等语。惟查从前铁路章程，只准附近采煤。此次送到合同则关涉全省，现未敢擅允订定，又不便辄与龃龉，致碍大局。合将该监工送到吉林所订合同照缮，恭呈御览，可否照允所请，抑仍饬下全权大臣、外务部、矿路总局，速为核议，俾有遵循。又于筹办情形折内称，现在东三省尚未定议，若一味坚阻，似于大局不无窒碍；且该监工前有遣武员来办之语，虽属恫吓，然恐一经决裂，枝节横生，办理更形棘手；现拟就吉林合同中量为酌改，冀免侵及陵寝风脉，仍将此约与之商明，俟奏奉谕旨允行，或饬经全权大臣议准，再为签押钤印；如未允准，即作废纸。请旨遵行各等因。

臣等当经以东三省事尚未定议，此项合同未便遽订，若先与画押，各国必致争论，诸多牵制等情，飞咨该将军，去后，复经该将军将延未订定情形奏明亦在案。臣等伏查，东省铁路合同只载开出矿苗另议办法，并无准俄人在铁路附近三十里内开采煤矿明文。现据该合同第二条载：煤在铁路两旁三十里之内，或华人，或洋人，或华洋同办人，欲行开采者，铁路公司应允，均不得准行。铁路两旁各三十里外，如华人请办煤斤，由将军、府尹主持，不必知照铁路公司。如洋人，或他项公司，或华洋人同办，均须知照铁路公司，俟公司复称不用该处，始可允准。其铁路两旁各三十里外，如遇煤矿，铁路欲行开挖，应先知照奉天将军、府尹主持，或铁路公司独办，或中俄合办等语。是其于铁路附近三十里内几有独擅之权，而复于三十里外，未经知照铁路公司，亦不准他人承办，欲垄断奉天全省煤矿，不但启他国之嫌疑，亦且妨中国之权利。虽准该将军量为酌改，于合同第十二条内声明：如与陵寝龙脉有碍及国家一切禁地有碍者，一概不得开采。但奉省幅员孔长，煤矿林立，仅恃此禁地数十里，而此外可开之地并无禁阻，仍不足以示限制。所订合同尚未签押，本不能援以为据，应请毋庸置议。惟煤矿为铁路要需，原议准其开采，自未便概行禁阻。相应请旨饬下增祺等，与俄监工另议办法，酌照德国在山东造路章程，开采煤矿，以附近铁路三十里内为限，并声明三十里以外，无论何人开采，该公司不得与闻，以清界限而维利权。谨奏。

光绪二十八年四月十二日奉朱批：依议。

滇督魏光焘致外部弥领在滇情形极熟所指七处矿产实括全省精华电

矿章指定七处，钦佩荩筹。惟弥领在滇年久，情形极熟，所指七处，实已括全省精华。若不准他国公司勘采，是将原章第一款屡争始定之条全行翻异，不惟利权尽失，抑且后虑方长，应恳力据原章磋议。矿类则金、银、铁、煤、火油、宝石、珠砂之外，不可听其含混，此亦在滇屡争明示限制者也。其余原章第二、三款全文，务求与之切实声明，流弊差少。至于减京铜、删津贴，经钧署议定，应即遵办速行，体察原章第一款，尤难稍予通融。倘万不获已，或允删聘英、法矿师数字，以为转圜。总仗坚持与议，滇民幸甚！

四月十三日

江督刘坤一致外部加税但能补足正厘及进出口半税即可照办电

事变无常，智虑有限，隐伏难见之事，即不能无挂漏之虞，故于应加之税不能不望稍增，以补思虑所不及。且旧亏过巨，还款镑贵，岁复骤加巨耗，亦不能不筹弥补。即如出口税一项，名虽岁征八百万，而实在出洋者岁收不过三百数十万，其余皆仍行销本国。因厘重，装轮转口报完洋税，虽同名出口，实非出洋，厘免税增。凡行销本国，必改装民船，以避洋关之税。加税不过实在出洋之货，余则不独所加成虚，且恐原有出口之税为其避免，复进口半税亦必随之而绌。欲杜趋避，必如鄂电，须留大小常关，更须酌加常税。至常关归税司经征者，马使本已允留。即不归税司代征各关，马亦许可通融商办。且马使前次与杏翁议二十二款，轮船、民船运货，坚请收税一律。今我加常税，正如彼所请。州县向抽税项，亦与常税相同，自应一并商留。洋土货估价，若不受暗亏，则加数更获实益。即如从前名为值百抽五，按照货物实值，不过三厘有奇，故此次必当按实值估计。以上两节，皆握要之著，务请吕、盛切实商办。出口税原不宜重，惟进口税既不能多增，不得不酌增于出口之税。否则以后纵能销畅税增，而目前急切待用之项无以为计。现复详加酌筹如营业、印花、铺户、烟酒等税，马已允均听中国自办，只须于立约时声叙明白。又土药税，马使前交款内已声明，允中国在产处顺便征税，或于各省往来通运亦可征税，是彼于货厘虽须全免，而烟、酒、土三项仍听收捐，以其非民生所必需。鄂电所留之十四种，大率类此。自宜援西例与之商办。多留一项，即于财源多一进项，能多留若干，连前三项，以补部计厘数之外诸款及外销各项之厘，将来酌办营业、印花、铺户等税，以补原来不敷之用，而乡约、巡捕等捐，以为新政整顿地方诸用。如此办理，则现拟加税但能补足所免正厘及进出半税，即可照办。米谷最为民生要需，常、洋两税外，不宜另收，惟沿海各关照则例向不收税，以后须一律征抽，以杜装民船避漏。向来洋关定章进口完税之后，如转运别口，或请给联单，或领存票至所转之口完纳，本听商便，以后自应照旧，听商自便。若一税分作先后两次完纳，必多隐射漏免，暗受大亏，此实万万不可。并非现处海疆中有所偏私，因知隙漏补救为难，且洋货由外来，税由海关分收，土货由内出，税由各关分收，同为国用，彼此牵计，亦无偏枯。用就管见所及，请再详酌。

四月十四日

吕海寰盛宣怀致外部转陈贺税司所拟银价节略电

英、法、德、美已会订银价税则，请派员会议，今日已派定贺、戴两税司矣！改订税则若以美金为准，则隐以银两易为金价，如能办到，受益实多。贺税司拟送甲字节略如下：按切实估价抽五，不如按件简便。惟原定乱前三年货价，即银无涨落已吃亏，因九十七年货价最落，九十八、九年虽稍涨，但此三年扯算，恐与先后年分仍不能及。洋货以金价为本，中国购洋货以银价为本，不料订约后银忽大减。若按此三年货价抽税，更吃大亏。诸大国既允照切实值百抽五，则断不至一面推让，一面夺回。自然应照此三年酌中货价按件抽税，并将三年货价估值若干银两，按其当时金银之行市，以银两合成金镑能得若干，再将所得金镑若干按照现时市价值银若干，照此银数以定抽收税数，庶昭平允。如某货值金镑百枚，按此三年银价，必得售六百七十六两，即可收回价本。若照值百抽五收数，仅得三十三两八钱。如某货仍值金镑一百枚，按现时银价必得售七百九十八两，虽可收回价本，如照抽五，可得三十九两九钱。倘不照所拟办法，是将可得三十九两九钱之税仅得三十三两八钱，合来不及抽四二五。况现在货价较前三年更高，是值百不及抽四等语。

此系按照三年货价照现在金价核成银两之办法，较按本估价已多便宜。如以后银价再落，仍必亏损。自不及美国径以金元为准之妙，但恐各国必以中国现无金元推拒，未必允行。现贺税司另拟乙字节略，或先送与各国商议。如其不允，再送甲字，抑另有妥当办法，可使各国应允。

乙字节略如下：

查辛丑年以前所借洋款多半低〔抵〕债，日本每年须筹还金债三百二十六万一千九百四十九镑，银债七十六万三千两。此外芦汉、津榆铁路借款，国家作保，每年须筹三十四万九百九十六金镑。去年议和，各国又索债款六千七百五十万金镑，即关平银四万五千万两。照该条约附表，中国因此项赔款自本年起，至庚戌年为止，每年应筹关平银一千八百八十二万九千五百两，而须实筹金镑二百八十二万四千四百二十五镑。且日本乙未年索赔之款，以库平银为本，商定库平银一两合英钱三十九边士二五，如此算，则关平银一两即合英钱三十九边士八九四六。迨至去年和约载明，关平银一两合英钱三十六边士。此后银价大落，关平银一两不及三十边士零七八。将来不得不以三十边士为准，则中国每年还庚子年洋款二百八十二万四千四百二十五金镑，不但须费条约所载之一千八百八十二万九千五百两，而须实费二千二百五十三万六千八百四两。每年还前后各项洋款之六百四十二万七千三百七十镑半，不但必用条约所订之四千二百四十二万九千五百两，而必实用五千一百二十八万五千六百二十二两之巨数。国家一切实款，每年通共不过八千五百万两，此数内若每年须以五千一百余万充还洋债之用，则腾三千三百余万以供国用，实属入不敷出。政府再三思维，若欲防国家因被强国勒索巨款渐至亏欠，只有一法，即订定各国应完税数以金钱为本，如美国金元；且因按议和条约时将切实值百抽五之数改为按件若干，应将二十三、四、五等三年卸货时各货扯算价值为准。此价照该约所定市价，即关平银一千两，合金圆七百四十二，易为金圆，按值百抽五之例征收。若不如此办理，则中国吃亏太甚，缘洋货卖价均以制造之金价为本，且进口货税增至切实值百抽五，诸国已允可行。惟该条约又定按光绪二十三、四、五等三年酌中货价值百抽五。该价若系金价，中国已不免吃亏，缘二十三年间贸易极衰，货价最落，二十四、五两年始稍涨，但此三年之货价恐与在前在后之年分仍不能及。若不按金价而照银价征收，则中国吃亏更甚，所能收者不过值百抽四。将来银价若再落，则更悬绝。各大国若勉强中国应赔之款须以金钱交还，而各本国商民应完之税须以落价之银钱输纳，何以秉大公乎？

除全文钞寄外，先电陈。

四月十八日①

外部致吕海寰盛宣怀路矿系内政不应载入商约电

路矿系中国内政，不应入商约，章程由我自定，无须派人在京商议，仍希坚持驳拒为要。

四月十六日

江督刘坤一致外部报载英议员宣言中国因摊派赔款激成变乱请商各使转圜商约电

阅西报载：英员在议院宣言，中国摊派赔款，激成变乱。户部大臣答以并未接官场因摊赔肇乱明文，惟闻耗后深愿与各国设法令各银行妥筹善策，使中国清偿此款，不致过于局促，则乱自止等语。查各省筹措债款，实有官民交困之势。有此机会，则与商照约票所载金价算还，正可借助。不知各公使近日曾否向钧处饶舌？如未议及，务乞执约坚持，并以大势安危动之，或易转圜。

四月十七日

江督刘坤一致外部若仅加进口税正厘亦不能抵电

鄂电悉。敝处元电所云加税，本仅指抵报部之厘及进出各半税而言，且加税亦指进出统加。若仅加进口税，正厘且不能抵，更何能兼抵外销诸厘？现估价值百抽五，本须洋土统估。惟土货系银本照实值估抽，纵能加，数必不多，连茶并计，盈绌恐尚难相抵。外人欲民船与轮船收税一律，盖即预杜厘免货装民船，欲保轮船之利，不为民船所夺。土货过洋关收出口税后，抵彼口收一复进口半税，无论经过多关，总是收一正半税而止。常税过一关，征一次，姑无论内地添关，与杜弊无涉。若有洋关之处向无常关者，亦必添设，是常关亦必如洋关之栉比，势必凡货皆装轮船，似我转夺民船之利予轮船矣！且此等添设常关，若由税司兼办，其利权均操外人。若由中国自派官员，近来常关需索之弊甚于捐卡。免厘为民去弊，添关复为民增弊。管见常关似宜就原有整顿，但

① 原刊目录标为“十四日”，新编目录从原刊目录。

使货物不致多趋民船，以保洋关出口之税，不添常关，为民船仍留生计。纵虑将来辟口日多，内地之货尽装民船绕漏，必不得已，亦只可择要添设一处，总不可随洋关增设。西国于贫民日用所需之物多不收税，所以轻民累，纾民力，并非仅轻出口税专为畅销计。此次议税，即不欲多加出口税，则原有七五之数并须并计征收，断不可舍此切实可靠之款，转于行销内地设法另收。此系全国之事，不得不就大势统筹也！

四月十八日

吕海寰盛宣怀致外部厘卡撤后营业印花各税拟次第兴办电

旨：加税免厘一节，亟应通筹出入，力保利权，不可稍涉大意。著详慎核议，仍与刘坤一、张之洞会商等因。

伏查，马凯开送商约之初，宣怀详加审酌，即以加税免厘为全约主脑。及开议，则先挤我厘金各款，不议加税。当时窥破，先不与议。去冬，屡商外部及江、鄂，请自筹一定办法。旋接外部电，认定款项收数有盈无绌，商民有利无害，便是一定办法。江督电谓，彼于厘金著劲相挤，我纵竭力防范，厘亏无补，财用必绌；又谓，与其厘捐为彼处处侵削牵制，暗受大亏，不如免厘加税，以轻土货价值，得以畅销路，纾民困之为愈，第征免，总须抵补有余，方是胜著。鄂电谓，现总目及连日所议似已无加进口税之意，厘则名不免而实免，必须先将加税之意说出，彼允若干，则我于各条有关厘税者方为酌量宽让；又云，各省厘金，若抱定去年外部咨为外销共二千万之数，再加似厘非厘之款并计，令其加数足以相抵足矣！即使似厘非厘之款不肯并计筹抵，但能留产地税、地方税，筹款较多；又云，土货为外国销者，自宜免厘而不加税各等语。是彼此意见相同。海寰奉命复迭次会议，亦确见马凯辩论全在挤我厘金。若再不与议加税，诚如江、鄂所云，势将税厘两失，亏损更大。初议向索值百抽二十，马云，断不能议。嗣议抽十五，尚不十分为难，惟云，总要行厘、坐厘全除，方可商酌。复经西商登报訾议，美、日不以加税为然，英国电命其顺商情为主，意更决绝。一再挽商，始准我自拟章程，开送所拟三端：一、进口仍索十五。二、出口估价抽七五，并留复进口税。三、行销内地土货听我纳销场税。比交马凯，即谓，十五之数，奉国电，不许再议。裴式楷调停，加至十二五。马云，内地厘金亦须全撤，销场税不允行。又切告以不敷抵我全厘，销场税系仿照各国征收烟酒办法，并与揭明，加税不允，则有碍厘金各款均不议。马次日送来照会，责我用延缓之术，并限以免厘不议即须接议各条。再四磋磨，不受商量。昨告以奉谕旨，必以抵足厘金为主，故须抽内地销场税，再议加税数目。马云，如此，则前所言进口税抽十二五、出口税抽七五即作罢论。此先后辩议之情形也。

窃思加税罢议，厘仍不免，原无所失。无如彼就旧约所载各条力求利益，如畅行出口货之三联单、整顿进口货之子口单、开辟通商口岸、推广免厘界限、驶行内河轮船各款，即江督所云万不能一无所失。且将来藉势闯越，势所不免。为渊驱鱼，华商定愈趋附，扰我厘金，不可收拾。彼时再欲加税，更办不到，悔之已迟。此又不敢放松加税未便过与决裂之实意也。

总之，商约必宜通筹出入。前年宣怀与英使所议，专指洋货加税，值百抽十五，土货厘金照旧，不过准将厘金收数抵完关税，此最上策，借〔惜〕乎中止。今则时异势殊，若不尽撤厘金，断不允加税，此各国成见。若加税不足补厘金所失，断不允撤厘，此中国所当坚持。宣怀与外人论厘金皆云，解部一千七百万，似厘非厘三百万，各省留支一千万，必欲尽取偿于加税，其实一千七百万报部而非解部也，似厘非厘及外销之款至多四百万耳！此户部有册可稽，而万不可与外人道。若真欲一气加税至三千万，势难办到。今果办成进口洋货值百抽十二五，出口土货值百抽七五，连复进口税统计，约有二千三四百万，即少亦有二千一二百万，似足抵补厘金实数。如撤厘后，销货必旺，则税必增，所云有盈无绌也。况土货畅销，民困可纾，漏卮可塞，银价不至再跌，所云有利无害也。惟照条约，洋商贩运洋货、土货皆以半税抵厘，本难重征，既允加税，如仍欲就货征收一切税厘捐款，则断乎不行。彼所必欲担保，一如洋药并征简便了当，方允加税。现在所难者，我欲留产地、销场各捐局，则难免重征。彼非至愚，何肯骤至二千余万之税？惟有说明提出，内地自销土货，或在产地，或在销场收税，断不影射重征进出口之货，释彼疑团，始能成议。全局关键在此一端。现调熟悉厘金局员来商，如有良策，亦能另得数百万。此项内地税可归各省自收自用，洋、常关所收进出口税可归户部拨用。厘卡撤后，营业、印花、铺户各税次第兴办，可凑还不敷之洋债及筹办自强之用。亡羊补牢，于财政不无裨益，庶足仰慰宸廑。处兹时局，各国总以此次商约应予利益系和约十一款所允许，不能不办，彼众我寡，彼强我弱，欲操胜算，实无把握耳！

四月十九日

鄂督张之洞致外部拟缓减茶税恳商赫德补救电

减茶税虽是好事，但未筹抵补，先减进款，尚非长策。况茶市早开，遽来此信，各国商人未及周知，今年办茶仍不能踊跃，徒损税项，无济于事。昨汉口税务司言：洋商私议，谓徒使众情疑阻，无益今年生意。此事虽已奉总税司电饬，转知茶商，核实抽税，而如何核估价值办法尚未奉饬知。昨茶商来询，该税司转电请示赫德，复电属，俟札文。闻沪商自电赫，亦复云，办法尚未定议等语。以上皆税司所言。此事既尚未定办法，则开办亦尚无定期，似可展缓至明年再行开办，以便远近周知，中国亦可徐图抵补。恳赐询商赫德，有何妥善补救办法？速赐电复。

四月十九日

外部致张之洞茶叶减税已奉旨允准未便展缓电

茶叶减税，已奉旨允准，未便展缓失信。现由户部核定，按照时价值百抽五办理。本部已札总税司，转饬各税司遵办。希尊处转饬江汉关道照办。

四月二十日

铁路督办盛宣怀致外部怀浦铁路请令福公司与芦汉总公司妥商电

奉九月咨，福公司催办怀庆至浦口铁路，必售完股票，与芦汉并无妨碍，自应酌定办法等因。查上月奉公函后，即饬比公司议复。彼总执定芦汉有碍，虽股票售完，倘路利均被分夺，转瞬摊还借款，何以作抵？又云，芦汉开工之后，即有津镇南达江，北通海，利已夺去一半，不得已请由保定达天津，又为英阻，又力请由豫达江，直欲使芦汉生机尽窒等语。查各国铁路皆由自主，我国穷于财力，借助外人，自应先定干路若干条，由国家筹款兴造，其余支路，仿日本，准华商筹款接造，由短而长，由近及远，庶可有益无损。今如由各国择地请造，仍要中国还款，方能收回路权。仅顾自己造路之利，不顾我还债之难，五洲无此公法，中国独受此亏。昨哲美森致总公司参赞陈善言催询办法，已复其如果实无相碍之虞，只能互有利益，总公司自可与彼熟商兴办，总不能有碍干路全权，以致国家受负债重累等语。此事即使通融结束，亦必须令福公司与芦汉总公司妥商相接之法，订立合同年限，万不可即允其所请，致受巨亏，又生波折。

四月二十一日

陕抚升允奏报蒙洋议和情形请旨撤回神木部员折

陕西巡抚升允奏，为沥陈蒙洋议和情形，拟请旨撤回神木部员，以杜隐患事。

窃查，光绪二十六年七月间陕省宁梁地方蒙人闹教一案，去夏经奴才派员，会同绥远城将军所派委员暨蒙部各员，与该处教堂议和，往返筹商，磋磨再四，开议逾月，始获办结。计此案焚毁教堂四处，教民房屋六百余间，伤毙教士一人，教民十人，掠取教堂及教民器物、粮石、牲畜等件为数颇多。议定不戮一人，赔银十四万两。又乌审旗历年旧案三件，另赔银三千五百两，归入此案并结，一了百了，均不得复有违言。其赔款应由鄂托克、札萨克、乌审三旗分摊。鄂托、札萨两旗或即措交现银，或以牲畜、地亩作抵。惟乌审旗素称贫瘠，无款可筹，因以大淖碱地暂押教堂，一面设法出租，限上年十月、腊月、本年三月三期筹款赎淖。届期如办无端绪，教堂仍按三限索银，决不将淖池收留。当经该委员等同蒙旗及教士会议条规，妥立和约，取有永无翻悔甘结存案。此初蒙洋议和之大概情形也。

嗣因招商认租淖池日久无人承领，而十月期限已近，因札饬延榆绥道酌量妥筹，如招商甚难，即以大淖归我，我代蒙出赔款。旋据延榆绥道禀称：已由绥远委员招来晋商王同春，惟一时无此巨款，拟按四年分缴。后据驻扎神木部员明禄咨称：淖池归王同春承办，其银由王同春分期自交洋堂，现已互立约据等语。奴才以为偿款既有着落，自可相安无事。乃今正接阅该处教堂来函谓：去岁各蒙旗应缴之银一再愆期，闻欲将淖池出租王同春，此人最不安分，与教堂颇有宿怨。果尔，当极力阻挡。并云：第三期如不将款交清，彼时断难应允。奴才窃维此次蒙洋构衅，幸经派员议款，复归于和。倘因该旗筹款无从，致启责言，彼直我曲，其将何术以解？且王同春既为教堂指摘，又无现银持交，自不能令其承办淖池，免生枝节。当饬司筹款五万余两，委两委员解赴榆林，于三月限期内，如数兑交该处教士核收，赎回淖池，归官开办。良以大淖产碱最旺，在公家既非虚掷黄金，洋堂赔款缴清，在蒙旗亦可如释重负，两有裨益，是以毅然行之。此代蒙筹款结案之实在情形也。

兹据驻扎神木部员明禄来文，据称：王同春系该员招来，即欲洋款定须一时清还，不允四年分期，亦应婉劝教士曲从，何得遽归官办？此皆绥远委员·佐领札拉丰阿招权干预。又以水石碥地方许给洋堂，必将激成祸变，合先陈明，以免明禄将来获咎等因。接阅之余，不胜骇异。查佐领札拉丰阿乃奉委专办此次教案之员，凡放地、筹款各事宜是其专责，何得谓之干预？碱地既可归商，何独不能归官？官以巨金济蒙之急，蒙人有何不利？至水石碥地方，乃上年会议租与洋堂之地，业经咨明外务部在案。此时自应指明地段界限，劝谕各蒙民迁徙，以期彼此相安，何得遽食前言，任意挠阻？明禄因淖池未归王同春承办，辄牵引蒙教相仇、大祸即在目前等语，希图挟制，殊不知教堂所切齿者，专属王同春一人，若复用之，适以挑蒙教之衅。明禄懵懵，乃为之力争。奴才固不敢谓其必受王同春贿赂，故听该商把持，而其徇私忘公，危言耸听，实属昧于情势，不顾大局。际此蒙教猜疑未泯，该员不思弹压调停，以期释嫌敦好，万一因民之怒激成事端，其患何堪设想？焦思再四，惟有请旨敕下理藩院，将驻扎神木部员明禄速即撤回，以弭隐患。谨奏。

光绪二十八年四月二十三日奉朱批：明禄着即撤回。该衙门知道。余依议。

吕海寰盛宣怀致外部税则以金合银请照会各使径商各国政府电

顷，将乙字节略面交英、法、德、美、日五国阅看，谓：奉外部电，近来进口货税，各国已允增至切实值百抽五，总要与我真正实惠，如果有名无实，何以抵还巨债？应照原议，以三年货本估算，定为全国税则，抽税时照市价以金合银，或按六个月作价一次。各使均以和约大纲并无按金圆估价之意，坚持不允商议。德总领事谓：此事我等无权，须由外务部与各驻使商办。答以诸位大臣奉命会议税则，何以无权？彼云：只能照和约办。答以并未违背和约。彼云：和约不言金圆。答以亦未言银两。洋货皆金本，税则本应照金算。彼云：中国售货皆银两，并无金圆，故只能纳银税。辩论再四，毫无活动。马凯并欲骗我将节略销去，方能接议照旧税则。我持定不允销除，但可一面按件估价，一面议改金圆。彼云：此即是不照和约主持定议，美沙使请即电贵部，礼拜一候回电，仍议银两税则。马使与贺璧理并议及甲字节略。马使亦以为洋商不能吃此暗亏，因将三年货价照现在金价核成银两，每百两须完一百十四两，亦不允行。请贵部速与总税司妥商，可否由贵部照会各驻使，径商各国政府，抑如何持论，应宽应紧？乞速电示机宜。

四月二十四日

吕海寰盛宣怀致外部马使催议通商口岸利权遵照文电意驳之电

马使催议通商口岸利权，即照文电之意驳之。彼谓：《烟台条约》所载并未准行，又询路矿章程须准其派员在京开议。告以奉贵部电，应由我修改，由我自定，不便列入商约。马使力请再电贵部，谓总要允其商议。坚持许久，彼仍哓哓不已。乞再电示，庶奉有训条较得力。

四月二十四日

户部致吕海寰盛宣怀茶税照时价值百抽五电

茶税已奏准核减，照时价值百抽五。本部非愿展缓，特恐税减过巨，无项可抵，筹拨必至为难。务望将出口杂货税切实值百抽五，克期商定开办，藉资抵补，免致各关纷纷请缓。

四月二十五日

科布多办事大臣瑞洵奏乌梁海游牧之哈萨克四出纷扰妥筹安插折

科布多办事大臣瑞洵奏，为乌梁海游牧暂安之哈萨克四出纷扰，恐酿衅端，遵旨索还借地，妥筹安插，详查边要情形，熟审人心向背，吁请明谕祇遵，以杜患萌而规旧制事。

窃查，科布多所属阿尔泰山哈巴河一带地方，原系乌梁海七旗游牧。自同治年间塔尔巴哈台奏请借给安插胡图克图棍噶札拉参徒众后，因棍噶札拉参逼勒逃出之哈萨克，科布多又奏请暂为安插于乌梁海七旗之内，声明借地归还，再令哈萨克西行，不得久占乌梁海游牧，均经奏明在案。迄今逾三十年，借地固久假不归，哈民亦喧宾夺主，历任大臣目睹情形，屡有索还之奏，所奉明诏，亦几盈箧，何啻三令五申。恭读光绪十五年九月十一日上谕：朝廷兼权熟计，借地自应给还，边防尤不可忽。应否一面将该处游牧地方仍归乌梁海，俾得安插蒙哈，一面由塔尔巴哈台照旧派兵驻守，期于防务、民情两无妨碍之处，着沙克都林札布与额尔庆额会商妥议等因。钦此。祇绎宸谟，执两用中，无偏无党，实为至当不易之规。若能祇遵，早已得清轇轕，何至悬搁至今？无如历年大臣半执己见，各遂其私，文牍纷繁，迄无成议。奴才既非当时经手之人，更不敢狃于一偏之论，悉心体察，确有所见，谨详悉陈之。

查塔尔巴哈台借地原系一时权宜，无如棍噶札拉参徒众既已安插，彼时塔属无归之柯勒依十二鄂拓克哈萨克亦即相因而至，聚族而居，现约计有四鄂拓克之众，且兵燹以后流寓汉民在彼耕种者甚多。始而科布多索取则以巴尔鲁克山俄借未还为词，继而巴尔鲁克山俄已交还，则又以哈巴河是边疆门户为说。地既可耕，久则聚而成镇。兼之哈民受约踊跃输将，勒派差徭，取之甚便，历任既无远见，任令剥削哈民，借地若归，民必随之以去。此塔城不愿归地之实在情形也。

科布多收抚哈众，原恐其有外向之心，姑出羁縻之术。然招之既来，挥之不去，盗窃抢劫，无日无之。乌梁海求还借地安顿哈民，呈报连年不绝。奴才到任后，即接左、右两翼散秩大臣等催呈，现并接据该哈萨克总管等呈词，吁求安插，加以塔城摊勒过甚，在塔者现亦流入于科。近年不止乌梁七旗有之，即南面土尔扈特游牧亦在在均有。哈民流寓愈积愈多，实有人满之患。此又科城屡次索地之实在情形也。

至云塔城苦待哈民，摊派过重，纷纷逃出各情，并非奴才过激之言，实因查询流寓土尔扈特人众始知。逃入科境，若遇塔城派差，即可以科属为解。查光绪二十四年新疆巡抚咨称：据塔城咨收逃哈，在济木萨一带盘获哈目哈里克、克里克佥称，实系科属，并非塔辖，如必收回，惟愿赴阿尔泰山科属旧牧。科城遍查哈众并无逃出之人，此不愿回塔之一证也。前年七月二十八日又接新疆抚臣来咨：仍系塔城派员擒收逃哈于喀喇河尔，寻得哈众二千余人，头目白克，牲畜五六万只，毡房四五百顶。询据供词称：为科属，情愿回科。新疆电询塔城，该大臣春满即以速咨科城，令其派员接获收回复电。奴才因查哈萨克在科原系暂为收抚，屡年乌梁海因拥挤过甚，索地安插，文书络绎，是科属无地可容情形，该大臣不能不知。徒以该城派员收哈，而哈不愿回，伪称科属，然科既无术以收哈众，复无辞以对新疆，遂以令科收回，敷衍了之。不知科属不能收，新疆不肯留，塔城不欲返，此二千余无依之哈民，又将何以安置乎？抑将令其流而为匪乎？或竟任其反而向外乎？此又一证也。奴才所以谓历任大臣半执成见，各遂其私者，此也。现在阿尔泰山尚未交收，此项哈民自未便径由科布多派员安插，前已咨行新疆巡抚，派员押解，暂交塔城收哈委员，由新疆边地径行押令安分统归阿尔泰山游牧，先安其情愿回科之心。又咨照塔城，即以借地未还，此项人众属科属塔，原无区别，暂令归牧，以安其心，拟俟军事大定，再行商办借地安插之事，暂且如此了结。奴才复查，塔城不还借地，盖恐人随地去，不能遂其任意勒派哈众之私。科城必须索还，确因地窄人稠，实在别无可以安插逃哈之法。哈之在科，别无徭役，只有每届五年乌里雅苏台将军巡阅卡伦时哈萨克帮助北台畜牲一差，故在塔属之哈民无不愿隶科城。以连年由塔逃出之哈民与连年由塔派人擒收罔不坚称情愿回科各案证之，其情形亦大可见矣！要而言之，当初借地原为暂安棍噶札拉参徒众，迨该徒众既经迁置新疆巴英沟地方，塔城即应将该地交还科布多。今棍噶札拉参早经圆寂，而该地仍为塔城占据如故。诏旨迫促，函牍交驰，延展依然，迄未遵办。奴才不知该地有何利益，而历任大臣靳惜不与至于如此也！

查此案业经前科布〈多〉大臣沙克都林札布等请自光绪十八年起展缓三年，将该地交还科布多管辖，奏奉上谕：着准其暂缓交割，届期归还，不得因循延缓，一奏塞责等因。钦此。现计展限已逾七年，未便再任推宕，而乌梁海七旗蒙古丁口日增，生计日蹙，哈萨克又亟待安插，均系实在情形。今副都统春满接办塔城参赞大臣事务已有年所，该副都统久官口外，稔悉边情，当不至如历任大臣之专挟私见，或于公事尚易商量。

为今之计，惟有仍遵前奉寄谕，蒙古哈萨克人数众多，必应归还借地，妥筹安抚，方不至滋生事端之旨，将该处游牧地方仍行收归乌梁海，俾得安插蒙哈，即可将现由新疆来归之哈目白克等二千余人就地安抚。兹事关系重大，一俟奉到谕旨，奴才当亲往阿尔泰山哈巴河一带履勘情形，将在科之哈萨克一并迁往乌梁海，生计因可稍纾，在哈萨克亦不至无所栖止；并将该处哈民清查数目，编立户口，择哈目之明白老练者，奏请赏给大衔，每年定一供应朝廷交马例差，所有塔城差徭勒派全行裁撤，愿隶塔属者归塔，愿隶科属者归科，以顺舆情而免淆乱。其阿尔泰山本系名区，号称岩镇。应否另设大员镇守管理，临时斟酌情形，一并妥筹具奏，请旨遵行，以期一劳永逸，长治久安。至哈巴河驻守一节，科布多现在尚无练兵，自应仍遵前旨，暂由塔城照旧办理，俟将来有队填扎，再行撤退。如此分别办理，疆界既已分清，人民不致夹杂。塔属之哈安业，自不至于流离。科属之哈得所，何能再行窜扰？则实边固圉，除虐安民，计无善于此者。否则，哈民漫无归宿，易致潜逃。即使年年派员擒收，亦难免此收彼逸。在科则愈积愈多，在塔则愈逼愈远，年复一年，终无了局。其寇掠生事，流入于俄，又不待言矣！况现据俄匡索勒官照会，阿拉克别克河地方齐垒哈萨克有越界住牧情事，意在借驱逐哈众为名，图占我界，正在查办，尤宜设法清理，以免轇轕。奴才统筹全局，斟酌再三，若非速定办法，后患何堪设想！可否仰恳圣裁，俯察奴才所拟各节，再赐明谕，俾得祇遵，妥慎筹商，早为料理，以杜患萌而规旧制，藉仰纾朝廷北顾之廑？兹将乌梁海左、右两翼散秩大臣所上蒙文暨哈萨克呈词译呈御览。谨奏。

光绪二十八年四月二十五日奉朱批：着即亲往履勘，将该处哈民清查，酌度情形，妥筹安插，务令各得其所，以顺舆情而重边要。余依议。

科布多办事大臣瑞洵奏科布多所管边界大半割与俄人情形片

瑞洵片。

再，密陈者。科布多所管边界业经迭次划分，实已割畀俄人十分之大半。计同治三年则有明谊、奎昌将阿勒泰山迤北地方分入俄界，故旧有之乌克克、钦达盖图、乌鲁呼、昌吉斯台、塔尔巴哈台、那林、胡兰阿吉尔噶、霍呢迈拉扈等八卡伦①，均向内挪移。改设现在之卡伦均非旧址，致将阿尔泰淖尔、乌梁海两旗连人带地一并分与其所定界图红线外。向系哈萨克游牧之区既已割去，无所栖止，又不愿归俄，因均拥挤于乌梁海之哈巴河等处暂居就牧。光绪七年，因索还伊犁，改订条约，酌定新界。九年，又经升泰、额尔庆额将有名之斋桑淖尔东南一带地方及塔尔巴哈台界内之赛里鄂拉以西各卡伦一并割弃，于是乃有阿拉克别克河之专约。故以现情而论，除阿尔泰山、额尔齐斯河、哈巴河外，直已无险要可守，无地利可取矣！奴才窃常平心访询，细意推究，当时分界大臣固非有心让地，委缘才识庸暗，平日并不察阅舆图，考求形势，一旦身膺重任，躬与界务，到彼之后，直如育〔盲〕人瞎马、夜临深池，加以彼族要挟逼迫，又凡事不如俄人之精熟，不得不拱手奉令，一听客之所为。奴才曾以询之当年随去之员，据云，额尔庆额往分阿拉克别克界务，因并未带有画界之人，其画押界图即出自俄人之手，草率了事，失算已极。臣谨将地方陆续割与俄人缘由据实附陈。伏祈圣鉴。谨奏。

光绪二十八年四月二十五日奉朱批：览。

吕海寰盛宣怀致外部总税司所拟金圆收税应与金圆还债对待电

总税司所拟金圆收税应与金圆还债对待。各国议税大臣以和约所载估价未有金圆字

① 有学者考证，八卡伦为：乌柯克、沁达垓图、乌尔鲁、昌吉斯台、哈喇塔尔巴哈台、那林、库兰阿吉尔噶、霍尼迈拉扈。见周学军、刘焕峰：《中俄勘分西北边界与科布多西路八卡伦的两次内迁》，《西域研究》2003 年第 3 期。

样，无权与我商议，中国如欲更改，应由外部与各国驻使熟商。照四百五十兆偿款，各国均以和约载明，照市价易为金款，沪道与各银行争之无益。闻俄、法已将债款抵借金钱，英国开单与彼英商亦明言金款。转瞬西六月底即是估价日期，各国银行必照金价与我算账，势难含糊过去。拟请贵部裁酌，照会各驻使，并电出使大臣，转告各国政府，声明：去年债款承诸大国体谅中国财力不及，公同议定偿款海关银四百五十兆两，不再求多，深感保全大德！前者各国兵费及商民产业原开赔款单账尚不止此数，嗣承各国钦差减至四百五十兆两，其明知中国财力实在不能逾四百五十兆两以上，已有明征。是以原定每年还银一千八百八十二万九千五百两，今忽增至二千二百五十三万六千八百两，方能合金镑之时价。此必非诸大国之所愿，亦非中国力量之所及。如果诸大国欲将中国债款须以极高之金镑交还，而各国商民应完之税仍以极低之银两输纳，究非大公之道。况进口货税增至切实值百抽五，诸国既已允行，惟该约又定按光绪二十三、四、五年酌中货价值百抽五，该价若系金价，中国已不免吃亏，因二十三年货价最落，二十四年货价虽稍涨，恐比在前在后之年分仍不能及，如不按金价而按银价征税，则至多不过值百抽四。倘银价再落，则所征之税必更悬殊。是以本部电告商税大臣，与各国议请改定税则，即以金圆征税，方可两得其平。今各国议税大臣多以无权相委，并不允转电各国政府商量。本部处此为难，是以及早照会贵大臣声明，本国财力实在不足，必须恳求原谅。或允改定税则，即以金圆纳税；或允仍以海关银两交还偿款。二者之中，必求一允，俾可支持，庶不负诸大臣维持之初意云。乞裁示。

四月二十五日

吕海寰盛宣怀致外部拟与马使商榷按件估价电

乙字节略，彼以中国无金圆不能办为辞，拟将甲字节略再与商同意。如仍不允，拟告以贵大臣等不允，实不公道。可一面照各国之意，按件估价，但政府以财力不足，仍须与诸大臣另商办法。留此为抵制偿款还银地步。乞速电示。

四月二十五日

鄂督张之洞致外部户部茶税骤短巨款请筹抵补电

减茶税，已遵照行知。惟江汉关一年税收全仗目前数月之茶税，今骤短六七十万，立即束手，京饷及新旧洋款，目前待解甚巨，甚急，必致贻误。虽将关道参处，无益于事。且盛单衔奏减，督抚并未与闻，而参劾关道，情理亦未允协。敝处已电询盛大臣如何筹补，至今未复。据江汉关道详请改拨前来，应请两大部切饬盛大臣，速筹确实抵补之款，或由户部指拨何款抵补。鹄候示复。

四月二十五日

江督刘坤一致外部请商各使或洋税改纳金圆或赔款用银电

沪径电悉。请外部商各使，或洋税改纳金圆，或赔款仍照约载，以海关银两交还，二者必求一允，此实为至要之事。然权衡二者，货税估价，约载虽有增至值百抽五，而下文又载应以一千八百九十七、八、九三年货值牵算，纵允完金，亦不能照目前金价；且历来完税用银，约内更无金圆字样，与商理既难以圆足，能成亦获益无多。赔款虽云还金，而金价业已载明约内。保票与条约又均声明，照约载诸国金钱之价算还，因金钱约内已有定价，照价核银，有数可考。是以约表均载应还银数，并载明银两平色，不复再载金数，其理至明。照约票所载金价算付，事本照约办理，不仅较照市易金出入相去悬殊已也。此时外部与商，当以偿款还银为主，而以金圆完税作陪衬，措词甚妥！惟偿款照约应行还银，必须辩明。且西报，英国议院宣言，中国因派赔款酿成祸乱云云。现在各省因摊赔款多有闹事，若照市易金付还，中国财力不及，地方必更多事。照此情节与商，亦可激动。此皆题中要义，万不可少。据上海道电，比参赞已奉领衔公使核复，佥云应照市价计算，得还一百八十万，不敷归还，向索补足。请转电坚持与商，免误。现距还期已迫，外部若再不与切商，各省既无可搜括，势必贻误，别生枝节。且事体过于重大，恐各使亦难遽允。并请一面商各使，一面详晰分电各驻使，令其恳切商各国外部，力请始终成全。统乞钧裁，迅赐施行，大局幸甚！

四月二十五日

粤督陶模致外部葡以互益为名阴行拓界请驳拒电

查葡约第十款内载：中国如有与他国之益，彼此立有如何施行专章，葡国既欲援他国之益，使其人民均沾，亦允于所议专章一体遵守。第十二款又载：西洋商人起卸货物纳税，亦照各国税则为额各等语。中葡既无专订税则，自应照各国现行税则办理。葡谓上年之约该国未经与议，须另给利益，方可遵办。未经与议之国尚多，设皆援例要求，何以应付？此层关系最重，须力与辩论明白。葡使开送各款，所云有益中国者，大抵有名无实。其在图线之内任便修造，实与占地无异；协助巡缉，亦碍主权；至修筑澳门至省城铁路，以目下情形而论，于地方商务并无裨益，是以英人前订九龙铁路至今尚未兴工。葡人觊觎内地，蓄意已久，此次以互益为名，阴行拓界之计，居心叵测，自当遵谕防维。仍请竭力驳拒，始终坚持，庶可杜彼狡谋，免为他国藉口。乞裁核。

四月二十六日

外部咨伍廷芳古巴交涉由美国领事兼办文

为咨行事。

本年四月二十日，准美使康格照称：准本国外部来文，本国驻华领事可否准其兼充古巴在华交涉事件？该古巴现已自主，仍未遣派专员，俟日后领事有人，再令自行办理。如蒙俯允，望早示复，以便函达外部等因。本部查，古巴昔隶日国，自光绪三年订立华工条款，中国派总领事前往驻扎，其在华交涉事件，系日国领事办理。美日战后，该岛由美管辖。本年三月间，准出使伍大臣电称：美廷允古巴自主，议立总统。据驻古领事禀，各国均认其自主，中国须照认。饬领事届时会同各领事谒贺，庶交涉易办等语。当经本部以古巴自主，中国自可照认，电复在案。兹准美使照称，前因查古巴自主，中国派驻古巴总领事仍应一切照旧，所有美国驻华领事兼办古巴在华交涉一节，自可暂行允准，以昭睦谊。除照复该使外，相应咨行贵大臣查照，转饬各海关，遇有古巴交涉事件，就近与美国领事商办可也。

须至咨者。

四月二十六日

清季外交史料卷一百五十六终

清季外交史料卷一百五十七

光绪二十八年五月上

盛京将军增祺奏遵旨预筹奉天省西南段俄兵撤后办法折

盛京将军增祺奏，为遵旨预筹奉天省西南段俄兵撤后一切办法，并现在牵制棘手情形，密折复陈事。

窃奴才于本年三月二十九日，承准军机大臣字寄，三月十八日奉上谕：现在俄约已定，自三月初一日起，六个月内，先撤奉天省西南段至辽河俄军，并交还地方铁路。俄军既退，该地方必须有接替驻扎营队，切实弹压保护，毋任土匪、马贼乘机滋扰，使彼有所藉口，致生枝节。着增祺迅即通筹，遴派得力将官，届期统带前往，妥为布置，以重地方，仍将办理情形先行具奏。钦此。遵旨寄信前来。仰见皇太后、皇上垂念根本地方，圣虑周详，莫名钦佩！敢不悉心筹画，预图善后之方？惟目下种种牵制情形，亦有不得不据实详陈者。

溯自俄兵入我境界以来，尝以限制我兵权、搜索我枪械为一定不易之成见。如黑龙江一省现兵不过千名，吉林现兵不过五六千人。彼于奉天，初亦限我以六千人之数。奴才曾以地面辽阔，盗匪充斥，非有兵万人防剿实难敷用，与彼争之再至三，始则尚不谓然，继值刘弹子、林七变乱之后，彼方稍形松劲，计是时我兵犹不下一万二千余人。讵以上年九月日本领事之来，遂复触其疑忌，是以连将我海龙城、通江口各处防军枪械大加搜索，以及抄击各处团会，情节均经奴才随时奏闻在案。本拟俟和局大定，或可操纵由我，再为妥筹收束之计，不谓正月以来，又复枝节歧出，谣诼肆起。兵部尚书裕德本系奉命查办哲里木盟事件，遂纷传有调集蒙兵之说。热河花子沟民教构衅，乃讹言马玉昆带队出关，不识其意所在。恰值海城县大荒地所驻俄卡有突被胡匪围攻之事，以致俄员屡来诘问，疑忌多端，故其防范伺察较前更形加紧。又如此次俄约第二条所载：中国允认，如果再无变乱，并各国之举动亦无牵制，即将东三省所驻俄军陆续撤退；又俄兵未退之际，驻扎东三省中国兵队之数目及驻扎处所，中国允认，将军与俄国兵官筹定，必须敷剿贼匪、弹压地方之用，及中国不另添练兵等语。是其始终牵制，如出一辙。兹该廓米萨尔又以奉省兵匪往往无从辨别，因商我营务处，将各营枪械重烙俄印，另给枪票铜牌八千六百分，庶与俄军相遇，不致别出事端。在彼尚以兵数为多，而在我则实系不敷分布。查奉省西南至辽河一带，现在俄兵所驻之新民厅、营口、锦州府等处，均属扼要之区。除新民厅一带现有马步巡队七八百名，距省较近，将来俄军撤后尚可无须再为添兵。而锦州府所属四州县，或与热河之朝阳境界毗连，或与蒙古一带接壤，贼匪出没靡常，仅有马步巡队千名，分防五百余里，实属鞭长莫及。营口乃通商口岸，五方杂聚，现在奉锦山海道明保仅剩标兵三百名，接收后尤虑不敷弹压。是各该处均须预筹拨兵填扎，方可藉资镇慑。惟俄员每于添调兵队各事固执异常，即如姜家屯团会被俄军击散，新民厅之匪势遂尔鸱张，屡饬调队合击，该俄员辄以现有彼兵帮剿，不必另派他兵为词。迭次切商，始允我营官张国庆所带马队百余名前往，然已逾月方能开拔。至得力将弁，如海龙城总管依凌阿、统巡瑞禄诸人，既坚请撤任，不令远出，又催将提督胡善志所部一营调回遣散。正在磋磨，彼竟将该营枪械扣留三百余杆。似此种种情状，即使果能如期先撤西南之队，而彼全军未退，俄员在省，无论我之处处兵力单薄，势难抽调，彼亦未必任我指挥自由，此固奴才日夜筹思未得一当者也。

查营口、锦州均距山海关不远，若由直隶省就近调拨得力马步数营，于俄兵退后前往握要分扎，固属捷便。但约内既有不另添练兵一节，若遽调队出关，恐俄员仍不能无所藉口。无已，则仍只有收抚之一策。盖自变乱之后，溃兵势无所归，迫而为匪者皆未尝不欲投营自效。一经收抚，则数千人不难一呼而集。收一兵即少一贼，使之击贼自赎，贼将日少一日。俟地方稍为安靖，便可陆续资遣还乡，枪械既得收回，更不致再贻后患。所谓扬汤止沸，不如釜底抽薪之为愈也。然自去岁以来，每向俄员反复陈说，终以疑忌见阻。或我已抚而彼击散者不一而足，卒致挺〔铤〕而走险，勒掯强抢，日不绝闻。岂独闾阎被扰，市井萧条？亦殊于彼之铁路、商务大有关碍。可否饬下全权大臣，于换约后与俄使婉为商明，或将来调队填扎，或由本省自行收抚二三千人，暂资剿捕弹压之用，庶免藉口，别滋枝节，而地方亦得藉臻安谧。

再，奴才现于无可如何之中又别筹一亟图补救之策。查奉天盗匪之炽，近则多出于本地游手无赖之徒，其弊实由于地大官稀、禁制疏阔所致。已与抚尹玉恒妥拟量地增官章程，另折续陈。倘荷圣慈准予权宜举办，亦弭盗清源之一助也。谨奏。

光绪二十八年五月初一日。

江督刘坤一致外部请坚持还款完税二者求允其一否则暂照沪议电

还款完税，执约两两比较，彼虽明知事理应尔，乃税金委之无权，仍逼我允不改金，方肯开议，可云巧于避就。此事全在外部能与坚持，不待驻使饶舌。即执约分晰剖论，总期还款、完税，二者求其一允。否则，暂照沪议，留此后步，以为再议之计。惟偿款还期已迫，此时若再不与商定，届时彼以交款不敷，索补既无转身之地，又无可拨之款，更难措手。纵可罗掘，以应一次，照办后难再争，其力断难及此，事必归于终误。敝处思无善策。查偿款照金价算付，实确有可凭之理，不特历来洋款借金还金，赔款向均由金合银付还银款，有案可稽。此次赔款即照甲字所载，虽有照海关银两市价易为金款，而金价实已预定载明约内，故下文有此市价按诸国各金钱之价易金如左。所谓如左者，即指所定各国金钱之价目，照约金价核银即系四百五十兆关平银两，故约、表均照核定应还银数平色开载约中。既已定有金价，并以照价核明应还银数载于约内，按照约载银数平色归还，即与还金无异，是以保票亦即保此四百五十兆关平银两。票尾虽声明按以上所述诸国各金钱之价易金，其云所述诸国各金钱之价，即系约票所载各国金钱之价。倘如彼所云必须照市价易金付还，则约、票、表岂有不载应还金钱之数，转载银数平色？约票内更何必开载各国金钱之价？反复推敲，其为应照约载金价算付，其理甚明。至下文所云或按应还日期之市价易金付给，此为第二办法。如我不愿照约载金价算还，亦可照还日市价易金付给。此时断不能舍正办强我变通受大亏之理。外部如照沪拟复文令即缮发，亦应赶先与各使商议，偿款仍照约载金价算付，折以理，动以情，并告以不照此办，中国财力断不能支；并电各驻使，令其切商各外部，万万不可再有游移。不胜迫切之至！

五月初一日

商约大臣盛宣怀致外部债款改金改银统计得失三四百兆必贾全力与争电

和约第六款内称：甲字四百五十兆系照海关银两市价易为金款，此市价按诸国各金钱之价易金如左等语。各国今日欲定为金款者在此，然附件十三所列之表均系银数，中国不能不争为银款者在此。且核算摊还新债年限之时，中外大臣细心核算，至多只能每年筹还四十二兆，遂于四十二兆内除去每年应还旧债之数，余即为摊还新债之数，故表中三十九年除末尾七年外，余均为四十二兆余两。今若改金，每年付款即不止四十二兆。其不敷者从何按期归还？岂非与立约定表之初意大相剌谬？试以英金核之新债本利九百八十二兆余两，照三先令计算，为英金一百四十七兆余镑。照现在市价，每百镑七百九十八两，则一百四十七兆余镑为一千一百七十五兆余两，中国已亏银一百九十三兆余两。况将来百镑英金不止值银七百九十八两乎？假使百镑值银千两，应亏四百九十一兆两，是赔款之外又一赔款。中国财力如何能支？此中国必以定表初意相争者也。

查英、美两国在刊印之《会议条约来往文书》内已明认，此四百五十兆两以外，若多索赔，则中国财力断不能支，已早在各国洞鉴中。今不得已，请以金圆定税则，藉为补救。各国有应从者四端：一、税则出于货价。诸大国既允照切实值百抽五，若不按前三年货价定为金税，只有值百抽四矣！二、附件十三赔款表。当定表时，核明中国每年可还者只有此数。若税则不定金圆，则每年还款必出此数之外，与定表初意不符。三、和约第六款戊所定承担保票之财源，第一节即为新关各进款。若谓其所承担者是金债，即其各进款均可收金款，方合承担之责。否则，于承担之责任必将不足。四、各国如谓附件十三赔款表不能作为银款，因第六款正文已定易金之价明载约章之故，则第六款甲字所载各语，可以真贯至第六款之末戊字所载第一节，进口货税增至切实值百抽五，向例进口免税各货均应列入其内，及末段所载，曾急速改为按件抽税几何，凡同在第六款内者，岂不能照上文所载甲字金价定数乎？故咨行商约大臣，与各国修改税则大臣商定此办法，以昭平允。乃各国大臣答以与和约言语不符，无权商议，又不肯电商各国政府，是使中国既亏于出，复亏于入。只得将中国实在为难情形请各国驻京大臣商定：中国偿款仍以四百五十兆两为本，自本年起，至第三十九年止，悉照该约附件十三所载之数，以关平银一千八百八十二万九千五百两分年交还，以免中国因财力不足，渐至不支云云。除已刊入新闻报外，拟请贵部酌备照会各使。又查庚子十二月电奏，因筹画赔款减数宽限，另筹妥法摊偿，免致多借息款，请发国书，当蒙俞允照发，卒能办到减数宽限，免借银行之款。

总之，各使识见有限，咬文嚼字，莫不欲见好于本国，若专仗会商各使，恐仍无益。庚辛之事得力处，一在朝廷径用国书直达各国政府，一在督抚协力办事，言为各国所重。此次偿款改金改银，统计得失三四百兆之巨。事机已迫，必贾全力与争，喻之以理，还当动之以情。吾国贫弱，实碍地球全局。闻英、美、德、日颇有活动之意，拟请朝廷一面发国书，备述前年承诸大国美意保全，及议偿款不欲于四百五十兆两之外稍有多求，实系量我财力，只能如此；今本国度支于还新旧债外所剩无几，已一事不可为，其势不能向小民悉索，实具苦衷，诸大国若改初衷，谅非所愿。一面由江、鄂领衔，会同直、川、粤、闽各督，公电各出使大臣，缕述内地民贫，若再加苛敛，恐滋乱萌，广西等处皆可指引。大约各国甚不欲我民贫内乱，惟有就其所不欲者动之，事或有济耳！

五月初二日

直督袁世凯致枢垣赔款还银如外部与公使切商不成再发国书电

中国国帑用银，民情用银，收税用银，还款亦用银，此次自以还银为主义。各国驻使在京，我之政府亦在京，与庚辛情形不同。如越过驻使，径商各政府，恐各使生嫌掣肘。似宜由外部与各驻使切商；如不成，再分电出使各员，向其政府理论；各省亦可会电各使协请；仍不成，乃发国书，庶与交涉公例层次相合。祈酌之。

五月初二日

外部致驻各国公使希向各国声明赔款还银电

约载赔款海关银四百五十兆两，系按诸国当时金钱之市价，合成银两总数，年息四厘，分期摊还，故还款表及保票均以银数核计。此系各国详查中国进款止有此数，始行核定。现闻上海传言，拟按现时镑价计算。近来镑价日昂，相悬太巨，每年须增数百万，中国万无此财力。如过于搜括，激成变端，更坏大局。转瞬还期已届，希向英国、义国、比国、美国、日国、法国、德国、日本国、和国、俄国、奥国外部声明，赔款应还银两，以免临时误会。除照会各驻使外，仍将商办情形电复。

五月初三日

外部致陶模葡约十款若一概拒绝恐牵动全局电

宥电悉。葡约十款，系指中国与他国利益而言，与新约增税情事不同。十二款，系指定约时税则而言，至日后增税是否照办，约无明文。葡未与议新约，另索补报，彼尚有辞。所索各款，其有碍主权者自应坚持。若一概拒绝，彼如不认增税之约，亦恐牵动全局。两害相权，不得不分别轻重。尊处电谓，粤汉铁路于商务无益。如别无损碍，似可藉此收束。果能妥订路章，利权尚不至尽失。希统筹速复。

五月初四日

铁路督办盛宣怀致外部请准比国接造津保支路电

比总工程师阿多来禀：芦汉借款，尽数已交，行车已办两段，该路如不通海口，则每年付利还本，国家至少须赔二三百万两。今闻北方公司已收回铁路，已与英人订立合同，凡有北方铁路，均不准他人办理，津保铁路亦在其内。去年比使得有全权大臣李中堂凭信，内开：中国如定议筹造津保铁路，必先尽芦汉承办等语。又贵宫保去年传谕总署电复以芦汉铁路所请展接津保支路，实为保全干路利益起见，日后倘有他人请办，自当拒绝等语。无论该路系芦汉天然支路，并为顾全芦汉借款必不可少之路，而一旦失信外人，将置中国全权、外部于何地？兹本国钦差已约同法国钦差向外部理论，务恳宫保速筹善法，以维大局等情。

查芦汉不通海口，而长江生意又为英、德津镇铁路所分夺，恐分还借款必不能敷。是以比公司去年请由保定筑一支路，以达天津海口，全权、外部皆如所请。不料英国值津榆路交还之时，另立合同，索取许多利益，竟将先允芦汉之支路一并包括在内。从前法兵在保定时颇欲据我芦保铁路，以肆要求。经宣怀力劝比国，转告法国，不必要挟。至芦汉应得通海利益，中国为还债起见，必无不允。其时归我芦保，毫无留难。今若因其不要挟而转失我已允之支路，固不足以服外人之心，且国家负债累累，若竟不顾芦汉生计，转瞬还款，岁需赔垫二三百万，如何能支？南北轨路同属公家，敢分吴越？惟望朝廷顾念借款关系甚巨，请速设法更正。倘以津保已入英约，碍难删除，惟有允准芦汉由定兴接造支路，以达海口，各守各约。是否有当？乞速酌裁示复。

五月初四日

江督刘坤一致外部赔款还银事请发国书并由疆臣公电使臣电

赔款还银，坤一迭陈大部，并无复电，徒切焦思，幸速复。估税一节，约内既载明应以一千八百九十七、八、九三年货价牵算，其时金价尚未大贵，照每年进口税六百余万，彼族纵允照该三年金价牵算，所加无多。加税能成与否，既不可必，即幸而有成，亦必在一年以后方能开办，不独估价税金与赔款还银两两比较得失悬殊，且此一年中易金不敷赔款亦复何从筹补？是争赔款还银，出入较大。还期已近，此时自应先商赔款，将来迫不得已，再商完税纳金。似此次第相商，庶缓急出入，亦复合拍。沪电请发国书，并由疆臣公电各出使大臣，实为要著。事不宜迟，川、粤、直、鄂、闽如意见相同，请即电示。候国书发后，当拟公电照发。如杏翁以所见不谬，并请将前电采取，解释登报。

五月初五日

豫抚锡良致外部福公司支路搭客载货合同所无电

福公司支路不能搭客载货一节，遵派员与议。据称，该公司所造支路，系照第十七条合同为转运矿产之用，并无意思做别项生意，损碍芦汉干路。其搭客载货四字，固为合同所无，再四切商，不肯添入，是否可行？希示复。

五月初五日

鄂督张之洞致外部胪陈加税免厘管见五条电

沪电悉。挽留马使，坚索加进口税，免致翻悔加税而专图损厘，荩筹坚定，敬佩！

管见五条，胪书如下：

一曰：鄂轸电十数种，宜提出从重征税，不应归行业捐。沪电所云，坚索留征内地销场税，尚未明晰。不知所谓内地销场是否指百货而言，抑系专指敝处提出烟、酒十四种，而言？如指十四种内除竹、木原有常关并未议裁，且系中户所需，应删去不必另议外，此外十二种，既非贫民所需，亦非洋人所用。照各国通例，非民生急需者，皆专抽极重之税。如烟、酒之外，法国火柴、日本酱油，税皆极重。鄂轸电十二种，鄙意宜与议明，此数项不能离开货字抽税，且须加抽重税，并可随时酌加，即加至值百抽二三十、四五十均可，外人不必过问，须由我斟酌。但于产地、销场设局征税，仍不在过路设卡抽收。恐马使必嫌种数过多，即请酌减数种。有应补者，请筹思补入。环球公例，外人当不能阻我。此应设局抽税，不必令各业缴捐。若征之各行业，则是自占营业税地步，似不合算。且既不设局抽税，亦不必与马使商允矣！此十二种，宁可再减数种，必应提出另议抽税者也。

二曰：如沪电内地销场系统指百货而言，则是仍有落地厘，恐外人必不肯允。且沪电共拟抽十二五，亦嫌过重，尤不肯允。似可议明，除十二种外，所有寻常土货，另定税则。产地二五，销场五分，合产地、销场只征正半七五之税。税则与洋关相同，行遍各省，通计不得过七五。产、销两税之外，断不重征，亦断不于沿途设卡抽收，以妨商务，此即为恤商起见。宁电谓添关恐扰，殆未深喻鄙意耳！窃谓如此办法，可免各省常关或有或无，或疏或密，如宁元电所虑商贾趋避之弊，且可保我内地理财之权。此节曾与洋人谈及，似以为可行。请星使姑与裴、贺、戴三税司一商，如三税司以为可行，即试与马使一商。

三曰：土货宜另估，征足抽五。查江汉关出口土货，据税司估计，除茶税外，多少牵算现章大约值百抽三。若征足抽五，土货税约加四成。就光绪二十七年计，江汉关约可增收三十万。各省各关货色货值不同，若一律征足抽五，出口土货总数八百万，至少亦可增二百万。敝处谏电言土货宜估足抽五，此不与出口税之正半税七五相涉，乃因不敷过巨，不得已而议及。此正为加增款项计，并非舍此原有之七五而另议估足抽五。宁筱电乃误会敝处意也。

四曰：宁寝电云，将来行印花税，外国人在我境内者亦与商完税。此事论公理公法，自应照纳。以后为数日巨，无论允否，总须与商。

五曰：商留各税，彼既不信厘金之数，我止可以新增赔款无措为词。

以上各节，电陈备采。

五月初六日

江督刘坤一致枢垣约载有易为金款字样就管见再为申辩电

查各国赔款，因约载有易为金款，并用金付给字样，银行遂执还金须照市价付给为言，在我必须将还金二字解释明白。今就管见，再为申辩，并表明各国立约本意中国财力仅此各原由，亦即鄂电统解为以银折金理喻情求之意，以备采择。

闽、川、粤、直、鄂如愿会电出使大臣，转商各国，并拟即作公电发寄，请速复。电曰：此次赔款，约载系分两样办法：一系照约内已定金价算付，一系照还日市价算付。盖中国用银，本无金钱可还，所云还金者，无论照已定之金价，或按还日之市价，均属照价用银算付，亦即系还金办法，此本不待烦言而解。第一法系正办，即照约载金价算还，照定价核算，即约表所载银数，是以第六款即首载四百五十兆之银数还款表，即照约载银两平色连息并计分摊，亦列明每年应还银数。约表既已按定价核成银数，按照所载银数按期归还，即属照约办理。甲字下所云此四百五十兆系照海关银两市价易为金款、此市价即按诸国各金钱之价易金如左两语，即系解释照定价算还之法。所云如左之市价，即指下载各国金钱之价值而言。所云照海关银两市价易金，即指应照约载之金价核算，即系约载之关平银数，亦即为易金之办法而言。故保票直捷载明，按以上所述诸国各金钱之价易金。所云以上所述金价，即系约票内所载各国金钱之价值，照约载金价核算应还之本银，即系四百五十兆之关平银数，保票亦即保此四百五十兆之关平银数。是以约内载各国金价之下复声明：此四百五十兆，按年息四厘，分三十九年，按后附之表清还。今照约表银数如期付给，即系照约载金价核算，实与用金付给无异。再下所云或按应还日期之市价易金付给，系第二法。事属变通，故用或字，极言如不照约载金价算付，或照还时市价算付。若以上一法即指为照市价还金，则下一法作何解释？约表何以不载金数，转载银数，更何必并载平色，又何必兼载金价？此亦不待辩而自明。况前定赔款，承诸大国曲谅中国财力有限，将应赔之款尚复一再减让，并细加核算，至多每年只能还四十二兆，特将新旧各款并计匀摊，不使每年应还新旧各款有逾前数，以免财力为难。即约内分定两样办法，亦为以后金价如较约定为廉，俾可照还日市价算付，不欲以约内预定金价，使中国于赔款之外复受金价之累，亦系格外体谅厚意。今中国按照约表银数付还，各省尚苦难于解足，因另筹新款，多生事端，地方为之不靖。盖统全国岁入之款不过八千万，旧债须照市价还金，镑贵已岁增数百万，深为受累，前三年又须带还赔款前六个月息款。现在新旧并计，岁须还银将及五千万，可供全国用度者仅三千万。各大国代为思之，当亦知其为难矣！若再如银行将新赔款照约载第二法还日市价算付，又须岁增四百万，不独国家财力万万不能及此，中国民多穷苦，迥非泰西殷富可比，若再向民间苛敛，民不聊生，必致激成变乱，亦甚非各大国立约定表维持中国之本意。不能不商各国，务恳始终关顾，仍照约表正办，按所载定价银数算还，万勿任银行迫令照第二变通之法，按还日市价算付，俾中国财力得以勉支，还款得以如期照付。环球幸甚！

五月初六日

鄂督张之洞致外部及刘坤一等赔款无还金之理有确据三事电

外部既已电我各星使，则各省公电似宜速发。义宁屡电已详尽，此事万无还金之理，有确据三事：一、约内载明，上谕允赔银四百五十兆两，不言赔金若干。二、表内三十九年，每年皆载明若干兆，或若干万两，年年皆有银数，可见此乃一成不易之数。假如照还期市价易金，立此每年细数表何用？三、前有算定各国索赔金款合成银数后，又有或字还期市价易金一条，英文、法文语意皆作为两项办法。前后两歧，前为正意，后为附笔，自应从前一条。所以有或字一条者，银行之意，假使金价贵于三先令，则姑以后一条易金之语为尝试；假使金价贱于三先令，则执定前一条立约日算定金价付给，断不肯令中国银数少于四百五十兆两也。总之，中国不求减少于四百五十兆两，即可以对各国，可以符条约，更无可疑。其措辞应如何理直而词婉，岘帅必能裁酌周妥。至金圆完税，既无实在益处，亦断不能行，万不必涉及，致生枝节。请岘帅即速挈衔发电，不必再商。

五月初六日

外部致刘坤一赔款事请婉商照定约时金价算付电

此事经外部照会后，各使照复，仍执前说，以违约为词，似辩驳非所愿受，反为无益。计惟有以镑价日涨，财力不支，务请按照定约之时金价算付。京外合力，婉切磋商，以期就范。卓见以为何如？

五月初八日

外部致奎俊据哲美森函已饬立德乐将产矿八处地名查明填注电

普济公司查勘八处各矿，统限五年，较原章已减。月给局费，载在摩赓合同，此次原章并无此款。现每矿按年允给保富公司百金，哲美森已视为增添之项，屡议加，未允。地价若照原章值百抽五，各矿出产多寡、迟速无定，所取亦未必划一。不如照地价一成核算，较有定数。指定一层，法既指定巴、万，英矿合同亦已将法公司所指各地剔除。据哲美森函称，已饬立德乐将八处地名查明填注，已饬贺道速与商定。

五月初八日

外部致锡良福公司支路专供运矿应载入章程电

福公司支路不能搭客载货一节，既不肯添入，应即照柯瑞所称，所造支路专供转运矿产之用，并不作别项生意等语，载入章程。希饬遵。

五月初八日

粤督陶模致外部粤省铁路尚无窒碍应否允准葡人利益电

支电悉。葡货本按各国税则纳税。各国既订新则，旧则即已作废。按理，葡似不容不认。若因此另给葡人利益，设未经与议各国援以为请，将何以应？至粤省铁路，尚无窒碍，应否允准，乞裁夺。惟不得将准办之权转售他国，如限期之内不能兴工，由中国自办，均须订明。

五月初八日

驻俄代办胡惟德致外部与布加力王切商赔款电

顷，晤布加力王，与之切商，并婉陈中国财力艰难。伊称，此须与户部会商，与各国接洽，稍缓再复。因告以各国必以贵国办法为指归，贵大臣与户部向以力助中国为宗旨，务惠好音，以敦睦谊。数日内当再往询。奥国已照会，尚未复。再，换约事，屡催外部。据称，须中英铁路合同办妥，方可互换，业由雷使转达云云。并闻。

五月初八日

使日蔡钧致外部赔款照约还银已商日外部据云若英有允意日亦易商电

江电悉。钧已商外部，据云，此事惜当初业经订明。中东至好，原应通融，惟各国恐不允行，碍难私允。若英有许意，则日亦易商。乞随时示悉。惟查第六款约载用金付给，或按应还日期市价易金付给云云，恐各国藉口难商。乞酌。

五月十一日

吕海寰盛宣怀致外部准日本商税使照送新约十款呈核电

日本商税使日置益、小田切照送新约十款，订五月二十一日开议，先电呈核。

第一款，中国国家允，自此约盖印之日起，六个月后，凡运进中国之日本各货物，及日本臣民所运一切货物，只征两国所订进口税外，所有厘捐、落地税、子口税以及所有内地各税，其余各征杂派各项，一概豁免。所有免税章程，另行商订。日本国家允，自前项免税中国实办之日起，运进中国之日本各货物所完进口税，除煤炭、绵〔棉〕纱及所有一切绵〔棉〕货外，加至切实值百抽五，算定税额之倍数。惟各国若未约允，日货亦不得照办前节所开免税之事。倘中国国家不十分认真照办，日本国家可不论何时将此款作废，并将所有日本各货物应完进口税仍照原率办理。

第二款，上款所载实办之前中国允办左开各事：一、中国国家允，照明治二十九年七月二十一日，即光绪二十二年六月十一日，在北京盖印之《中日通商行船条约》第十一条及第十二条，一次纳税，以免各子口征收之进出口各货物，在进口货至用该货之人之手为限，在出口货至该货运出之口岸城镇为限，厘捐、落地税、子口税以及所有内地各税，其余各征杂派各项，一概豁免；并允禁中国官员求担保银或设别项名目，以妨阻各货之进口、出口卸运。即各货物贩归中国人民时，亦一律办理。中国官员倘有违此章者，中国国家严加惩处，不稍宽贷。二、中国国家速饬各该官署，将各地方厘捐、落地税、子口税及内地各税率以及设有厘捐税赋局所地名确实公示。

第三款，中国国家允，为便利来往中国内河日本各商船起见，在该商船所开所抵之口岸及各寄泊之港岸，设立应需码头、行销起装货物处所、货栈等项。中国国家又允，日本轮船公司在长江之宜昌上游施设扯上湍澜应用处所如何施设，须邀海关应许。

第四款，中国国家允，能走内河之日本行海商船照式办理后来往中国内河。中国国家又允，来往内河日本商船由此通商口岸驶入内河，再驶至彼通口岸，所有办理章程，另行议定，随后随时商改。

第五款，中国国家允，自此约盖印之日起，六个月内，将直隶省北京府，盛京省顺天府、大东沟，湖南省长沙府、常德府，江西省南昌府、湖口，安徽省安庆府，广东省惠州府，江苏省芦溪港，四川省成都府、叙州府，浙江省衢州府，作为通商口岸，或作通商地。

第六款，日本臣民在中国已开及日后约开通商各口岸城镇，无论何处，任便居住，办理商务、工艺、制造及所有一切合例事业，应需一切房屋地基，亦准其租赁或执业。

第七款，中国人民与日本臣民合股办事或合办公司，倘中国人民不交所约股银，中国设法勒令中国人民将其分内当为之事照约办理。

第八款，中国国家须定一章程，以禁中国人民冒用日本臣民所执挂号商牌，有碍利益。所有章程必须切实照行。日本臣民特为中国人备用起见，以中国语文编成之各书籍、地图、海图及其余一切著作，执有印书之权，即由中国设法保护，以免利益受亏。

第九款，中国国家允改现行货币制度，在此约盖印之日起后五年以内，定将全国货币办理归一。所有新定货币认作唯一公家钱银钞票，无论何等税课，及别项银钱往来，日、中两国人民一律用之，毫无窒碍。中国国家又允改现行度量权衡制度，在此约盖印之日起后三年内，制成全国画一公正度量权衡，无论一切公私交易，用之无碍。惟日本臣民在中国应纳一切课税，及其余应还债欠，不得因中国改定货币及度量权衡之制度即至增多，或隐然致有增多。

第十日款〔第十款，日〕本国家准米谷出口，中国国家允，遇日本年歉，或食物告乏，或因别故，需用米谷孔急，一经日本国家派驻中国日本公使或领事照请，即可暂时解禁，运米出口云。

五月十三日

滇督魏光焘致外部方领草章首议修路兼及行车电

蒸电敬悉。滇中开送方领事草章，首议修路，兼及行车。第一款，先声明备地，于日后中国造路达别省，法国不得干预；六款，定轨道；九款，取料用土产；十四款，开车运货，稽征税厘；二十六款，运中国官物、兵队减车价；二十七款，禁运外国兵队及砂盐；二十八款，收回铁路；二十九款，议路章；三十一款，守路权。今举遵大部七端酌拟，略参以胶济各章。惟第七款，车站工厂不得伙占地段及损庐墓；八款，铁路不得损城垒、要隘、祠宇；十一款，禁造支路；二十款，租屋由官代赁；二十一款，践伤禾蔬酌偿；三十款，官中会办公司应筹薪费；三十二款，开车伤损人物议恤，则系胶济各章及绅商酌增。其余各款，或照法使所送四条分列，或照方领所增附入，更参以胶济各章，于字句略有变通，惟法使四条内交地期限两月过促，酌改六月。全章月内可送呈。送章开议后，尚未准方领核复前来，容与切速磋商。电闻。

五月十四日

江督刘坤一致吕海寰盛宣怀日本进口货以煤棉为大宗决难全免电

沪文电悉。加税免厘，现与马使议大端办法，与日商，亦断不能出此范围。日本进口货以煤、棉为大宗，今提开不加，即别货亦只加抽至十，出口亦不加，而厘金、内地税转须全免，似非友谊。请两公先推诚言之。

五月十四日

江督刘坤一致吕海寰盛宣怀日本欲开许多口岸无非欲占我主权请力折其要索电

日约第三款，不言小轮，而曰商船，是将篷桨等船一并包括。照来款所云，是凡内地水道，日本无论何项船只皆可行驶，凡内地濒水之处，皆可设立码头行栈。第四款即第三款意，统而言之，无论口岸，皆可听其任便行走，设码头行栈，尤以为未足。第五款又须广开口岸，苏杭至今生意寥寥，可为前鉴。中国口岸栉比，商务仅此，彼岂不知？所以欲开许多口岸，无非便其居处，占我治权，耗我费用。此次议约，若每一国议开多口，恐各省皆成口岸。核照日本所索各款，转不如仿日本，全国开通，寓华人民悉归我管，转可省费用，保治权矣！想两公必折其无理要索。至川河如何设施，亦须议立限制。

五月十四日

驻俄代办胡惟德致刘坤一庚子赔款照约应还银电

鱼、佳电谨悉。即译洋文，交俄外部，反复申辩，并告以当时已按金价变银，载入约表，是按期还银，即是还金，即是照约。况议约时核算中国财力，定此银数，载明平色，以免误会。若须逐次按照市价，即应声明银数，视金之涨落为加减，方合条约措词之法。中国民生已极不支，搜括激变，贻误大局，必非各国所愿。彼称，须与户部会商，与各国接洽，不能立即置答。又告以此系银行为额外之苛求，中国只求合此事之正办。中、俄休戚相关，顾邻好而维大局，端赖贵国主持公道，为他国先。彼允晤户部再复。奥外部已备文知会。请转外务部。

五月十四日

外部致魏光焘滇路铁轨照龙州宽窄改为一迈当电

法使照称：据方领事电，请将滇路铁轨照监工所拟一迈当宽窄，并安设通连各厂电线，请准令开工等语。查龙州铁路宽窄，原议由中国自定，前经函达尊处酌照。现龙州已改为一迈当，滇路亦当援照办理。电线事，应照三月间盛大臣电复尊处办法，声明不得与他处电线接通，并不带收官商各报。统希与方领事商办，并电复。

四〔五〕月十四日

清季外交史料卷一百五十七终

清季外交史料卷一百五十八

光绪二十八年五月下

江督刘坤一致吕盛日本商约第六款至第十款万不可允电

沪文、元电悉。第六款，虽即日本商约第四款之意，惟照原约城镇下添无论何处，任便居住办理，又原约现在已定及将来所定句下外国人居住地界之内九字删去，显系意在朦混。凡口岸地方，无论城镇何处，皆可任便居住办理，即推广口岸居住贸易之界。此万不可允。第七款，华洋合股，流弊滋多。惟矿路已准合股，惟有执定矿路外其余各事仍不准合伙，以杜内地贸易之端，不止仅载华人不交股银办法，事非公允，不能以一办已也。第八款，上节似系禁冒用牌号，然须就两面说，不应专禁华人冒用而不禁日人，且近来日人受中国奸商雇用，出名冒开假洋行甚多，似应乘此一体商禁；下半节保护书籍、舆图，应请向上海翻译东书诸家考究其用意之所在，将来纵欲允许，亦只能保其有切于用而无违背中国礼法者。第九款，货币归一，前因马使向索，已陈其弊，且与所索更改度量权衡，皆中国内政，而权衡中即暗寓更厘税本意，与第十款米谷出洋，均万不能允。

五月十五日

外部致许应骙樟脑局合同载不论年限让人殊不可解希速复电

咨悉。脑局技师不取薪水，并愿报效十万元，代向日本公司保借二十万元，以六年为期，该公司愿不取利息，并认亏折，自属便宜。惟合同第三款载，期满后，现存厂屋、机器、脑本仍应由公司按照原价收还；并约明，不动产之在内地者，只准变卖，不准收管，以及收回一切脑本等语。查借款二十万元，第四款既载明按年酌提公积，归还成本，到六年期内，当已还过若干，何以并不计算？竟将脑局产业无论值抵多寡，六年以后概归公司收回，是脑局仍在，中国已无从过问。六年中税课余利，闽省所得几何？六年后此局即非我有。且第九款技师告退或辞退，均照第三款办理，则更不论年限，让给他人，尤不可解。希电复。

五月十五日

江督刘坤一致外部请电张德彝恳英澜侯允照约还银并代劝各国照办电

张使电：赔款事，迭向外部辩论。澜侯虽仍谓中国政府误会约文，然已允为极力设法；惟云，此事若两处分议，恐仍无益，已电萨使与驻京各使，公同设法办理云。现复转电张使曰：元电悉。伍使电，美廷已允照约还银，并允婉劝各国。今承澜侯允设法，甚感！但此事各驻使必听各政府主裁。现距还期已近，由驻使公同设法，势难遽定。务再恳澜侯，即允照约还银，电萨使，并求代劝各国照办，庶仰仗英、美两国照允商劝，即可望各国一体允行，中国财力得以勉支，于英国商务亦有益。

五月十六日

外部致张之洞汉口租界比使索地逼近总站万不能允电

漾、梗电均悉。比使因汉口租界力索原购之地，现照来咨向驳。彼称，地价已费至五六十万元，并以照约不能无界为词。查原地逼近总站，万不能允。观其带来地图，距原地往南一段有比国及俄国商业，又有总公司之业，若设法通融调换，界画似尚分明。希核复。

五月十六日

江督刘坤一致枢垣赔款照约还银请外部坚忍与商不为所动电

寒电悉。美云：照约内金价即系指甲字下已定之价而言，价已预定，似无随镑加增之理，照约内定价核银，即四百五十兆之关平银数。是以盛大臣文电亦云无区别。今既电属，已请吕、盛大臣再询伍使矣！去冬，坤一向外部辩论此事，赫德答外部，即云，照约载银数按市价算付，或有余，或不足，可由沪道与银行面订，盖即主照市价付给之意。今又言，断办不到，以后不必与相商。日前驻宁英领事向局员探问西、皖、苏三省所摊赔款之数，言次亦谓，中国现因筹还赔款，各处多有闹事，若照市价还金，财力实难及此。是中国力量不能照市价还金，实中外共晓。即至还期，各使仍以违约见责，总求外部及钧处以力不能支，坚忍与商，不为所动，或可冀其还银。伍使亦以一意坚持为请也！

五月十六日

江督刘坤一致外部已电裕使再商法外部请照约表银数归还电

裕使电：前奉江电，当转告法外部。奉鱼电，又详细告以即使银行说明，各国分摊亦有限，而中国则吃不住，论事论理，皆不宜尔。彼云，此事不能即时回答，候查核。用金及或字两语，本藏有毛病，而洋文语意包括。尤甚传闻，当时出义使之谋，致贻此累。若能找清一句，即免流弊。今令其拒银行之言而一国出头帮我，固骤难办到。只求不坚持，已属中道。又此事视英国为权衡，英商在沪者提到钱字，彼头头是道，我步步须防。惟还期已迫，事难即决，违期二字，万办不到。此外有无别法，可稍抵制银行之处，公等定已筹及，使臣惟有尽力所能云。

现复电裕使曰：来电悉。美廷已允照约还银，并允婉劝各国，英澜侯亦允极力设法，中、法交谊不亚英、美，但得法外部照允还银，其事当可转圜。此项赔款，各国一再减让，并与旧债匀摊分还，盖深知中国财力仅此。现金贵，旧债受亏已巨。应还偿款，现照约表，将应还银数按月交存银行。各省已搜括殆尽，万无余力再受还金之累。乞再为婉商，切恳始终关顾，允照约表银数归还，俾中国得以勉支。舍此实无他策，仍望随时电复云。

五月十八日

商约大臣盛宣怀致外部伍使电美于还银事甚愿助我请坚持电 三件

顷，接伍使缉电：约载赔款海关银四百五十兆两，本息表亦言银数，原无疑义。惟约内第十二款云，以法文为凭，而第六款法文谓，此四百五十兆作为金债，又谓，本息用金付还，或按应还日期市价易金付给，照字面解，用金二字，似是金钱。向来条约字句稍为疑似，必启外人争论，此实各国藉口之由。部颁约本附件未全，廷连日向美外部及柔使索阅全案卷宗，悉心考核。幸检得去年西七月二十七号领衔葛公使照会我两全权文，内言明，四百五十兆海关银系按西四月一号市价易金，年息四厘等语，此便是照当日市价以银易金之确据。又查英国蓝皮书载，萨使去年西七月二十六号电英外部谓：四百五十兆海关银两系照西四月一号市价易金算。又据柔使称，各国索款，初未开列细数，但公议合索四百五十兆两，由各国自行均派，中国原不管其易作何项金钱。由此观之，我国分年照表还银，正是按照去年西四月一号金价核算，即与用金无异，不能一易再易，累上加累。请坚持此意，指明领衔葛公使照会所开办理，并声明萨使去年西七月二十六号所致英外部电文，电达张使，力向英外部申论。各国政府倘知以上情节证据，自问理亏，谅无异言。廷已力托美外部再电康使，力主此议，并劝各使照办。查去年金价与现在金价相去甚远，若照时价算，则本年已增数兆。日后赔款仍照此价，须增一百六十余兆。倘金价再涨，更不堪言。美廷甚愿助我，惟须自持定见，万勿游移，各国断不至因此失和。若相持不决，请万国保和会公议，自有公论。务望坚拒，免吃大亏。乞转枢府、外务部及刘、张、袁、陶、奎、许诸帅云。

五月十八日

顷，接伍使叶电称：删电悉。迭与柔使恳商。查各国定约时，照四月一号金价易银，原是体谅中国美意。或按还银日期易金者，显系听中国之便。用或字，并未说实。请照缉电持议，当不误。此事理直气壮，不必惧。日本谓，各国不允，难独许，今美既允，何妨照允？廷思日本果允，则俄必允。乞转外部、刘、张各处。又美外部议约欲抽金税，此议虽善，惟各国必藉口，赔款如照时价付金，不足相抵，乞暂勿提，俟赔款事定再议云。美于此事真心关切，近将美议译登洋报。洋人公论，颇以为然。务请内外坚持到底。美之外只要再有一二国仗义，便有把握。未知德廷如何回复？转瞬六个月到期，仅可仍照银数由沪道付足，一面竭力设法争论，断不至因此失和。至税则改金，本属借题抵制。英沙侯亦说我有理，当留为后图。本关数万万出入，非一时所能定。各使以违约恫喝，似可坚定勿摇。如游移迁就，美反寒心。

五月十八日

伍使又电：美亦有应收赔款，美廷亦谓，照约载金价核算还银，一再电康使力主此议，并劝各国照办。柔使为原议赔款公使，更云，众议合索四百五十兆两，由各国自行均派，中国原不管其易作何项金钱。是此项赔款照约载全〔金〕价核算，即四百五十兆海关银数，照约银数付还，亦即与用金付给无异，皆确凿可据。美既为我如此仗义力助，并与柔使一再劝我坚持必胜，违约在彼，届期不必急，亦可谓竭诚代谋。现伍使给电所云俄、日使各情，更可想见。此时必当坚持，乃克有济。纵各使好胜，届期以违约恫喝，不为所摇。万一各使扰之不已，请用国书动以上年保全之义，怵以财力难受此亏，仍请照约还银，仗义相助。美则谢其主持公道，助我之情。各国君主多顾大局，各国阳虽和好，阴实互相猜忌，苟再得一二国照允，我可迎刃而解。钧处一力坚持为要。又汇丰密向盛大臣云，如允还金，镑价必贵至二先令，中国必不支矣！是赔款照约还银，不独本款免受金价大累，此后镑价折平，旧债亦得轻减云。盖此事命脉全仗钧处握定不摇。伏祈鉴纳，大局幸甚！

五月十九日

刘坤一张之洞致外部已电蔡使向日廷关说改银电

现又电蔡使，属向日廷关说，即将美柔使云云及当时葛使照会并英国蓝皮书云云与之辩。并云：现美廷又电康使，力主此议，并劝各国照办；中、日唇齿相关，自前岁以来，事事力助，今此事若再承日廷慨诺，并劝各国，即可转圜等语。俟复到奉闻。

五月十九日

江督刘坤一致外部据伍使称美甚仗义届期不必急违约咎在彼电

现又得伍电：美甚仗义，柔尤关切，彼请我坚持主义，方克有济。各国现尚游移，届期不必急，违约咎在彼，不在我云云。柔深谙交涉，所言确切不移。现又电张使，以从前领衔葛使照会及英国蓝皮书萨使之言详悉见告，属恳澜侯仗义慨诺。又复伍使电曰：美廷及柔使公谊甚感！现已电张使，惟各驻使正以违约见责，总赖康使代劝，恐转圜不易，拟再设法恳美廷，径劝各国政府，再得一二国照允，即有转机云云。

五月十九日

江督刘坤一致外部伍使电称俄使来询赔款事已托其达本国电

顷，伍使电称：俄使喀希尼奉本国命来询赔款事，廷将情节详告之，并证以萨使及葛使公文，彼颇动容，已托其转达本国。旋访日使，申论此事，彼亦谓我理长，许转达政府。仍乞坚持，事当有济。并问俄、德有无复电云。

五月十九日

闽督许应骙致外部此次改定脑务章程有利无弊电

咸电悉。此次改订脑务章程，有利无弊。钧意因合同第三款期满后脑局产业准由公司收还，恐该官局遂非我有，且以第六款六年期内已提成本不复计算为疑，想系误会，不知第三款系限满停止归还借款之办法。脑务全在内地，按照条约，中国不办，外人断不能办，岂有公司收回借本之后，尚可设局自办之理？且已约明：内地产业只准变卖，不准收管等语。夫产业尚不准收管，何至有脑局尚在，中国无从过问之虞？至逐年提还成本一层，原议正因其为数无多，稍示体恤公司之意。六年中税课余利，应视脑务之消长为衡，岂能预定？好在官局成本仅此洋款二十万元，所有局置产业悉数动支借本，并未另措官款，无论值抵多少，在我总不吃亏。第九款系因限内脑局停办，酌准收回借本，与第三款情事略同。参观自得，何曾有不论年限平空让给他人之说？殊不可解，应请详细复核两文，认明三、九两款办法，要知脑局专归中国官办，合同内附有章程，公司仅系出借款项，外人并无准另办脑之据，当可释然。尚祈速核，电复。

五月二十日

吕海寰盛宣怀致外部日约十款言甘手辣如何抵制候示电

日约十款，已详前电。查第一款只云征进口税，除去煤炭、棉纱、棉货均大宗物，其税仅加至值百抽五，算定税额之倍数，是不过零星小货按照向收正子税外加二五半税，即将厘金、税单、杂派全行豁免。第二款禁中国官员求担保银，大约不遵镇江三联单章程预缴银两之意，又要速将捐税率及局所地名确定公税，意在查明局卡，挤我厘金，不免自免。第三、四款不曰小轮，而曰商船，曰行海商船，诚如宁电所云，将篷桨等船一并包括，凡内地水道，日本无论何项船只皆可行驶内地，濒水之处皆可设立码头、行栈。第六款即英约内地贸易、侨居、工作之意。第十款谷米出口，由彼照请解禁，与禁米出洋旧章不符。以上窒碍甚多，均须辩驳。第五款添开口岸，马凯屡议未定，今日约索开更多，拟以北京不便通商，其余俟行查各省开名，由中国自行办理。第七、八款合股、牌号，曾与马凯议明，但须互为钤束，不能单约束华人。保护图书，意在予以专利，亦拟分别辩驳。第九款货币、度量权衡改归划一，系我内政，惟圜法两国人民一律通行，实属有益，度量权衡三者皆当划一，但恐难遽改用。见英约已允者照办，未允者坚拒。惟日本言甘手辣，应如何抵制？伏候酌示。

五月二十一日

使英张德彝致外部赔款事晤商澜侯允竭力主持电

赔款事，晤澜侯，请其竭力主持。彼云：按约应照金价付款，然中国既为难如此，本政府愿与各国公同设法。惟现距还期太近，万难商定办法。现二十二即第六期，仍应按金价算付。美廷如何允助中国，本政府无所闻。旋问以英政府肯助美为中出力否？澜云：英善待中国之处，总欲与美无异云云。

五月二十二日

江督刘坤一致外部蔡使称赔款事切商日廷未允电

得蔡使电：赔款事，与日廷切商，尚不允。因复以约表、保票并萨使致彼外部其报、柔使所云一切告之，且谓：美为合众之国，议院之权重于各国，尚以事理所在，上下力持公道，不独允照约表还银，且劝各国照办，中、日唇齿相依，更应仗义相助，尤望执事婉切商恳云。

五月二十三日

江督刘坤一致外部请电伍使托美外部转请澜侯协助赔款用银电

澜侯谓，美助中国劝各国照约还银之说，英廷不知，明系托词。惟彼既允与美无异，但得美告以力助中国之意，英必协助。现再电伍使，务求美外部电驻英美使，告澜侯，并切劝协助。英能允，转机即易。乞速图之。

五月二十三日

江督刘坤一致外部美国力主赔款四百五十兆年息四厘劝各国照办电

胡署使维〔惟〕德电：鱼、佳电悉。即译洋文，交外部，反复申辩。彼称，须与户部会商，与各国接洽，不能立复。奥外部已备文知会云。现会香帅复胡电曰：向俄辩论，情意恳挚。前伍使电，驻美俄使喀希尼奉本国命来询赔款事，将情节告之，并证以葛使及萨使文电，彼颇动容，已托达本国云。盖前领衔葛使照会内言明，四百五十兆海关银系按西四月一号市价易金，年息四厘。且英蓝皮书载萨使电英外部云云已登报章，不容不知。又柔使为原议赔款之人，亦云，四百五十兆由各国自行均派，中国原不管其何项金钱云云。美国一再电康使，力主此议，并劝各国照办。英澜侯现亦知我为难，允善待中国，与美相待无异。俄为贴邻，相关尤切，务恳照允力助，不让英、美独擅其美云。

五月二十三日

商约大臣盛宣怀致外部与小田切论偿款事愿劝日廷走先著电

顷，与小田切论偿款事，彼谓：日本赔款数少，已合金元，归入岁计，政府无权，须十月开议院商定。告以日本近交最密，看小村复蔡使语甚漠然，反不如各国。彼询各国如何答复。告以美国仗义，即俄、法亦甚活动，喀希尼允达本国外部，向来俄廷肯市义，如庚子京城俄兵必先退，我料俄必先允，窃为贵国失计。小田切云：俄真若此，吾当电外部，劝我国走先著，但请密示俄电，方信而有征。现拟将胡署使电中允与户部会商及伍使电内喀希尼数语摘示。前途俄、日相忌，如能探到日本有活动语，即可激俄先允。

五月二十四日

驻俄代办胡惟德致外部呈送交收东三省换约文据文　附条约

窃照光绪二十八年四月十四日奉钧部札开：中俄议定交收东三省条约四款，于光绪二十八年三月初一日遵旨画押，业经请用御宝，作为批准。查条约内开：御笔批准之本，限三个月内，在森彼得堡互换等语。相应将用宝约本一分札寄驻俄代办使事胡惟德恭收，应即照会俄国外部，与俄君批准之本订期互换，仍将换到之本妥速寄回本部为要等因。并奉颁到用宝约本一分，参赞奉此，当即照会俄外部，并经屡次约晤切催。旋准照复，订期五月二十四日，在外部公署互换。届时偕同二等翻译官陆征祥前赴外部，谨将用宝约本与俄君批准之本对读细校，即行互换，并照例具立换约文据二分，与俄外部彼此互换，以昭凭信。除电达外，所有换到俄君批准之本理合具文申送钧部，并将换约文据配译汉文，一并案呈。伏乞鉴核查收，赐复。

照译换约文据

大清国驻俄代办出使大臣事务·二品衔·分省补用道胡，大俄国外部大臣·大学士·伯爵拉姆斯独夫，本日会于俄国外部公署，将光绪二十八年三月初一日，即俄历一千九百零二年三月二十六号，在北京画押之中俄满州〔洲〕条约两国批准之本校读无讹，按照向例，彼此互换立约文据二分，各钤印，以昭凭信。俄历一千九百零二年六月十六号，即光绪二十八年五月二十四日，立于森彼得堡。

交收东三省条约

大清国大皇帝，与大俄国大皇帝，愿将华历光绪二十六年，俄历一千九百年，在中国生出之变乱所伤邻交复行敦固。兹为商议东三省各事，大清国大皇帝特派总理外务部事务庆亲王、军机大臣·文渊阁大学士·外务部会办大臣王文韶，为全权大臣，便宜行事；大俄国大皇帝特派驻华全权大臣·正参政大臣雷萨尔，为全权大臣，便宜行事。该大臣等各以所奉全权谕旨查核，均属妥协，会同议订各条款，开列于左：

第一条　大俄国大皇帝愿彰明与大清国大皇帝和睦及交谊之新证据，而不顾由东三省与俄国交界各处开仗攻打俄国安分乡民各情，允在东三省各地归复中国权势，并将该地方一如俄国未经占据以前，仍归中国版图及中国官治理。

第二条　大清国国家今自接收东三省自行治理之际，申明与华俄银行于华历光绪二十二年八月初二日，即俄历一千八百九十六年八月二十七日，所立合同年限及各条款实力遵守。按照该合同第五款，承认极力保护铁路暨在该铁路职事各人，并分应保护在东三省所有俄国所属各人及该人各事业。大俄国国家因有大清国国家所认以上各情，允认如果再无变乱，并他国之举动亦无牵制，即将东三省俄国所驻各军陆续撤退。其如何撤退，开列于后：由签字画押后，限六个月，撤退盛京省西南段至辽河所驻俄国各官军，并将各铁路交还中国；再六个月，撤退盛京其余各段之官军暨吉林省内官军；再六个月，撤退其余之黑龙江省所驻俄国各官军。

第三条　大清国国家暨大俄国国家为免华历光绪二十六年，即俄历一千九百年变乱后来再行复炽，且此变乱皆属中国驻扎于俄国交界各省之官兵所为，今令各将军与俄国兵官会同筹定俄兵未退之际驻扎东三省中国兵队之数目及驻扎处所。中国允认，除将军与俄国兵官筹定必须敷剿办贼匪、弹压地方之用兵数，中国不另添练兵。惟在俄国各军全行撤退后，仍由中国酌核东三省所驻兵数，应添应减，随时知照俄国国家。盖因中国如在各该省多养兵队，俄国在交界各处亦自不免加添兵队，以致两国无益，而加增养兵各费也！至于东三省安设巡捕及绥靖地方等事，除指给中国东省铁路公司各地段外，各省将军教练专用中国马步捕队，以充巡捕之职。

第四条　大俄国国家允准，将自俄历一千九百年九月底，即华历光绪二十六年闰八月间起，被俄兵所占据并保护之山海关、营口、新民厅各铁路交还本主。大清国国家允许：

一、设有应行保护该铁路情节，则专责成中国保护，毋庸请他国保护修养，并不可准他国占据俄国所退各地段。

二、修完并养各该铁路各节，必确照俄国与英国一千八百九十九年四月十六日，即华历光绪二十五年三月十九日所定和约，及按照一千八百九十八年九月二十八日，即华历光绪二十四年八月二十五日与公司所立修该铁路借款合同办理。且该公司应遵照所出各结，不得占据，或藉端经理山海关、营口、新民厅铁路。

三、至日后在东三省南段续修铁路或修枝路，并或在营口建造桥梁、迁移铁路码头等事，应彼此商办。

四、应将大俄国国家交还山海关、营口、新民厅各铁路所有重修及养路各费，由中国国家与俄国国家商酌，赔偿俄国，因此项未入大赔款内。

两国从前所定条约，未经此约更改之款，应仍旧照行。此约自两国全权大臣彼此签押盖印之日起施行，并御笔批准之本限三个月内在森彼得堡互换。兹两国全权大臣将此约备汉、俄、法三国文字各二分，画押盖印，以昭信守。三国文字校对相符，惟辩解之时，以法文为本。订于北京，缮就二分。

光绪二十八年三月初一日，俄历一千九百二年三月二十六日。

胡惟德押。

拉姆斯独夫押。

刘坤一张之洞致外部接裕使电与法外部商请照允赔款还银电

裕使电：与法外部切商，总云还金难改，只有另设法相抵，将进口税收金商各国云。现会香帅复裕电：法外部收金之说，深感厚意。惟赔款照约本应还银，不独有约表、保票为凭，且前者领衔葛使致全权文及英国蓝皮书所云，亦皆为还银确据。我照表还银，即照去年西四月一号易金核算，即与用金付给无异，亦即照约内甲字下及保票所载照约票所列已定金价算还办法。英、美现皆转圜，中、法交谊，不减英、美，税金系另一事，顷不便提此事，乞法廷一体照允还银，不胜感盼云。

五月二十四日

江督刘坤一致吕盛日以甘言诱我即藉为抵制电

日索十款，已就管见电复。现沪拟据理辩驳各条，极是。开口岸，拟权词答复，亦妥。但须声明，如左近已有口岸，似可不再另开，以为预伏不允之地。合股，恐夺内地华民生计，不仅税课不同，治权隔碍已也！将来无论与何国商议，总以握定除矿路外，其余仍不准行。在我已予以矿路大利，得与华民同沾，何能再侵民间其余利益？赫德谋事，无不偏向外人，独论议约一事，最为平允。此事亦频争还款，断不至因此决裂。日既甘言诱我，我即藉其甘言以为抵制，想两公亦必具此成算也！

五月二十五日

沪道袁树勋呈外部第六期赔款今虽照收仍恐执金价争论电

第六期赔款，薛参赞始则函索金价补足，统计婉驳，复又取巧朦混，以带还上年欠款，另开索取，不提金价二字，而暗中均照金价合算，又揭开详细函复，旋又走商未允。经职道再四商辩，昨午始据薛参赞开单来，今早仍照一百八十二万派员兑送各银行收讫，惟华俄大班尚欲电请北京钦使定议。今虽照收，仍恐执金价争论。务求内外坚持，冀扶大局。

五月二十五日

商约大臣盛宣怀致外部德和两国于用银虽未确定似易转圜电

德国再电，仍执前词。和外部尚无复文。看来各国必有转圜，但恐不能尽如所愿，惟有中外竭力坚持到底。

五月二十五日

闽督许应骙致外部脑务合同权在中国电

脑务合同六年限满后，官局或自行熬办，或另延他国洋人，或续请日本技师办理，均无不可，权在中国，应俟彼时体察情形酌办，此时无庸预定。

五月二十五日

吕海寰盛宣怀致外部所议各税已据实具奏电

马凯亟欲回国，所议各税倍半仍留内地、销场税抵补，有盈无绌，已据实开单具奏。江、鄂大意相同，惟关系太重，不厌求详，往返电商，终恐隔阂，不得已力劝马凯明日同赴长江，与刘、张两督切实筹商。议合则联名入奏，不合则听其回国。请代奏。

五月二十六日

商约大臣盛宣怀致外部偿款到期与江督商定仍照银数找足电

偿款二十二日到期，与岘帅商定，仍照银数找足。英、日所云还期已迫，只有还后再商一语，乃骗局。若照金价付还一次，便成铁案。顷，据袁道面称：银行初以为违约相责，坚持至二十四日已送十一国收单来。以后如有恫喝，仍可坚持不允。美之外，德、法、俄、英，语皆活动，可见我理甚足。

五月二十六日

外部致吕海寰盛宣怀尊处拟驳日约各款极是电

祃电悉。查日约第一、二款，欲将税、厘、捐、杂税各项概免，而允增税率较英更少，且将大宗货物开除，更无道理。第三款，设定码头等项，除已开各口有租界处所外，其余未便通融。轮船入川，应查沿江情形再议。第四款，内河行船，语笼统，与丙申商约第五款不符。第五款，多开口岸，有损无益，即欲自开，亦以与商务合宜为断。除北京外，姑俟行查再定。第六款，举丙申商约为内地杂居之计，万不可允。第七、八款，合股、牌号，尊意互为钤束，极是。保护书图一节，亦以互相钤制为妥。第九款，为我内政应办之事，岂可预载，受人限制？第十款，米谷出洋，各省产米不敷民食，所关太重，断难驰禁。尊处拟将五、七、八、九各款与商，余均据理驳之，极是。至以英约已允、未允为准驳，尤属一定不易办法。望极力维持开议外，仍随时电知。

五月二十七日

户部致吕海寰盛宣怀收产地税权归自主不能要我并免请婉拒电

盛偕马使亲往尊处议商约，现有旨电饬细筹矣。昨，吕、盛奏谓，户部查开各省厘金，统计岁收一千五百余万，实不止此数。彼时联军在京，户部仓卒查开，未为确数。且各省外销及一切善举办公收而不报者，几与正厘数相等。而现据单开值百抽十二五加税，仅二千一百余万。所加不敷，所免甚巨。又只留销场税而不及产地税，彼方极意经营，在内地制造洋货必有产地税，则勿论华洋货均可就地抽收。吾则进口日减，加如不加，受亏无穷。且收产地捐乃中国自主之权，彼何能要我并免？想高明必见及之。乞与婉商，以保利权。

五月二十七日

鄂督张之洞致外部萨使称英只允八年以内还银电

前十日托英总领事转电英萨使密商，大意以俄国赔款多、英国赔款少为言。顷，萨使复电：英拟向各国商议，自一千九百零二年起，即光绪二十八年起，至一千九百十年止，即光绪三十六年止，中国每年照表只还银一千八百八十二万九千五百两，各国收此银数，易作金钱，不必另行补足等语。此必是已接英政府电。英既允，各国当可商。惟只允八年以内还银，然已经转圜，自可迎机商办。谨密闻。

五月二十七日

驻俄代办胡惟德致刘坤一张之洞赔款俄主还金不肯通融电

岘庄、香涛大帅钧鉴：赔款事，迭赴外部敦商。彼称，遍询各国，皆主还金，美虽稍松，自言产银太多之故，又户部坚持还金之议，业详电雷使等语。昨奉漾电，今又申辩至再。彼谓，美已声明，不与各国立异，驻英使来电，并未言英肯通融，俄只能从众，户部还金之意已决。当告以此不仅为理财计，实为防患计。约载银数，搜括已不聊生，知将激变而复苛征，无此人心，无此政体。为民请命，邻好岂忍深拒？且照约还银，于俄所失毫末，而俄君持平仗义，扬名中国，所得实多。户部专司出纳，顾大局而宏远谟，实贵大臣是赖。彼云，此事断难挽回，如中国税则用金，藉图抵制，俄决不阻挠等语。查俄帑奇绌，户部坚持，势所必至。其从众，尚是托词。奥外部文复亦云，按约必应还金。并闻。请转外务部。

五月二十八日

外部致陶模葡款惟粤汉铁路一条尚无大碍电

敬电悉。葡款惟粤汉铁路一条，尚无大碍，如须允准，请照庚电订明，由该国承造，不得让与他国，并酌定开造日期，逾限将约作废，以杜后患。惟此路将来必与粤汉干路相接，似应电商盛待〔侍〕郎。并乞钧裁酌核。

五月二十八日

商约大臣盛宣怀致外部伍使称赔款还银英继美先允姑看俄德法如何电

伍使电：切商美外部，顷，晤称，驻英美使来电谓，英复美廷，意允照约表一千九百十年止，用表厚情，已电萨使等语。美复以允暂照英办法，惟不能损我日后之权。此是美廷预为我日后地步，已电康使照办。揣英已转圜，日本必允，各国未必坚拒，静候自当就范。如英所请照表还至一千九百十年，不妨姑允，惟万不可答应十年后照时价还金，必须照美复英廷之意答复，拟加英语不损我日后之权，至要。乞速转刘、张各帅。顷，马凯亦接外部电，英廷允九百十年为止照表还银，属转达云。伍使所云，不可答应十年后照市价还金，必须照美廷答复英廷之意答复，其所拟加英语，是讼师常用要语，可留以后地步。彼若逼我回答，确须斟酌妥当，免致授人以柄，使后三十一年无可转圜。英继美先允，是不肯落俄、法、德后。姑看俄、德、法如何，或俄意较胜，亦未可知。

五月二十九日

使英张德彝致外部赔款事英愿八年以内收银电

赔款事，与澜侯再商。澜云：美廷所议办法不见妥善。英现愿八年以内收银，中国政府应将修改商约一事饬令从速办理，以为酬答云。

五月二十九日

外部致荫昌蔡钧张德彝裕庚胡惟德恳各国通饬武官遵照原约交还天津电

交还天津，载在公约十一款。各使会商数日，尚未定议。闻因驻津武官从中梗阻，各驻使公议，均不谓然，武官坚执已见，横生枝节。即恳外部通饬武官，遵照原约，迅速交还，勿宕为要。

七〔五〕月二十九日

清季外交史料卷一百五十八终

清季外交史料卷一百五十九

光绪二十八年六月

直督袁世凯致外部德据天津虽刁难必交还电

接蔡使钧艳电：昨商外务云，再电内田及英政府力助，并谓，定章不宜过刻，使华官为难。德虽刁难，请公暂忍，稍迟必交还。惟望中国切速变法，一新外人耳目，要求自强云。当电以艳电悉，日廷厚意，深感！查公约所载，交还天津本无另订续章之文。各武官拟章过刻，各使均不谓然，而武官坚持不移。应恳日廷转商各国，按各使公议，径饬武官遵照，免再延诿。至变法一议，本政府亦讲求甚切，惟人才消乏，经费支绌，致未能甚速，然日廷厚望，敢不勉图等语。近闻洋人议论，谓：中国变法，只托空言，地方万难久安，洋人恐仍受害，宜设法箝制，以防后患云。证以日言，似各国另有深心，亟应求其在我，庶免多受协制。统祈留意。

六月初一日

江督刘坤一致张之洞等赔款还银事拟电伍使商美力助电

张使沁、漾电悉：晤澜侯，复与婉商。彼云，美廷所议办法不见妥善，英现愿照表开银数收受赔款，以八年为期，中国政府应将修改商约一事饬令从速办理，以为酬答等语，请分转云。伍使沁电虽云，美已暂允照英办法，惟不能损我日后之权，已为我预留日后地步。惟照约若不能还银，美固不能早允，英亦岂肯前八年照表约还银？且既云照表约还银，更见本应还银，在我固万不能答应八年后照市价还金。然彼许前八年还银，我若照允，纵照美云不能损我日后之权，已留地步，究于约外又多一枝节，将来辩论更难挽回。盖国势强弱既有不同，据理论事即难一律。今照约本应还银，尚有此意外要求，仅恃不损日后之权一语，断难抵制也。反复筹思，不能不再与磋磨。虽美已暂允照英办法，并电康使，而各国尚未定见。拟再会香帅衔照此意电伍使商美，始终力助，以免后累。请香帅酌复。

六月初一日

铁路督办盛宣怀致外部美廷催办粤汉铁路请速核准电

粤汉铁路美公司续订合同已会奏。此路为英、法所觊觎，李中堂在北洋任内与香帅函商，择定美国借款自造，以联芦汉而保利权，期五十年归本，可纾财力，此合同最妥当。美总办到沪已久，伍使来电，美廷催办甚急。现看美国交情最真，毫无侵越之意，此约似宜早请核准，以答美谊。奉旨后速示，以便电美。

六月初一日

直督袁世凯致外部交还天津一事俄未必力赞电

顷，接驻俄胡参赞电称：晤外部，译交节略，反复申论，伊已允商各国，力赞厥成。现在津俄统领假出，诸事并未预闻。各国迟交之故，实属不解。得复再力催请，先复云。查交津一议，俄人向来作梗，亦未必果肯力赞。

六月初二日

鄂督张之洞致外部请江督会电伍使恳美廷力助电

宁电悉。英允照表还银，以八年为期。我一经认受，则八年后仍须照市价还金，自应迎机辩论。恳求即请岘帅领衔会电伍使，恳美廷始终力助。至此事总由英政府作主，俟各国议有端倪，如有须疏通之处，再会电萨使，以为旁敲侧击之助。

六月初二日

江督刘坤一致外部东三省改设行省事祈迅筹复电

四月间函陈东三省改设行省事，想邀鉴。此事在日本固视为至要，在我亦亟宜变通，即各国窥我之能否变法自强，亦在此等大端注目。钧处智珠在握，全局统筹，想早筹及。兹小田切又以外部命来询问，务祈迅赐筹办，并求电复。

六月初三日

外部致盛宣怀拟准葡国由澳门造铁路至粤垣电

正本新约议定税则，切实值百抽五。葡本未与议，今派使来京修约，亦允照办。惟须索利益补报，拟由澳门造铁路至广东省城。本部向询粤省，据复，尚无妨碍，拟即照准。惟此路必与粤汉干路相接，故特电达尊处，是否应向美公司声明？即电复。

六月初三日

铁路督办盛宣怀致外部葡路只可作为中国枝路电

葡人索造铁路，意在推展澳界，图占香山。如必允所请，只可照九龙铁路办法，由葡借款筑造，作中国枝路，至多澳界之内准其自设车站。似须订立合同，以清界限而保主权。至美公司，尚可与商。乞酌行。

六月初五日

电政大臣盛宣怀致外部旅烟水线俄欲接入领署请勿准电

闻俄国欲将烟台一头之旅烟水线接入领事署内，即拟咨外部驳阻。案此事与准其自行设局无异，万不能准。查电局与各国合同，载明界限甚清。近惟法国水线至厦门上岸，电局正与理论。若俄线上岸设局，恐各处效尤，主权有碍。乞酌。

六月初五日

谕胡惟德着派充出使俄国大臣电

上谕：二品衔・分省补用道胡惟德，着赏给三品卿衔，派充出使俄国大臣。

六月初八日

吕海寰盛宣怀致外部大北愿照约交还津沽电线电

五月二十七、八咨，津沽电线，既据俄使照称，大北公司愿照约交还，自应速与大东商议，令其一律交还等因，当电英萨使向索。昨接萨电：本国政府甚愿大东务与大北并得相同利益之意，盖大北已得恰克图陆线合同之利权，较大东获益颇巨云云。萨使并托马使来告，恰线偏益于俄，劝中国必宜持平。因思俄使照会既欲藉英线不还为宕局，而我从前合同实稍偏于大北，自不能允英请。顷，已复萨使函称：大东如允七月十二日将津沽京电线交还电局，则电局允大东于京津局中派驻稽察人员，查察英国电报，经费由大东自给。嗣后大东如为该公司利益起见，欲于京沽专用一线，一经知照，电局当查照与大北所订之合同准给之利益一体照准等语。如大北再藉词不交，当再电达，折之以理。

六月初十日

各国全权致外部请示天津交与何项官员接收照会

为照复事。

光绪二十八年六月初一日，接准来文，并钞送直隶总督袁宫保咨文，解得因何缘故，应将自从前年六月诸国联军统领所设都统衙门向来治理之天津城及天津一带地方早日交还直督自治，业已拜悉。查本大臣与在天津都统衙门派有官员之各国大臣意见相同，经奉本国国家特予权柄，应允将都统衙门裁撤。惟中国国家应先特为声明，允照以下所拟各节办理始可。今开列如下：

光绪二十七年七月二十五日议定条款第八款订明：大清国国家应允，将大沽炮台及有碍京师至海通道之各炮台一律削平，现已照办等语。既由当时中国全权大臣向各国驻京大臣言明甚愿勉遵该款照办责任一节，经各国全权大臣已托天津都统衙门承办此项工程，迄今尚未完竣，故本大臣拟请贵亲工将完毕削平一役交与统辖驻天津各国军队各武官承办，庶保第八款内所载各节全行照办。至所需各费，应由都统衙门公库中尚存之款项筹拨。

该约第九款内载：中国国家应允，由诸国分应主办，会同酌定数处，留兵驻守，以保京师至海通道无断绝之虞等语。查天津全城亦在此酌定数内，是都统衙门裁撤后，联军仍应接续照旧在现今所屯各处驻札。各国军队及其应需粮食、衣被等物概免各项赋税。该军队有操练、打靶及野外大操之权，无庸预先照会。但遇发弹子时，应先时通知。且又竭力设法，以免各国之兵与华兵相撞滋事为妥。故拟由中国国家禁止华兵距驻扎天津之军队二十华里内前进或屯扎。溯查新约未画押以前，各国驻京大臣与中国全权大臣内有贵亲王往返公文内彼此相允，顺京至海通道应设各军队之管带官所得弹压治罪之权，应延至距铁路两旁二英里之远。在该约第九款内载数处有兵驻守之时，常应照此办理。虽经如此，本大臣与他国驻京大臣等应允直督有权在天津城内置亲兵一队，其额数不得过三百名外，并允直督设立警察勇一队，以足敷河面安靖无事为主。虽河流距离铁路有在二英里以内者，亦可。

其拆毁炮台一节，应责成中国不准将该炮台重新修筑。至天津城垣，在光绪二十六年间作乱时，其势直当为炮台由内攻打各国租界，因此亦不能再行重修。各国驻京大臣亦不能允中国国家在北河口、秦皇岛、山海关等处埋设不论何项海防之物。各国驻京大臣拟将都统衙门出入各账目交与堪以胜任二员查清，一由管带联军各官选派，一由直督选派。除将炮台尽行拆毁所需款项扣出外，其余剩款交与直督藩库。

其天津都统衙门或各国军队从前服役之华民，均不得因此故加以无论如何扰累。嗣后所有由京至海通道各国军营服役之华民，均有身带腰牌为据，此项华民如间有犯法情事，该军营统领有权或将该华人治罪，或送交中国官员审理，以昭允协。再，必须定明，各国军队于应避暑时，有夏令避暑之权宜。

凡天津都统衙门已定而尚未销案之罪名册簿，于都统衙门裁撤后，将交与本省官员，此官员应按照所定者办理。凡都统衙门已定之案，无论系犯有罪名或钱债涉讼，均不能重新审理。天津都统衙门各卷册，均应交与驻扎天津领袖领事官收存。必有关涉之人，始可前赴查阅。至赋税一节，天津城并天津一带地方居民人等，应视为都统衙门治理时已将应纳中国国家各税均行完纳，不得向此等人补索无论何项赋税款等。

以上各节，本大臣自应照会贵亲王，转达贵国国家允行。本大臣除愿自贵亲王应允各节之复文到日起计算，四个礼拜内，将天津都统衙门裁撤外，应请贵亲王指明届时都统衙门应将天津城并天津一带地方各事交与何项官员手内接收，祈示知为荷。

须至照会者。

六月初十日

外部复各国公使天津请交北洋大臣接收照会

为照复事。

光绪二十六年六月初十日接准照称：天津城一带地方交还直督自治。本大臣与在天津都统衙门派有官员之各国大臣意见相同。经奉本国国家特予权柄，应允将都统衙门裁撤。惟中国国家先应特为声明，允照所拟各节办理。自应允各节之后文到日起算，四个礼拜内，将天津都统衙门裁撤，应请指明届时都统衙门应将天津城并天津一带地方各事交与何项官员手内接收等因。此次交还天津地方，各国大臣信义相孚，克敦睦谊，良深感佩！本爵大臣详阅来照，内有顺京至通海道〔海通道〕应设各军队之管带官所得弹压治罪之权延至距铁路两旁二英里之远一节，系按照光绪二十七年六月间前领衔葛大臣照会全权大臣文内，专指有犯铁路或电线或联军人及物产而言，即应照此办理。其余各节，本爵大臣亦无异议。业于本月十三日具奏，奉旨照准。应请贵大臣转行驻津都统衙门，于四个礼拜内，将都统衙门裁撤，即将天津城及天津一带地方交还中国自治，届时由北洋大臣率领津郡文武地方各官亲往接收。嗣后遇有应行商酌之处，即由北洋大臣随时向各国驻津文武官员分别商办，期于地方有益。相应照复贵大臣查照办理可也。

须至照会者。

六月十四日

英使马凯致外部商办京沽电线事宜照会

照得京沽电线一事，本大臣已于本年四月二十一日，将因何应请俟接本国训条方能商定交还缘由各节照会贵王大臣，并于本年二月初二日，以大沽至恰克图电线既系大北公司会同中国电局治理，请将京师至大沽陆路电线由大东公司一律办理，以便通达京师与欧洲海线电报，似不得谓为无理等因函致各在案。现奉本国训条，以两公司与中国电报总局虽立有合同，谓：中国北方大局平定之后，大沽至京师陆路电线即行交还总局办理。本政府以为，照现行之章蝉联办理，实为妥协。至外务部上年十二月二十四日函称，盛大臣所驳以现在办法，应行停止，盖电局系中国主权所在各节，虽此语似属有理，惟查电务每有水线电报公司兼陆路电线，此等办法于国家主权不但无所妨碍，且于各国互相往来电务大有裨益。譬之，本国地方所有美国及他国水线公司由水线上岸之处以至伦敦及各他省城，均准经营陆路电线，任便收发电报。本政府以为，如中国政府不允现行办法蝉联，颇可将大北公司已获利益照允大东公司由京师至大沽一律同享。若将此等利益让与英国公司，定不能招他国之嫉，盖因大东公司办理通达中国电务有年，非如外国公司初次创谋可比。查一千八百八十一年，即光绪七年，大北公司怂恿北洋大臣让其专利，本政府未肯听从，而中国政府即将水线上岸之利同时让给该两公司，是以自该两公司合伙以后，中国政府相待之情并无轩轾。如一千八百九十六年，即光绪二十二年，该两公司与中国会立共分得利合同，是与中国总局亦属合伙矣！复查设立上海、烟台、大沽水线，并将上岸利益，自一千九百年，即光绪二十六年起，以三十年为限，同准该两公司均享，亦系中国政府一律相待之据。以现在所拟办法而论，由京师至大沽陆线利益至于专归大北公司获享，乃系初次将一律相待之盛意竟尔遗失。总之，本大臣遵照本国政府训条各节，即应切请贵亲王转咨盛大臣，应允将现在所有该两公司会办大沽、天津、京师之电线仍行蝉联，如势有万难，应由贵国政府将于此路电线让出，专条租与大东公司，以便与大北公司所获利益无所轩轾。是为切盼！

六月十四日

刘张吕盛致枢垣加税免厘裨益民生请垂察电

旨：加税止倍半，仅留销场税一项，与所免厘捐大宗究竟能否抵补，着该督会同详议具奏。

马凯抵宁与坤一会商两次，抵鄂与之洞会商五次，将免厘各款切实磋商。在沪所允进口税加至值百抽十二五，出口税加至值百抽七五，并任抽销场税，数目多少，由我自定。实已议到至极地步，无可再议。因复百计与之辩论，屡次欲裂复合。兹复议允沿江、沿海及内地水陆旧有各常关照留，并有洋关而无常关之处，暨沿海、沿边非通商口岸之处，可以添设，税则改照海关一律。销场税一项，但系租界以外，虽挂洋牌者亦允照纳，且非民生所必需者，可以从重加抽。土药及盐只易厘与卡之名，一切章程大略如旧，惟须保其不扰累百货。口岸制造机器货物，原议抽出厂税值百之七五，现议增为值百抽十。但购用生料系洋货，须退还所收进口税值百十二分五之十分，系土货则所收内地常关及转口、销场等税全数退还，缘不加重出厂税，恐出口税将来渐减，略示退还生料先抽之税，则合值百抽十二五，在中国之洋商万不能允。凡中国用机器仿造洋货，不独可塞财政漏卮，并可养无数贫民，教无数工艺，故商定增多免少，为两全之计。马凯并将原送第四款新添口岸归入免厘加税款内并议，其意欲以此慰藉英商。订明允则俱允，驳则俱驳，免其阻挠加税之局。

其原索十处，现已议减为五。原拟自开办法，马凯接英廷训条，坚执不允。现虽议作为通商口岸，仍议定不能由洋人自设工部局巡捕，此与自开办法所差无几，于政权稍可补救。兹改列入第八款，厘定详细节目为十六，另电详陈。论和约十一条之义，本已予以修改商约利益。彼若不言加税而专索捐厘各款，势不能一无所允，且多系旧约准行之事，更难驳拒。幸彼开送条款已先将加税列入，我得趁此机会，专议加税免厘，而不与议捐厘各款。马凯虽经英商訾议，屡次变计刁难，而我终不放松。诚恐此机一失，厘将不免自免，而税无可加，关系财政，实属至巨。然彼允加税重在进口洋货及出洋土货得免厘卡中途查验留难需索之利益，是以凡沿途就货抽捐有类厘卡稽征办法，在彼皆欲裁革净尽，然后肯允，亦我穷变通久之会。势逼处此，不得不如所请。至海寰、宣怀前奏开厘数清单，系己亥年冬户部电查各省具复，是非乱后之事，即连报部而不名厘金之款，亦不过二千三四百万，当不至与正厘数相等。按副总税务司斐式楷所开加税清单，系照海关贸易册所开货本核算，确有依据，并非凭空约估。且常关税则轻于海关，减收又属不一，易滋弊混。今改照海关，是使通天下关征税则办法划一，商民无所趋避，关吏无从侵蚀浮收。贸易之兴，可立而待。将来常关收数，必较原额正余有增无减。现以进出口两项加税及常关改章并添设增收之数抵补所裁厘金计，已足敷抵补旧有报部之款。再有销场税可收，即以值百抽五，约计各省总可得五六百万，以供兴办自强要政及外销各项要公之用。若再不足，即以营业、印花等税补之，此可由各省大吏自行筹办。至向来外销中之中饱陋规，只可一律铲除，不在此内。如地方善事公举，当由地方官与绅董筹议，另行设法，只要不在沿途按货抽捐，外人即不至干预。其产地税一节，彼词意决绝，断不允抽。将来可望我自于牙帖一项，离开货字，设法整顿，尚不至全无所得。

总之，战后之约能不致于理财之大权大有损伤，即是我之利益。况抵补无亏，又为中国除此弊政，将来并可望日见增多，裨益国计民生，诚非小补，更不可再事游移。英约不定，各国所索大致相同，更无从办理。设合以谋我，则受亏将不堪设想。惟有仰乞迅赐宸断，大局幸甚！

再，据马云，此款虽彼此议定，必须中国先行应允照会，该使方能转送英政府，劝请依办，此时不能即作为英国已允照办；并言，英议院本月二十日歇夏停议，必须赶于本月十六、七日电达英政府，迟则不及。各国欲奢议杂，日久不决，必有中变，不可不虑。请速代奏请旨。

再，此电系陈商办实情，关系甚重，万乞秘密，勿稍漏泄，防登新报，为洋商所知，恐生疑阻。请垂察。

六月十四日

江督刘坤一致外部请商各使即撤沪兵电

津既即日交还，驻津之兵必撤。前因沪兵久驻不撤，曾电请商各使，得复电云，俟津事议定，再与申论。南洋前经敝处保护周至，非津可比，岂有津已还而沪兵再延不撤？现津事已商定，乞钧处查案，执理婉商各使，即撤沪兵。

六月十五日

商约大臣盛宣怀致外部伍使电美廷谓照表还银我理长电

伍使电：照表还银，美廷上下均云我理长，惟科士达云应照时价还金，经廷驳斥。现延公法家详考，容续陈。俄、法允税金，不足抵，仍请坚持照表还银。

六月十五日

刘张吕盛致枢垣合议免厘加税足敷抵补请允照办电

免厘加税条款如下：总纲第八款，中国国家认悉，若在出产处，或于转运时，或在指运处，向货物征收厘金以及别项税捐办法，系阻碍货物不能流通及伤害贸易之利，是以允愿，除第八节所载之限制外，尽裁此项筹饷之法。英国国家允许，照现行之通商税则外添加一税饷，于英国商民运进洋货之时，及定运出口之货时征缴，以为酬补。中英两国彼此订明，所有征抽行货厘卡及别项关卡裁撤后，不得改名或藉词将此项关卡复行设立。进口洋货所加之税，须按一千九百零一年九月七号中国与各国签押之和议总纲所载之进口正税加一倍半之数，即值百抽十二五，不得有逾。此项进口正税及添加之税一经完纳，其洋货在华洋人之手，该货无论原件、分装，均得全免重征各项税捐以及查验或留难情事。出口土货所输之税，其总数无论如何不得逾值百抽七五之数。

办法如下：

第一节，中国国家允将十八省及东三省陆路铁路及河道向设各厘卡概予裁撤，惟在沿江、沿海通商口岸及内地之河道陆路或边界内有各常关不在此例。

第二节，英国允愿，洋货于进口时，除按一千九百零一年所订和约内载货税增至切实值百抽五外，再加额外税照切实值百抽五增至一倍半之数，以抵裁撤厘金、子口税及洋货各项征收，并酬此款所载各国整顿之事，惟不得有碍第三节常关、第五节土药、第六节盐斤、第八节各项土货可于销售处征收税项之权。

第三节，现在所有之常关，无论在沿江、沿海之通商口岸及内地河道陆路与边界，载在户部、工部《则例》《大清会典》者，均可照旧安设，次第开列清单，注明地址，照送存案。其有洋关而无常关之处，及沿海、沿边非通商口岸之处，并可添设。将来如新开通商口岸应设洋关者，亦可设常关。至内地旧有各常关，地址或有应由某处移改至某处，以合贸易情形，可随时酌改，照会英国，更正入单，但不得逾旧有额数。

又第三节，民船或帆船进出通商口岸，装载货物，所征之税，不得少于轮船装载同类之货所纳进口正税以及加税之总数。土货由此处运彼处，自产处起运到内地第一常关，只准照洋关税则征收第七节所载之出口加税，给予凭单，载明货色、件数、斤重若干，并指销之处，及所征税数、报货出口期限，至少一年，持此单据，无论经内地何关，均不得再征税项及查货留难阻滞。如该土货不在租界以内销售，应照征销场税；如运至通商口岸出口，准将该单据交该管之关验明，抵纳应加之出口税。

又第三节，凡民船、民艇及车辆，除应抽公道捐输定为每年若干按时征收外，不再另有抽捐，惟现在所抽船钞、船料不在此列。

第四节，洋药现在并征之税厘仍旧办理，以后应将该厘金作为加税。

第五节，英国本不愿干预中国征抽土药税项之权，惟须声明，不得藉此征收留难百货。中国可在各省水陆边界要关仍留旧设之土药税所。凡所有应缴各种税捐作一次交纳，即算在该省之内已完清各项税征，给与印花，以为完税之据。各处查缉私货应用巡勇、警察，分设局所，但不得筑有卡栏或别项阻碍之具。至此项土药局所用警察、巡勇，不得留难别项货物及征收别项货税，并须将所存各局所处所开单照送存查。

第六节，盐厘名目须改为盐税，可按现征之厘金数目及别项征捐加入税课之内。此项税课或在产盐地方抽收，或在销盐省分进境第一局抽收，并可任便设立各项报验公所，凡船只按照盐引运载盐者，须在该公所停船候验，盖戳放行，但不得征收厘金或别项征捐，并建造各项卡栏阻碍之具。

第七节，现在出口税则应从新整顿，无论何项土货，或出洋，或由中国此口运至彼口，可增收至切实值百抽五，惟须预先六个月通知商人。如现在税则有逾值百抽足五之数者，亦须裁减。至于丝斤一项，不得征抽加税，亦不得在蚕茧或蚕种所过之常关征收正税，惟中国可按逐件切实估价定税之法抽一出口正税，不得逾值百抽足五之数目。

又第七节，因裁撤厘金之故，所有土货出洋或此口运彼口之出口税，除上款值百抽足五外，再照加半税以抵裁厘所失。

第八节，中国既裁撤厘捐以及向有内地征抽洋货别项税捐，实于进款大有所失。今进口洋货、出洋土药〔货〕及由此口至彼口出口货所加之税，冀可稍补内地贸易厘金之所失，惟厘金之所失。仍须筹补，是以彼此订明，中国国家可任便向不出洋之土货征收一销场税，但不得于货物转运时征抽，只可于销售处征抽。中国国家言明，征收此项销场税之办法，不得于洋货有所妨碍。凡货物既属洋货，一经洋关验放之后，即可免一切税捐及留难阻滞之事。凡洋货与土货相类者，各货主完纳进口正税及所加之税后，向税关按照每包请给凭单，免致在内地有争执之虞。其单洋关亦须照给。凡民船运至通商口岸之土货，其在本地销售者，无论货主是何国之人，应报明常关，以便征抽销场税。

又第八节，此项销场税数目多寡，可任由中国自定，视货物种类斟酌，即视其货或系民生日用所必需及仅止富贵家所用贵重之物而定征收多寡，惟同类之货，无论民船、货船或轮船装载，须一律征收。但此项销场税，应照第二节，不得在租界内征收。

第九节，凡洋商在中国通商口岸，或华商在中国各处，用机器织成之棉纱及造成之棉布，须完一出厂税，其数系倍于一千九百零一年和议总纲所载之进口正税，即值百抽十。凡外洋进口之棉花，如为织布、纺纱局购用，中国须退回所抽之进口正税全数及所抽之进口加税三分之二，即按照所收进口正、加各税值百十二分五退还值百分之十分。如各织布、纺纱局系购用土货，则须将所征各税及销场税全数退还。凡在中国用机器织成之棉纱或造成之棉布，既完出厂税后，所有复进口税、出口正税、出口加税以及销场税概行豁免。此项出厂税须由洋关征收。凡别项货物与洋货相同者，若洋商在中国通商口岸，或华商在中国各处，用机器造成，亦须按照以上办法及章程办理。湖北铁厂及中国现有免税各厂以及嗣后设立之制造局、船澳等厂所出之货物，不在此款所言出厂税之列。

第十节，由各督抚自行在海关人员中选一人或几人，商明总税务司，派充监察常关销场税、盐务、土药各事宜。

第十一节，凡货物转运之时或有不合例之需索及留难情事，一经洋人告发，即由中国国家派华官会同英官及海关人员各一名彼此职任相称者，以查其事。如查出实有留难受亏确情，则由洋关以所加之税项下拨款赔还。至查出舞弊之员，应由该省大吏将该员从严参办，开去其缺。倘查出实系诬告，原告商人应罚还一切费用。

第十二节，中国国家允愿将此款允准，全款照行，按照南京及天津条约各通商地方将下列各地开为通商口岸：即湖南之长沙，四川之万县，安徽之安庆，广东之惠州及江门。凡洋人在该通商口岸居住者，须遵守该处工部局及巡捕局章程，与中国居民一律。洋人非得华官允准，不能在该通商口岸之界内自设工部局及巡捕。英国国家若不允照此次全款各节，则不得索开以上所言之通商口岸。惟江门一处，另载第十款内，不在此列。

第十三节，按下列第十四节所载明者若能遵依，则此项办法可由一千九百零四年正月初一日举行，届时所有厘卡须尽裁撤。凡经收约内所禁止税项之人员，亦均须辞差。

第十四节，凡在中国应享优待均沾之国，亦须与中国立约，允照英国所定英商完加增各税，中国国家方能允照此条所载各节办理。凡各国与中国现在及以后所立之条约，其有载优待均沾之条者，须照样允立此约。又各国不得明要求中国或暗要求中国给以政治利权，或给以独占之商务利权，以为允愿此条之基础，英国国家方能允照此条所载各节办理。

第十五节，倘各国在中国有利益均沾之条者，不照英国按此条十三节所允承于一千九百零四年正月一号举行办理各节，各国不肯照样一律办理者，则此约不能举行。直至各国声明照办，方可举行。

第十六节，免厘之款一经议准，即由中国国家明降谕旨，用誊黄布告于众，言明所有厘金全免，所有厘卡全撤，至常关及内地各项货捐，除此款所载外，尽行裁撤，所降上谕亦须载明，如有背约之员，即责成该省大吏严办。

马凯并议及，此项加税原为抵补所裁各省厘金，应由海关提出，按照各省报部或名厘金、或不名厘金而等于厘金数目，每日径解各省藩库，给回地方之用，免各省裁厘不实，暗中阻挠，请载入约，俾此事切实可靠。经坤一等再三辩论，此系我之内政，不便照允。马凯疑终不解，坚请将来须备照会，作为约中附件，以昭信守。未便过于争执，只可姑允照办，并以附闻。乞代奏。

六月十六日

江督刘坤一致外部蔡使商日外部可望照允还银电

蔡使电：赔款连日切商外部，据云，实因公债息重，碍难遽允，俟一二月后镑价如何再商。钧窃揣日本实因窘迫，迥殊英、美，虽交好，难吃大亏，乞分转云。日虽意在观望，然口气已较前大松，能暂还银，镑价渐平，可望照允。

六月十六日

外部致刘坤一张之洞奉旨着查复加税免厘是否相抵电

旨：所陈各节，究竟加税之数与免厘之数是否确足相抵？据称，连报部而不名厘金之款二千三四百万两，而吕海寰、盛宣怀前奏加税所入系二千一百余万两，即此已难抵补。销场税一项，究竟各省分计可得若干？总之，此事于财政出入关系甚巨，不可不深谋远虑。若仓猝定议，宜防后患。着责成刘坤一、张之洞切实通筹，从长酌议，迅即单衔分别电奏。

六月十六日

鄂督张之洞致外部据英使称矿事本关商务修改系两益电

真电悉。矿务一款，马使抵鄂即以为言，洞照沪议力驳，以此事不应列入商约，且矿路设有专管章程，亦已照会各驻使，即有应行修改，须向户部商办。马使坚以矿事本关商务，修改系属两益，此次加税，本非英商所愿，故必须列入商约，以慰英商之望，俾英议院不致有所扞格。若不议矿务，则一切罢议。相持许久，洞等再四密商。马使交来之款，系欲中国允照英国指出之意修改章程。如此，自然不可与议。莫若由我自出一办法，与之商订，须由我采取各国通行章程，酌量仿照修改。改定后，令各国开矿洋商一律照办，则于我主权、利权必无所损，且不致为一国独擅其利。盖西国与中国立约，不免恃强攘利，若西国与西国通行之约必是公平，断不肯令本国自损权利，是照各国通行章程，已将马使照英国之意一语全行化去。盖照外国指出之款修改，则人为政而利在人矣！我采各国章程改定后令洋商照办，则我为政而利在我矣！幸彼无词可驳，居然照允。且将来法必争川滇矿，德必争山东矿，若藉英约议有限制，以后即可为驳阻美、法、德之根。此乃将彼所索有益于彼之款变为由我所索有益于我之款，似于中国有利无害。马使又请议立期限，虑我允而不行，因与订为第九款。其文曰：中国国家因知振兴矿务于国有益，应招徕中国及外洋资本兴办矿业，是以由签立此约之日起，允于一年内，自行将现行章程修改妥定，中国应即认真迅速考究矿务，采择英国印度及各国通行矿务章程中之于中国相宜者，将现在之矿务章程从新修改，以期一面于中国主权毫无防〔妨〕碍，于中国利权有益无损，一面于招致外国资财无碍，比较外国通行章程，于矿商亦不致有亏。俟中国所定之矿务新章一经颁行，凡承办矿务者，即须照新章办理等语。应请迅赐核定电示，再行告知马使，作为应允，以明权操自大部也。

六月十六日

外部致刘张吕盛矿章由我自定不入商约更妙电

矿务采从各国章程，由我改定，庶不失自主之权，惟能另议不入商约更妙。

六月十七日①

鄂督张之洞致外部与英使商收回法权补救教案电

前数日马使索议修改矿章、添开口岸、推广口岸权利、推广内河小轮等事，总以此四事与加税并为一案，成则俱成，散则俱散为言。洞与之言曰，到鄂以来，议定之条款甚多，今又将无关加税之事索我与议，皆是英国所要索于中国者，中国亦应向英国要索数端，方为公平，如不肯商，我便不开议。力争始得因与商索两条：一、中国修改法律后英人归我管辖；一、请各国派员会同中国官员考查各省教务，妥筹办法。因与定议入约，法律列为第十二款，其文曰：中国深愿整顿本国律例，以期与各国律例改同一律。英国允愿尽力帮助中国，以成此举。一俟查悉中国法律情形及其审断办法与其他相关之事皆臻妥善，英国可无防〔妨〕弃其治外法权之时，英国即允弃其治外法权等语。教案列为第十三款，其文曰：中国之意，教事必须详细商酌，以免从前嫌衅滋事将来复萌。倘中国与各国派员会查此事，妥筹办法，英国允愿会同派员查议妥筹，以期民教永远相安等语。查日本三十年前始创修改法律管辖西人之谋，商之于英，赖英首允，彼国君臣从此极力设法修改，有志竟成，至今西人皆遵其法，今日本遂与欧美大国抗衡。以中国今日国势，马使竟允此条，立自强之根，壮中华之气，实为意料所不及。马云：此事英政府有无挑剔尚不可知，当发电力劝政府等语。其教案一条，初亦推托，强而后可。此后教案必须商明各国，妥筹补救之法。法国专主袒教，不肯和商。他国虽或间有持平之论，亦不肯明言会查。今由英开其端，以后再商各国，若皆允查办，法自不能独横。民

① 原刊目录标为“十八日”。

教果能相安，关系大局不少。且与马使议明，此两条如英廷照允，即当与加税免厘全约同时画押。

六月十七日

鄂督张之洞致外部英约反复筹议中国实不吃亏请核准电

旨，谨悉。加税免厘，自应筹足抵补，一切详陈。马使在沪议加税之数，于报部名为厘金者，实已抵补有余。惟所拟销场税办法，即出入似略有不敷。今照鄂议增多三款，必无不敷之虑。

一、新议常关办法可增巨款也。查户部税则旧章最轻，因承平时物价太贱之故，今日估本每值百者不过抽一厘半厘，从无至一分者。人工丝税每百斤不过征银二三钱至二两，余布税每匹不过征银二三厘，芝麻每一石一百五十斤不过征银二三分，铜器每担不过征银二三钱至四五钱。举数大端，可例其余。今议定由总税务司按今日时价确估税则，刊布天下，抽足七五税。第一道常关只抽二分五厘，至出洋及转口之洋关或洋关兼管之常关再抽五分。若仍销内地者，再抽复进口二分五厘，合内地常关所抽之二分五，转口常关所抽之五分，复进口之常关所抽之二分五，统计较旧额加至十倍上下不等。盖旧日常关正税少而需索多，新定常关办法正税增而中饱绝，故国与民均利，必可岁增四五百万。马使在沪议除税司兼办之常关外概须裁撤，到鄂后与之力商，先允留水路常关，陆关全撤，次允留陆关，又次允有洋关处添设常关，又次允于沿边、沿海非口岸处酌添常关，此事无可再争矣！

一、新议销场税，其数巨而活也。查沪议销场税指明开出货色若干种，且系只能在内地非通商口岸之处货到零售店铺始能按店抽收，不能在上岸处按货抽收，为数甚属有限，且自占营业税地步。到鄂后，洞另与马议，但系租界之外，无论口岸、内地皆可抽收，不必货到店铺之手，即未登岸或到他处设关抽收，货色亦不必开单，但非出洋之货即可。其抽数多寡，由我随时自定，与今日之落地厘无异。各省合计，为数尤巨，其实只是免行厘、留坐厘六字，但洋人总不允存厘金之名耳！若各省分计，虽难知其确数，大约较该省原有厘金数目至少可抵一半。应由各该省体察情形，若欲恤商恤民，则可减至一半以内，民更乐从。若饷需紧急，则加至一半以外，亦无不可。其间伸缩宽严，其权操之在我。盖洋人主见，总是严于国用而宽于民用，故洞与议销场税，谓此为办地方之事，如自强诸要政之类，因之彼不甚阻。然假使常关等项增收不多，即由各省酌以销场税补之，亦有何难？盖销场税一项，彼既不阻我财政之权，我即有筹抵足敷之法矣！

一、出厂税已加增也。查沪议洋商在中国口岸制造，已定为出厂税抽七五，所用洋棉花税全退还。到沪后，改为出厂税抽十，用洋花则退还十分，仍征二五，用土花则全退还。此抑洋料、销土料之微意也。

至于盐、土两卡，马皆欲撤。今与议定，土药征税仍旧，但改卡名；盐则宁与议妥产盐省分收课税办法，在鄂又与议妥销盐省分抽税办法，俱于旧额尚无大碍。此外力争挽回之事尚多，实不能再索他项抵补。盖马使久居印度，尚不染驻华洋人习气，尚可商量。此时惟有先定英约，则日本、法、德皆有比例，关系不少。英议院不日即散，此机一失，英变前议，各国交乘，悔不可追矣！窃思外省疆臣断无不思多留进款之理，惟此约反复筹议，中国实不吃亏。在我已争无可争，在彼亦让无可让。惟望早赐核准，不胜迫切待命之至。请代奏。

六月十八日①

吕海寰盛宣怀至外部与马使议华洋轮船驶赴内港章程电

马使现议华洋轮船驶赴内港章程，当以内港二字应作通江、通海之港论，其不通江海之内河应不在内。马使以二十四年总署订定章程载明，内港二字，即与《烟台条约》第四端所论内地二字相同。查烟约止有三端，其第三端第一节载：沿江安徽之大通、安庆，江西之湖口，湖广之武穴、陆溪口、沙市等处均系内地处所；又第四节载：通商善后章程载明，洋货运入内地及内地置买土货，系指沿海、沿江、沿河及陆路各处不通商口岸皆系内地云云。以上两节所论内地二字大有区别。如照第四节，则沿海及陆路皆在其内，然原文系指防弊而言，如概准行驶洋轮，复无限制，与内地侨居贸易无异；若照第一节，则专指不通商起卸处所，实与行驶内港轮船之义相符。但据裴式楷称，系指第四节之内地到处驶行，本无限制。除将所议条款一面电奏外，应请贵部迅速询明总税务司，内港二字，究竟不通江海之内河能否限制在外？乞速电示。

六月十九日

刘张吕盛致外部与马使商推广内港行轮章程电

马凯所请推广内港行轮章程、推广通商口岸权利拟列作第十、十一款。查内港行轮一节，系在通商口岸之外行驶，实属漫无限制。惟马使以光绪二十四年总署与各国订定章程，本已准其任便专作内港贸易，并拖带船只、装载货物行驶内港，但凡内地河道皆准其驶行，当以内港二字应作通海、通江之港论，其不通海、不通江之内河应不在内。马以原定章程指明内港二字即与烟约内所论内地二字相同。查烟约第三端第一节，系指不通商口岸而起卸货物之内地，尚有限制。第四节，系指洋货运入内地及内地置买土

① 原刊目录标为“十七日”。

货，沿海、沿江、沿河及陆路皆属内地，实与马使原索侨居贸易之内地无甚区别，不过所争在沿河、不沿河而已。复告以各国并无他国轮船可驶入不通商口岸之事。马云：中国已经允准，断难翻悔。又告以凡华商轮船驶往之处方准洋轮驶往，如华轮不准行者，洋轮亦不能准。马云：此无非欲借华轮以限洋轮，亦为原议所无。辩论数次，仅允小河向筑闸坝有碍水利者，轮船不往。此款日本亦必力争，于内地权利实有关系。已请外部详询赫德，内港二字究应如何解说？若无限制，止能于修改章程中竭力挽救。故条款内订明：彼此允愿修改时，载此约之后。彼请比照日本旧约，准其租栈办法，驾而上之，请于驶行之处设立栈房、码头。虽再三驳拒，彼仍坚执。现允其租用栈房、码头而不准洋商居住，并须照华人输纳税捐，且仿日本办法，只准租二十五年，暗中将向来永租九十九年之害打破，聊以补救万一。马使又以第八款载明，英廷若不允照加税，则不得索开各口岸，惟江门另载第十款内，不在此例，议款如下：兹因一千八百九十八年内地水道已许凡特准注册之中外轮船行驶，以利便各通商口岸之贸易。又因是年七月二十八号所定之章程及是年九月所续定之章程间有于行轮未便，兹将章程彼此允愿修改，附载此约之后，按照遵行直至日后彼此允愿更改为止。凡在中国内港行驶之轮船，如有损伤堤岸闸坝或各项工程，应责成该轮将该堤岸工程损伤以及他项因伤受亏一切赔偿业主。如有浅水河道，恐因行轮致伤堤岸闸坝以及相通之田地，中国欲禁小轮行驶者，知会英官，英官查明实有妨碍，即行禁止英轮行驶该河，但华轮亦须一律禁止。英轮果可向中国人民在河道两岸租栈房及码头，不过二十五年租期。期满，如彼此两愿续租，亦可再议。倘英轮果不能以公道之价向华人租得栈房及码头者，则可租地建栈及码头，其租期亦以二十五年为期。如期满，两愿续租，亦可再议。惟议租时须报明地方官存案，照纳租捐。英国商人只能用中国代理人及办事等人在该内河行轮处所居住贸易，英商亦可随时前往察视。又中英两国议定，将江门开为通商口岸。又议定，除缅甸条约专款所载各地方外，准英国轮船在下开各地，按照长江轮船停泊处所章程，起卸货物及搭客，即北小口、罗定口、都城。又议定，英国轮船准在下列之广东西江等处起落搭客，即容奇、马宁、九江、古劳洼、永安、后沥、禄步、悦城、六都、封川。至章程应须修改之处，即请外部仍交总税司从速核议。

又马使所索通商口岸应有利权一节，按马使前此钞送光绪二十四年各驻使照会总署文稿，辩论城口二字甚详，即经函请大部查示，旋奉复作为城邑之口辩驳，遵即照办。马使谓，当时总署并未照办，西例应作为默许。况系旧约载明以口岸界起讫，界址迄今未定，常有争论，是以必欲声请。检查《江宁条约》，虽载城邑为领事等居住、港口为民人等居住贸易，而天津约则已并城、口为一，准其任便居住贸易。况马使谓，华英约文不符，英文则并未区别。今细核马使所言，尚实。际此时局，断不能强令将旧约已许者删改，既无此权力，更难措词抵制，然又不能不设法挽回。且日本《马关条约》直载明城镇字样，较英人更为宽广，则与之议约更无法关拦。因与马使力商，姑允含混声叙，如派员会定界址，抑照地方情形及条约定立，将来英必可稍事通融。若此时欲将城邑等字明为抹去，断做不到。并与商允，如在租界外居住，洋人须守该处章程，即在租界居住华人，亦不准免征各项税捐，稍可补救。议款如下：英国人民按照条约应享通商口岸利权，因界限不清随时常有争辩，前已议定，如英国或中国国家欲派员会同定立界址，即当就地会同派员，按照地方情形及按照条约定立口岸界址，以免争论。外国人民在租界之外居住者，须守该处地方上现有工部局、巡捕局之章程，与中国人民一律遵守。非先商准中国官员，不能自行设立工部局、巡捕局。中国人民无论在租界内、在他处居住者，应缴纳各项税捐，不准假用英人之名，希图免缴。

以上两款，马使力请核准，方允将第八款加税一起电致英廷，加以到鄂后，马使允我管辖之权及商议教案两条，共成十三款。英约已完，俟英廷核准，即可具折陈奏，定期签押。请代奏。迅即电示。

六月［二］十九日

外部致刘张吕盛修改法律考查教务两条一并入约可照行电

加税免厘，已奉旨允准。兹据奏拟以修改法律及各国派员考查教务两条一并入约，均可照行。惟所陈索议四条，何以前次会奏电内并未提及？至推广口岸权利，语尤含混。其详细节目究竟如何？仍着详慎妥议具奏，凛遵前旨，切勿稍贻后患。

六月二十日

旨授张之洞为商务大臣着吕海寰等赴鄂会议电

旨：张之洞现授为商务大臣，为复续议美、日各国商约。着吕海寰、盛宣怀即赴湖北省会议，仍须时与刘坤一妥酌办理。

六月二十三日

旨着刘坤一张之洞等详筹内港行轮章程及推广口岸权利电

旨：张之洞等电奏所议内港行轮章程及推广口岸权利两款，请迅即电示等语。核阅各节，于江权、利权皆被侵损，流弊甚多，着责成刘坤一、张之洞等再行详慎筹商，妥议具奏。

六月二十四日

鄂督张之洞致枢垣鄂与马使议约较沪议争回实多电

马使索议四条，乃久已在沪与吕、盛两大臣索议之事，非到鄂始索议也。其一条为添开四口岸，已于会奏第八款内奏明；其二为修改矿章，已于十四日电达外务部，并接复电，兹谨奏明；其三为口岸权利；其四为内河小轮，已于十八日将拟立约文会电外部。据吕、盛两大臣云，惟第八款关涉加税免厘者应归入会奏，此外电外部即可。应请旨饬吕、盛补行电奏，抑或饬外部录原电进呈，以期迅速。查口岸权利一条，十七日电奏谓之推广者，乃揣度马使来意如此，以见必须力辩严防。至议定立约时，其文内并无推广字样。查马使注意专在城邑二字，以江宁、天津、马关各条约内有城口、城邑、城镇等字样，多方争论。屡次设法开导，令其不必专争此条。马使现已经不指定城邑，并将原款全境及城内、城外等字样删去，自愿以请定口岸界址了事，并自愿加入就本地情形之语。洞又加入住租界外者须守中国工部局、巡捕局章程，彼亦允许，是此次约文于此节只有就旧日条约所有者加以限制，并未允其推广。况近年洋人在各处口岸之外任意置买地基，愈推愈广，正宜藉此箝制，将各处口岸界址各就各处情形会同永远订定，勿令逾越。此一事也。至内河小轮一条，流弊甚多，彼执二十四年总署已许内港行轮之案，力欲推广。查核各关通行二十四年章程，洋文内港二字即是内地二字，故此条驳阻极难。此次约文仅止大略，皆系设法酌加限制考察之意，如码头行栈不用洋人，租限二十五年，不得永租之类。至其紧要，全在详细行轮章程。马使曾邀裴、贺两税司往议，仍不妥帖。曾见赫德致盛函言内河行轮要端四条，言言扼要。因与吕、盛商，莫如归赫议为妥。此二事也。至新开口岸一条，与之约明，洋人不能设工部局、巡捕局，已载入约。此后并允不设租界，亦照会存案。此虽名为通商口岸，实与自开口岸无异。此三事也。马使累议各条，皆系在沪与吕、盛争论者，从无到鄂创索开议之事。至在鄂所允者，皆较沪议争回实多，从无较沪议减让之事。因奉严旨，不胜惶悚。请据实代奏。

六月二十四日

江督刘坤一致枢垣马使谓须将两款核准方将加税电致英廷无非任意要挟电

小轮事，前已电陈。内河行轮，本系予以格外利益，二十四年先后定章定有限制，只准由口岸至内地，并由所至内地回口岸，并非准其内地到处行驶。既有定章在先，诚难翻异。第此事本约外通融，受累不浅，若再不抱定原限，受累更无底止，必当力争，断不能于原章限制稍有放松。至内港二字，照烟台约第三端第四节，只论内地二字相同，实系定章之初为赫等欺蒙所误，今已无可补救，惟有执定原章行驶为限。幸吕、盛两大臣力争之，此事与正经贸易英商无益，马亦知之，何以此次坚复要求？须劝其不必代人损我。又不能以公道之价租得栈房准其租地自建，亦万万不可，盖租赁民房租价高下，虽同在一处，亦难有定。我以为公，彼谓不公，必欲自建，即难阻止。若小轮到处可行内地，又可建造栈房，直是水陆各处全行开通无异。《烟台条约》沿江上下大轮之货尚不准其设栈，岂有内地小轮运货转许建栈之理？况小轮从无装运货物，即拖带货船亦复罕有之事，此其意实不在储货之栈，直注意在到处开通，使我不获受开通之益而暗受开通之害。如彼必欲议立此款，必当切实声明：只准由口岸至内地，并由该内地处所回口岸，断不能由此内地至彼内地，并不准自建栈房。此为握要之论。

至口岸一节，中国通商始于道光年间，《江宁条约》内载明，上海等五处港口贸易通商，此为开口之始。通商之处所以名口岸者，以其在口之滨岸地方便于泊船及货物上下也。天津约虽有城口字样，城口既不能作为城内。大凡通商之区，多系近有城邑。所云城口，即系城外之口，亦指买卖往来而言。至于听便居住、赁屋、租地等事，本款下文即载明：悉照已通商五口无异，是只能在港口居住贸易，尤为确证。是以烟台约第三端第二节载明，新旧各口岸，除已定有各国租界应毋庸议，其租界未定各处，应会商各国，将洋人居住划定界址云云。中国已开新旧各口租界，无论已定、未定，而通商之区要均在江河滨岸之地。照烟台约，已划定者固无庸议，未划定者亦不过将居住地段广狭酌量商定。此不独有成约可证，更有实事可证，不能由马使强为翻异。至马关约第六款第一节所云，添设口岸，均照向开通商海口或向开内地镇市一体办理，此指马关约索添各口应照已开各口办理而言。日本商约第四款，已开及日后约开各口岸城镇往来货房、船地、居住、商业、工艺、制作，均照现在及将来给与最优待之国臣民一律无异，亦系指照各口办法而言。是以添开之各口亦均在滨江临河之处，仍照各口一律办法，是无别有优异，足见城镇、镇市等字皆从前指设。譬将重在一律无异四字，故商约解义谓，日约以西约为本，日与西无不从同云云。今马使议款，虽于城镇等字藏而不露，然照所议，不独未定租界之处，将来或定必致于城内外任意扩充，即已定之处欲行翻异，亦可执后约争扩，势必将口岸繁盛之处悉为并入界内，于口岸事权、利权尽失，销场之税亦无可抽收，此实万不可允。如彼必欲立款，只能照烟约声明：已定有租界者无庸议，未定有界限者仿已定办法，量商务衰旺，酌定广狡〔狭〕，会商界址，庶得援已定之办法，范未定之界限，不致将城镇一并牵入。此亦至要关键。

总之，马使前议加税，必欲中国政府允准照会，该使方能转送英政府；今又谓须将前两款核准，方允将加税一起电致英廷，得步进步，无非任意要挟。加税以免厘相抵，并非别有利益，断不能与税厘毫无干涉之事牵连，强我受亏。惟在吕、盛两大臣力争，并外部主持于内。大局幸甚！

六月二十六日

留东学生呈外部诉使日蔡钧损国威辱士类拟请撤回电

蔡使违背上谕，屡拒保送留学生。昨诸生至署，再三恳求，反令警察入署拘押，实损国威而辱士类。伏乞王大臣代奏，将蔡使撤回。无任待命之至。

六月二十六日

使日蔡钧致外部自费学生来馆哄闹幸弹压无恙电

南洋公学逐生九人自费来东，要求保送陆军学堂未成，彼乘机纠结自费众学生连日来馆，日夜哄闹，破门碎帘，无状已极，幸日捕弹压无恙。

六月二十七日

英使马凯致外部商改芜湖租界章程照会

为照会事。

芜湖口岸，光绪三年前任刘道会同本国达领事所定界内英商租地一事，迭经照会在案。现复据本国驻芜湖柯领事报称：本年五月初五日，吴观察奉聂抚院札饬，拟定设立通商租界章程草稿面交，嘱为商酌。当经本领事面答，商办章程一事，虽未奉准驻京大臣札谕，然骤阅该章之下，即知内有两处欠妥，一为英商不得租逾江滩之地三分之一，二为每商在租界内至多只能租六亩为止。查其一，他口例无此等章程。其二，毫无定条。如欲租逾六亩者，即假数人之名，将地契挂号而已。此两条似应全行删除。余条如由外务部暨本国驻京大臣商准大概，本领事方能会同贵观察详细商办各等情前来。本大臣查，吴道既经以该滩乃宿太木帮数百年堆木之处，除非明立章程，开办通商租界，不能使之迁让之语，面告柯领事，故如能允将以上所载两条删去，本大臣即允令柯领事会同吴道妥商一切。合行专请贵亲王查照，咨行转饬照办，是为切盼。为此照会。

须至照会者。

六月二十七日

外部致英使芜湖租界章程两处欠妥已删改请照拟办结照会 附章程

为照复事。

光绪二十八年六月二十七日，准照称：芜湖租地一事，据柯领事报称，吴道将租界章程面交商酌，内有两处欠妥，一为英商不得租逾滩地三分之一，二为每商在租界内至多止能租六亩为止。本大臣拟将以上两条删去，即允令柯领事会同吴道妥商一切，请转饬照办等因。本部查，本月十八日，据安徽巡抚咨称：租地章程第三条，不得逾通界江滩三分之一，已改为不得逾通界江滩之半；第五条，不得逾六亩，已改为不得租逾十亩等语。是来照所拟删改之两层，已由该省分别商改。应请贵大臣转饬柯领事，会同芜湖道，照拟办结为要。为此照复。

须至照复者。

六月三十日

附芜湖租界章程

第一条　大清国芜湖通商口岸前经刘前监督勘定，禀准将西门外，南自陶家沟起，北抵弋矶山脚止，东自普潼山又名桐家山脚新安普潼塔起，西抵大江止，应即就此四址界内作为各国公共通商场，惟沿江十丈地面须留为往来船只纤路，但允各国商民任便行走，上下货物，系泊船只，并不得在该地面上有所建造，致形窒碍。

第二条　各国商民在界内租赁、建造，中国地方官自应按约保护。日后界内兴旺、租居日多，所有巡捕房事宜由中国地方官会同税务司设立管理。至道路、沟渠、桥梁、码头等项工程，并由中国地方官自办。所需经费及随时修理各费，应由中国地方官会同驻芜湖领事官并税务司妥议章程。无论何国商民，凡居住界内、停泊码头者，一律公平照章征收，以期经久而昭公允。

第三条　界内地基准各国正经殷实商民租赁、建造，惟目前在芜英商最多，欲租界内江滩近水之地，不得逾通界江滩之半，庶留余地以备他用。至各国品行不端、行同无赖之人，及中国不安本分、作奸犯案之人，概不准在界内居住。违者，即行驱逐，不许逗留。倘再故违，除华人由中国地方官自行拘办外，如系各国商民，由监督照会领事官惩办，以照画一而期整肃。

第四条　界内地基前经议定有案，每亩租价本洋一百八十元，自应一律照行。惟界内江滩多有业主不清，争执纠葛，议先缴价存官，由官给契，查明的业，给领地价，以免争业久宕。至应完地税，现在酌中核议，每亩完纳税钱三千文。其完税日期，每年限定华历二月初一日至十五日止。此十五日内，各租主须将该年应完之税如数措齐，缴由驻芜领事官或兼理各国领事官，若芜地俱无，亦准缴由新关税务司，函送中国地方官，由地方官收付粮串，转给收执。设有意外不测之事，事定后仍须补缴，违者议罚。惟公用之道路、沟渠、桥梁等地不纳税钱，亦不准人私自租占。

第五条　由各国商民在界内租地时，须禀由领事官或兼办各国领事官将承租人姓名及欲租地若干亩照会中国地方官，委员会同踏勘该地，如无窒碍，始允出租。俟其将租价及一年地税如数缴清，地方官照缮租契三纸，除一纸存案外，余二纸函送领事官盖印，一纸交该租主收执，一纸存领事公署备查。惟界内地亩无多，每人至多只能租十亩为止。倘有租至十亩以上，必须设立公司，或其事业非大地方不可者，应先具情禀由领事官照会地方官，核明办理。

第六条　凡租地必须租主或代理人居住经营，若该租主有不得已事故非转租不可之时，须先禀经领事官查实，检同原给租契，照会中国地方官存案，方准换契转租，以便稽考而昭核实。

第七条　凡租契以三十年为限，满限后，准其呈契验明更换续租，以后永照三十年一换契之例办理。届时租主禀由领事官或兼理各国领事官，倘芜地俱无，亦准禀由税务司，函送中国地方官验明。如彼时商务兴旺，或钱粮增加，应由地方官商照彼时情形，将每年地税酌加，惟不得再给租价及另有别项费用。若限满不报，应由地方官查明，通知领事官或兼理各国领事官，传谕催促。倘再延逾两月不报，即将该地契注销，以明限制。

第八条　界内华人房屋以及堆积本植等项，俟该地有人承租时，由中国地方官导谕迁让。惟迁让各费颇巨，不在原租价额之内，应察核工程大小，会商酌给津贴，遇有坟墓，亦照上一律办理。该租主不得私自拆毁，致兴纠葛。至界内向有新关北卡，系中国办公之地，应仍其旧，不得租赁。又未经各国商民承租地亩，应任凭华人照常居住、耕种，俾无失业。

第九条　界内不准建造草房及下等板屋，恐易引火，贻害他人。有违犯者，立即勒令拆毁。惟未经出租之华人与现在承租建造各地相距较远者，暂免拆毁，仍由地方官劝令改换。至火药、炸药及一切有害人身家性命、财产之物，概不准收藏、夹带、运送。倘有故违，由官察出，或他人指诉，应查明华洋商民，分别照会拘传，各按本国律例惩办。设因工作必须，先开单禀明领事官或兼理各国领事官查实，照会监督，函知税务司查验，方准起岸。起岸后，应择慎密之所收藏，并须速行用完，不得任意收放，或久搁不用。违者，由中国地方官照会领事官或兼理各国领事官，责令迁移界外，以安闾阎。

第十条　其余一切琐碎未尽各事宜，应由彼此随时计议，照会存案。

清季外交史料卷一百五十九终

清季外交史料卷一百六十

光绪二十八年七月上

外部致裕庚请达教皇给樊国梁议民教章程之权电

本部奉旨与樊国梁商议民教相安章程，应由尊处商请教皇驻法公使，转达教皇，请给樊议章之权，以期得力。

七月初一日

江督刘坤一致枢垣所陈小轮事于治权稍可挽回电

艳电敬悉。小轮合股，敝处寝电业已言明，于治权稍可挽回，不过启内地华洋合伙之渐。惟矿路已有定章，若仅小轮一事，亦尚无大碍。盖敝处系会商，遇事只合陈其利弊，藉供采择，至于分别可否，权操政府。即如马使系专议商约之员，亦当候示于政府也。敝处无员可派，究宜如何商办为妥，自应仍由两星使酌商外部，以期允洽。

七月初一日

鄂督张之洞致外部内港行轮应归中国注册发牌电

沪电悉。内港行轮一条，洞与吕、盛皆深知恐妨我治权、利权。无如光绪二十四年总署早已颁有内港行轮正、续章程，权已有损。此时马使执定和约大纲内通商行船各条约诸国视为应行商改之处，中国允与商议妥善数语，索我与议。谓即无加税免厘之事，中国亦不能不与我议，兼以议院将闭要挟，吕、盛亦无可如何，均云不能不与议，洞因与吕、盛商酌，二十四年已允之利权势难收回，只可设法加以限制。因恐其藉沿途设立码头为内地杂居地步，特于约内声明只准其于内地雇用华人一条，且租地又订定年限，略示限制。洞当会议时，面与马议原文有华人归地方官管辖，不得因有此款稍有减损中国管辖人民之权一条，马已勉允。旋因吕、盛欲将此条归入详细章程内，故未列入正约。洞见两税司所拟章程未妥，又见赫德致盛函四端语甚扼要，因力向吕、盛两大臣言，赫所见老到，须与赫酌为妥。故于马使濒行之际，告以裴、贺两税司所拟未协，不能作定，当从容妥订章程。马云：裴、贺系两星使所派，所议何能不算？洞云：此章程裴、贺权力不足，必候赫德核定方可。相持片刻，马遂转圜，允到沪再议。此马使在鄂商议内河行轮一条议而未定之实在情形也。

至此事会电，乃盛主稿，交电报委员发递，敝处并无底稿，可见并非吕、盛不议而洞一人愿议，吕、盛不允而洞一人率允也。马行后，洞又饬梁道致函，切劝其于商议内港章程，如其于他国有益而于中国有损者，务望其格外和衷商榷。兹接沪电，拟一年之后，专归中国内港轮船公司，洋人只能与华人合股，归中国注册发牌，挂中国旗，与华人无异。如能办到，极好，亦藉以收回治权、利权。万一彼抱定二十四年正、续章程成案，不肯放松，惟有请外部速饬赫德，拟议章程，呈部核定，电知吕、盛，于章程内添入，庶防流弊而收利权。赫为原议二十四年正、续章程之人，当能于此事了然设法防范。至口岸会查界址，反复细思，照鄂议，似无侵损治权、利权之处。其城邑二字，鄂议并未允许，如岘帅有良法可将旧约此二字改正，极所欣愿耳。

七月初一日

江督刘坤一致外部条约城邑二字只能作为泛语电

鄂电劝马勿徒损中国以益他国，实情理兼至之语。至城邑二字，系马关约第六款第四节所载，若仅就本文论，似乎城邑可任便从事工艺等项，惟条约必须统全约参看。该款第一节，既限定日本臣民往来侨寓、从事商业、工艺、制作，均照向开口岸，一体办理；又商约第四款，复指明现在已定及将来所定外国人居住地界之内，照给与最优待之国人民一体无异，约内既有专款立定限制，此外即属泛语，不能据以为实。即如同治四年间上海有英商欲援津约十二款，在各口各地方租屋设栈，禀经英国总理衙门批示，谓本国总理大臣喇肃意见，以此款必须连上第十一款合看，其十一款既有限定商人只可于通商某某口岸方准沾获此等利益之明文，尔等呈请实无从得其情理云云，载在英国蓝皮书，可资考证。日约既已定有限制，则城邑二字亦只应如城镇、镇市一体，作为泛论，盖辟口之处必近城邑也。往岁苏州辟口，日商即欲居住城内，嗣经辩驳，遂择地盘门之外。已行之约，无从改正，惟就约解释其义，本属如此，故商约解义，亦谓西人未得之利益，日本亦未尝特异。各省解说，当知此意云。

七月初二日

外部致刘坤一张之洞矿章由我自定似尚可采电

英国矿务一款订明，采择英国及各国矿章，由我自行改定，令华商一律遵办，于利权主权均无损碍，似尚可采。设小轮口岸各款，应由尊处详酌，拟定后，会电复奏请旨。是幸！

七月初二日

刘坤一张之洞奏赔款事赖伍廷芳力辩请留使美电

赔款还银，赖伍廷芳向美廷力辩，得允还银，并力为劝商各国，英亦允九百十年前照表收银。虽各国尚未全允，因有英、美已允收银，五月二十二日首期还银，各银行遂经勉为收受，不致别生枝节。此时各国意见不一，我正在与之坚持设法筹商，实惟美国是赖。美虽能顾睦谊，然亦深赖使臣能与联络商办，方可得力。伍廷芳驻美多年，深谙西国律法，故遇事与商甚为美廷契重。现在筹商吃紧之际，奉旨改派梁诚，迭易生手，恐致松劲。务求俯准伍廷芳暂留使任，饬令从缓交代，俾得从容商办。大局幸甚！

七月初二日

外部致许应骙闽省开矿合同照所议改缮电

咨悉。开矿合同第二条，华裕购地，仍应照川章，专集华股，不得搀入洋股，以清界限。第四条，价目高低，既未议定公司缴款究应若干，若准先行管业，迹近霸占，应仍照部议添改。第一条，铁路等事，仍应分咨外部、总局核准。如恐耽延，或于前改核定二字下添电知闽省照办六字，希即饬局确商，务令就范。余均照所议改缮。

七月初二日

外部致奎俊川省油矿合同法商已允照改电

卅电悉。油矿合同，法商已允照改第二条。巴、万无油，准另择两处，系为日后抵换地步，此时不但彼无从预指，亦断不能任其预指。惟戴商昨偕公使来署，谓：英指八处，如多占油矿，将来法商无可指换合同利益。查英矿减指八处，本以法矿为比例，因地未认定，不肯分指矿产。现英商在川择地，应令指明，某处系产某矿者，照法矿限定煤油两处，庶法商无可藉口。哲美森现不在京，戴但催订合同，并无与哲互商之意。希饬贺道分别妥商，并速复。

七月初二日

吕海寰盛宣怀致外部及刘张内港行轮惟有设法限制电

江、鄂电悉。内地侨居，前所力拒。而内地行轮，彼欲将成案推广入约。屡拒而仍允者，实因马必欲我允第九、第十、第十一款，彼方允第八、第十二、第十三款一起电英，意甚决绝。在鄂会商矿务、口岸，将来勘议得人，可期无损。行轮则成案难挽，惟有设法限制。效电系会商拟稿，经香帅添改、钞送、译发，向来联名会奏，无不意见相同也。总之，内地行轮，香帅与海、宣皆虑流弊甚大。电内声明，只能于修改章程时竭力挽救，因在鄂辩论已到尽处，是以海、宣过宁面告岘帅谓，全约皆无后患，惟此实属疚心，请图补救。此刘、张、吕、盛所见皆合之情形也。

现图补救者有二难焉。马凯执定和约内通商行船各条，诸国应行商改之处，中国应允商议妥善数语，必欲列入条款。不列万不答应，列则永留后患。此一难也。马凯又执定总署已颁行华洋轮船驶行内港章程内声明，嗣后如有应行修改之处，即可随时改订，而彼欲修改者在推广，我欲修改者在限制，如矛刺盾。此二难也。现马来函，因女妻病亟，欲遄归，只得前往晤商。彼云：如欲另议，则全约均废。我告以章程须交赫德拟议核定，电知添入。彼云：赫不来沪，必多耽延，我当先回国，将来另议。几至决裂，商劝再三，并告以迟速两法，如愿速定，第十款只能留第一节，至彼此允愿更改为止。又第三节江门通商一段，此外栈房、码头各节，均移入修改章程之内，再酌妥字句，另加一条说明：英商如愿将轮船转归华商公司，及挂中国旗号，英政府应可允许。其余章程，彼此和衷商改。以上如不能允，只得听贵大臣回国，但未免前功尽弃，且我必与他国先议，英不能怪我。马答云：第二、三节移入章程，须电商政府，但字义断不能改。告以宁电不准自建栈房。辩驳数四，拟在第三节察视生意情形之下加入：倘英商不能向华人妥租栈房或地基，只可与地方官商议租用官备栈房，租价照时公道；小码头只可设在不阻水道、不碍船只通行之处，并须由最近海关允准方可，但海关亦不得苛求。加此一层，已将租地自建栈房化去。又将英国商人只能用中国代理人一节内添入：此等代理人仍归地方官管辖，不得因有此款稍有减损中国管辖人民之权。此亦收回主权之一道。马尚未全允。又告以江督只准由口岸至内地，并由该内地处回口岸，断不能由此内地至彼内地任便行驶。马云：旧章载明任便往来专作内港贸易，何能更改已定之案？答以一恐不从通商口岸起，无可查验，一恐小船生计全无，更易滋事，虽有旧章，至今尚未办动，且两总督万不允行。马总以奉训条推广，断难转令退缩。挤至无可如何，订期再议。务望两帅速发电来痛切驳阻，或可转圜。我告以贵大臣如不允更正此事，我必请江、鄂径电贵国外部，即便普告各国，亦必以我为有理。鄂致马电内两处有章程二字，已删去送交，因欲移改条款不止改动章程也。

七月初三日

商约大臣盛宣怀致外部津沽电线请函俄使交还电

接外部咨，津沽电线，据俄使照称，大北公司愿照约交还，自应速与大东公司妥商，令其一律交还等因。查二月初八日大咨，英使请将大沽至京陆线由大东办理至京来往过海电报，当即派洋总管到京，与萨使面商，总属推宕。现天津交还有期，断难再缓。特致萨使一电，另呈钧核，应请即日函致萨使，饬大东如约交还，一面可派大东来沪和衷商议。致萨使文如下：查京津沽电线电局按照一千九百年十月二十六日所订合同，应由东北公司交还电局，电局所索实为公允。前因勉顺台命，交还一事，已缓数月。现查天津都署管理地方之权已定八月十五日交回华官，是合同所载地方照常平靖，现实已至其时，为特奉告。所有京津沽线局，亦应定于是日按照电局洋参赞于三月二十五号呈交贵大臣之节略办法，一律交还，并请将俯允之台命知照水线公司遵办。查水线公司尚有增索之事，须待电局允准，始肯将上指合同克践照行。惟业经签押盖印之合同而必待新得额外利益方肯克践，实属有背公道。应请一面照合同交还，本大臣可允与大东公司和衷商议，以昭睦谊。

七月初三日

晋抚岑春煊奏柳太铁路亟宜兴办改订合同尚须详议折

山西巡抚岑春煊奏，为柳太铁路亟宜兴办，改订合同尚须详议，恭折沥陈事。

窃维兴利之用以开路为先，图大之规以要终为主。晋省僻居西北，少水多山，汾、沁诸川，不通舟楫，内地车路所达，惟由太原东至平定，西至永济，北至天镇归化，其余皆驼脚所历，担夫所涉，运路艰阻，百倍东南。灾歉偶告，全济无术。购米邻疆，一石之费，动至数石。丁戊之旱，庚辛之灾，死亡之重，耗帑之多，胥由于此，是无铁路则办赈难。贩货吴楚，水陆挽载，脚价之贵，十倍于本，商贾懋迁，畏而裹足，本省煤铁之良亦皆等诸弃品，客货不入，土货不出，是无铁路则通商难。又如咸丰、同治之用兵，甲午、庚子之征戍，车辆供亿，胥劳小民，公私之费，岂止千万，是无铁路则运兵转饷难。坐是阻隔，风气不开，种种受亏，未可殚述，是以前抚臣胡聘之于芦汉干路既开，推原湖广督臣张之洞用晋铁之奏议，开太原枝路，以接正定干路，又以晋商借款难集成数，议由商务局借洋款兴造。磋商未成，旋经京员交章弹劾。当经奏交总署核订合同，奉旨饬由晋省商务局绅曹中裕与俄商璞科第画押，订准借道胜银行二千五百万佛郎克，约合华银六百八十万两，兴修由正定柳林铺至太原铁路。此救晋省转运艰阻之苦，即所以立富强之基，而通西北各陲之轮轨也。中因拳教之变，暂行停辍。

臣自调任以后，熟察晋省瘠弱之源，与风气窒塞之故，断非亟开铁路不可，当于上年奏调候选道贾景仁来晋，为拟议兴办之计。贾景仁于本年四月到晋，即以璞科第拟将二十四年奏订柳太合同改照芦汉铁路合同底稿，呈请核订。旋据璞科第来电，以巴黎银行已派工程师即来晋开筑，请将原合同改照芦汉，以期彼此有益，乞迅速核定，早日开办等情。惟柳太铁路合同系经总署奏定，时阅五年。兹该俄商忽创更改之议，如果较原订合同精当，自不妨相机磋议，藉保利权，方不负朝廷开辟利源之实意。当饬署布政使吴廷斌、署按察使胡湘林、署冀宁道沈敦和、奏调试用道朱荣藻妥议，去后，兹据详称：以璞科第拟改之合同与芦汉柳太合同逐条勘校，多有未符。盖芦汉本系官借商款，是谓官办，而柳太则系商借商款，是谓商办。此柳太与芦汉不同者，一也。芦汉系责成督办铁路大臣盛宣怀办理，柳太原系由商务局办理，一官办，一商办，既已截然不同，兹虽改为山西巡抚督同商务局绅办理，而巡抚之责任断不能如铁路大臣之专，商务局之权力尤不能如总公司之重。彼因欲强改者，其意盖以为既经巡抚督同，则垫款还款可由公家着落，将来款项轇轕，不必尽向商务局取偿，是商办而改为官督商办。此拟改之合同，既不同于柳太，复不同芦汉者，二也。芦汉总公司本有成本银一千三百万两，是以有第十九条内开：所有工程费用及所有比公司代顾〔雇〕员匠薪工川费，统由中国总公司给付等语，现山西商务局并无成本，其改订合同乃有此项费用统由山西商务局给付等语，将来此款从何付给？此拟改之合同，既不同于柳太，复不同于芦汉者，三也。并据详称，璞科第拟改之合同与芦汉合同之二十一条、二十四条、二十七条亦不尽相符。总之，原议本为商债，兹则改为国债，关系颇重，非寻常交涉事件可比。拟请咨商外务部、路矿总局暨督办芦汉铁路大臣盛宣怀，再行定议各等情前来。

臣查，铁路一事，系晋省必宜兴办之举。将来开办铁路，一切购地、鸠工各事又无不在晋境办理，臣更无可诿之责。惟以柳太一路拟之芦汉情形，既各有不同，而以此次拟改者衡之原订，又多有歧异。其较原订为优者，则原订借款利息六厘拟改利息五厘，原订报效四成拟改似较多于四成，原订全路告竣五年为限拟改三年为限各条是也。其视原订有可议者，如原订借款止二千五百万佛郎克，此则增为四千万佛郎克；原订系商借商还，两国国家概不干预，此则改为由国家责成山西巡抚督同商务局办理；原订有为晋省设立铁路学堂及需料用人皆尽本地购雇专条，此则并未言及。其他细目，参观互勘，各有利害，莫定折衷。臣所焦虑者，尤在商务局之无款、无人，未能与芦汉总公司相提并论。芦汉总公司本有一千三百万之股本，而商局现计存款不过数万。芦汉总公司系特旨派盛宣怀经理，而商务局自曹中裕病故，贾景仁奏撤，改派之人迄未接手，并无可与盛宣怀颉颃之人。本末轻重，相去悬绝。非从长计议，则流弊必多。臣素愚昧，于铁路更少讲求，晋省官绅亦多隔阂，事关重大，实未敢草率定议。惟铁路要政，义无缓置。璞科第又催促开办，亦未便稍事稽延。应请饬下外务部、矿路大臣、督办芦汉铁路大臣盛宣怀，就原订柳太合同、芦汉合同，参照此次呈改合同，何条可行，何条可废，商明璞科第，另订合同，行知晋省，俾得迅速兴办。晋省幸甚！谨奏。

光绪二十八年七月初三日奉朱批：外务部会同路矿大臣议奏。

使日蔡钧致外部吴敬恒等纠自费生闹事已驱逐电

吴敬恒、孙揆均纠自费生闹事一节，日政府已将吴、孙驱逐回籍。

七月初五日

江督刘坤一致外部及吕盛内河行轮请切实剖商电

商议内河行轮各节，于英商贸易一面备臻周妥。马使即不急欲回国，亦应早日定议，何苦为他人索此无益英商利源之事，以撤我藩篱？至敝处只准由口岸至内地，并由该内地回口岸，悉照旧章办理，并非凭空臆说。马谓旧章载明，任便往来专作内港贸易，不知旧章任便下本有按照后列之章六字。查后列第三条载明，在口岸行驶，无须每次赴关呈报，如欲前往内港，于出口回口时一体报关。又第五条载明，在各口岸装货赴内港，核完出口税，由内港装货回本口，一体报关核办。处处抱定本口，语不离宗。再证以续增之第四条，华洋各轮往来内港，每四个月，在挂号之口，纳钞一次，民船用轮船拖带者，必须按章完纳船料等语。小轮往来内港，专资拖带民船，而此项船料又为海关应征而非内港各处向来应征之项，如非由口岸入内地及内地至口岸海关何从而征之？岂非此条竟成虚设？据此而论，则旧章所谓任便往来，实指由口岸任便往来内地，而非此内地可到彼内地，明甚。何能指为已定之案？更无所谓之更改。马使既以旧章为言，非前后细按不能明晰，仍乞镜、杏两公切实剖商定议，再行请旨。否则，敝处万不敢允。

七月初五日

鄂督张之洞致外部及吕盛陈内港行轮交涉意见电

内港行轮一事，鄙意现议最重者两条：

一、轮拖之船只用民船，以留华民生计也。查光绪二十四年补续章程第五款云，凡有民船装载货物被轮船拖带者云云，是轮拖只有民船，并无他式。似可与之议定，洋商行内港之轮，可由洋商自造。至所拖之船，无论何项式样，或系洋剥船式，或系土船式，其船户均应归华民充当，俾向业船户者略沾租雇利益。如马必不肯允，则或声明，先尽民船，倘无民船可租赁，或抬价太高，然后准其自造，以保民船生计。

一、内港小轮只准由口岸至内地，以便稽察也。查总署通行内港章程第二款，华文云，华洋贸易轮船，或在口岸内驶行，或往来内港三语；洋文则云，各项华洋贸易轮船，或在口内驶行，或由口岸至内地云云。自应以洋文为凭，是旧案内港轮船只有两种，一专在口岸内行驶者，一自口岸入内地者。所云任便往来者，系指或在口内，或自口岸入内地，或自内地回口岸，均可。即所谓任便往来，并无轮船可由此内地至彼内地之说也，旧案确凿有据。此时不准由内地驶至内地，仅系照旧约办理，望与辩明。

如能将以上两条添入章程内，则于民船生计保全不少，而于英商贸易并无阻碍。况此时厘金已裁，又准租用码头、行栈，于洋商小轮利益已多，于栈房、码头改为由官转租，极好。其在鄂原议不得稍损管辖之权数句添入章程，细核必应如此。至会勘口岸界址一条，查口岸与租界迥殊，窃思若照鄂省原议，立定限制，正所以杜其日后任意侵损，是在各省会勘之员明白尽心耳！惟中国内此口至彼口运米一条，在鄂并未提及，此时何得又添此条？若果要索不已，我亦须再索添一条矣！况旧约已有明文，此时不过商议偶然禁运时章程，其事甚细，万不可于匆忙之际入约，尤不宜牵涉漕米、军米，总以随后从容另议为妥。此条，鄙意断以不入此约为是。即请岘帅及两公裁酌，并候外务部核示。

七月初五日

鄂督张之洞致外部内港行轮章程内应添叙一款电

内港行轮一条，如能于章程内添叙一条，提明某某水，如汉、湘、赣、淮等，自某处至某处，准先行轮，余俟相度情形，徐议增广，则限制较严，洋轮不至遽遍内地，中国可预为布置，提倡华商公司亦较易为力。应请岘帅裁商，电吕、盛，与马婉商。

七月初五日

江督刘坤一致外部日使请在沪议约应照办电

沪歌电悉。日本日置益等请在沪议约，自应照办。

七月初六日

江督刘坤一致外部小轮旧章与张之洞解释相同电

小轮旧章只准由口岸入内地、由内地回口岸，香帅解释与鄙见相同。洋文较华文详，更为铁板注脚，断难任马异议。湘、汉、赣、淮各内地本有轮行，先列入约，余俟察看情形，徐议增广，洵为提倡华商公司基础。至口岸界限，原议含混，鄙见总须考究明白。如不作租界解说，则英善后约第六款本有各口界限由海关妥为定界明文。此项界限，即闽海关章第一款，商船赴福州者，行至玉金牌，即为进福州口等语。是只须将未经定界各口勘定，于原约所许利权无所损益。倘马意欲推广租界起见，则关系较巨。虽经议添外国人民在租界之外居住一条，仍须守定烟台会议三端二节，已定有各国租界应无庸议一语，订入约内，庶免将已定界限另有扩充。均请镜翁、杏翁汇核商办。再，索添此口至彼口运米一条，未见沪电。彼既指我延宕，何以又节外生枝？香帅驳之甚是。漕米、军米，事关内政，不牵涉入约为要。

七月初七日

江督刘坤一致外部内港行轮新章不添条文为妥电

前接沪电，先将小轮旧章由支电辨正达览。顷，再细察两星使拟改内港行轮新章，原议专归中国轮船行驶，如各国人民欲行小轮，只能与华人议立合股公司，归中国注册，填发关牌，张挂中国旗号，主权较足。今沪电又另加一条，说明英商如愿将轮船转归华商公司，及挂中国旗号，英政府亦可允许数句。夫曰英商如愿，则事权在彼，此条已属空文。且原议华洋合股之轮船一切办法，如无须英国允许，则退股专归华商公司自理。挂中国旗，更无须英国允许，毫无疑义。今添此一条，将来不免启洋商置船附名华商、挂用华旗、有事英人仍可出面干预之弊，反不如不添为妥。请转两星使，再行商马，总须得有切实办法，将来方可据以会奏。或将此条核实改正，亦无不可。乞酌。

七月初七日

外部致张之洞内河行轮章程请坚持妥议电

歌电悉。尊处所拟拖船章程及或准洋商自造各节，流弊太多，均不可行。日前英萨使来署，本部告以内港行轮多系华商假冒，于真正洋商无甚利益，且内地风气未开，易滋流弊，万不能不立限制。彼亦无词。城邑二字，亦经辩论，有可改为通商口岸之语。希查照，坚持妥计。

七月初七日

江督刘坤一致外部陈明行轮减税事宜电

顷，马使来函云：武昌所定第十条行船章程，敝处不以为然。与中国钦差细心磋磨，以冀有合敝处之意，在华英国商务有振兴之机，本大臣所望者止此。否则，恐商约作废，前功尽弃，因政府与商会于货物增抽一倍半极力阻驳也。除非中国另给商人加增利便商务之机，定公道行船章程，总以中国利益无损、国权无碍表明办法，则庶民兴旺，赋税亦增。未悉敝处之意，欲将以上所商等约改订之，抑或损坏之，请斟酌卓载等语。彼函虽亦语藏要求，特其意亦知我利权有损，万不能允，故复以好语恬我。现函复，大约谓：此次筹议商约，亦但求于洋商便宜，仍于中国权利勿失而已。不仅行船一款为然，而近来小轮行驶内地闹事之案不一而足，不独毫无利益，抑且治权为之牵制。想贵大臣亦深知之。且详考情事，与正经贸易之英商亦实无甚利益，祈贵大臣再行细察，当知本大臣所言不虚也云云。又前承录示与马议定七款内第十一款银式一条，鄙见始终不以为然。历详各电，嗣后亦未经两星使电知与马商议情形如何，此时姑不具论。第以完税之关平与库平相较，每百关平大一两六钱有奇。如加税之约有成，岁收洋税将及五千万，税平改照进用银式，即岁须短收平银将及百万。当此财力支绌，岂可到处受其侵削？盖彼名为整顿银式，实则暗减税银，用意可谓巧黠。不能不就管见再行陈明。

七月初八日

江督刘坤一致外部议订商约从前交涉断难搀入电

准沪咨马使照会内开：新约第四款，论及中外股东应得之〈若〉干，系曾经彼此议允各节，兹特声明，英政府于应允末段之处虽不能援引此约为据，可预留权衡，以便将来因惠通之案或别等相类之案任便再动公文，作交涉办理，附洋文一纸等语。录叙议订原文，咨请查案驳复。查华洋合股，中国向不准行。惠通案，华人受亏甚巨，前经判结而在英仍视为未结。是以上腊接杏翁电，告知前款末段拟加从前旧案经中国曾已判结注销者，于上列各节无从干涉数语，英使拟照政府电意致函声明云云。彼时敝处即虑翻惠通前案，且未知相仿者系如何案情，华商断难受此巨累，即由巧电分达沪、鄂，请杏兄设法将函商销，并将约后议加之语改为以前之事不能援照此条办理，免致再藉未结为言，别滋异议。嗣后如何商办，未得电示。大凡议订商约，宗旨专为以后取益防损，是所立条款只能管理订后之事，从前交涉之案断难羼入。今按沪拟，该款全文末段并未改正，款内又有中国今允认定，不论从前、现在、将来，凡中国人民出资附入外国人所办公司等举者，均应视为合例，有利共享，有害共承云云。所谓从前者，不独关碍惠通之案，且恐各口难保无类于惠通之案，亦必尽为牵引，此万不可。况惠通系交涉讼案，亦未便由议约大臣另送一函声明此案。为今之计，惟有请星使一面将此不论从前四字商删，以绝萌芽，并以惠通之事交涉词讼，又经援照美商之案早已断结，更与商约无干，马使不能藉议约干预图翻。将送到书缄，切实驳复。

七月初九日

江督刘坤一致外部及吕盛华洋合股小轮应归中国管辖电

小轮英商附股不得过十成之五，以免主轻客重，的是要著。仍应声明，此等合股各半，船应归中国管辖，庶免碍我治权。请两星使将此节切商添入。惟议官为保利，冀华商经营远大，以敌洋轮。鄙见枢纽似不系此，缘沪镇本有小轮公司，华人集资独办，获利亦丰，无须洋商附股。其挂名洋商者，盖意在闯越关卡有人包庇，得以横行无忌也。今欲与华轮以保治权、利权，惟有劝令华商将挂洋旗各轮一律改挂华旗，归中国注册保护。自占先著，较得实济。现电沪镇设法劝办矣！并闻。

七月初九日

吕海寰盛宣怀致外部修改税则请照会俄葡日瑞各使电

十一国会同签押此次与各国修改税则，系本和议大纲第六款办理。尚有俄国、葡国、日国、瑞典国未经派员，应请照会该公使查照。

七月初九日

鄂督张之洞致外部及吕盛银式一条无损关税有益财政电

沪议第二款，银式一条，岘帅虑暗减税银。此事马使在鄂时，洞曾询马曰：银式系何式？马曰：系银元。问以重几何为便？马曰：照通行银元之重，则沿海及南洋易于通行。问曰：洋税系关平足银，银元系库平九成银，平色所差甚多，完税时如何算法？马曰：将关平足银折合银元，补足平色，每关平银一两折成银元一元几角等语。惟折合是否议定一定不易之价，抑系按照时价？当时未及详谈。以理揆之，自必议明一定之价，断无随时涨落之理。以上各语，吕、盛两大臣在坐共闻。马使尚无图暗减税银之意。洞因此条于关锐无损，于银币财政有益，此条只数语，颇简净，无流弊。既无轻重定式，又无折合价值，且无改用年限，将来种种，随我斟酌，均系活便。既系沪已经议定之文，即不再加增减。岘帅如虑言之不详，应否再加数语？请镜翁、杏翁商酌。

七月初十日

江督刘坤一致外部及吕盛陈银式一款未允原因电

银式一款，所以未能照允者，实恐暗减税平，受亏过巨。香帅虽向马使询明，然口说无凭，必须约内声明，应于原议款末完纳各项税饷及各项之用句酌添，惟银式一项，无论如何改定，至完纳关税，仍应按照向来关平大于库平银数比较核算，补足平色数语，请两使商添。

七月初十日

江督刘坤一致外部及吕盛惠通股票控案已结不容另议电

商减米谷禁限，原恐限期太宽，奸商得以尽力收买、贩运起见。至于如何议改，候星使筹之。惠通控案，经中国以向无准华洋合股之例驳不准理，而彼并不执此外合股所买之股票不能作算与我坚持，此即系不认已结之根。合股款末虽声明与曾经控告断结者无涉，但彼既不认惠通案已结，而正款上文又有不论从前四字，彼即未尝不可以惠通案亦应视为合例为言。证以马所言，如果视为不合例，则以前华商所买股票不能作算，尤为意在言外。查西例，合股权在公司，未闻有因此公司在彼国控理不直，遂可强令他公司将彼国商人股票不算之理。况惠通案判定在先，彼既以此抵制，何以不早为声明？既先未声明，订款后更不容另有异议，一也。华商现执从前股票，虽未尽可以现在二字赅之，然订约后再行过户注册，即可享本款利益，毫无阻碍，二也。敝处前请商删，系并杜马使照会所云相仿之案，不仅为惠通一案，非愿以无益之事相扰。且明知磋商不易，曾将二、四两款比较立说，只候两星使权衡酌办耳。

七月十一日

吕海寰盛宣怀致外部与马使辩论禁运谷米出口电

谷米一款，为马使开送二十四款之第三，原请运出外洋，经海等辩驳，始罢出洋之议，而请照津约第五款办理，惟不能再禁米出口。当驳以此口运往彼口，虽津约所准，如遇岁歉及有别故，致不能不禁运，向来如此办理。马云：照津约，我无禁运之权。以原约未声明此层，因此常有争辩。我谓：岁歉有关民食，不能不有禁运之权。马云：禁运，无论何项谷米均应禁运。我又驳以此条专指商米而言，漕米、军米不在此例。马云：既为岁歉，商米应禁，官米更应接济穷民，何以只禁商米而不禁官米？我又驳以此系天庾正供，断不能因此一隅灾歉置京仓于不顾。马终坚持，并用照会诱我，谓：英政府不能照我所请，此后依照津约所许利权办理。我又复以英国既仍欲照约办理，自应允许以一切办法悉照旧章。不曰照约，而曰办理悉照旧章者，即仍是从前办法，随时可以禁运之意。马以我不为所诱，又见太古洋行承运漕米合同已撤，是以回沪又索议此款。再三力争，马始允漕米、军米于示禁时声明起运数目若干，即不在禁例。盖马有鉴于从前禁运时官卖给护照与华商，仍可贩运，故恐将来藉漕米、军米为名，又有不公之事，是以必须声明数目，并非将漕米、军米拦入约内，权操在彼也。至先一个月通知，马使以商家订米不能逆知禁运，必于订购后始赁船装运，是以欲限期稍宽，庶不至因订米在先，禁运在后，不能起运，致受亏折。先索两月，后拟改一月为三礼拜，未知马能允否？此款系我收回禁运之权，非允外人以利益。且重为声明，仍不准出洋，以为辩驳日本根据。若英约不将此款订实，则日人要求必力。恐出洋之议，更难拒绝，不可不虑。

七月十一日

外部致刘坤一张之洞沪议内港章程请由江鄂派员会议电

马凯在沪会议，现又商内港章程详细节目。如由吕、盛二大臣一一电商江、鄂，未免多延日子，请由江、鄂各派员会议，或即由吕、盛代为酌商，以期捷速云云。希酌复。

七月十一日

外部致魏光焘滇路材料未便免税请与法领妥议电

滇路草章，方领事指出七条，电京法使，并未向本部商议。查法使前因材料免税，允照商路办法，认给中国利益。此次方领所指，均关地主权利，并为各处路章所有。法使未便独持异议，致食前言。方领以电京推宕，应告以法使已允让给利益，并未将此条另商，须仍由外间并议，以期妥速。如法使来言，本部当力与磋商，并令电达方领，向尊处一并妥议。

七月十一日

外部致盛宣怀大东电线请勿轻许英额外利益电

俄使照称：京沽电线，东北公司应照约一律交还，不求他利。现闻大东公司在沪商订新合同，拟交还电线，复另修京沽一线，似此违背二十六年九月初四日原约，应行拒阻等语。查京沽电线交还中国，照约不应另索利益。俄有恰线议订在先，与此无涉。如许英额外利益，俄必不肯照约交还。希统筹办法，万勿轻许，以免牵制。

七月十一日

外部致吕海寰盛宣怀修改税则应否知照葡瑞两使电

庚电悉。已照会俄、日两使，惟上年新约葡、瑞均未与议，葡屡有微词。此次修改税则，应否一律知照，请派员会议？希电复。

七月十一日

外部致盛宣怀俄使口气翻复勿接收大东电线电

顷，英使来言，与尊处商定明日即交收电线。惟俄使口气太翻复，谓恰线系从前所定，并非于交线时强索利益。尊处允添大东一线，必至掣动全局，关系甚大，恐难当此重咎，万勿接收。至要。

七月十一日

闽督许应骙致外部华裕矿股拟华洋各半电

冬电悉。当饬局与法领事详商第二条，华裕照定章专集华股，不搀洋股一节，领事谓：川省办法系在新章以前，因洋人不准附股，是以借华商为名，实则仍系洋股。今新章既准洋股，华裕与大东同办一事，若专集华股，则大东必不见优，并洋股亦难招致，事将中辍，请仍照原议，华洋各半，为要。第四条，价目一节，现议公司情愿按照业主所筹价目先行备款缴局，再请官局与之核议酌定，似非霸占。第十一条，此项铁路已声明专为矿务转运，只造枝路，不造干路。造路处所有无妨碍，公司应候闽督派员切实核准后兴办。如必咨请外部、矿局核示，则外间情形京中势难遥揣，仍须由总督查核。往返咨商，徒延时日。拟请议由闽督核准后开办，一面即知照外部、矿局查核，以期便捷各等语。所议尚属近理，无可再商。应请迅速核复饬办。

七月十二日

署直督袁世凯致外部天津一带均已接收电

世凯于十二日午后抵津，各国提督、都统接待如礼，天津一带均已接收。

七月十三日

吕海寰盛宣怀致外部口岸事与马使磋磨仍不允电

口岸事，当经与马使再四磋商，马坚不允，谓口岸与租界不同，租界系中国所另与好处，并非口岸应有利益，是以有口岸而并无租界者。日来口岸并未划定界址，各驻使迭有争论。宁电所援引《烟台条约》三端二节，业经续约载明，须再行商酌，并未允行，不能作为定论。又劝以原款不易，或用照会声明，已定有租界应毋庸议一语，作为附件备案等语。据云，彼无扩充租界之意，无须此附件；并云，此款为各国所必争。在鄂已允不将城口等字叙入，并云，按照地方情形，实已通融，若仍以为未足，恐各国力争必不止此，亦未必肯允与中国第二、三节之利益，并请速定云。

七月十三日

外部致陶模据荫昌电德政府不阻挠购运军火电

购运军火，曾电商荫昌。兹接复，据称，商德政府复称，此事德不阻挠，他国须由中国政府自行向商等语。查禁运军火，载在上年和约，现既不向各国商允，此时亦未遽与议及。

七月十三日

商约大臣吕海寰等奏会同各国议税使臣估定进口税则折

商约大臣吕海寰、盛宣怀奏，为派员会同各国议税使臣估定切实值百抽五进口税则，缮订成册，恭折具报事。

窃臣等先后奉命办理商税事宜，准英国、日本国所派商税专使马凯、日置益等，美国所派专办税则使臣沙尔德，暨德、法等国所派驻沪总领事，请派员会同，按照和约大纲第六款内载，进口货税增至切实值百抽五，所有向例免税各货，除外国进来之米，及各杂色粮面，并金银以及金银各钱外，均应列入切实值百抽五货内；又载，将现在照估价抽收进口各税，凡能改者，皆当急速改为按件抽税几何；又载，为估算货价之基，应以一千八百九十七、八、九三年卸货时各货牵算价值，乃开除进口税及杂费总数之市价各节，将进口货税估定值百抽五修改税则，当即遴委奉旨特派随办商税之税务司贺壁理、戴乐尔两员前往，会同各国议税使臣，悉心核办。臣等仍随时督察，均经电明外务部、户部查照在案。

方开办之初，臣等以原定前三年货价正值低减之时，现在金价大涨，银价愈落，若仍照旧以银本估税，吃亏甚大，因洋货均以金价为本，应照金磅〔镑〕估税，最为平允。饬据两税务司拟具节略，交马凯等核议，并电商外务部及两江、湖广督臣，查酌电复。而马凯等坚称，只能照和约所载办法，议税人员无权用别法商议，具文照会前来。再四辩论，马凯等虽以所争皆属有理，然非商税人员所议，须由政府另商。不得已照复：接议声明，交议之件，可在北京再议，目下允所议之税则，姑作准行至中国与各国商允更改之时为止等语，仍留改金地步，以为后图。数月以来，彼议价低，我议价高，各国亦意见参差，极费计较。刻甫就绪，实已不遗余力。各国业皆允洽，不能再有增损。并酌议修改税则善后章程三条，附列税则之后，以昭信守。查善后章程第一款申明，进口洋货必有不及载入税则者，应按每值百两抽税五两之例完纳，订明估价之法，以免临时争论。第二款，各国原开免税项下，凡印字书籍、水陆各图、新闻纸各种货样，及民人行李，暨自用之物，及民人家居杂用之物，均列入免税之内。经臣等坚持未允，仅许其图籍、新闻纸等准其免税。凡轮船所用油、煤等物，纳税后，如实为自用，转运下船，则海关即将已完之税以存票发还，其余未准阑入。又第三款重复申明，食盐不准贩运进口，及军火、军械非有特准明文不准进口。一面钞咨外务部、户部及两江、湖广督臣查核，再由部转行总税务司办理。惟美国沙使系专为议税则而来，税则一定，即欲回国，催请先行签字，以便启程。一面电请外务部代奏请旨，并将税则缮订成册，咨送军机处查照外，理合恭折具陈，伏乞圣鉴。谨奏。

光绪二十八年七月十五日奉朱批：外务部知道。

署直督袁世凯奏报接收天津地方情形折

直隶总督袁世凯奏，为恭报微臣抵津日期暨接收地方情形事。

窃查，天津交还一案，应由臣率同在津文武地方各官前往接收。当经檄饬津关道唐绍仪，会同长芦盐运使杨宗濂、天津道张莲芬、天津镇总兵吴长纯等，督同天津府县暨随带文武各员弁，先期赴津，于七月初五日，与各国驻津都统及各执事司员接经晤面。各都统等均接见甚欢，任听华官在天津部署一切，并准各委员至该都统署考查各司员所办之事。

查天津自各国创设都统衙门治理地面，其自天津全县以逮宁河县境唐〔塘〕沽、北塘沿海各处，均归管辖。该都统署内划分八股办事，一总文案、一汉文、一巡捕、一河巡捕、一发审、一库务、一工程局、一卫生局；其外复划分四段，一城北段、一城南段、一军粮城段、一唐〔塘〕沽段，每股均各派员分司其事。此各国在津治理地方之大略情形也。

现既议定接收，所有各股、各段均经臣预先遴员前往接替，并将臣前在保定募练之巡警队二千人预调来津，按段接办，其各国原设之华捕一千余人亦暂行酌留，免其流落滋事。复在津城二十里内，按东、西、南、北及四隅分设保甲局八处，每局派文武员弁各一人，统带马步巡丁，稽查匪类。其二十里外，则分拨营队，扼要屯扎。海口及附近铁路各处，酌派水陆巡警队，分布弹压。以上各项，均饬由唐绍仪等先期筹商，布置就绪，议明于十二日一律任事。臣于十一日陛辞请训后，十二日由京乘坐火车启行，有印兵一队在京火车站排列相送，午刻驶至天津，各国都统均至车傍迎迓，派有华捕一队站班，另派华捕作为护兵。臣当即带同文武各员径赴该都统署，将所有地段及官场各产一一接受，并由各都统当面呈交各件，一合议目录、一财务簿、一银款票据、一各案犯卷宗、一各工程卷宗、一各合同底卷。其银款一项，除各都统支用外，计实存银十八万五千余两，洋银四万余元，均留备地方各项善后工程之需。由臣与各都统签字画押，彼此交割完竣。各都统肆筵设席，款劳如礼，致敬尽欢，即将都统衙门裁撤，各联军巡捕队一律开拨离津。该都统等复至臣处告别，臣即于是晚延请各都统暨各司员宴会酬酢，雍容樽俎，藉固邦交。此臣驰抵天津接收地方之大概情形也。

伏查，天津自归各国辖治，迄今已阅两年，深宫时廑宵旰之忧，编氓日切云霓之望。兹幸仰赖朝廷德化感动远人，是以各国敦尚信义，如期归还。臣莅津之日，绅商士庶夹道欢迎，咸以重见汉官威仪为幸，而市廛阛阓，有升举国旗、悬结灯彩以志庆贺者。中外辑和，商民欣悦，实足仰纾宸廑。惟天津为南北通衢，五方杂处，宿奸藏蠹，良莠不齐。现虽收回地方，而应办善后各事棼如乱丝，稍一不慎，弊端立见，且不免贻人口实，措理良非易易。臣惟有督饬所属文武各员，酌度机宜，妥筹办理。并拟趁此衰乱之后，将从前各项积习痛予刷除，务期弊去利兴，庶以仰副圣朝整顿地方至意。谨奏。

光绪二十八年七月十五日奉朱批：知道了。

清季外交史料卷一百六十终

清季外交史料卷一百六十一

光绪二十八年七月中

外部致刘坤一英使言现约各国同撤驻沪洋兵电

英使言，接政府电，现约各国将驻沪洋兵一同撤回，惟英政府意，须商约画押后，即可定期撤退云。

七月十四日

吕海寰盛宣怀致外部马使称银式一款不应入约电

银式一款，昨与马使商添。彼云，此事于中有益，于英无大益，不过可杜胥吏舞弊藉端需索起见，究之完关税应用何项平色，本由中国自定，不应增入约内，转觉不得体，徒贻别国讥诮。商说至再，彼谓，必不得已，或用照会声明。当即照宁电原添之语照会马使，彼之照复如无辩驳，即可备案。

七月十四日

鄂督张之洞致外部及吕盛口岸界址须趁早议定电

口岸界址，既非租界之界址，亦非海关所定之轮船上下货物之界限，乃限制洋人任便居住贸易之陆地界址也。查各处口岸，从未议定界址，洋人遂于各口任意侵占，或混入城邑之内，或竟至附近四乡之外居住贸易，漫无限制。即以湖北一省而论，汉口洋人竟于二十余年前已在汉阳购地建造房屋，近又援上海可在浦东建栈之例，欲将武昌亦归入汉口口内。各省似此者多矣！如不趁早会定界址，则愈侵愈远，断断非计。是第十一款实于我有益无损，断不可少者也。原文有外国人民在租界之外居住须守工部、巡捕之章程等语，是所指口岸确非租界之证，岂能相混？洋人既可明索开四口岸，若欲推广租界，何难明说耶？如岘帅恐其藉词展拓租界，地方官不明白者或受其损，则请两星使与马使订明，不得藉此条展拓租界，以免误会，尤为周妥。至无租界之口岸，自应声明，仍旧不得添设，照第十一款第二节，一切遵我巡捕、工部局章程也。

七月十四日

吕海寰盛宣怀致刘张英约力争而得请定稿速奏电

此次商约，各国皆称，照和议大纲，中国已允以商改利益，与寻常修约不同。海、宣自奉命以来，日夜焦思，深虑陨越。英约原索二十四款，驳拒不议者七款：曰洋盐进口，曰内地侨居贸易，曰邮政电报，曰设海上律例，曰整顿上海新衙门，曰口岸免厘界限，曰货物同在一河免复进口税。在沪议准者七款：曰保护牌号，曰整顿珠江、川江，曰圜法，曰华洋合股，曰关栈，曰存票，曰广东民船与轮船纳税一律。在鄂议定者三款：曰矿务章程，曰内港行轮，曰通商口岸利权。回沪续议定者一款：曰谷米禁令。并入加税免厘者六款：曰新开口岸，曰减出口税，曰加税，曰三联单，曰子口单，曰常关归新关管理，合计驳拒删并者十三款，商允改妥者十一款。外免厘加税一款，系沪所议而鄂所定。又加筹议教案一款，系在沪所索二十二款未允之一。又加治外法权一款，系张大臣所索。又约后三款，为向来条约所应声叙。

综论全约，以免厘加税一款为要端，其为中国取利杜弊，已详会奏。筹议教案、治外法权、画一圜法三款，于我政权裨益最巨。合股、牌号、矿务三款，彼此均益。存票、关栈、整顿珠江川江、民船轮船一律完税，尚无关紧要。内港行轮、口岸界址、米谷禁令三款，内中亦多补救。近洋商皆以马凯所定不满所欲登报訾议，故我翻改内港行轮万分为难。马今日照会谓，英商众情甚不允愿，恐数月来所费苦功化为乌有等语，意甚不快。海、宣等终当坚持定议，不为所摇。惟日本两使面告，口岸权利、内港行轮两款为日本所最重，深恐英约让我，屡请英、日会同订议。海、宣密劝马使，英约将完，何必与人混合，转致耽延，亦失体面。日人又请不同坐而同时商议，我亦设法推宕。倘能英约先定，则日约或不至过于离谱。顷，马使函，已定西八月三十号回国，无论画押与否，不肯再改期。窃思马凯虽负众谤，然彼仍尚有不愿翻悔所议之意，每议到万难地步，亦颇肯委曲迁就。此已在两帅鉴中。我若再迁延不定，马去，或另派驻使，要求增益，或竟为日人耸动，合而谋我，英、日之交正密，恐欲求如今之所议不可得也。且全约在鄂时已议定，回沪又议各款，再四力争，非敢畏难。战后之约，到此地步，非仗两帅威灵，未易臻此。应请两帅统核全约，如可不再驳论，乞速将第一至七款复核电奏，并将第十、十一、十四分别复奏，奉旨准行，即电请派员先行画押。一面请两帅主稿，速定全约，奏稿由沪缮折进呈，庶可不致迟误。伏乞鉴裁。

七月十四日

吕海寰盛宣怀致刘张内港行轮现与英使订三事电

内港行轮，两旬驳辩，马使终执已定之案，不肯轻动。昨与订三事：一、将武昌所允第十款抽出第二、三节，移入章程，只留第一节，兹因光绪二十四年内地水道至彼此允愿更正为止；第四节，中英两国议定，江门开为通商口岸至六都封川为止。二、将总署原定正、续章程照旧遵行，毋庸议改。马使与裴、贺两税司修改之本作废。三、彼此允再另议续增章程，附于原章之后试办。并即亲自与议续章共十一节：

一、英国轮船船东可向中国人民在河道两岸租栈房及码头，不逾二十五年租期。如彼此两愿续租，亦可从新再议章程。倘英商不能向华民妥租栈房及码头，与商务局商妥后，须由地方官照时值公道预备栈房、码头租给。租满之后，亦可接租。如该处尚无商务局，可与商务大臣商办。二、靠船码头不得有阻水道，亦不碍船只通行，并须由最近海关先行查明允准，但海关亦不得苛求。三、英国商人所租栈房及小码头须纳税捐，如同中国人民左近相类之房屋一样。英国商人只能用中国代理人及办事等人在该内河行轮处租房之内居住贸易，惟英商亦可随时前往察视其生意情形，不得因此于中国管辖人民之权稍有损减，或有妨碍。四、凡在中国内港行驶之轮，如有伤损堤岸或各项工程，应责成该轮船将该堤岸工程查系损伤以及他项因伤受亏一切赔偿业主。如有浅水河道恐因行轮致伤堤岸以及相连之田地，中国欲禁小轮行驶者，知会英国官员查明，实有妨碍，即行禁止英轮行驶该河，但华轮亦应一律禁止。至华洋轮船，并不得在内河向有坝闸之处行驶，防有损伤该处坝闸，致碍水利。五、英国政府欲将中国内地水道开通，行驶轮船，大意实为中外货物运输迅速起见。如现在或日后，有行驶内地水道之英轮而该船允愿将轮船转归华人公司，及挂中国旗号，英政府应许不加禁阻。六、民船向不准装运违禁货物，凡行驶内港轮船及该轮拖带之船，亦均一律不准装运。如有不遵，即照违禁章程办理，注销所给关牌，不准行驶内港。七、内港行轮，风气未开，内地居民宜令其少受惊扰，故凡内港向来未经轮船行驶者，须审察商情便利，并轮船东实见生意有利可图，方可渐次开驶。如有商人欲于商船未经到之内港设轮行驶，须先向最近口岸之税务司报明，以便转禀商务大臣，体察情形，迅速批准。八、此项轮船只准在口岸内行驶，或由通商此口至通商彼口，或由口岸至内地，并由该内地复驶回口岸，并准报明海关，在沿途此次所经贸易各处上下客货，但不得由此不通商口岸之内地至彼不通商口岸之内地擅行往来。九、无论客船或货船，均准轮船拖带。凡被拖之船只，其船户、水手人等，均应归华民充当。并不拘船东为何人，均须挂号，方准由口岸行驶内港。十、现在所定以上各章程，系补续光绪二十四年七月，西九月前后所订内港行轮之章程。其未经此次所订更改者，则仍旧照行；其为此次章程所改者，则以此次所定为准。此次章程是续补二十四年前后之章程，当视同旧章一样，足为现时管理此项轮船之章程。嗣后倘有应行修改之处，即可随时彼此酌情商准。

以上十条脱稿后，马使又请添改，并请照裴、贺两税司与彼所改章程为定，如两制台必欲照商约大臣所议之新章，利益太薄，彼只允请示英廷，无权答允，且恐加重进口税，必为英廷及英商所不允云云。当又告以贵大臣与两税司所拟早已言明作废，现议之新章程断不能改。马复请将原议定租地一节添入：恐英政府不允又有耽延，宜速由我去电请示，不可再迟等语。管见此事若能悉照所拟定议，似已补救不少。岘帅电，不能由此内地至彼内地任意行驶，并不准自建栈房；香帅电，船户应归华民充当，及不得稍损管辖之权数语，均已叙入新章。海、宣初欲立内港华轮公司，准洋商入股，而不准挂洋旗。法、德、美领事均谓可行。马使私议亦谓，只要华官真肯体恤华商，则洋船可由少而无，洋旗可不禁自止，到彼时英商自愿售船，英官可不阻止。请其列入章程，强而后可。洋人惯布闲子，将来均我要著。近有美商买英公司轮船而英廷阻之，彼国有此政权，将来英商轮或受我饵，愿拔帜易帜，如有此条，则彼政府不能阻，实为洋旗销案之根据。如两制台愿删去，马之愿也。是否？即请两帅酌核奏复，并电示。

七月十四日

吕海寰盛宣怀致外部报新改税则日后修改期限电

英约在鄂议定者共十三款，回沪又复议米谷一款，为十四款。兹马使按照旧约开送修改税则期限议订十年，列为第十五款。文曰：此次新改税则，日后彼此若欲修改，以十年为限。该限期未满六个月先，须预行知照，酌量更改。若未于期前声明修改，则税课仍照前章完纳，须再俟十年再行修改，以后均照此限办理。嗣后中国如有与他国所产或所造货物之益，则英国所产或所造相同货物，无论由何人运来进口者，亦应一律均沾此利益。彼此所定条约如未经此次修改者，仍照旧遵守。又约文照英〈文〉为凭列为十六款。又换约年限列为十七款。文曰：本约立定，由两国特派大臣在中国江苏省之上海将约之汉、英文各一分先行画押盖印，等候两国御笔批准，在于中国京城一年限内互换，以昭信守。均系查照旧约办理，为向来修约应有之款。应请查照核夺，一并挈衔列奏。

七月十五日

鄂督张之洞致枢垣及吕盛华洋合股事尚属公允电

论合股事悉。华合洋股，洋合华股，一律守章，尚属公允。内有英人附股中国公司者，亦当一体遵有益共享、有害共承之例云云，语甚分明，似无流弊。但查各国公司所有账薄、股票等据皆抽收印花税。今华洋公司在中国贸易、制造，既不纳中国税项，亦不报明地方官，毫无稽查，一旦涉讼，中国官须为之审断追账，似欠平允。拟于此条内载明：无论从前、现在、将来，华附洋股，洋附华股，必须先将章程报明地方官批准。将来中国仿照各国章程举行印花税，所有字据、股票须遵章贴印花，则中国当视为合例。照该公司章程判断，如不报明官府，有案一概不得视为合例等语。如此则于中国大有裨益，而从前惠通等类之案自不能援引翻异矣！此乃将彼所索之利益转为我所索之利益，机不可失。不仅如沪电所云虽不能取益，亦无所损也。请切商添入至祷。

七月十五日

吕海寰盛宣怀致外部英商不愿加税乞详察电

顷，马使云：闻英商多不愿意加税至十二五，其尤不愿意者，以向来免税之件忽抽加至十二五，是以共怀不甘。并闻由工部局联同商家致电英政府，请其暂勿授权马使画押，俟商家公禀到，然后听由政府定夺云。查马使原送条款，本声明：免税之物只照和议切实抽五，不在加税之列。前议加税十二五，系连免税之物一概照抽。及议切实抽五税则善后章程时，英商又将实在自用物件列入免税米面之后，海、宣又复驳令删去。彼时即闻英商大不满意，谓马使上我之当。盖彼之上当，即系我之有益，是以亟盼早成，免致中变。非敢鳃鳃过虑，实因英人商务最重考求，一经宣布而不定局，必为看破阻挠，甚为可惜。全约关系，在此加税一端，不敢不预为陈明。乞详察。

七月十七日

吕海寰盛宣怀致外部英国公司不肯在中国注册电

鄂电，与马使切商，请添入。顷，来照会，其文曰：准照会，第四款，合股公司于注册时应纳印花税一层，若为华人公司，其应纳与否，候中国自办。至注册时所纳印花税，应由公司完缴，非由各股份人自缴。英国公司为华人附股者，如云该公司之报章及其合股章程须在中国官员处报注一节，实不能行。华人应自行筹算附股于英国公司是否有利可图，然后附股，无所勉强。英国公司断不肯将章程在中国官员处注册，现欲再议，实难从命云。请核示。

七月十七日

鄂督张之洞致外部丝税不宜过重定议出洋抽五电

沪元三电论丝税事悉。丝税不宜过重，然亦必须公平。鄂电及面谈皆同。出洋之税不过抽五，此议定者也。至内地之丝流通各省，岂有不纳关税之理？浙丝即可销浙，苏丝即可销苏，至四川、广东销本省及各省内地者不少，此外，如鄂、豫、鲁、晋等省亦各有丝，非必出洋，何能概免关税？自应在第一常关先完二五，至出口之关验有曾完二五之关单者，亦只抽二五，免其二五，仍是值百共抽五而已。若谓如此恐海关之丝税减少，则旧章丝税只抽二两，今即减半，抽二五，较之现在所抽税数已加数倍。只有多增，岂有亏减？且各国及马使只欲我减轻出口土货税，我自销内地之土货税轻重彼皆不问。今既允出洋之丝抽五，何反阻我抽行销内地之丝税耶？如必虑海关丝税不能甚加，则验有常关关单曾抽二五而出口海关减收二五者，仅可于第一常关照数拨还海关。有上海道拨还韶州关丝税历年成案，可援照比例仿办，亦甚不难。如此，则出洋者，止于抽五，断不至重抽；而不出洋者，无论何省所产，皆是抽五，可谓均平。且出洋之丝与销内地之丝自然不致相混。至销场税，即落地税，与常关无涉。各种土货，过第一常关者皆须先完二五之税，过出口洋关又须完抽五之税，复进口又有半税，到落地又有销场税。丝乃殷富人家所用，何独反止完销场税耶？土货销场由我自抽，不必与马商酌矣。华文本是常关免抽蚕茧及蚕种税，约稿所载极为分明，译员不应将洋文误为免抽蚕茧及丝税，自当照原议更正，将洋文常关免丝税改为免蚕种税，不应迁就译员，反改原议华文，令各省常关一律免丝税也。此乃内地所用土货自抽常关之税，但于出洋之丝无妨，马使必不干预，断无不允更正之理。务恳速商更正至祷。

七月十八日

鄂督张之洞致吕盛监察洋员权限不清必须酌改电

沪、咸二电论监察洋员增改字句，具悉。马使续改第八款第十节，一经监察之员禀报中国政府，即行将弊端除去三语，权限不清，必须酌改。查监察常关、销场、盐土税之洋员，既由各省督抚选派，则该洋员必应受督抚节制。该洋员查有不合例之需索，自应禀报督抚。今乃欲径报中国政府，将原派之督抚越过，中外均无此种办法。向来洋关税务司有事，仅能禀报总税务司，从无径禀政府之例。监察洋员所得权限，岂能过于税司本职？应将中国政府四字改为本省督抚四字。若虑督抚不肯查禁，下文尚有商人告发一条，洋商受累，可控告领事，领事可告知督抚，督抚不理，领事可禀公使，告知外务部，何忧壅蔽耶？此数语与原议不符，请转两星使将华洋文一律商改。至要，祈复。

七月十八日

鄂督张之洞致吕盛内港行轮及拖船两条请商改电

沪电论内港章程事悉。第七条，商人欲于商船未经到之内港设轮行驶，须报明最近口岸之税务司，转禀商务大臣迅速批准一节，此条流弊太多，必宜更改。查各省内港水道能否行轮，一察水道，一察民情，与别项商务不同，应由本省督抚体察情形酌办，商务大臣相距甚远，无从遥断。设商务大臣批准，而事有难行，更多窒碍。无论何人为商务大臣，皆不能周妥。况有准无驳，何取乎批？体察亦属空言。若照此稿，则洋商、税司有请必准，有准必速，毫无阻驳，是商务大臣徒为洋商之役，鄙人断不敢出此也。此条万万不妥，必应于转禀商务大臣句下添会同该省督抚六字，体察情形句下添如果确有妨碍六字，迅速批准句改为即行迅速核准。查鄂致江、沪歌二电，曾有先行湘、汉、淮、赣四大水，其余从缓体察酌商之议，闻马已允，而为其参赞哲弥逊所阻，复行翻异，似可再与婉商。又闻彼欲添江苏运河，则请删去淮水一处，添苏河一处，共止先行四水，尚可从容筹劝华轮，以资抵制。第九条，无轮〔论〕客船、货船，均准轮船拖带一节，盛议所准拖带者，系何船式？未言及。且有无论船东系何人之语，尤深愚虑。查拖洋式剥船，外部谓，华人、洋人所造，均有流弊，不可行。当即转电江、沪，请坚持妥订。今但言客船、货船，未指明船式，不知尊处已订明不得拖洋式剥船否，抑或已许其可拖洋式剥船？盖拖货必以剥船式为便利，马使意专在拖洋商自造之洋式剥船，敝处前商拟令用华民所造之洋式剥船，以保华民生计，因江南汉口民间皆能造洋式剥船也。然部电既驳，自当说明不准行用。此时如稍含糊，设将来洋商拖带洋式剥船，欲阻之，则彼言两星使并未指驳；欲许之，则外部曾经电驳，岂可故违？似宜于无论客船、货船句下添但系华民所造之船六字，均准拖带下添惟不得拖洋式剥船八字。如马使能允固妙，倘不允，亦应据实达外部酌核，以免日后为难。总之，凡事办得到，则以实告，办不到，亦宜以实告。又前电请于章程内另加一条，议明：如洋商愿与华商合办内港轮船公司，洋股不得过十成之五，凡合股公司，须挂中国旗号，归中国官管辖等语，迄未接复。鄙意实因他国商人有愿合华股而自占股十成之八者，若临时驳阻，势必为难，故欲议定此条，以自保利权。此条紧要，务商马使添入，其益甚大。

七月十八日

吕海寰盛宣怀致外部出口税系分征与各国无涉电

丝税宜与常关分抽，自有至理。现与马辩论，声明：出口税仍是值百抽五，不过分征，并非重征，至分征，从海关与各省如何拨抵，是中国事，与各国无涉。马始恍然，将此节重为改定如下：至于丝斤一项，无论手缫或机缫，所征出口正税之总数，不得逾估价切实值百抽五之数，此税并可在丝斤所过之第一内地常关征抽一半，惟须按照第三节所载办法给以单据，该单据即可抵纳出口正税一半之数。各蚕茧经过常关，则须免抽各项之税。似此较原文更正更切实矣。

七月十八日

吕海寰盛宣怀致外部与马使商行轮并拖船章程电

行轮第七节，与马磋商，马只允于转禀商务句下加会同该省督抚六字，余更不允添，盖虑我藉此箝制其行驶之利益也。四水一节，仍不肯允，以既有各项限制，不欲我再限以行驶之处。第九条，拖带洋式剥船，续议章程时，但言客船、货船，而不言明船式，系照原定正续章程办理。刻商马云：船式但以装货多而吃水浅合用为定，原本不必分华式、洋式。现在华船多有改造洋式者，况本条声明被拖之船，其船户、水手人等均归华民充当，尚何碍华人生计？此条似不必空争。鄂电属加一条，马亦不以为然，以华洋合股一条已订明，华附洋股，照英公司章程，洋附华股，照华公司章程，至占股多少，乃公司定章自有之权。如系华公司，自应挂中国旗号，归中国管辖，此一定之理，不应入约。强而后允，加添一节，附第五条章程之后。文曰：如有华人按照中国律例注册，设立内港行轮公司，而有英人附股者，不得因该公司有英股在内，遂以为该公司轮船即准挂英国旗号等语。然马终以为无谓也。

七月十八日

外部致许应骙矿务合同应声明购地归华员经理电

真电悉。矿务合同，华裕虽有华股，应声明：购地专归华员经理，洋人但分股利，不预事权。否则，一事而设两公司，似觉无谓。第四既无先行管业字样，当可照议。第十一造运矿枝路，各省均照章咨部核定，闽省未便独异，应仍照前电更正。希饬再与磋商，电复。

七月十八日

川督奎俊致外部英领指矿地八处未言何县乞核复英使电

英领、英商指地八处，并不分析何县开何矿。除遂宁、南川、江北厅当无碍外，邛州须注明本州境属县不在内；荣县碍；贡井不能开煤油，将来华商自办煤油，不能再开；犍为井灶林立，且法指宜煤铁，不能开煤油，亦不能开煤；秀山华商开锑，不能再开锑。屡饬宝、贺两道与之剖别，请其另指，坚不认允。外间恐有后议，未敢允准。乞酌核，复英使。

七月十九日

外部致吕海寰盛宣怀内港行轮添代递信包一条电

总税司函称：上海既议内河行轮章程，应请添一条，云：凡领有关照行驶内河之轮船，应将中国邮政官局信件包裹接收代递，不取资费，此外一概不准代为接递云云。希查照商添。

七月十九日

外部致吕海寰盛宣怀值百抽五税则即遵旨画押电

尊处会奏估定切实值百抽五税则折，十七日奉旨：外务部知道，应即遵照画押。

七月十九日

吕海寰盛宣怀致外部租界内华民中国向无权抽税请示办法电

口岸一款，马使未言，今日工部局向其理论，谓：租界内华民，中国向无权抽收税项，若如第十一款第三节办理，将来租界必致滋事，工部局万不能允，即强行入约，英廷亦决不批准。当诘以此节所商各项税捐，其意专指印花税，到鄂后改为各项税捐，若仍改为印花税，仿照邮票办法，可否？马又密告：此系工部局有意指摘，耸惑众听，藉阻加税之举，似不可因小失大，不如将此款全行删去，彼可力劝英廷照允云。看此情节，与其勉令入约，日后仍办不到，转累全约，仍不合算。查第十一款首节，诚如江帅所虑，日后难免轇轕。所稍资补救者，在第二、三节。今马使决欲废去，则不如将此款全删，两不吃亏。好在此款第二节租界外口岸内应遵中国章程、第八款第十二节新开口岸约内已载有此，则似于此尚无所失。应如何办法？乞速复。

七月二十日

刘张吕盛致外部马使称所加进出口税不得挪用及抵押新债电

马使照称：现奉英政府训条谓，应议定，所加之进出口税，须留为各省督抚以抵向来所收百货厘捐之用，不得将此款归入海关正税，亦不得抵押新借洋债。请将此事奏陈，并将此事明降谕旨，与条约一并宣布等因。查此事虽经于会奏第八款时陈明在案，惟究系内政，不便据马使照会入告，启外人干预之渐。应作为坤一等陈请，奉旨将此原奏及所奉谕旨照会英使，作为约中附件，较为得体。谨拟电陈，文曰：窃查各省所收各项厘金，内以拨还息借洋款为一宗，拨解京协各饷又为一宗，其余留供本省度支。现与英国修改商约，彼此议定加税，以补第八款所载应裁各项百货厘捐，除还现在洋债抵押本息外，自应分别拨补抵解，免致各省为难，并不得挪作别项之用，及将此款抵押新借洋债，亦不得归入海关正税项内，以符加税抵补百货厘捐之原议。相应吁请将上列各节明降谕旨，饬下户部，查明各省裁免各项厘金向来应解应留各数目，俟加税免厘条款举行开办之日，分别派拨各省，俾资应付，而昭允协。请代奏。

七月二十日

江督刘坤一致外部及张吕盛请向马使商印花税电

沪效二、鄂效一电均悉。香帅以万不可删者，诚以二、三节丁治权、利权藉可稍挽。今两星使体察情势，虑碍全约，此款删虽无利，亦无弊，惟虑商议多时，遽尔删去，未免不值。印花税本为各国通行办法，既不抽〈于〉洋商，似不应阻抽于华商。倘星使能再向马使切商，改明印税，裨益大局，实非浅鲜。是否？仍请香帅与两星使裁酌办理。

七月二十一日

鄂督张之洞致吕盛请挽马使宽留数日亲自画押电

顷，接马使来电，言：决意西八月三十日回国，即中七月二十七日，务请设法于行前画押，不然将来废约，不能归咎于我也等语。兹复马电云：贵大臣来电悉。昨本部堂已有电致贵大臣云，江、鄂现已照现商各节定议，只候会奏奉旨，即可画押，请宽留数日，以竟全功，当已邀览。兹接来电，又已电催会奏，敝处于全约必不再有更改，贵大臣既欲急于回国，亦万望勿再删改，庶于数日内赶办一切，早得奉旨画押。但电奏多起，校对、钞录华洋文字，亦须时日，万一赶办不及，惟望再宽留数日。务请贵大臣亲自画押，再行离沪，切祷等语。马使一行，全约必有更变，万分可惜。再请两公速商马使，看其意见有无活动。示复，切盼！

七月二十一日

刘张吕盛致枢垣英约商妥七款列请代奏电 附约稿

英使马凯原送商约廿四款，初以和议允其商改，彼多奢望。迭经磋议，凡有碍政权、利权各款严词拒绝，其侧重厘捐各款皆设法推宕，一面自筹加税免厘抵补善法。计在沪议定七款，均经海、宣随时电商坤、洞及有关涉各省，并请外务部酌核准驳。仅择其无大关系之牌号、合股、存票、关栈、珠江川江整顿行船、广东轮船民船一律征税六条，及有裨国政之整顿圜法一条，先行议定。除第八款至十三款已由鄂会同电奏外，所有第一款至第七款，理合厘订次第，再将全文会电，列款如下：

第一款 向来存票延搁，推原其故，系此等存票由监督经理，而监督与海关相隔遥远。现议定：嗣后所有存票悉归海关发给，自商人禀请之日起，以三礼拜为限。此等存票可用作海关通行税票，以抵出入口货税，惟不得用以抵纳子口半税。至洋货入口后，三年之内，再运出外洋，其存票可由该货入口纳税之处向海关银号领取现银，不得减扣。倘请发存票之人欲图混骗，一经海关官员查出，须罚银，照其所图骗之数不得逾五倍，或将其货入官。

第二款 中国允愿设法立定国家一律通用之银式，即以此为合例之银式，将来中、英两国人民应在中国各处用之完纳各项税饷及各项之用。

第三款 中国允许，凡民船载货由香港往来广东省各通商口岸，所纳之税，连厘金合算，不得少于洋关征收轮船所载相同货物之数。

第四款 曩者曾有因中国人民醵资附入外国人所办之公司等举，亦有经中国人民附入巨资，为众所共晓，惟是否合例，尚无明定之章。中国今允认定，不论从前、现在、将来，凡中国人民出资附入外国人所办之公司等举者，应均视为合例，有利共享，有害共承，始昭公信。中国更允，凡中国人民或已附股或此后附股英之股票公司者，既已为股友，即应为已允依从公司所订明各章程，遵守英公堂所解说办法。如有因前项控告公堂之事，中国公堂即应饬附股华人遵听判断，与英人无异，不能较同附股之英人受累有多有少。英国政府亦允，凡英国人民附股中国公司等举者，亦当一体遵有利共享、有害共承之例，与华人之同附股者无异。凡以上所开各节，应与曾经呈控公堂已经判断完结者无涉。

第五款　中国政府允于两年内将有碍广东珠江行船并非天生窒碍者拆除，又允准将广州口岸泊船处整顿。其如何设法整顿，由中国海关整理，其经费准于华、英两国商人卸装之货物收捐充用。至应抽若干，仍候海关与华、英商人议定。第二节，中国政府悉知宜昌至重庆一带水势宜整顿，以便通行轮船，又深知整顿工费浩大，且关系川、楚两省地方百姓，所以彼此订定：目下未能整顿以前，应准轮船听由海关核准后安设拖拉过滩利便之件，经费由轮船自出。该利便之件，不论轮船、民船，均可任便听用，仍须遵照海关议定章程办理。但所设之件不得阻碍河道及轮船畅行，如需用号塔、号标，均由海关酌度何时何地相宜备设。将来如有可行条陈利于行船之法，果能无害于地方百姓而费不由官出，中国可和平商酌。

第六款　中国允愿设法在通商口岸多给利便之方，以设关栈，及将关栈所存之货改包。又凡英国官员照会请将民栈给以关栈之利益者，即中国海关验明称意，足以保护税饷不致走漏，即可将民栈改为关栈。该关栈应按海关所定之章程办理。该章程并载：取收费用，按货物之贵贱、离洋关之远近与作工之时刻而定，及海关于保护税饷之处，须寓方便商人之意。

第七款　英国政府保护中国贸易牌号，以免英国民人违犯假冒名色。中国政府亦应保护英国贸易牌号，以免中国民人违犯假冒名色。中国政府再请南、北洋大臣在各管辖境内设立局所，归中国海关管理，以便将贸易洋牌号可以注册。应收注册费，公道收取。

以上七款，连鄂定六款，马使已将洋文刷印送来。除第十款、第十一款尚待另奏，又第八款英廷尚须酌妥字句另电外，其余各款，俟核准后，汉、洋文亟应派员预为校对，以免届时匆遽错误。请代奏施行。

七月二十一日

吕海寰盛宣怀致外部口岸一节与马使商全删电

沪效二电，想达览。马使今日复议第十一款，已将宁效二、鄂效一各电不允删此款切告，属仍照旧。况撤厘后，所捐不过印花税，华民应守华例，断难不捐。租界不愿专设收税局，可归商务公所或海关代办。马云：沪工部局以租界内华官向不能收捐，第三节断难允行，又租界以外颇多体面洋人居住，如担文即住在界外，岂能遵守华民章程？第二节亦难允行。又驳以口岸一事，我政府本不允议，因英国坚请，乃添入两节，以为抵制，若仅留口岸界址第一节，而去第二、三节，我万不能允。马云：似此，只有全删此款一法。我又驳以若我允全删，而英廷只允删第二、三节，不允删第一节，彼时将若之何？马云：彼此即日各自请示政府，得复再行商定。彼意必劝英廷全删。当允其一面电商外务部及江、鄂，如亦允删此款，必当另加照会声明，此款所订商约，不得再议口岸之事。马允照办。看来此款所索两益处已为工部局力阻，只得坚持将口岸一节要删全删，仍符不议口岸之初意，尚不吃亏。乞速核示。

七月二十一日①

清季外交史料卷一百六十一终

① 原刊目录标为“二十二日”。

清季外交史料卷一百六十二

光绪二十八年七月下

鄂督张之洞致吕盛第十一款与英使力争而得请勿删电

第十一款乃在鄂与马苦心设法力争而得者：一节，限定洋人界址，使彼不得侵占逾越；二节，租界外洋人守我巡捕、工部局章程，即受我约束，纳我捐项；三节，租界内华人仍抽各税捐。此通商五十年来权力所不能到者，一旦争得而收回之，岂可轻弃？此正限制其任意广拓，口岸尚有界限，租界自然束缚其中，何沪电反谓其删去此条可免口岸展拓之损？事理正是相反，百思不得其解。在鄂议定许久，无故一言删去。务恳两星使力争，商留此款。第三节，亦万不可删。马使为英廷所派大臣，岂有听凭沪上一隅工部局数人之讹言，改其使臣所允定之约款？于马使体面亦甚有碍。至第三节，或添惟税项不得过重，并妥筹收税捐善法，中国不得派差役至界内，因收捐骚扰等语，以稍慰其意。再不得已，则商留印花、地契等税，亦可稍留国家权力、体统，惟不可允删第三节。此事在外部与岘帅筹商，鄙人更无可说，惟有叹息而已。

七月二十一日

江督刘坤一致外部洋股附华商小轮款不得过半电

小轮款，设华商公司准洋商附股一条，嗣香帅拟限制华商公司所附洋股不得过十成之五，须挂中国旗。敝处亦云，此等合股各半，船应归中国管辖，庶免碍我治理之权，并限制洋轮不得入内地，较准由口岸出入内地，主权更足。仍请速与定议。

七月二十一日

江督刘坤一致吕盛内港行轮请告马使仍照原议电

内港章程拟添邮政一款，马改照现在海河轮船之法办理，香帅以为欠妥，所虑极是。不独海河轮船现代各国递送邮政，正须设法挽回，不宜添此一大漏卮。请两星使切劝马使，仍照原议添入。倘马只为取资起见，不妨由船东与总局商酌，惟此外总以概不代递为是。

七月二十二日①

商约大臣盛宣怀致外部电线交涉请援旧案办理电

英使允交收电线，而俄使谓，恰线系前定，并非交线时强索。贵使恐掣动全局，令勿接收，自当遵照。惟京恰借线，实因乱时代造京沽线，大北强索酬劳，虽有合同，尚未批准，大北屡催。告以须交线后，方能请部核准，亦虑大东效尤也。二十九日，俄使照询贵部，华电局与大北何时可画押，贵亲王及本大臣何时批准？可见案尚未定。电局与大北、大东前有接线齐价合同，后有代造沪烟沽海线合同，皆载明英丹两公司利益均平。此次代造京津沽陆线，亦系两公司同办，断不能丹借京恰线而英不借京沽线。因官商出洋电报以京为大宗，英海线资本独重，决不肯尽让与恰线也。又齐价合同华电局与大东、北三公司均分，在电局何能显分厚薄？此英请与丹一律办理，断难不准之情形也。

当乱时先允大北借恰线者，因大北应允事平必可与大东一同交线。乃大北无此权力，则亦何能独享此权利？俄使五月廿四照会一味推诿，可想而知，俄使翻面，亦早料到。请借给恰线，则洋电过俄，一得大利，俄必不愿废前约。又海线速于陆线，齐价合同大北沾利独厚，大北亦不愿废前约。昨已告大北，如丹不交线，先废恰线合同，并愿将齐价接线旧合同全废。顷，接大北函云，大北深愿和衷议结，并愿将恰线合同所得之权利，如俄国允许，即可酌量分与大东等语。是大北深知大东应得分沾出洋报利益，亦深虑我废恰线合同。我亦经告马使，如恰线不借，则津线亦不借。已函致两公司，属其三面商议。拟请贵部摘要浑含照复俄使，并请联侍郎面告俄使，我愿尽废前约，以恫喝之。总之，电线交涉，向由敝处办理，呈请政府核准，似可仍援旧案，概推敝处，实以前后转折太多，一言难尽。以管见度之，断不至决裂。请贵部坚持。电复。

七月二十二日

吕海寰盛宣怀致外部英允我在租界内售印花票电

顷，马使照会云：贵大臣于本大臣所拟第十一款坚欲加添两节，若一添入，则于各洋场必生枝节，而英政府所以议此新约者，实欲将两国人民所生枝节妥为调停，是以贵

① 原刊目录标为“二十一日”。

大臣所欲加入之事不能答应，惟有将通商口岸利权之一条全行抽出。今所以如此举动者，贵大臣须知，敝政府仍留回按现在条约载有各项通商口岸之权利等语。因复往与马力争。彼云：第二、三节，无论如何，万不能允。以我谓，如去二、三节，则第一节亦不能允，是以电劝英政府全删，当又照鄂电，劝其将此节更改，声明印花、地契等税，并筹收税善法，并不派差役至界内骚扰。彼仍不允，谓彼非禁我不捐〔抽〕华民印花税，但我能有权力在租界内抽收，即不入约亦可照办，我若无权力在租界内抽收，即入约亦属具文。以彼观之，只要我于审断案件凡契据等项有不粘印花税者予以重罚，则华人自必购买印票为据。复驳以我即照此办理，设有藉英人之名抗征，我仍无法制之，是以必欲入约。马云：此应自量权力如何，入约万做不到。说到极处，只得直告以若不允入约，两帅必不肯电奏，全约将成，弃于一旦，彼此可惜。彼见我辞意决绝，始允将第三节酌改，第二节仍须全删。因细译鄂电三节，虽均著重，而第一节界限尤为急务。其第二节，马使既不肯留，好在第八款第十二节新开口岸已载有此节，将来自可援引照办，不如趁此收帆，遂允其酌改如下：英国国家不阻挠中国在租界内经由中国所设之邮政局售卖内地财政印花票，惟不得派差役在租界内收税，但此款不得妨碍中国在租界内现行征抽地税之办法云。盖邮政局系归税司经理，故彼允其售卖印花票。至地契，包括在印花税之内。若系华人托名洋商代理在领事署挂号，请给地契，即不能收印花税，是以彼不允声明地契字样。其所云不妨碍征抽地税之办法者，是指向来应收地丁钱粮而言。议定后并订明：彼此发电请示，如允则须两节均允，如删则须两节均删。磋磨至此，实已不遗余力矣！尚祈两帅酌定，将宁个电奏稿照改径发，一面电复示遵。

七月二十二日

吕海寰盛宣怀致外部口岸事留第一节不如全删电

宁鄂电悉。口岸，马使更议原止欲去第二、三节，留第一节。按第一节现定办法，较马使原索城口利权似觉浑含，勘界时当可商酌，虽不致执此扩充租界，然推广口岸之意实属难免，即如江宁、广州城外无可推广，仍恐不能禁其入城，所以非有第二、三节不足补救。今第三节征收各项税捐改为专指印花税，昨已索议不允。盖彼非不任我自抽印花税，而不允入约助我抽收，我即无权在租界内征取。一有抗征，工部局即出而保护。宁电谓，彼不应又阻抽于华商，非马欲删此节本意也。是我允留第一节，正合马之初志。即使再与切商留第二节，能否照允，尚未可必，然必须统筹损益。如只允第一节，或允第一、二节，应留与否，酌定迅示，以便再与马商。惟管见，与其留此一节，仍不免有损，似不如全删之为愈。请裁之。

七月二十三日

外部致张之洞比使称汉口比租界拟迁居希酌商电

汉口比租界，贾署使照催，并称：借住他国界内，诸多不便，拟即造屋迁居。意甚觖望，贾回京在即，希酌商。

七月二十三日

外部致刘坤一张之洞马凯所言系我内政与彼无涉奉旨驳诘电

四衔效电已进呈，奉旨饬令寄电驳诘。所陈一节，系我内政，何以任听马凯照会即请明降谕旨？此事与彼何涉？何以要求及此？且商约尚未全定，此时何能先行降旨。上意责成尊处详慎妥酌，再行电复。

七月二十三日

张之洞致刘坤一盛宣怀磋磨英约实已不遗余力请转圜电

英约磋磨至此，实已不遗余力。平心而论，此约于中国利权、治权极力护持，虽无格外收回，尚无凭空白送，较历来条约得体多矣！虽口岸一款洋人遵华章、租界收华税两节，硬被马使翻悔，失此已收之治权、利权，不免愤恨。但退一步想，此两节乃战胜之约方可争得者，今以战败之约争得之，我辈实无此好运气。若再迁延，局面忽变，恐须退三四步想矣！枢部见萨使口气较松，误为所给。闻洋人密言，马与萨最不协，故马所议约，萨不为助，萨意正冀此约作废，归彼重议。然使此约由萨主议，恐要挟必甚于马，更动多端。盖马系久居印度，人尚朴实，不惟未来过中国，且并未常驻伦敦，故于在华洋人之骄横、中国之贫弱全然不知，但以公理商订。在鄂与议增订税厘有益之事，及我索而彼允者，皆系一商即允决于俄顷，多者两三刻，少者十数语。若头绪繁多，待次日再详议者，彼回汉口，与众洋人商量一夜，则昨日已允之成色今日必减削数分，甚至全然不允。今回沪一月，无数狡猾洋人煽之，胁之，各国诱之，岂有多与我便宜之理？然部意总觉议得不好，专在驳拒，专在不忙。鄙人人微言轻，岂敢辩论？迁延一月，变故难知，兹观枢养电意，三数日内恐难遽定，万分焦急。为今之计，惟有请岘帅、杏翁各自密电枢府，沥陈利害，迅速转圜；一面请旨，饬外部电传，将马使量加褒奖，慰留旬日，大意言期于两国有益等语；再由两星使代达江、鄂意，婉劝马使，再展两礼拜行期。鄙见如此，不知是否？

七月二十三日

外部致魏光焘临安锡厂系民间已开旧矿希驳阻电

个电悉。已由本部照会法使，电饬方领事商办，俟接到后再达。另告锡矿事，并悉。查临安锡厂，前接四日电，即经本部以矿章第七款载明，中国官民现仍开办原有利益，各矿产公司概不开办侵占。临安个旧锡厂系民间已开之矿，公司自不能侵占，章程内无须另拟等因，电复在案。且第一款载有公司寻出字样，与民间已开旧厂自不能相混。至各项新矿，中国官民仍随处可采，则旧矿更不能为其所占。倘将来任意索办，尽可照章驳阻。

七月二十四日

外部致盛宣怀德使称广九电线动辄拆断希设法电

德使来，称：以广州至九龙电线动辄拆断，各洋行禀请电局妥修，置之不理，请迅速设法，以免从前各国在上海设线之事再见于粤省等因。希迅速设法，俾免外人干预，致损利权。

七月二十五日

吕海寰盛宣怀致外部拨补厘金马使请附入约内电

查拨补厘金，本系内政。因马使奉英廷训条，闻各国虑裁厘后各省无款，仍难免厘，故请明降谕旨，附入约后，以安洋商之心。至如何拨补，并不干预。且云：此件必须附入约内，以便明日画押。此件一刻不到，此约一刻不能画等语。应请飞速电示。

七月二十六日

刘张吕盛致外部与马使议定全约请迅核准画押电

马凯原索商约二十四款，无非损我权利。动以和议大纲十一款载明中国已允以商改利益为要挟，当经坤一等于未开议前往返电商，皆以加税免厘一事为主脑，复窥破马使用意侧重在损厘而不加税。磋磨八阅月之久，聚议六十余次之多，舌敝唇焦，始克就范。中间复以在沪议不能决及议而未成者，海、宣邀同马凯，偕赴江、鄂，共筹抵制，坚持力辩，务期取益防损，不至吃亏。

先后驳拒不议未允入约者七款：曰洋盐进口，曰内地侨居贸易，曰邮政电报，曰设海上律例，曰整顿上海新衙门，曰口岸免厘界限，曰货物同在一河免复进口税。议定后而又删除者一款：曰通商口岸利权归入加税免厘款内。并议藉为抵制者五款：曰新开口岸，曰减出口税，曰三联单，曰子口单，曰常关归新关管理。商允改妥者十一款：曰存票，曰国币，曰广东民船与轮船纳税一律，曰华洋合股，曰整顿川江、珠江，曰推广关栈，曰保护牌号，曰加税免厘，曰矿务章程，曰内港行轮，曰谷米禁令。此就马凯原送款目而分别准驳、删改、归并者也。坤一等复向马凯索议彼允入约者三款：曰治外法权，曰筹议教案，曰禁吗啡鸦，皆我补救国计民生要图。幸就范围，实有裨益。马凯于定议后复补请入约者两款：曰修改税则年限，曰约文以英为凭。核系查照旧约办理，为约中应有之义。共计十六款。

总之，战后立约，彼要求多端，万不能一无所允，然允则于彼有益，即于我有损，不得不权其轻重，设法挽回。综核全约利益，彼此尚得其平。本拟专折具奏请旨，因马凯急欲回国，坤一等电留不允，并闻英商多以此约于英无多利益意图谋阻，非趁其在沪画押，恐伊一行，全约或有更变，则前功尽弃。惟有仰求迅赐核准，先行画押，一面将汉、洋文约本专折进呈。请代奏。

七月二十六日

外部致吕盛中国土货抽足七五不与进口税相涉电

顷，接江督敬电言：税则奏稿专指进口洋货，而册内杂有土货出口数十种，难保无将来援作比例暗减出口税之计，应趁未定约之先照会马使，声明中国土货应抽足七五，必由各省确查，切商户部妥定，不与此次进口税则相涉，方免后患等语，速即查核办理。又行轮款内邮政一节，可删去。

七月二十六日

旨着吕海寰盛宣怀将议定商约就近画押电

旨：昨据刘坤一、张之洞等电奏，与英国使臣马凯议定商务全约等语。既据该督等会奏称，屡经妥酌定议，即着吕海寰、盛宣怀就近画押，仍将各条与刘坤一、张之洞悉心详核办理，一切务臻妥善。倘有后患，惟该督等是问！

七月二十六日

刘张吕盛致枢垣陈增改中英商约条款情形电

再，前经坤一等奏准第八款加税免厘案内之第二节，以所载进口加税似专指海关，而陆路边关未经声明，将来恐致误会，因于此节末增入一节曰：凡经陆路边界运入中国十八省及东三省之货，与从海道运入中国之货一律征收此项加税等语，较为切实证据。第七节，丝斤一项，原定为蚕茧、蚕种过内地第一常关免予征税，马凯初以为丝斤过常关亦免，复经切商详晰，更正曰：至于丝斤一项，无论手缫或机器缫，所征出口本税之总数，不得逾估价切实值百抽五之数。此税并可在丝斤所过之第一内地常关征抽一半，惟须按照第三节所载办法给以单据，该单据即可抵纳出口正税一半之数，若蚕茧经过常关则免抽各项之税，其在中国内销不出洋之丝斤仍按第八节须纳销场税等语。又第十节，马凯谓：接英政府电，属请增叙该员等须实力监察，如有不合例之需索留难，一经监察之员禀报，该省督抚即行将弊端除去等语。又第十一节，马凯亦云：英政府请声明，查办之员如多一半查出实情，即由就近海关拨款赔还；并加入英国驻京大臣如得有凭据，致信该关苟有不合例之需索或留难情事，应得照请中国查察，一次〔体〕公同斟酌。彼意重在防弊，尚无出入，自应照准。又第十二节，原定约文英国国家若不允照此款全款各节句，马凯云：是当日议而未定，恐英国不允，故如此声叙。今英廷已允此款，若仍照此声叙，殊不合体裁，应改为此第八款若不施行八字，较为妥洽。所论甚是，亦应照改。此外，如第十四款米谷禁令，在英使以照约准其运往别口，是我已无权禁运，而每遇岁歉禁米出口，英商辄有辩争，不得不与明订办法，藉挽回禁运之权，以免后论。前经海寰、宣怀奏陈在案。兹复与之磋商，将出示一月后起禁期限减为二十一日，以顾民食。除已将核定全约汉文另电陈奏外，谨将增改条款缘由附电陈明。请代奏。

七月二十七日

吕海寰盛宣怀致外部吗啡鸦流毒甚重请商马使入约永禁电

近有吗啡鸦一物进口日多，流毒甚重，华民每用针砭以抵烟瘾者。香帅谓，此物宜加重抽税，除税则内已定每重一两完税三两外，此系鸦片所炼之精，其毒尤甚，若不禁止，恐流毒更不可止。海、宣屡恳马使入约永禁，马允电英，久不得复。据称，　、因业此者利最厚，故不易允；二、因西医药料中所必需，恐无法禁绝，以致屡议屡辍。今始拟条款如下：第一节，兹大英国允愿禁止吗啡鸦贩运来华，惟中国亦须应允，凡有各医院及英国大小药房所需用之吗啡鸦，照领有牌照之英国医生额外准单，及按税则完纳入口税，乃许进口发卖，而所发卖者须系细小数目，又须领有牌照之西医给以凭单，始可售卖。第二节，上节所言之额外准单给与贩运入口之商人，须在英国领事署立一保单，允照此约所定之法，乃得领给此项额外准单。如贩运之人犯有违背保单者，经英领事审讯，查得实有违背保单者，不得再领贩运入口准单。第三节，此项须俟各有约之国允准，方可照行。但吗啡鸦于此例未奉行之先已经落船者，可仍准运行。第四节，中国允认，自行立法禁止在中国制炼吗啡鸦。以上马使已允照电催英廷，一俟照允，即可入约。如口岸准删，即作第十一款；如口岸英仍愿照旧，即列作第十五款。以次下推，共十八款云。

七月二十七日

外部致奎俊法商承办巴万油矿如不足另择他处电

法使照称：法商承办巴万油矿，如将来勘明不足开采，除英公司指定油矿两处不得前往勘办外，准法商另择他处，并请将合同早日奏准等语。其言尚属平允。倘将来择地抵换，与英矿不致牵涉，仍希查照本部六月感电撮要电奏。

七月二十八日

鄂督张之洞致外部内港邮政一条暂不入约电

赫德所索内港邮政一条，其意在不取资不接递非邮政局信件，而尤防有兵事之时，各国传递密信，泄漏消息。昨因马使未允概不接收非邮政局之信，故鄂电以内地无外国邮局，只有民间信局，劝其不必拘泥，不过设词拒之，欲其允我概不接收耳！今马拟续稿仍须取资，并欲载明准带领事及本行信箱，则利权、政权概不能藉以收回，只有明许接带领事及本行信件明文，为从来各约所无，是赫德本意全失，更添流弊。愚见不如将此条全删，留为他日专议邮政另商地步。盖无明准之约，将来尚可设法挽救。如约内载明许其接带，将来倘欲收回全国邮政之权，彼必以此约为证，后人亦必归咎于立约之人矣！但此条原系赫德所索，应请饬赫德迅核，或将约稿酌改，或竟删去此条，暂不添入，以留为将来妥筹之地。请钧部核定示复。

七月二十八日

吕海寰盛宣怀致外部马使请担保方允明日画押电

旨：各国新订商约加税、业经定议二语，马使云：英不代各国担此责，恐各国亦有词。答以各字或系电传英字之误。顷，又再四与马商允，如我即将效电会奏，拨抵税厘之件尽明日有批旨，或着照所请办法，或依议字样，照会马使，即可画押。上谕已允不刊入约本，钞在宥旨，未提前奏，两不相妨。不刊上谕，似更得体。马必要海、宣担保，方允展至明日画押。请速复。

七月二十八日

吕海寰盛宣怀致外部局卡俟各国定议方能裁撤电

会奏条约第八款第十五节内载：按英国在于此款所许各节办理，须俟各国允许照办，始可将此款举行等语。顷奉电旨，内开：现与各国新订商约，加收洋货进口、土货出口等税，业经定议，着即将各省局卡一律裁撤等因。各国二字，是否英国二字之误？照原议，各省局卡，须俟各国定议加税，方能裁撤。现仅英国一约订定，各国尚未定议，局卡势难先撤，此系妥当办法。如以为当，此电旨可否免宣？并拟与马凯熟商，暂不刷印入约。乞代奏，速示。

七月二十八日

鄂督张之洞致外部英约口岸事应三节联为一气电

口岸原议三节，本是互相为用。第二节沿口岸之洋人使受我管束，第三节沿租界内之华人使完我税捐，加以第一节，就地方情形定口岸界限，使洋人不能任意侵占，三节并行，即可永杜内地杂居之奢望。其保持治权、利权，均有裨益。硬被马使翻悔，自以得彼不再索议口岸一语为结束，乃马使照会此语不提，但言仍留细酌。现在条约载有各项通商口岸之利权一语，其意盖谓不经官定，我仍可照旧私占，计亦良便耳！然英虽此时不议口岸，安知日后不借别故要索？且他国必仍索议口岸，似宜以一照会速复马使，略言：口岸款早经议定，本不容翻悔食言，兹因曲体贵大臣为难之处，允将此款全删，但日后如欲再议口岸，必仍照此次所订三节成议，联为一气。凡在口岸内之洋人须守我巡捕局、工程局之各项章程，在租界内之华人须纳我国家及地方之各项税捐，方可将口岸界址派员勘定，请查照备案等语。马复与不复，均可听之。此外，不论何日，但有议及口岸者，均抱定此款三节联为一气之宗旨，允则议，否则罢，万不容稍有变通。现虽奉旨画押，仍责成江、鄂悉心详核，并防后患。此照会即慎防后患之意也。

七月二十八日

吕海寰盛宣怀致外部进出口税则若照会马使声明是以征收权授之外人电

奉部电，以进口税则杂有出口土货，命照会马使声明。查进口洋货税则只估价值百抽五，将来出口土货税则只能估价值百抽五，为征收正税底本，必须各国允行加税，则进口货照此税则再加收七五，出口货照此税则再加收二五，并非此时即能进口税则定为值百抽十二五，出口税则定为值百抽七五也。至出口税则，本从前所有，此次约内虽允我重新整顿，如载明只能估足值百抽五，并不能率意估定。即使进出口货各色相混，而估价则无所轻重，更何虑其迁就？若与照会声明，是以我征收固有之权授之外人矣！

七月二十八日

吕海寰盛宣怀致外部马凯以加税拨款字义不足不肯画押电

七月二十六日明降谕旨，译交马凯阅后，以加税拨款字义不足，不肯画押。询其何故，彼云：如不准挪作别项之用，及将此款抵押新借洋债，亦不得归于海关正税，均未提及，难解各国洋商之疑，坚持不允。告以上谕断不能增减一字，亦不能再请。马谓：不改不能允加税一条。再四计议，始允于七月十九日会奏一件，请批着照所请办理六字，由议约大臣将奉批日期照会，方允画押。马凯停轮以待，请速代奏。

七月二十八日

外部致许应骙部改矿务合同若置不问未便照准电

矿务合同，经本部咨行驳改，辄称，已据报明开办，技师捐款亦已照缴，显系局员未候部复与技师擅行定议。此事关系甚重，本部咨改各节具有深意，今一概置之不问，本部未便照准。

七月二十九日

外部致盛宣怀俄使复催恰线定约希速商定议电

俄使复催恰线定约，并云：奉省撤兵期近，必须该约早定，以便将东省电线续行交还等语。希饬妥速商明东、北两公司定议。明知近日商约事烦，未暇议及，但俄使意在牵制，亟应早为了结，以免藉口。

七月二十九日

江督刘坤一致外部伍使询去年各国索款有无开列金款电

伍使电询：去年各国索款，有无开列金款照会全权之案？乞电示，以便电复。

七月三十日

吕海寰盛宣怀致外部内港行轮马凯催议甚急电

古纳接京使电：内港行轮，美约虽有此条，不以为重，但美国不可先允，致得罪于英云。昨与德领事面谈，洋旗行轮内地，实多不便。彼亦允我送节略即电德使，大约德国亦不以为重，但德约尚未开办，未便先允此条云。岘帅虑开内地合股之渐，而英、日亦未必允洋旗轮船不入内地，因合股则合用华旗也。江、鄂催电，尚未见示实在办法。而马凯催促甚急，务求江、鄂派员来沪会商，或会电海、宣，持与马凯再议，因马已知责成江、鄂，非得江、鄂主意，难与辩论也。

七月三十日

刘张吕盛电奏会议增改中英通商条约全款文　附条款

大清国大皇帝，大英国兼五印度大皇帝，因曾于光绪二十七年七月二十七日会定议和条约之第十一款，内开：大清国国家允，定将通商行船各条约内诸国视为应行商改之处，及有关通商各他事宜，均行议商，以期妥善简易等因，兹分别修改商定，是以大清国大皇帝特派钦差办理商约大臣吕海寰、盛宣怀，大英国大皇帝特派钦差办理商约全权大臣马凯，各将所奉全权大臣之谕互校，俱属妥当，现将会议修增各款开列于左：

第一款　向来发给存票曾有延搁，推原其故，系由此等存票由监督经理，而监督又与海关相隔遥远。现议定：此后所有存票悉归海关发给，自商人禀请之日起，如查系应领者于二十一日之内发给，此等存票可用以抵出入口货税，惟不得用以抵纳子口半税。至洋货入口后，三年之内，再运出外洋，其存票可由该货入口纳税之海关银号领取现银，不得减扣。倘请发存票之人欲图混骗，一经海关查出，须罚银，照其所图骗之数不得逾五倍，或将其货入官。

第二款　中国允愿设法立定国家一律之国币，即以此定为合例之国币，将来中、英两国人民应在中国境内遵用，以完纳各项税课及付一切用款。

第三款　中国允许，凡民船载货由香港往来广东省内各通商口岸，所纳之税，连厘金合算，不得少于海关征收轮船所载相同货物之税数。

第四款　中国人民曾已出巨资购买他国公司之股票，虽众人悉知，究竟华民如此购买股票是否合例之处，尚未明定，故中国现将华民或已购买或将来购买他国公司股票均须认为合例。凡同一公司愿入股购票者，各有本分当守，自宜彼此一律，不得稍有歧异。中国又允，遇有华民购买公司股分者，应将该人民购买股分之举即作为已允遵守该公司订定章程，并愿按英国公堂解释该章程办法之据。倘不遵办，致被公司控告，中国公堂应即饬令买股分之华民遵守该章程，当与英国公堂饬令买股分之英民相等无异，不得另有苛求。英国允，英民如购中国公司股票，其当守本分，与华民之有股分者相同。并订明以上所开各节，凡曾经呈控公堂而已经不予准理之案，与是款无涉。

第五款　中国允于两年内除去广东珠江人工所造阻碍行船之件，又允准将广州口岸泊船处整顿，以便船只装载货物。既整顿之后，允为设法随时护持。其工程归海关办理，而经费由华、英两国商人照卸装货物抽捐充用。至应抽若干，该商等与海关议定。

中国本知宜昌至重庆一带水道宜加整顿，以便轮船行驶，又深知整顿工费浩大，且关系四川、两湖地方百姓，所以彼此订立：未能整顿以前，应准轮船业主听候海关核准后，自行出资安设拖拉过滩利便之件。其所安设利便之件，无论民船、轮船，均可任便听用，仍须遵照海关议定章程办理。但所设之件不得阻碍水道，或阻碍民船畅行。其标示记号之台塔及指示水槽之标记，由海关酌度何时何地相宜备设。将来如有可行条陈整顿水道及利于行船而无害于地方百姓且不费国家之款，中国应和平酌核。

第六款　中国允准在通商口岸多设关栈，以便屯积洋货，及拆包改装等事，俟出栈时，始完税课。凡英国官员请将某英商之栈改为关栈，应由该口海关查明，实系谨慎坚固，保无偷漏税项之虞，始准所请。该栈须遵海关订定关栈专章，输纳规费。至此项规费应纳若干，按栈离关远近、屯何货物并工作早晚酌情核定，惟所定之章应实于税务、商情两有裨益。

第七款　英国本有保护华商贸易牌号，以防英国人民违犯、迹近假冒之弊，中国现亦允准保护英商贸易牌号，以防中国人民违犯、迹近假冒之弊。由南、北洋大臣在各管辖境内设立牌号注册局所一处，派海关管理其事。各商到局输纳秉公规费，即将贸易牌号呈明驻〔注〕册，不得借给他人使用，致生假冒等弊。

第八款　中国认悉，在出产处，于转运时，及在运输处，纷纷征抽货厘以及别项货捐，难免阻碍货物不能流通，势必伤害贸易之利，是以允愿，除第八节所载之销场税外，尽裁此项筹饷之法。英国允许英商运进之洋货及运出之土货，除照当时税则应纳正税外，加完一税，以为补偿。

中、英两国彼此订明：所有厘卡及征抽行货他捐各关卡局所，裁撤后，不得改名，或藉词将此项关卡复行设立。进口洋货所加抽之税，不得过于中国与各国光绪二十七年七月二十五日，即西历一千九百零一年九月七号签押之和议条约所定之进口正税一倍半之数。此项进口正税及添加之税一经完清，其洋货无论在华商或在洋商手，亦无论原件或分装，均得全免重征各项税捐以及查验或留难情事。至出口土货所纳税之总数，不得逾值百抽七五之数。

中、英两国心存以上所言之宗旨，故允愿办法如下：

第一节，中国允将十八省及东三省陆路、铁路及水道向设各厘卡及抽类似厘捐之关卡概予撤裁，于约款照行之时不得复设。惟在沿江、沿海通商口岸并内地之水道、陆路或边界现有各常关，不在此列。

第二节，英国允愿洋货于进口时，除按光绪二十七年所订和约内载进口货税增至切实值百抽五外，再加一额外税，照和约所定之税加一倍半之数，以抵裁撤厘金、子口税及洋货各项税捐，并酬此款所载各项整顿之事，惟不得有碍第三节常关、第五节土药、第六节盐斤、第八节各项土货抽收销场税之权。

凡经陆路边界运入中国十八省及东三省之货，与从海道运入中国之货，一律征收此项加税。

第三节，现在所有之常关，无论在通商口岸沿海、沿江及内地水道、陆路与边界，凡载在户部、工部《则例》《大清会典》者，均可仍旧存留。惟须开列清单，注明地址，照送存查。其有海关而无常关及沿海、沿边非通商口岸之各处，均可添设常关。将来如新开通商口岸应设海关者，常关亦可一并安设。至内地旧有各常关地址，或有应由某处移至某处，以合贸易情形，可随时酌改，照会英国国家，更正清单，但不得逾旧有额数。

凡民、帆各船出入通商口岸，装载之货所纳税项，不得少于轮船装载同类之货所纳进口正税以及加税之总数。土货在于内地由此处运彼处，自产处起运到内地第一常关，应照海关税则征收第七节所载之出口加税，给予凭单，载明货色、件数、斤两及指运之处并所征税数。自完讷〔纳〕加税之日起，限期至少一年，持此单据，无论经内地何关，均不得再征税项及查验留难阻滞。该土货若运至通商口岸租界以外之处销售，即应纳第八节所载之销场税，如运至通商口岸转贩出口，该口税关应将单据验明，准抵应加之出口税。

凡民船、民艇及车辆，除应抽公道轻捐定为每年若干，按时征收外，不得再另有抽捐，惟现在所抽船钞、船料不在此列。

第四节，洋药现在并抽之税厘，仍照现行各约章所载办理，以后应将该厘金作为加税。

第五节，英国本无意干预中国征抽土药税项之权，惟须声明：征收此项土药税项之办法，不得于他项货物稍有耽延留难，亦不得藉词征收别项捐费。中国可在各省水陆边界要隘仍留旧设之土药税所，凡所有应征各种税捐在于该所作一次交纳，即算在该省之内应纳各项税捐均已完清，且每件粘贴印花，以为完税之据。各该局所可觅用巡勇、警察，以防偷漏，惟不得设有卡栏或别项阻碍之具。至此项土药局所警察、巡勇，不得于他项货物有所耽延留难，亦不得藉词征收别货税项，并须将所留各局所地址即行开单，照送存查。

第六节，盐厘名目须改为盐税，可按现征之厘金数目及别项征捐加入课税之内。此项税课或在产盐地方抽收，或在销盐省分进境后第一局抽收。并可任便设立各项盐报验公所，凡船只按照盐引运载盐者，须在该公所停船候验，盖戳放行。但不得征收厘金或过路货捐，亦不得建筑各项卡栏阻碍之具。

第七节，中国可以将现在出口税则从新修改，以值百切实抽五之例为准，凡能改者，即当定为各该货色应完税银几何。惟必欲加抽，须先六个月预行通知，方可。现行税则有逾估价值百抽五之数者，亦须裁减无逾。又因裁撤厘金及各项货捐之故，所有土货贩运出洋，或由通商此口转运通商彼口，除出口正税外，可于出口时加收出口正税之一半，以为抵补。至于丝斤一项，无论手缫或机缫，所征出口正税之总数不得逾估价按色值百抽五之数。此税并可在丝斤所过之第一内地常关征抽一半，惟须按照第三节所载办法给以单据，该单据即可抵纳出口正税一半之数。若蚕茧经过常关，则须免抽各项之税。其在中国内销不出洋之丝斤，仍按第八节须纳销场税。

第八节，中国既裁撤厘捐以及向有内地征抽洋货及出洋土货别项货捐，实于进款大有所失，今进口洋货、出洋土货及由此口至彼口往来土货所加之税，冀可酌补。惟内地土货厘金进款之所失，仍须设法筹补。是以彼此订明：中国可任便向不出洋之土货征抽一销场税，但只可于销售之处征抽，不得于货物运转之时征抽。中国承认征抽此项销场税之办法，不得稍于运来之洋货或运往外洋之土货有所防〔妨〕碍。凡货物既属洋货，一经海关验放之后，即须免一切税课及留难阻滞之事。凡洋货与土货相类者，完纳进口正税及所加之税后，该口海关若据货主请领，即应逐包发给该货已经完清各该税项之凭单，免致在内地有争执之虞。凡民船运至通商口岸之土货，将在本地销售者，无论货主是何国之人，只应报明常关，以便征抽销场税。

此项销场税数之多寡，可任由中国自定。视货物种类斟酌，即视该货如系民生日用所必需者，则可减抽；若非民生日用所必需，及仅止富贵家所用贵重之物，则可加抽。

惟同类之货，无论民船、帆船或轮船装载者，均须一律征收。但此项销场税应按照第三节所载，不得在租界内征收。

第九节，凡洋商在中国通商口岸，或华商在中国各处，用机器纺成之棉纱及制成之棉布，须完一出厂税，其数系倍于光绪二十七年议和条约所载之进口正税。惟各该机器厂所用之棉花，若系外洋运来者，应将已完进口正税全数及进口加税三分之二发还所用者；若系土产棉花，须将已征之各税及销场税全数一并发还。凡以上所指华洋各商在中国用机器纺织之纱布，既完出厂税后，所有出口正税、出口加税、复进口半税以及销场税，概行豁免。此项出厂税须由海关征收。凡别项货物与洋货相同者，若洋商在通商口岸，或华商在中国各处，用机器造成者，亦须按照以上章程办法办理。惟湖北之汉阳大冶铁厂，及中国国家现有免税各厂，以及嗣后设立之制造局、船澳等厂，所出之物件，不在此款所言出厂税之列。

第十节，由每省督抚自行在海关人员中选定一人或数人，商明总税务司，由该督抚派充每省监察常关销场税、盐务、土药征收事宜。该员等须实力监察，如有不合例之需索留难，一经监察之员禀报，该省督抚即行将弊端除去。

第十一节，凡照此款有不合例之需索及留难情事，一经商人告发，即由中国派员一名，会同英国官员一名及海关人员一名，彼此职位相等，查办其事。如经一多半人员查出实有留难受亏确情，即由最近通商口岸海关在加税项下拨款赔还，舞弊之员应由该省大吏从严参办，开去其缺。倘查出实系被诬，原告商人应罚还查办一切费用。

英国驻华大臣如得有凭据，致信该关等有不合例之需索或留难情事，应得照请中国派员查察。

第十二节，中国允愿将下列各地开为通商口岸，与江宁、天津各条约所开之口岸无异，即湖南之长沙、四川之万县、安徽之安庆、广东之惠州及江门。

凡各国人在各该通商口岸居住者，须遵守该处工部局及巡捕章程，与居住各该处之华民无异。非得华官允准，不能在该通商口岸之界内自设工部局及巡捕。此第八款若不施行，则不得索开以上所列之处作为通商口岸。惟江门一处另载于十款内，不在此列。

第十三节，按下列第十四节所载明者，若能照办，则此款办法应自西历一千九百零四年正月初一日举行。届时将所有厘卡须尽行裁撤，凡约内禁止征收税项之人员亦均须辞差。

第十四节，凡在中国应享优待均沾之国，亦须与中国立约，允照英国所定英商完纳加增各税，并所许各项事宜，中国方能允照此条所载各节办理。

凡各国与中国或以前、或以后立定条约内有优待均沾之款者，亦须一律允立此约。又各国不得明要求中国、或暗要求中国给以政治利权，或给以独占之商务利权，以为允愿此条之基础，英国方能允照此条所载各节办理。

第十五节，倘各国与中国立定条约内有利益均沾之款者，若在西历一千九百零四年正月初一日以前，尚未允按英国在于此款所许各节办理，须俟各国允许照办，始可将此款举行。

第十六节，此款所载裁撤厘金及内地各项货捐，一经议定批准，即应明降谕旨，用誊黄布告于众，言明向有厘金全撤，向有厘卡全裁，至常关及内地各项货捐、货税，除按此款所载抽收外，余须尽行裁除。所降上谕亦须载明，如有背此约文词意之员，即责成该省大吏从严惩办，开去其缺。

第九款　中国因知振兴矿务于国有益，且应招徕外洋资本兴办矿业，故允自签押此约之日起，于一年内，自行将英国印度连他国现行矿务章程迅速认真考究，采择其中所有与中国相宜者，将中国现行之矿务章程从新改修妥定，以期一面于中国主权毫无妨碍，于中国利权有益无损；一面于招致外洋资财无碍；且比较诸国通行章程，于矿商亦不致有亏。凡于此项矿务新章颁行后始准开矿者，均须照新章办理。

第十款　兹因光绪二十四年所订中国内港行轮章程特在通商口岸注册之华洋各项轮船行驶贸易，又因是年六月、八月先后所订此项章程，间有未便，是以彼此订明，应将此章从新修改，附载此约。惟此章程应按照遵行，直至日后彼此允愿更改为止。

又彼此议定：将江门开为通商口岸，除光绪二十三年正月初三日中、英两国画押缅甸条约之专款所准英轮前往西江之停泊处所外，兹将广东省内之北小口、罗定口、都城作为暂行停泊上下客货之处，按照长江停泊章程办理，并将容奇、马宁、九江、古劳洼、永安、后沥、禄步、悦城、陆都、封川等十处作为上下搭客之处。

第十一款　英国兹允禁止莫啡鸦任便贩运来华。中国亦须应允，凡英国领有执照之医生，如运莫啡鸦进口，应在本国领事署内具立切结，实为自用，或为某医院专用；且遇有英国药铺，亦在本国领事署内出具切结，声明非有西国医生药单，不得出售；并云即有此项药单，亦谨以些须小数出售。至各该医生等如运莫啡鸦进口，应照税则纳税后，请领海关专单，方准起岸放行。倘不遵照所具切结办理，一经本国领事查出，以后不准再运。凡英人贩运莫啡鸦进口，有未领专单者，应将其货充公。惟须由有约各国应允照行，乃可举办。惟未举办以前，遇有莫啡鸦业已落船者，不在此例。中国亦允禁止中国铺户制炼莫啡鸦，以杜其患。

第十二款　中国深欲整顿本国律例，以期与各国律例改同一律。英国允愿尽力协助，以成此举。一俟查悉中国律例情形，及其审检办法，及一切相关事宜，皆臻妥善，英国即允放弃其治外法权。

第十三款　中国之意，教事必须详细商约，以免从前嫌衅滋事将来复萌。倘中国与各国派员会查此事，尽力妥筹办法，英国允愿派员会同查议，尽力筹策，以期民教永远相安。

第十四款　咸丰八年商定条约通商章程第五款内载：凡米谷等粮，英商欲运往中国通商别口，则照铜钱一律办理，出口时照依税则纳税等因。兹彼此应允，若在某处无论因何事故，如有饥荒之虞，中国若先于二十一日前出示，禁止米谷等粮由该处出口，各商自当遵办。倘船只为专租载运米谷而来，若在奉禁期前，或甫届禁期到埠，尚未装完已买定之米谷者，仍可准于禁期七日内一律装完出口。惟米谷禁期之内，应于示内声明，漕米、军米不在禁列，如运出口者，须先载明数目若干，但此项米谷虽在不禁之列，而应于海关册簿逐日登记进出若干。除此之外，其余他项谷米，一概不准转运出口。其禁止米谷以及禁内应运之漕米、军米数目并限满驰禁各告示，均须由该省巡抚自行出示。倘于既禁之后，如准无论何项米谷载运出口，则应视该禁业已废弛。若欲再行禁止，则须另行出示。自示之后，以四十二日为限，方可照办。至米谷等粮，仍不准运出外国。

第十五款　此次新定税则日后彼此两国若欲修改，以十年为限。期满，须于六个月之内先知照，酌量更改。若彼此未于期先声明修改，则税课仍照前章完纳，复俟十年再行改修，以后均照此限办理。嗣后中国若于他国所产或所造货物，如有给以税则利益之处，则英国所产或所造相同货物，无论由何人运来进口者，亦应一律均沾此项利益。彼此两国向定条约，若未经改定条约或废或改，则应仍旧遵守。

第十六款　此次商订条约汉、英各文详细校对，惟此后如有文词辩论之处，应以英文作为正义。

本约立定，由两国特派大臣，在中国江苏省之上海，将该约汉文、英文各二分先行画押盖印，恭候两国御笔批准，在于中国京城，一年限内，会晤互换，以昭信守。

光绪二十八年七月三十日。

清季外交史料卷一百六十二终

清季外交史料卷一百六十三

光绪二十八年八月

吕海寰盛宣怀致外部遵旨与马凯会同画押电

本日亥刻，已遵旨与马凯会同画押。除会江督、鄂督会奏外，谨先奉闻。

八月初一日

外部致盛宣怀据俄使言英约失利及恰克图电线请速办电

俄使昨来言：与英所定商约，常关、盐、土等税皆归海关洋员监察，及内地制造，均失中国自主权利，出厂税亦太轻，殊不合算。又言：东三省邮政当由中国人自办，不能派各国人。至恰克图电线，尚未了结，如盛大臣不为速办，六个月交还之期不能照行等语。奉旨知照，务即通筹妥酌，作速分别商办，勿生枝节。

八月初一日

鄂督张之洞致外部请趁俄人挑剔速议收回关税邮政电

枢东电悉。俄使所言约内允许口岸制造，乃日本约所许，此次并无许内地制造之事。出厂税力争始允抽十，似不为轻。口岸设洋厂，利归洋东者二，归土货华工者八，较之洋货全自外来，尚可稍塞漏卮。洋员监察常关、盐、土税，议定由督抚选派，不过杜绝苛扰、重征百货诸弊，以释英商之疑。洋员仅止查弊，抽收增减之权仍在华官。所言似均无足虑。惟用洋员虑失自主权一节，若专指监察之洋员，则未确。统论各海关税司，则不为无见。俄人既言及此，我正可藉此与赫德商，即以俄人挑剔为词。盖海关税司及帮办各国人皆用，独不用中国人，华人只充书手及贱役，总税司此举太不公平。自当订明兼用中国人，应令总税司选中国上等人至海关学习数年，即可胜任，以便将来参用。若我国势渐强，则海关洋人可渐减。盖俄最忌英，此乃绝好机会。趁俄人此次挑驳，望即速与赫德商，渐渐收回关税自主之权。事虽不能骤办，必须趁此安根。东三省邮政，俄不应阻我用外国人。江督所言，真灼见俄人肺腑。管见则谓，宜趁此与赫德议定，东三省及各省皆中外兼用，惟内地各省或暂由税司试办，将来仍归中国官办，则邮权不至旁落，而俄人亦无词矣！去年辽约藉英以阻俄，此次海关、邮政正可藉俄以驳赫。鹬蚌相持，中国之利，机不可失。遵旨通筹复陈。请代奏。

八月初一日

外部致刘坤一希转伍廷芳别无照会全权之案电

除约与保票所列金数外，别无照会全权之案。

八月初一日

滇督魏光焘致外部请照会法使不准开采个旧锡矿电

路章已蒙照会法使，惟章内增入锡字，殊多窒碍。个旧之锅〔锡〕，仰食者数万家，矿地绵延数百里。此开彼截，华民争讼，无日无之。上年弥乐石来，即有奸商以远年执契私献之，嗣议章力磋，不与开办锅〔锡〕矿，遂得隐弭其患。今忽增入，则华民之争讼理屈，投入洋人，甘为汉奸者不少。若不挽回，并于路章有害。倘尊处以奏准画押，万难挽回，务乞照会法使，转饬弥乐石，除临安个旧锅〔锡〕矿不准开采，其余各处锅〔锡〕矿准其勘指采办，并与法使将此条立一附章，将来可援以驳阻。

八月初一日

吕海寰盛宣怀致外部请告俄使订期交还京沽借线电

枢电谕悉。英定商约常关、盐、土等税皆归海关洋员监察。查此节言明：督抚自行在海关人员中选定一人或数人，由督抚派充监察，其权全在督抚。所以在海关选用者，取其熟悉而已。并不限定用何国人，亦可各国兼用。至英索内地制造，早驳。出厂税值百抽十，已算极多，为各国所无。论理，欲销地产生货，欲广工艺生计，欲抵进口洋货，均不宜立此厂税。俄尚嫌其太轻，殊不可解。东三省邮政，似可归电局代办。恰克图借线合同、庚子年与京沽代管线合同同订，京沽线原订乱平交还，今英允交而丹不允交，系属违约。应请外部速告俄使，即令丹公司订期交还该线，则恰线合同电局自必请外务部同日核准。

八月初二日

商约大臣盛宣怀致外部京沽电线请复俄使催大北照约办结电

京沽电线因大北、大东互求利益，迄未收回，华电局吃亏太巨，亟求了结，但不能不顾后来。顷，据大北函称，丹国总公司日内必有报到，再行定夺等语。恐其尚有商改处。大北贪得无厌，大东必欲效尤。现已照知大北，如再不交还，是违定约，则以前电约均应作废。大北闻此，稍觉和平。今俄既来催，即请贵部复俄使，请其速催大北公司，照约前来办结，敝处决不延搁。

八月初二日

江督刘坤一致外部俄人意欲搅乱英约请酌办电

此次英约八款，监察常关、盐、土等税洋员，订明由督抚选定，有事须报督抚，听候主持，该洋员不能别有干预。华商在内地制造，向所准行，此次仍未准洋商援照，均无所谓失主权。离厂税值百抽十，照外部原定章程办理。进出口土货抽七五，已多抽二五，为广销土货计，不宜再重。坤思俄商向无内地大宗贸易，税收轻重与彼无干。今兹所言，无非因英约八款二节，载有经陆路边界运入中国十八省及东三省之货一律征收加税之语，一经准用洋员监察，与彼向日阻我用他国人在东三省练兵、开矿宗旨大相径庭，意欲搅乱此约。观其所言，东省邮政不能派外国人，其情显而可见。盖彼果真关顾中国，则邮政亦关中国主权，应如何办理为妥，彼亦不应过问也。两星使拟归电局代办，似不妨从缓再定。恰克图电线事，此间全不接洽，似宜由外部与盛大臣主持酌办。

八月初二日

外部致魏光焘个旧锡厂未便与法使另立附章电

个旧锅〔锡〕厂，照矿章第七款，本不准侵占，原章因恐挂漏，是以不单提个旧一厂。本部四日电谓章程内无须另提，即准尊处漾电复允在案。原章与弥乐石订定，未便与法使另立附章。弥已回国，约冬间到滇，届时可由尊处与弥商明，照第七款，将个旧锅〔锡〕厂申明立案。至民间私售矿厂，亟应查禁，亦不准民间私售与外人，以杜轇轕。

八月初二日

外部奏议复晋抚岑春煊奏柳太铁路商改合同折

总理外务部庆亲王奕劻等奏，为遵旨议复事。

光绪二十八年五月十八日，山西巡抚岑春煊奏，柳太铁路宜亟兴办，合同尚须详细改订一折，奉朱批：外务部会同路矿大臣议奏。片并发。钦此。由军机处钞交到部。

查原奏内称：前抚臣胡聘之于芦汉干路既开，推原湖广督臣张之洞用晋铁之奏议，开太原枝路，以接正定干路，由商务局借洋款兴造。当经奏交总署核订合同，奉旨饬由晋省商务局绅与俄商璞科第画押，准借道胜银行二千五百万佛郎克，约合华银六百八十万两，兴修由正定柳林堡至太原铁路，中因拳教之变暂行停辍。现璞科第拟将二十四年奏订柳太合同改照芦汉合同底稿呈请核订，当饬司道等妥议。以璞科第拟改合同与芦汉、柳太两合同多有未符，事关重大，实未敢草率定拟。惟铁路要政，义无缓置。璞科第又催促开办，亦未便稍事稽延。应请饬下外务部、路矿大臣及督办芦汉铁路大臣盛宣怀，就原订柳太合同、芦汉合同，参照此次呈改合同，何条可行，何条可废，商明璞科第，另订合同，行知晋省，俾得迅速兴办。另片又称：该俄商既拟将合同照芦汉改订，则其笃信芦汉之约可知，柳太本芦汉支路，如饬令盛宣怀督办，则事归一律，补救必多各等语。

臣等正在核议间，适璞科第到署，催订合同。当将晋抚所奏各节，切实与商。璞科第愿将此段铁路作为芦汉分支，由道胜沪行总办就近与督办芦汉铁路大臣面议。即经臣部函达盛宣怀核办，去后，现据盛宣怀以正太拟归并芦汉，系属正办，已与沪行总办晤商等情电复前来。

臣等窃维晋省土产饶沃，尤以煤、铁为大宗，只因关山阨塞，运道多艰，若修铁路以便转输，于大局实有裨益。按照原订合同，该路起于正定府之柳林堡，其发轫始基即在芦汉车站相近之处，自应作为芦汉分支，俾得联络一气。俟将来西北土货贯注东南，不但晋省商民坐致懋迁之利，即芦汉干路兼收转运之资。揆之地势、商情，均为利便。相应请旨饬下盛宣怀，按照芦汉铁路办法，与俄商妥订详细合同，奏明办理。再，此折系外务部主稿，会同路矿大臣办理，合并声明。谨奏。

光绪二十八年八月初六日奉朱批：依议。

刘张吕盛致枢垣及外部会同马凯互对汉英约文画押盖印电

旨责成坤一、之洞妥酌，如果别无用意，确无流弊，即行传旨，着照所请等因。遵查马凯所请加税之款，意在不得抵原拨厘金五百万两以外之洋债赔款及挪作别用，恐各省再将货物收捐，此外似别无流弊。本订初二画押，讵初一晚马来告，以二十六日明降谕旨，英商尚有顾虑，并将我奏稿电告英政府，英以原奏未能明白，饬马凯照会，逐一诘问，并属我将电奏更为详叙。驳以已奉批旨之电奏，断难增减一字。马不答应，以奉英廷电谕，初请明索上谕，现只奉批旨，继请另改电奏，现只允照会，格外通融。而张德彝电：英外部谓，拟加之税务须明降谕旨，归督抚提用，否则不能画押等语，似英廷注意总虑税加而厘不能撤。海等详细审度，现改之照会，虽请全数拨还各省，而内叙各省向解北京及应还洋债，仍如数照拨。我复照会声明，照拨各项，即留存海关，听候拨解，将来户部如何指拨划抵，由我自主，彼亦无从过问。且现议赔款易金为银，正以我财力竭蹶为言，则加税声明只抵裁厘，不涉赔款，可见毫无盈余，藉可杜各国之口。似此办理，于我有益。且画押已延多日，洋报议论甚多。既恐英商阻挠，复恐各国枝节，以遂其不肯加税阴谋。设或变卦，谁执其咎？因即于初四亥刻会同马凯互对奉准画押之旨，将汉、英约文画押盖印，各执二分。除均照会电达枢部查照，并将约本会折呈奏外，请代奏。

八月初六日

外部致盛宣怀京沽电线事希饬各公司妥速办结电

电线事，前据东电照催俄使，现准复称：愿催大北交还京沽电线，英国亦当同日办结，并请批定恰线合同及一千八百九十二年中俄接线合同，核定展限等语。希饬各公司妥速办结。

八月初七日

刘张吕盛致外部与马凯照会系声明加税所得之项拨交各省办法电

马凯请将来往照会增附入约电陈。

查照来文如下：照得本大臣接准贵大臣送来奏章并所奉谕旨，所论加税收项如何拨用之处，本大臣知悉。此项加税不能用以抵押新借洋债，且不能用以抵押或担保中国前时之负欠，惟旧债内有一项曾以厘金若干数作抵押者，不在此例。又知新约第八款所加之税，系全数拨交各省，照各省报户部与各省所定之数目派给。其所得加税之项，仍妥拨解京，按向来厘金项下所应拨交之数照拨。此外，各省所得加收之税，其向来厘金项下应还抵押洋债之类，亦须如数照还。请贵大臣允许示复。将此照会附于约后。

复文如下：照得本大臣等接准贵大臣照会，所称加税所得之项拨交各省办法一节，与大臣等意见相同。但各省所应派拨之项若全数汇寄，再由各省拨解北京抵厘金项下向来所应解者，未免虚耗运费，是以由户部与各省商定所派拨各省应收之项，即留存海关听候各省抵解。所应解之项，由海关径解，其余听候各省拨用。至于一千八百九十八年所借洋款，有以厘金作抵押者，亦应照上办法如数拨还。为此照复云。

八月初八日

商约大臣盛宣怀致外部与大东大北商议交还京沽借线电

现与大东、大北公司商议借线合同，只候两国回电，便可定议，必须两公司同日画押，再请贵部同日核准，并须约定两国将京沽线同日交还，以免枝节。

八月初九日

吕海寰盛宣怀致外部日约迄无一款就绪亟应力筹抵制电

日本商约，已会议数次，迄无一款就绪，亟应力筹抵制。除将前向英使索议二十二款照备一分送交日使外，又将英约所定教案、治外法权、禁吗啡鸦三款请其照办。兹再拟备三款：一曰，因中国国家给予别国优例豁除各项利益，日本一律享受，日本国家允，凡中国人民贸易、工作来往日本，亦比照相待最优之国各项利益，一律享受。一曰，日本国家又允，凡中国货物及中国人民所运一切货物，其进出口税，悉照相待最优之国人民所运相同货物现时及日后协定税率，一律办理，不得加多于最优待之国，或另有苛索，致有歧异，以昭公允。一曰，中国人在中国犯罪或逃债潜往日本内地及船上，一经中国官照请，即当交出，应与光绪二十二年所订《中日通商行船条约》二十四款并行无异云。乞速核示。如有不当，请改妥，以便照送日使，争得一分是一分也。

八月十二日

江督刘坤一致外部请饬吕盛两使与日议约不可迁就电

两星使拟备向日本索之三款，第一、第三，自可照索；第二，《中日通商行船条约》各款未已载明，毋庸开送。总之，无论彼允不允，但英索而我未允者仍不能稍予迁就，即英索而已订入约者亦不得改动分毫。请饬两星使力持坚拒。

八月十三日

外部致盛宣怀葡索铁路不若订明由两国公司集股办理电

前索铁路，准六月支电，请照九龙办法。查葡非英比，无款可借，且系以此路酬答加税而仍议借款，葡坚不允，似不若订明，由两国公司集股办理。现议续增葡约其第三款，文曰：大清国应允大西洋国商民所设之中葡公司，以便安造由澳门至广东省城之铁路，其一切办法须另行议立专章办理等语。已属再四磋商。如照此入约，将来葡与尊处另订专章之时有无窒碍？希核复。

八月十四日

江督刘坤一致外部报各国对我浚河所持态度电

歌电悉。浚河有益商务，敝处亦极愿赞成。惟竣工须二十年，首以经费为重，如未筹定，虽先派人，仍不能办，办亦必至中止。访问沪上各西商，始终以本国无强令照捐之例延不肯缴。如果钦差有权能饬遵缴，则英廷何必特颁训条？英允特颁训条，可见各国非一律照颁，商人必不照捐，明甚！今自钧署照会后已阅半年，迄未能请各政府照办，可见前饬捐之语似属空言。窃思美国与我极其关切，浚河非一国之事，似不值代人出力。请婉复康使，仍属各使，转请本国，照颁训条，备文照会催案，敝处自即派人，决不推托也。

八月十四日

商约大臣盛宣怀致外部中俄接线展限合同俟借线合同议妥一并核准电

中俄接线展限合同第一、二、四款拟照办。惟第三条内所载，中俄两国专递来往电报之资应行同时减跌，并跌减细数应于一千九百三年伦敦公会之后订定一节，查中国电局尚未入万国电报公会，其跌减电资数目，应改为由中俄两国政府商定之后即行跌减，似较妥协。据商董会议禀复前来，一俟借线合同议妥，一并呈送，再请同日核准。乞先告知俄使。

八月十四日

吕海寰盛宣怀致外部日本向华商重敛拟在条约内补救电

拟索日本第二节，系因《中日通商行船条约》第九款单就日本一边说，即款末又凡货物一段，并未提明中国人民字样，亦仍在两可不明晰。前闻日本有待华商重敛情事，并不按照税则与欧美人一律征收，任意估价，诸多吃亏。且大宗如白糖、丝绸等货尤为偏重，殊欠公允。是以拟此一款，以资补救，可否开送？仍乞酌复。

八月十五日

江督刘坤一致外部华商在日纳税加多系违约请与辩论电

沪电悉。现在华商在日纳税加多，系属违约，尽可呈请驻使，向彼外部辩论申明，无须另添一款向彼索议，领此虚情，转被索偿利益。乞裁。

八月十八日

吕海寰盛宣怀致外部与美使会议系按旧约修改字句教会一款现亦商定电

美使会议三次，除第一款至二十七款系按旧约修改字句，第二十八款教会现亦商定。其文如下：一、耶苏〔稣〕、天主两种基督教宗旨原是劝人为善，所有安分主教等人均不得因奉教致受欺凌。凡遵照教规，无论华、美人民，毋得因此稍被骚扰。华民自愿奉基督教，毫无阻止。惟入教与未入教均系中国子民，自应一体遵守中国律例。凡入教者，或于未入教以前、入教以后，如有犯罪，不得因身已入教遂可免追究。凡华民应纳各项例定捐税，入教者亦不得免，惟征抽捐税为酬神赛会等举起见而与基督教相违背者，不得向入教之人征收。美国教士应不得干预中国官员治理华民之权，中国官员亦不得歧视入教、不入教者，须照律秉公办理。美国教士准在中国各处租赁或永租房屋地基，以为传教之用。俟地方官在载明该教会堂中公产字样地契上盖印后，自行建造合宜房屋，以行善事云。

八月十八日

外部致盛宣怀速议电线事勿因此致误交路之期电

元电悉。当经照会俄使，准复称：第三款字样已见原约，足征并无更改之据。现拟请本国训条，将盛大臣之语注意，并将此款改为，此跌减细数，应于伦敦公会后，由中俄两国商定等语。查贵处庚电，东、北两公司借线合同，有应候两国回电定议，又必须两公司同日画押，再请部同日核准，并须约定两国将京沽线同日交还各等语。现俄照约应于九月初交还关外铁路，俄使意在与电线事同日办结。希将线事迅速定议，切勿因此致误交路之期为要。

八月十八日

吕海寰盛宣怀致外部葡藉税则请造香澳铁路恐他国效尤不必入约电 二件

前奉七月初一日公函，即查明葡国商民已摊派赔款，先电复，并讽示，各国都不以葡藉税则要挟为然。顷，接美总领事古纳照会：接本国电，增改税则为和约已定之专条，现所修改之税则不遵照和约订定之事而行，本政府必不能许，未同画押之国因欲允定税则，另加异样之论议等语，并云即以转电康使数句。钟前葡使派其参赞阿梅达来晤，并称：葡使因大部告以商税须由沪议，故先派阿来试问部意。告以更改税则为和约所定，贵国因未签押，只肯守定旧税则，他国新税则便不能行。但中国应允赔款因各国应允改税，是赔款、改税二事均载和约，断难偏废。今贵国欲阻挠改税，恐各国不得赔款，难与贵国干休。阿不能答，但云：事必可调处，只求所索三端通融议办。告以此次和约不涉界务，第一、第二，政府万不能准；第三，铁路，葡既无款可借，断不能归葡代造，致启效尤。阿云：葡并不想代造，亦不想造到省城，但求造至香山，不到百里，将来尚能接造粤路，闻在澳商甚愿集股，可由中国自造。答以和约、商约均不能涉铁路，倘使铁路能有益于商务，总公司亦愿请于政府酌办，惟不应入约，只因铁路可在澳门设立车站，所以许与贵国订一合同。阿云：不入约，立合同，可照办。近日访察西人公论，可不必因税则一事与立专约，以免他国生心。彼索澳门对面山作通商口岸，或可列入修改商约之内。请电，备参酌。

八月十八日

葡所请第二款，铁路，已告葡参赞，铁路系敝处专责，澳门至香山不及百里，尽可订立合同，不必列入约款。葡参赞亦以为然。盖不入约，可归商办，事权在我。倘部电大清国允大西洋国云云，此路变成交涉，虽有专章，必多迁就，恐他国效尤。可否请大部坚持路事止订合同？即使允其再由香山展接有商务之城镇，皆无不可。

八月十八日

外部致增祺俄人交还奉省西南段奉旨接收电

俄人照约交还奉省西南段及营口，本部奏请派贵将军与俄巴提督会商接收事宜，奉旨：派增祺接收。钦此。先电达。

八月十九日

外部奏俄国交还关外铁路请派大员画押接收折

总理外务部庆亲王奕劻等奏，为俄国交还山海关—营口—新民厅铁路，请特派大员接收，并将交路章程缮单呈览事。

查中俄议定交收东三省条约内开：东三省俄国所驻各军陆续撤退，由签字画押后，限六个月，撤退盛京省西南段至辽河所驻俄国各官军，并将各铁路交还等语。臣等迭次催商俄使，将关外铁路如期交收。兹于本月十一日接准俄国使臣雷萨尔来函：请钦派全权大臣与该使将接收铁路章程画押，并请派大臣接收铁路等因前来。臣逐条酌核，将窒碍各节与该使商允删除。其所列军队往来、载运军实、邮寄信件等事，均与英国交路章程大致相同。臣等伏查，山海关外铁路被俄国兵占据已阅两年，所有修路、养路各费，照约应由中国酌偿，此次交收铁路一切点验物料、估计数目等事，在在均关紧要。谨照缮交路条款清单，恭呈御览。应请特派全权大臣，与俄国使臣将接收一切事宜预行商定画押，并请派大员前往，届期妥为接收。谨奏。

光绪二十八年八月十九日。

外部致袁世凯旨令接收关外铁路电

关外铁路，十九日奉旨：派袁世凯接收。钦此。

八月二十日

江督刘坤一致外部传教不准滥收各情请吕盛商改添入电

传教一事，前奉商两节：一、教士收人入教，必先查明其人平日安分，并未犯事涉讼，然后再收；一、租地每有盗卖侵占，最易使民教结怨，须查明无侵盗纠葛，方可租买，原为正本清源之计。今美约订有华民自愿奉教，毫无阻止之语，将来莠民投教滥收，势必劝阻为难，必至查有犯罪，始得藉本款下文不得因已入教免究之文归我惩办，而地方已生无数事端矣！似应商改，务期不至滥收较妥。至内地租地设堂传教，美国律约所无，今既订立款内，则办法亦应一并叙明，庶免别生枝节。如彼不愿照律约二十八款所载，无碍民居，不关方向，暨不许强租硬占等字添入，但与商允在本款末句以行善事下添与在通商口岸租地设立医院、礼拜堂办法无异十八字，以示浑括，亦可。此两节照理照约而行，并无勉强为难，乞两星使商改添入为幸。

八月二十日

署直督袁世凯致外部俄人迫增祺收路已往接收电

接增将军电称：驻奉俄员来告，邀祺于本月二十一日同赴山海关，接收关外铁路。当即回复，此路应归尊处接收。奈彼催促，刻不容缓，坚却反恐藉口，只得从权同往，乞速派人到关经理等因。俄人迫增收路，似与京议两歧。然俄肯先交，自应早接。已派杨道士琦明日赴榆，随同接收。

八月二十日

外部致吕盛葡以加税为要挟流弊甚大请详酌电

两谏电均悉。葡遣专使，本为推广界务，而以加税为要挟之具。原约第二款所载，预订略节〔节略〕内有属地字样，流弊甚大，势难派员勘界。该使因另索四条，除四方界线内任便工作及西江行船两条坚持未允外，设关一条，于中国不无裨益。至许筑铁路，名为酬报加税，实则抵制勘界。以加税而论，本部据来电力争。该使谓：原约第十二款载明，以咸丰八年税则为额，与巴西、秘鲁等国约载笼统之语不同。新约未立，旧约断难作废。本部仍以铁路无须入约向驳，该使以为中国仅许此项利益，若再剔出不叙，则约内几无可措之词。此议修葡约大略情形也。澳路毗连粤汉，将来另订合同，应请转属杏翁，商酌详办。

八月二十一日

吕海寰盛宣怀致外部已告葡使修改商约不能涉界务及铁路电

阿梅达昨来辞行，告以若为税则请立专约，不合例，各国亦有烦言。若修改商约，不能涉界务，亦不能涉铁路。阿云：甚是，但求铁路另订合同，修改商约当从英约为主，澳门对面一岛，请开通商埠，及设关捕盗，决不再言界务。答以修约事，未奉部示，惟铁路可允订合同云。如未定议，仍请将铁路改为合同，以免他国效尤。如入约，恐添枝节。葡虽狡，坚持似可就范。

八月二十二日

鄂督张之洞致外部日约应遵英约办理余款均次第斟酌电

查日约所索，如关税、河轮及一切事，凡英约所有者，自应均照英约办理。其第五款，添索口岸一条，如奉天、大东沟两处，鄙意宜急允其开为口岸，最为上策，藉各国商务为牵制他人、保护根本之计，必宜速行。其余以少开为妙。必不得已，江西或可许开一处，惟北京断不可行。第六款，口岸条，彼如欲议，似可即照英约议妥复翻之三节办理，缺一即不与议。第九款，度量权衡修改画一，最为好事，利国，利民，利商，惟不利吏胥、市侩耳！乃我内政必应整顿之举，断不可硬驳，为万国訾议。但行之必有其渐，或允其将各省有洋关、常关地方先行整顿。华洋交易纳税，酌定一画一之式，通国一时未能骤办者，只可以徐行整顿，善言谢之。保护版权一节，须商定年限。凡东人新出华文华语书图，许专利五年，禁人翻刻，满限即不复禁。除沿江、沿海外，如云贵、广西、四川、陕西、甘、晋、豫、东三省，即限内亦不应禁。若华人就东刻华文之书重加编订，有增减修改者，即不能禁。其华文中参有东文者，更不在应禁之例。查此条，数月以来，中国文人议论纷腾，多欲力驳，视为极重要之事。鄙意以为不能全驳，且亦不宜全驳，盖东人将各种有益中国学问之书译成华文华语，颇费心力，自应享此销书之利，方为公允。即中国著书、售书者，亦向有禀禁翻刻之章，于外人售书者，何独不然？此可藉以鼓舞东儒多出新书，有益我之学堂。但东人语气、文法，即用华文，于中国亦不尽恰合。一经华人将其书重编另刊，日本人即不应阻止矣！至我索款抵制，岘帅谓，只须将前次向英索而未允之数款向其索议，洵为要论。沪电拟备三节，第一节，华人在日本贸易、工作，照相待最优国利益一律享受，极好。第二节，华商纳日本进口税不得多于最优待之国云云，前条即可包括，似可于第一条贸易、工作之下加纳税二字，即可，并请加纳税二字，不必专作一条也。岘帅不欲开送第二节，其意殆不欲虚张条目，多作索款抵制之地，以免被〔彼〕空送人情，极是。第三款，索交犯条，如徒索寻常罪犯，各国亦皆允交，仍不必索。望与商明，如有干犯名义、有碍邦交、有妨中外商民身命、物业、平安之重犯，无论在日本，或在日本官民住所及船上，一经中国指出实据索交，日本允必交出。如此，则此条不为虚立耳！再，鄙人亦拟向日本索一条：凡日本人在中国开报馆者，及中国人与日本人合开报馆者，及在日本国刊印之报而流传散布入中国者，如该报中有捏造、诬蔑、悖逆、谤讪之谈，有碍邦交、惑民助匪者，日本允即行查禁、封闭，必不袒庇等语。查外国报律，此等报亦在所必禁。日本谊笃邦交，尤望切实允许，于邦交有益。此节甚要，正与版权相抵，请酌之。

八月二十三日

外部致刘张吕盛据京师大学堂称中国振兴教育暂不立版权电

闻现议美国商约有索取洋文版权一条，各国必将援请利益均沾。如此，则各国书籍中国译印种种为难。现在中国振兴教育，研究学问，势必广译东西书，方足以开通民智。论各国之有版权会，原系公例，但今日施之中国，殊属无谓。使我国多译几种西书，将来风气大开，则中外各种商务自当日进，西书亦立见畅行。不立版权，其益更大。似此，甫见开通，遽生阻滞。久之，将读西书者日见其少。各国虽定版权，究有何益？此事所关匪细，亟应设法维持，速电吕、盛二大臣，万勿允许，以塞天下之望。幸甚！

八月二十三日

外部奏俄国交还关外铁路条款画押事竣折

总理外务部庆亲王奕劻等奏，为俄国交还山海关外铁路条款，会同俄使画押事竣事。

查山海关—营口—新民厅铁路，前据俄国使臣雷萨尔来函，允即照约定期交还，并与臣等议定条款，于本月十九日奏明在案。当经臣等照会俄使，订期画押。兹于二十一日，臣等会同俄国使臣雷萨尔，将交收山海关外铁路条款汉、洋文合璧各一分，在外务部详细核对，画押盖印讫。一面知照督办铁路大臣袁世凯，按照条款，与俄员会商接收铁路事宜，以期妥速蒇事。谨奏。

光绪二十八年八月二十三日。

外部致张之洞奉省尚未归还勿允大东沟开口岸电

个电悉。奉天府大东沟允开口岸，诚为上策。惟奉省尚未归还，如遽定议，诚恐别生枝节。本部已将此意电达两星使，暂勿轻允。

八月二十四日

外部致吕海寰盛宣怀澳门对面岛请开商埠断不可允电

养电悉。葡使所商各节，已将界务删除。澳门对面岛请开商埠，粤省督抚及香山县百姓均不乐从。此条断不可允。本部现正与该使磋商。

八月二十四日

外部致盛宣怀正太铁路材料进口免税事希酌办电

效电悉。铁路材料进口免完税厘，票据概免捐税，既为芦汉、粤汉、津镇各章所准，正太路章恐未能独异。至虑有损关税、印花税一节，前据总税司呈，铁路材料进口纳税，各国均不照允，此次新订税章亦未列入。希酌办。

八月二十四日

吕海寰盛宣怀致外部与日本订约保护商牌版权条文电

日本第八款保护商牌、版权一事，彼言：牌号、版权，日本皆有律例专章，中国亦应定立章程。所有应收注册规费，应载入章程，不应列入约内。当照宁电添入，禁止日本人民受华人所雇出名改华商字号，冒充日本洋行一节，附于牌号之末。彼云：此为英约所无。告以假冒洋行，日人最多，以其价廉易赁。彼云：华人借英商出名者亦不少，且日本亦常有在别国而借别国之名者，但取其便而已，在所不禁。若日人借华名、华人借日名开行，实分别不清，但能论其所营各业有无违背约章，如不合例，可以申饬。又告以假冒洋行，有碍税捐。彼云：此咎在税捐之员。反复辩论，坚云：不能禁止。

版权一事，彼云：中国书本多刊有翻刻必究字样，即是版权办法。争论再四，东文原书，及东文由中国自译华文，及采择东文另行编辑删订之书，均不在版权之例。惟日本特为中国备用，从中国语文著作书籍及地图、海图在中国注册者，不准翻印。至年限，彼云：鄂拟五年太少，日本三十年，美十四年，请我参酌各国板〔版〕权年限，定一公道年分，列入章程。鄂电所云云贵等省限内亦不应禁，彼云：各国板〔版〕权无此办法。日本原有售卖版权事例，不能载入约内。又依宁电谓，声明有切于用而无违背中国礼法者，始允保护。与之力说，彼云：若违背礼法之书，彼国决不给予版权。挂号时，中国亦可不予注册。惟有用与否，则无定衡。若我以为无用而彼以为有用，徒启争竞，断难声叙。现拟将违背一层列入章程，彼云：章程可以从缓商订也。兹将款文商订如下：第一节，中国国家允定立章程，以中国人民冒用日本臣民所执挂号商牌有碍利益，所有章程必须切实照行。第二节，日本臣民特为中国人备用起见，以中国语文著作书籍以及地图、海图执有印书之权，亦允由中国国家妥定章程，一律保护，以免利益受亏。第三节，中国南、北洋大臣应在各管辖境内设立注册局所，归海关管理。凡外国商牌并印书之权请由中国国家保护者，须遵守将来中国所定之保护商牌及印书之版权各章程，在该局所注册。第四节，中国人民所执商牌及印书之权，一经按照日本国章程注册者，如日本臣民冒用，应得一律保护云。

八月二十五日

吕海寰盛宣怀致外部请勿允葡使推广澳门定界及铁路电

顷，接日本商约大臣照会，内开：顷，闻葡使至外部，请推广澳门定界，并请由澳门造一铁路直达广东省城，其意中国应允二事后葡人始允画押税则，似葡拟以二事为允税则之报，此所不解云云。日本曾以厦门造至闽省铁路为请，已力拒之，且税则尚有俄、法等国未画押，亦恐别生枝节。如尚未定议，可否暂行推宕？大局攸关。日本照会候示，再复。

八月二十五日

吕海寰盛宣怀致外部日约圜法酌定情形电

日本商约九款，论圜法及权度量衡，酌定如下：中国国家允愿从速改定一律通用之国币，将全国货币俾归画一，即以此为合例之国币，将来中、日两国人民即在中国境内遵用，完纳各项税课及别项银钱往来，毫无窒碍。惟不得因中国改定国币，将应纳税银及银钱往来各款致明有增减，或暗有增减，用昭公允。

八月二十五日

商务大臣盛宣怀咨外部核议中俄接线展限事宜文　附照会二件

本年八月十二日，准贵部电开：中俄接线展限一事，前据尊处三月效电，已催令商董会议。嗣准俄使送到续约底稿，于五月间钞咨尊处。现俄使欲将展限合同与借线合同同日办结，究竟展限事商董会议已否允洽，亟应预筹办法。一俟借线合同咨到，即由本部将展限合同一并核准，以免参差，希统筹电复等因。承准此，正在核办间，据电报总局商董道员朱宝奎等禀称：中俄电线原续各约再行展限四项条款，悉心详细核议。其第一、第二、第四各条款所拟办法，电局并无不可。惟第三条内所称，中俄两国专递来往电报之资应行同时跌减之细数，应于一千九百三年伦敦公会之后订立一节，查中国电局尚未入万国电报公会，其跌减电资数目似应改为，由中、俄两国政府商定之后即行跌减，似属较为妥洽。所有奉饬核议中俄电线原续条约展限条款缘由，理合会同禀复等情前来。除电复俟借线合同议妥，一并呈送，再请同日核准外，相应备文咨呈贵部。谨请察核，先行照复俄使知照。

又本年二月十一日，准贵部咨开：光绪二十八年正月二十九日，准俄雷使照称：案查，俄国政府与中国政府以便两国往来电信，曾经相接俄中电线，并于俄历一千八百九十二年八月十三日，即光绪十八年七月初四日立订条约，嗣后俄历一千八百九十六年六月十八日，即光绪二十三年八月十一日又行解明增改在案。此相接电线之益，实无可疑也。兹查各该约，届俄历本年十二月三十一日为止，本大臣遵奉本国政府之训条，烦请将此各约再行按照中国电报局与大北公司于俄历一千九百年十月十三日，即光绪二十六年九月初四日所立合同限期，又展至一千九百二十五年十二月三十一日为止之限期办理，并准将来将此限期另行会同商订，再展至一千九百三十年十二月三十一日为止。其一千八百九十二年、及一千八百九十六年、暨一千八百九十七年之原续各约所订各条，可无更改，统入新约。查报费一节，即可按一千八百九十七年八月二十五日续约所开之价目暂行照办，应俟明年伦敦邮政电报公会章程核定，再将此线并他线之报费按照更改。又应任听俄国电报局由恰克图至北京传递各电报，须经丹国所承让之电线，以图方便。此项电费，均由该电局与该公司结算。此两国同有利益之事，即希赐复，以便施行，并转达本国政府等因前来。相应咨行贵大臣酌核办理，电复。再，大北、大东公司原续各合同，前年因乱遗失，希即钞送本部备核等因。

五月二十五日又准贵部咨开：案查，中俄电线条约，前经俄使照称，按照续立合同再行展限，业由本部于二月初五日咨行贵大臣酌办。并据电复，以俄使既欲展限，已催令商董会议等情，先行照复俄使在案。兹复准该使照称：现在接本国政府所拟订续约法文稿底及所译汉文，送请查阅，并请将商订此两国有益之续约后几时可以画押，从速赐复等因前来。相应钞录原拟续约稿底，咨送贵大臣详细酌核，即行见复，以凭核办。附钞件各等因。承准此，均经转饬电报总局商董公同核议。并将中俄电线原续各合同照录清折，先行咨呈在案。

查此次中俄电线展限续约第一、第二、第四各条原拟办法，尚无损于电局，即应照办。惟第三条内或该中国电局与该公司再行展限一语，中国电局应改为华电局，该公司应改为与大北公司。第四条内所让与丹国公司之电线一语，让字应改为借字。第三条内所载中俄两国专递来往电报之资应行同时跌减一节，查中国电局尚未入万国电报公会，届时跌减应改为由中俄两国国家订定，似较妥洽。今据电报总局总办商董道员朱宝奎等禀复，遵饬会议展限条约四款，即照原拟妥订，并缮就华文、法文合同四本，核对无讹，谨将官衔、年月另留空白，呈请贵部添缮，画押盖印，照送俄使签字，分别存查。借线合同亦经在沪订妥，除随案另达外，相应备文咨呈贵部，谨请查核施行。

八月二十六日

附外部致俄使借线合同仍用华文英文函

径启者：

所有大北、大东两公司议订借线合同一事，经本部于八月十八日电催盛大臣迅速定议。去后，兹准电复，复以北、东合同即可就绪，惟电局与大北前后所立合同皆用华、英两文，而理论则以英文为主，此次贵大臣改订合同欲添用法文，并以法文为主，与从前办法不同。请仍照旧，只用华、英两文，以免两歧。倘此合同于西九月内签字，十月一号京沽线务要收回等语，相应函达贵大臣查照，转饬大北公司遵照可也。

此布。顺颂时祉！

八月二十四日

附俄使致外部京恰电线合同何时批准请示知照会

照得前因设大沽至天津、天津至北京、北京至恰克图之电线一事，丹国大北公司、中国电报局曾于一千九百年十月二十六号彼此订立合同。该合同本应即由中国外务部大臣及驻京俄、丹两国公使批准，惟彼时适当变乱，故尔未能办理。嗣查此事欲求办法简明，而使彼此有益，须将无关紧要之细目另行订定。本大臣已与丹国公司理事人公同详细考查，兹将彼此所订合同底稿附函呈阅，即祈将中国政府之意见，并中国电报局与大北公司何时可以画押，贵亲王及本大臣何时批准之处，均祈示知为盼。为此照会。

八月二十七日

外部致奎俊川省巴万油矿合同迭与哈戴磋磨电

巴万油矿合同，迭与哈、戴磋磨。第二条，其苗不旺，改为实无油矿，或不足开采；又认允自刊报之日始，以一年为限下添，自批准至刊报不得逾五个月之限。第三条，全删。第四条，矿师择定两处后改为，俟矿师按第二条勘定矿地后；又驶路若干长下添，绘图贴说，由和成公司呈川局，咨报外部核准后，电知川局照办。第八条末尾，改由川局总办与华利公司驻中国总办戴马德调停。饬均照札咨改缮。法商催办甚急，现允由尊处择要电奏，请交部议立合同，即由本部复奏呈览。俟批准后，即派林遵与戴画押，寄川盖印，以期妥速。再，英、法各办各矿，自无牵制。英矿八处曾否指定？乞即电复。

八月二十七日

袁世凯胡燏棻致外部晤英萨使商定将全路交接电

今午，晤英萨使、格提督，商催交路。适英廷复电亦到。现定明天二十八日将全路交接，各站均升龙旗。请先奏。

八月二十七日

江督刘坤一致外部请吕盛两使办传教事勿专就彼一面说以为各国新约根据电

沪、鄂办传教事，均悉。查此款原议华民入教、毫无阻止二语太疏，应查明其人平日安分，方准入教，及租地须查无盗卖侵占为是；并以犯罪方可追究，范围太疏，须于追究下加惩办二字。刻拟添入教华人，须敬中国官员，不准藉入教，于平民稍有欺侮、扰害，亦系紧要之言。从前中外订约，每有因约内专就彼一方面说，未及说我一面，遂致事事吃亏。英国新约十三款，会查教案，妥筹办法，尚是空言。若美约能详晰订明，不独可补英约所未及，兼可为各国新约之根据。望转达吕、盛两星使，竭力商办为要。

八月二十七日

商约大臣盛宣怀致外部请向俄英两使催交京恰京沽线电

大北借用京恰陆线合同，俄使更改，将可议妥。大东来函：借用京沽陆线合同，该公司亦已交英使办理等语。彼等无非欲藉国势挟制，除径电萨使催办外，乞贵部向俄、英两使一催，俾京线于西十月初交还为祷。

八月二十七日

鄂督张之洞致吕盛冒挂洋旗流弊无穷编辑东书本无可禁电

冒挂洋旗，逃捐、抗税，流弊无穷，前于英约第十一款内第三节苦心索允，乃被马使翻悔删去，今日约更宜力争。为近来专有日本人专就长江各埠包揽华商货物，闯关越卡，不服查验，岘帅议于商牌款内添入禁止日本人民受华人所赁，出名改华商字号，冒充日本洋人一节，实关紧要，未便因日使不允遂作罢议。此条不议明，将来销场税必有碍，万不可允。英约被删去此节，已属失计。今赖于日约中声明添叙，藉资补救。又鄙人于保护版权款内系言，日本用中国语言文字编成之书，华人重加编刻，但有增添删改者，即不能禁。诚以面目既改，词义有别，即与原书无涉，自当不在禁例。若中国自译东文书，及采择东文编辑之书，本无可禁，何待声明？来电谓，不禁翻译东文书，与鄂个电相符，窃所未喻，此乃系尊处误解也。鄂电与尊电，实不相符，曷胜焦急！新书日出四五年后，视四五年前旧书，已近陈言，故禁限拟以五年。如彼必欲酌加，不妨稍宽其限。至远省不禁翻刻，原以偏僻之地购致新书不易，故宽其例，以劝知新，此所以表日本善邻劝学之雅谊。闻日本人现已有持此说者。若彼必不允，亦必须将华人就日本人编成华文之书增修改刻者，不在禁例一节，力辩争回，方可允许。务请两星使磋商，万勿遽允。日约较英约尤难议。加税为全约之脑，彼既言明不能加至十二五，而专索我他款，我允已多而彼不加税，将若之何？究须抵制，或可稍有裨益。

八月二十八日

江督刘坤一致吕盛日约银式及牌号事请勿通融电

银式一款，虽先订入英约，然马使谓，并无预为商定之意，两星使电亦谓，何时可以行使，由我自主，是以未订明年限。论商务，英最大，彼尚听我任便施行。日本与我同洲，尤应关顾。乃转议加从速二字，明虽将原索五年限期删去，实则无异势逼。揆之情理，不平实甚。从速二字，必应删去。完税照约应用关平，此次英约如彼此照约声明，将来以通用之银完纳关税，仍应照值折算。今日本既不愿另备照会，即应于款内详细载明，方有根据。兹核本款所叙，不得因中国改定国币，将应纳税银及银钱往来各数致明有增减，或暗有增减一节，语意笼统，且中杂银钱往来一语，亦可疑。盖银式既经改定，则银钱往来自必通同一律，何致另有增减？无非藉此朦混，以为暗减税平地步。此节银数往来数字必应删去，仍应改为完税向用关平，不得因中国改定国币，将应纳关平税课银数稍有减少等语，以期妥密。倘彼虑于向完关平之外另有加增，或将稍有减少四字易作稍有增减，亦可。务请星使勿受其欺。至牌号事，第四节，中国人民所执商牌及印书板〔版〕权，一经按照日本国章程注册者，如日本人民冒用，应得一律保护云云，末二句应易作亦应一律保护，不准日本臣民冒用，庶免语病。至敝处前请商禁假冒洋行一节，彼既明知日人代华人假冒，不肯申禁，反云咎在税捐之员，殊无情理。以后遇事，务望两星使坚持力驳，勿稍通融，断不必惧彼要挟也。

八月二十八日

清季外交史料卷一百六十三终

清季外交史料卷一百六十四

光绪二十八年九月上

江督刘坤一致吕盛冒充洋行病在公家万勿迁就电

冒充洋行，病在公家，与冒用商牌，病在商民，轻重悬殊。乃日使于病在商民者索我禁止，病在公家者转明知故纵，殊无情理。香帅谓，此节不列入，万不敢允，诚透澈利害之言。请两星使力争添入，即令此款不成，于我决不加损，万勿稍与迁就。至版权一事，香帅谓，日本用中国语文编成之书，华人重加编辑修改，即不能禁一节，系因东人译出华文之书未必尽属精当，必须由华人再加编订，方得译书之益起见，均请两星使磋商电复。美约版权曾否议及，如何情形，随时电知为盼。

九月初一日

署直督袁世凯致外部赴榆关与俄会签交路总册电

俄领事来述，接该国巴提督电称：拟本月初六日赴山海关，约世凯会同将交路总册签字等语。当即允定，世凯亦于初六日赴榆关会签。请代奏。

九月初二日

铁路大臣盛宣怀奏山西正太铁路遵旨归并总公司借款兴造折

〈铁路大臣盛宣怀〉奏，为正定、太原借款兴造铁路，作为芦汉分支，遵旨归并总公司，另订详细合同办理事。

本年八月十六日，承准外务部咨开，会议山西巡抚奏，柳太铁路归并芦汉总公司办理，另订详细合同一折，奉朱批：依议。钦此。钞录原奏，咨行到臣。并先准函钞山西抚臣岑春煊原奏折、片，暨原订、改订各合同，寄送酌核前来。

臣详加复核，此段铁路发轫于正定府柳林堡附近芦汉车站，由干分枝，本甚利便。

俄商璞科第先与山西商务局绅订定合同，延搁未办，改照芦汉办法，另拟条款，赴部催订。抚臣、部臣以晋路必办，时异势殊，奏奉谕旨，饬臣详细另订，则凡条目之操纵损益，应以按照芦汉干路办法为断。既奉归并总公司，应收权利须与干路贯注一气，详细新约签定，原订合同即宜作废，庶钤束专一，不致两歧。臣奉命以后，俄商璞科第亦电嘱华俄道胜银行驻沪总办，就臣商办，沉思熟虑，磋议再三，订定合同二十八款，又行车合同十款。计直隶正定府至山西太原府应修支路约五百华里，内分两大段落，第一节由正定至平定县属之平潭地方，第二节即由平潭至太原。全路工程限三年告竣，订借法金四十万佛郎克，照现在市价，约合华银一千三百万两上下，九扣交付，周年五厘起息，即以该路进款作保。

查借款总数较原议为多，经与再三驳论，据该银行声称：复勘道路艰难，工费照原估加增，且路工未成之先，息银须在本银内支付。若不从宽借备，恐致中途停辍，并据开送约估经费清单前来。当于第十八款载明，工竣，借款尚有余剩，则所剩之款应缴还中国国家。第十九款载明，购料用款细帐〔账〕，每三个月造送总公司查核，路工应需各款，所派总办大员会同总工程司签字凭单给发。似此认真钩勒，当可杜绝虚浮。至出售借款小票，第十年起，分二十年匀还。造路期内，就本付息，路成以后，逐年给息还本，悉由进款提付。期限届满，款未全清，订期展缓，以借款清讫为止。期限未满，中国别有大宗公款足偿本息，立时消〔销〕废合同。行车进款，由我自收。期内遴聘造路洋员，须由督办大臣核准。华员于营造、驾驶确能称职，亦可随时指交委用。机件材料先尽中国工厂承办，即向外洋订购，亦须比絜价值。凡遇调兵、运械、赈饥等事，照核定车价减半给发，尽先载运。借款清还以后，全路机器、车辆一切完全妥善，点交总公司，照常行驶。以上各节，于用人、行事权限务极严明，间与芦汉合同字句有削繁就简之处，则缘总公司先经请有部款，正太支路则专藉借款，虽移步而换形，仍同条而共贯。斟审数四，无可再商。理合缮单，恭呈御览。俟奉旨批准，再行签印，饬由该银行选订总工程司，并会商山西抚臣，遴派大员，会同兴办。至将来买地、鸠工、弹压地方一切事宜，应照山西抚臣原奏，当由晋省任之，以期妥善。除将该银行所呈地图并约估工程价单咨呈外务部查核外，谨恭折具陈，伏乞圣鉴。谨奏。

光绪二十八年九月初二日。

吕海寰盛宣怀致外部报美约租地及传教事与美使切商电

美约第二十八款，传教事，昨又与美使切商，美使云，查明入教人是否安分，实有阻止入教之意，万不能允。至第二节，租地，查明有无盗卖等情，本已载明，第十一款重复，可删。且本款已声明，俟地方官在地契上盖印后自行建造，如有不合之处，地方官即不与盖印，其权仍在。告以即照宁电添改十八字，并无妨碍。美使仍不肯，且言，十一款约文系连商民居住在内，若此款必欲照十一款声叙，则连居住等字亦应载入。辩论再三，防其将内地侨居牵混入内，不欲力争，商恳于俟地方官下加查明相宜四字。说至再三，始允有此四字，则地方官之权较足。好在第十一款似可援引，并行不悖也。鄂电属添按照中国礼法等语，美使以礼法二字洋文无此等字样，并以善视官长，即是礼法之谓。不得藉入教欺扰平民一语，美使言，习教人不过中国百分之一，似无欺侮情理，所以请保护教民者，原以教民少于平民，故虑欺侮。缘美本不重教，如教民欺扰平民，即是不遵中国律例，本可由地方官惩办。美国耶稣教居多，教士向不袒护。本款已叙明，何必再添此语，徒予以教士面子难看。告以不遵报施之意，使平民知美教会诸事持平。美使始允于遵守中国律例句下添入敬事官长，从此和睦相安十字，并云，若载入欺扰等事，是平民示教民以弱，转启教士轻视平民之心。虽属强词，然所论亦尚有见地。又鄂电照英约十三款加入美约，美使云，已奉彼国训条，此款不能入约，以有查议教士之举，美国现订此款为英约所无，而为英约所不能允者，美已照允，万不可再事相强。海、宣见其词意决绝，只可暂缓。当否？乞酌示。

九月初三日

署直督袁世凯致外部报榆锦铁路俄人一律退尽电

顷，接杨道电：今早由榆至锦，俄人一律退尽，均悬龙旗，由职局开车卖票。惟车站各分一半，亦均悬国旗，至初五夜，方一律退尽，全路归我云。

八月初三日

外部致伍廷芳妥筹保护古巴华民勿任苛待电

古巴华民电称：古巴行苛例，乞速复国书，俾认领事，再与订约等语。本部请颁答复国书及派兼使，国书均于八月十五日发寄，收到即递。并先妥筹保护商民，勿任苛待为要。

九月初四日

署直督袁世凯致外部抵榆关接收全路竣事电

本日申刻抵榆关，晤商俄巴提督，立即签押接收。接营口电开，榆关至营口全路收竣，初八日由我开车。世凯拟明早回津。请代奏。

九月初七日

督办关外铁路袁世凯咨外部与俄提督订交还关外铁路条约文　附条约

窃照俄国交还关外铁路，现经本大臣与俄国管理关东一带武备工程营提督巴，于俄历一千九百零二年九月二十四日，即中历光绪二十八年九月初六日，照交还条款公同签字，交收为据。除分别咨行外，相应钞录签押华文字据，咨呈贵部，谨请查照施行。

照录钞件

大清国钦命直隶总督部堂·督办关内外铁路大臣袁，大俄国钦命管理关东一带武备工程营提督军门巴，为签押事。

于俄历一千九百零二年九月二十四日，即中历光绪二十八年九月初六日，按照俄历一千九百零二年九月初十日，即光绪二十八年八月二十二日，大清国钦命管理外务部事务·和硕庆亲王、外务部大臣·文渊阁大学士王，与大俄国钦命驻扎北京便宜行事全权大臣雷，所订交还山海关至营口新民厅铁路条款，公同签字，交收为据，华、俄文各执一分。

大清国光绪二十八年九月初六日，大俄国一千九百零二年九月二十四日，签于山海关。

俄国交还关外铁路条约七款

大俄国武员将山海关－营口－新民厅之铁路交还中国北方铁路督办大臣之章程各条，今按照本年俄历三月二十六日所定之和约，现计本年俄历九月二十六日交还该铁路于中国铁路总局之限期将满，因是大俄国驻华钦差全权大臣雷萨尔，会同大清国钦命全权大臣便宜行事·总理外务部·和硕庆亲王、署理全权大臣·军机大臣·文渊阁大学士·外务部会办大臣王，商订各条如左：

第一款　俄国国家与中国国家为交还接收铁路各特派全权大臣。该全权大臣任便拣派帮办委员，必期敷用。该全权等会同商订交还铁路之次序及各章程。

第二款　中国铁路总局，须将俄员预备养路及保护铁路之各建造及物料，均按实价接取〔收〕。

第三款　按照一千九百一年八月二十五日所定和议大纲，北京留驻保护使馆卫兵及直隶省驻守以保护京师至海畅道各兵队限期之内，在山海关至营口之铁路，准俄国兵队一如各国现时及将来所得在北京至山海关之路各项利益，以便更调该队往返限满之各兵及新兵。营口车站之码头，准运俄国兵队及俄国军实之船，应在别项搬运之先尽行专办。

第四款　俄国兵队在山海关、营口之间，或自行来往，或运军实，亦应照北京至山海关之铁路当时之车价一律办理。

第五款　俄国邮政、电报各局在山海关车站所用各房间，应交还中国铁路总局，准与英国武员在天津、山海关所用中国铁路总局各房间同时交还。

第六款　本约第三条载明限期之内，营口—山海关—北京一路所栽铁路线杆上安设电线一节，俄国政府亦应照本年俄历四月十六日中英两国所定交还铁路章程第八条，各国在北京至山海关所得各利益一律享用办理。

第七款　由北京至营口邮政寄信一事，俄国政府亦应按照各国由北京至山海关一路所得之利益一律享用。嗣后俄国信件日多，倘需另用火车寄送，该铁路总局应允于一日内备车一辆，以便每礼拜日随需用之车辆数目，自北京至中国东省铁路往返运送，俄国应付此车之费，不过所定运送军实之数。

光绪二十八年九月初六日，在山海关交收。

俄国商税大臣致吕海寰盛宣怀改订税则节略　附清折

大俄钦派商议税则事宜宝，今因与大清钦差商税大臣吕、盛商议修改税则，特将所议宗旨开列节略于下：

按照西历一千九百零一年九月七日北京所定和约第六款载明：洋货进口税增至切实值百抽五，其估算货价之基，应以一千八百九十七、八、九三年卸货时各货牵算价值，以凭改修税则等因。惟商情瞬息千变，货价涨落靡常。试观俄华两国交涉，近数年来新事日增，贸易一端亦复因之更改。该约所言照一千八百九十七、八、九三年货价牵算为改订新税之基，此条固宜遵守，然两国现在、将来之商务亦须通盘筹画，洞察本原，庶于约章既无违背之嫌，而于现时俄华贸易实情亦不损其继长增高之势。是以客秋奉本国户部大臣维派赴俄华贸易最要之区，研求商务，并照和约条款博访周咨，为预筹修改海关税则之计。所至如张家口、天津、营口、旅顺口、大连湾、烟台、辽阳、沈阳、铁岭、哈尔滨、海参崴、西伯利等处，均聚集两国商董，详稽得失，不惮烦言。凡各该处两国贸易情形，及本国货物在各处市价清单，悉由该商等详报。其有商人所不能言者，又承贵国官员厚谊殷拳，凡有咨询，悉蒙明告。如盛京将军增，哈尔滨交涉局总办方，驻海参崴商务委员李，此皆当时躬与周旋，饫闻雅教者也。今就管见所及，择关于此商税甚巨者，综其崖略，厥有数端，皆躬行确考所得，用特陈明，以为开议权舆，惟贵大臣详察焉！

一、向来意见，均以俄国进华口之货甚微。查此说不尽可凭。俄国进华口之货虽不甚多，然亦不至如海关所报之数，盖海关但凭该货运载轮船所挂之旗为定，并不按各货实从何国运来注册，此项册报实不足凭。凡洋货运至中国，往往不用挂本国旗之船而用挂他国旗轮船运进者，实缘有数国商轮不敷运货，每雇他国船代运，而华海关注册时，遂将原运货物来华之国列入最微之数，代运之国反觉贸易日增。此等错误，实与俄国商务有碍。盖俄商托英、日或他国转运货物，华海关认为英、日或他国之货，据以注册。此外，华海关又有将销路甚巨之货由香港运至华口岸者，概指为英国货物。其实香港乃转运之口，非该货出产之区。即以海参崴论之，该处有径赴香港之船，故俄国由海参崴径运赴香港，转运中国各处，遂误该货为由港径运来华者。

除以上所言各节外，更有数端亦须于会议改税时斟酌也。

一、俄国进华口各货，大半供贫苦华民之用。如俄国运来海菜，较他国稍次。其物产自北海，乃天时使然，且其价甚廉，于贫民尤为合宜，因有时菜蔬收成偶歉，贫民用俄国海菜以代菜蔬。又鱼干，俄名长齿鱼，亦进华口货物之一种，为贫民日用所需。又有进华口下等皮货，亦为华民所用，皆于贫苦之人最宜。另有数种，其价虽昂，而为华人所必需者，如药材内人参、鹿茸、鹿胶、麝香等。其上等皮货，均为官场所用，或器具所需，如大帽、袖口为官员冬日所应有。褂子系猞猁狲皮所制。褥子为獾皮所制。此件专为中国文士所置，缘北方人士伏案功深，往往易染流血之症，獾皮褥能治此疾，其于中国士人卫生之道为功甚巨。

一、按照上年和议条款，进口各税，凡能改者，皆当改为按件抽税几何。此项办法，俄国进华口之货自当一律照办。因所运进货之名目大半非人所常知，故改为按件抽收，于海关较为便捷。

以上所开，凡关俄国进华口之货，均应改订税则。特附清折一扣，列明第一次应商各节，以使贵大臣查核详议，逐款见复。

附清折

查西历本年八月二十九号，有数国所派驻沪之员签定税则。兹核得该税则内有旧税则曾订明估价抽收及按件抽收之物，而新税则未经列入者；又有数种货物运来中国，然新、旧税则均未订明按件抽税者；更有新税则虽已订明，而所抽太重者；此外另有一种应照现订税则加重抽收者。用特分别开列，以便商订修改。即请贵大臣将下开各货应行酌订税则几何查照核复。

一、旧税则订明估价抽收及按件抽收之物，而新税则未经列入者：鱼骨、晒干狐腿、野参、鹿胶、嫩鹿茸、老鹿茸、獾皮、狐狸皮、狗皮、山羊皮、羔皮、獭皮、猞猁狲皮、貂皮（此种照旧税则英名为 Marten，译为貂皮，实属错误，应即更正，盖貂皮名实为 Sable skin）兔皮、貉獾皮、海狗皮、绵羊皮、灰鼠皮、灰鼠尾。

二、有数种货物运来中国，然新、旧税则均未订明按件抽税者：鼬鼠皮、山兔皮、熊皮、狼皮、貂皮、鹿皮、海骡皮。

三、新订税则虽已订明，而所抽太重，实难照允者：俄国装箱煤油、洋菜、麝香、海马牙、鱼肚、鱼干俄名长齿鱼。凡鱼从海游至黑龙江，其身甚肥，并无齿牙，此种鱼为最上之品，价值甚巨。从俄国进出口者，大半往欧洲各埠，并不运至中国。但凡鱼游至乌苏里江、及兴凯湖、并海参崴相近之小江各处，其身变瘦，生牙甚长，此系最下等者，其价甚贱。渔户捕得后，专售中国贫民，伊等亦乐购之，因其价廉，大半由中国小工人等或包工华人由俄带运来华。此等华民，每年春间从烟台至海参崴及聂科勒司克，至秋时复由各该处回至烟台者，岁约四五万人。此项贸易向来甚微，因税则所定照上等之鱼收税。据华商云，此项贸易若无此等重税，岁运来华者必甚多，故该鱼干必须订一专税，

四、照新税则请加重抽收之货一种：此种即北口木耳。因凡业此者，均于丛林间将大树伐去，以期该物丛生，贩运出口。贪暂时有限之财，贻林业无穷之患。是以本国现已明定科条，严禁民人伐树。惟深山僻壤，耳目难周。由中国加重进口税，庶此项贸易不禁自除。

九月初九日

税务司裴式楷申复商约大臣议俄使税则文 附清折

九月初九日，准贵大臣照会内开：据俄使开来节略所要三端、清折所要四端，是否可行？相应钞黏，请速查明见复等因。本副总税务司查，此款所论，甚难详议，缘新订税则时本副总税务司并未参议，只能明其大概，其中细目不能尽知，而此次宝大臣开来亦属大略。昨与宝大臣晤商，据云，此事办法可与海关洋员详细会商。现在本副总税务司虽不能详明办理此事，应暂备清折照复，俾贵大臣易于声复宝大臣稽核施行。现在开议和约之际，贵大臣或派贺、戴两税司，与宝大臣先行问明，因两税司系原议税则之员，情形自能熟悉；或准本副总税务司躬自与议，亦无不可。倘蒙贵大臣允准本副总税务司襄助此事，甚愿遵办。承询此款，本应迅复为是，不过本副总税务司之意，须俟先晤宝大臣方可措手。其迟迟未复者，实因宝大臣不在申地之故。除缮就清折附呈察核外，相应照复贵大臣鉴核施行。

须至照会者。

附录清折一件

现在各国商约大臣中内有数员，以海关贸易总册办法有不实之处，殆缘该册以各本

国原产货物装用他国船只运来中国，即认为他国之货。刻查此内有数种缘因，用特缮折呈明，惟贵大臣详察焉！

一、各国刊造贸易总册，原为本国之用，自应照本国有益之法办理。中国现造贸易册之大意，进口货物统将名目、斤两、价值、总数分别注明，俾知运入各货之数，即系中国出银购来；出口货物亦将名目、斤两、价值、总数分别注明，俾知售出各货之数，即系中国收回银两。照此办法，中国自知每年进、出两项各有若干。至进口之货原产何国，出口之货终运何国，均与中国无关。其与中国最有关系者，系应将每年进出口货物名目、斤两、价值、总数算明；然亦应知每年进出口货物每项各有若干，用以查明何项畅销、何项减色，设法保护中国出产及制造各货之贸易；中国亦应知运货来往外洋及沿海地方华属船只每年可运若干份，外国船只每年可运若干份。盖中国最要者在分华洋界限，若必分别各国旗号，实无利益可收。按中国现在贸易册办法，前项应知各端均能明晰。

二、中国刊造贸易册者，有何处可查贸易实情，有何权向商人查考详明？按照条约所订，海关应问商人各节，仅可为估算当完税项之用，且有权令商人将货物交出备验，以便何项货物归入何类征收，惟不能迫令商人言明该货实产何国。如果问及此事，彼等用伪词搪塞，实无权科以罪名。立条约之本意，亦非为刊造贸易册起见。现计能查本源之法，约有三端列后：甲、凡船只进口，各本国领事官均有报海关之传单，可用查明该船挂何国旗号、船中所载何项货物、吨数若干。乙、舱口单内亦认真注明船中所载何项货物，各有若干箱、若干件。如有错误，应照例科罚。该船主只能注明货物若干件，系某商牌号，据称内有何货，在某口下船，并不定知该货原产何处，故海关仅视该货在何口下船，即认为原产之处，因别无他处运来之凭。丙、凡有货物须交出查验，与舱口单核对相符。查验时，即可分类估价征税。除此三端外，海关别无可靠之据。即其用此三端，刊造贸易册之故，确因现在可以为凭。如问明报关商人该货之原委，彼等或可推辞不答，海关不能迫令言明。即言语不实，亦不能科其罪。海关故不能照商人所语情形为造贸易册之用，缘商人之语不尽可凭。若海关向商人要一该货产自何国之实据，总须有中国驻外洋领事或外国驻华领事盖印货单，方可作准。惟领此货单，商人不无多费，因视为格外之科征，一定不愿照行。所以，中国非有各国政府及香港政府襄助，不能迫令商人按俄、美两国所注各节详细报明。凡由香港运来各货，实为香港自产者不过千万分中之一分，试问从何查出各货之来历？香港并无海关，亦无从注明各货之来源去路。各货运到中国口岸，在舱口单内仅载该货由香港下船报关。商人大概只知在香港购买，此外均不过问。欲查各货之原委，试问从何处可以询明？

或劝香港政府应刊造贸易总册，而该政府因看此册于本国无益，若为他国起见，亦甚不愿举行。中国亦应照办。再者，海关刊造贸易册经费浩大，内有专为洋商布置甚多，如中国仅备自用，经费当能减少。若再请中国将别项情节加入贸易册中，似非近情之举，于公道之法有背。至于各国欲尽知来往中国贸易实情，可在本国稽查，较在中国稽考尤多方便，并只须令本国商人在本国海关将运往中国及由中国运入之货一一报知注册。如请中国必将贸易册更改，于中国既无利益，海关亦不胜其烦，经费徒增，而办贸易册之法反不如目前之较为妥善。

至俄国宝大臣开来清折，内有四端不甚符合：一、前日税则曾订明估价抽收及按件抽收之物，而新税则未经列入者；二、有数种货物运来中国，然新旧税则均未订明按件抽税者；三、新税则若已订明而所抽太重实难允者；四、照新税则加重抽收之货一种。本副总税务司碍难商议此事，因贵大臣与各国商约大臣会订新税则时，本副总税务司未得躬与其事，所有旧税则已订新税则未经列入之货，其故不甚明晰，亦不解此新税则用何法核订某货应完某税。检阅新税则所订之故，系因要将各项进口货物内能订按件抽收者即订为按件抽税。惟查货物种数不一，即如貂皮一类，高下亦属不齐，势难概以按件之法订税。愚意宝大臣此次欲将折内所列之货订为按件抽税，无甚不合之处。如能商议，应准其施行。盖皮货、鱼货等类，惟于俄国颇有干涉，他国向来未经过问，缘他国并不产此货物，故新税则亦未商订。举凡新税则刚已订妥，难以再更，然设有一国之大臣据有应行商改之端，亦难全行拒绝。其谓俄国有不惬意之处，应预为声明，或以商订新税则时应先派员会议，现此事已结，不应再商。用此语回复，不惟不妥，亦觉不恭。总之，宝大臣所索各款应与妥协商量，若有可改之端，贵大臣亦应与各国商准办理。最妙之法，系商请宝大臣，言明何款需改，若何改法，何故更改，方可议论。此事，鄙意宝大臣定愿按公道办理，但商妥后已订更改之款，毋须立即施行，缘恐他国亦有别款需修。必俟统议妥协后，在税则内一并修改。悬想各国需改之端当不致烦多，或无最要之处，于贸易商情亦无大碍。

九月十一日

随办商约税务司贺璧理申复商约大臣议驳俄国改订税则文

为申复事。

窃于本月初九日奉到钧札，内开云云等因，并黏钞节略清折。奉此，伏查，海关每年造报贸易清册颁发各处，原为将商务之实情能使他人周知遍喻。至历年造报之法，其要旨则分三端：一、凡有货物，不论来自何国，运往何国，只分某货若干斤两、若干价值。一、凡货物系按国载明自何国来，往何国去，各有若干。一、按所挂旗号某国船到，载货若干。如此分别明晰注册，殆为年年比较商务之盛衰，俾可一目了然。如节略内云，俄商由海参崴运货赴香港，转运中国各处，误认为由港径运来华等语，按海关册报，照俄国所云，确系实在情形。惟譬如节略所云之货，若是洋菜，载在第一端，即列入洋叶一类，斤两若干、价值若干；载在第二端，是由港运进，即列入香港进口货价一类；载在第三端，如由香港下入德国之船运进口岸，即列入德国旗号进口货价一类；如是注册，并非误认，系按实情之办法。若不是照此办法，必谓洋菜既非香港出产即不应列入香港进口册内，海关只得悬揣该货出自何国。试问有一宗货物可以一见而知即为某国货物？有一宗货物随在皆有不能辨别是为某国出产，即如洋菜，俄国所有，日本亦有。若系全恃悬揣，定有颠倒，或误俄国之货为日本，或疑日本之货为俄国。所以，海关现在办法本按实情。若照俄国所云，如能办到，自觉格外详细，但恐不能，反多舛错。

况此节与改修税则无甚关涉。若论改修税则一事，凡现派修改税则之大臣所应遵守者，则有两大纲在：一、系所派修改税则大臣，即照北京和议大纲之原意各国拣派一员，则拣派之员，所办之事，自应遵守大纲所限之办法。按大纲所载，以一千八百九十七、八、九三年进口货值牵算酌中之价，切实值百抽五，定一某货应完税银若干。虽明知此三年中货价本甚便益，近年价值日渐昂贵，惟因大纲已定，不能擅改，所以现定税则只能照三年货值牵算酌中之价，以定某货之税数。此中国明明吃亏之处而亦为大纲所限，无可如何。又有新到之货，系此三年中从见过者，不能列入现定税则之内。商人亦有未便，是以彼此虽有窒碍之处而为大纲所限，亦不得不遵。一、按一宗货物，本是数国均有者，惟价值高下则不相等。即如棉纱，英国价贵，印度较贱，日本更贱。棉袜，德国价贵，日本又贱。当与各国议订税则时，本欲分别货价之高下，以定税银之多寡，而各国则云不可。如其照此分别，则货低者税轻，货高者税重，甚属公道。缘避重就轻，亦系人情，则货高之国必援利益均沾之款，以争照低之税完纳，则中国势必吃亏更甚。所以莫如不问其高低，扯算酌中之价，以定税则，且不注明某国货物。因此两层大纲所限，故节略所云该三年货价牵算，为改订新税之基，固宜遵守，而两国现在将来之商务亦须通盘筹画等语，揣其用意，是欲将三年以后进口新货亦定税数。又云海菜等物系中国贫民所必需，上等皮货官场所用，文士所置，均当减轻纳税。惟此次会议新订之税则，各国均按和议大纲所定该三年之货价为本，该三年以后纵有增减，概不过问。别国既遵大纲公议新税，中国势难再许俄国另有办法。

再查清折所开：

一、旧税则曾订明估价抽收及按件抽收之物，而新税则未经列入者，共计二十件。按此数内仅有八件系旧折所载者，八件之中又有老、嫩鹿茸二件，新则亦曾载入，尚有皮货六件，亦系会议另订办法。

二、有数种货物运来中国，然新旧税则均未订明按件抽税者，共计皮货六件。按与各国会订税则时所以未将前节及本节所开之皮货共十二件列入之故，实各国均以通商三十一关该三年中此项进口皮货不过估值不及三十五万两之数，无甚关涉；况非全由俄国运来，大半是由东洋，非由西洋，且该货价值年年均有涨落。照此收税，每年仅有六千余两，所以各国之意莫如援引出口皮货之办法，每年细察该货实在情形，以便分类定其价值，再按价值征收税项。进口皮货原属无几，援此办理，实与税务、商情两无窒碍。

三、新订税则虽已订明，而所抽太重，实难照允者。查此节并未叙明原委，难以揣其用意，故亦不能详复。若论海马牙，新则系列入估价征税，值百抽五。装箱煤油一项，该三年中运进口者共有二千三百五十二万九千六百五十二箱，共值关平银三千三百十万六千二百六两，合计每箱应值关平银一两四钱，按值百抽五，应纳税银七分。新则所定税数，即照此价，并非揣其大概。况该三年内已经照此输纳，从无异言。麝香，该三年内运入通商口岸者计重共有五千六百四十一两，值关平银六万九千九百五十三两。合计一斤值关平银一百九十八两四钱，除进口税并洋行经手各费不计外，照起岸时之实价应值关平银一百八十三两六钱七分。按值百抽五之例，即应纳进口税九两一钱八分四厘。新则所定之税，每斤不过九两。鱼干税三则，查无此货。以两税司之愚意，应请俄国将清折所开之第三节一类之货，按该三年内某货进口若干，值价若干，逐一开明，以便与海关存案详细比较，再为核复。

四、照新税则请加重抽收木耳之税，系请从中暗助其不禁之禁，俾免伐树之害。惟请加重税，恐别国断不愿遵，且照大纲切实值百税五办法，亦系相背，自不能行。

兹奉前因，理合查明，缕晰申复。为此申复贵大臣、宫保察鉴施行。

须至申复者。

九月十一日

外部奏核议盛宣怀奏正太铁路另订合同折　附合同二件

总理外务部庆亲王奕劻等奏，为遵旨核议事。

光绪二十八年九月初二日，准军机处钞交督办铁路大臣盛宣怀奏，正定、太原借款兴造铁路，另订详细合同一折，奉朱批：外务部核议具奏。单二件并发。钦此。臣等查，直隶正定府至山西太原府铁路，与芦汉干路相联一气，拟请作芦汉分支，经臣部于本年八月初六日议复山西巡抚折内奏请饬下盛宣怀，按照芦汉铁路办法，与华俄银行另订详细合同，奉旨允准在案。现据盛宣怀奏称，此段铁路约五百华里，全路工程限三年告竣。现与华俄银行驻沪总办熟商，计借法金四千万佛郎克，照现在市价，约合华银一千三百万两上下，九扣交付，周年五厘起息。订定合同二十八款，又行车合同十款，缮具清单，恭呈御览。俟奉旨批准，再行签印。饬由该银行选订总工程司，并会商山西抚臣遴派大员，会同兴办等因，并将该银行所呈地图暨约估工程价单咨送前来。

臣等详加复核，证以芦汉铁路合同，其还本、付利、用人、购器一切办法，悉属相符。至订借四千万佛郎克，较多于山西商务局原订合同二千五百万佛郎克之数。经盛宣怀与该银行再三驳辩，当据工程师复勘，实因该处关山艰阻，工费加增；且路工未成之先，息款须在本银内支付，不得不从宽筹备，以竟全工〔功〕。臣等参考地图，并查核估价清单，其所称工艰费巨，自系实在情形。将来全路告竣，如有余款，仍缴还中国国家，其路工应需各款，由总公司按期查核，合同内均经载明，似此认真钩稽，自无虚冒。其余各款，芦汉铁路固已行之无弊，应请准如所议办理。如蒙俞允，即由臣部咨行盛宣怀，与华俄银行总办公司签押，并由山西抚臣派员经理地方事宜，以期妥速兴办。谨奏。

光绪二十八年九月十二日奉朱批：依议。

铁路总公司与华俄道胜银行商订正太铁路借款详细合同

中国督办铁路总公司大臣盛，系奉国家特派，华俄银行总办佛威郎，系秉承该银行全权，订定：

第一款　山西巡抚督同商务局总办，遵照光绪二十三年六月初九日，即西历一千八百九十七年七月八号，并光绪二十四年闰三月二十七日，即西历一千八百九十八年五月十七号谕旨，与华俄银行签订正定府至太原府铁路借款合同。该路约计长五百华里，合二百五十基罗米达，为芦汉铁路之枝路。旋于光绪二十八年五月十八日，经山西巡抚岑奏请，将该铁路归并铁路总公司办理，曾经奉准在案。又于光绪二十八年八月初六日，外务部会同路矿大臣复奏，奉旨：依议。钦此。遵即由督办铁路总公司大臣盛与华俄银行重行商订正太铁路借款合同。此合同签押之前，先经督办大臣将该合同奏请核准，于光绪口年口月口日奉旨批准。此谕旨恭录于本合同内，作为附件第一专条。督办大臣准照前因，定计为中国国家外借五厘金款，计总数四千万佛郎克，名曰一千九百二年中国国家铁路五厘借款。本合同签定之后，所有山西巡抚督同商务局与华俄银行前订正定府至太原府铁路各合同，概行作废。

第二款　此项借款，计分借票八万号，每号值金钱五百佛郎克。该借票内应刊之文，附录本合同后，作为附件第二专条，由出使法国大臣代中国国家盖印。此借票每张或作一号，或作五号，应如何分出，由华俄银行酌定。所有刷印票费，由华俄银行认付。每年按照票面所载数目，以五厘计息，用金钱核付。此息应自缴付票价之日起算，每年定西九月一号并西三月一号给付。所有到期已付息票，应由华俄银行按照号数次序汇齐，其费华俄银行认出。

第三款　此项借款，应计卖票之第十年起，分二十年匀还，每年由巴黎华俄银行按照本合同所付之表作为附件第三专条抽号拔〔拨〕还。抽号之期，应在每年正月之第二个礼拜二日。第一次抽号之期，应在卖票之第十年。每次所有抽出票号，应刊布于四种日报中，即由华俄银行出费。

第四款　凡抽出借票，应照票面数目，在付利期上如数以金钱还清。应还借票，当黏缴所有未到期之息票。倘有短缺，则即核计短缺者所值之数，在应还之票本内如数扣除。借票利息，即于所指还本之日停止计算。已还借票，应由华俄银行按序汇齐，其费由该行认出。

第五款　在一千九百十一年以前，中国国家不得擅增每年匀还借票之款，或将借款全数还清，或改借款之名。在一千九百十一年以后，中国无论何时，可将借款全数还清。一经全数还清，所有合同即时作废。

第六款　所有应付息票及应还借票，当以法金佛郎克核计，由巴黎华俄银行或该行所派经理之银行付给。

第七款　本合同所订借款之付利还本，除中国国家自应以所有之进款担保外，又经中国国家准中国铁路公司言明，以正太铁路之进款，除一切办公费用及行车各费外，其净余者，当首先留备本借款付利还本之用。且此节办法已另载于中国铁路总公司并华俄银行所订之行车合同内，此合同与本合同联合为一。以上申明留备进款，乃专指息本一项之用，不得更改，至借款全数清还为止。

第八款　行车所得之实在余利，由中国铁路总公司点验登记后，托华俄银行兑换金钱，务令中国国家及中国铁路总公司大得便宜。所兑换者以足敷下半年应付之款为度。此余利仍接续提存巴黎道胜分行，至借款全数清还为止。所有每下半年之付款事宜，至少可于三个月前，即有把握。凡各银行代存此等款项务必代为生息，俾与中国铁路总公司极有利益。每次付利还本并汇费，以及本合同所指之用费，所需之数，当先期二十天，于各银行代存余利之款内划出开支。

第九款　华俄银行于造路时，无须另请允准，可在于该行所存款内提付利息，只须随时知照中国总公司督办大臣。

第十款　中国铁路总公司欲于此项借款表其结实可靠之意，愿将正太铁路作为头等担保，给与本合同所订借款之借票，即该铁路及车辆、料件、行车进款是也。此等担保，当由华俄银行代为购执借票之人应允。如果中国铁路总公司未能按照本合同所定条款办理，华俄银行得在上文所指之物业照行其一切应有之事权。

第十一款　前条所载，与中国国家原有责成如第七款内所载云云不相妨碍，设正太铁路行车所得之实在余利，由中国铁路总公司付交华俄银行，并托该行于每次到期之三个月前兑换金钱。如有不敷应付借款本利，中国国家即应设法弥补，以足换金钱付还借款本利。倘有以上不敷情事，一经银行知会，中国国家应于下半年付款之期前六十日，按照所需之数，以现款或他款付给华俄银行，俾得兑换金钱以凑应付之数。

第十二款　华俄银行于中国铁路总公司或中国国家所补凑款内，及时按照前期所付之款如数划拨，以备下期应付之数。

第十三款　巴黎华俄分行并分任此项借款之银行，中国国家按所付利息之数酬以用费，每百之二毫半，即每万佛郎克给以二十五佛郎克。又各项股票因借票抽出还本，或因增还票数而提前还本，亦按所还之数酬以每百之二毫半。此项酬费，系在每半年行车之余利内划拨。如有不敷，即由中国国家设法弥补。

第十四款　中国国家允认保全并设法保全本合同第九款所载借票应享利益，并永准借票并息票以及因此项借款所有进出之事概行豁免捐税。

第十五款　到期息票，如五年内不来支取，其款则为中国国家所得。至已经抽出应还借票，则以三十年为限。凡执此借款借票之人身故后，该票即按其人本国继业之例，由继业者承受。付利还本之事，不论时局和战，均当照常办理，并不论执票者为友国或敌国之民，均当一律照付。本借款借票倘有遗失、被窃、被毁等事，即须呈出凭据，中国国家如查得凭据可信，呈请者确系失票之人，即当允准华俄银行另印借票补给，其费由该行出。

第十六款　中国国家应饬出使大臣，咨请并移送案据于圣彼德堡并巴黎之银钱公会，务获允准。此次借款，得在该两处银钱公会估价卖买。

第十七款　在本借款票面全数四千万佛郎克内，华俄银行先行即刻认购二千二百万佛郎克，计购借票四万四千号，每号五百佛郎克。此票应自缴款至巴黎华俄分行之日起利，以九扣付价，实共价一千九百八十万佛郎克。

第十八款　所有购票之价，由华俄银行估计应用数目，商明中国铁路总公司，或汇存巴黎华俄分行，或即付中国上海华俄分行，听候中国铁路总公司支用。当经约明，华俄银行只得按照下文第二十款所载各节，拨付各项用款。并当经约明，计购票之现款，至少须以五分之一兑换银两，寄存中国通商银行。此存款乃备磅〔镑〕价大跌之时，总公司不合以金磅〔镑〕换银，即用以拨付工程用款，然仍须按照以下第二十款所载各节拨付。倘路工已竣，行车已办，而借款尚有余剩，则所剩之款应交中国总公司，缴还中国国家。

第十九款　自本合同签定之后，铁路总公司即托华俄银行代为遴聘谙练工程之总工程司一员，以便督造路工，并详拟各工程图样底稿，测勘路线，并估计全路工价，惟统须呈请总公司督办大臣核准施行。此总工程司应由华俄银行引荐，请督办大臣委派，归其一人节制。该总工程司薪水，亦由督办大臣与华俄银行商定。所有营造路工，应需外国人员，当先期由总工程司开列职事、薪水清单，呈请总公司督办大臣批准后，托华俄银行代为遴聘，归总工程司调度。至应需中国人员，或办工程，或充他项差使，总公司督办大臣应有专权选派，交总工程司差遣。无论何等中国人员，若未奉督办大臣允准，永不得聘用。当经约明，凡中国人曾学有造诣，或曾经熟练者，由督办大臣指送总工程司，即得充当工程差使。所有路工华洋人员，凡属于工程之事，均听总工程司号令。凡有品行不端，不遵约束，或侮慢地方官长，一经督办大臣察出，即可知照总工程司，立时斥革。中国总公司督办大臣可以派员到路工之处，委以全权，代办一切事宜。此委员之薪费，并上海总局之经费，自应在正太铁路项下开支，一如芦汉铁路办法。凡购办路工并行车应用机器、料件，均须先期由总工程司呈请中国总公司督办大臣核准。其在工上应购以上机器、料件，并招揽工程司，总工程司应与总公司督办大臣所派代理之员会同商定。凡在外国应付购料并一切用费之款，其细帐〔账〕应于每三个月造送中国铁路总公司查核。中国应用之款，每月由总工程禀请总公司督办大臣，向华俄银行请其由华俄北京分行拨付下一月路工应需各款，交中国总公司督办大臣所派之收支委员，但此委员只得查照总工程司并总公司督办大臣所派代理大员会同签字凭单给发。凡属于工程并行车之事，华俄银行绝无自行筹付之款。华俄银行应极力设法，期于三年之内全路告竣。

第二十款　正定府至太原府各段路工，由华俄银行于借款未用之款内每月划付中国铁路总公司下一月敷用之款。此应用之款，乃凭总工程司预先约估用数之表所载数目。华俄银行所付购票之款，系专为营造正定府至太原府铁道之用。倘华俄银行查出递次所付之款内有一款作为别用，或中国铁路总公司有以致华俄银行不能接续办理路工，则银行有停止付款之权。

第二十一款　中国国家允准，华俄银行得以尽一千九百零五年十二月三十一号之内续购所余未购之借款一千八百万佛郎克，按九扣付价。续购之法，可作一次或分作数次购之。续购之票，亦一律抽号拔〔拨〕还，不分先后。续购之票，仍在巴黎之华俄分行付价兑领。所有票价，华俄银行只得按照本约第二十款所定章程拨付。

第二十二款　华俄银行既得陆续承购借票，每次承购时与中国铁路总公司妥商，将此续购借票之款办理何段铁路。

第二十三款　自本合同签押之日起，所需勘路之费应由中国铁路总公司付给。全路应分两大段修造：第一段由正定至平定州属迤北之滩水河左岸平潭地方止，第二段由平潭至太原府止。目下议定首次购票之款，即先用以营造正定至平潭一段，即于本合同签定年内开办勘路工程。在本合同签定两月之内，华俄银行即须备办法金一百万佛郎克，听候中国铁路总公司取用。此款即作为提垫借款，专备正太铁路勘路并工程用费。此垫款不折不扣，全年以六厘计息。首次认购之二千二百万佛郎克，应在本合同签定一年内办理首先归还六厘垫款。

第二十四款　华俄银行即刻承购之借票，或续购之借票，均可作为一次或分数次招人承购，或以他法售卖。所有招人承购之费，自应由该行认出。

第二十五款　所有营造正太全路及行车需用机件材料，皆归华俄银行代为定购，但该行自当尽心办理，并须极其公道。当经约明，凡中国自能制造机件材料，一律照章程价值，不向外国定购。其盛督办所管辖之工厂、矿局，更得应享尽先承购之利益，其章程价值，按照在外国所购运到中国者一律核计。一切定购材料进口并所经中国地方，均准免完厘税。倘华俄银行承准俄政府知照，已接中国照会，如第二十八款内云云者，一月内未得免税字样，则华俄银行可将本约作废。再，此一月内倘遇不测之事，如军兴，或法国国债大跌价值至百佛郎克以下，华俄银行亦可将本约作废。倘华俄银行未能按照本合同应允各款办理，则合同即时作废。中国铁路总公司可与他国另订合同，并辞退华俄银行。

第二十六款　中国国家或中国铁路总公司与华俄银行或其所派经理人倘有争执情事，由中国外务部大臣一员与俄国驻京大臣评断。倘以上两位亦有意见不同，则由中国外务部大臣并驻京俄国大臣公同另请一公正人断定。

第二十七款　倘华俄银行禀请中国外务部将票样照会分卖借票之国，则中国外务部即当照会该国驻京大臣。

第二十八款　本约照缮两分，一存中国铁路总公司，一存华俄银行。倘有疑难之处，查对本约，以法文为凭。本约应经合例之人奏请中国国家核准，俟核准后，由中国外务部照会俄国驻京大臣，或由该驻京大臣请照会曾经照会票样之他国驻京大臣。以上应行各事，于画押一个月内均须照办。

铁路总公司与华俄道胜银行商订正太铁路行车详细合同

第一款　中国铁路总公司奉中国国家允准，委派华俄银行，由华俄银行妥派人员，将正定府至太原府铁路代为调度经理，行车生利。此铁路系中国铁路总公司于光绪二十八年月日，即西历一千九百二年月号，钦奉上谕承办。其谕旨已恭录附于借款合同之内。

第二款　华俄银行，俟每段路工完成，由中国铁路总公司督办大臣验收后，陆续将各段之路经理行车事宜。每段已成之路，当预先备齐所有行车应需车辆，并种种工器、家具及日常周转之资本。华俄银行或遵照本合同第一款选派之人代为布置各事，招雇人员，并于此等人员有撤革或遣散之权，其薪水若干，当预先开单知照总公司督办大臣，再行核定，并定购行车、养路、修路应用之物；又按照承办铁路条款，以定载运客货价值，并收各项进款，支发行车应用经费，并中国铁路总公司因山西铁路公费。以上种种行车事宜，当预先由华俄银行或其所派之工程人员禀商总公司督办大臣酌夺而后行。中国铁路总公司有稽查出入款项极大之权，并委派监督、收支、核算、翻译各人员，会同各洋员办理以行上项所云稽查之事权。此监督并各委员薪费，应在山西路局开支，而监督应会签所有支发各项凭单。按照借款合同所订，凡行车人员，无论何国之人，如有品行不端，不遵约束，并侮慢地方官长，中国铁路总公司可以饬令斥革。所有应用中国人员，应由中国铁路总公司督办大臣所派监督代选派定，送交总工程司委用。每段已成路工办理行车之后，凡有添购车辆机器或改良推广轨道、车站工程应用之款，均应在山西路局开支。至修养路工应行购定物件，当设法先尽中国工厂、矿局承办。盛督办所管辖之工厂、矿局，更得享较外国工厂、矿局尽先承办之利益。其价值章程，应按照外国所办运到中国者核计。

第三款　遇有军务，无论外侮、内乱，此铁路须先尽载运中国兵丁、饷械及军营用物，然后方及商家。此项载运车价应行减半，并专听总公司督办大臣命令。凡与中国国家有损之物件，皆不得用此铁路。凡中国政府或地方官长紧要差事，应由车务处与总公司督办大臣并所派之监督妥商办理。至应发各项免收车价之票，亦应由该监督会同签字。

第四款　在行车所得实在余利之内，除行车各项开销外，华俄银行提款若干，以备每半年至少三个月前应付中国国家所借之四千万佛郎克利息本银之用。此项提款，须至本借款全数清还后方行停止。每月〈所〉提之款，即交华俄银行或该行所指派之公司，由该行或该公司将交来之款善为兑换金钱，以备付利还本之用。倘所交此项提款已足换金备付利息本银，华俄银行即在盈余项下提出十成之一，作为公积，以备小修大修，藉保行车一无阻碍。其所余之款，即由华俄银行统交中国铁路总公司。本借款如按下列之款清还，则华俄银行或其经理之人即当将全路以及机器车辆一切完全妥善，照常行驶，点交中国铁路总公司督办大臣所派之监督。

第五款　本行车合同自签押之日起，以三十年为期，惟期限已届，而四千万佛郎克之借款尚未全数清还，自应再行展缓。全数借款一日未清，则期限须接连展缓。如未到期满之前，借款即已清还，则本行车合同即于借款全数清还之日销废。

第六款　在华俄银行代办行车期内，中国铁路总公司准将正太铁路所得余利，于每年公同结帐〔账〕之时，提十成之二，以酬华俄银行。此余利系指除摊还各借款利息本银应需之款以外而言。

第七款　中国国家或中国铁路总公司与华俄银行有争执情事，仍按照借款合同第二十六款办理。

第八款　设遇行车进款不敷开销，中国铁路总公司自应筹款弥补，俾得照常行车。但此弥补之款应作为中国总公司暂垫，一俟行车进款除经费外得有赢余，即当清还中国铁路总公司。

第九款　凡华俄银行所需行车及修养路工之一切料物，如从外国运来，当免其完纳关税、厘金。

第十款　本合同照缮两分，一存中国铁路总公司，一存华俄银行。遇有疑惑或歧异之处，当以法文为凭，藉资剖解。本合同应由合例之人请中国国家核准，既蒙核准，即由中国外务部备文照会俄国驻京大臣，或事在必需，可由此驻京大臣咨请中国外务部，照会曾经照会之他国驻京大臣。

正太铁路行车合同附件

照译估计山西正太铁路每基罗米达工程用费节略：

公费：在工总管并监督各员薪水，又欧洲来华各洋员川资，以及测勘经费，二万佛郎克。

购地：地价并竖插界石费，一千九百六十七佛郎克。

土方：开山工程，第一等每立方尺价一十六生丁，第二等每立方尺价八十生丁，第三等每立方尺价二佛郎克五十生丁；填土工程，每立方尺价二十生丁；人力运土，每立方尺价二十生丁；小车运土，每立方尺价三十生丁。约一万六千零一十六佛郎克。

保护土方工程：挖土砌基，用三合土或灰外面工程石墙等六千零九千〔十〕佛郎克。

桥梁：一、寻常工程，挖土、砌基各项石基并各项围墙六千五百四十五佛郎克。二、重大工程，各项桥梁一万三千八百五十二佛郎克。

地下工程：计八千五十八佛郎克。

留道：土工并轨间铺填木头共九十三佛郎克。

石子：轨内堆垫石子四千零四十四佛郎克。

铁道并附件：大轨路、避车轨路、换车分车各轨路、标记铁道高低湾曲石条、停车木桩、养路器具、车辆转轮铁盘、三法尺五寸转轮盘、十三法尺秤货机、起重机、号杆、电杆、电线等三万六千一百三十八佛郎克。

车站厂屋：头、二、三等搭客厅、停车亭、驻足所、厕所、月台、货栈、车辆车头寄屯处、各项家具、电报机器、围墙、栅栏、装煤月台以及住屋、公事房等九千七百一十佛郎克。

车辆：车辆、机厂共三万零九百十八佛郎克。

初次勘路经费并备用款五千佛郎克。

以上共一十五万八千九百五十三佛郎克，作为一十五万九千佛郎克算，以二百五十基罗米达乘之，应需三千九百八十万佛郎克，举成数全路约需四千万佛郎克。

清季外交史料卷一百六十四终

清季外交史料卷一百六十五

光绪二十八年九月中

外部奏增改中葡条约缕陈商办情形折 附条款照会及分关章程

总理外务部事务奕劻等奏，为增改中葡条约，谨将商办情形恭折缕陈事。

窃查，光绪十三年春间，总理衙门因议办洋药税厘并征，奉派税务司金登干前往葡国，议立节略四款，第二款内载：中国坚允葡国永驻管理澳门以及属澳之地，与葡国治理他处无异。嗣于是年夏间，该国遣使来京，订立通商和好条约，复于第二款载明：前在葡国京都所订永居管理澳门之款，大清国仍允无异，惟现经商定，俟两国派员妥为会订界址，未经定界以前，俱依照现时情形，彼此不得有增减改变之事各等语。本年正月间，准该国使臣白朗谷照称：本国商民愿在澳门振兴商务，修浚河道，不得不将约内未定之事妥酌订明。前定和约已认澳门附近属地为葡国永居管理，应将该属地之界址广阔等项丈量妥订。按对面山一岛，居澳门之西；小横琴、大横琴二岛，居澳门西南，各该岛系澳门生成属地，又经和约认明，敢请会商妥定。臣等复以中国边海岛屿向隶府厅州县，从无此岛属于彼岛之事，只能就澳门现管界址照约勘定，不得于界之外另有属地。二月初间，复准该使来照，以上年各国公约第六款所载进出口税则改为切实值百抽五，葡未与议，表明该国人民所运各项货物应仍照光绪十三年两国条约所订税则办理，不可有背等因。是意仍注重勘界，而以税则为要挟之具。复经臣等严词驳拒，始据该使面称：愿将界务暂置不提，但求扩充商务，以期彼此有益，开具条款，为抵换利益之举。核其所开条款，大要约分两端：如应允改定税则，稽征洋药税饷，在澳门设立分关，为有益中国之款；在澳门附近任便工程，由澳至广东省城修造铁路，为有益葡国之款。臣等以澳门附近任便修造工程仍虑暗侵界址，驳令先行删除。设关一款，札饬总税务司赫德核办。铁路一款，电咨前两广总督陶模、督办铁路大臣盛宣怀分别核复。旋据赫德复称：澳门设关，有裨税收，但章程必须妥定。据陶模复称：由澳至省修造铁路，于地方情形尚无妨碍。盛宣怀复称：造路于税务有益，必须由总公司与之定立合同，不必列入约款各等语。臣等复与葡使一再磋商，将允造铁路另用照会声明，不入约内。该使亦已允从。

臣等复查，此次葡使奉其君命来京，意在展拓澳界。粤省士民颇为惶惑，迭经禀呈两广总督，请臣部设法驳阻。然该使于澳门属地一项，则以旧约已经允认为据，于税则一项则以新约未经与议为辞。臣等坚忍磋磨，相持至数阅月之久，晤商至十余次之多，始将勘界之议商允停办。现与议订条款，第一款声明，旧约照旧遵守。第二款声明，上年各国公约加增税则，大西洋国均允遵照；并与订明，该国人民所纳税项，不得较别国稍有增减，以预留日后加税地步。第三、第四款，在澳门设分关一道，以稽查出入澳门洋药，并征收各项税项，该关须在澳门界内。然胶州税关即在租界之内办理，数年并无枝节，但使税司稽征得力，似于饷项不无裨益。第五、第六两款，均申论设关事宜，章程由两国酌定。第七款订约文字，第八、第九款批准互换各节，皆向来订约应叙之款，无关要义。臣等逐加反复推求，尚属妥协。谨录增改条约各款全文，恭呈御览。如蒙俞允，应请简派大臣，与葡使定期画押，再将约本进呈，请用御宝，以凭互换。至设立中葡公司，修造由澳门至广东省城铁路，地仅二百余里。现办粤汉、九广两路已议定通至省城，再添一路，亦可藉以扩充商务。既与该使订明另用照会为凭，拟俟命下，即将照会互换，仍咨行督办铁路大臣盛宣怀，与该国详定合同，以期周妥。谨奏。

光绪二十八年九月十二日奉朱批：着派庆亲王奕劻画押。余依议。

中葡增改条款　此约画押后未经互换

大清国大皇帝，大西洋国大君主，因顾彼此有益两国通商事宜，将酌量增改条款数款，增入两国所立现行通商和好条约之内，是以大清国大皇帝特派全权大臣庆亲王奕劻，大西洋国大君主持〔特〕派全权大臣白谷朗〔白朗谷〕，各将所奉便宜行事之上谕公同较阅，俱属妥善，特将所议酌量增改条款开列如后：

第一款　所有大西洋国与大清国于西历一千八百八十七年十二月初一日，即华历光绪十三年十月十七日，所立之通商和好条约仍照旧遵守弗替。其现今议定增改续入本约各条亦一并遵行。

第二款　所有西历一千九百零一年九月初七日在北京所立议定条款内第六款所定加增入口之税则，大西洋国均允行遵照办理。但所有两国现行之通商和好条约未经增改之先，与及现今议定本约一经两国御笔批准互换之后，大西洋国应行享受之利益，俱与相待最优之国所享一律无异。至于大西洋国人民所纳之税项，不得较诸别国所纳之数稍有增减。其西历一千八百八十七年之条约第十二款所载各节，概行删革。

第三款　大西洋国今为襄助大清国征收稽查澳门出入口运入中国各埠之洋药税饷起见，应设立分关一道，办理税务事宜。至于该分关在何处设立，系由澳门官宪与大清国税关官宪互行酌议。

第四款　该分关系为稽查所有出入澳门口之洋药并征收应纳大清国各项税饷。

第五款　该分关例应优待所有由澳门出口各项船只，一如别通商各口，一式照章办理无异。

第六款　该分关所有应行遵办之章程，须由两国酌议妥定，以免有损两国利益。

第七款　因欲防嗣后辩论之处，是以此次所定之增改条约用大清国、大西洋国、大法国文字译出、缮写、画押，共录六纸，每国文字二纸，均属同意。倘遇有大清国文与大西洋国文未妥协之处，则以大法国文解明所有之疑。

第八款　所有现议定之增改条约，俟大清国大皇帝、大西洋国大君主御笔批准。但未经批准之先，则一千八百八十七年所立之条并所附之专约均仍行遵守。至于两国人民应享受该约所给优待利益之处，仍如前享受，一律无异。

第九款　大清国、大西洋国彼此即早将本约互换后，再行刊刻通行，使两国官民咸知遵守。现经两国钦派大臣将大清国、大西洋国、大法国文条约各二分校对无讹，亲笔画押，钤用关防，以昭信守。

光绪二十八年　月　日。西历一千九百零二年　月　日。①

葡使致外部中葡粤澳铁路事宜请核复照会

为照会事。

前者本大臣与贵亲王所商，为振兴商务起见，请大清国允许，在大西洋国地方内，欲设之中葡铁路公司安造由澳门至广东省城之铁路一事，既经彼此酌议妥善，今特请贵亲王将该事叙明照复，以为妥善之据，俾本大臣转行奏明本国政府，可也。

外部复葡使粤澳铁路一切办法请与盛大臣商酌照会

为照复事。

昨准照称：前者本大臣与贵亲王所商，为振兴商务起见，请大清国允许，在大西洋国地方内，欲设之中葡铁路公司安造由澳门至广东省城之铁路一事，既经彼此酌议妥善，今特请将该事叙明照复，以为妥善之据，俾本大臣转行奏明本国政府等因，均经阅悉。本王大臣应允贵大臣所请，许在大西洋国地方欲设之中葡铁路公司安设由澳门至广东省城之铁路，但所有一切办法须另行议立合同办理。该合同须由贵国特派大臣与本国驻沪督办铁路盛大臣商订办理。为此，照复贵大臣查照可也。

中葡会订分关章程

查光绪二十八年新定增改条款第六款内载：该分关所有应行遵办之章程，须由两国酌议妥定，以免有损两国利益等语。现经中国外务部派总税务司赫暨葡国议约大臣移交

① 原文如此。

署大臣阿会议，合将议定之十一款列后：

一、在澳门内海沿岸应拨给合式房屋，作为办公之所与囤货之栈。

一、应派税务司在彼督办关务。

一、商船进口应由扦子手等上船查验。

一、商船进出，于未逾指定之界限以前，须报关遵验，所有客货须在指定之处所上下遵验。内海以内应定有华船停泊处所，进出各船分别等候开舱准单暨放洋准单，方可驶离停泊之处。

一、上下货物须领有上下各准单，并照条约税则完清各税。惟澳门土产出口暨由外国口岸运进之货与本地民人日用食物，此数类毋庸纳税。倘有已运进口免税之货复欲运赴内地，无论由海陆各路运出，即应补纳进口税项。

一、洋土各药或于进口时先纳税厘，或于出关栈时完纳，均可。俟完清后，发给印花，贴于包裹或球面上。惟澳门本地食用之洋土各药，须每年议有定数，不得逾额。俟月底核其实用多寡，照缮存票发还。

一、应由澳门理船厅拨借小船若干只，以便载扦子手等赴进出各船查验。此外仍可由关自备需用之船，办理日行事件。

一、内海以内以防私缉捕各事宜，应由税务司与澳门官宪会议办法，并订明每月由关备拨经费若干，一面由澳宪特派水师官一员，随同税务司妥办一切。

一、澳门所辖水陆地方内如何防缉走私，应由澳官拟议节略，会同税务司定办。其附近一带地方如何防范，应由税务司拟议节略，会同澳官定办，俾两面实得相助之益，与地主之权无碍。

一、澳门设关后，其旧设之马溜州、前山各征税税厂，应即一律停办。惟有防缉走私不征税课各分卡，仍可由中国自行派办。

一、此次所定办法，应与光绪十三年所定条约一并施行。其澳门就近会商日行事件之关章，由澳门官宪会同税务司酌定，可作为试办之章，随时随势斟酌增改，以期妥善，不致此举与日后情形有未详尽之处。此次会议各条在北京缮写华、葡、法文各二分，均为画押。

光绪二十八年十二月二十九日，即西历一千九百三年正月二十七日。

总税务司赫德押。

葡国署大臣阿押。

署江督张之洞致外部德使言中国各要隘请勿任一国独占权利即转达政府撤沪兵电

李护院、袁道台据德国葛署公使电致敝处及江督衙门曰：本署大臣现奉本国政府饬令，知会贵大臣言明，德国国家现亦愿将暂驻上海德国兵营与英、法、日本等国同时撤去。现已据他国特言，先应由中国国家明白回复，不能专与他国一国在扬子江一带政治之权，或兵政、海政之权利，或他项特利，至要在上海上下游地方，不得让与他国一国据进兵之要隘。本署大臣请贵大臣按照以上所言允准，速为定明，不能专与他国一国在扬子江一带政治及兵政、海政等权利，则本署大臣即转达本国政府，以定撤兵日期。德国署钦差葛电等语。敝处复电曰：初七日接贵大臣来电，具悉。贵国驻沪兵队愿与英、法、日本等国同时撤回，具征睦谊，实深感佩！所询扬子江一带政权、兵权、海权、利权及进兵要隘，中国国家不能专与他国一国独占，以上权利各节，本大臣在任，长江以至上海上下游所有三江两湖一带，断不敢将政权、兵权、海权、利权让与他人。不拘何国，均一律相待无异。我国政府宗旨即是如此。特此明白奉复，请贵大臣速电贵国政府，饬知驻沪兵队与英、法、日本同时撤去为感。署江督·鄂督张电复，真云。谨电闻。

九月十一日①

外部致各关监督新定值百抽五税则定期开办电

新定值百抽五税则，本年十月初一日为开办之期，除税则另文颁发外，希查照。

九月十三日

外部致张之洞中国自有权利不让与他国已复德法两使电

真电悉。此事德、法两使均有照会，本部复以中国自有之权利，断不能让与他国，请达政府早撤沪兵等语，与尊处复电大致相同。

九月十四日

外部致袁世凯希派队出关弹压交还地方勿越界电

寒电悉。即日函达俄使，转饬在奉俄官勿阻，即希选派将队出关弹压，并严饬屯扎交还地方，切勿越界为要。

九月十五日

① 原刊目录标为“十二日”。

商约大臣盛宣怀致外部正太铁路合同已画押盖印请照会俄使电

正太铁路合同已将奉旨依议日期填入，于本日画押盖印。据华俄银行总办请即由贵部照会俄使，以便开办云云，现已令其代聘总工程司到沪，订立办事合同矣！

九月十五日

外部奏中葡增改条约遵旨画押折

总理外务部庆亲王奕劻等奏，为中葡增改条约遵旨画押事。

光绪二十八年九月十二日，外务部将增改葡约九款具奏，奉朱批：着派庆亲王奕劻画押。余依议。钦此。当经转知该国使臣白朗谷，先将汉、洋文约本彼此核对无讹，即于本月十四日在外务部会同画押盖印。谨将约本一分咨送军机处，恭呈御览，请用御宝发下，以便互换，用昭信守。谨奏。

光绪二十八年九月十六日奉朱批：知道了。

商约大臣盛宣怀致外部中俄接线第三款请催俄使照复以便续订电

奉八月巧电，谓：俄使复称，现拟请本国训条，将盛大臣之语注意，并将中俄接线第三款改为，此铁线细数应于敦伦〔伦敦〕公会后由中、俄两国商定等语，似应俟其政府训示复到，方可续订。乞即催复，以使咨请贵部与两公司所订收回北线之合同同日核准。

九月十六日

商约大臣盛宣怀致外部英派员来沪接议沪宁铁路合同电

二十四年与英商汇丰、怡和所订沪宁等处铁路草约，彼以特战，我以拳乱，搁置已久。伦敦现派璧利南来沪接议详细合同，因虑三年后还款为难，已三易其稿，屡议屡辍。现照粤汉办法另议，磋磨数月。顷，怡和来言，似可允给。可否即与逐款商订，再将酌改不同之处先行请示贵部核妥，再行入奏，请旨定夺。乞速示。

九月十七日

外部致李兴锐赣关量移省城应妥筹奏明办理电

常关由某处移至某处，可随时酌改，已载入此次商约。来函拟将赣关量移省城附近地方，扼要建设，应由贵抚详细妥筹，奏明办理。

九月十七日

北洋大臣袁世凯等奏报接收关内外铁路折 附章程二件

北洋大臣袁世凯、北方铁路督办大臣胡燏棻等奏，为恭报接收关内外铁路日期事。

窃照外务部与俄使议定铁路条款，蒙派臣世凯接收关外铁路，业将接收日期由臣世凯另折奏报在案。臣燏棻在京面请军机大臣代奏，偕同英使萨道义赴津，商订交路日期，于八月二十六日到津，次日会同袁世凯，前赴英提督克赖德军领，商催从速定期。经英使等允于二十八日巳刻将关内全路交还，计收回铁路八百二十三里，车站三十六处，机车四十五辆，客、货各车一千四百八十四辆，制造厂三处，材料厂二处。当于是时电饬各车站，一律换升龙旗，行车等事统归中国管理。臣燏棻即行于三十日回京。所有接收关内外铁路日期，理合恭折会奏。

光绪二十六年九月十八日奉朱批：知道了。

英国交还关内外铁路章程

大英军务处愿将京津、津榆并续筑至通州正阳门及永定门内各铁路交还中国北方铁路督办大臣，兹将交还章程各条开列于后：

一、按照一千九百零一年九月初七日议定条款第九款，中国国家应允，由诸国分应主办，会同酌定数处，留兵驻守，以保京师至海畅道无断绝之虞。今因该铁路本系最要之通道，中国国家允许，在于京津、津榆各铁路，凡各国留驻兵队，并保护使馆卫兵，及马匹、炮位与各类军实等件，均应在各类货物之先，按照附件所开章程运办。

二、在第一条所述留兵驻守各处之时，督办大臣允留武员会同总办并武官二员帮同办理各国运载军实各事宜。凡为各国兵队需运之故，或运载军实，或修办工程，自应预先由武员总办与督办大臣商定，由督办大臣转饬照办。其会同总办，即派英武官，帮同二员可由德国、日本国军门统带各派一员。

三、凡各国军门统领等以为紧要之铁路站，均可派武员暂时驻扎，以便转赍音信，往来简易。所有该武员办理各本营事宜，中国铁路之员应竭力相助。该武员遇有事件，应径达英国会同总办之武员。

四、兹中国北方督办铁路大臣应允，凡管铁路英武官在交还以前所立合同及所应许各件，由督办大臣派员查明，接受承办。又管铁路英武员在天津所用各房间，或公所，或寓所，如请接收，亦允一律办理。

五、除第二条所述外，其余铁路各事宜，如酌定客货、运脚、修养各工及开往车表目、定立合同、购料、运机各节，并帐〔账〕目等事，总而言之，除饬定运办各国兵队、马匹、炮位各类军实等件外，均归中国铁路督办，照联军未占以前无异。

六、自德国总营务处将铁路交给英国武官管理之后，直至交还中国北方铁路督办之时，所有一切帐〔账〕目，应由英国驻天津统带武员并中国铁路督办大臣各派一员查核。

七、凡本章程画押时，所有之铁路及车栈，若非先行设法预通道路，准备处所以代，不得迁移改动。欲改动，应先由督办大臣预先知照英武官总办，转知各国统领核准办理。

八、所有铁路各电线亦应同时交还，惟武官可于电杆上安设电线，以便自用。俟该线安妥，各国武官所发电报仍可按照附开之章第十二条办理。惟所有各国军门及驻守各处统带官并各使馆卫兵统带所发最急电，应在别类电报之先尽办。

九、该铁路交还中国北方铁路督办大臣之期，与俄国崴官交还山海关车站房间，并建造桥梁之机器厂，及其所管自山海关至长城桥一段桥在内，日期相同，惟不能于一千九百零二年六月初一日，以前交还也。

十、中国国家应先向现有驻守通道兵队之各国统带，并现留护馆兵队之诸国全权大臣等，取获情愿英武官将该铁路交还中国督办北方铁路大臣之文据相符后，此章程方可施行。

光绪二十八年壬寅三月二十二日，西历一千九百零二年四月二十九日，在北京画押。

袁世凯押。

胡燏棻押。

关内外铁路交还以后章程

中国北方铁路督办大臣今与英国驻华钦差大臣商定章程，以期英国营务处交还铁路之后，中国国帑及借款英股均获裨益。兹将该章程列后：

一、在袁督办、胡督办大臣节制下，有总局委派总办一员，洋务总办一员，总管一员英国人，专管工程并华洋工匠、稽查材料等项事件；代理华英工司一员无俸，专办会议铁路紧要一切事宜；总局外另有中国翻译一人，英国幕友一人，以为襄办洋务一切；又派干练西人一名，管理仓库事宜。所有铁路及一切分局所用之员匠人等，均先由总局及督办大臣允准，方能派充。

二、凡在外国购买车辆、材料一切为铁路之用，应归开标者公然投标购买。

三、该铁路一切帐〔账〕簿，每年由帐〔账〕师查核。该帐〔账〕师应由华英公司在于铁路用人之外拣选干练之人。该铁路周年一切帐〔账〕目等件，应照海关印册一律印行。

四、今议后管理铁路英武员所修之丰台正阳门及北京通州各铁路，应归入一千八百九十八年十月初十日华英公司与胡大臣所立借款合同第三条抵押该借款铁路产业之内。

五、按照一千八百九十八年十月初十日借款合同第三条所载之支路或修展之各铁路，应由北方铁路总办承修。今将此意重言申明，以推广铁路现有之利益。兹议定，嗣后在于离现时所有铁路八十英里地方之内，凡欲新修铁路，除此章程画押以前所应允修办之外，均应由中国北方铁路督办大臣承修。盖如北京或丰台至长城向北之铁路，及通州至古冶或唐山直弦之铁路，并天津至保定府各铁路，不得入他人之手，致妨碍中国北方铁路利益。

光绪二十八年壬寅三月二十二日，西历一千九百零二年四月二十九日，在北京画押。

袁世凯押。

胡燏棻押。

北洋大臣袁世凯奏报接收关外铁路情形折

北洋大臣袁世凯奏，为恭报接收关外铁路日期暨交收情形事。

窃臣于本年八月二十日接准盛京将军增祺电称：驻奉俄员邀祺同赴山海关，接收关外铁路。当即回复，此路应归督办铁路大臣接收。奈彼催不容缓，事关重要，坚却之恐滋藉口，只得从权同往，乞速派人到关经理等因。当经委派总督路务道员杨士琦，随带员司，驰赴山海关，查度情形，妥商办理。二十一日承准外务部咨称：八月十九日，本部具奏俄国交还山海关—营口—新民厅铁路，请旨特派大员接收一折，奉朱批：着派袁世凯接收。钦此。恭录谕旨，钞录原奏清单，咨行钦遵办理前来。臣当即照会俄国管路武官，务须按照彼此两国现订条款，将该铁路交还本国铁路总局自理。一面电致俄提督巴希诺希，告以俟杨士琦点收就绪，由臣亲赴山海关，会同该提督诺结案，并商订会晤日期。旋准俄提督电，订九月初六日赴关，会同签字。臣亦即允定电复，去后，杨士琦先期于八月二十五日随同增祺赴材料厂验视。是日遂由俄人先交关内材料厂及长城桥一段作为交收之始，升举中国龙旗。材料、电机、零星各件，均经杨士琦一一验收讫。臣当于本月初六日赴山海关，会同巴希诺希，分缮收据华、俄文各一分，彼此签字收执。

臣即于初七日回津。管路之俄员、俄兵于初八日一一退尽。除接收关内铁路另案会奏外，谨奏。

光绪二十八年九月十八日奉朱批：知道了。

外部致盛宣怀沪宁铁路合同请改照粤汉办法电

沪宁铁路合同改照粤汉办法，应与怡和逐款妥商，并将酌改之处电知外部核办。

九月十九日

吕海寰盛宣怀致外部美约论国币事请核复电

美约第二十七款，论国币事，原文有愈速愈妙及降旨通谕，与之再三辩驳，始允删去。又或用别法外以成此举八字，询以何解？据云，系承上文降旨通谕而论。告以此系内政，一经议定办法，自然明降谕旨，权操政府，亦断无别法可以办成，属其一并删去。彼始照英约及江督声明完税关平附件参酌改订，文如下：兹为推广商务起见，首在订定划一价值之国币。中国现无此等国币，所以中国政府应允，于能办之时，设法立定一律之国币，作为合例之国币；中美两国人民来往，均应通用；若以完纳关平银之税项，或以还抵关平银之债负，仍可照其市价核算云。其第二句价值二字，曾经辩论，美使云：此二字万不可去，各国所用金银均由国家定有划一价值，此乃国权，民间无不恪遵。不能自行涨落，如中国之行银元七钱二分可涨至七钱五六分，非特商务吃亏，且于国家无益。譬如日本以金钱易银元，国家定价照算，多加二角。此国家之权利，民间罔敢不从。彼之请定此款用意，实欲于中国国家有益。去此二字，则此款虽有如无矣！所论甚有至理。请核复。

九月二十一日①

中国电报局与大东水线公司会订京沽借线合同

中国电报局下文即称电局，大东水线有限公司下文即称公司，查一千九百年十月二十六号电局与大北古本海根电线有限公司下文即称大北订立合同，电局允将大沽至买卖城即恰克图之电线借给一条与大北使用，并将指明走恰克图陆线或沽沪水线之外洋电报交与

---

① 原刊目录标为“二十二日”。

京、津、恰三处大北传递。嗣电局与大北允将该合同酌改，于光绪二十八年九月二十一日重行订一合同下文称合同第三，该合同当与本合同同时呈请外务部核准。今议定，大沽至北京电线，电局允将借与大东一条，传递京津来往指明由大东公司水线传递之外洋电报，并允借给局房，均按照借与大北公司一律办理。今于光绪二十八年九月二十一日，即西历一千九百零二年十月二十二号，电局由电报总局驻沪总办朱、帮办周，大东由驻沪总办蒲主政，彼此授有全权，互相签押。所议条款，开列于后：

第一款　一俟本合同核准，电局即将大沽至北京电线拨出一条中达天津局者，借与公司，一切不计价值。如日后电局与公司均以为报费旺溢，一线实不敷用，电局允再借一线，以应公司之用，办法均照本合同一律。此项电线用镀铅铁线，与通行电报条例所载相符。借用之线，电局应尽力保护，俾使畅达。设或损阻，应由电局从速修理。如因电局大意，或竟置之不理，应由公司知会电局，如知会后仍不能及时修理完好，公司可以有权自往代修，修费由电局承认。公司借用之线设有损阻，而同杆电局自用之线通畅无故，电局可即酌量借与公司传用，至借线修好为止。若电局自用之线损阻，而公司借线完好无恙，公司亦当将电局各报在借线代为传递。公司不能径与外间商家往来。若以后将此权利许与别国电局或公司，则当一体许与大东公司。

第二款　电局当于天津、北京两局内各让出房屋两间，专归公司办理公事，须与电局报房隔开，所有办理借线一切局用，均由电局承认。公司当选派西人于京、津两局办事，薪水一切归公司承认自给。至所需华人报生办理此条借线，则准由公司选用，发给薪水，归电局拨还。此项报生亦悉归公司经理人节制。所有本合同第一并此款内应还公司经垫之费，由电局于每西月底给还。

第三款　凡英国外洋电报及他处外洋电报，由寄报人指明走大东者，电局应交与以上所指两处地方公司传递。又中国各口岸有水线之处，凡电局所收外洋电报，由寄报人指明由该公司水线传递者，亦应随时交该公司传递。并准公司在此陆线传递局务线务之免费公报。

第四款　公司借用电局之线，应认为电局之产。电局与别家水线公司或别电局订立合同，不能将此意废去。

第五款　凡经递中国各报，不论经过何线电局，应收报费总数，应照一千八百九十六年七月十一号所订合同摊派。

第六款　本合同自订立之日起，至一千九百二十五年十二月三十一号止，当信守遵行。届期，电局各愿展期至一千九百三十年十二月三十一号止，悉听其便，但须至少先期二年知照大英国驻京大臣查照。届时若电局于光绪二十八年九月二十一日与大北所订之合同展期，此合同本黏于该合同之后，则本合同亦当一律照行，至同日为止。

第七款　本合同应由中、英两政府于本日签字后六个月内在北京批准。

大清光绪二十八年九月二十一日。西历一千九百零二年十月二十二号。

总办电报总局・直隶候补道朱。

帮办电报总局・候选同知周。

总办大东水线公司蒲勒德。

中国电报局与大北公司修订津沽京恰借线合同

中国电报局，大北古本海根水线有限公司，今因电局以巨款设立北京至买卖城旱线，现拟将电局之上海至大沽水线与大沽至买卖城之陆线接通，力为整顿，俾得另成一美备之路，传递俄国及欧洲并欧洲过去各国之外洋电报。是以中国电报局由电报总局驻沪总办朱、帮办周，大北公司由驻华总办白主政，彼此皆有全权，特于一千九百二年十月二十二号议定办法，互相签押。所有议定条款，开列于左：

第一款　电局今将大沽至买卖城即恰克图陆线内借线一条与公司专用，毋庸给价。并在京、津两处设立传报处。如日后电局与公司均以为报务繁忙，电局允再借一线，以应公司之用，办法俱照本合同一律。此项电线用镀铅铁线，与通行电报条例所载相符。公司可在乌得或京恰中间之别局内酌宜安设助电机器，并派总管驻局办事。借用之线，电局应尽力保护，俾使畅达。设或损阻，应由电局从速修理。如因电局大意，或竟置之不理，应由公司知会电局，如知照后仍不能及时修理完好，公司可以有权自往代修，修费由电局承认。公司借用之线设有损阻，而同杆电局自用之线通畅无故，可酌量借与公司传用，至借线修好为止。若电局自用之线损阻，而公司借线完好无恙，公司亦当将电局各报在借线代为传递。公司不能径与外间商家往来。若以后将此权利许与别国电局或公司，则当一律许与大北。

第二款　电局当于北京、天津、买卖城三处每局让出房屋二间，不取租金，以便公司办公。所有办理借线一切局用，均由电局承认。此项房间，须与电局报房隔开。如电线由大沽局办起，则由该局内拨房二间，归公司专用。惟以上各局所用西人，其薪水一切当由公司自给。所需华人报生办理此条借线，准由公司选用，发给薪水，由电局拨还。此项报生悉归公司经理人节制。所有第一款、第二款内应还公司经垫之费，由电局于每西月底给还。

第三款　电局所收外洋各报，指明走恰克图陆线或沽沪水线，均应随时随地交以上各局公司借线处传递。又各口岸有水线公司之处，凡电局所收外洋电报，由水线并走恰克图陆线者，亦应随时交与公司传递。并准公司在于陆线传递局务线务之免费公报。

第四款　公司借用电局之线，总当认为电局之产。电局与别家水线公司或别电局订立合同，不能将此意废去。

第五款　公司备用之线，沿途凡有电局结帐〔账〕各处，公司可派稽察执事人员，惟别电局或别公司均不能派人。

第六款　电局借与公司之线，俄国电局如欲与大北公司直达，可以照行。即凡由借线传递之报，或递至俄电局，或俄电局递至公司，电局不得在中间阻扰。既如此办法，则凡由借线经恰克图传递之报，其报费帐〔账〕目应由俄电局与公司彼此径行结算，惟电局可在于华界内公司设有结帐〔账〕各处专派稽察执事人员，或华人，或丹人，皆可，惟别电局或别公司皆不能派人。

第七款　凡由借线传递中国与俄国来往电报，中国应将报费总数照一千八百九十七年五月十三号各订合同摊派。又中国各处由借线传递与欧洲及欧洲过去各国来往电报，中国应将报费总数照一千八百九十六年七月十一号所订合同摊派。其俄国与各处往来经过中国水陆电线各报，不论经过中国何线，中国应将报费照以上所指之两合同办法一律摊派。

第八款　按沪烟沽并京恰新线路原备与海参崴一路并行不悖，所取报价总数，两路当不相上下。

第九款　本合同自订立之日起，至一千九百二十五年十二月三十一号止，当信守遵行。届时电局各愿展期至一千九百三十年十二月三十一号止，悉听其便，但须先期二年知照俄、丹注〔驻〕京大臣并公司查照。届时若电局于一千九百二年十月二十二号与大东公司所订之合同展期，其稿黏于本合同之后，则本合同亦当一律照行，至同日为止，惟须先由俄国政府核准。

第十款　此合同内各款，彼此如有意料未到各处，一应查照各国通行电报条例，二应查照一千八百九十二年八月十三号所订之中俄接线合同并续印添订各条款办理。

第十一款　本合同第三、第五两款载明一切，电局仍可由大沽至北京陆线内以一线借与大东公司，传递寄报人指明走大东水线之外洋电报，并准该公司在以上两处派驻稽查执事人员，悉照电局与大东公司于一千九百二年十月二十二号所订合同办理，惟此权不得准别电局或别公司。

第十二款　本合同应由中国外务部暨俄、丹驻京大臣核准施行。现于光绪二十八年九月二十一日，即西历一千九百二年十月二十二号，用华、法、英三文，在于上海订立，彼此画押签定，以昭信守，共立三分，俱经校对无误。

大清光绪二十八年九月二十一日。西历一千九百二年十月二十二号。

总办电报总局·直隶候补道朱。

帮办电报总局·候选同知周。

总办大北水线公司白伊尹。

驻沪德领事致张之洞声明撤回驻沪兵队照会

为照会事。

现因本国朝廷愿将德国驻扎上海之兵撤回，然应与各他国之兵同时一律撤回，将来他国如再复派兵至上海，德国亦必照办。又应由中国朝廷暨长江等处各总督应允，不能专与他国一国在扬子江一带政治或兵政、海政、工程、商务之权利或他项特利，殆因与各国利益均沾之理不符。至要在上海上下游以及长江一带地方，不得让与他国一国占据进兵之要隘。此系防患于未然。本总领事现请贵督部堂将以上各节查照，并请按照文内所云，贵督部堂愿将以上各节逐一允准照办，相应照会。为此照会贵督部堂，请烦查照施行。

须至照会者。

九月二十三日

商约大臣盛宣怀致外部英约内河轮船一条改入章程电

英约内河轮船一条，勉力将所允要端改入章程。因条约永远难删，章程可随时更改，如时局日好，不难收转权利，然要在华商能自办耳！空言无济，莫如实做。现已招集华商，创设内河轮船招商局，先购浅水轮船五号，在江浙等处试办，已派同知朱冯寿等为总董。俟试办有效，再行会同奏咨，以期推广。请代奏。

九月二十三日

吕海寰盛宣怀致外部内港行轮章程与美议力争电

前接宁电，以美约第三十四款论内港行轮事末段只提中国国家允愿和平商议修补，不及美国一面，属照英约商改。因思内港行轮章程，本中国自定，此次英强我修改入约，实出于不得已，故与美议力争，由我商议修补，藉以挽回主权。微意是以末句扼定实于中国有益六字，若加入美国一面，彼所情愿，非海、宣力争本意。乞察核。

九月二十三日

署江督张之洞致枢垣请旨派袁世凯伍廷芳会议各国商约电 附旨

据上海道电，盛大臣现丁父忧，百日内不能出而治事。美、日商约正在相持吃紧之际，吕大臣一人恐难独肩其责。伍大臣熟谙外国法律，深通交涉，与美廷甚洽，若令任议约之事，必能得力。拟请奏闻请旨，电饬伍大臣刻日束装回国，畀以议约之任，实于商务有裨。计由美取道东洋，不过一月之程。美馆现无要事，使务暂令参赞代办，可无贻误。再，商约重要细密，全赖集思广益，协力坚持。前议英约，多赖前刘督同心匡持之力。此时美、日两国之约，日本妄索更多，美所索亦有难行者。至加税一节，则美、日均不愿照英约所加之数，持之甚坚，辩驳非易。洞才短多病，精神不能周到。美国商务尤重北洋，拟请添派北洋袁大臣会议各国商约，诸事得共相讨论，必于大局有裨。请代奏。

九月二十四日奉上谕：候补四品京堂伍廷芳，着派充会办商务大臣，并着会议各国商约事宜，迅即起程，取道东洋，速到上海妥议商约。其使馆事宜，着派参赞暂行代办。钦此。

九月二十四日

商约大臣盛宣怀致外部伍廷芳称零票内倘注金数或还金字样万勿允押电

伍使电：查赔款约第六款丙字内载：保票以后分作零票，由中国特派之官员画押等语。倘零票内有注金数或还金字样，万勿允押。函详，乞转外务部、岘帅、慰帅、香帅，转告该员云。查还金一事，办到如此，幸赖美国宣力。近与伍使电商美廷，将赔款应照附件还本，照表归还，列入商约。伍使复电：商允古纳，亦已密允列约。如得一国列约，照表载关平银两，乃可坐实，以后零票切不可露金字，以致前功尽弃。事关巨要，用敢缕陈。

九月二十四日

署江督张之洞复德领中国不肯自弃主权请无过虑照会

为照复事。

接准光绪二十八年九月二十三日贵总领事照会，内开：现因本国朝廷愿将德国驻扎上海之兵撤回，应与各他国之兵同时一律撤回，将来他国如再复派兵至上海，德国亦必照办。又应由中国朝廷暨长江等处各总督应允，不能专与他国一国在扬子江一带政治或兵政、海政、工程、商务之权利或他项特利，殆因与各国利益均沾之理不符。至要在上海上下游以及长江一带地方，不得让与他国一国占据进兵之要隘，此系防患于未然。本总领事现请贵督部堂将以上各节查照，并请按照现照文内所云，贵督部堂愿将以上各节逐一允准照办，相应照会。为此照会贵督部堂，请烦查照施行等因。

准此，细阅来文，隆情美意，露于言表，实深感佩！惟文内间有字句意义或略欠详酌，或未能明晰，若不声明于今日，反恐滋辩论于将来，不能不为贵领事详言之，以免误会。查来文专指扬子江一带而言，而扬子江仅中国境内之一处，专指一方，将恐谓此一方之外利权可弃，转失贵国保全美意，一也。来文又言兵政、海政、工程、商务权利或他项特利等语，查国家权利向不可让与他人。若言工程、商务之利，则字句之间必须妥酌意义，方能清晰。譬如某省有洋商愿来合股开矿者，则必遵照去年十月初九日谕旨，由中国采取各国开矿章程，酌定一妥善之章程，能遵中国定章而又与本地情形相宜者，方可准办。又如或某处设立自来水及机器制造厂等事，以及某省令洋商包办各项工程，则中国惟有视商人章程如何，择其无损中国主权，于中国最有利益而无流弊者，令其承办。其势不能一事必兼用各国工商，故断不能事事皆令各国商人利益均沾也。诸如此类之事甚多，何者为特利，后日殊费解释。将来难免无同此一事，中国之解释如此，或德国之解释如彼，或各国之解释又如彼，将以何人之解释为定？岂不徒启纷争之渐？其不可不声明者，二也。

总之，中国乃系自立自主之国，所有按照万国公法应享一切自立自主权利，在大清一统境内，无论海内十八省，或内外蒙古，抑或新疆等处，断断不能稍有减损，更不愿给与他国一国，亦不愿给予他国各国。我中国政策，无论何事，必惟以自保中国之权为主，断断不偏袒他国一国，此则本部堂所敢应允贵国保其永远不变宗旨者也。然中国不肯自弃主权，必可无庸过虑。但各国政策不一，将来万一或有不如贵国之仗义持平，或侵我国家权利，或占我进兵要隘，虽是意外不必有之事，然贵国所虑自是防所当防，但无明约于前，恐难禁阻于后，是与中国互换照会似非汲汲，而与各国订立明约则不容稍缓。既承贵国厚爱，保我权利，即请贵国与各国订立条约，互相禁阻，不许明侵暗夺中国一国全境之内一切利权以及进兵要隘，则中国国家权利不致旁落，中国臣民永享安乐兴旺之福，必皆感贵国大惠也。再，刻下中国地方业已一律安静，各国驻沪之兵均可撤退。贵国声威素著，自无需留此区区之兵。万望商同各国早日撤兵，则中国尤感睦谊，相应照复。为此照会贵总领事，请烦将本部堂感激盼望之忱转达贵国政府查照。是幸！

须至照会者。

九月二十五日

清季外交史料卷一百六十五终

清季外交史料卷一百六十六

光绪二十八年九月下至十月上

南洋华商呈商约大臣沥陈被虐情形请设立领事禀

南洋华商等为沥陈被虐情形，并请设立领事，以资保护事。

伏查，南洋诸岛，以荷兰为最多，英次之，小吕宋又次之，葡萄牙惟蒂汶叻里半岛而已。十余年前，德亦占有荷兰一大岛之半，英亦分一半，系近雪梨、金山之东北，其余概归荷兰管辖。葛罗吧为荷兰省会之区，其属有三十余府。要亚一岛，近三十年来土人颇为稠密，余则人烟尚稀。考之各岛，惟麻六甲通商最早，宋末即有华人前往贸易，明初荷兰即在此开埠。旋与英调换望姑路，此百余年间事也。自荷占据葛罗吧，开辟要亚为最先，华民来此亦最早，计自开埠至今已二百八十年矣！华民寓居者不下六十万人。乾隆以前，相待甚优，迨乾隆三四年间迫令华人入籍，以致鼓噪华人被杀十余万众。厥后各款抽税倍于各国之人，治罪亦苛于各国之例。近来政治日非，新例日出，大都皆为华民而设，于各国商民晏然无恙。盖以各国均有国家设领事保护，中国无之，无怪乎商务之绌，商民之困，岌岌乎不可终日也！商等经商南洋荷属葛罗吧、苏门答腊，英属新嘉坡、槟榔屿等处数十年，日与英、荷官商相过从，故其间政治之得失，人情之美恶，莫不纤悉考究。谨述其大略如左：

一、为货物之税也。查荷自葛罗吧属下大小三十余府，各海口均设立海关。凡进口货物，必计其值之贵贱而收其税之多寡。英、法、德、美各国之土产入葛罗吧口者，每百元征收六元。中国之土产入口者，每百元则征收十元，或二十元、三十元不等，甚至将货物价值格外估高，以为厚税之地步。其虐于货物之税有如此者。

一、为人头之税也。查荷例，无论荷人、各国人、华人暨本地土番，必先征年中进款之税。经商者计其生意之入息而征之，营工者核其辛金之多寡而征之，他国人及土番每百盾例征二盾，独于华人则征四盾。每年核计抽税，皆由各处该管之甲必丹、雷珍兰等上下其手，不容分辩。幸光绪十二年蒙前两广总督张奏派王、余两委员往南洋各岛巡视商务，顺道到吧，稔知其事，与荷总督理论后，乃不复再加。不然，每百盾议抽十盾之例又举行矣！其虐于人头之税有如此者。

一、为产业之税也。先征地底税，次征屋宇税。此等税项五年一次，议价年高一年，纳税亦年多一年。家物之精粗多寡，亦逐年议价而征其税。各国商人虽一体遵行，而征我华人必倍之。譬如马车一项，各国商人均准有用马一匹免税，车辆多少亦不纳税，而华人则无论车辆多少，马匹多少，概须征税。其虐于产业之税有如此者。

一、为有事之华民受虐也。设官听讼，贵在持平。荷例，各国人及本地荷人，所有案件可以亲自质审，或请状师伸理。事之小者，则归礼士连知府办理；事之大者，则归辣番由的里西即按察司或鹤呼即小刑部办理。其堂讯时，另设会审官监临。拟罪至轻，不用笞刑。若华人则不然。凡有争讼，先由玛腰都司、甲必丹守备办理。然不能结案，必至关都柳县丞、巡检或副礼士连处知县审办。无论案情如何，先行押候数日，吊出提讯。其定罪，或监禁，或罚银由一盾起现值英洋八角半至百盾止。钉链由三日起，至三个月止。笞藤不计次数，惟每次至多不过二十，但较中国之五百小板尤为猛烈。遇有重案，则由副礼士连会审，或关都柳详上兰得辣即小按察办理。会审者为土番头目此等人最贪酷及一二甲必丹或雷珍兰，以便监临兼传话。定案后，钉链则三个月起，至一年，或至死，或上吊棚不等。如其情真罪当，在所甘心。更奇者，华商有与副礼士连或关都柳稍挟微嫌者，则暗中贾祸，或凭空飞陷，拘拿问罪。至监禁、罚银、钉链、笞藤，任其照例，不能上控，亦不敢不遵，名曰白沙例即势押也。抑华人或与玛腰、甲必丹等有宿嫌者，亦必被其到副礼士连或关都柳处罗织罪案，施行白沙之例。各国商人有领事保护，则不敢以非礼相加。倘华人有户婚、田土及钱债帐〔账〕目案件在二百盾以上者，须延状师在辣番由的里西及鹤呼处审办，审费照西人至多之例核算，拟罪又照土番至重之例办理。纵令理可得直，而追回之银往往不敷状师之费，因此含冤负屈者不可胜计。其虐于争讼之华民有如此者。

一、为无事之华民受虐也。华人初到荷地，即概驱入公堂，问过口供，然后令其故旧亲戚领回，至蜮处街长报名注册。如到各乡营生，必须求地方官出字注明地址。如欲开店经商，又必须求准开店字样。设例如此，历久无异。忽于同治乙丑即荷一千八百六十五年特设赶逐居乡华民之例，谕令贱售产业，徙往街市。然例虽设而未见诸实事也。华人尚存安土重迁之意，而作驽马恋栈之思。乃于光绪甲申即荷一千八百八十四年复申此令，限二十四点钟立将产业贱售与土番。逾限未成交易者，概被土番头目带往地方官处罚银二十五盾，而后逐出，平日之生意产业片刻消归乌有。斯时华民扶老携幼，哭声震天，道路相属，荷人全不知惜，而各国之民安堵如故。其虐于安分之华民有如此者。

一、为身故之华民受虐也。华人经商荷地，所有家资产业，即妻儿子女不得私相授受。当病革时，必须请梁礁礼士做遗嘱字外洋俗称曰挂沙字管业。其子女远离者，即已经做字，仍将遗下家资提入美士甘末即公局。此公局设立之初，章程由华人订定，事务由华人办理，必俟其子孙前来向领，盖情关桑梓，不忍坐视不救之心，彼荷人仅为监临而已。今则出入之权操诸荷政，华人虽有甲必丹、雷珍兰，亦仅承命奔走，徒存虚位，故近时华民之子孙报挂沙字援照章程向领，而荷官必故意以荷例挑持，反复缠扰，迄无定案。若华人身后无子，或暴病身故，不及做挂沙字于亲属，则所有产业概归美士甘末。虽叔侄亲戚，不能得其分毫。就令递禀向领，而费用浩繁，所入之资不敷杂用之费，通盘合算，只可束手听之。光绪癸未、甲申年间，有在吧生长之闽人陈甲汶者，身故无子，遗下产业二万余盾，概被美士甘末提去，事同抄抢，华人莫敢阻止。如此等类，不能枚举。若中国有驻吧领事，尽可照例办理。身后产业应归死者亲属向领，一可运柩回籍，二可立尝祀祭，荷人何敢逆理妄作？各国商人则无虑于此。其虐于身故之华民有如此者。

一、为公积之华款被提也。美士甘末之设，系创自郭姓甲必丹，专为华人建造病房、老人院，以济年老穷而无告者、困苦疾病无亲属者之生养死葬。设明诚书院，以教育人材。是以婚嫁者纳资，自后有家产者亦纳资。所得款项概充病房、老人院、书院各经费，余者积存，其权概归专设之甲必丹三四人。独惜创设时章程未甚妥善，近来权则概归荷人，积存之款于十五年前亦已提四百万盾入于荷国家矣！

一、为日里之华工受虐也。查日里为荷兰外地，宜种烟，近年来专募华工开辟土地。而华民迫于饥寒者，奸人每乘其隙而诱之，或赠以银钱，或馈以酒食，曰外洋生意我能为尔代寻，出洋资斧我能为尔代出，于是代写船票，代垫行用，每名用费十余元，带往新嘉坡、槟榔屿等处，转卖与西人日里管工之华工头者。强壮之躯每名身价可值五六十元至八九十元不等，少弱者值三四十元。做明约字，三年为期，以种烟之得息偿其身价。驱入日里烟园，按时兴工，风雨不改，稍落后者以鞭箠从事。每月每名只给伙食银四元，烟叶得息则按低其价以入数。因荷例，外人不得入园，华工不能出园。凡货物银钱概由工头出入，故买物之银十元仅得五六元之用。于烟熟之时，或开场聚赌，以耗其余积，或遣妓入园，以陷入迷途，必使之进退无措，而后诱之以利，笼络为来年地步。如欠款未清，即一元半元，仍令再做苦工一年，加倍赔还，不能幸免。光绪二年之前，大抵有入无出。因是年逼反华人，杀死西人及伤者十余人，华人枪毙者千余，因此后荷国家始设新例。然自光绪二年即荷一千八百七十六年其国家所设之例尚属平允。凡买华人，不拘身价多少，每名只坐欠身价银三十六元为额核算。烟息与身价相等者，一年即扣清欠款。至效力三年之后，不论有无欠款，概作罢论。无如为园主之西人则阳奉阴违，而本园工头及该管之甲必丹又曲意逢迎，通同舞弊，以苛虐之心，行克扣之事。为工人者垂头丧气，饮泣吞声，身不能离豺虎之门，沉冤孰诉？口不能通夷酋之语，苦死谁知？而拐带新客之人又秘之惟恐不深，往往于初卖之时托伙伴冒名做字，然后令新客顶名下船。及驱入烟园，虽父兄子弟不许会面。所以升科辟地，各国西人皆得买地种烟而为园主，独华人不得卖地种烟，以列此职，恐华人私自通情，招集各园被虐之华工为之种植，则全埠之利权必为所夺，西人之苛刻必多掣肘也。此事间有一二甲必丹肯为秉公经理，与之辩论各款，尚亦公允。戊子春，有广东大埔张某者，由槟回家，适同乡张其昌之嫂孀居，一子穷而无告，往求张某，声称伊子向在粤省烟店营工，五年前被人拐卖到日里，闻在缎斯尾园做工，恳求设法拯救。后张某到日里时，屡次觅人探问，始得音耗，然终不能见面。后托甲必丹假他事吊出到案，后乃请缎斯尾出来会话，煞费心力。当时只用过客头银五元，计已经做工五年，仍赎去银五十余元，始得给资与其回籍。此乃绝无仅有之事，为商等所罕见也。其虐于华工有如此者。

一、玛腰、甲必丹、雷珍兰之设，当初原为保护华民，以华民有冤屈代为伸雪，并为保护华人之教类。乾隆以前，华民至荷地，荷国家格外优待。其为甲必丹等名目者，必须由华而来，选举上等公明正直之士，兼通中国文字、律例，询问商民合者，方准充当。乃自乾隆间为逼杀华人十余万众后，荷国家行文至闽、粤两总督处，询问此案要如何办法，不料两总督竟以人已出洋，已非我民，我亦不管为辞，因是其后荷待华人直与土番一体轻视矣！即选举玛腰、甲必丹、雷珍兰时亦只以其人家道殷实、能奉承其地方官者充之。商民之合与否，不顾也。故今要亚全岛之玛腰、甲必丹、雷珍兰等，非特中国文字、律例不能明悉，即言语能分晓者，百中亦不得二三也。似此，于华人大局何能裨益？及至中东一役之后，荷之苛待华人又更甚于前矣！

一、光绪十七年辛卯，葛罗吧生长之李子凤为玛腰时，有雷珍兰曾锦连者出一章程，凡华人在吧，无论暂居、久住，虽有捐职，勒令不准穿戴衣帽。缘伊等为玛腰、甲必丹、雷珍兰者并无捐职，他等照例原不能戴红蓝各色顶戴，今见华商穿戴损其体面。斯时商等适在吧，往各衙门询查，并无此例，系伊等借别例而禁华人之体面也！

一、专设留难之新例，以掣肘华人。查此例设于两年前，无论华籍、土著，有辫者俱照此而行。譬如在此处居住，欲往彼处办事或贸易，必须由此处请领一路票，名曰扒字。除使费不计外，国家仍抽纳印花银十先士。既到彼处，在彼处又要挂号，仍须抽纳十先士。如一日到三处、五处，则挂号抽纳亦如之。万一未经挂号，被其捉获，每次例罚银十盾起至二十五盾止。各国人及土番则无此例也。伏思此等新例，抽纳款项尚无大碍，惟到处留难，耽延时日，贻误事件，实为大害也。

一、数年前又设一新例，凡华人娶妻无子，立妾生有子女，无论所生多少，只准正妻认一子，余概作为野子，不得认其父之姓。再，无论华籍、土著，其欲结婚姻者，将于于归时必须男女亲到专设甲必丹处过堂，询问两相合意否。现虽有另设甲必丹经理，将来又必归荷官也！此例与我华人实为大有关碍。

一、此时领事之设，自不容缓。窃恐我虽殷勤而彼殊不允，即到荷京商办，荷京虽允而吧议院亦未必能允，缘吧之议院人员全以官为之，非同英之议院半官半商也。荷待我华人，若出钱则照西人之至贵者论，若办罪则照土番之至贱者论。据照公法，我与彼有约之国，断不能如是办法。二十年前，荷京曾有人议及，谓华人系有约之国，不能区分彼此，须照西人一体看待。经有行文到吧查过此事，其后如何申复，无从得悉。谅因华人在吧及各埠失业穷民暨粗蠢之辈太多，良莠不一，若概照西人办法，诚恐太于繁难，故不果行。数年前，商等亦略与荷官谈及此事，伊即以繁难为对。今如商办此事，必须将华民分作上下两等。如上等人先由领事处注册出凭，然后移文该管地方官，亦照注册。此作为上等人，有事则归礼士连及辣番由的里西办理。如未经领事注册及报穷者，应作为下等人，有事照旧归知县及县丞、巡检审办。然注册所费宜有定规，以免需索混乱。

一、考之南洋英、荷、葡萄牙各岛以及暹罗、安南、小吕宋等埠，约计华人四百余万众。除每年生意货项及日本、花旗、古巴、檀香山、坎拿大各埠出入不计，所有经商及佣工之人寄资回籍养家立业者，约有洋六千万元之谱。是以光绪十二年张香帅督粤时奏咨称，南洋各岛乃无形之保障者，职是故也。查中国海关册，自十年来，出口土货与入口洋货相抵外，每年失亏者货项库平多则七千余万两，少亦四千余万两。若非出洋之人赚得款项回华弥补，更何所底止？是以各埠领事之设，实属急不容缓也！

九月二十六日

吕海寰盛宣怀致外部商约合股事与日使切商电

日本商约第七款，合股一事，前奉鄂电，与日使切商。彼以有利同享，有害同承，只合同章程内之一事，不能该〔赅〕括合同章程之办法，并以害字太重，斟酌至再，允易为损益公任四字，加入或合办公司句下，曰：应照其合同章程损益公任，并须照其自认合同章程办理，以后仍照原订约文。又于末段日本臣民与中国人民合股经营或合办公司句下，改为亦应照其合同章程损益公任，倘有不守合同章程分内当为之事，日本公堂亦须一律办理。至鄂电谓不照合同被控者如何罚办之法，应明晰声叙，因中日律例不同，我又未定有商律，中国商人贸易所订合同但取彼此情愿，并不考查律例，是以只可扼定照自认合同章程办理，将来控告公堂，亦即按合同章程为断，庶彼此不致吃亏。其曰合同章程分内当为之事，即专指合同章程内应为之事。如应科股本，应摊欠项，皆合同章程所应载明者，必须视其所订合同章程如何，此时难悬拟也。

九月二十六日

署江督张之洞致外部盛宣怀丁忧芦汉粤汉铁路请责成经理电 附旨

盛大臣丁忧，所有芦汉、粤汉铁路事宜关系重大。此事外关交涉，内关政权，甚不易办，稍有疏漏，权利即暗为外人侵夺把持。洞深知其难。又知其创此两路皆系盛大臣与洋人订立合同，盛情形甚熟，办理均有斟酌，且有招商局码头作抵借款修造萍乡铁路等事，轇轕甚多，未便更易生手。查铁路现由总公司立议合同，本系商务中事，故盛之衔只称督办铁路总公司大臣，与别项督办大臣不同，丁忧人员，似仍可照办。拟恳钧处请旨，将督办芦汉铁路、粤汉铁路总公司事宜及湘沪铁路仍责成盛大臣一手经理。如虑奏事不便，或改为署任。所督办者系铁路总公司，其铁路事宜仍由南、北洋大臣及湖广、两广各总督会同督办。四督臣系督办铁路事务，凡事皆由四大臣暨盛大臣五衔会同陈奏。盛所办者系总公司筹款、购地、买料、修工事宜，四督臣所督办者系铁路经过地方政治、兵政、税项、利权事宜，须请旨划清界限，两者既能相辅，亦不相妨，较为周妥。以后枝路虽广，既有各督臣督办会奏，亦不虑盛一人事权过重，精神难周。洞系创议开办粤汉、芦汉铁路之人，于此事利害既确有所知，不敢不十分郑重。兹为要工得人起见，谨详筹奏闻，应否请旨，请酌裁。

九月二十八日奉电旨：现在各处开办铁路，关系重大，所有芦汉、粤汉铁路总公司及湘沪铁路筹款、购地、买料、修工事宜，仍着盛宣怀一手经理。其铁路经过地方兵政、税项、利权一切政事，着南北洋大臣、湖广总督督办①，各专责成，随时妥筹办理。

九月二十八日

商约大臣吕海寰致外部请催伍使回国会议商约电

俭电悉。自应遵照接议，惟派袁、伍会议商约，各国以上谕内无盛，疑已改派，惟来文仍列盛衔，并疑袁、伍均系添派，应请即予电示，并电钞旨，以凭知照各国。伍到沪需时，现正与美、日磋商，海恐独力难支，乞催伍使刻日启程为盼。

十月初一日

署江督张之洞致外部复驻沪德领照会中国自保主权不偏袒他国电

上海德总领事克纳贝来见，面交照会一件，并代拟照复稿一件，请即日照复：应允长江一带所有政治、兵政、海政、工程、商务权利以及他项一切专利、长江上下游进兵要隘，不专给与他国一国，必须各国均沾，须由敝处给予凭据，签字画押，彼即可将上海德兵与他国同时撤退等语。查德国若真系好意，中国岂有不愿自保长江之理？何必代我拟稿，立索复文签押？当答以专指长江一带，不无语病。言国家权利，兼及工商专利，我将来事事牵制。且互换照会签字，即与立约无异，外省督抚无与他国立约之权，必须请示政府。况与德一国订立此约，徒招他国猜忌，转致藉端生事，更与中国无益。并问此可告他国否？彼云：此举为保全中国权利起见，即包中国全境而言，亦无妨碍，

① 似少“两广总督”。

此事并非秘密，尽可布告。逼促再三，敝处因所来照会外面虽似保全中国权利，然语意包孕太深，牵涉太多，其中不免有牵制减损中国主权之处，及事事要挟均沾之患。且英人最忌此举，英领事来云：英廷早已闻知，再三诘商拦阻，谓此举定于中国无益。敝处因辰案未结，恐其藉端要挟，与德领事再三辩论推宕，乃德领留住汉口，日日催促。延至二十八日，敝处照复，大略云：来文深感贵国厚谊。惟专指长江，恐他人谓长江之外权利可弃，且言权利而兼及工商，字句略欠斟酌。盖承办工商、矿务等事，无论何国商人，只能择其于中国主权无损而于我有益者令其承办，势不能事事皆令各国商人利益均沾。至我中国系自主之国，所有自主权利，无论十八省何处及内外蒙古、满洲或新疆等处，断不愿稍有减损，不能让与各国，更不愿给与他国一国。中国政策，惟以保自主之权为主，断不偏袒他国。此则本部堂所敢应允保其永远不变宗旨者也。惟是中国固断不自弃主权，万一如贵国所虑，或有他国夺我主权，占我要隘，应请德国与各国立约，互相禁阻侵夺，尤感睦谊，并请其早日退兵等语。德总领事接复文，即日回沪矣！窃思德国果肯照敝处照复所云，自是有利无弊，但不知其真心如何耳！近日德使与大部如何议论？英使语气如何，均望飞速电示，以便外间相机因应至祷。

十月初一日

外部致张之洞修改黄浦派员系公约所允希派定电

修改黄浦派员一事，领衔美使屡催，称：和约附件第四条载，各国在沪及各他口岸，每年进口船吨数逾二十万吨者，由该国家特派一员。现在凡有此船只吨数之各国均已派有人员，请刻即商酌派员等语。查此事系公约所允，未便久悬，希即速行派定。

十月初一日

外部致盛宣怀福公司请修怀浦铁路愿归芦汉公司订定合同电

号电悉。现准英使照称，正太铁路归芦汉公司订定合同，福公司请修怀浦铁路，亦愿照此办理。该路经过黄河，与芦汉过河之处相近。该公司愿与和商，共摊渡河一切费用，并会办他项节省之端，以期互得利益之语。希电复。

十月初一日

外部致盛宣怀接线展限合同已签押即交还电局电

接线展限合同一事，现准雷使照复：已接本国电复，给予全权，将该约签字画押。又闻丹国合同在沪已经订妥，该两项合同一经签押批定后，即将电局交还中国，但英公司亦应同时交还等情。希查照，商令大东公司同时交还，以免两歧。

十月初一日

外部致张之洞赔款保票分作零票奏派贵督签字电

新约赔款保票分作零票，经本部奏派南洋大臣签字，并饬沪道随同签字，届时应由贵大臣接办。至零票办法，亦经札饬沪道，会同各国银行董事商办。乞查照。

十月初二日

署江督张之洞致外部与法比日磋磨汉口租界电

钧电询及汉口比、法等国租界事。查法国新增租界，原索向后直展至铁路为止。现与法领议定，展界距铁路工部尺六十丈为止，以外尺寸不让。法领已允，愿订合同。比国原购地段紧靠刘家庙火车栈厂，包过铁路，于中国管理铁路主权有碍，万不可允，已力驳之。现拟就该地滨江一边划出一万六千三百四十八方尺作为比国租界，东距车栈工部尺六十丈为止，北距铁路工部尺三十丈为止。虽尚未议妥，断不容再拓。但议给比界，日本便须添界，缘日本初索租界三百方丈止，允给一百方丈，留二百方丈备中国公司之用。当时日使言明，日界外地果归中国自用则无异议，如别有余地让给他国，则日本亦须照原议添索二百方丈。兹议给比界，又在日界之下，日界势不能不量予展拓。现在日界距拟给比界中间仅余地约三百丈，现拟添给日界一百五十丈，仍划留约百五十丈，立作华业公司地界，以备中国官商自用。盖华业公司请留江边之地，系湖北商民公禀，不能不俯顺舆情。日领事尚在争持。然火车相近处，中国仅止自留约一百五十丈之地为官商之用，实属无可再让。除力与磋磨外，谨电陈，以备与日、比两使争执。务乞主持，曷胜切祷！

十月初二日

署江督张之洞致外部请照会德使言中国以保自主之权为主电

德领事接照会后即成行，留复函云：此次庆亲王代贵国国家与本国国家所说之言，以及贵督部堂所致本国驻京大臣之电，足服本国国家之心等语。昨已将大意函告英领事，彼亦欣然，如德使有照会与大部，而大部从前照复语意或有漏未叙及之处，似宜由大部速照敝处艳电所述照会大意，再照会德使，以为根据，总不可专指长江，以免偏重。大略先将专指长江及政治、兵政、海政、工程、商务以及他项专利两项撇开，只应允无论在十八省、满州〔洲〕、内外蒙古、新疆等各处，所有中国权利不愿丝毫减损，亦不让与他人，惟以得保自主之权为主言外，中国既是自主自立之国，将来无论何事，如何办理，他人不得干预。德国将来自无可藉口，而英国之疑亦可稍释，辰案亦可转圜。请酌之。

十月初二日

张之洞吕海寰盛宣怀奏英国商约定议遵旨画押折

附内港行轮章程及照会商约十六条见第一百六十二卷第十六页至二十八页

调署两江总督张之洞、商约大臣吕海寰、商约大臣盛宣怀奏，为英国商约定议，遵旨画押，谨将约本恭折进呈事。

窃臣海寰、臣宣怀先后奉旨，派令议办商约，并着前两江督臣刘坤一及臣之洞会商筹定。接准英使马凯开送商约二十四款，臣等悉心查核，所索无一非损我权利，将必不可允各款，立予严词驳拒，择其无大关系者，徐与磋商，俾得从容筹计。而马凯开议后，动以和议大纲十一款中国已允商改利益为要挟，其用意尤重在豁除厘金，开通商务。臣等一面往复电商，皆以加税方能免厘为商约主脑，尤须自行筹定握要办法，庶不致吃亏。复电商军机处、外务部，亦谓机不可失，遂向其明索加税，允以裁厘，将有关税厘各款屏〔摒〕不与议。坚持定见，操纵互施。彼为商务阻挠，故允而复翻、议而复改者，不止一次。臣海寰、臣宣怀终不敢放松一步。五月杪，复邀同马凯偕赴江、鄂，与前督臣刘坤一、臣之洞共筹抵制，协力辩争。彼见无可要求，始渐就范。计已磋磨八阅月之久，聚议六十余次之多，舌敝唇焦，不遗余力。所有辩论加税免厘一款，于未议定以前，经臣海寰、臣宣怀专折详晰奏陈，于定议以后，前督臣刘坤一与臣之洞复合词电奏，及奉旨责令前督臣刘坤一、臣之洞切实通筹，从长酌议，亦经单衔分别奏复，仰荷圣明允如所请。此外各款，均经臣等随时会电具奏。内惟第十款，内港行轮，续经妥定章程。第十一款，通商口岸权利，共议列三条，马凯自行翻悔，坚请删除，系由前督臣刘坤一及臣之洞遵旨再行详请筹商，电臣海寰、臣宣怀，与马凯再四妥议会奏，请予照准。

统核马凯索议二十四款，驳拒未允入约者七款：曰洋盐进口，曰内地侨居贸易，曰邮政电报，曰设海上律例，曰整顿上海新衙门，曰口岸免厘界限，曰货物同在一河免复进口税。议定后而又删者一款：曰通商口岸利权。归入加税免厘款内并议，藉为抵制者五款：曰新开口岸，曰减出口税，曰三联单，曰子口单，曰常关归新关管理。商允妥办者十一款：曰存票，曰国币，曰广东民船与轮船纳税一律，曰华洋合股，曰整顿珠江、川江，曰推广关栈，曰保护牌号，曰加税免厘，曰矿务章程，曰内港行轮，曰谷米禁令。此就马凯原送款目而分别准驳、删改、归并者也。

臣之洞等复向马凯索议后允入约者三款：曰治外法权，曰筹备教案，曰禁莫啡鸦，皆我补救国计民生要图，幸就范围，实有裨益。马凯于议定复补请入约者两款：曰修改税则年限，曰约文以英文为凭，核系查照旧约办理，为约中应有之义。共议十六款。

其时，臣海寰等接马凯来函，臣之洞等接马凯来电，皆称七月二十七日定期起程回国。臣之洞等电留不允，并闻英商各以此约无多利益，意图拒阻，深虞中变，是以先行会电具奏，并将全约款文电达外务部，代为进呈。钦奉七月二十五日电旨：昨据刘坤一、张之洞等电奏，与英国使臣马凯议定商务全约等语，既据该督等会奏称屡经妥酌定议，即着吕海寰、盛宣怀就近画约，仍将各条与刘坤一、张之洞悉心详核办理，一切务臻妥善，倘有后患，惟该督等是问。钦此。当即钦遵照会马凯，去后，马凯又因约内附件应照原议参录会奏加税拨补裁厘办法，原奏及所奉谕旨、照会载入，方能画押。七月二十六日钦奉明降谕旨一道，马凯阅后，以加税拨款字义尚难解释，各国洋商疑虑，坚不画押。臣海寰、臣宣怀再三开导，竭力磋磨，始与马凯商妥，不必将上谕刊入约章，仅将七月十九日会奏及奉批准日期作为附件，较为得体。并传臣之洞等之意，慰留缓行。旋奉七月二十九日电旨：刘坤一、吕海寰等电奏悉。所有十九日电请旨一节，仍着责成刘坤一、张之洞妥酌，如果别无用意，确无流弊，即行传旨，著照所请。钦此等因。当经督臣刘坤一、臣张之洞查明，马凯所请加税之款，意在不得抵原拨厘金五百万以外之洋债赔款及挪作别用，恐各省再在货物收捐，业已先后奏明，此外似无别项用意，亦无流弊。遵即传旨，着照所请。臣海寰、臣宣怀于八月初一日奉到，即照知马凯，本订初二日画押，马凯又接英廷来电，必欲增叙详明，以慰加税洋商之意。并接驻英使臣张德彝来电，亦称：英外部谓，拟加之税务，须明降谕旨，归督抚提用，否则不画押等语。似英廷语意总虑税加而厘不撤，臣海寰、臣宣怀详细审度彼来照会，虽请全数拨还各省，而内叙各省向解北京及应还洋债仍如数照拨。我复照会声明，应拨各项即留存海关，听候户部与各省商定抵解。将来户部如何商定，派拨划抵，由我自主，彼亦无从过问。且现议赔款易金还银，正以我财力竭蹶为言，则加税声明只抵裁厘，不涉赔款，可见毫无盈余，藉可杜各国之口。似此办理，匪独于我无损，实于我有益。画押已延多日，仍恐别生变故，即于八月初四日亥刻，会同英使马凯，在上海画押盖印，业已先行会电具奏在案。

伏思，战后立约，彼既要求多端，万不能一无所允，然允则于彼有益，于我即属有损，此理之显而易见者。臣等不得不权其轻重，设法挽回，但能补救一分，即可少受一分之亏损。臣等受恩深重，敢不竭尽心力，会商妥筹？惟期有裨国用，无害民生，一己之毁誉，在所不计。固不敢畏难迁就，贻患将来，尤不敢瞻顾欺蒙，稍涉粉饰。综论全约利益，彼此似尚得其平，此西报訾议马凯所由来也。即如日本，近甫开议口岸、加税两端，均未肯如英国所议。但求各国皆无异言，能悉如英约所载各款而行，则此项商约尚无损亏，商务可期进益。然非仰赖圣谟训诲周详，曷克臻此？

至核对华洋文一事，极关重要。臣海寰、臣宣怀皆不识洋文，诚恐原派之翻译道员陈善言、知县温宗尧或未能详尽，复添派精于英文之郎中李维格、知府伍光建、汉口税务司贺璧理，各就英文翻译。向来条约，以洋文为凭，必须汉、英文一律，方免日后争论。电请外务部，饬派候补五品京堂曾广铨来沪，按照各该员所译汉文逐加校对，定以贺璧理译本为准。因该税务司系特派随办商约之员，是以照办。旋准马凯索取所译汉文，由彼校定，即以贺璧理译本送交。去后，马凯派其帮办杰弥孙〔逊〕，亦素习中国语言文字者，重加校核。复函臣海寰、臣宣怀，请派道员杨文俊及贺璧理、温宗尧三员前往，公同考订，间有酌改字句之处，禀经核明，于意义无甚出入，始予更正。其稍有不当，必令多方辩论，须佥称符合而后已。嗣承准军机处养电，令将所印洋文由江、鄂、沪三处详细校对，再行核定，电商前督臣刘坤一、臣之洞，往复斟酌。以画押在即，若候洋文寄至江、鄂复核，万赶不及，且两江无洋文好手堪任其事，即鄂派前往亦属太迟。沪校既经数次，实已慎益加慎，前经会奏陈明，并将马凯校对增改之处附奏更正，是以未敢再事拘泥，致误画押之期。谨据实详陈，以释宸廑。所有英约告竣缘由，理合恭折具报，并将约本汉、英文各一分进呈御览。再，此折因前督臣刘坤一患病，以致会稿稽迟。现已因病出缺，是以不及会衔，合并陈明。谨奏。

光绪二十八年十月初二日奉朱批：外务部知道。约本并发。①

续议内港行轮修改章程

一、英国轮船东可向中国人民在河道两岸租栈房及码头，不逾二十五年租期。如彼此两愿续租，亦可从新再议。倘英商不能向华民妥租栈房及码头，须由地方官与商务大臣商妥后，照公道时值，预备栈房、码头租给。租满之后，亦可接租。

二、靠船码头不得有阻水道，亦不碍船只通行，并须由最近海关先行查明允准，但

① 原刊目录标此件标示日期为“初三日”。

海关亦不得无故驳阻。

三、英国商人所租栈房及小码头须纳税捐，如同中国人民左近相类之房产一样。英国商人只能用中国代理人及办事等人，在该内河行轮处所租栈房之内居住贸易，惟英商亦可随时前往察视其生意情形，不得因此于中国向来管辖华民之权稍有减损，或有所妨碍。

四、凡在中国内港行驶之轮船，如有损伤堤岸或各项工程，应责成该轮船将该堤岸工程查系损伤以及他项因伤受亏一切赔偿业主，如有浅水河道恐因行轮致伤堤岸以及相连之田地，中国欲禁小轮行驶者，知会英国官员，查明实有妨碍，即行禁止英轮行驶该河，但华轮亦应一律禁止。至华洋轮船并不得驶过内河向有坝闸之处，防有损伤该处坝闸，有碍水利。

五、英国政府欲将中国内地水道开通，行驶轮船，大意实为中外货物运动迅速起见，如现在或日后有行驶内地水道之英轮，而该船业主允愿将轮船转卖与华人公司，及挂中国旗号，英国政府应许不加禁阻。

如有华人按照中国律例注册设立内港行轮公司而有英人附股者，不得因该公司有英股在内遂以为该公司轮船即准挂英国旗。

六、民船向不准装运违禁货物，凡行驶内港轮船及该轮拖带之船亦均一律不准装运。如有不遵，即照约载违禁章程办理，注销所给关牌，不准行驶内港。

七、内港行轮风气未开，内地居民宜令其少受惊扰，故凡内港其向未经轮船行驶者，须审察商人之便，并轮船东实见生意有利可图，方可渐次开驶。如有商人有意于商船未经到之内港设轮行驶，须先向最近口岸之税务司报明，以便转禀商务大臣，会同该省督抚体察情形，迅速批准。

八、此项轮船准在口岸内行驶，或由通商此口至通商彼口，或由口岸至内地，并由该内地处驶回口岸，并准报明海关，在沿途此次所经贸易各埠上下客货。但非奉中国政府允准，不得由此不通商口岸之内地至彼不通商口岸之内地专行往来。

九、无论客船或货船，均准轮船拖带。凡被拖之船只，其船户、水手人等均应归华民充当。并不拘船东为何人，均须挂号，方准由口岸行驶内港。

十、现在所定以上各章程，系补续光绪二十四年五月、七月前后所订内港行轮之章程。其未经此次所订更改者，则仍旧照行。其为此次章程所改者，则以此次所定为准。

此次之章程是补续光绪二十四年前后之章程，均为暂行章程。嗣后倘有应行修改之处，即可随时彼此酌情商定。

光绪二十八年八月初四日。西历一千九百二年九月五号。

吕海寰、盛宣怀、马凯押。

商约大臣吕盛致英使关税照关平大于库平可附入本约照会

为照会事。

照得本大臣等与贵大臣议定之第二款，现准两江督部堂刘电开：于此款内应声明，将来无论如何改定，至完纳关税，仍应按照向来关平大于库平银数比较核算，补足平色等语，即经与贵大臣商明，可用照会声明，附入本约附件备案。相应照会贵大臣查照备案可也。

须至照会者。

七月十二日

英使马凯复商约大臣吕盛中国银币纳税可按市价折算照会

为照复事。

本大臣接准贵大臣本月十四号照会，送来两江督部堂刘电报钞稿一纸，论新约第二款之事。兹特为照复。刘宫太保所见，实与本大臣所见相同。谅贵国政府必设立铸局，以铸国家银币，其银色及轻重自行定夺。此项银币可由商人以照重照色之银条易换，惟须加例征之铸费。所铸之银币，将用为中国国家通用之银式。并声明此是合例之银，若用以完纳关平银之税项，或以抵还关平银之债负，只可照其市价折算而已。为此照复。

须至照复者。

七月十六日

商约大臣吕盛致马凯此次加税拨补各省抵还洋债照会

为照会事。

照得本大臣等会同两江总督部堂刘、湖广总督部堂张，于光绪二十八年七月十九日电奏，内开：窃查，各省所收各项厘金款内，以拨还息借洋款为一宗，拨解京协各饷又为一宗，其余留供本省度支。现与英国修改商约，彼此议定加税，以补第八款所载应裁各项百货厘捐。除还现在洋债按押本息外，自应分别拨补抵解，免致各省为难，并不得挪作别项之用，及将此款抵押新借洋债，亦不得归入海关正税项内，以符加税抵补百货厘捐之原议。相应吁请将上列各节明降谕旨，饬下户部，查明各省裁免各项厘金向来应解应留各数目，俟加税免厘条款举行开办之日，分别派拨各省，俾资应付而昭允协。谨奏。兹于七月二十九日奉旨：着照所请。钦此。相应恭录，照会贵大臣查照可也。

须至照会者。

八月初一日

英使马凯复商约大臣吕盛各省加税拨补裁厘请附约后照会

为照会事。

照得本大臣接准贵大臣九月二号照会送来奏稿并谕旨，所论加税收项如何拨用之处，本大臣知悉，此项加税不能用以抵押新借洋债，且不能用以抵押或担保中国前时之负欠，惟旧债内有一项曾以厘金若干数作抵押者，不在此例。又知悉新约第八款所加之税，系全数拨交各省，按户部与各省所定之数目派给。其所得加税之项，仍要拨解北京，按向来厘金项下所应拨缴之数照拨。此外各省所得加收之税，其向来厘金项下应还抵押洋债之数，亦须如数照还。请贵大臣查照示复，并请贵大臣允许将此照会附于约后。

须至照会者。

八月初四日

商约大臣吕盛复马凯各省收税准由海关径解余听拨用照会

为照复事。

照得本大臣等接准贵大臣八月初四日照会，所称加税所得之项拨交各省办法一节，与本大臣等意见相同。但各省所应派拨之项，若全数汇寄，再由各省拨解北京抵厘金项下向来所应解者，未免虚耗运费。是以由户部与各省所商定派拨各省应收之项，即留存海关，听候各省抵解。所应解之项，由海关径解。其余听候各省拨用。至于一千八百九十八年所借洋款，有以厘金作抵押者，亦应照上办法如数拨还。所有此次来往照会，贵大臣请附入约章，亦无不可。为此照复贵大臣查照。

须至照复者。

八月初四日

英使焘讷理致外部贵国批准商约凭据已照收存查照会

为照会事。

西历一千九百零二年九月初五日，即光绪二十八年八月初四日，在上海所定商约，已于今日由本署大臣将本国大皇帝批准凭据面交贵部查收，并于是日由贵部将贵国大皇帝批准凭据同时面交本署大臣查收，合行备文照会，以便存查。

八月初四日

外部致焘讷理贵国批准商约凭据已照收存照会

为照会事。

光绪二十八年八月初四日，即西历一千九百零二年九月初五日，在上海所定商约，已于今日将本国大皇帝批准凭据面交贵署大臣查收，并于是日由贵署大臣将贵国大皇帝批准凭据同时面交本部查收，合行备文照会，以便存查。是为切要。

八月初四日

清季外交史料卷一百六十六终

清季外交史料卷一百六十七

光绪二十八年十月至十一月上

商约大臣盛宣怀致外部丹英两公司借线合同已订妥乞示电

中俄接线展限续约已缮好。查光绪十八年接线条约，李中堂与喀希尼画押。二十二年、二十四年续约系总署画押。三月内已钞送，此次各须贵部画押，请速电复。当将汉、洋文缮本赍送丹、英两公司借线合同均已订妥，只须候英电商局，便可与该公司画押。拟赶呈请贵部批定。宣怀已将庚子年筹款由大东、北代造海线及京津电线，以通要报，现议借线，方能收回代造京津之线各缘由，奏明在案。此次画押，请贵部代奏，以归简捷。乞电示。

十月初三日

外部致张之洞已复德法两使声明中国自主之权不能让与他国电

上海撤兵事，本部初次照复德、法两使，已电闻。旋照遵〔尊〕处复德使啸电之意，又经详细声明：中国独立自主之权均不能让与他国，事事统论全局，并非专指长江一带等语。德使复称：已转达政府。此次电复，具见荩虑周详。本部前此照复文内大致亦已赅括，似可不再赘叙。英使于此事屡来诘问，当将情形告知，彼已电其政府，得复再达。

十月初三日

沪道袁树勋呈外部蒲参赞言赔款事当答以照约还四百五十兆两零票分算电

零票，遵商银行蒲参赞，据云：按应得赔款之国各立一票所载还数，如德应马克，法应佛郎等语，明系暗含索镑故技。当答以中国只能照约还足四百五十兆两，零票应照此分算。蒲参赞谓：须转商各银行董事，立票送签。俟送到核明再禀。

十月初三日

署直督袁世凯致外部报黄新庄支路限期完竣电

旨饬造黄新庄支路，限六个月完工等因。当即委道员王仁宝承办土工，限冻前完工；华工程司詹天佑承办料工，限来年二月完工；并饬杨士琦核实勘估。顷据估定，需款六十万，目下克日兴工，请速发款，以应急需云云。当复以用款先由各局所凑挪，候凯回津再行筹拨，务当如限完工，毋得延误等因。请先奏达。

十月初四日

盛京将军增祺奏奉省所驻俄兵现一律撤退折

盛京将军增祺奏，为奉省西南段至辽河所驻俄兵现均一律撤退，并接收各情形事。

窃奴才前自山海关回省，路过锦州府，据副都统秀昌面称：该城于八月二十五日交出，俄兵业已撤退，曾经奏明在案。此次俄约所载，奉省西南段至辽河，其间为新民、锦州两府属地，仅东南附近营口一隅为海城县西境。先于八月初一日据俄武员照称，俄军须行撤退，其所占房屋须由华员接收，当经派员按段点验。兹据陆续禀报，锦州府城及高桥镇之兵于九月初四日退尽，将火车站一切交还，新设镇安县属曹山子之兵于八月二十七日退尽，广宁县沟帮子火车站之兵于九月初六日退尽，新民府俄兵于九月初五日退尽，宁远州火车站俄兵于九月初二日退尽。以上俄军所交官民房屋，均经各地方官随时给予接收字样。又辽河西岸俄兵五处于九月初六日退尽。营榆铁路历海城、广宁、锦县、宁远、绥中五州县境，共有护站俄兵十七处，自铁路交收，亦于九月初旬退尽。现已分饬妥筹善后事宜，惟营口一埠，俄人订明随后交还，理合随后奏闻。谨奏。

光绪二十七年十月初四日奉朱批：知道了。仍着督饬随时认真巡缉，毋稍疏懈，以靖地方。

商约大臣盛宣怀致外部福公司请修怀浦铁路当执定互得利益和商电

东电，福公司请修怀浦铁路，亦愿照正太办法，归芦汉订立合同，以期互得利益。沙多十月杪由此回沪，当与熟筹。诚能互益，不碍干路，有何不可？惟正太系芦汉枝路，有益无损，怀浦则错综前后，横直并行，势必有损。在比法只要借款保还，在中国恐本利无著，自当执定互得利益四字，斟酌和商，届时拟约哲美生来沪面议，再请部示酌定。

十月初八日

外部致胡惟德交还辽河事请向俄政府婉商电

中俄订约后初次交收辽河西南段，已如期接收。惟闻未撤兵地方俄武官动辄干预，不受商量，至铁路两旁界限多有侵越，希即向俄政府婉商。计开三端如下：一、第一期地方已交还，第二、三期各地方亦必如期交付，惟俄兵未退以前，各武官不得干预华官内政，并准中国添兵，足敷剿匪之用；一、营口本允于第一期内提前交还，现已逾期，请早交，以践前言；一、东三省电线系中国商办，应并交还东省，俄兵未撤以前，俄发军营电报自必先尽发递，并不索费，于俄亦便。希俄外部切商允行，并谕驻东武官照办。又廿二年东省铁路合同第十条，货物经此铁路由俄运中，由中运俄，照各国通商税则纳进出口正税，运往内地纳子口税，中国在此铁路交界两处各设税关等语。目下铁路畅行，俄商运货络绎，应即由中国设关征税，望照约与之妥商，一并电复。

十月初九日

使俄胡惟德致外部俄设关江省边境我国应仿办电

俄主赴黑海，十二月初二日归，电示三端，切商部员，伊约十日答复。至设关一节，据二十二年合同及本年约款第一条地方归我治理之语，本我自有之权。现江省边境，俄已设关，自应仿办。此事雷使如未议及，似可一面设关，一面知照。倘有异言，再据约辩论。现商外部，函电往返需时，且恐有意梗阻。雷如议及，伊必电政府，仍应先商外部，候酌裁示遵。

十月十一日

日使小田切等致商约大臣吕盛开送商约要旨说帖

一、查中英条约第八款第二节载：洋货于进口时，除光绪二十七年所订和约内载进口货税增至切实值百抽五外，再加一额外税，照和约所定之税加一倍半之数，以抵裁撤厘金、子口税及洋货各项税捐等语。惟该一倍半添加之税未免过重，仍以照进口正税加抽一倍之数为妥。查向来中国所抽洋货进口税，其实未逾估价值百抽三余之数，只为赔款起见，加至估价值百抽五。今无几日，若加至十二五之数，则洋货进口税俄增至原先所抽之进口税四倍之数。假使裁撤厘金一事于中外贸易大有裨益，如此变动急激，未免贸易为之受困。且中日通商贸易尚未大旺，深恐因此致受挫折。又第八款第二节，凡经陆路边界运入中国之货，一律征收此项加税之语，然此节恐俄、法两国不允照办。北京议约之时，彼两国之举措可知矣！故进口货添加之税，止与进口正税同数，即定以一倍为妥。

二、查中英条约第八款：进口煤亦应纳一倍半之添加税。惟煤系专在中国通商口岸及其附近之地销用，盖因其重数过大，未便深运内地。现在已然，将来亦无不然。今令其纳一倍半之添加税，以抵裁撤厘金之缺陷，事属不当，是以煤一项，应只征进口正税，概免添加之税，以归妥正。

三、查中英条约第八条第三节载：土货在于内地由此处运彼处，自产处起运到内地第一常关，应照海关税则征收。第七节所载之出口加税等语。惟此项税额比之洋货进口税添加之数未免过少，且应纳此项税额之货内，除出口货外，亦有许多内地销用之货。故中国政府倘欲征抽此出口加税更多之税，尽可任便加抽，而并无大碍。且中国若以为前二项所失应设法筹补，则将此项税额增至值百抽五亦可。

四、查中英条约第八款第七节载：丝斤一项，无论手缫或机器缫丝，所征出口正税之总数，总不得逾估价按包值百抽五之数等语。该节又载：若蚕茧经过常关，则须免抽各项之税等语。惟此二项均系制造之材料，与棉花等毫无别异，断无须另眼相待。该节应该削除。

五、查中英条约第八款第九节载：各该机器厂所用之棉花，若系外洋载来者，应将已完进口正税全数及进口加税三分之二发还，所用者，若系土产棉花，须将已征之各税及销场税全数一并发还等语。惟因此在中国之纺织各业受惠甚深，日本纺织各业为之吃亏不浅；且一面已向洋货加税，若一面如此过庇一边，未免悬隔太甚。是以此节应削除之，或将中国运出外洋棉花出口税及一切各项税捐概予免征，以匀轻重。

六、查中英条约第八款第十节载：每省督抚自行在海关人员中选定一人或数人，商明总税务司，由该督抚派充每省监察常关销场税、盐务、土药征收事宜等语。惟此项恐各国意见不同，碍难允准，故应削除之。若中国必欲照该约办理，则监察所需人员应视各国与中国通商贸易总数之多寡选定各国人员，以昭公允。

以上所开，系日本所愿办理之要旨。此要旨议妥之后，即拟免厘加税各约款文词。

十月十二日

商约大臣吕海寰致外部美日两使不肯俟伍使到后方议商约电

美、日两使不肯俟伍使到，现订二十与美议商约，二十五与日本议，以免藉口。

十月十五日

鲁抚周馥致外部开平矿局拟在德州设栈存煤电

昨据德州袁牧禀：开平矿局英商来德面称，拟在州设栈存煤，应否照准，候示等情。查德州非通商口岸，照约不准洋商开设行栈。惟开平煤局原系华商自办，庚子乱后归华英合股，究与洋商贸易情形不同。若不准其设栈，是自碍销路。若径准行，则其他洋商援例而来，无可阻止。应否将开平入内地煤行专悬龙旗，准其在内地开行栈亦悬龙旗，一切概照华商内地行栈办法？祈电示遵。再，德人在山东开矿极多，名为华德公司，而华人附股极少，将来必行销内地，能否均照此办理，尚不敢必。乞通盘预筹，示复。

十月十六日

外部奏闽省鼓浪屿议作公共租界未便兼护厦门折

总理外务部庆亲王奕劻等奏，为闽省鼓浪屿地方议作各国公共租界，未便兼护厦门，拟将该督原订第十五款汉文章程删除事。

窃本年正月间，闽浙总督许应骙奏称：闽省厦门为各国通商要埠，鼓浪屿系距厦西南小岛，四面环海，商贾素称繁盛。自台湾外属之后，厦门地当冲要，民心浮动，镇抚维艰。美国巴领事请将鼓浪屿开作公地，藉可保护厦门。当由兴泉永道延年与各国领事会商，再三磋磨，时阅数月，始克就范。现议各款，揆以公地之义尚属相符，且厦门均归一体保护，实于地方有裨。当将章程草约会同签字，咨送外务部查核等语。

臣等细绎该督原奏所称于兼护厦门一节，极为注重。乃检阅原约汉文第十五款，载有鼓浪屿既作公地，各国官商均在界内居住，厦门为华洋行栈所在，商务尤重，应由中外各国一体互相保护。而检查洋文，于此条则空留未填。不特汉、洋文原约不符，且究竟各国领事于此条曾否议定，甚有关系。当即咨行该督查复，去后，旋准领衔美国使臣康格照称：鼓浪屿公界章程，各国兼护厦门一事，各使臣以为，仅于鼓浪屿立租界合同，不能言及兼护中国地土，各国领事实无此权，即各使臣非奉本国之嘱，亦复无此权力，合同内立此条款，系属无用，请按前定章程办理等情。复经臣部电令许应骙奏明办理，九月十七日复准许应骙奏称：鼓浪屿草约合同第十五条兼护厦门一节，各领事以此条洋文须候驻京各国公使核填，现在各使既称领事无权，则外间无从商办。惟华洋合同未便两歧，请饬外部与各国公使仍照华文填写，或即以华文为凭。此项草约本已声明，必须候朝廷批准，方能遵行。倘各使不允，尽可将前约作废等因。

伏查，厦门地当冲要，实为闽省屏藩。该抚议定鼓浪屿租界章程，拟令各国一体兼护，意在预防他国专行窥伺，不为无见。惟厦门系中国地方，本非外人所能干预，若明定约章，强令各国互相保护，转失自主之权，于义无取。若因各国不允保护，遽议将前约作废，无论各使未必允从，即令就我范围，窃恐名既不正，言又不顺，亦将重贻列邦讪笑。现在领衔使臣康格既称非奉本国之嘱无此权力，又谓合同内立此条款系属无用，原订洋文章程又未载明，臣等公同商酌，不如将原订汉文章程第十五款保护厦门一节径行删除，较为简净。查该督咨送鼓浪屿汉文地界章程，共十七款，除删去第十五款外，其余十六款于公地之义尚属相符，自应请旨准行，以符原约而敦辑睦。如蒙俞允，即由臣部咨行该督，并照复领衔使臣康格，知会各使臣，一体遵照办理。谨奏。

光绪二十八年十月二十二日奉朱批：依议。

商约大臣盛宣怀致外部改定电线展限续约全文电

奉皓电，命将改定展限续约全文电陈。查约文系照五月十八日咨行俄使所拟底稿酌改。第一条内或中国电局与该公司句改为或中国电局与大北公司，第三条内伦敦公会之后订定一语改为伦敦公会之后由两国家订定，第四条内所让与丹国公司之电线一语让字改借字，余照原文。

十月二十二日

外部致周馥开平矿局在德州设栈须令华人经理电

开平矿局拟在德州设栈卖煤，原为推广销路起见。该局系华洋合办，船栈均令悬挂龙旗，一切概照华商内地行栈办法，自属可行。惟尚须订明，该栈尽用华人经理，以清界限。希查照饬遵。

十月二十二日

盛京将军增祺致袁世凯派队出关商俄使再开拔电

奉省西南至辽河俄军已全撤，地方渐安。仅广宁属高平镇有贼滋扰，即日击散。尊处派队出关一节，现仅辽河以西兵退，仍须外务部确商俄使，转饬驻奉俄员遵照，得复再行开拔为要。

十月二十二日

外部致岑春煊普济公司开采川矿如何与议希复电

普济公司指办矿地，川省曾订合同系十四厅州县，经本部改为八州县。其所指八州县地矿产几何，均归该公司开采，并非一县内勘得矿产八处，即照足数。煤油系照法商巴、万两县之例，以免彼此争论。应令专指某一两县为勘采煤油之地，不得增多。至现指乐山等八州县，除犍为、威远已有法公司承办煤铁及蓬溪煤油业经华商自办均应剔出外，其有碍盐井地方不得开采，系照川省合同第三条原文。当时川局系如何与议？希饬查明，并与英商妥为订明。仍电复。

十月二十二日

外部奏中俄陆路电线相接议订展限条约折　附续约

总理外务部庆亲王奕劻等奏，为中俄陆路电线相接，续行展限，议订条约事。

窃查，中国东三省边界与俄境东海滨毗连，陆路电线相接。溯自光绪十三年由俄国使臣库满创议，请将珲春、海兰泡电线与俄线相接，并展接恰克图线，互享利益，彼此议立草约。旋于十八年该国使臣喀希尼复申前请，经总理衙门与前大学士北洋大臣李鸿章函电相商，饬据办理电报事宜盛宣怀与俄驻津领事商订约款十条，与喀希尼会同画押。嗣于二十二年、二十三年两次续订条款，即由总理衙门画押，历经奏明各在案。该约限期以十年为止，本年已届限满之期。迭准俄国使臣雷萨尔照请将接线条约续行展限，并将拟定续约四条附送前来。当经臣部咨行盛宣怀，督同电局商董详细核议。往复电商，现已就绪。臣等查，中俄接线前者所订正续各约久已行之无弊，该约业经限满，自应准其展限，庶于电务有裨。所拟续约各条，经臣等详加复核，均属妥协。相应将约款照录，恭呈御览，并请旨特派王大臣定期与俄使会同画押。伏候命下，即由臣部钦遵，并咨行盛宣怀遵照办理。谨奏。

光绪二十八年十月二十四日奉朱〈批〉：着派庆亲王奕劻画押。

谨将中俄电线相接展限续约缮单恭呈御览

大清国政府，及大俄国政府，将俄历一千八百九十二年八月十三日之条约，及一千八百九十六年七月十八日及一千八百九十七年八月二十五日续订相接中俄电线原续各约，再行展限，视为有利益之举，兹为续订如左：

一、该原约及各续约之各节，应于中国电报局与古本海根之大北电线公司会订。电报合同限期之内，仍旧照办。其限期系届一千九百二十五年十二月三十一日为止，或中国电局与大北公司再行展限至一千九百三十年十二月三十一日为止。

二、一千八百九十七年八月二十五日续约所定之报资，仍行遵守无改。将来照一千九百三年伦敦万国公会所订者，再行会同商改。

三、中俄两国传递来往电报之资，应行同时跌减，并此跌减之细数应于一千九百三年伦敦公会之后由两国国家订定。

四、俄国电报局若愿将所借与丹国公司之电线与俄国电线相接，亦能如愿准办，即勿须中国电报局将该线之电报传递俄国。设丹国公司若愿如此，亦可照办。由该电线之传递恰克图电报各费，应由俄国电报局与丹国公司彼此登账结算，中国电报局可派稽查账簿之委员前往中国境内之该公司各稽查处，并不得派他电局或他公司之委员。一千八百九十二年八月十三日，及一千八百九十六年七月十八日，并一千八百九十七年八月二十五日，所订各约，未经此约更改之款，应仍旧照行。

光绪二十八年十月二十八日，西历一千九百二年十一月十四日，在北京订立。

大清钦差大臣庆亲王奕劻。

大俄驻京钦差大臣雷萨尔。

外部致吕海寰滨海行轮行之有年现筹办法二端电

日约第四款滨海行轮一事，日使以前经准领关牌为言来函。据裴税司称：案由东海关所出，本部无案可稽。函询总税司，尚未声复，惟来函钞裴税司复文，有粤东海口已准有洋商行海轮船驶行沿海不通商口岸之处等语。又查光绪二十五年英商永昌小轮在闽海关挂号，前往兴化等处，亦系出海行驶，经总税司议准照办有案，核与日、英各船在山东、奉天沿海各处贸易情形相同，均已行之有年。此时辄欲阻止，势所不能。现筹办法约有二端：一、力图抵制之法。应准华商创设公司或附入招商局，自备合式轮船行驶沿海各处，以收利权。一、详订征课之法，虽准轮船来往不通商口岸，亦应指定处所，由就近海关设局稽征税项，务使华洋商轮一律办理，以昭公允。希由尊处妥慎商办，并将此电转达袁、张两大臣酌核为要。

十月二十七日

商约大臣盛宣怀咨外部中俄接线合同请核准文

本年八月十二日，准贵部电开：中俄接线展限一事，前据尊处三月效电，已催令商董会议。嗣准俄使送到续约底稿，于五月间钞咨尊处。现俄使欲将展限合同与借线合同同日办结。究竟展限事商议已否允洽，亟应预筹办法，一俟借线合同咨到，即由本部将展限合同一并核准，以免参差。希统筹复等因。准此，即经转饬电报总局商董迅速议订，并将中俄两国边界陆路电线相接展限条约据商董等会议订妥，缮就华、法文合同四本，呈送贵部画押盖印，分别存查在案。所有京沽借线，暨沽津恰借线，以及电局准借与大东公司由川石山至南台陆线一条，中国电局与大东、大北两公司应订各项条款，现经电报总局总办·直隶候补道朱宝奎、电报总局帮办·候选同知周万鹏遵饬与大东公司总办蒲勒德、大北公司总办白伊尹会同议订妥洽，由本大臣核定。兹将京沽借线条款缮就华文、英文合同各三分，沽津京恰借线条款缮就华洋〔文〕、法文、英文合同三分，川石山至南台借线条款缮就华文、英文合同各三分，校对无讹，即派朱道宝奎、周丞万鹏与大东、大北公司在上海互相签押，禀送前来。

本大臣复核，所议借线条款尚属平允。现在亟须收回京津沽陆线，以维电报大局，不得不稍予通融，俾就范围。所有电报局与英国大东公司、丹国大北公司同日订定借线合同，派员画押。先由本大臣核定盖印，除将该公司应执二分由该公司呈送英、俄、丹驻使核定，再行送请盖印外，电局应执一分，相应咨呈贵部，谨请核准盖印，克日发还，以便遵照办理。

十月二十七日

外部奏中俄陆路电线相接续议展限条约遵旨画押折

总理外务部庆亲王奕劻奏，为中俄陆路电线相接续议展限条约，遵旨画押事竣，仰祈圣鉴事。

查中国东三省边界与俄境东海滨毗连，前订珲春、海兰泡电线与俄线相接条约，本年已届限满之期。俄国使臣雷萨尔请订展限续约四条，经外务部于十月二十四日奏请派员与俄使画押，奉朱批：着派庆亲王奕劻画押。钦此。旋经督办电线大臣盛宣怀将缮就汉、洋文约本派员赍送到京，臣当即转知俄国使臣雷萨尔，于十月二十八日会同画押盖印讫。除咨行盛宣怀按照条约饬局遵照办理外，谨奏。

光绪二十八年十一月初一日奉朱批：知道了。

外部奏韩国元山埠华商日增请设副领事折

总理外务部庆亲王奕劻等奏，为遵旨议奏事。

准军机处钞交出使韩国大臣许台身具奏，韩国元山埠华商日增，恳请复设领事驻扎，办理交涉事宜一折。本年十月二十二日奉朱批：外务部议奏。钦此。

查阅原奏称：韩国元山海岸，在海参崴、釜山之间，流寓商民，中国及日、俄居多。该两国均设有领事。中国从前亦曾派员驻扎，光绪二十五年改归汉城总领事兼管，遇有公事，酌派随员前往。陆路险阻，水路迂远，诸多不便。近因俄人税重，商务移萃于此，华商日增，时有牵涉外人之案。据商董禀请复设领事，该埠税务司并他国驻使及韩国外部大臣均以为请。事为民生、国体所关，核之商情众论，其势实难从缓。值此库储支绌，惟有诸从节省办理。伏查，汉城总领事署前因兼管元山，派有随员二人。今该埠既需派驻专员，拟就二人中择一通知洋文者前往，调为副领事官，暂时赁屋办公。选派供事一人，佐理案牍，且备差遣。所遗该署随员一差，亦不调员充补，以期节省饷需。薪俸以及房租各项公用，拟照韩馆向办成案，撙节请支。如蒙恩准，查有现充汉城总领事署随员・户部主事懿善，才具稳练，系同文馆学生出身，谙习英文，留心交涉，以之调充元山副领事官，堪以胜任等语。

臣等查，韩国元山埠地方，华民流寓日众，商务交涉渐繁。日、俄两国既各设有领事，中国仅恃汉城总领事兼管，鞭长莫及，恐多隔阂。事关民生、国体，自应旁采众论，俯顺商民，另设常驻之员，专为经理一切，俾海外侨氓同归得所。今该大臣拟就汉城总领事署两随员中择一通知洋文者调派，改为驻扎该埠副领事官，不另派翻译，佐以供事一人等办法，尚属简便，相应请旨，准如所请。至该随员・户部主事懿善，既经该大臣称其谙习洋文，留心交涉，堪胜该埠副领事之任，亦应请旨准其调充。俟命下之日，即由臣部咨行该大臣遵照妥办，并将该员所需俸薪及房租等项，比照韩馆向办成案，撙节开支。谨奏。

光绪二十八年十一月初一日奉朱批：依议。

盛京将军增祺奏俄员拟将盛京宫殿先行交还折

盛京将军增祺奏，为现据俄员照会，拟将盛京宫殿先行交还，并陈历次派员查看办理情形事。

窃自前年变乱，盛京宫殿均由俄员派兵护守。所有历代圣容御宝，曾经先期公同商议，由协管内务府大臣清锐及副都统晋昌、主事文英恭扈暂赴热河供奉，历经奏明在案。上年正月，奴才商明俄员，会同各部侍郎、府尹、学政等恭诣大殿，敬谨查得敬典阁尚有供奉历代行乐图十一轴，尊藏玉牒龙匮，虽有开动，似无缺失。文溯阁所藏书籍以及磁器库，亦均完全。惟太庙及飞龙、翔凤两阁，因俄兵把守，不令详细查看。迨本年夏间，准宗人府咨称：盛京尊藏玉牒是否完全，未据该将军奏报等因。复经奴才照商俄员，派令交涉局会同署驿巡道景贤、道员谈国楫、内务府佐领长庆恭查，光绪十三年至二十三年两届帝系满汉各本，均照旧尊藏。其大小档龙袱，多有遗失，间有紊乱情形，而值守俄员不容细检，是以未敢含混具奏。嗣又商派交涉局总办道员李席珍、知府李淦等赴飞龙、翔凤两阁，敬谨查看尊藏历代御用衣冠及弓箭、刀佩、马鞍并各项陈设、字画，约存大半。惟金条、金锞等项四千两，金器计五千余两，变乱时即全失无存。计自上年已经奴才派人设法收回金条、金锞、金器计一千余两，并御用珊瑚、朝珠、碧玺、带扣、玉器、陈设、御笔、书画不下数十件。此历经恭诣查看及收回各件之大概情形也。

兹准该俄员照会，宫殿拟即交还，请派员接收，并以现值冬寒，护守兵等须先觅住所，屡商暂借兵、刑两部公署栖止。奴才已一面札派协领塔钦等预备接收，一面令人为之修理，以便俄兵暂行迁往，宫殿即可交还。除俟届时接收，奴才仍当会同副都统、府尹、各部侍郎、学政等官公同前往敬谨查明，再将详细情形随时奏报外，谨先恭折奏闻。

光绪二十八年十一月初一日奉朱批：知道了。

外部奏请饬长顺婉词驳阻俄员在吉林租地折

总理外务部庆亲王奕劻等奏，为遵旨核议具奏事。

准军机处钞交吉林将军长顺等奏，吉林三姓所属拉哈苏苏地方，俄人拟租荒地，作为轮船码头及田庄、牧厂，先与议立草约一折。光绪二十八年十月初七日，奉朱批：外务部核议具奏。单并发。钦此。到部。

查原奏内称：光绪二十七年十一日月间，准驻吉俄国办理交涉大臣刘巴照称，俄国同伙制造轮船业主，欲在拉哈苏苏地方租用荒地，作为轮船码头；又有俄人亦欲在拉哈苏苏租用荒地，作为田庄、牧厂，请将租地章程并每年租钱若干以及年限若干请核示等因。当以拉哈苏苏地方为三姓辖界，随即咨行三姓副都统，就近派员查明备核。兹准副都统萨英阿以查勘该俄人拟租荒地，共系三段：第一段系俄商轮船公司所用，南北长二百五十六丈零八寸，东西宽一百九十八丈；第二段系俄人拉得依中所用，南北长四十九丈五尺，东西宽四十八丈八尺；第三段系俄人那立莫夫所用，南北长五十九丈四尺，东西宽三十九丈六尺，均系官荒闲地，与赫哲旗亦无窒碍等因。奴才等查，拉哈苏苏地方，在富克锦城东北，松花江南岸，距城一百九十里，其北为黑河口。凡俄轮顺黑龙江而下，溯松花江而上者，此处实扼咽喉。自东三省修铁道，哈尔滨设立总车站后，俄轮畅行，已无所谓险要，且其地荒僻异常，断非中国财力所能经营及此。与其置旷土于无用，似不如照俄员所请，酌收租价，尚可稍收地利。第事属创始，一切租价、年限等事，宽之则视若容易，恐生无厌之求，严之则迹近刁难，虑启强占之患，必须明定限期，妥议章程，方足以持久远而杜流弊。兹经酌议章程八条，言明系属草约，必俟奏奉谕旨允准，方能开办，谨将草约八条缮单，恭呈御览，吁恩饬下外务部核议示遵，俾有循守等语。

臣等伏查，吉林三姓所属拉哈苏苏，地居荒僻，该将军等因俄国交涉大臣之请，商议租地，原为睦邻起见，惟中外通商以来，只有开辟口岸之处，准各国酌租地段，居住贸易。今俄员请在拉哈苏苏租地，作为轮船码头、田庄、牧厂，与通商口岸情形不同。如果允其所请，诚恐各国因而藉口，纷纷援引，势将无以善其后。该将军原奏声称，所拟章程，言明系属草约，必俟奏奉谕旨允准，方能开办，是此项章程原未作为定准。拟请饬下吉林将军等，照复俄国交涉大臣，婉词驳阻，以杜轇轕。如蒙俞允，即由臣部咨行该将军等遵照，妥慎办理。谨奏。

光绪二十八年十一月初一日奉朱批：依议。

商约大臣盛宣怀致外部大东北代办京津沽电线已收回电

电线合同，英萨使到沪，已于初一日画押。大东、北代办京津沽电线已于初二日收回，撤去英、丹国公司招牌，换用中国电局牌名，报纸照报办理。

十一月初四日

川督岑春煊致外部与英领商议矿务合同另添两条以保利益电

今日英领及英商到局商议合同，经煊饬须该局先令指出某县开某矿，煤油准指两处，蓬溪抽出，犍为、威远可开煤油，不得开煤铁。又令将五年限期改作一年，以符总局定章。十五条末两句应删。十六条末添一句，云：惟不得逾五十九年之限，另添两条声明，一系声明，蓬溪境内，永不准合办公司在彼取油，以保华民已得利益；一言盐政国课所关，如该公司觅得盐鹾，即呈明川省自采。暨第十六条有就范意，其余均不愿更易，无非执大部已允之说。查养电有所指境内矿产，均归开采之语，惟现时不能不坚执只许一处，每处只限二十里之说，以为钧署转圜之地。

十一月初六日

鲁抚周馥致外部闻俄拟商中国代收西伯利亚铁路税乞勿允电

十月初，青岛德总督赴旅顺回，云：现俄国商定章程，令西伯利亚铁路代中国收税，不另设关。随去之员所言相同，并云：如俄自办，请必照行。查各国条约，均有利益均沾之条，定必纷纷效尤。海道如青岛、九龙、广州湾，陆路如安南、缅甸、西伯利亚，凡邻境有铁路处无不照办，不特利权尽归外人，且主权尽失，所损甚大。顷，闻在旅大定章之俄员已到北京，谅为此事，乞核夺。

十一月初十日

外部致盛宣怀奉旨伍廷芳会办商务大臣电

奉旨：所有会办商务大臣关防，着盛宣怀俟伍廷芳到沪后即交该京堂接收。

十一月初十日

清季外交史料卷一百六十七终

清季外交史料卷一百六十八

光绪二十八年十一月下至十二月

商约大臣吕海寰致外部与日使议城镇居住贸易电

日约第六款，日使所索各节，已详勘电。初五日又议，当告以此事与厘金有关系，俟免厘加税议妥后再议不迟。日使谓，此事、税厘并征，系两件，万难复议，执意不肯。遂告以前据驻京各使争论旧约城口二字，迭经外部辩驳，谓城口当作城邑之口解，并非城邑亦作通商口岸，是以马使议论此节，复电请部示，仍持前解，未之允许，英使后将此款删除，今日约城镇二字亦当照城口解释。日使云：此为旧约所许，因地方官不明约义，常有阻挡。若日本臣民硬在城镇居住贸易，必启争端，恐碍睦谊，是以未即照行。现趁修改商约，日廷决欲重言申明，不许地方官再有阻挡，并使明约文之义。驳以既声明原约，何以又增出无论何处、任便居往〔住〕八字？复接南皮电云：如议此款，必照英约议妥复删之三节，缺一不可。日使索阅后，谓：第一节，于日约情形不同，口岸城镇早已载入约章，只要在附近口岸之城镇来往居住，毋庸再勘界址。第二节，工部、巡捕章程尚可照办。第三节，租界内华人遵缴捐税，为英人所删，亦非一国所能独免。日使遂将原索约文改为《中日通商行轮条约》第四款，载有日本臣民准在通商各口岸城镇来往居住，从事商业、工艺制作及别项合例事业。又准于口岸城镇外国人居住地界之内赁买房屋、租地造礼拜堂、医院、坟茔等语。兹特再为声明：嗣后日本臣民按照原约在通商各口岸之城镇居住、贸易、工作及营别项合例事业，地方官应准其租买地基、建造房屋，毫无阻挡。至日本臣民在租界之外居住者，须守该处地方上现有工部、巡捕之章程，与中国人民一律无异，日本臣民不得自行设立工部、巡捕局云。又驳以既照原约声明，只能于等语句下添叙，兹特再为声明，嗣后日本臣民按照原约办理，地方官不得阻挡数语。日使坚谓照彼所改约义，方能解明。诘以旧约准赁买房屋及租地须在外国人居住地界之内，此居住地界应作何解？日使始云：即系租界之意。驳以照旧约，应于租界内始准赁买房屋、租地，可见租界以外为旧约所不准。城镇非租界可比，若照所拟，地方官准其租赁地基、建造房屋，是将旧约添改，并非声明，更难允许。日使云：中国国家既许其在城镇来往居住、贸易、工作，岂有不准租赁房屋地基之理？且英约第十二款有准于各地方租赁房屋，照利益均沾之条，亦应享此利益。当复劝以第四款既已载明，不必再行增入新约，免致他国藉口。英约所云各地方，亦未明言城镇，何得援引？日使坚持不可，谓：如不与议，请即照复声明缘故，彼即照旧约，硬令商人入城镇居住，倘滋生事端，是中国违约，惟中国是问，并不能遵中国工部、巡捕章程，转予中国以权利。驳以若在租界外居住、贸易，不但应遵中国工部、巡捕章程，还须遵纳中国各种税项，与华人一律。辩论至再，日使谓：别项税捐，断难照纳。允于款后加一段云：所有应捐工部局、巡捕局经费之房捐、地捐，日本臣民均照华人一律，可允完纳。其应完房、地各捐，照上海租界办法办理。又驳以只纳房捐、地捐，则中国商民必有假名图免者。且印花税、营业税、销场税亦须一律遵纳。日使谓：俟税厘并征时再议。再三不允，仅添一段云：中国人民应缴各项税捐，不准假用日本臣民之名，希图免缴。日本臣民亦不得出头包庇。惟中国人民实系受日本臣民雇用，有实在凭据者，不在此例。海谓不足，必须于末尾再增一段云：倘日本臣民并非办进口洋货及出口土货，而做中国贸易，以销中国各处者，则应纳一切税捐，与中国人民无异。日使云：此可商酌，但须蠲除一切规费，必妥定章程，乃能照办。海窃思城镇二字，已为旧约所许，一经重言申明，则各国所争城口势必一律照办，流弊何穷，且恐启内地杂居之渐，虽有抵制之方，终恐损多益少。惟彼执旧约相争，又不能置之不论。且彼注意在租赁地基、建造房屋八字，我执之甚坚，彼争之益力，相持至数时，几至决裂。当告以兹事重大，必须先商两帅，再请部示。日使云，彼亦须将此款电其驻使，向大部商酌。诚恐彼驻使赴大部饶舌。谨详陈。

十一月初十日

商约大臣盛宣怀咨外部京沽借线合同请核准文

窃照电报总局现与大东公司新订京沽借线合同，并福州川石山至南台借线合同，均经电报局总办朱道宝奎、帮办周丞万鹏遵饬会同大东公司总办蒲勒德议订妥洽，在沪签字画押。除该公司应执二分由该公司呈送英国驻使核定外，所有电局应执一分，计汉、英文合同各两本，正在备文呈送。闻英国萨使将次来沪，是以将前项借线合同汉、英文四本暂行留沪，仍在咨呈文内注明，俟英国萨使到沪签字后再行呈送。现在萨使业已到沪，前项汉、英文合同四本亦经萨使签字，相应咨呈贵部，谨请核准、盖印、发还，以便遵行。

须至咨呈者。

十一月初八日①

① 原刊目录标为“初十日”。

鄂督张之洞致枢垣东三省关税应归中国自主电

英泰晤士报馆来告，曰：闻现在东三省边界设立税关，系归前在旅顺管理财政之俄人名博罗达夫者办理。现已由其招募俄人多名，不归总税务司节制，所收税项除清费用外交还中国。如此办法，一经中国照允，则德于胶州、法于越南边界、英于缅甸边界、香港等处定必援请照办，或各国竟于北京各举总税司一人，共管中国关税等语。

查英人所重者，其意盖不愿分赫德之权。而我中国则以自守主权为主，既名中国税关，则事权应由我自操，无论归赫德与否，若事事由我自主，则他人自无可藉口。其关税出入、各关经费必须由我稽查酌定，不能由俄人作主支除交还。税司等员应由中国自派，或由俄人荐举者，亦应多举数人，由我选定。如有不妥，我随时有辞退之权。必须议明，参用中国人，并须兼用各国人，藉以牵制俄权，上也。不然，必须中俄并用，断不能专用俄人，次也。万不得已，或暂由俄人代办，亦必须订定归还中国自办年限，以速为佳，免致永为所据，又其次也。前议英约时，俄使曾向钧处言，常关、盐、土等税归海关洋员监察，失中国自主之权，今东三省税关竟专归俄人办理，我不能过问，岂不更伤主权乎？似可即以此语反诘之，彼将何说？赫德把持中国海关，久为各国猜忌，辄欲公共管理，奈无隙可乘。此时稍不检点，略失主权，不惟东三省利权尽归俄人，且恐他国藉口，各省关皆将效尤。至赫德所揽之权，更无收回之望。窃谓急宜趁此机会，一面与俄人妥定章程，以为日后陆续收回赫德利权之根，一面即预筹渐收赫权之法。此事所关至巨，有闻不敢不陈。伏祈圣明裁断，力保主权。东三省幸甚！天下关税全局幸甚！请代奏。

十一月十三日

外部致胡惟德请照东省铁路合同要求设关征税电

东省铁路设关，按照二十二年合同办法，应在干路两头各设税关，由中国自行经理。至俄在大连湾开埠通商，按照二十四年所订东省铁路南支路合同，中国应设海关，派委铁路公司作为中国户部代办人，代为征税，此关归北京政府管辖，另派文官为驻扎该处税关委员，本系截然两事。干路合同订定在先，亟应会商开办，随后再将支路大连湾税关与该公司代办，另行商议。除照商柏署使外，希与俄外部分别妥商。并电复。

十一月十八日①

① 原刊目录标为“二十五日”。

科布多办事大臣瑞洵奏塔尔巴哈台割据阿尔泰山地段万不可行折

科布多办事大臣瑞洵奏，为塔尔巴哈台割据阿尔泰山地段，万不可行，请敕将军长庚秉公查勘，持平定议，以息竞争而恤蒙艰，慎防维而固边要事。

窃阿尔泰山哈巴河一带借地，前于光绪十八年间，业经前大臣吉林副都统沙克都林札布与前接办塔尔巴哈台参赞大臣・伊犁副都统额尔庆额遵旨会勘，商定复奏，请以展限三年，仍由塔城交还科布多管辖，钦奉谕旨俞允，并令届期归还，不得因循延缓，一奏塞责等因。今年四月又经奴才专折沥陈，请旨收还，以便安插蒙哈，复奉朱批照准。正在钦遵办理，布置一切，适闻调任将军长庚因塔尔巴哈台曾有前借科城地段未便轻议归还之奏，奉旨饬交会商具奏。尚未复陈，特电请前往查勘，奉旨准行。该将军公忠明亮，洞悉边情，目击躬亲，必能兼顾统筹，折衷一是，无庸奴才再参末议。惟是区区之愚，尚有未能释然者，则以祖训之所昭垂，塞防之所维系，蒙情之所依恋，时势之所倚赖。此四者，奴才已不免鳃鳃过虑。其有关大局隐患，抑又多端。窃以阿尔泰山哈巴河一带地段，如欲改归塔尔巴哈台管辖，万不可行，敢为我皇太后、皇上详悉陈之。

阿尔泰山阿尔齐斯河，本系乌梁海旧牧，故于唐努山乌梁海、阿尔泰淖尔乌梁海之外，名为阿尔泰乌梁海，所谓名从主人也。溯查杜尔伯特及乌梁海未内属时，错牧于额尔齐斯。嗣乌梁海就抚，以乌兰古木地与之，寻又定乌兰古木为杜尔伯特游牧，别以科布多为乌梁海游牧。乾隆二十四年，乌梁海以科布多产貂不给捕，请徙就阿尔泰山阳额尔齐斯之源采捕，诏如所请。高宗上谕故有额尔齐斯地与其为哈萨克俄罗斯所窃据，不若令乌梁海往徙之旨。自是安居，百有余年，恪供贡役，无闲岁时。前以借地安插呼图克图棍噶札拉参徒众，已属急公。今不加以奖励，反欲夺其土地，无端强占，情理两乖。既非祖宗柔远之经，复遏番部输诚之悃。此稽之祖训，以为不可行者，一也。

考阿尔泰山，自古为用武之地。有元海都之叛，其入寇之路，每逾金山而窥和林，盖以其地险阻要害，兵家之所必争。且曲抱科布多南、西、北三面，实外蒙古喀尔喀屏障，故先朝旧制，以属北路管辖，不隶新疆，洵大圣人因地制宜之妙用。今若划归塔城，不但参错犬牙，紊乱画地分治之大法，而北路抉去藩篱，毫无闲御，一旦有事，无要可扼，进战退守，将两无所恃，实于漠北蒙古边备大有侵损，不止科布多势成孤立已也。况查塔城所争借地之区，在科布多之西，距城不过十程，而离塔城大臣治所且至十九站。道里远近，既甚悬绝，其地并当塔城东北，如在脑后，且与分入俄界之斋桑泊为邻，与在科布多前路形势便宜者，亦复迥异。今若改属塔城，鞭长莫及，控制多所不便，于防务实无裨益，徒使北路顿亡捍蔽，益令俄人窥我失算，狡启戎心。此准之塞防，以为不可行者，二也。

杜尔伯特、土尔扈特、乌梁海、札哈沁诸部向为北路维藩，而乌梁海七旗，自乾隆年间归顺天朝，谨守臣节，尤具忠贞。今虽部落浸微，而其众尚多。抚之得宜，则益坚其翊戴，弃而勿恤，实难免其睽离。长驾远驭之规，属部强则我之门户固，诚以蒙古舆地与中国边塞相接，其部族强弱，攸系中国盛衰也。若一旦夺其膏腴，附益他城，塔尔巴哈台固为如愿，乌梁海岂能甘心？从前新疆争地急切之时，该蒙古屡次呈诉，以改归塔城管辖众心不服，曾经前大臣等具奏，近年呈请催还文书络绎。此验之蒙情，以为不可行者，三也。

况以时局而论，近今外侮凭陵，中朝孤注，民心纵云固结，然已非复全盛之时。甲午之役，人心一变。庚子之役，人心又一变。东北、西北蒙古诸部，多与俄连。彼族利饵计诱，蒙古可内可外之心，不能保其必无，又别为风气，皆有自主之权。彼之游牧，即彼之土地。若其人已携，其地何有？阿尔泰淖尔乌梁海之沦入彼疆，可为殷鉴。此时欲激励蒙古，使之为彼树敌，效我扞掫，方当厚恩谊以结其腹心，勤拊循以联其指臂。我朝嘉惠蒙古，用其人民，从不利其土地。今正资其护卫，岂遂可稍失体恤？倘竟如塔城办法，窃恐内外各盟蒙古闻风解体，各怀二心，均有碍于国家大局，更何能独利于新疆一隅？此按之时势，以为不可行者，四也。

至于乌梁海七旗，地蹙丁增，比岁屡遭灾祲，人畜俱困，情形艰窘，必须收回借地，以资生计。与夫往年收抚之哈萨克不下三万之众，侨居各旗，剽掠争占，扰累蒙古，不能相安，非指此地，无从安置各情，迭经前大臣及奴才累次疏陈，已在圣明洞鉴之中，无容渎奏。奴才荷戈北徼，将及三年，稍悉情势，边务殷烦，惟此为科布多最要大政。此次长庚亲往履勘，拟议办法，要须详尽周匝，兼顾统筹，务使目前无遗议，日后无遗患，乃能裨益边镇，宏济时艰。度该将军之才识，必能早见及此。相应请旨饬下该将军，秉公查勘，持平定议，早为复奏。万勿偏徇新疆，漠置北路于不顾，以息争竞而恤蒙艰，慎防维而固边要。大局幸甚！奴才亦知，现经派查，自当静候奏复。第以兹事体大，关系匪轻，既不宜再涉宕延，更不可稍有迁就，必须妥速筹一两全无失办法。若再不定局，转瞬即到明年，奴才遵旨前往办理清查安插，亦恐多所牵挂，无从措手。用敢竭其千虑一得之愚，缮折驰陈。谨奏。

光绪二十八年十一月二十五日。

护理晋抚赵尔巽奏议结晋省耶稣天主两教教案折

护理山西巡抚赵尔巽奏，为全晋教案一律议结事。

窃查，晋省耶稣、天主两教教案赔款，业由升任抚臣岑春煊将议定大概情形，暨口外七厅尚有善后赔恤事宜，先后委员赴京磋议，迄未就绪各节，于本年五月十二日附片奏明在案。兹据该委员候补道郑景福、沈敦和等在京禀承外务部暨升署云贵总督·山西抚臣丁振铎与法国使臣吕班将口外教案善后赔恤各节，一律议结，赍送合同前来。所有先后议办教案各情形，敬缕晰上闻。

查光绪二十六年晋省拳教之祸，甲于各省。迭经升任抚臣锡良、岑春煊先后设立省城洋务局，暨于口外之归化、省城之潞安两处设立洋务分局，陆续派员分往各州县，切实确查。总计天主、耶稣两教被害教士男女一百九十一命，被毁教堂、医院二百二十五所，被害教民六千六十余人，被焚被拆华洋各房屋二万二千余间，一切财产所损尤巨。当上年春夏间，天主各教士怀挟积愤，凭藉兵威，计论赔偿则辄至千万数百万，控陈匪首则辄至百名数百名，教民控告追亡则每一州县辄至百案千余案不等。偶一拂意，诘责备至，联军之往来无定，公使之电檄交驰。岑春煊督饬在事各员日与委蛇，竭于操纵，计惟有确查议赔，速与清结。正在议办之际，适汉口法领事玛玺理致函岑春煊胞弟汉黄德道岑春蓂，索银五百万两，包办全晋教案。岑春煊当嘱该道迅与磋商，始有二百五十万全结之说。嗣义使出而争执，因派候补道郑景福赴京，与法、义各使商办。磋议再三，先后与各该使订约，计义国教会所布之太、汾等五府四州共赔银一百万两，法国保护之荷国教会所布之省南、潞、泽等三府五州暨比国教会所布之口外七厅共赔银一百二十五万两，均分四年付清。复商允法使，于公约赔款内拨银五十万两，以轻晋累。讵法使于一百二十五万内以一百零五万分给省南荷国教会，以二十万两分给口外比国教会。该比会主教方济众等遂以口外被焚较重，分款较少，不敷赔偿，请比、法两使迭向外部翻渎，咨行晋省，饬派员另议。因于本年正月后派郑景福入都，与法使辩论，抱定合同，不令翻异，惟以口外教民较苦，允予另筹恤款，以昭辑睦而示公平。磋议再三，迄未能结。本年五月，法使忽派参赞端贵前往归化，查商教案，意在证明口外被扰情形，翻腾前约。当又添派记名海关道沈敦和赴京议办，法使始将端贵调回，于张家口会议。业由岑春煊陈明在案。讵在张家口相持半月，迄未就范。后由奴才电请法使，调令回京。该教士等始索赔恤银九十五万两，继减为九十二万两，后减至八十万两。电函络绎，舌敝唇焦。沈敦和先与法使有给四十五万两，由公约赔款划出一半，由晋筹给一半之议，继又议将埋葬尸骸各项杂款一并由教士包办，给予赔恤银三十五万两。磨议多日，该使迭向外务部商请调说，又由奴才电请全权大臣王文韶，督饬沈敦和，再与辩论。该署法使贾斯那议给银五十万两，业将定议。讵新任法使吕班到京，又复翻异，迭向丁振铎言，非给银八十万不能了结。丁振铎争辩再三，复督饬委员禀商外务部，始以六十万两定议。上年所定合同仍旧承认，另立善后合同，载明口岸各案一概完结。当经丁振铎督同沈敦和与吕班立约签押，由郑景福赍送回晋。总计山西天主教案赔款共计京平银二百四十万，折合库平银二百二十六万，尚未足前议二百五十万之数。此晋省议结天主教案之情形也。

至耶稣教案，上年以该教士无一在晋，无从商办。岑春煊因电约耶稣教总教士李提摩太来晋，旋由该总教士拟立章程七条，甚为平允。统计全省耶稣七会被毁教堂及教民屋产财物，核实估赔银八十一万四千二百八十四两零。该教士等复减让银四十六万四千五百五十八两零，又拨归公约赔款十一万六千两，实只赔银二十三万三千三百二十五两零。惟李提摩太请另筹银五十万两，建立学堂，现亦议明，并归晋省大学堂之内，另案奏明在案，是此五十万只能作为学堂经费，不能竟作赔款。此晋省议结耶稣教案之情形也。兹由洋务局司道详请具奏前来。

奴才窃维晋省教案之巨，不特通商以来所未闻，亦拳扰各省所仅见，其屠戮残杀之惨，焚掠伤毁之多，实为列强之所共愤。事后惩匪抚教，查产计赔，原将以释其怨嫌，泯其口实，而当时联军未退，公约未成，一节之微，动关全局。晋省又东邻津保，敌兵重压，则盂固阽危。北接宣张，游骑纷驰，则台繁惊扰。口外归绥一带，复敌踪迭犯，警报频闻。查办教案一事，直与大局缓急相关，为全晋安危所系。升任抚臣督饬洋务总分各局员暨各州县印官委员人等设法维持，悉心筹画，经权并济，因应咸宜，始能就我范围，日臻顺利。而所议赔款，合天主、耶稣两教，不过二百五十余万，较之京畿直隶各属省款甚巨，实属心力交尽，有裨国事，实非浅鲜。其在事出力各员或星夜奔驰，或笔舌俱瘁，或出入于弹雨枪林之际，或周历夫冰天沙碛之间，实属不无微劳。合无仰恳天恩，准予从优给奖，以昭激劝。应俟开单汇保，续行奏恳恩施。除将所议赔款于在省自筹之善后地亩各捐内按期支付，一切赎回官产、建立碑亭、局员公费、川资并杂支各款，统于捐款内动用，另案开单报销，并将合同先后咨明外务部备案，仍将赔款全完情形出示晓谕，饬令民教相安，不得再行寻仇控告，免结嫌怨，以期仰慰圣廑。谨奏。

光绪二十八年十一月二十九日奉朱批：该部核议具奏。

署川督岑春煊致外部法领请办路矿乞商法使电

法领来言，开办火油，须在油井与办公房栈往来之地酌修快路几十里。恐为铁路之萌，不敢允。又因法比公司将到索办五金二处、煤炭二处，意在与英索十四处之数相埒，促订合同，并称钧处已允照办。告以候英、法矿事定后再商，仍不允。可否由钧处与法使商酌示复？

十一月三十日

外部致英使会订川石山至南台电线照会　附合同

顷，准照称：中国电报局、大东水线公司，会订京沽借线合同，并会订借与大东公司由川石山至南台陆线合同，现据驻沪总领事将合同汉、英文各四分详送，转请盖印。本署大臣拟于十二月初一日下午亲赍合同赴部，希酌示时刻等因前来。本部即定于是日下午三点钟在署拱候，届时即希贵署大臣贲临，会同盖印可也。

十一月三十日

中国电报总局与大东水线公司会订川石至南台借线合同

中国电报局下文即称电局，大东水线有限公司下文即称公司，今因川石山至南台来往外洋电报欲期传递便易起见，于光绪二十八年九月二十二日彼此订立合同。电局由沪电报总局驻沪总办朱宝奎、帮办周万鹏，大东由蒲勒德主政，彼此皆有全权，互相签押，议定条款如左：

第一款　俟本合同核准，电局准由川石山至南台借线一条归公司专用，俾该公司将川石山之水线局与南台局接通，以便传递该两处往返之水线电报；并准该公司在川石山、南台两处传递报务。

第二款　电局允自备经费将川石山至南台电线整顿完善，并再加挂一线。合同期内，借用之线，电局应尽力保护，俾使畅通。设或损阻，应由电局从速修理。如因电局大意，竟置之不理，由公司知会后仍不能及时修理完好，公司可以有权自往代修，修费由电局承认。

第三款　如借线损阻而电局之线完好无恙，则川石山至南台来往水线电报当由电局代为传递。如电局线断而借线通畅，则电局交公司各报，公司亦须一律在借线代递。

第四款　此合同至一千九百二十五年十二月三十一号为止。如电局与公司于光绪二十八年九月二十一日所订之大沽北京陆线合同展期至一千九百三十年十二月月杪，此合同亦一律照展。

第五款　除本合同各条款有更易之处，所有一千九〔八〕百八十四年十月十七号电局与公司所订之合同，及一千八百九十七年五月十三号电局与公司续加专条，均经彼此签定，仍当照行。

第六款　本合同应由外务部暨英国驻京大臣于本合同签押后六个月内核准。现于光绪二十八年九月二十二日，即西历一千九百零二年十月二十三号，用华、英文，在于上海订立，各立三分，俱经核对无讹，彼此画押签定，以昭信守。

光绪二十八年九月二十二日。西历一千九百零二年十月二十三号。

总办电报总局朱。

帮办电报总局周。

总办大东水线公司蒲勒德。

署江督张之洞致枢垣东三省铁路关卡权请力争电

部谏、津咸电，均悉。二十四年合同第五款云，中国可商允俄国国家云云。可字直贯大连湾设关，暨委派公司作为户部代办人，及派中国文官为驻扎该处税关委员三事。细按文义，是中国可委可不委，如中国愿委派公司作为代办人，则公司不能推辞耳，非中国必须委派公司，不能委派他人也。可字与必字、须字大不相同，旧约既有明显字义，岂能听其朦混侵权？刻下既尚未定议，正与磋商，此时俄人断无为此事决裂之理。务望极力收回利权，事事全归我政府管辖。各员用舍之权，必我自操，经费出入之数，必我自酌。驻扎华员不独稽查，必有管理之权。若委公司代办，必须订定试办年限，为期愈短愈妙，订明陆续添用华员。前汉口铁路开办厘捐，比公司即欲代办。若东三省铁路关卡权归俄人，各省铁路定必藉口援照。此次与议，实不止东三省干路关系已也。总之，若不参用华员管理，则政府管辖亦属空文，将来必贻后悔。务祈坚持力争，以维全局至祷。

十一月三十日

外部致张之洞据税司申称邮政加费希出示晓谕电

邮政加费一事，本部酌定每磅共收费三角。兹据税司申称：邮政公会每磅九角，彼国代中国邮局寄送每磅一律与资九角。所代寄者亦多民局信包。邮局公费九角，而取之民局者仅一角，亏累甚大。不特所定三角不敷，即新拟之六角四分亦尚有亏。现奉钧札，收资三角，仍属入不敷出。应订明，自改纳三角之日起，每年加费一角，加至九角为止。希即出示晓谕等情。希查核办理。

十二月初二日

外部致李经羲滇省矿章嘱法领电京使请与议权电

方领送到矿章，仅系滇中承应之事，自应先与妥议。至有关国家权利路成交涉各端，方领既云如须与议，仍当电商京使，请与议权，应令方领电请议权，以便由滇妥议。各章程俟议定后再行咨部核办。

十二月初二日

滇督抚魏光焘李经羲致外部请汇滇越铁路经费电

滇越铁路，法铁路工员纷至，克期开办。送呈路章内载：应用地段，须在两月期内交付。查地由中国备交，原有成约。越边至省千余里，租买地段，需款极巨。前请奏请拨银百万，奉拨广东商厘五十万，未解奉停。现在路章尚待开议，路工已迫开办，咨奏均缓不济急。滇因贫窘，前此勘路垫支已百孔千疮，此时更须购地，无可腾挪。电恳准拨成数，并先汇一二批来，以应急需。

十二月初二日

署川督岑春煊致外部请商英法两使分定矿额电

甫接英领事函，索开成都灌县、资阳、江口铁路。又引二十四年李大臣在京与英摩赓所订之约，请派矿师周勘全川矿产。法领又催戴玛挖煤油合同，并请添办四属矿产，凑足十四属，与英、法等有不能厚彼薄此等语。查川省铁路，英、法均经请办，地段有相同者，恐启事端，且民情刁悍，未可与矿路同时并举。至英、法办矿，互争多寡。先后法已有八属，煤油二属未定，又请四属。英已议十四属，宁雅五金未定，又请勘全川。似此争多较少，已定者不办，未能者需索不休，又不同时议订。且以得矿之先后、矿利之厚薄，均归咎于办事者之不持平，肆意诬陷，非坚持之不能永断葛藤。拟请此次与英、法议定分办矿额之时，可否商之英使，将二十四年摩赓所订合同增减，酌定此矿年限、办矿定额？此矿既有限制，不特将来更不能藉口添办，法亦无从效尤，庶可息争免害。乞钧署与英、法两公使妥商，速电两领事，令其在各分定矿额后再行由川议订合同，则彼族觊觎境土之害或可保全一二。

十二月初三日

外部奏美国散鲁伊斯城举行赛会请派监督前往折

总理外务部庆亲王奕劻等奏，为美国散鲁伊斯城举行赛会，请旨简派正监督届时前往，暨由臣部酌派副监督先期布置赴会事。

窃查，美国将于西历一千九百零四年，即中国光绪三十年，在散鲁伊斯城开设美国博览会。此会因记念美国由法人购得鲁西亚那地方已及百年，设会庆贺，系美国立国以来极为重大之事。六月间，其总理会务大臣巴礼德前来中国，敦请赴会。到京后，与臣等会晤，吁恳觐见。经臣部奏明，奉旨允准。当于六月二十二日由臣等会同美国使臣康格带领入觐，并蒙答敕允准简派大员，往襄盛会，钦遵在案。

臣等伏查，泰西崇尚工商。赛会之设，在罗致各国物产工艺，区分类别，排列会场，俾各国之人咸得较其精良，用资模仿，实于通商之中隐寓劝工之意。闻美国此次散鲁伊斯赛会，其国家拨给该会巨款，以赞其成。各国均特派大员赴会，盖因此举与交涉邦交显有关系，而于商务尤为有益。中国物产甲于全球，徒以工艺未兴，商情涣散，比诸各国，实有不逮。现当整饬庶政之时，适美国有此大会，亟应加意讲求，期于工商诸务有所裨益。曾询美国使臣康格，各国派往员数大率用正、副监督三人者居多。臣等公同商酌，所有正监督一员，应请特旨简派，此后一切赴会事宜统归该员主持，仍俟开会届期再行前往。至应派副监督，查有候选道黄开甲，才具干练，熟悉商情，东海关税务司美国人柯尔乐，精细妥实，在华多年，均堪派充，随同正监督办理。该副监督等应令先行前往，将度地、建屋、陈设货物各事宜预为经营布置。其赴会一切用款所费不资，亟应筹备，以资拨用。臣等查出使经费一款，从前借拨过多，近年出入相抵已觉支绌，实难再拨赛会经费。惟赛会一事，内可维持商务，外可联络邦交，虽当库藏奇绌之时，不得不勉为其难，力顾大局。应请饬下南、北洋通商大臣及有商务省分各督抚，迅即妥为筹款，奏明办理，一面解交该监督等应用，以重会务；并由南、北洋大臣、各省督抚出示劝谕工商人等，或挟资前往，专事考求，或办货同行，兼图贸易，悉由该监督等妥为照料，以仰体朝廷鼓励工商之至意。谨奏。

光绪二十八年十二月初七日奉朱批：着派溥伦为正监督。余依议。

川督岑春煊致外部英法持李大臣字据索办川矿电

英执李大臣与摩赓订合同索办煤油、煤炭等事，意在全川。屡与磋磨，始定十四属，仍不指地段，并有六年内他项公司不得查勘之语。草约已咨钧署酌改，宁、雅尚不在内。麻、哈窒碍更多，犹不能允。法领事到川，闻英已定草条约，遂藉李大臣所给煤油字据，只言择办两处，决意不肯专开巴、万，已电鲍使向钧署饶舌。二十七日，鲍使照会钧署，法领在京催办，只言巴、万准与巴玛德在先权利，并未言不要巴、万，另择二处。故此次与英订煤油草约，极力剔除巴、万，英并不愿。今法领坚执李大臣字据为凭，不认前约，并续有要索。英闻之，又相继效尤，竞争多寡、先后，绝无了期，曷敢轻允？拟请告鲍使，应遵定章，仍旧开办巴、万。告英使，照法一律，并令指定地段，如肯照办固佳，否则请钧署责斥。川省去年与法字据，今年与英草约，皆属疏忽。法既定十处，英不能较法加多。将英商草约驳回，照法所定。各矿产另议，则外间有所遵循。总之，李大臣因去年北方事起心情慌乱，所与字据语涉笼统，致法有隙可寻。好在字据内有矿路总局如不准办，仍作废纸等语。统希设法维持。

十二月初八日

直督袁世凯奏报派员接收津沽机厂船坞日期折

直隶总督袁世凯奏，为具报派员接收津沽机厂、船坞日期暨办理情形事。

窃查，天津大沽之西沽地方，原设机厂全座船坞一所，以备海军各船随时修造器械之用。光绪二十六年，厂坞为俄军所占。经臣于本年七月咨请外务部，照会俄使，转达俄国将领，将该厂坞交还。旋准复称：俄提督复允照办，惟俄国于该厂颇事整理，应给与俄国修理兵船之方便。开送续约二条：一、俄国在河北停泊各船，若遇修理之时，须在该厂修理，工料等费均按实价计算；二、准俄船在该坞停住。以上二节，如以为可，当即交还等因，咨行查照前来。适臣尚在本籍，经前护督臣吴重熹电商臣，以船坞为修船之地，非泊船之所，俄修船给价可允，不便住船，致妨工作，电请外务部驳复。嗣准咨，据俄使照称：会同俄提督详查情形，拟于中国船不在坞之时，可准俄船进住该坞等因续咨前来。当经臣电复外务部：如中国船不在坞及该坞停止工作时，可许俄船暂时进住，惟须先与管坞华员商允，始可驶入。迨各国兵队全行撤去，此条仍即作废。请与议定早交。接准电，据俄使复称：并无窒碍，已派武官往办交还事宜，请速派员接收等语。

臣查，前项机厂、船坞既据俄使照数交还，自应赶办，以昭慎重，遂定于十一月二十日接收，派委补用总兵叶祖珪前往办理。去后，兹据叶祖珪详称：十一月十九日驰赴大沽，二十日与俄国水师参将金德理接晤。据称，已奉驻京俄使电，饬交还西沽各厂坞。该总兵当与俄参将各缮华、俄文单据二纸，彼此盖印，签字互换，将各厂坞收回。即于是日下午四时升挂龙旗，该处人民同深鼓舞，遂饬大沽协副将林颖启就近妥为照料，并饬前山西候补知县王曾彦在厂会同现驻西沽巡警局都司汤金城，将厂内、坞内尚存之房屋、机器、料件等项及各船只逐件详细点验造册，呈送备查。一面饬由汤金城加派巡警兵勇，昼夜梭巡，以资防护等情详报前来。臣复加查核，办理尚属周妥。谨开列机器、料件、船只等项清单，咨呈外务部查照。谨奏。

光绪二十八年十二月十五日奉朱批：外务部知道。

使俄胡惟德致外部海关税金俄可允许电

巧电悉。海关税金，外部原有此语，曾于五月俭电由江、鄂督转陈在案。昨奉电，适值俄节，当先照会外部，并告以此议发自贵国，故中国已以俄为首先允许，应请转劝各国，以期有成，抑或另设他法，亦乞代筹等语。顷，晤外部后，剀切申论。彼称：税金可允；至转劝各国，俄只能将政府意旨通电各使，转告各国，即是暗中效力；他法容商户部，财政非伊所长等语。当请其备文照复，以昭郑重，彼已首肯。查此事如果办到，尚须酌定实在办法，收回利权，非仅为赔款计也。目下专商税金，他法可暂缓提。乞裁夺。再，交营口及设关事，面催外部。彼称：未接兵、户部文复。告以此系照约办事，请勿故意作梗，中俄交密，商务方兴，务望转劝兵、户部，从速商定。彼允转达，并谓：看来无甚阻难云。

十二月二十六日

清季外交史料卷一百六十八终

清季外交史料卷一百六十九

光绪二十九年正月至二月

福州将军崇善闽督许应骙致外部三都系自开口岸有收码头捐之权电

艳电祗悉。此案前奉咨达，曾经转行该口税司欧森查复。兹据申称：三都系自开口岸，照完码头捐应有自主之权，与天津约开口岸当异。自开埠至今，各国无特派领事驻扎三都，惟日本令福州领事兼管，英国亦然。今别国并无争及码头捐者，英使所请退还怡和款后不再征，未便允许。倘欲变通，各国领事亦可充作工程局董，中国与各领事平权会办等语。再，此项码头捐开收至今，共银六千九百七十两，惟建造各费值银四千九百两，尚有未完工程不在此内。除另文咨呈外，谨奉前因，特先会同电请，钧裁！

正月初四日

电政督办盛宣怀致外部美水线公司请准将水线在沪上岸电

纽约太平洋商务水线公司函称：请俯允于上海或附近上海之处准将水线上岸并传递电报，此线系由小吕宋接放，以便与现在敝公司拟设之旧金山至小吕宋水线相接。敝公司稔知大东、北两公司在中华得有办理水线之权，故已将此事函商该两公司，恳其允准，想可应允，以便敝公司将应用之水线赶紧制造等语。查光绪八年英、法、德、美各使请在沪设万国电报公司，拟添由沪至香港各口海线。英署使格维纳并援同治九年总署已允成案，添设自上海至宁波、温州、福州、厦门、汕头各口海线。李中堂奏派宣怀招商自造南北陆线，责成坚拒。当时粤、沪僭造之上岸陆线只准其水线至闽、沪口外为止，而我华线亦得至香港设局。嗣俄请接造恰线，命商筹款造成，不准俄线入界。先订三公司齐价合同，又与丹、英、法订接线合同，交涉始定，并得分收水线出洋报费为一大宗。今美线来沪，中美交好，势难拒绝。似应查明大东、北水线合同，妥筹办法，以保利权。

正月初八日

外部致川督岑春煊英矿添列五处应照章纳税电

歌、阳电均悉。英矿添列越嶲，计五厅州县，均隶宁远，将来不得换择他处，自可照准。惟落地税值百抽五，以滇、蜀各约为例。查滇章有报效京铜一项，是以从轻纳税。法办蜀矿时，税章未定，暂以值百抽五科税，仍声明将来订定税章，该公司亦应遵照。此次英约在订定税章以后，应令照章纳税。如将来税章改轻，英公司亦当从轻完纳，约内不妨预为声明。至麻、哈延聘矿师先与英商一条，未便照允。希再力与磋商，以期就范，并将英领添改各条详晰电复。

正月初九日

外部致署川督陈璚英矿落地税不可作为悬案现拟办法两端电

蒸电悉。落地税既不允增，断不可以将来由部核定一语作为悬案。缘德办山东矿亦以抽税一条请归部议，先将各款画押，经本部迭次辩驳，全约迄未订定，川若允英，德必籍口。现拟办法两端：一、约内不提税数，但云照部章完纳，仍声明如将来部章减轻，英公司亦可从轻纳税。一、约内姑允值百抽五。尊处阳电谓英约迁就尚属有因，即将因何迁就之意于约内切实声叙，以免他国效尤。其余各款，如磋议不允，尚可照准。统希酌商电复。

正月十三日

外部致陈璚英派川领应作为重庆领事仍希力驳电

蒸电悉。英派谢领驻川，经本部驳复，应作为重庆总领事。该使复称：已电政府照允。谢领封还照会，殊属强辩。至法派总领，暂在滇省商办铁路事宜，已由总署声明，不作为允许设立总领事等官在该处省城之据，彼亦难以藉口。近日英派新领赴滇，即称为思茅总领事，与谢领之称重庆事同一律。仍希尊处据此力驳，以杜效尤，一面由本部照知英使。

正月十三日

外部致伍廷芳税金按镑数折银望详筹辩论电

尊函诵悉，深佩荩筹！惟赔款公断，必须两造允愿，如彼意不愿，即无从办理。至谓若不得直，再向各国商减，恐更为难。又所论关税纳金一节，与本部现拟办法未合。按公约，允我切实值百抽五。所谓值者，在外国原为镑数，至中国乃折合为银。故遇镑贵，则其所值银数亦必增，关税亦应随之而增。譬如有物值六十先令，抽五应得三先令，税则定为银一两。今因镑贵，征银一两才合二先令二本士，是与切实抽五之义不符，应令所纳银数足抵三先令乃为切实。现拟办法，凡税则所载银一两者，皆视作三先令，此即定约时之价，载在公约者也。至镑价逐日有涨落，拟每一月折取其中数，每月底由海关牌示，为下月完税者。以银合镑之定数，俾法简而易行。此即切实抽五之原议也。照此办法，以现时二先令二本士之价计之，税则银一两者可收一两三钱八分有奇。况日后如加税至抽十二五，亦照此切实计算，所益更大。望详加筹计，申明辩论。事若有成，大局幸甚！此电并请转达香帅。

正月十四日

使英张德彝致外部澜侯言关税照金价申算万难允从电

发三十电后，屡向英外部催复，刻准澜侯复称：关税照金价申算一节，万难允从，其故有四：一、中国商务英占十分之六，而英摊得之赔款只百分之十一有零，得失悬殊；二、税照金价必涨，进口货必少，中国获益难如所望；三、关税涨落无定，商人无从预计，商局必受其害；四、关税收金而不偿以别项利益，各处英商必将哗然而阻新约加税免厘之款，此乃最为难之处，是以所议不能允从。然北京政府若另有他议，本政府亦愿和衷商办，已照饬驻京署使矣等语。谨撮要电达。

正月十四日

铁路督办盛宣怀致外部驳复道胜沪行请将正太路暂用窄轨电

据道胜沪行佛威郎函称：正定至太原支路，山道崎岖，地质较杂，不宜安设宽轨，工程司绘图拟用一法尺合华尺三尺三寸窄轨，因新约未载，专函声明等语。已复其正太系芦汉支路，支干必须一律，碍难照准。该行又来面议，开办之初，因山洞工艰，应先造窄轨，惟土工、桥工均预备宽轨，俟得利后展宽，法国有此办法。又驳以通国轨道尺寸宜划一，正太非小路可比，且议订合同时并未提及一语，岂容更变？佛威郎自认前未声明之错，允即照复璞科第。乞晤璞时再为开导。不胜盼祷！

正月十五日

新抚潘效苏致外部俄领以保护信差在色勒库派兵数名拟租与民房电

昨奉函示张大臣函，据英员马继业条陈俄人在色勒库驻兵非宜一节。查此事由于英员派人住色城，传递信件，无地栖止，商由喀道饬驻色防营督修民房二间，租给居住。俄领事亦以保护俄国信卒藉口派弁兵数名前往，直欲拨给地基，自行修建房屋。屡经喀道以无此约章，坚未允行，并许仿英信卒办法，由我督修民房租与之住。前后情形，上年九月已由前抚咨明大部在案。奉示电询喀道，复称：前事屡与磋磨，始无自建之说，惟官督民修，须春融兴工。俄现驻彼处，共弁兵、仆从约十人等语。此事亦为英、俄相忌而起，容与喇期库穆租地一案并为详细缄陈外，先此电闻。

正月二十日

外部致蔡钧荫昌赔款关税均照金镑核算幸申辩电

敬电悉。关税照金镑申算，即系切实值百抽五办法，盖洋货成本是镑贵则货值银数必增，税亦应随之而增，乃切实。以现在镑价较议约时三先令之价核计，税则既不足抽四。约载承担保票之财源，首列切实抽五一款，赔款若照金算，税则即应照金算。证诸公约，事同一律，不得谓为无涉。幸本此意，剀切申辩。日、德邻谊素敦，当能助成此举。

正月二十日

外部致张德彝税金系抵补赔款务向英廷婉劝电

澜侯所称各节，以商务多，赔款少，计较得失，不知增税虽取之洋商，实则所增必加入货价，仍出自华民。谓货价涨，则进口税必少，亦不尽然。近年镑价奇贵于昔，而进口货反倍增于昔。此视乎商务之开通与否，不关乎货价之涨落也。谓关税涨落无定，商人无从预计。镑价涨落亦无定，商人又何从预计？新订商约，英商获益不少。税金于货之成本所增不过百分之一二，若因是遂阻加税，似非平允。况加税系抵补免厘，税金系抵补赔款，义各有属。务再向英廷婉切劝导，并告以此照约内切实抽五承担保票之意，必期有成，中国乃能支持。大局幸甚！

正月二十日

外部奏遵议浙江绅商承办矿务改定章程折 附改定宝昌公司矿务章程

总理外务部庆亲王奕劻等奏，为遵旨复奏事。

窃上年十月二十六日，准军机处钞交浙江巡抚任道熔奏绅商承办矿务改定章程一折，奉朱批：外务部议奏。钦此。嗣于十二月初一日准浙江巡抚将章程咨送前来。查原奏内称：光绪二十四年，浙省绅商高尔伊请设立浙东宝昌公司，开采衢、严、温、处煤铁等矿，向义国惠工公司商人何镖纳贷款银五百万两，订立合同，并取义国公使萨尔瓦葛保款单，拟议开办章程，禀经前抚臣廖寿丰据情具奏，奉朱批：着统辖矿务铁路总局大臣会同总理衙门妥议具奏。钦此。嗣经路矿大臣复奏，以高尔伊所拟矿章与奏定通行章程不符，应令妥筹厘正。奉旨：依议。钦此。咨行到浙，当经转饬。去后，兹据该绅商候选道高尔伊于原请承办浙东衢、严、温、处各矿外，又请兼办浙西杭、湖两府矿务，当饬将前拟章程查照部定新章重加厘订，并将昔年与惠工公司原订贷款合同及义使保款单呈验，禀请奏咨前来。查浙省所产煤铁等矿，多有苗质显露之处，若能集资开采，得人经理，自足开辟利源。惟本年二月间部定新章，凡开办矿务应由外务部核夺，知照矿路总局复准，俟发出准行执照，方可开办。今该绅商贷款请开各属矿产，自应遵照办理等语。

臣等查，候选道高尔伊拟设宝昌公司，向义商何镖纳订借银五百万两，请开浙省衢、严、温、处各属煤铁矿产，禀由前任浙江巡抚廖寿丰奏奉谕旨，饬交路矿总局会同总理衙门议奏。当经路矿大臣以高尔伊所拟章程核与矿章不符，应令妥筹厘正等因，议复在案。今该员复申前请，并于衢、严、温、处外又请兼办杭、湖两府矿务。查杭、湖两府虽为前抚原奏所已及，然只为将来推广之计，并非同时兴办。现据该员所拟章程二十条，其第一条系统指六属矿务，并将原奏未及之煤油矿产任意列入。经臣等酌核改定，将杭、湖两属矿务及油矿产一并剔除。拟令该员专在衢、严、温、处四府境内指明煤铁矿山数处，绘图贴说，呈报地方官，查无窒碍，咨部核准，先行试办，不得预占该四府全境。如将来办有成效，准其设法推广，仍不越衢、严、温、处四属，以清界限。其余各条，与臣部奏定新章均属相符，应请准如拟办理。谨缮章程，恭呈御览。如蒙谕允，由臣部咨行浙江巡抚，转饬该员与义商何标〔镖〕纳订立合同，依限开办。如有迟逾，即将合同作废，以符定章。谨奏。

光绪二十九年正月二十日奉朱批：依议。

谨将改定宝昌公司承办浙江矿务章程缮单恭呈御览

一、宝昌公司向义商惠工公司贷款库平足银五百万两，指办浙江衢、严、温、处四府境内煤铁矿数处。按照光绪二十八年二月初八日外务部奏定矿务章程十九条，议订章程，两公司均应遵守。

一、查定章第一款，开办矿务者，奉批准后，方可为准行之据。公司经前浙江巡抚奏请有案，兹以厘正章程，禀请浙江巡抚复奏，俟奉国家批准，始作为全允办理之据。

一、查定章第二款，矿路总局发出准行执照，方可开办，照费视成本多寡酌提百分之一缴局。公司遵议，奉国家批准后，即禀明浙江巡抚，派矿师履勘各府属，查明何处有矿可开，并估算每矿需本若干，按单呈报，以备随时咨矿务总局查核，请发准行执照，按百分之一作为照费，随咨并缴。再，各矿所需成本倘或不敷五百万之数，酌量添本，应禀明浙江巡抚立案，仍按所添之本，缴一成照费。

一、查定章第三款，不得将执照转卖他人，倘欲售卖，须由原办之人会同接办之人禀请，立案领据，方可转交接办。公司遵议，即使公司因矿地广阔，转运为难，于所指境内设开矿公司，将所得之权利交托，承办或让与自办各分公司，无论代办自办，均须遵守现定章程。

一、查定章第四款，商定价银，报明立案，不得私行交易，由官公平发给地价。公司遵议，将指境内勘得有可采之矿并民间未开之荒废各矿注明界址，绘图呈报浙江巡抚，饬地方官会同公司向业主商议租山、租地，其租价由公司认给。公司不经向民间租赁，如有不愿租、愿卖者，听业主之便。再，中国商民已经开办原有利益，各矿公司概不开办，他公司亦概不准于公司所指境内勘采，以杜纷争。

一、查定章第五款，地系中国之地，举办系由中国准行，无论何人承办，应遵守中国定章。公司遵议，将来倘出有事端，应由中国按照自主之权自定。

一、查定章第六款，矿铁出井，煤铁值百抽五，作为落地税。其出口税，仍应照章在税关完纳税课。

一、查定章第七款，自发给执照之日起，限十二个月内开工。公司遵议，决不逾限。

一、查定章第八款，矿山准造支路，只准造至最近水口。如与干路相近，即准接连干路为止。公司遵议，此项铁路原为运销矿质，及转运器具，以便工人往来之需，以造至最近水口或接干路为止，所占民地应禀明浙江巡抚，饬由地方官会同公司向业主公平议租，其租价由公司认给。

一、查定章第九款，附近开矿处所，应设矿务学堂。公司遵议，开办后，择相宜之处设矿务学堂一所，为储才之地，以备公司将来选用。其一切经费，由公司自行筹给。

一、查定章第十款，开办所需机器、材料等件，除运自外洋照章归海关收税，内地厘金慨〔概〕不重征。如在内地采买材料，经过关卡，查明实系运往开矿处所，均给执照，免厘放行。公司遵议，运自外洋之机器、材料按海关章程完纳，内地采买材料既邀给免厘执照，断不敢夹带别货，自取罚办。

一、查定章第十一款，雇用矿师赴各处勘矿，应呈报外务部，咨饬地方官保护。如遇百姓阻挠及工匠滋事，由公司呈报地方官，即应随时晓谕弹压。公司仰蒙国家尽力保持，俾收实效，遵议以矿师来浙，先行呈明外务部暨浙江巡抚，札饬地方官派兵保护。倘未预知而生意外之事，则地方官不任其咎。再，公司执事人等有失敬地方官情事，一经指告后，查明属实，即行撤退，二年之内，不得录用。倘此后公司仍需此人，亦永不令在原厂办事。

一、查定章第十二款，矿产地亩，官地应备承租，民地虽购买过户执业，仍须照中国原定田则完纳钱粮。各矿所用地段，只准足敷挖井、盖厂各用为限。公司遵议，除租官地外，所有购买矿地，每年照例完粮。挖井、盖厂地亩足敷用外，决不多占。

一、查定章第十三款，公司购用地亩，自应公平给价，不得强占抑勒。地主亦不得抬价居奇，以有碍风水藉词阻挠。地主不愿领价，或入股分，即按照原值给予股票。公司遵议，购买地亩，会同地方官向业主公平议价。领价、愿入股悉听业主之便。

一、查定章第十四款，采验矿苗，打钻掘井，遇有田舍、坟墓所在，务须设法绕越。公司遵议，勘指矿山，承造支路，凡有碍田舍、坟墓者，一律绕越，以免惊扰。

一、查定章第十五款，矿厂如设巡兵护厂，专用华人。除管理机器、经理账目外，一切执事工作人等，应多用华人。矿硐有压毙人口等事，亦应优恤。公司遵议，如设护厂巡兵，专用本地人。执事工作，尤必悉用本地人，优给工价，以广贫民谋食之路。设有矿硐压毙人口或致残废等事，酌量体恤。以上各款项，均由公司自行筹给。

一、查定章第十六款，与公司无涉。

一、查定章第十七款，华洋股东如亏折成本，国家担任保护，不认赔价。用洋款亦应商借、商还，与国家无涉。公司遵议，设或事业亏累，自行担任，与中国国家及办事人员毫无干涉。公司将来发售各矿股时，凡中国官商、工商均可与公司合伙生理，与外洋股商一律看待。出售股票，应在欧洲及中国大埠同时举行。

一、查定章第十八款，每年结账，除提还本息外，如有盈余，以十成之二五报效国家。公司为本省筹款起见，格外多筹报效，议以每年进款，除去开销四款外，即为净利。

（一）[①] 各项费用及应完税课租地价值。

（二）按股本银数提付八厘利息。

（三）按所购器件原价并修造学堂、栈房原价提归一成，提足停止。

① 括号为校者加，下同。

（四）按所余之款提出一成公积，以备公司要需。此款开销后，所有净利以百分之十五分报效中国国家，内一百分之十，浙江省留用。公司各股商得百分之六十五。每届年终，公司办事人员禀请浙江巡抚，派员会同查抵每矿各分所应得之款。

一、查定章第十九款，承办矿务者，均照此章办理。此外未尽事宜，应俟随时增损，以期尽善。公司仰求国家将来如有恤商之处，应请一律均沾。

右合同章程二十条，缮备华、英文各二分，如辩解有异，以英文为正。

吕海寰伍廷芳致外部日约请开口岸多处拟自开电

日约索开口岸，首以北京为请，当经力拒，复以盛京省之奉天府大东沟为请，亦将为难情形设词推宕，日使犹哓辩未已。至湖南之长沙、安徽之安庆、广东之惠州，英约已允，势难再驳。其湖南之常德、江苏之芦泾港、浙江之衢州，己言明不开。惟江西之南昌、湖口，四川之成都、叙州，意在必须允一，江西尤注意湖口。又告以添多口岸，有损无益，即添亦须俟加税免厘定后再议，并须仿岳州辩明自开，尚可商量，且不准入约。辩论再三，日使始云：自开亦可，惟须于画押前将自开口岸地方先行明降谕旨，再照会彼国，即可不入约。力驳以谕旨不敢擅专，只可用照会通知。日使坚持未允，并称已电请驻使赴大部商办。除分查江西、四川外，特此奉闻。应如何商办？乞电示。

正月二十一日

沪道袁树勋呈外部八国赔款请给零票容再催询电

号电敬悉。上年十月间，银行公会参赞请按应得赔款之国各立一票，分载金数。当答以只能照约还足四百五十兆两，零票应照此分算。该参赞谓：须商各银行董事。立票送还，旋据陆续将英、俄、德、法、美、日、意、比八国洋文零票送请签字，票内均载金数，息款即按本金算出，计经分期载明，本利均未核给银数，与和约总票均属不符，显为将来索金地步。且逐月付款，向系分交英、俄、德、法、美、日、意、比八国银行。今送来零票又添荷兰一国，美国则未据送到。究竟共有几国应给零票？容再催询该参赞。俟票到后，汇核商办。谨复。

正月二十一日

外部致盛宣怀正太路轨璞科第亦谓宜用窄轨电

盐电悉。正太轨道，璞科第亦谓：山路宜用窄轨，如用宽轨，费须加倍，借款恐不敷用。查轨道支干划一，各国通例，应仍由尊处与佛威郎妥订办法，电复。

正月二十四日

外部致鄂督端方湘抚俞廉三醴湘路即系萍乡至长沙运煤铁路应弹压保护电

盛大臣电称：漾电悉。萍乡运煤铁路，前奏请展至长沙，已奉寄谕：着各该省转饬地方文武，妥为保护。现醴陵至湘潭，即系前奏展至长沙之案，自应仍遵前旨，责成地方官弹压保护，一面出示晓谕，毋庸重复请旨。

正月二十四日

外部致吕伍两使日索口岸预指四处应扼定自开电

效电：日约索开口岸，除另拒各处，惟江西之南昌、湖口，四川之成都、叙州，意在必须允一。本部现接川电，择定叙州，计已分电矣！各国争多口岸，流弊甚大。应扼定自开，保我权利。至画押前将自开口岸先行明降谕旨一节，尤宜峻拒。该驻使现未来部，及来如何商办，再闻。

正月二十四日

署江督张之洞致外部各国用金我独用银自多吃亏请筹示电

准伍大臣转示贵部寒电，祗悉。敝处复伍马电云：去年各使与吕、盛两钦使议定税则，是银数。若照外部意，以新定税则银一两，照定约时价作为二先令，复按今日时价折合银数纳税，是先以贵价之银折成金以计镑，又复以贵价之金折成银以完关税。如果洋人肯照外部此意办理，于我诚有大益，但恐商务大关税多之国不肯于加税十二五另外又按前三年之金价多算银，以便宜我耳！然有此一说，与之婉商，藉以推宕，未始非计。将来能照英商九年还银，以后还金，归三十年后摊还，或可办到。各国皆用金，我独用银，自多吃亏，终须变计。然不先自积金而由洋商代发纸币，是中国出入款皆用洋商纸币，事恐难行，户部断断不肯，必须国家自能独办方妥。祈再熟筹良策赐示等语。特禀陈，祈察核。

正月二十六日

外部致粤督德寿法使称东兴芒街日加变乱请速筹办电

法使照称：据安南总督称，广东与东京东界一带日加变乱，与中国大有危险。该处地方官甚不放心，缘兵勇不足，且有黎民多人逃避至东兴及芒街等处，请达知广东大吏，速为妥设善法，俾免滋蔓等因。希查明该处情形，如果不靖，务即妥筹速办，以遏乱萌。

二月初一日

铁路督办盛宣怀致外部泽浦路运煤费重拟函致怡和从速测勘电

沙多又面禀：泽浦路横冲芦汉，中权正定，以南路利，半为所夺，北路又为英阻，不准到海口，将来如何还债？兹与哲美森道破一切，缘中国不顾芦汉，比法无如何，但须允其另筹巨款还债，泽浦路利尤无把握，亦要国家另筹，为福公司运矿自便，岂能强我受此大亏？此总公司专责，部既令我统筹，断难迁就。诘询有何变通办法？答以长江现有萍乡宣城煤矿，泽浦运煤费重，顾矿不能顾路。但汝既坚请通行浦口，姑徇所请变通，准就已造泽州至卫辉为枝路，卫辉至信阳应由干路代运。信阳至浦口本允怡和代造，怡和又搁置，迄未勘路，或可劝与福公司合造。似此，泽矿仍可运。惟照汝议，只借卫辉过黄河干路一段，今须借至信阳。同一借用，何争长短？一免芦汉失利，二免泽浦添债，三增浦信路利。除此别无办法。哲词穷理屈，允俟电英再议此事。所虑怡和不允让。按窦使二十四年照会，只请准英商承修。今怡和续议沪宁正约，尚未提及浦信。如大部以为须内外坚持，拟即函致怡和，责其未能照约从速测勘，饬销浦信草约，为福公司可办地步。倘能办到，所省利债数千万计，故不敢惮烦也。乞训示。

二月初三日

外部致崇善闽厂代法公司造船希饬遵限造竣电

据法使面称：闽厂代法公司造船事，久经订定合同，备齐工料，闽厂已收过定银三万元，现在忽欲背约不办，所有停工吃亏之处，应向该厂索偿，并请仍饬照约代造等语。查此事经军机处于上年十月巧电知照尊处，妥定章程，早日造竣。嗣法使来照，本部即据枢电复准在案，此时自难改议，希转饬仍遵枢电妥办，并令杜业尔遵照合同年限迅速造竣，逾期不认给款，或可稍资补救。希酌之。

二月初四日

铁路督办盛宣怀致枢垣拟将通商银行商股改作萍矿股本以济铁厂之急电

湖北铁厂，宣怀接办后，即以开办萍乡煤矿为急务。现幸煤矿已成，练〔炼〕铁甚佳，芦汉轨皆自制，枪炮厂亦全资于此。功在垂成，各国觊觎。但所筹商本，向赖轮电商人辅助。去秋奏明续借礼和洋款，以商局改章而止。查萍乡至湘潭铁路，德、美两国争造，经与外务部商明中国自造，以保矿利。现已造抵醴陵，至湘潭，尚有百五十里，洋工司估价二百六十七万。又湘潭至汉口轮驳，估价八九十万。汉厂添炉、添机器，目前急需一百余万。据总办李维格、张赞宸禀，此三款若不赶紧设法，则煤不能运，炉不能添，日练〔炼〕铁钢数十吨力尽难支，势必停罢。中国自办，仅此一矿一厂，为自强之基。十载经营，功亏一篑，可惜，尤可虑。袁大臣过沪，曾与面商，借洋款，还商本，统归官办。旋接袁电：铁事详细面奏，指厂借十兆扩充整顿，以保大利，但不可由外人执权等语。现与各洋商筹议，竟无不执权。而能借款之法，惟有先就煤矿运道自行将款筹好，再议抵借。近闻北洋开办国家银行，则通商银行无足重轻。不得已移缓就急，与股商妥酌，拟将银行商股二百五十万两改作萍矿商股，利益较胜，商情颇顺。部款一百万，原议二十九年起按年分还二十万，拟请暂拨铁厂，悉如前议。一年之内得此款归并，可使醴潭铁路速成。煤铁通运，即可添置炉机，粤汉轨料亦可自办。出铁日多，则获利在即。外人知我脚地已定，借巨款扩充新厂庶有步骤，不致受彼挟持。电商张大臣，据复：先借通商银行，后借洋款，以免外人执权，虑患甚远，请即照办。此事系尊处专责，尽可专奏等语。是北洋既面奏扩充在先，南洋亦以为然。权其缓急利害，应请旨俯准，将通商银行商股改作萍乡矿股，仍归华商办理，免为外人所夺。部款百万，除本年还第一期二十万外，其八十万仍由铁厂分年归完。还本缴息，在公中并无出入，而铁政藉资周转，以杜外谋，实于大局关系匪浅。是否有当？伏乞训示。请代奏。

二月初十日

直督袁世凯奏英商依据私约侵占开平矿产请饬切实声明以复疆土而保利权折　附合同

直隶总督袁世凯奏，为英商依据私约侵占产地，请旨饬下外务部，切实声明，以复疆土而保利权事。

窃查，直隶开平煤矿，采办多年，规模宏大，在东亚各矿中，殆亦首屈一指。光绪二十七年五月间，经侍郎臣张翼奏明，将该局加招洋股，改为中外合办公司，原为保全中国矿产起见。乃上年十月间，开平局员候补道杨善庆及地方官认为中外合办公司，因在该局悬挂中国龙旗，与英旗相对并峙，而英使萨道义函致外务部，诘责此事，请饬查办。驻津英总领事金璋亦函请护督，饬将龙旗落下。适臣销假回津，道出上海，邀晤萨使，以勒下国旗，损辱国体，曾向理论，语以中外合办公司，何以不许悬挂龙旗？该使谓：开平矿公司前已卖与洋商胡华，在英国挂号，现为英国公司，非中国合办公司，断不准悬挂龙旗。臣以与张翼奏案两歧，再三驳论。该使谓，确有凭据存在天津领事署，当饬该领事钞送核阅，便知始末。臣抵津后，检据代理驻津英总领事施密士录送张翼发给洋员德璀琳代理移交洋文凭单、德璀琳出卖矿局洋文合同、张翼移交矿局洋文合同各一件，经臣饬译核阅，其移交合同第一款之二节内载：所有自胥各庄至芦台之运煤河道、河地，及开平局他处之运河，并该局所有在通州口岸或他处之地亩、院宇各项，均行移交，由接理人永远执守各等语，末附地亩细单内，除外省地亩及天津塘沽、新河、胥各庄地亩关系较轻外，惟秦皇岛地亩码头产业计一万三千五百英亩，以华亩计之不下八万亩，即二十四年三月间经总理衙门奏准开设通商口岸之直隶抚宁县属秦皇岛也。所有地亩，亦即筹备自开口岸之地亩也。

臣忝膺疆寄，职在守土。河道口岸列入移交，自不得不澈查补救。迭向张翼一再诘询，仍称系中外合办公司，并未卖与英人公司，已遣讼师赴英国控诉，正月内必有头绪。而现届二月十四尚无消息。日前问德璀琳，亦一味支吾。上月十六日，英署使焘纳理来津，复由臣反复诘论。该署使复坚称：开平矿局，现实为英国公司，并非中外合办公司。无论如何，断不能改，亦非讼师所能挽回。纵使讼能得直，亦不过将红股酌量断减等语。臣又以联军所占秦皇岛地段日本最多，曾向日提督秋山好古商索，答称：现为英公司地段，碍难退还。昨复招英公司总办英人威英来署，谆切诘论。该英人呈验出卖移交各合同，与英署总领事所送各件文义相符，并称：张翼、德璀琳实已将开平矿局全数卖给本公司，所有合同内载地亩河道及秦皇岛若干地段，均归本公司收执管理。臣诘以出卖合同系德璀琳签订，非张翼画诺，应不足为据。答称：张翼曾发给德璀琳的确合例代理凭据，即与张翼签订无异。况嗣后张翼又签订移交合同各件，更不能饰词抵赖。

又诘以凡交易买卖，须有价值，开平矿局并未收价，何得称为出卖？答称：旧股票每股只值英金十一镑，计银百两，本公司增为二十五镑，计银二百余两，已加价过半。上年十一月间，由本公司墨林经手送给矿局英金五万镑，计银五十万上下。兹有收条呈验，并有英领事作证，此即出卖之价值各等语。

臣查，矿地乃国家产业，股资乃商人血本，口岸、河道、土地乃圣朝疆域，岂能任凭一二人未经奏准私相授受？在张翼等情急思救，不得不支吾拖延。外人正可乘我拖延，从容布置。朦混愈深，所有口岸、河道、土地、矿产，恐终无规复之日。且庚子之乱，环球勒兵以向，我尚未损失土地，又岂能凭片纸私约侵我疆域？臣自去冬以来，诘查数月，辩论多次，几于舌敝唇焦，而两造各执一词，迄无办法。如再含混拖延，日深一日，恐人之占据愈久，即我之办法更穷。应请饬下外务部，迅速照会英使，切实声明，谓：开平矿局系经前直督李鸿章筹集官商股本奏准开办，远近中外，靡不共知，而胡华私约，并未奏明，我政府断不承认，亦断不能作为英国公司，尤不能以我之口岸、河道、土地多〔移〕交该公司管理。如英人必欲合办，应由外务部查照奏定矿章，另订中外合办章程，专案奏准，以资遵守各等语。庶可藉资挽救，早图转圜，而我之产地利权不至凭空断送于外人之手，实于大局裨益甚巨。除将英署总领事录送洋文凭单、合同原件及饬译汉文各三纸咨呈外务部查核外，谨照录译文清单恭呈御览。臣为规复疆土、保全利权起见，理合恭折据实缕陈。谨奏。

光绪二十九年二月十八日奉朱批：张翼赶紧设法收复，倘有迟误，惟该侍郎是问！并着外务部切实磋商妥办。

谨将侍郎张翼与洋商胡华议订移交矿局合同缮折恭呈御览

西历一千九百零一年二月十九号，因督办直隶全省及热河矿务·开平矿务局帮办·关内外铁路大臣·前内阁侍读学士张京卿燕谋，于光绪二十六年五月二十八日札饬津关税务司德君璀琳，招集股本英金一百万镑，中外同出接办。凡开平矿务局之矿地等各产业，后有细单详载，均移交听凭管理，且招集续股，整顿开办一切。德君璀琳于西一千九百年七月三十号因奉此札，特与墨林之代理人胡华订立合同，设立公司，名为开平矿务有限公司，股本英金一百万镑，将开平矿务所有之产业归该公司管业办理。又因该公司缘所订合同现已设立，即此合同内所指之开平矿务有限公司。今开平矿务局其总局设在中国天津，张京卿燕谋乃该局之督办，德税司璀琳乃该局之总办，与胡华暨开平矿务有限公司订立合同，将开平矿务局之产业交与开平矿务有限公司。以下所订各条，均已允可。

一、开平矿务局暨督办张京卿燕谋、总办德君璀琳将下所开移交与开平矿务有限公司，胡华允可，而督办直隶全省及热河矿务大臣张燕谋亦答应属实。

（一）① 所有直隶省开平煤山、地亩各矿矿质煤槽，凡与唐山、西山、半壁店、马家沟、无水庄、赵各庄、林西地脉相接者，皆在其内。凡界内开矿、寻矿，均有专利之权。凡利权与此相关者，以及开平矿务局在该处所有一切利益，均行移交。

所有自胥各庄至芦台之运煤河道、河地，及开平矿务局他处之运河，并开平矿务局所有在通商口岸或他处之地亩、院宇等等详载细单，以及利权与此相关者，并开平矿务局在彼处所有一切利益，均行移交。自此日起，开平矿务有限公司或其接理人即永远执守。

二、按该合同，开平矿务局暨张京卿燕谋、德君璀琳将以下所开尽归开平矿务有限公司或其接理人接管，胡华君允可。

（一）所有房屋、器具、机器、铁路、码头、货厂，凡一切不能移动之物，或在移交开平矿务有限公司地亩之上，或与其产业有相关者，均行移交。

（二）所有开平矿务局之承平银矿，建平、永平金矿，唐山左近之洋灰厂，天津、唐山铁路，各处股本及各户欠开平矿务之款，以及该局一切所订合同应有之利益并物产，均行移交。

三、开平矿务局暨张京卿燕谋、德君璀琳今允开平矿务有限公司，凡于移交全产与开平矿务有限公司所需文件及颁行之事，均须注名签押，以完全移交之事。

四、开平矿务有限公司允开平矿务局将至此日为止之可信账目代其承认，该账目等即与开平矿务局张京卿燕谋、德君璀琳不相干涉矣！

订立此约，开平矿务局暨开平矿务有限公司盖印于此。张京卿燕谋、德君璀琳及胡华君亦于西历一千九百零一年二月十九号签押盖印，以昭信守。

细单附录于左：

天津：河东地亩、码头约十六英亩，河西地亩、码头约九英亩，并英新租界傍海大道赛马路及密多斯路地基约一十英亩。

唐沽：地亩、码头约四十英亩。

烟台：口岸前升科地亩约一英亩半。

牛庄：地亩、码头。

上海：浦东地亩、码头约四英亩半，吴淞地亩约五英亩。

广州：地亩、码头约十一英亩。

新河：地亩。

杭州：地亩约一英亩半。

苏州：地亩约一英亩半。

秦皇岛：地亩、码头产业约一万三千五百英亩。

① 括号为校者加，下同。

胥各庄：煤厂暨地亩。

督办张燕谋。除署押之外，并用督办直隶全省及热河矿务总局关防暨开平矿务总局关防。

谨照译税务司德璀琳与胡华议订出卖矿局洋文合同

立合同人德璀琳、胡华，均住天津。

今因开平煤矿之事业、产业，现拟移交与英国有限公司，按一千八百六十二年所订公司条例注册；又因开平矿务局经已派定德璀琳为全权代理之人，出售开平矿务局之产业利益、利权；复因胡华为英国伦敦墨林所派之代理人，是以德璀琳、胡华订此合同，彼此认允如左：

一、德璀琳暨开平矿务局兹将开平矿务局所有之地亩、房屋、产业、物件及一切所享受之利益、利权暨国家特施之恩全行移交，出卖与胡华暨其后裔或其受托司理者。至于不在通商口岸之产业及开平煤地等，如不移交，开平矿务局将租与胡华，以九十九年为期，期满再展，永无已时。所纳租款系有名无实，承租者有全用该产及煤地之权，不得拦阻。

二、胡华允按一千八百六十二年所定公司条例，以墨林襄助，设一英国有限公司。一俟有限公司设立妥当注册后，胡华有权将已得利益、利权移交与该有限公司。凡胡华之以为可者，彼皆可为之，以使该公司得以设立也。

三、该有限公司注册之资本，特定英金一百万磅〔镑〕，分为一百万股，每股本英金一镑。其开平矿务局之实在欠款约数，开单附后，归有限公司承认，与现时督、总办无涉。

四、有限公司设立，至迟不得逾一千九百零一年二月二十八号，或早日设立亦可。胡华应允一俟设立，墨林将集办事资本英金一十万镑或有可靠凭单以抵此数，分期汇存天津麦加利银行，入公司之账，以便妥当办理公司生意。至分期汇交，由墨林决断。

五、开平矿务局老股计一万五千股，每股一百两，均由胡华换给有限公司股票二十五股，每股计英金一镑，以补还开平矿务局股友所有之利益、利权。有限公司所有股东利益亏累，自应公同享受。

六、有限公司设立妥当，按此合同布置。所有开平矿务局产业、利益、利权及国家特施之恩，德璀琳暨开平矿务局皆允签押各项合同、契据、文件等，以便胡华交给有限公司，俾得办事。并将所有一切契据、文件，凡与有限公司有涉者，存放天津麦加利银行。

七、有限公司须妥当设立注册，并接办开平矿务局一切事宜，至迟不得逾西一千九百零一年二月二十八号。然看此地兵事如何，但不得逾此期太久。有限公司即当用应有之权，以使有限公司之股东获利益也。

八、如墨林不以此合同所立各款为然，墨林亦可推卸，此合同作为废纸。墨林与胡华并不为此所拘，但合同签字九十日内，或行或止，墨林必须知照。

九、德璀琳或开平矿务局于墨林尚未决定行止以前，不得将开平矿务局产业、利权及国家特施之恩另行移交他人。

西历一千九百年七月三十号。

德璀琳。

胡华。

见证人：汉纳根、易美士。

开平矿务局产业列后：

天津河东、河西码头；塘沽、烟台、牛庄、上海码头；出售应德香港码头价；广东省城码头；新河地八万亩；杭州苏州地亩；秦皇岛地四万亩；唐山林西煤矿；胥各庄煤厂；运煤河长十四英里；承平银矿；建平永平金矿股本；洋灰公司股本；铁路天津至唐山股本；天津督矿局公事房及房屋；六平轮船；秦皇岛借款余项。

欠款列后：

老股本一百五十万两整顿后每百两作英金廿五镑、德华银行借款十五万两、庆善银号借款十四万两、银钱所支应局共五十万两、秦皇岛借款一百四十万两、张燕谋借款二十万两。

一千九百年七月三十号。

德璀琳。

外部致吕伍两使税则画押应嘱驻沪瑞那领事转达该国政府电

税则画押，丹、葡两国由本部照催。瑞典、那威现无使臣驻京，应由尊处就近照嘱驻沪领事，转达该国政府，派员画押。

二月二十一日

使法孙宝琦致外部已告法外部助我广湾设关电

寒电告外部云：电吕使，与在京各使商复此事，亦惟英持之最力，已缕告外部助我。广湾设关，吕使已开议，议妥即换约云。

二月二十五日

川督岑春煊致外部蓬溪油矿当设法自办电

敬电敬悉。蓬溪列入济普，至北洋得报，已与麻、哈情形相似。盖英商此次固指蓬溪，以该处油矿已有华人正在试办，固争不与。彼谓：华人自办，尚属公道，惟将来力或不及，必至为他公司所有，故有此约。且日为掉换之文，恐日后复指，转多轇轕。现在殊难挽回。煊当设法自办，永杜外人口实，以利在目前。需本亦不甚巨，且有英、法两公司成法可取。至长江私约，由韦领声明作废一节，当时已争至数天，唇售舌敝。固以英使为辞，若电与商，必执原议，反多痕迹，不如暂缓批准，俟英使来催时与言。因其声明照会未到，是以迟迟。英使倘有实言，自可驳交川省再议。当否？候裁。再，晤英人时，请宣言：宁远矿极宏，会局大占便宜。煊太简单，致为彼所愚云云。

二月二十七日

清季外交史料卷一百六十九终

清季外交史料卷一百七十

光绪二十九年三月至四月上

外部致滇督林绍年滇路收回年限应视俄路酌减电

敬电悉。铁路收回年限，法使未与本部议及。查俄造东省铁路，以八十年为期，届时所有铁路及一切产业全归中国，无庸给价。又从开车日起，三十六年后亦可给价收回。惟滇路悉系中国备款购地，与东省公司自行购地不同，其年限自须酌减。至征税分利，东省亦未议定章程。税关应先申明，由中国自设。分利一层，应将滇省购地之费与法公司用款统为该路成本，获利若干，照本匀分，方为公允。法使现称滇省议将轨道从宽，并所遇坟墓均饬一律绕避，碍难照允。查轨道尺寸，可照上年五月寒电办理。至坟墓，固应绕避。如零星之坟，实不能避，应令给价迁移。统希与方领分别核议。

三月初一日

使德荫昌致外部税金邮局二事德政府请再议电

金价、邮局二事，德政府屡次支吾。近虽时与力争，终以金价系公约，如各国允议，德亦不从中阻挠。邮局事，坚以华局不可靠为辞，并云：在土国，德亦设局，亦因事故，俟中国政府办理尽对再议等语。

三月初一日

吕海寰伍廷芳致外部税则俟丹法葡瑞那五国画齐再奏电

昨日俄使宝至德、义使聂腊济尼已将税则画押，订明四月初一日开办。拟俟丹、法、葡、瑞、那五国议妥画齐，再行具奏，并将册本汇呈，谨电闻。

三月初一日

吕海寰伍廷芳致外部俄义税则定期开办请饬知各关电

俄、义税则定期中四月初一日开办，请饬总税务司知照各关。法总领事巨籁达开送税则各款，已饬贺、戴两税司核议。瑞典、那威总领事哈勃克函复：上年十月间，已转达本国政府，现盼候回信，即当奉闻等语。丹、葡二国如有回音，亦祈示知。专此奉闻。

三月初三日

使俄胡惟德致外部俄武员募鸭绿江一带兵役占守林木电

陆关事，户部面称：拟两不设关，然内兴商利，尚在筹核。海关事，京议如何？璞科第有调英充商员之信，雷使望后赴华。又密闻有俄武员裴夙勃腊若甫募武官四五十，欲赴鸭绿江一带广招兵役，占守林木，意在垄断利薮，兼防日本，系某亲王条陈主谋，裴本一无赖，外、户部甚不谓然而无如何。裴不日到京商议。

三月初四日

外部致增祺日使函称日商为东边道拘捕希查明妥办电

日本使函称：本国商人细野庄平因办木料，领有领事护照，前往大东沟，为东边道派兵捕获拘禁。此事与条约颇有关碍，究因何故被禁？请电查速复等语。查中日商约内载：日本臣民往中国内地通商，如查无执照，或有不法情事，就近送交领事惩办，沿途止可拘禁，不可凌虐。该细野被拘系何情节，希速查明电复。一面迅饬东边道详审案情轻重，或先行开释，或送交就近领事，务须斟酌妥办，勿令藉口，致生枝节。切要！

三月初六日

川督岑春煊致外部蜀江合江案已画押自难翻悔乞主持电

昨准韦领照称：前日敝处照会中彼此允愿语，煊恐未明确，合再罄叙。会、蜀合同仅许会同作废，未及蜀江、合江，应由北京办理。是会同、蜀江争执之案，彼此并未允愿完结，应候北京查办等语，已经煊切实照驳。再，新约之立，在结旧案起见。前此照会甚明，业已钞呈钧鉴。如彼尚有未完之件，当时何以不言？且照复之内亦无异词，业已画押，自难翻悔。惟恐彼族利翻前约，以图更议，尚乞钧座裁夺主持为幸。来往照会，即咨呈。

三月十一日

外部致魏光焘各使催索赔款分票希饬沪道速办电

赔款分票一事，各使以载在公约，迭次催索甚急。且明言，如分票措不签字，以为牵制之计，各国必不能允。词气甚决，若再迁延，必生枝节。慰帅在津晤英武官，语亦相同。希饬沪道，即将分票签字，并汇送尊处一并签字，以免责言。至镑亏，应筹补救之策。俟分票签字后，另由本部再向各使切商。希查明饬遵。

三月十一日

外部致滇督丁振铎英使催分缅界希绘图寄署电

英使昨复面催缅界，务当照尊处去年八月勘电答复，并告以此段边界未经两国派员勘分，仍应各守现管之界，不得侵越。彼谓：分水岭系天然界限，虽附近间有村落，均系野人，既非属中，亦非属缅，即以此岭为界为合，宜请再电尊处商办等语。查尊处本月支电，已另派测绘员生往勘。希饬迅即绘图，寄署备核。一面照催英员，会同勘分，以免争持。至茨竹命案，须俟界限议定确在华境，再与辩论，较有把握。仍希电复。

三月十一日

军机处致外部奉旨俄约交还奉吉着派增祺长顺接收电

本日奉旨：俄约第二期交还奉天、吉林地方，着派增祺、长顺接收。钦此。即刻知照俄使，并电知增、长为要。

三月十一日

吕海寰伍廷芳致外部日索开口岸请俟加税后再办电

日使请开口岸一事，前奉大部正月艳电，谓内田驻使求予照会，实在藉此转圜，惟照会措辞宜将中国将来如有应开口岸之处，当由我自行酌定办理。即经迭次与日使辩论。彼所注意在东三省，为制俄之计。告以奉部电，此时暂从缓议，乃不过恐于东三省撤兵事有碍。要知撤兵之期在本年十月八号，即可撤尽。俄约已宣布，无虑变更。可先将此事议定，一年后再行开办。若恐俄、美和约亦有此款，而美约登本埠西报已无人不知矣。我又告以此时总不便入约。彼言：即用照会亦可；并云：此非索开口岸，可一并叙入。我又告以英索开口岸，系列入加税免厘款内，若此款不举行，则口岸亦不能允开，惟江门一处，不在第八款之列。彼云：此与加税系属两事，不能归入一款，彼国决不愿照英约办法。海、廷复执定加税办不成，虽自开亦难照办。彼不得已始允，如加税不成，奉天省、大东沟、长沙此三处必须一年内要开，余可酌期再办。又驳以英约只江门一处，日本所索三处亦难照办。彼再三不允，我争愈力，彼索愈亟。复代我拟一照会稿，嘱转电大部，以便内田前往商办。细阅所拟照会，仍有直隶省北京字样，当驳以北京久经电商，奉部示，万不能允。彼言：渠总不能不请开，如部不准，可以删去。又驳以口岸由我自开，章程又何能与日本协定，失我主权？渠云：亦可斟酌。又驳以某府字样所包太广。彼先钞送二十四年总署允开岳州府等处口岸文稿，即有某府字样。日使又云：中国自开，总不如各国请开之为得力。现美、日均有此款，俄知之当亦不便阻挠。又驳以与我面子上不好看，且办法亦不妥。再三辩论，兹姑将其照会电闻如下：为照会事。所有直隶省北京、盛京省城及大东沟、湖南省长沙府等处，订自本日起，一年之内，添开通商场，准各国人居住、营业。所有章程，与日本协定。以上各埠之外，仍择日期将湖南省常德府、江西省湖口、安徽省安庆府、四川省叙州府开作通商场，一切办法仍照前开各处办理。为此照会贵大臣查照，须至照会者等语。乞查酌，以便与内田商办。海、廷愚见，盛京省城及大东沟意在牵制，于我尚为有益。惟此两处，若非我自愿开为通商场，虽暂用照会，将来开办仍须揭开，恐俄转有所藉口，妄事要挟，使我愈属为难。若照日使所云，由彼照会索开，我予照复作允，事出有因，或较有词。此事关系重大，亟宜详慎妥筹。其余各口，另用照会，作为自开通商场，仿照总署二十四年照会办理。应声明，俟加税条款举行，再择期开办。是否有当？仍候钧裁。

三月十二日

外部致增祺迭催俄军撤退尚无确期希电知俄军举动电

蒸电悉。俄军撤退届期，本部已于上月照催俄使。近复迭向面催，据云：必照约撤退，但未接政府训条，难定确期等语。除再由本部切催，俟得复即电达外，奉、吉两省俄军举动希随时电知为要，并转电长帅查照。再，闻日本人在鸭绿江西岸一带火烧木山，俄人派步队八百前往弹压一切，又闻营口道员未在任所，一并查明，电复。

三月十三日

外部致胡惟德奉天俄兵去而复返希商俄外部电

俄国第二期撤兵业经届期，奉旨派增、长两将军接收，先期由本部知照柏使，照约撤退。嗣复迭次面催，据称：未奉政府训条，难定准期，现已请本国饬速撤等语。十一日接奉天电称：驻省俄头号步队忽又去而复返。本部查撤兵期限载在条约，自应照办，希向外部切催，并速电复。

三月十三日

沪道袁树勋呈外部已将美票送请伍大臣转致美员改换电

佳电敬悉。美国零票，日前送到，内载：本券计海关银三十二兆九十三万九千五十五两，系按和约第六款偿款之本云，后有附列第六款全文。此外，瑞、那及各国总会等票仍未送到。探闻，美票本交公会送道，因系银数，与各国票载金数有别，虑我据为口实，不允转送，美行遂往商伍大臣，径自送来。据此勿论，似各国认美票系属还银，惟票末仍以第六款金价列入，不无疑窦，不得不详慎办理，当即转呈伍大臣察核。阅两日，美员来信，谓美政府电谕，饬将零票改换式样，请为退还职道。恐出各国攻击所致。密商伍大臣，并托探询换票之命意。先后接奉函，复晤美员，言美外部电，谓所寄票式阅悉，惟须加注美国金圆照和约第六款价值核算字样，并无他意。伍大臣主见，如彼索金，亦可照约定金价，以金易银付给而已。顷，已将美票送请伍大臣，转致美员改换。相机办理，以免意外之虞。仍俟改票送到，再电陈。

三月十三日

江督魏光焘致外部分票签字是允还金更难补救应缓办电

真、文两电祗悉。现在镑价九两三钱零，将来尚虑续涨。各省财力摊派已竭，万难遽议。分票若经签字，则还金已定，更难补救。自应遵照缓办，并转饬沪道知照矣！

三月十四日

丁振铎林绍年致外部滇缅边界俟图到照会英员商办电

真电敬悉。滇缅边界分水岭不止一处，屡经电陈在案。若照所指，则在界内百余里，门户土地损失甚多。前因边案照复烈领，由彼请派员会勘。英未派专员，未据照复。现饬催测绘员赶将勘明图送到，再行照会英员商办。谨先电复。

三月十四日

吕海寰伍廷芳致外部日本不允加税至十二五电

日约加税免厘一款，迭次商议，彼总谓：日政府已定主意，决计不能照加十二五，只可将此款提开，先将议定别款签字，彼等不能久候。告以我国训条，必须俟免厘加税议妥，然后将全约请旨奉准，始能画押。又劝以美国虽亦只允抽十，经我开诚相告，彼已允电彼政府再请训条，岂日本同洲，尚美国之不若？日使云：纵美能允值百抽十二五，日本仍不能照允，恐别国亦不能答应。我又劝以如各国不允十二五，此款仍不能举行，则日本更乐得做人情，有何不可？彼始终坚执，不稍松劲。观此情形，美、日必已暗相知会。如美、日不允，各国更相效尤，则此款更无举行之望。惟有请大部向内田、康格两使切商，作一转圜。恐此间两不相下，终于决裂。

三月十五日

外部致伍廷芳袁树勋俟美国刊印分票送到即行画押电

零票事，美国既允票内注明息用金付给，或照合约第六款甲字所列价值付给，一俟该国分票刊印送到，即先行画押，不必待各国到齐再画，致失机会。并电复。

三月十五日

盛京将军增祺致外部请商俄使禁招华匪保护铁路请示电

前俄员在辽阳招华匪三百保护铁路一节，曾函请查核，嗣东边道屡次电禀：匪首林七等数十人，俄兵十九名，至凤凰城，声称系护木植马队。当询驻省俄员，以林七系著名匪首，恐生事，地方有碍。据云，李金、田义本等为俄招抚，于林七则云未闻令其招队。随电饬严拿，林乃勒捐商民洋三千圆潜逃。又有匪首刘奎五等马队数十东来，沿途淫掳。该道派队在连山关堵遏，互有所伤。嗣驻省俄员即告交涉局袁道，是否有意开衅？此队系赴韩境，现回辽阳听候。请电袁道，嘱勿阻，俄必严行约束等语。当电该道：刻值交收，勿轻启衅。顷，该道电称：若人少尚可，惟闻已招数百人，恐滋乱地方，不堪其扰，且此辈心性无常，将来俄亦难免受累，力请阻止。除再照会俄员外，请速与俄使商止为幸。否则，恐误会，于大局关系颇重。请速示。

三月十六日

使俄胡惟德致外部俄陆长赴崴旅已请其速交营口电

俄陆长面称：定四月朔赴海参崴、旅顺，一路稽查武备，察看情形。奉、江省城均留一天，宽城子留四点钟。各将军如有交涉要务，可面谈。地方官如控俄军骚扰情事，均愿接见。并欲观三省所练巡捕兵优劣，惟数营已足，无须多调等语。伊此次奉命巡游，意在考察实在情形，与我疆臣和衷接洽。德乘机劝导，痛陈利害，并请速交营口暨允我东省增兵等事。如营口保不入他人手，定即交还，缘铁路工本极大，愿与中国共利，不愿他人觊觎。如边帅真能约束兵卒，不致如前之助匪，亦可加增云。伊此行甚有关系，应请增、长、萨三帅于伊过境时加意周旋，应商应诉事件开诚面达，转饬沿途地方官，如有控诉，宜语语真实，尤要！该陆长行抵日期，俟有准期，续电。乞转增、长、萨三帅。

三月十六日

使俄胡惟德致外部俄外部称第二期撤兵决不爽约电

元电悉。晤询外部，彼称：第二期撤兵，决不爽约，已拟陆续撤退，但有数端，拟请中国担保，以期妥善。现备文稿，俟三四日内俄主批准，当知照贵使，并电告柏使。询以是何数端？因尚未批准，不肯明言。至兵撤复返之故，彼不知情，允问兵部再复。谈次又催询营口事，彼云：营口此次亟应交还，因他国亦有驻兵，势难尽撤。拟仿天津办法，与他国同时退出等语。俟彼知照，续电。

三月十六日

盛京将军增祺致外部日人在鸭绿江两岸烧山木未据报电

昨电计邀览。蒙询日人在鸭绿两岸烧山木各节，未据该地方具报。惟俄属有人赴通化及招匪队赴东边保护木植之说，营口道留省候往接收，昨已照催。今据俄员复有金州厅请永不派往，营口俟接来文当即知照等语。除函达外，谨先电复。

三月十六日

江督魏光焘致外部赔款分票俟各票到齐再妥商电

感电悉。据沪道电称：分票一节，即使票载合法，亦应俟各票到齐，核明银数与保票约表相符，方可作准等情。查和约及还款表，均只载银数，并无金数。总票可照约填四百五十兆银数，小票照约即无数可填。然既立小票，即不能不填数目，是以美即核定应还银票填注票内，非仅叙约文所能签字也。该道所陈办理情形，实属扼要办法。应俟商妥见复，再行请示。

三月十七日

使俄胡惟德致外部奉省俄兵复返系因英德日舰赴该地电

铣。又面询俄兵部奉省兵撤复返之故，伊云：营口撤兵后，忽有英、德、日本三舰各载水师前赴该地，恐有意外，遂折回一队，计一百余名，他处并无折回之事。德据约争辩，伊谓：俄愿营口为中国地，不愿其为他国地，别无他意，请放心。

三月十九日

沪道袁树勋呈外部请转美使赔款俟各国总数到齐签交电

咸电敬悉。十国零票末均载有第六款，全文前录。送时，因式样一律，仅将俄票约文全录。伏查，零票由总票分出，应以总票为根据。保票末载：此保票即遵海关银四百五十兆两，按以上所述诸国金钱之价易金，即此为凭等语，为第六款约文铁板注脚。此节似不可移易。各国来票首载金钱，并无银数，与总票面目全非。后列本息金钱表式，又为总票所无。即使票末载有约文，恐其仍注重票载意义，证实还金。不得不趁此为补救还银之计。职道愚见，各国零票自以改注银数为最善，纵不能不叙金数，亦应按约载金价，金银并列，庶与约表、保票相符。现在美票将原载海关银数改照约定金价核出金洋数目，注明票上，虽亦未载银数，然复文声明仍可照约定金价易银付给字样，将来金贱还金，金贵还银，可从我便，似较约文尤为切实。密商伍大臣，以为可照此议定，不必再令添入银数。已嘱美行从速缮印，并电康使，述明中国允照美定票式画押，以安其心。此外，各票商改之时，如其不允列银，亦应照美票装叙，方免歧异。已预拟驳信，送伍大臣核定，俟齐即行缮发。再，各国应分本息，未准汇总开单知会，孰多孰少，总须俟各票送齐，将票载金数照约价核明本息总数，与约表相符，再予签字，免银数或有参差。即各票须俟到齐后再行汇总商办，亦由于此。美票虽经商妥，亦未便遽予签字，致为各国藉口。拟请转致康使，一俟各票到齐，核明应还各国本息总数无讹，首将美票签还，决不迟误。仍请其饬催公会，迅将瑞、那、葡萄牙及各国总会分票送还，以便早日汇核商办。是否？伏候裁示遵行。

三月二十日

使美伍廷芳致外部零票事请告各国约内所无者勿添字句电

赔款零票事，顷，接魏午帅电，嘱设法维持。查此项票式，近日迭与沪道往返熟商。鄙见以全权、户部所给保票只列银总数，此次零票不宜列金数，方与保票相符。又各国有要列本息还金数表，此方〔万〕不能允，恐入圈套。廷连晤商美银行委员，初以零票式只列银数。旋接美外部电，饬收金数。当经辩论，现允票内注明本息用金付给，或照和约第六款甲字所列价值时付给等语。此与历次所争应用海关银付给者暗合。日后银价昂则或可以银购金付给，银价贱则仍按约所列金价核算付给。兹与袁道商，俟美零票刊印寄来，立即画押。并请美委员电知康格，以安其心，并分各国之势。如各使到钧处饶舌，似可答此事已电沪道照约办理，惟望各国不可于约内所无者另添字句。彼辈见我内外坚持照约而行，谅必无意外，自当就范。因承午帅嘱，用敢冒昧直陈。是否有当？乞钧裁。

三月二十一日

使俄胡维德致外部撤兵营口两事已切商俄外部电

筱电悉。顷，晤外部，将撤兵、营口两事切商，照约早办，不应另有文件。申辩至再，伊云：俄并无异议，但施行条约应妥定办法，于本约并无更动。数日内当由柏使详达贵国。现值节期，又俄主赴莫斯科，故办公不能甚速。当诘以限期已过，不宜迟延。

伊谓：现已陆续撤兵云。

三月二十二日

鄂督张之洞致吕盛二使日索开九府口岸请向日使切商电

沪蒸电悉。英国加税，止开数口，日本不允加税，而索开九府地方，实无情理。况将来他国藉口要挟，一国数府，十国即数十府，岂非遍地通商？鄙意不得格外利益，断不可再添一口。至日使所拟照会内章程与日本协定，一切办法，仍照前开各处办理等语，尤多窒碍。将来如有万不能不开之通商场，其章程界限应由我自定，所有一切管辖、收捐各主权，由中国自操，不能照旧开口岸办理也。至盛京省城及大东沟两处开口岸，于中国保护根本之道实有大益，确是善策。沪电谓，由日本照会索开，我照复作允，将来俄或藉口，我较有词。两星使筹虑极是！惟此系特许索开之口岸，他国或援例又指别省，纷纷索开口岸，势难遍应，其患亦不可不防。倘能切商日使，许我别项利益，然后允开此两处口岸，则既有词以对俄人，亦有词以谢各国，庶于彼此均属有裨。祈两星使再与日使切实磋商，仍候外务部暨慰帅酌裁示复。

三月二十二日

伊犁将军长庚致枢垣阿勒台山本属科地拟商瑞洵再奏电

阿勒台山，本科布多属地，理应还科，无所用其再议。现已会同新疆巡抚潘效苏致函塔城参赞春满，请其还山，另行缮折具奏。惟阿勒台山地方紧要，俄人垂涎已久，断非卡伦侍卫带领蒙兵数十名所能防守。俄于额尔斯齐〔齐斯〕河下游倭木斯克地方设立总督，制造火轮兵船已一百余只，寻常大兵船二百只，庚前经奏明在案。二十六年请于布伦托海捕鱼，又用轮船载有枪炮驶至哈巴河口，幸均阻回。今有争阿拉克别克河克色勒乌罗克地方，为图占阿勒台山张本，非亟为防备不可。数十年来，凡哈萨克之潜入，俄罗斯之侵越，棍噶札拉参之借地，塔城之不还山，皆由无官管理所致。查科布多帮办大臣，系道光十八年因哈萨克潜入乌梁海等境抢夺滋事，奉旨派乌里雅苏台参赞大臣驱逐出境后，乌里雅苏台将军保昌等奏请添设。科布多帮办大臣原为春秋二季巡查卡伦、驱逐哈萨克而设。彼时霍员、迈拉扈等处卡伦系在额尔齐斯河峪。今若将科布多帮办移于额尔齐斯驻扎防守，似与当年原案相符，庶以后俄人不致侵越。上年庚亲往履勘所有该处形势，宜如何防守之处，不得不面告瑞洵，商定画一办法，方能详细具奏。兹拟径赴科布多，与瑞洵会商具奏后，由蒙古草地回京。乞先代奏，以慰宸廑。

三月二十四日

江督魏光焘致外部赔款照约不应还金请主持电

皓电当转沪道。时局日艰，交涉原属益难，目下关系之巨又无逾赔款，故年余以来，钧处不惮其难，力与坚持者，诚以照约不应还金，中国之力亦难，不能再受还金之亏。零票系照总票分开办理，应悉照公约保票一律开成银数。凡约票所无及原有字句，即不应稍有出入更易，此为环球一定不易办法。今除美国外，其余各国送到零票均舍约票应列入之银数，转列金数，无非自知按照约文保票向我索金理屈，故于零票特变其法，以冀坐实我还金之据。且分年还款，前已列有银表，今抵立零票，本不应再行列表，乃又另列金表。种种办法，既与约章不符，用意亦至为狠毒。公约总票及分年还款表均列银数，彼族尚愿强我还金。今若允照要索列金签字，即便坐实还金之据，前功尽弃，以后断难与争。故与伍大臣一再筹商，此项零票开成不能不详慎商办。论正理，应照公约总票，仍或银数，必须照美票注明照定约价值易银付给字样。如此办理，尚无流弊。否则，必堕其计，后悔无及。中国岁入八千余万，统计洋债赔款将及五千万。立约时每关平银一两易三先令，今仅二先令零，计已贵三分之一。仅赔款一项，若改还金，岁须更亏七百万。且定还金，磅〔镑〕必更贵，受亏愈无底止，洋债还款亦复随之增巨，中国之力既不能支，大局即不堪设想。故票式开成，万不能不执约与之商议。现在票未送齐，既难核数，票成与约不符，致费辩论，其过亦属在彼。惟欲与之争改，不能不求钧处始终力赐主持，庶内外一心，或可冀其就范。不胜切祷之至！

三月二十五日

外部致胡惟德俄兵届期不撤希切商俄外部电

奉、吉两省，现届第二次俄兵撤退之期，自应照约办理。乃昨接柏署使照会，内开七条，是于专约之外另立条款，且要挟太甚，有损主权，断难应允。恐各国藉此干顶，枝节丛生，关系匪浅。希即切商俄外部，务必按照前约如期交还。此后东三省如有应商事宜，尽可随时和商，万勿藉词延宕，致启各国猜疑。晤商后，即电复。

三月二十五日

外部致吕伍两使日船隐占滨海航利希妥筹抵制电

养电悉。查日本商轮久在烟台、奉天沿海行驶，名为遵照内港章程，实已隐占滨海行轮利益。今日约第四款虽不提明行海，而日轮来自东瀛，即系行海船式。二月初，本部钞咨赫总税司开送章程，原为滨海行轮而言，领照销照办法均尚妥洽。其所称不得由外洋前往内地，亦不得由内地径出外洋二语，最为扼要。如尊处拟另订滨海专章，仍希妥筹，再与商议。

三月二十七日

吕海寰伍廷芳致外部美使索开盛京口岸坚请入约电

本日，美使密告，奉其政府命，索开盛京省城及大东沟口岸，坚请入约。并言：刻下时局紧要，美廷不愿东三省为他国一国独占。当答以曾奉外务部电示，须俟东三省俄兵全退布置大定，由我自行酌办，此时未便遽议。力与驳辩，美使云：美政府之意甚坚，势不可缓。康使亦电嘱其来商，切请速为电部商办，不能再延云云。近日外洋来电，载诸新报及沪上各报，均以俄未交还牛庄，各国议论滋多。美之坚索甚迫，或由于此。海、廷观其词气，意在藉此牵制俄人延缓交还东三省之阴谋，恐非空言所能谢绝。究竟俄国要挟是否另有专约？如有专约，可否钧示，以为辩论之资。俄若不肯撤兵，不交还牛庄，必启各国争端。思之，曷胜焦愤！探美使之意，我若准其所请，彼尚可照自开章程办理。并言，东三省若开成口岸，各国均可出头抗争，其用意亦有所在。惟俄能否就范，殊难预料。此事关系重大，乞通筹全局酌核，并将近日情形密示为盼。

四月初三日

直督袁世凯致外部美使续开十六款参酌意见祈察夺电

沪寄美使续开十六款均悉。兹就鄙见参酌如下：第一款，公使行文各省督抚等官一节，流弊甚多，不合交涉通例。沪电已逐层驳复，毋庸再赘。第三款，美国人民居住通商各城邑地方一节，与日本所索无异，未便允许。租买地基之买字尤应驳删。保教谕旨已载公约，且已遍贴誊黄，不必再引。第四款，进口加税，为英约第八款最要关键，并为全约关键，亦为各国议约关键。明知磋磨不易，不得不争。盐税何处征收，应与英约一律，不得专指产地。抽收机器制造厂税，英约载明，倍于进口正税，美约不能不提。至请颁裁厘谕旨，须俟各国议定加税再请。第六款，他国人民在华所设通商各口关栈，美商能否共用，应由该商自向商酌，不便入约。第七款，洋人租买矿地，须由地方官查明，禀请督抚批准，咨明外务部、路矿总局，方可议办。第八款，存票不论在何关发给，以抵各口之税，英约无此意义，恐多窒碍。请查询税司。第十一款，版权禁印不禁译，必须详细载明。西国版权同盟之约，闻简端略著数言，已有禁译之意在内，应请详查该约，切勿被其含混。第十二款，无论何时修改内港行轮章程，各国势必效尤，不许为是。北京不通商，两星使筹之已熟，凯前亦言之甚详。其奉天、大东沟，俄未全交以前，未便遽议。第十五款，代表官员系指何项，应询明美使。以上各款，统祈察夺。

四月初三日

吕海寰伍廷芳致外部美约拟定互派公使一条电

美使前以第一款与康使有涉，属电请由康使向部就近商办，已详三月有电。本日美使云：昨接康使回电，仍在沪商订。辩驳再三，行文各省一节允为撤去。又援日本旧约，加添数语。日约已载，难以驳拒。只好索以对待利益，以期抵制。兹将拟定约款如下：现按照公例，中国可派钦美大臣驻扎美国京城，其所享一切权利并优例及豁免利益，均照相待最优之国所派相等之钦差大臣一体接待享受。是以美国亦可按照公法，派钦差大臣驻扎中国京城。凡有呈递国书或代递美国总统与中国大皇帝之书，即可随时觐见。其觐见之礼以及接见之地，均须酌定合宜，与钦差品位相当。且始终相待美国钦差大臣之礼仪，均应按照平等之国所用者，俾两国彼此均不失体统。其所享一切权利并优例及豁免利益，亦均照相待最优之国所派之相等钦差大臣一体接待享受。至所有来往文函，美员所发者应以英文作为正义，华员所发者以汉文作为正义云。查此款与前送约文之第四、五两款大致相同。前奉部电，只欲彼此一律，现已遵照妥议，似于报施之义尚为得体。当否？仍乞核示。

四月初四日

直督袁世凯致外部东三省口岸未可轻许添开电

沪、江支电均悉。俄请不许东三省添开口岸，在我必须力拒。如遽许美人两口，势必并许日本。不但激怒俄人，虑生枝节，且续议各国援以纷请，殊难应付。若谓许美、日开口，足以牵制俄人，其实亦无大益。似不如仍告美人，谓：俄尚未交还地面，我权力无可如何，未便遽议开口，将来我必自开等语。总之，俄请固应坚持，美、日请亦未可轻许，方免后患。鄙见如此，统祈钧裁。

四月初四日

清季外交史料卷一百七十终

清季外交史料卷一百七十一

光绪二十九年四月下

盛京将军增祺等致外部请商俄使勿在中韩边境招匪为兵电

准驻韩许大臣咨称：三月二十七日，接韩外部照称，奉省有匪徒三十余名恃符俄人，希图过江，侵伐白马止〔山〕城树木，请饬安东县官将该匪徒剿灭，勿令过江。请饬查酌办，即赐示复等因。查俄员招匪一事，前准贵部所复筱电，俄队既系赴韩，势难堵遏，当经飞饬东边袁道遵办。迭据该道电禀，以大局攸关，请密达贵部，务与俄使商阻。并经祺等面询廓米萨尔及俄员马大力多夫，究竟招兵若干，开往何处？先称以一百驻省为亲军，另招五百分往韩国土们江护木，继又称赴安东县大东沟。反复穷诘，始终含混其词。今许大臣来咨，事关两国边境，稍有误会，所关匪轻。祈速示为盼。

四月初六日

署川督岑春煊致外部英人欲进藏通商请饬驻藏大臣妥筹善策电

打箭炉厅禀：得藏信，印族将珍禽怪兽使人来送达赖，藉此进关。受以礼论，不受以兵要，非开关不可。番僧毫不介意，无论如何开导，只以谣言推之。又信，彼族在哲孟雄筹运军火、军饷，恐有不善。川藏相连，有闻再陈等情。查川藏过远，裕大臣等久无函牍，惟闻英人欲进藏通商，英坚锐，藏顽梗，衅端屡见，深为可虑。除将炉电咨藏外，并令炉厅随时探报，应请转饬驻藏大臣妥筹善策。又昨接英总领事谢立山函称：上海新闻报纸载有驻藏大臣与俄人在喇萨城议定俄藏开矿专约八条，恐非无因，询问虚实等语。此言适在此际，疑印族之事彼已知之，而故藉词以反挑之。究不知所说有无实际？当复英领以报纸难凭，可不必信云。

四月初六日

使俄胡惟德致外部俄使擅索七款请钞示并坚拒电

歌电悉。雷使称，二十九尚无柏使复电。不言会议情形，但云柏使照会，或措词不甚合宜。伊系议约原人，到京必可妥商，字句不难斟酌。伊日内见俄主即起程，外部谓两处商议，头绪愈繁，竟不愿谈论。盖虑条款漏泄，致他国诘问。伊告他使，谓报传语多失实，应商细节，统由柏使商议，伊并不知其详。各该使中有疑报传七条为不确者，美使竟疑柏使擅索。窃以俄此举意在尝试，为得尺得寸之计，务祈坚持。七条原文，希撮要密示。又俄谓盛京兵已撤，营口仅留百余名。何处未撤？乞示。余俟晤外部，续电。

四月初六日

鄂督张之洞致外部销场税宜先从轻以后酌加电

津、江电论销场税事，具悉。胪复如下：

一曰：查第八节，只应报明常关，以便征收销场税一语，系防挂洋旗民船装载土货到通商口岸。只报洋关，不报常关，不知照销场税局去年商约原议并非令常关代收销场税也。本款第十节即云，由各省督抚自行在海关人员中选定一人或数人，商明总税务司，监察销场税云云，明是销场税系由各督抚自办。其所选之海关人员，不过监察而已。监察两字，系洞与马凯面加推敲许久而后定，专为别于管理征收字样也。且监察洋员须选定，其非专用本关税司可知。盖进口洋货、出口土货与各国有关，故须立约，彼此允肯。其中国内地销售货物与各国无涉，国家征收此项货税只须与进口洋货、出口土货无碍，即与地丁钱粮一律，他国不能干预，故敝处力争留此自主之权。将来自行另设税局，乃一定办法，断不可归常关由税司代收。此条乃马凯在鄂洞与之面谈力争定议者，故知之甚悉。

二曰：敝处效电原文系不拘轮船、民船、铁路、陆路运来登岸云云，正与第八节无论帆船、民船、轮船云云同意，并非不准，想系电码错误。

三曰：约内云不得在租界内征收，此次效电本意系言，无论将来是否在租界内外销售，于到岸报常关之时，即可征收销场税，漏未详叙，兹再声明。查马使所以不愿在租界内征收者，系因恐我派丁役入界内查搜骚扰。然若全免界内销场税，以后租界日扩，所失太巨，故敝处此次效电所拟办法，欲凡土货到通商口岸，于未入租界之先，无论租界内外销售，令其报明税局，征收销场税，藉挽利权。但将来刊布章程，只可浑言凡属土货到通商口岸，必须先行报明税局，方能登岸，不宜提明租界内外字样。若一语说破，彼必不愿。

四曰：效电大帮销售货物必须运到大镇、大市等语，必须者，犹言必系如此也。此语系发明小村、小乡不必开设税局之意，盖小村、小乡不能销大帮货。商人若欲销售，自必须运到大镇、大市有局之处，故下文云：无虞偷漏而小村、小乡可不设局矣！非欲强令商人必运至某处也。尊处殆误解必须语气。

五曰：洋货给单一层，敝处因白糖明系土货，然由汕头运来，近日华商倩〔请〕洋商出头，领事、税司皆助洋商，指为洋货，湖北现深受其累。此外土货，将来恐亦难免，故不无阻虑，特声明必须真正洋货，方能给单，以免影射。假如本系土货，若洋商、华商串通指为洋货，即令其照真正洋货纳足十二五，方能给单耳！

六曰：销场税则，敝处效电本云不宜过重，平常百货值百先抽二三，贫民日用所需值百止抽一二云云，犹言或值百抽二，或值百抽三也，未言值百抽十三之多，十字系二字之误。岂有土货已完过初次常关二五、出口税五、复进口二五之后，复征其销场税十三者乎？岂非值百抽二十三乎？总之，销场税开办，宜先从轻，以后尽可酌加，既免土货偏枯、洋货擅利，且免洋人饶舌耳！

四月初七日

鄂督张之洞致外部俄人要我东省不许添口岸断不可允电

沪、江支电，津、江电，均悉。此时俄未交还东省，我尚无权添开口岸，固不可遽然明许他国。然俄人要我东省，不许添口岸，是东三省利益永为俄独占，各国必不甘心。美、日已有明言，英国必更不肯旁观，是俄人所请，尤断不可允。慰帅电谓宜坚拒，极是！盖俄人不肯退兵，尚冀各国助我理论，倘遽徇俄请，各国定然纷纷诘责，效尤要挟，各择便利，必致俄人袖手，我独受害，不可不慎也。俄人情形，外间不知其详，慰帅既有俄请不许添开口岸之说，当必确有所闻。务祈慎重熟虑为祷。闻英领事言，俄尚未照约交还牛庄。日领事言，俄移扎铁路凤凰城一带之兵甚多。窃谓此时宜趁美、日索开东三省之便，即恳美、日、英三国代我劝俄，照约按期退兵还地。东三省既还，口岸如何开法，自易酌办。

四月初八日

使俄胡惟德致外部遵催俄外部照约撤兵据云已授雷使训条电

阳电悉。七条与报传大致相符，而俄报方辩其不实，仅认防疫、添线为应办事宜，又余款系中俄密商事，与他国不涉，疑是政府授意。昨遵歌电切催照约撤兵，外部云已授雷使详细训条，仍不愿商议。雷定十二陆行。窃以七条俄利于密，若事至吃紧，恐不能不密告美、日友好等国，暗为牵制。闻美使已询俄外部。英、日使因美已诘问，暂不发作。法、德袒俄，难为我用。防疫可仿通章，自行速办。添线难允，或酌减电价，彼此一律，藉以抵制。统候裁核。

四月初九日

直督袁世凯致外部赔款还金还银关系甚巨请调伍大臣赴京切商各国电

各国零票，必须与公约及总票相符，乃可签字，自为一定办法。应由沪道按公约总票文义自拟合式票稿，分送银行，催其遵约照缮，不必专候各国催我签字，或由沪道详送票稿，请大部照催各国公使，转饬速缮，尤可自占地步。至还金还银，关系甚巨，亟须统筹早定，以维全局。鄙见仍宜请旨，调伍大臣迅即赴京，秉承大部，切商各国，筹定折中办法，庶免各国协谋定计，使我无可措手。是否有当？祈大部钧裁。

四月初九日

吕海寰伍廷芳致外部东三省开埠应由中国自办希告美使电

虞、遇电悉。沪江电系美使索开盛京省城及大东沟口岸，坚请入约，并言：刻下时局紧要，美廷不欲东三省为他国一国独占等语，不知电局何以落去廿六字？现已饬查。昨奉外务部歌电云：俄索七款，内有中国不得在东三省开新埠之条，当经本部驳复。咋柏使复申前说，当告以将来商务兴旺，由中国自行酌办，现东三省俄军尚未全撤，若将开埠列入美、日商约，恐投其所忌，更生枝节。希切告美使，东三省开埠一事，应由中国随时自行酌办云云。当即遵告美使，彼云：事关重大，须电美政府酌核；并云：阅报所载，俄声言并无不许他国在东三省通商之意。观外务部所驳，则俄殊不可信。本日小田切来密告，北京俄使曾询日使有无索开东三省口岸之事，日使但答以此议约专使办理，未答以有无；并言：日本现惟不动声色，总望中国重臣合力奏请，坚拒俄请方好。观其词气，似日本已暗为预备。美约稿系三月初四日由沪寄鄂，刻又赶缮寄京。

四月初十日

鄂督张之洞致外部美约十六款太老辣请吕伍相机辩论电

美约十六款，胪复如左：

第一款，优待公使；第二款，接待领事，旧约均有，何须过虑？能劝美使全删，最为简便。如必不愿，则第一款只可照沪所改，第二款即美国津约第十款，惟旧约系两国官员彼此优待。不然，则彼此各禀上宪，而此次约文侧重领事一面，太不平允，必须照旧约方妥。至另电公使、行文各督抚一节，最不可行。沪已驳之，可不赘。第三款，美人可在已开口岸城镇居住、贸易、租买地基，两星使自能辩驳，不赘。至末段将大纲已载明各处已誊黄张贴之谕旨，重叙入约，尤为无谓。第四款，即英约第八款，加税免厘，既只肯加进口税至加倍，又欲将中国征货税之权尽夺无遗，将英约中之最关紧要一语惟不损中国征抽盐税、土药税及土货税之权等字删去。又将所有言销场税、土药税、盐税以及移设常关土货过第一常关先抽二五各节全行不叙，而于征抽盐税，则妄行干预，强我于产地并征，亦太无情理。夫与各国立约订定税则办法者，进口洋货、出口土货耳！其余与各国无关者，外人何能干预，以夺我主权？加此区区之关税，固不能换我一切征抽货税之权，致令将来有事束手。即加至抽十五、抽二十，亦属不值。此款必须全照英约。第五款，税则附约内美人纳税照优待之国一律。第六款，中国允设关栈，美商可用他国人关栈，两款均无关紧要。津电谓，美商应自商他国所设关栈，不必入约，极是！第七款，美人可在中国境内租买矿地一条，应候中国议定矿章遵办，此时不可入约，致碍将来议拟章程。至矿地，只可限期租赁，断不准作为购买。第八款，海关存票，他口通用，似多窒碍，应询明海关，斟酌。第九款，保护牌号，英约已有，可准。第十款，保护创造专利；第十一款，保护版权，两款必宜设法辩驳，不能全允。今中国人尚未能博采西法以创造新机，融会西文以著书，正须仿效各国机器，翻译各国书籍，以开民智。此两款一经允许，于彼固有大益，于我则有大损，以后事事窒碍，中国难望自强矣！第十二款，添开北京、盛京、打狗山三口，北京断不能开，盛京一带只可俟东省交还再议。第十三款，中国允定国币，系照英约，可无庸议。第十四款，论教民、教士，大意与旧约无甚出入。如能声明教士并非官员，遇教民词讼，教士不能函托地方官，则或有益。至教堂置产，仍须照旧于契内声明某某教堂公产字样。第十五款，美国官民人等均沾最优待之国官民一切利益、豁免，旧约亦已有。若必欲赘叙，似可趁此令其于华人赴美亦加善待，则补救不小。至华工赴小吕宋一层，亦应趁此与之一争。若听其任意禁往，恐各国效尤，华人竟不能出洋矣。即使不能多所挽回，姑与争辩，以作他项抵制。且于华民出洋一途，亦或稍有益处。第十六款，此约十年为期，期满后一年之内不能议成新约，即再行十年。查限一年内议成新约，为期太促，且恐其届期故意迁延，终不能改。此语英约所无，应令删去。

总之，细阅十六条，大概取英约之有益于彼而去其有益于我者。除英约第八款内之言销场税、盐土税各节必须照叙外，其治外法权、会查教事、禁运莫非鸦各款，亦均极关紧要，必宜力争。若他约不照声叙，则英约各款竟成虚文矣！美素和平，此次太属老辣。请在沪诸公裁酌，相机辩论，必能操纵尽善也！

四月十二日

吕海寰伍廷芳致外部美使谓俄不阻开东省口岸电

昨，美使来告，接其外部电，谓：请开东三省口岸之事，俄国政府告知美廷云，并不阻挠，亦从未出阻挠之言。美廷谓，俄政府既出此言，则中国亟应乘此机会将美国所请之地开为通商口岸，此机一失，恐不可复得。惟各该口岸须依约开，不可作为自开，方有裨益。至口岸章程，或照自开之口岸办理，或仿照别埠章程临时再定。美使并云：前请指开口岸，本有北京在内，既中国不允，可易北京为哈尔滨等语。海、廷仍执前奉部电，婉切相商。彼仍嘱为电达部听，因彼已电康使，以便接洽。管见俄既向我要求七款，确有此条在内，何以又告美廷谓并未阻挠？恐言不由衷，或以迫于公论，设此饰说耳！可否问明俄使是否的确？如不认，可约康使与之对质。若俄使谓果无阻挠，似可乘美、日请开，乘机宣谕自开，既不失主权，庶可以保全东三省地面，未始非计之得也。海、廷叨列议约，相机度势，不敢缄默自安。大局所关，究应如何办理，以臻妥善之处？仍候钧裁示复为盼。

四月十四日

直督袁世凯致外部东省口岸请先询俄美再宣谕自开电

沪真、元电悉。东三省添开口岸，冀可牵制俄人，使知顾忌，洵为有益无损。但依约开口，续议各国纷纷援引，势非添开十口，不足以应付。此数节必须审慎。美使谓约允开口，则可出头理论交地，恐无大益。即如营口一埠，开成已久，俄现未依期交还，各国亦无可如何，况新许之口岸乎？两星使议请先与俄、美质询明确，再宣谕自开，亦是稳慎办法。倘俄有异言，即可持以谢美。仍请大部暨香、杏两公裁政。

四月十四日

桂抚王之春致外部法请船只经过中国河流则我船经越亦应照办电

奉电，遵即与邵京卿妥商，兹准复称：查向来华人入越境者，均由法领事给单收费，故须令出示饬照彼例办理。即法越人入我境者，亦须给单收费。今彼既愿两国均免此例，而求准法船经过中国河流，原无大碍。惟中国船只经过越南境内河流者，亦应一律办理。请大部以此函复法使，如果允办，应由两国各派专员就龙州会议详细章程，务使彼此有利无害，再请大部奏明核准，方妥。

四月十六日

吕海寰伍廷芳致外部拟乘东省开口邀美使向俄调停交地电

美索东三省口岸事，迭经电陈。顷，美使又索取回音，告以尚未奉到复电。彼言：事关重大，嘱再电催，务于十九前索取回电。揣该使意，甚疑海、廷未为转达也。昨津寒电以牛庄、山海关亦在通商之列，何以美不能助我索回？已将此意诘问美使，彼云：此系已准通商，俄虽未还，各国通商如故，与东三省未开口岸情形不同。以海、廷愚见，似可由大部直邀康使出为调停。俄、美素无意见，或易有济。并可援津电激劝美使，谅不见拒。当否？乞酌，并乞电复为盼。

四月十八日

直督袁世凯致外部美允加足十二五而要裁常关恐激生事端请通盘筹画电

沪锡电悉。美允加足十二五而要裁内地常关。倘续议各国均有请裁之项，恐销场等税亦难保全。至内关归税司兼管，万万不可。即如津埠常关五十里内照公约由税司兼理，而所用员司不谙情形，名为认真，苛细诛求，民商不堪其扰，视常关为畏途，损碍商务甚巨，地方官操纵两难。已咨请大部，饬赫德换人，尚未奉复。如再兼管内关，必至激生事端，其利权及外销两层尚在其次。应请两星使通盘筹画，或力任设法整顿，断不至需索留难。即将此意载在约内，未知美肯允否？统祈裁政。

四月十八日

鄂督张之洞致外部及吕盛伍三使美约勿遽定议电

沪锡电云：美约大致就绪，容将汉、洋文核对等语。查美约十六款，有大关系处甚多。昨于彰德所发轸电详陈，乃沪、津近日来电均未提及，沪锡电亦未论及销场税，殊为疑闷。既云核对华、洋文，似彼意已作为定议。窃谓万万不宜急遽，请两星使详阅敝处轸电，有无可采，详晰示复，再请外务部裁酌定议至祷。内地常关，英约所许，万不宜裁。然全归税司兼管，权限有碍，亦不可允。若美虑留难，似可允其由各省督抚自行选用洋员管理，不与赫总税司相涉，亦不拘何国人，便无大弊。将来一省常关不归海关者，少则一、两处，至多不过三、四处。即一关用一洋员，所费亦不甚多。如能允此条而索其必允加十二五之税，自属有益。

四月二十日

吕海寰伍廷芳致外部美因加税请裁常关意甚决电

美约开议，迄今会晤不下数次，每次必历数时，反复辩论，唇焦舌敝，始能拟定一款。我虽抱定英约，彼则极力丑诋，所论亦有见到之处，凡与英约不相上下者，不得不稍事变通，以免决裂，此委曲为难之实情也。拟定一款，必力以此不过草定，仍须候外务部暨两帅核复，方能作准。因篇幅太长，电达未能详尽，是以专函邮寄。并以英约与洋文不符，煞费辩论，是以此次每拟一款，必须将华、洋核对无讹，方敢列入条款。现在美使全用洋文，恐翻译未妥，是以迭次由廷自行核校，并非作为定议也。前接轸电，已在草定各款之后函寄在途，核与尊意尚不相背。拟俟钧处核复后，凡应行更易之处，自当据电再商。其未经拟定各款，即照轸电与之辩驳，容俟商定，再行续电。常关一事，迭详前电，其万难裁撤之处，人人尽知。惟美使列表送阅所有常关连子口共计三百余处，彼言不减于厘卡，亦非全为不根之谈。即令均用税司管理，美使常不以为然，亦云经费太大，并不能免于留难，诚有如津电所论诸弊。昨已开具节略，极言内地常关不能裁撤之故。美使已允达知彼政府，俟有回信，倘仍坚执如前，则当遵照保定效电，不用税司，改由督抚自派洋员，切商美使，能否转圜，容议有端倪再行电闻。总之，裁内地常关碍难照办，而美使坚执成见，内地常关不裁，必不能加税十二五，意甚决绝。若直截告以不裁，彼必停议，则各国更难就范，愈无议结之时。曷胜焦急！统祈指示。

四月二十三日

署鄂督端方致外部德商请在襄河口设立趸船万难照准祈力持电 二件

德商美最时请在襄河口门下设立趸船一事，前据江汉关道详函陈明，汛涨时水溜甚急，有害民船，万难安设，宜许其将轮船停泊江心，货物用驳船装卸，以示大公，于三月初五日咨明贵部，照复德使在案。当蒙力为商阻，惟顷据德领事照会：奉德使电，贵部业已应允试办等语。是否果有此语？未奉电示。此事关系武汉无数民生民命。驻汉英国总领事亦甚不以德、日各商安设趸船为然，禀奉英使电复，意见相同。务祈贵部竭力坚持，以免贻害。并乞电复。无任盼祷！

四月二十三日

漾电想达览。查汉口江岸，除划归租界外，中国地界本极狭隘，若将第一码头让给德国，中国商船遂无停泊之所。且龙王庙为夏口咽喉，江汉交汇，水势逼冲，一设趸船，伤害生命必多。汉口帆樯云集，各省船户皆萃于此，大率强悍凶蛮，难以理喻。即使中国在此自设趸船，亦必聚众闹事，况是德商，隐忧更大。二十四年沙市焚毁趸船之案可为殷鉴。若准暂时试泊，势必久假不归。即云允认赔偿，亦恐空言无补。且龙王庙以下即系日本大阪公司趸船，因屡出危险，伤害人命，刻正限期令其迁移。一经允许德商，大阪因之得所藉口。又鄂绅现办之两湖轮船公司码头亦在龙王庙之下。近因日商垂涎，谋与合股，经香帅与方费尽心力，设法收回，原为保全权利。若准德商在两湖公司之上设立趸船，不独权利尽为所占，且令香帅及方无言以对鄂绅，更无词以谢大阪。总之，此事在美最时不过一人之利，而既占尽鄂民生机，又将伤害民船无算生命。德公使仁溥为怀，必不肯出此。恳请嘱赫总税司与德使切实磋商，并密致英公使力持公道。德商趸船一设，独占利益，于英国太古、怡和商务大有妨碍，且与开办租界原议合同不符。前英总领事为大阪趸船之事屡有照会，议令迁移，词甚决绝。美最时设船情形，视大阪更为不合，英使决不肯遽让德商蛮作，必当出为力争。此中密切关系，香帅尽知，并请就近询商。不胜迫切待命之至！

四月二十五日

铁路督办盛宣怀致外部湘鄂铁路废约筹拟办法电

顷，梁使复电，合兴已提小票五百五十四万元，现定废约。拟筹办法如下：一、湘省或户部预筹款项，以备赎回提出抵借之小票。二、慎访美国或他国著名律师，将案情研究，以备美公司兴讼。三、事关地方，又牵交涉，应请指派大员会办，俾臻妥协。

四、由总公司发明文，直告美公司废约，改由湘鄂自办。五、废约即须停工，资遣美国工匠百余名回国。总公司如不得直，预备赔偿各款。六、外务部照会驻京康使，由驻美梁使照会美外部，声明中国废约主义。以上各条，是否有当？自应请贵部迅速示遵办理。

四月二十六日

湘抚赵尔巽致外部湘绅请电盛宣怀驳诘美公司将合同私售比国电

昨奉来电，当会商湘绅。据称，此案原约第十七条载明，不得将合同转售他国及他国之人。今人言啧啧，皆谓美公司私售比国，实系法股。各报馆亦纷纷腾说。前据益阳、湘阴两县称，有比人到县勘路，众目共见。虽经该县查诘，比人不肯承认，而湘人因此愈疑。读盛大臣电，谓比不能干预，是美已自认转售比人，愈见人言信而有征。且美公司订明五年竣工，迄今四年未动尺寸，亦启人疑。湘人惧贻后患，争回自办。此电请废约之原委也。今盛大臣并未据约驳诘，第引美政府及美领事古纳之言谓，恐变本加厉，无益有损；又谓，废约必吃亏。嘱湘省或户部速筹巨资，备偿美国垫款三百万金圆及利息，所称垫款，为数甚巨。路工未开，不知作何支销？如何省先已动工，或指由何省归偿？似亦公允。至谓比人不能干预，查比人现已勘路，将来干预，当在意中。盛大臣前致湘绅电谓，分办一层，早经罢论。又致鄂湘督抚电称，已电梁使，知照受托公司，如未先有该大臣允准字据，不得将小票交出。此乃按照续约第一、第五款所予该大臣之权衡办理。并云，查明小票迄未出售等语，与现在电称分售股票、例所不禁二语前后不符。如该公司不认私售与比国，必须以后立有确切证据，或订明将来查出受罚，方能释三省之疑。应请转请总公司照此据约力争。彼曲我直，若先自处于必负之地以与人争，办事者似不应出此。全湘命脉，系此一举。除一面极力筹款外，公请电恳贵部切电盛大臣，向公司切实驳诘，勿为律师等言所惑。如果比人来办，总以争至废约为止等情。据此电呈。乞钧部鉴核，转电盛大臣。

四月二十六日

直督袁世凯致外部英使竟云开平矿局已出卖并各国认秦皇岛为英有已严驳请力拒电

今午，英署焘使来称：开平矿局久已卖与英公司，现拟觅地新开煤井，请勿阻拦。秦皇岛地段，各国亦认为英公司所有。当驳以开平煤矿，由本国公家筹拨巨款提倡创办，始为接济海军，继为接济铁路，虽有商股，实同官产，无论何人，不能擅卖。秦皇岛系自开口岸，本国自开，亦无人有此大权擅卖疆土。本处断不能认矿、岛为英公司所有。焘使谓：贵大臣既不肯认，我晚车即回，将行文外部申理等语。查此案，英人不待我声明而先发其端，自有深意。务祈大部主持补救，竭力驳拒。大局幸甚！

四月二十七日

吕海寰伍廷芳致外部美使坚执裁常关始加税之说请商户部迅示电

美约议裁内地常关一事，辩论多次，已详锡、筱两电。一切办理情形，又续详祃电，当已鉴及。本日美使复议此款，彼仍坚执前说，我仍照前力争，并照香帅效电，由督抚自行选用洋员管理，不与税关相涉，亦不拘用何国人，可保无留难需索之弊。美使仍以设关即须查验，查验即不免留难，彼意总欲货物转送时不得再受留难之累为辞。又告以如此起卸货物之关收一总税，沿途不再查验，到处放行。彼亦不允。又商以如在内地常关改征抽销场税，彼亦不愿。反复辩论，诘以必须如何美国始肯相信？彼云：如欲美国相信无弊，除非将所加之税留存外国银行，试办两年，果无留难，始可拨用，一有留难，即将加税发还商人。告以加税系抵裁厘，而厘金系抵偿赔款，如赔款能展期两年不付，或可照办。美使云：此明知作不到之事，不过设词辩难耳！如中国实不能允裁，请即照会，以便复美政府，即将此款停议，俟各国议允再酌。只得复以俟奉到外务部训示再行会商。美使退而密告曰：此事已接切实训条，并迭接美政府四次来电，均谓不裁内地常关，万不能允加税，系属实情。若能照裁加税，即可商议。否则，无可再商。且日使屡劝美万勿议允加税过十，如我允裁常关，尚须暗劝日使，庶加税方可望有成。现在义国已奉有议约训条，比、奥两国亦视美议定后即可接续开议。若因此事而致加税停搁，为中国计，实非所宜。且裁内地常关，于商务似为有益，中国所当应允。奉劝中国勿因此小节致误大局。此系朋友心腹之言，幸勿视为河汉等语。观美使意，系说到尽头地步。若再争执，势必决裂。即用延宕之术，各国亦必观望不前。距英约举行之期只有半年，实深焦灼！检查杨道文骏在京随办和约钞存户部开送度支册底稿，钞关共二十有二，曰太平、粤海、闽海、浙海、九江、赣关、芜湖、凤阳、江海、扬州、淮安、东海、临清、山海、归化城、杀虎口、张家口、天津、坐粮厅、崇文门、左右翼①，云额征三百十三万七千二百余两，又收钱九千一百五十余串。近年约实征一百八十五万八千六百余两，钱九千一百五十余串。查各省常关而非通商口岸未设海关者，为太平、赣关、凤阳、淮安、临清、归化城、杀虎口、张家口、坐粮厅、崇文门、左右翼十二处。

① 崇文门税关，下分左翼、右翼两处，文中提到二十二处税关，似将崇文门总局及左翼、右翼两分局分开，为“崇文门、左翼、右翼”，但第一百七十二卷《吕盛伍三使致外部美约开议悉本英约磋商电》中明确提到“北京崇文门及左右翼”字样，因此，本处及后文断句为“崇文门、左右翼”。

美使昨开送关表共三百余处，系连各关分设子口在内。若如美使所请，虽仍可抽于出口及销场处，税不加少，而所谓有海处之常关仍留，其各关之分口并未设有海关者，恐亦在议裁之列。即使移设沿海、沿边向无常关之处，但只能杜其出口偷漏，而于内地行销土货未必能无罅隙。筹思至再，实觉为难。应请会商户部，统筹全局，能得一两全之策，迅赐示遵，俾得会商美使。不胜祷企！再，俄使宝至德日前忽来辞行北上，甚属匆促。诘以何事，彼云不知，殊觉可疑，并以密陈。

四月二十七日

盛京将军增祺致外部俄人所称复州煤窑拿人案情节支离已确查电

廿三日电敬悉。十三日，据俄廓米萨尔照称：乌泊嘴子煤窑，于俄四月二十六日夜，复州地方官拟将该窑办事俄人日伏脱夫斯克及尔服夫拿获，出而抗阻，复仅将当差之华人拿禁。查该地方官以为俄人跟赴辽阳，窑即不得据以为有，故将局存字据尽行拆毁，窑淹没，产业入官。该俄人虽幸脱逃，亦几丧命。第创造该商业共用去卢布五十万元，兹已一律毁坏。查贵大臣时援中立为己任，遇事均谓照中立条规办理。兹复州所出之事，不得谓严守中立等语。查所称情节支离，难免非藉词预为将来索偿地步，非确查不足以为抵制。业于十四日会同派员前往，俟查复再达。

四月二十七日

吕海寰盛宣怀致外部葡人悔约另议分关缉私应否叙入请核示电　二件

今日与葡使会晤，即照本年正月二十日部咨内开白使照会所称各节，详询增改条款及会订分关章程内意同语异之处如何改为一律？如何与改修税则合订一本，以归划一？据该使云：前定条款及章程议院未经核准，早经作废，曾面告大部等语。答以所言与大部来文词意不符。既曰作废，何以又云合订一本？辩论许久，彼始云：澳门设关，葡廷不允。又告以设关既不准，铁路亦应作废。白使强词，谓不相干涉。坚持至再，始商量由海等备文照会，索其明晰照复。俟复到，再电达。查部庚电续订条款虽未互换，已经用宝，彼此画押，自应作为批准定本。分关章程亦经总税司画押，亦应照准施行。此次白使何以竟行作废？应如何办理？乞电示。又葡使于前送条款十九款外又添一款，作为第七。余以次递推，共二十款。其文曰：凡中国土产货物，于出口时，如将出口正税业已完清，若运入澳门，囤在本约第三款所指澳门专设之栈房，将来若转运中国地方，于复进口时应完税项，须与土货自通商此口转运通商彼口者视同一律办理云云。余款亦颇多增改，容再录呈全文邮寄。查新添之第七款，流弊甚多，难保不隐以洋货冒充土货，希图短税，不可不防。应再询明驳辩。先此奉闻。

四月二十七日

有电计览。顷，白使复称：查本大臣前奉本国政府训谕，业在贵国外务部面行声明，合即详列如下：一、本国政府准议院所议，给权于驻华公使，新立商约，即照近日各国与中国所立之商约无异。二、现欲请立新约，包括光绪二十八年九月所立之条款暨十二月会订之专条，但内有更改者，俾中、葡两国主权免有视为关碍之处。三、至于葡国协助中国防缉走私洋药一事，奉本国政府训谕，可将此项缉私之法整顿，以便全免走私。四、因今欲立之新约应包括光绪二十八年九月所立条款并十二月所订专条内之宗旨，或系更改，或系推广，悉行包括在内。所以，本国之意，无庸将前约核准。相应照复。即如此次与贵大臣所言，视前在贵国外务部面语之意，并无不符等语。查白使照复，与大部庚电相歧。嗣接大部皓电：第二、三、四各款大致与二十八年所定相同，不必再列，以免为索酬地步，自是正办。今白使照请欲立新约包括二十八年所立条款及章程之宗旨，又云无庸将前约核准，则是分关缉私，此时若不列入约内，未免蹈空。应否照皓电笼统叙入，先行照会立案，或应趁此将第三、四款督同税司磋议入约之处？伏乞核夺，迅速电示，俾有遵循。

四月二十九日

铁路督办盛宣怀致外部钱锦孙请办沪杭铁路已咨驳电

勘电敬悉。浙抚咨商以钱绅锦孙等请照商部章程，拟合德商，另办上海至乍浦海口、乍浦至杭州湖墅铁路，以牵制英路立说。查所议有应驳三端：一、杭沪已有苏路可通，另造徒糜资本。二、德商系认股，非借款。华商一半，亦系德商影射，更非借款还本即行自管可比。三、英商恐分利不能还本，亦必相争。总公司正在咨驳，浙抚亦必以为然也。

四月二十九日

清季外交史料卷一百七十一终